SIR RICHARD
FRANCIS BURTON

Sir Richard Francis Burton, *c.* 1860

EDWARD RICE

SIR RICHARD FRANCIS BURTON

O agente secreto que fez a peregrinação a Meca, descobriu o Kama Sutra *e trouxe* As mil e uma noites *para o Ocidente*

Tradução
Denise Bottmann

Copyright © 1990 by Edward Rice

Título original
Captain sir Richard Francis Burton
The secret agent who made the pilgrimage to Mecca, discovered the *Kama Sutra*, and brought the *Arabian Nights* to the West

Capa
Jeff Fisher

Preparação
Stella Weiss

Revisão
Renato Potenza Rodrigues
Diana Passy

Índice remissivo
Verba Editorial

Dados Internacionais de Catalogação na Publicação (CIP)
(Câmara Brasileira do Livro, SP, Brasil)

Rice, Edward.
  Sir Richard Francis Burton: O agente secreto que fez a peregrinação a Meca, descobriu o Kama Sutra e trouxe As mil e uma noites para o Ocidente / Edward Rice; tradução Denise Bottman. — São Paulo : Companhia das Letras, 2008.

  Título original: Captain sir Richard Francis Burton.
  Bibliografia
  ISBN 978-85-359-1321-7

  1. Burton, Richard Francis, sir, 1821-1890 2. Eruditos — Grã-Bretanha — Biografia 3. Exploradores — Grã-Bretanha — Biografia I. Título.

08-07724   CDD-910.92

Índice para catálogo sistemático:
1. Eruditos : Biografia 910.92

2008

Todos os direitos desta edição reservados à
EDITORA SCHWARCZ LTDA.
Rua Bandeira Paulista, 702, cj. 32
04532-002 — São Paulo — SP
Telefone: (11) 3707-3500
Fax: (11) 3707-3501
www.companhiadasletras.com.br

A Susanna

SUMÁRIO

Introdução *11*

1. O ciganinho *19*
2. A Inglaterra sombria e fuliginosa, a ensolarada França *27*
3. Entre os merceeiros *34*
4. O Grande Jogo *47*
5. O grifo *54*
6. A esposa negra *63*
7. Os sacerdotes da serpente *78*
8. O novo Egito *97*
9. Os assassinos *121*
10. A corte real *128*
11. Cheiro de morte *135*
12. A via secreta *170*
13. Em busca de Camões *179*
14. A rosa mística *202*
15. Daisy *217*
16. O caminho para Meca *235*
17. O túmulo do Profeta *260*
18. A cidade mais sagrada *267*
19. "Cidade mal-afamada" *295*
20. "Cabeças podres" *347*
21. O grande safári *357*
22. "Meu rei e Deus na terra" *416*
23. O lago Vitória *447*
24. Santa Isabel *456*
25. As noites funestas *490*

26. Brasil *505*
27. O imperador e a imperatriz de Damasco *520*
28. Trieste, tristeza *556*
29. *As mil e uma noites* *592*
30. Jardins perfumados *610*
31. A cremação da viúva *626*

Grafia e moedas *635*
Nota sobre as fontes *637*
Notas e fontes principais *641*
Bibliografia *648*
Agradecimentos *659*
Índice remissivo *661*
Sobre o autor *685*

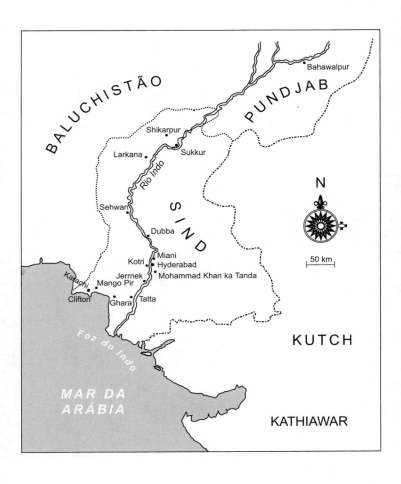

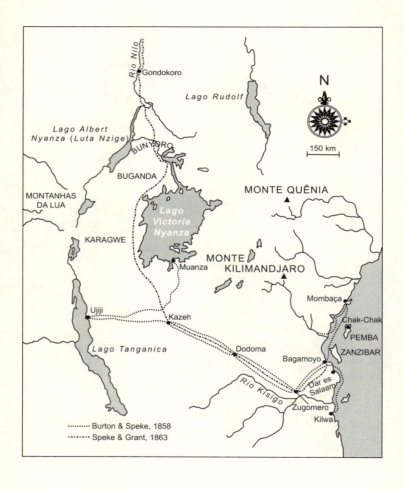

INTRODUÇÃO

SE UM AUTOR VITORIANO do mais romântico estofo tivesse criado o capitão sir Richard Francis Burton, o público e a crítica, naquela época tão racionalista, decerto criticariam a personagem como uma figura muito implausível e radical demais. Burton foi o típico estudioso-aventureiro, um homem que se sobressaía física e intelectualmente, soldado, cientista, explorador, escritor que, durante boa parte de sua vida, também seguiu a mais romântica das carreiras, a de agente secreto.

Burton nasceu em 1821 e morreu em 1890, período crucial na história de seu país. A rainha Vitória era a soberana, e ele teve Karl Marx como colega de pesquisa nas salas de leitura das grandes instituições de Londres. A Revolução Industrial estava em pleno florescimento, transformando o verdejante campo dos poetas ingleses em montes de miseráveis escórias humanas; as potências européias tinham recortado o mundo em colônias, protetorados e esferas de influência; as invenções que diariamente modificavam o perfil do cotidiano surgiam em avalanche e, à medida que aumentava a alfabetização, idéias de toda espécie — revolucionárias, intelectuais, científicas e políticas — se alastravam por todo o mundo com a força de uma epidemia.

Burton se distinguia em qualquer grupo, exceto quando estava deliberadamente trabalhando como agente, disfarçado entre os povos das terras em processo de anexação pela Inglaterra. Com sua altura marcante de 1,80 metro, peito largo, corpo esguio e rijo, olhos de "cigano" e uma bela aparência morena, ele tinha um ar imponente e orgulhoso, com a cicatriz na face deixada por um feroz golpe de lança que sofreu numa batalha contra saqueadores somalis. Falava 29 línguas e vários dialetos e, quando necessário, podia passar por nativo de diversas terras do Oriente — por afegão quando fez sua famosa peregrinação a

Meca, por peão cigano entre as turmas de trabalho nos canais do rio Indo, por indefinível mascate de bugigangas e dervixe (um religioso andarilho), quando explorou, para seu general, as regiões mais bravias de Sind, Baluchistão e Pundjab. Foi o primeiro europeu a entrar em Harar, uma cidade santa na África Oriental, sendo que, antes, cerca de trinta brancos tinham sido expulsos ou mortos. Foi também o primeiro europeu a chefiar uma expedição na África Central em busca das nascentes do Nilo, aventura na época tão ousada e romântica quanto, 150 anos depois, viajar pelo espaço sideral.

Tais proezas refletem apenas a "superfície" de Burton e sombreiam seu interior, o interior de um homem de complexidade, sensibilidade e inteligência extraordinárias. Embora fosse uma das pessoas mais conhecidas de sua época, com especial popularidade junto ao público, houve vezes em que se viu quase como um pária entre seus próprios conterrâneos. Suas posições em relação a diversos assuntos — o "desmando" inglês nas novas colônias, a baixa qualidade e a monotonia do ensino universitário, a necessidade de emancipação sexual da mulher inglesa, a incapacidade do governo em ver que os povos conquistados do Império se mantinham constantemente à beira da revolta — não contribuíam para torná-lo popular em seu país. E sua condenação do infanticídio e do tráfico de escravos tampouco lhe granjeava a simpatia dos orientais e africanos. Seus interesses eruditos muitas vezes despertaram a fúria dos vitorianos, pois escrevia abertamente sobre questões sexuais que julgavam preferível não mencionar — afrodisíacos, circuncisão, infibulação, castração e homossexualidade. Ele tinha algumas opiniões pessoais que irritavam sua mulher, Isabel, pessoa normalmente tolerante, pois Burton acreditava fervorosamente na poligamia como forma de consolidar a estabilidade familiar, aliviando as obrigações domésticas que recairiam sobre a esposa monogâmica, e diminuindo os males da prostituição.

Na Índia, devido a suas curiosas crenças e estranhas práticas, foi apelidado de "Negro Branco" e "aquele Diabo Burton" por seus colegas do oficialato militar da Ilustre Companhia das

Índias Orientais. (Ele se referia a si próprio como "Bárbaro Amador".) Logo aprendeu a guardar certas opiniões e interesses para si mesmo, e se tornou mestre na prática muçulmana xiita conhecida como *taqiya* — dissimulação ou ocultamento —, que consiste em esconder as crenças religiosas pessoais. E ele possuía seu lado desagradável, infelizmente público demais — podia mostrar uma rude intolerância em relação a outros homens e ser brutalmente sarcástico, refletindo com violência os preconceitos correntes contra negros, judeus e asiáticos. No entanto, percebeu os efeitos perniciosos da ocidentalização dos povos nativos e alertou contra ela; nutria grande simpatia pelos árabes em geral e pelos povos do deserto designados genericamente de "beduínos". Havia também um intenso toque de esnobismo em suas observações sobre os conterrâneos, quando a consciência de classe se evidenciava como fato explícito e cruel.

Burton passou a idade adulta numa busca incessante da sabedoria secreta a que dava a ampla denominação de "gnose", na esperança de que lhe permitisse descobrir a própria fonte da existência e o sentido de sua presença na terra. Tal busca o levou a estudar a cabala, a alquimia, o catolicismo, uma casta hindu das mais arcaicas e a via erótica conhecida como "tantra", depois investigando o sikhismo e passando por várias formas de islamismo antes de se firmar no sufismo, disciplina mística que escapa a rótulos simplistas. Manteve-se como praticante mais ou menos fiel dos ensinamentos sufistas pelo resto da vida, buscando as elevações místicas acessíveis apenas ao eleito, definido por certos muçulmanos como Insan-i Kamil — o Homem Perfeito —, que alcançou os mais profundos fins espirituais.

Com a *taqiya*, Burton ergueu uma tal barreira em torno de si que seus interesses religiosos se mantiveram praticamente ignorados. Ele passou vários anos entre uma seita xiita, os ismaelitas, outrora um movimento messiânico de grande força, cujos excessos no passado espalharam pelo mundo o termo "assassino". Mas é sua relação mais ponderada e duradoura com o sufismo que merece reconhecimento e estudo. A julgar pelas bibliografias de estudos do islamismo, Burton foi o primeiro ocidental a escrever obras de divulgação sobre o sufismo, mas com um conhecimento interno da doutrina, e no entanto essa relação não é explorada nas biografias nem do século XIX nem do século XX. O islamismo predominou em seus textos nos últimos quinze anos de vida, e ele fez várias declarações elegíacas sobre "a Fé Salvadora", como dizia, as quais hoje não podem ser ignoradas.

Mesmo então, Burton encontrou outros temas esotéricos de interesse para seus estudos: o espiritualismo, a teosofia, as doutrinas de Hermes Trismegisto e a percepção extra-sensorial. (Burton foi o primeiro a utilizar a expressão *extrasensory perception* — "ESP".) Apesar de seus estudos pessoais, porém, freqüentemente se mostrava cético e irônico, em especial em relação às religiões organizadas, e se debatia constantemente com o problema de "Deus e não-Deus".

Além disso, há seus estudos sobre os usos e costumes de povos primitivos e semibárbaros, alguns dos quais já desaparecidos, e Burton possuía uma imensa compreensão da vida nativa. Foi um pioneiro em estudos etnológicos e pode ser equiparado ao grande americano Lewis Henry Morgan (*League of the Iroquois* [A liga dos iroqueses], 1851), embora apenas recentemente tenha se reconhecido a contribuição de Burton à ciência. Talvez tão importante quanto todas as suas outras preocupações foi seu papel no que, posteriormente, veio a ser chamado de "Grande Jogo", expressão popularizada por Rudyard Kipling em *Kim*.

O Grande Jogo consumiu muitas energias da Inglaterra no século XIX. A rivalidade entre as potências européias pelo controle da Ásia e do Levante — por razões basicamente econômicas — acabou confluindo para uma luta entre a Grã-Bretanha e a Rússia, em grande parte encoberta, às vezes chegando às vias militares, pelo domínio de grandes áreas a leste de Suez.

O papel de Burton na política colonial de seu país foi importante, mas não muito bem definido. Ele nunca escreveu abertamente sobre o assunto, mas deixou indícios esparsos em todas as suas obras — notadamente em suas referências crípticas ao uso dos "fundos do Serviço Secreto" na derrubada de certos príncipes nativos e ao "lado oculto" de grandes vitórias militares. Algumas de suas proezas tiveram implicações fundamentais na época, como seu envolvimento num complô para derrubar o xá da Pérsia, na década de 1840. E foi um dos agentes que contribuíram para que se estabelecesse um firme controle britânico sobre as províncias hindus de Sind, Baluchistão e Pundjab Ocidental (que agora formam o estado moderno do Paquistão). Sob o pretexto de uma investigação arqueológica amadora, ele explorou áreas da Palestina, do Líbano e da Síria que, para o governo inglês, constituíam regiões que valeria a pena expropriar. Percorreu outras áreas, às vezes praticamente sozinho, fazendo um reconhecimento e depois sugerindo à Inglaterra que tomasse posse delas. No verbete "Burton" da *Encyclopaedia britannica* (11ª edição, 1911), um tanto acerbo, Stanley Lane-Poole, um dos mais enérgicos "adversários" de Burton, tentou assinalar, sem chegar a revelar nenhum segredo de Estado, que "o pioneirismo [de Burton] na África Oriental coincidiu com áreas que, desde então, se tornaram particularmente interessantes para o Império britânico", e que suas explorações posteriores "no lado oposto da África, no Daomé, Benin e Costa do Ouro [...] também entraram nas 'questões' imperiais do dia".

No Oriente, a religião e o sexo não são incompatíveis como ocorre com tanta freqüência no Ocidente. Em seus textos, Burton abriu campos sexuais em que a Inglaterra vitoriana não se atrevia a entrar. Declarou taxativamente que as mulheres gozam como os homens, isso numa época em que, ao se casar, as noivas vitorianas ouviam o conselho: "Fique imóvel e pense no Império". Burton traduziu uma série de livros que hoje são clássicos na área e contribuiu para o surgimento de novas posturas em relação ao sexo no mundo ocidental. Suas traduções de obras eróticas como *Ananga Ranga*, *Kama Sutra* (descoberto por ele), *O jardim perfumado* e mesmo suas *Mil e uma noites*, ganhando corpo com suas experiências e opiniões pessoais e contando com um vasto aparato de notas, mostram ao leitor que Burton era da opinião de que o sexo, tanto para os homens quanto para as mulheres, não consistia numa obrigação incômoda para a procriação da espécie, e sim num prazer a ser desfrutado com alegria e vitalidade.

Sob a incansável energia física e intelectual de Burton, havia um turbilhão íntimo. Sofria amiúde de sérias crises de depressão e era viciado em drogas. O haxixe e o ópio constituíam suas principais fugas, e experimentou narcóticos raros como o *khat*, que dizem ter um efeito priápico. No começo da meia-idade, o alcoolismo chegou ao ponto de ameaçar sua carreira. Conseguiu abandonar os vícios e dependências, e pôde passar os últimos anos de vida sem narcóticos nem álcool, embora sua saúde já estivesse seriamente deteriorada. A certa altura, seu interesse por sexo constituiu uma obsessão praticamente incontrolável, mas, quando se casou, parece ter se mantido fiel à esposa.

Seu casamento é outra questão que não foi inteiramente estudada. Numa época em que os católicos na Inglaterra eram considerados cidadãos de segunda categoria, apesar das leis aprovadas em favor de sua emancipação, Burton se casou com uma católica inglesa, Isabel Arundell. Para sua família e seus contemporâneos, tanto valia que se casasse com uma mulher de alguma tribo africana. Assim, esse casamento rompeu barreiras mais formidáveis do que os desertos e os nômades beduínos que Burton enfrentou na viagem a Meca ou nos pântanos miasmáticos que atravessou na África Central. A Inglaterra vitoriana criticava acerbamente lady Burton, e os preconceitos que a rodeavam ainda repercutem em alguns textos atuais sobre seu marido. Mas esse casamento, que parecia tão arriscado para o casal Burton, foi sólido e feliz, e precisa ser reavaliado.

Burton era um grande contador de histórias, mas escreveu pouquíssimo a seu próprio respeito, exceto em termos crípticos e de maneira curiosamente distante — de fato era uma pessoa muito "reservada" —, como se as intensíssimas aventuras vividas devessem ficar apenas na tradição oral, sem chegar a um público leitor. Infelizmente, pouquíssimas dessas histórias foram recolhidas e registradas pelos amigos. Isabel Burton comentou que queria que o marido escrevesse um romance sobre sua vida, mas isso nunca veio a acontecer. "Em primeiro lugar, ele achava que nunca passaria por dona Grundy [a mitológica censora da moral inglesa], e embora fosse capaz de entreter com suas agradáveis experiências uma grande roda de amigos até o amanhecer, não havia como levá-lo a escrever sobre si mesmo."

Apesar disso, Burton é um tema biográfico popular e tem servido de base para personagens de ficção. Rudyard Kipling o utilizou pelo menos duas vezes, uma delas como Strickland no conto "Miss Youghal's Sais" e outra, de maneira um tanto vaga, como o coronel Creighton, o misterioso agente britânico independente em *Kim*; há também relances de Burton no estranho comerciante Lurgan. *Kim* narra inúmeros casos que parecem recolhidos diretamente de Burton ou de seus amigos, e a descrição de Strickland no conto é um perfil fiel de Burton em seus menores detalhes, baseado no retrato de "um jovem oficial inglês" (como Burton freqüentemente se referia a si mesmo) do livro de viagens *Goa, and the blue mountains* [Goa e as montanhas azuis], que Burton escreveu a partir de suas anotações feitas na Índia, na década de 1840.

A descrição de Strickland, feita por Kipling, corresponde praticamente a Burton em sua época indiana: "um rapaz quieto, moreno — magro, de olhos negros — e, quando não estava pensando em outra coisa, um camarada bem interessante". Strickland "defendia a extraordinária teoria" de que um oficial na Índia "devia tentar conhecer o máximo sobre os nativos, tanto quanto eles mesmos".

Seguindo sua absurda teoria, ele chapinhou por lugares repugnantes que nenhum indivíduo respeitável pensaria em explorar — sempre entre a ralé nativa. Durante sete anos, ele se instruiu dessa singular maneira que ninguém haveria de apreciar. Vivia adotando os hábitos dos nativos, coisa em que, evidentemente, nenhum homem com um mínimo de sensatez há de acreditar. Foi iniciado nos Sat Bhai [os Sete Irmãos, um culto hindi e tântrico] em Allahabad, quando estava de licença; conhecia a Canção do Lagarto dos sansis e a dança Hálli-Hukh, que é um cancã religioso esquisitíssimo. Quando um homem sabe quem, como, quando e onde se dança o Hálli-Hukh, pode se orgulhar disso. Terá ido além da superfície. [...] Certa vez, em Jagadhri, ele ajudou na Pintura do Touro da Morte, que nenhum inglês tem permissão nem sequer de ver; conhecia a cantilena embromadora dos *chángars*, agarrou sozinho um ladrão de cavalos eusufzai e ocupou o minarete de uma mesquita da fronteira, conduzindo as orações como um mulá sunita.

Sua façanha suprema foi passar onze dias como faquir ou sacerdote nos jardins de Baba Atal em Amritsar, lá reunindo os fios do grande Caso do Assassinato de Masiban. [...] O caso do assassinato de Masiban não lhe trouxe nenhum proveito para a carreira, mas, depois do primeiro acesso de raiva, ele voltou a seu estranho costume de se intrometer na vida nativa. Uma vez adquirido o gosto por essa curiosa diversão, ele permanece pelo resto da vida. É a coisa mais fascinante do mundo. [...] Enquanto um outro tirava dez dias para passar nas Colinas, Strickland tirava licença para o *shikar* [caçada], como dizia ele; punha o disfarce que o atraía naquele momento, descia até a turba escura e se engolfava nela por algum tempo.

Em suma: "Os nativos odiavam Strickland, mas o temiam. Ele sabia demais".

1. O CIGANINHO

O PAI DE RICHARD BURTON, Joseph Netterville Burton, era um cavalheiro numa época em que o termo tinha um sentido preciso. Ocupava a posição de tenente-coronel no exército inglês, tendo a seu crédito vários anos de serviço na ativa. Embora de linhagem inglesa, tinha nascido na Irlanda, onde seu pai, o reverendo Edward Burton, era pároco da igreja anglicana em Tuam, além de possuir terras. Por isso, Richard foi várias vezes considerado irlandês, mas na verdade não tinha qualquer traço de sangue irlandês. O reverendo Burton se casou com Maria Margaretta Campbell, a qual, se as românticas histórias da família forem verdadeiras, descendia de um filho ilegítimo do rei bourbônico francês Luís XIV com sua amante, a linda condessa "La Belle" Montmorency.

A árvore genealógica de Burton incluía um bispo e um almirante. Durante alguns anos, houve também um baronato, mas o título ficou jacente e não pôde ser retomado. Embora Burton fosse um sobrenome comum na Inglaterra, também era cigano ou romani, e todos concordavam que Richard Burton tinha uma aparência geral semelhante à dos ciganos. Os admiradores, que nem por um momento tolerariam a presença de um verdadeiro cigano, tomavam suas intermináveis andanças como sinal de seu sangue zíngaro.

A carreira militar de Joseph Burton transcorreu em locais relativamente agradáveis e calmos. Ingressou no exército durante a adolescência, quando da convocação de voluntários para a guerra contra Napoleão; os que fossem se alistar levando junto um certo número de outros voluntários recebiam um posto. "Assim, meu pai se viu como oficial aos dezessete anos de idade, quando devia estar na escola", dizia Burton. O jovem oficial foi enviado à Sicília, onde, malgrado a vontade do povo local, uma guarnição inglesa sustentou de 1806 a 1814 uma dinastia Bourbon vacilante, à força de subsídios e da própria imposição de sua presença militar.

Em 1814, os ingleses entraram no continente, invadindo Livorno com o auxílio de tropas sicilianas, e avançaram até Gênova. Nessa cidade, o coronel Burton foi nomeado para o cargo de prefeito. Ele entrou de todo o coração na vida social da cidade. Uma das estrelas em cuja órbita giravam os oficiais era a desventurada princesa Carolina, esposa do príncipe de Gales, futuro Jorge IV, tremendo libertino conhecido como "o patife mais rematado da Europa". O casamento não foi feliz, e Carolina foi enviada à Itália, para se transformar na estrela de um grupo de pessoas da alta sociedade cujo comportamento, dizia-se, era "escandaloso". Corria o boato de que a própria Carolina mantinha uma ligação adúltera com um certo Bartolomeo Bergami. Em Gênova, pelo que escreveu Burton, "sua gentileza para com os oficiais lhe granjeou a grande simpatia deles a seu favor". Quando Jorge subiu ao trono em 1820, ordenou que Carolina não fosse reconhecida como rainha e deu início ao processo de divórcio na Câmara dos Lordes, sob a acusação de adultério. O coronel Burton foi chamado para depor contra a rainha, mas se recusou a testemunhar. Esse ato de coragem lhe custou caro. Joseph Burton foi afastado da ativa pelo primeiro-ministro, o duque de Wellington, e posto a meio-soldo. A recusa do coronel em comprometer a honra de uma mulher chegou a afetar seus próprios filhos: mais tarde, Richard se queixou de que teve de começar a vida como um cadete subalterno da Companhia das Índias Orientais, e seu irmão Edward só conseguiu entrar num regimento de marcha, ao passo que os primos foram aceitos em setores de mais categoria, como a Guarda Real e outros corpos de elite das forças britânicas.

Durante o processo contra Carolina, o coronel Burton tinha ido até a Irlanda para verificar as propriedades da família. Encontrou-as num estado pavoroso. Reuniu os arrendatários e, depois de devidamente bajulado por eles — como diz seu filho —, disse-lhes que, a partir daquele momento, o aluguel devia ser pago com mais regularidade. A única regularidade que conseguiu com isso foi sofrer freqüentes disparos. Assim, o coronel decidiu abandonar as suas pretensões e deixou que as coisas seguissem seu curso normal.

Mas a volta do coronel à Inglaterra não se resumiu a puras perdas. Encontrou uma noiva. Chamava-se Martha Baker, e celebraram-se as devidas cerimônias. "Como costumam fazer os bonitões", disse Richard Burton sobre o casamento do pai, "ele se casou com uma feiosa", e "os filhos, como dizem, puxaram à mãe." Essa modéstia em relação à mãe não era apenas discrição filial. Uma outra pessoa disse que ela era "uma mulher completa, mas feinha". Segundo outra opinião, era "uma mulher magra e delicada, de boa família".

Fossem quais fossem os antepassados e as aparências de Martha Baker, sua família tinha dinheiro. Trouxe como dote 30 mil libras, quantia enorme para a época, mas o pai dela vinculou o dinheiro, de tal modo que era pago em parcelas. Foi uma medida que acabou se revelando feliz, pois o coronel fez grandes especulações um tanto descuidadas em várias iniciativas de risco.

O casamento gerou um filho no prazo que seria de esperar. A criança foi batizada como Richard Francis Burton, nomes do pai de Martha e do irmão do coronel Burton. A data de nascimento foi 19 de março de 1821 — "dia de são José", observou Richard Burton. A criança tinha cabelo ruivo, olhos azuis e tez clara, mas, ao crescer, esses traços anglo-saxões desapareceram para dar lugar ao famoso "ar cigano, olhar cigano".

Depois dos problemas com os rendeiros irlandeses e da redução do soldo, a vida na Inglaterra não atraía muito o coronel. Como sua esposa tinha rendimentos regulares e, afora um interesse diletante pela química, não havia muito o que fazer para passar o tempo, o coronel, que era asmático, resolveu sair do país logo depois do nascimento de seu primogênito. O ar puro e seco da França era tremendamente sedutor. Embalando as coisas da casa, o coronel Burton se mudou com mulher e filho para o vale do Loire, para um velho castelo em Tours, onde existia uma pequena colônia e escola inglesa. Nas lembranças de Richard Burton, a cidade era pitoresca e atraente, o clima saudável, a caça abundante, a vida barata, e o povo local, apesar da derrota de Napoleão em Waterloo, amistoso.

Em Tours, os pulmões de Joseph Burton logo melhoraram. Os Burton ganharam outros dois filhos, Maria Catherine Eliza em agosto de 1823 e Edward Joseph Netterville em agosto de 1824. A família voltou à Inglaterra para o nascimento de Edward, sendo que ele e Maria foram batizados na igreja paroquial de Elstree.

De início, a vida para as crianças na França era pura brincadeira, cheia de prazeres infantis: comer folheados de maçã ("admiráveis", lembra Burton) na confeitaria de madame Fisterre e uvas do jardim; no tempo de calor, brincar de arca de Noé embaixo das sebes de buxo, subir pela cauda dos cavalos, colher cascas de caracol e prímulas nas veredas, brincar com três pointers pretos, Juno, Júpiter e Ponto.

As crianças ficavam mais ou menos a cargo dos empregados, enquanto os pais desfrutavam da vida social da colônia inglesa. Lembra Burton que na época não existiam esnobes, mas a comunidade de Tours era profunda e patrioticamente inglesa. Além de serem intensamente protestantes num país católico, os ingleses eram muito nacionalistas. "Qualquer inglês que, naqueles tempos, se recusasse a duelar com um francês era posto no ostracismo", conta Burton. "As moças inglesas que flertassem com estrangeiros eram desprezadas por aqueles ingleses que viveram em países negros. Mulheres brancas que fazem essas coisas baixam de nível."

A educação foi fortuita. O coronel Burton tinha apenas algumas tintas disso e daquilo e, mesmo que quisesse mais para os filhos, a instrução nunca foi tão sistemática como exigiriam pais de gerações futuras. No entanto, o pequeno Richard foi iniciado nos rudimentos de latim aos três anos de idade. Aos quatro, ganhou uma gramática de grego. (Burton achava que os pais pretendiam que ele fosse "aquela triste criatura, a criança-prodígio".) Então, de repente, os felizes anos de brincadeiras terminaram. Numa certa manhã, as crianças viram as cartilhas amarradas com fitinhas. Richard e Edward foram postos às pressas numa carruagem, e de lá seguiram para uma escola na cidade, dirigida por um irlandês expatriado de nome Clough. Pelo visto, devia ser uma escola bem pequena, com inglesinhos e francesinhos em carteiras riscadas e manchadas de tinta e um professor simpático apenas quando os pais estavam por perto. Certo dia, o sr. Clough fugiu por causa de suas dívidas, sendo substituído por sua irmã, e a isso se resumiu todo o aprendizado formal dos garotos Burton fora de casa. Em seguida veio um preceptor, John Gilchrist, adepto das vergastadas, para ensinar a desenhar, dançar, falar francês e tocar música, todas elas coisas indispensáveis para damas e cavalheiros ingleses do século XIX. Mas o estudo predileto dos dois garotos eram as armas, quase desde que começaram a andar, quando ganharam espingardinhas de pressão e espadas de madeira e latão.

Richard logo deu mostras de um traço violento em seu caráter. Aos cinco anos, quis matar o porteiro por ter troçado de suas armas de brinquedo. O coronel contratou várias moças e rapazes para manter a disciplina entre os filhos: trabalho ingrato. "Nós, os meninos, viramos perfeitos diabinhos, e fazíamos todas as estripulias, apesar da vara. Dávamos dor de cabeça a nossas *bonnes*, geralmente pegando e levantando suas anáguas." Quando uma babá recém-contratada levava os garotos para passear, eles a derrubavam e pulavam em cima com suas minúsculas botinhas.

Havia um ar de violência por toda parte. Às vezes, Gilchrist lhes dava reguadas nas mãos. As brigas entre crianças eram proibidas, mas os garotos ingleses e franceses, estes geralmente filhos dos camponeses, viviam brigando. Os Burton brigavam com os moleques franceses com paus e pedras, socos e bolas de neve. "Nossos pais não tinham muita idéia de como lidar com os filhos", disse Burton. Richard tinha um gênio ruim; era de maneiras rudes e, como disse sua sobrinha Georgiana Stisted, "arteiro como um mico", mas "adorava a mãe". Apesar de sua grosseria, "havia um lado doce em sua natureza. Gostava de todos os tipos de bichinhos e tentava salvar os feridos e os moribundos". Em suma, como escreveu a sobrinha, seus parentes costumavam considerá-lo "extremamente importuno e desagradável", mas "um dos meninos mais bondosos que jamais existiram".

Gilchrist tinha seus laivos de sadismo. Um dia, ele levou seus três jovens pupilos para assistir à execução na guilhotina de uma mulher que tinha envenenado os filhos. Mandou os Burton tamparem os olhos na hora em que caísse a lâmina. Claro que nenhum deles seguiu seus conselhos, e a imagem da cabeça cortada de início não provocou pesadelos, muito pelo contrário, deu origem a brincadeiras de guilhotina.

Mas os pesadelos haveriam de vir. Burton foi perseguido por vários, que prosseguiram na idade adulta. Em Sind, na região selvagem perto dos montes Beloch, ele atravessou um local assombrado por um Rosto Gigante, "restos de algum mago pagão cuja cabeça foi poupada, enquanto seu corpo foi entregue às chamas do inferno", o que lhe fez recordar os pesadelos constantes de sua infância:

> Algum dia [...] abandonado pela babá aos horrores de um grande quarto negro, você já viu um rosto arreganhado avançar em sua direção, vindo do vértice distante de um enorme cone que ficava na frente de seus olhos fechados — avançar aos poucos, mas implacavelmente, até que, apesar de lutar contra isso, os traços monstruosos estavam tão perto dos seus que você até conseguiria senti-los, e então, quase de repente, recuar, se afastar depressa, diminuir até não restar nada além das órbitas negras, e então desaparecer para voltar com todos os seus terrores? Se você já viu, há de entender o que quero dizer quando afirmo que isto [o Rosto Gigante] é uma forte superstição.

E mesmo depois, aos 59 anos de idade, em sua elegia *Kasidah*, ele falou do "fantasma negro de nossos medos infantis".

Quando criança, Burton se orgulhava de seu estoicismo. Podia suportar uma dor de dentes sem se queixar, e só notariam o problema quando o rosto inchasse. Tinha idéias ambíguas sobre o autocontrole. Conseguiria ficar olhando doces e cremes sem comê-los? Até que ponto ia seu autodomínio? Ficaria encarando a comida durante minutos, perguntando a si mesmo: terei a coragem de não tocar nela? Coragem tinha, mas, vencida a gula, dava a experiência por terminada e lá se iam os objetos do teste para a barriga.

Os jovens Burton também eram mentirosos, não mentirosos comuns e corriqueiros tentando fugir de situações desagradáveis, como por exemplo surras, mas pelo puro prazer de mentir. Segundo Burton, quando criança, ele mentia "impávido e resoluto".

> Eu costumava ridicularizar a idéia de que minha honra estivesse de alguma maneira ligada ao fato de falar a verdade. Considerava uma impertinência ser interrogado. Não conseguia entender a baixeza moral que podia haver numa mentira, a menos que fosse dita por medo das conseqüências de dizer a verdade ou que lançasse a culpa sobre uma outra pessoa. Esse sentimento continuou por muitos anos, e finalmente, como ocorre muito amiúde, tão logo entendi que a mentira é desprezível, ele se transformou no extremo oposto, um hábito desagradável de dizer escrupulosamente a verdade, fosse ou não o momento adequado.

Aos nove anos, Richard era praticamente um delinqüente consumado. Tendo surrupiado a espingarda do pai, tinha como alvo velhos monumentos do cemitério e atirava nos vitrais da igreja. Com outros meninos de sua idade ("todos os garotos anglo-franceses eram jovens brigões notáveis"), ele roubava nas lojas e fazia comentários obscenos para as moças francesas.

Por fim, o coronel chegou no limite. No começo de 1830, concluiu que, nesse clima estrangeiro, outras crianças inglesas não tinham revelado boas coisas e, vendo os crescentes sinais de delinqüência à sua frente, passou a temer pelo futuro dos filhos. Ademais, em 1830, o sentimento antibritânico era virulento. "As coisas começaram a ficar pretas", disse Burton. Ouviam-se comentários antiingleses nas ruas, e ocorriam incidentes. "Um oficial francês da linha de batalha que [...] se associou a moças inglesas foi insultado e morto num duelo covarde por um confeiteiro." Para os Burton, era hora de voltar para a Inglaterra.

A casa foi desmontada, e a família foi enviada de coche até Dieppe, para embarcar para "o frio mergulho na vida inglesa".

2. A INGLATERRA SOMBRIA E FULIGINOSA, A ENSOLARADA FRANÇA

"Foi doloroso desembarcar na Inglaterra", disse Burton. Para as crianças, o ar de Brighton, cheio de fumaça e fuligem, era irrespirável. O céu plúmbeo e frio lhes dava arrepios. "Na cidade, tudo parecia tão pequeno, tão afetado, tão mesquinho, as casinhas para cada família contrastavam tão melancolicamente com as grandes construções de Tours e Paris." As crianças não gostaram da comida grosseira e semicrua; acostumadas aos vinhos franceses, o porto, o sherry e a cerveja lhes pareciam "remédios fortes". O pior era o pão, "puro miolo e sem casca". O leite parecia feito de giz com água. "Os grandes pedaços de carne nos faziam pensar em Robinson Crusoé, e os vegetais *cuits à l'eau*, principalmente as batatas, que nunca tinham ouvido falar em *maître d'hôtel*, lembravam as raízes do homem primitivo."

Agora com dez anos, Richard podia ver as fissuras e rachaduras da vida inglesa. Posteriormente, em seu fragmento autobiográfico, ele criticou

> toda a sociedade das classes baixas, que parecia governada pelos punhos. A índole nacional, arrogante e ríspida, fazia um contraste curioso com os despreocupados franceses.
>
> As crianças pequenas socavam as cabeças das outras na areia, os meninos socavam as cabeças dos outros nas ruas, e naquela época não era incomum uma luta entre os homens.

E os homens batiam em suas mulheres.

O coronel Burton pensava numa formação universitária para seus filhos. Embora Eton fosse a preparação ideal para Oxford e Cambridge, um amigo, cometendo o que Burton definiu como "um erro crasso", sugeriu uma escola dirigida por um certo reverendo Charles Delafosse. Homem rude e atarracado que consumia uma quantidade fantástica de rapé, Delafosse mais parecia uma personagem de um romance oitocentista — talvez de Dickens, pensava Burton. "Ele era tão talhado para ser um mestre-escola quanto o grão-cã da Tartária." Delafosse tinha algumas qualidades que o salvavam: não batia nos alunos e às vezes voltava do jantar meio bêbado. A escola era dirigida sovinamente pela severa sra. Delafosse, pão-dura nas refeições. Richard raspava a manteiga de várias fatias de pão, até conseguir o suficiente num dos cantos para dar uma mordida decente. Magro e contundido pelas brigas constantes — ele se envolvia em lutas diárias —, todas as noites Richard ia dormir com fome.

As brigas eram inevitáveis. Richard tinha pavio curto, era suscetível e orgulhoso, e recebia tantas desfeitas que, como lembra depois, a certa altura estava com 32 casos de honra para resolver. As lutas se realizavam diariamente depois das aulas, entre os bancos rabiscados e marcados e as carteiras manchadas de tinta, tendo como juízes os meninos mais velhos. Edward, menos propenso a se sentir ofendido, não enfrentou tantas brigas. Na escola de Delafosse, as principais aquisições dos irmãos Burton foram "uma certa facilidade em usar nossos punhos e um desenvolvimento geral da brutalidade". Não foi apenas o corpo que sofreu na escola. Ao invés de aprenderem alguma coisa, os irmãos perderam boa parte do que já sabiam, principalmente o francês.

As lembranças de Burton sobre o período na escola eram tão dolorosas que ele nem conseguiu reconhecer um colega bastante íntimo, que encontrou anos depois na Índia. De fato, os anos de colégio e universidade, que Burton achava que eram lembrados com o maior prazer pela maioria dos rapazes, foram "um pesadelo para nós".

Antes de terminar o ano letivo, houve um surto de sarampo, vários meninos morreram e a escola foi fechada. Richard pegou sarampo, mas se recuperou. O coronel logo pôde se convencer de que a educação na Inglaterra era um fiasco. Além disso, sentia saudades dos tiros e caça aos javalis nas florestas francesas. Era hora de voltar para o Continente. Como de costume entre muitas famílias inglesas abastadas, os Burton contrataram preceptores — a srta. Ruxton, robusta e rubicunda, para Maria, e o sr. H. R. Du Pré, filho de um clérigo e formado em Oxford, para os meninos. Mais tarde, Burton lamentaria com um certo desânimo essa rejeição do país natal, sentindo que as famílias criadas no exterior perdiam todos os amigos que poderiam ser úteis no futuro. "Por termos sido criados no exterior, nunca entendemos inteiramente a sociedade inglesa, e nem a sociedade nos entendeu." O indivíduo criado fora de seu país, e especialmente fora de seu povoado e paróquia, era "um perdido, um extraviado, [...] uma chama de luz sem foco".

A questão era onde viver. O coronel Burton tinha sido muito feliz em Tours, mas, por razões que seu filho nunca revelou, relutava em voltar para lá. Agora arrastou a família para uma perambulação em busca do lugar perfeito para se instalar. Passaram por Orléans, mas tudo parecia cheirar a "ganso e fossa". Foram para Blois, onde havia uma considerável colônia inglesa. "Descrita uma colônia, estão descritas todas", disse Burton, sem entrar em detalhes.

Em Blois, a srta. Ruxton abandonou o cargo sem qualquer hesitação, deixando o ensino a cargo de sr. Du Pré. Ele montou uma escolinha com uma equipe para auxiliá-lo — um professor de latim e grego, um professor de francês, um mestre de danças e, o melhor de tudo, um mestre de esgrima que tinha perdido um polegar nas Guerras Napoleônicas. A esgrima se tornou o tópico favorito dos dois rapazes, usando floretes e espadas de verdade, e não de madeira.

E assim seguia a vida, com várias atividades, sem nenhuma grande exigência, sem pressões, mas ficando tediosa. Enquanto isso, os pais iam "imperceptivelmente ingressando na categoria de inválidos profissionais", como pessoas que vivem uma existência negativa e neurótica, sem fazer nada na vida "além de estar doentes".

Asmático e inquieto, o coronel suspirava pela Itália e seu sol. "Você vai matar sua mulher", disse a vovó Baker, que tinha ido cuidar da filha. Ela foi enviada para casa, e os Burton arrumaram as coisas e foram vaguear pela Provença. Anos depois, Burton ainda lembraria a impressão que lhe provocou a paisagem. Tudo "parecia fazer parte de um quadro [...] como um sol que incendiava as pedras. [...] Foi uma sensação e tanto".

De Marselha, eles embarcaram para Livorno, cidade fervilhante de bandidos e parasitas — até a cabeça da lavadeira parecia sair dos ombros, de tanto piolho —, "totalmente imprópria para morar". O coronel se mudou com a família para Pisa, onde encontrou moradia no lado sombreado — errado — do Arno. "O tédio do lugar era inacreditável", e o clima, "detestável". O desconforto era bastante grande. No frio ("islandês"), o único calor vinha de um braseiro no centro da sala. "Os empregados eram verdadeiros selvagens."

O problema da instrução continuou, somando-se à equipe um professor de italiano e, para ensinar um instrumento odiado, um mestre de violino, que fez seu aluno mais velho perder as estribeiras ao lhe dizer que as outras crianças eram animais, mas que Richard era um arquianimal. "Numa fúria raivosa, quebrei o violino na cabeça de meu mestre."

As andanças nunca paravam. O coronel Burton, numa busca frenética de alguma espécie de paz, agora se mudava à toa, esperando que, além do horizonte, pudesse existir uma cidade mais hospitaleira, com um clima melhor, uma colônia inglesa mais simpática. Em Siena, "quase todos os ingleses [...] eram foragidos da justiça, social ou criminal". A família passou por Perugia e foi para Florença, que imprimiu em Burton sua ambígua lembrança, agora bastante famosa: "As colônias continuam do jeito que começaram, e o rebanho anglo-florentino certamente continha, contém e sempre conterá algumas ovelhas bem negras". Mesmo assim, o velho coronel de Courcey tinha "algumas filhas encantadoras".

Indo passar a Semana Santa em Roma, o coronel ocupou aposentos na piazza di Spagna, onde se concentrava a colônia inglesa. Os garotos ficaram loucos com a cidade antiga, que consistia em ruínas ainda não escavadas nem restauradas. Encontraram tesouros inesperados, indo do Vaticano ao Capitólio, de igrejas a *palazzi*, de ruínas a ruínas. Freqüentavam as lojas de moedas e curiosidades, visitaram o velho Fórum e o Coliseu derruído, sem restaurações nem retoques, e excursionaram pelo campo.

Então se seguiram duas semanas em Nápoles. Em Sorrento, os garotos praticaram tiro de pistola e se divertiram com rinhas de galo, com as aves sem nenhuma arma. Bebiam às escondidas, e depois abertamente. "Estávamos crescidos demais para que nos controlassem, e o sr. Du Pré, dando bons motivos em certa ocasião, logo levou uma boa tareia." O coronel voltou a suas experiências químicas, enchendo a casa com "todo tipo de coisas abomináveis". A tia G. chegou com uma amiga, a srta. Morgan, que foi "a única pessoa na vida que falou conosco, as crianças, como seres racionais, em vez de ralhar e ameaçar". A bondosa "srta. Morgan conseguia com os pequenos o que todo o resto da casa falhava redondamente".

Saíram de Sorrento e se estabeleceram em Nápoles ("talvez a cidade mais dissoluta do continente"). Sobre as visitas inglesas, Burton lembra: "Seus princípios morais eram indescritíveis", mas "as moças eram bonitas". Então veio o cólera. Os Burton já o conheciam da França, de Siena e Roma. "Em Nápoles, apenas atiçou nossa curiosidade." Com a ajuda do criado italiano da casa, Richard e Edward arranjaram as roupas necessárias, "e quando as carroças dos mortos faziam a ronda nas horas mortas da noite, seguíamos as rondas com elas como papa-defuntos", ajudando a retirar os corpos das casas pobres e levando-os até as covas fora da cidade. "Nesses buracos de carne eram lançados os infelizes cadáveres dos pobres, depois de despidos dos trapos que lhes serviam de mortalha. Negros e rígidos, eram atirados nas valas como lixo, sobre a palha que apodrecia."

E havia ainda as prostitutas numa casa da outra rua. Richard e Edward, da sacada, fizeram sinal para uma das moças e combinaram uma farra. "Com muito dinheiro no bolso [...] a orgia foi tremenda, e tivemos sorte em chegar ilesos em casa, antes de amanhecer, quando o criado italiano nos deixou entrar." Mas a sra. Burton encontrou cartas "de extrema devassidão" das moças. "O resultado foi uma tremenda agitação." O coronel e Du Pré tentaram fustigar os garotos, que fugiram para o telhado, onde ficaram até serem perdoados.

Como o serviço militar tinha interrompido sua instrução, o coronel Burton havia decidido categoricamente que nenhum dos filhos entraria no exército. "Algum espírito maligno, provavelmente o sr. Du Pré", sugeriu que os meninos fossem enviados para Oxford, idéia detestada pelos dois. No entanto, para baixar a crista, foram avisados que entrariam em Oxford como "*sizars*, cavalheiros pobres sustentados por donativos de terceiros. Pode-se imaginar como nos sentimos". Mas o coronel havia decidido que seus filhos esgrimistas, atiradores, delinqüentes e freqüentadores de putas virariam clérigos e dariam prosseguimento à tradição familiar que fora interrompida somente por ele. Andava com a cabeça cheia de visões com os filhos levando uma vida luxuosa em prósperas paróquias rurais. Os dois garotos protestaram. Ambos não paravam de repetir que queriam ingressar na carreira militar. Mas o coronel foi inflexível. Havia também razões práticas: comprar um posto custava dinheiro, e o soldo não era bom; os militares não se destacavam pela inteligência, e era visível que os irmãos Burton tinham grandes dotes. Com sua decisão tomada, o coronel disse aos filhos que iriam freqüentar os dois clássicos centros de formação religiosa, Richard em Oxford e Edward em Cambridge.

Era hora de mudar novamente. O coronel Burton resolveu voltar para a França. A usual montanha de bagagens foi embalada nas enormes caixas daquela época, e a família embarcou num daqueles vapores costeiros ingleses que, como disse Burton num tom pejorativo, "infestavam o Mediterrâneo", e chegaram a Marselha no tempo aprazado. Percorreram a Provença, onde proliferavam os sentimentos antibritânicos, foram até os Pirineus e ficaram um bom tempo em Pau. Lá, os garotos foram convidados para entrar numa quadrilha de contrabandistas, mas o espírito de Richard, nessa época, estava mais entretido com mulheres do que com altas aventuras, lembrando L'Éstranges ("uma das filhas era uma mulher muito bem posta") e o velho capitão Sheridan, com "duas filhas bem apessoadas". Enquanto isso, os estudos dos rapazes continuavam a receber atenção constante. Dava-se ênfase não só aos clássicos, mas também ao desenho e à pintura. "Tive sorte em aprender. Pude fazer meus próprios desenhos e ilustrar meus livros", comenta Burton. E acrescenta uma idéia que, se tivesse se concretizado, teria sido boa para o mundo: "E nunca deixei de lamentar o fato de não ter exercitado o suficiente para conseguir registrar músicas de ouvido. Se pudesse, teria reunido cerca de duzentos motivos da Europa, Ásia, África e América, e montado um livro de anotações musicais que teria sido útil para um Bellini, Donizetti ou Boito".

Os irmãos agora já eram rapazes, e as tensões em casa aumentavam. O coronel transferiu a família, com os dois filhos indisciplinados, para as Termas de Lucca, onde teve início a inevitável desintegração familiar. Os rapazes eram ingovernáveis. "Realmente acho", disse Burton, "que não éramos bons membros de um lar." O gênio do coronel tinha azedado de vez. Já não podia bater nos filhos, mas sua língua sabia ser muito ferina. Du Pré ficou totalmente intimidado. Se tentasse dar aulas de grego ou latim, os jovens atiravam os livros pela janela e saíam para o campo, para esgrimir e atirar de pistola. "Experimentamos tudo o que se possa imaginar, inclusive mascar e fumar ópio."

Em meados do verão de 1840, veio o rompimento final. "Foi relativamente calmo", disse Burton. Em vez das separações espetacularmente emocionais das famílias italianas, que Burton parecia admirar, "a mãe inglesa", depois de quinze anos de hábito, consegue "se separar facilmente de seus filhos em troca de um último abraço lacrimejante".

A sra. Burton e Maria ficaram em Lucca, enquanto o coronel e os filhos seguiram para a Inglaterra. "Nós, garotos, lançávamos olhares saudosos para a encantadora terra que estávamos destinados a rever somente depois de outros dez anos. [...] Como nos sentimos melancólicos a caminho do gélido e doloroso Norte!"

3. ENTRE OS MERCEEIROS

O CORONEL BURTON E SEUS FILHOS chegaram à Inglaterra durante as férias de Oxford. Edward foi posto sob os cuidados de um pároco rural, um certo dr. Havergal, para um ano de ensino antes de ir para Cambridge. Havergal escreveu ao coronel recomendando que "Richard não deve manter correspondência com o irmão". Richard foi encaminhado a um tal dr. Sholefield, professor de estudos clássicos, tendo de mostrar o que sabia. Era "lamentavelmente deficiente" em Virgílio e Homero. Pior ainda,

> viu-se que eu, que falava francês e italiano e seus dialetos como um nativo, que tinha umas tintas consideráveis de *béarnais*, espanhol e provençal, mal sabia o Pai-Nosso, empacava no Credo e nunca tinha ouvido falar nos 39 Artigos — uma revelação terrível!

O homem que iria ajudá-lo a suprir as deficiências era o dr. William Alexander Greenhill, que acabara de se casar com Laura Ward, de uma importante família de intelectuais. "O sr. Du Pré sumiu e nunca mais foi visto", disse Burton aliviado. Greenhill é uma das poucas pessoas que tiveram uma profunda influência sobre a vida de Burton, e ajudou a encaminhá-lo — na época, despercebidamente — para seus interesses orientalistas. Além de dominar o latim e o grego, Greenhill também sabia árabe. Naquela ocasião, ele estava empenhado num estudo de obras médicas árabes e gregas, e poucos anos depois publicou uma tradução inglesa de um texto árabe sobre a varíola. Era também especialista em sir Thomas Browne; sua edição da *Religio medici* foi durante décadas a versão mais corrente. Escreveu biografias de vários indivíduos há muito tempo esquecidos, traduziu diversas obras espiritualistas, era membro do Movimento de Oxford, que reexaminava questões há muito tempo abandonadas pela Igreja anglicana, e era amigo íntimo do dr. John Henry Newman, a quem apresentou Burton. Embora tivesse apenas sete anos a mais do que Burton, Greenhill foi o primeiro verdadeiro erudito que ele conheceu. Greenhill não só orientou o aluno pouco promissor em latim e grego, como também preencheu as lacunas em sua formação religiosa e o apresentou a um conhecido arabista espanhol, dom Pascual de Gayangos.

Mas, afora a relação com Greenhill e seu círculo, o contato de Burton com Oxford não foi muito feliz. "A primeira visão de Oxford me estarreceu." Quando cruzava os portões da universidade, dois estudantes riram em sua cara, por causa da aparência estrangeira. Tendo sido insultado e acostumado ao decoro continental, Burton deu seu cartão ao rapaz mais alto, esperando um duelo. Em vez disso, recebeu explicações nervosas, "e segui tristemente em meu caminho, sentindo que tinha caído entre *épiciers*", disse Burton, empregando o termo francês para "merceeiros".

Oxford não iria melhorar. Seu porteiro o avisou dos trotes pregados pelos veteranos e lhe disse que trancasse a porta. Burton deixou a porta aberta, mas ficou com um atiçador em brasa na lareira. "Fazia parte daquela infeliz educação no exterior." Tendo ido na expectativa de estudos sérios, ele se deparava com gozações, bêbados e jogadores, trotes de veteranos e mestres retraídos e nervosos.

Vendo-se sozinho pela primeira vez na vida, desde aquele curto ano na escola de Delafosse (e mesmo então Edward estava com ele), Burton sentiu pontadas de solidão. Chegou a sentir falta até do pai, por mais rigoroso que tivesse sido com as falhas da educação do filho. Pelo que admitiu mais tarde, ele se sentia solitário e infeliz demais até para se meter em confusões. Logo superou suas deficiências com o auxílio de Greenhill e, graças a seu espírito inquisitivo, à excelente memória e à incrível capacidade de aprendizagem, em pouco tempo estava no mesmo nível da maioria dos colegas. Mas não sentia qualquer entusiasmo pela vida universitária. Em comparação com as riquezas da infância e juventude no Continente, Oxford não oferecia grandes atrativos. Burton chegou a descrever seus aposentos como um "par de buracos de cachorro". O serviço religioso, que era obrigatório, era um tédio, e as leituras que constituíam o núcleo de sua formação eram ou incompreensíveis ou inúteis.

Na década de 1840, Oxford estava passando, na opinião de Burton, por profundas transformações. Era um antigo mosteiro beneditino, e os membros mais antigos ainda conservavam uma espécie de inocência monacal. Seus conhecimentos acadêmicos eram os mais primitivos. Uma observação que deve ter aborrecido Burton, pois ele a menciona várias vezes (notadamente em *Vikram and the vampire* [Vikram e o vampiro]), se referia aos docentes da universidade, que, como questão filosófica séria, "eram capazes de perguntar se 'os gatos perdidos numa floresta se transformariam em tigres'".

Entre um corpo discente composto de mediocridades, os dotes especiais de Burton não recebiam qualquer estímulo. Salvo raras exceções, a universidade não passava de "um ninho de servilismo e bajulação". E não eram apenas os filhos de merceeiros, os insípidos muros cinzentos, as tediosas horas na capela e as leituras desinteressantes que o aborreciam. O primeiro dia em Trinity o pôs de frente com uma das coisas que mais detestava: a comida ruim. Seu "estômago estrangeiro" se revoltou. Ele reclamava dos pudins indigestos, do malte em lugar de vinho, das cervejas e *ales* pesadas, da interminável bebericação à mesa após as refeições.

Afora seus vários interesses intelectuais próprios, Burton percebeu que estava levando "uma vida monótona e sem graça". Tinha algumas aulas de manhã e o resto do dia era livre. Como não podia se dar ao luxo de manter seus próprios cavalos, seus divertimentos consistiam em "andar, remar e treinar armas". Suas caminhadas tinham uma finalidade. Havia um acampamento de ciganos nas densas florestas de Bagley Wood, onde eles conseguiram se refugiar dos preconceitos generalizados que enfrentavam. Ali, Burton conheceu uma atraente cigana chamada Selina, que, "vestida de sedas e cetins, se sentava para receber os xelins e as homenagens dos estudantes". Data daí a intensa atração de Burton pelos ciganos. Seria de supor que esses encontros com Selina tinham conotações sexuais, mas, anos depois, Burton comentou várias vezes "a rígida castidade das moças ciganas na Inglaterra e Espanha. Na verdade, na Europa de modo geral, onde um deslize levaria à morte certa". Do Indo a Gibraltar, a castidade física "sempre foi uma característica distintiva". Qualquer que tenha sido a relação com Selina, Burton aprendeu um pouco do romani falado entre os ciganos de Bagley Wood, pois, quando foi designado para a Índia, conseguiu associá-lo a várias línguas comuns em Sind e no Pundjab.

Uma das poucas experiências boas daquele ano para Burton foi quando o dr. Greenhill o apresentou a dom Pascual de Gayangos, o arabista espanhol. Cansado de um estudo intenso de latim e grego, Burton tinha "atacado o árabe" e tentava aprender o alfabeto sozinho, utilizando a famosa gramática árabe de Thomas Erpenius, um orientalista holandês do século XVII. Mas Burton não tinha conseguido captar um dos pontos mais básicos do árabe: em sua ignorância, ele escrevia as letras do alfabeto da esquerda para a direita, embora as palavras fossem lidas da direita para a esquerda. "Gayangos, quando viu esse procedimento, caiu na risada, e me mostrou como copiar o alfabeto." Burton queria freqüentar um curso regular de árabe, mas "naquele tempo não era fácil aprender árabe em Oxford". O único professor que poderia ensinar Burton não trabalharia apenas com um aluno, e assim Burton teve que continuar sozinho em sua faina. Sua decepção com Oxford ressoa em anos posteriores, ao lamentar que a universidade mais rica do mundo era pobre demais para ter a legião de professores necessários para uma formação adequada: além do mais, Oxford não ensinava sequer o córnico, o gaélico, o galês e o irlandês, línguas originais das ilhas.

Findo o semestre letivo do outono ("e pareceu longuíssimo"), Burton foi para Londres, para ficar com vovó Baker e suas tias. A casa não era animada — "uma casa só com mulheres raramente o é" —, de forma que ele e Edward alugaram outros alojamentos e passaram as férias de inverno desfrutando da mútua companhia. Então chegou o momento de voltar à universidade. Burton se sentia decididamente infeliz em Trinity. Sentia que os estudantes de modo geral "desaprovavam profundamente minhas maneiras estrangeiras, e minha franca aversão pelo colégio e pela universidade, em relação aos quais eu devia me mostrar sentimental, terno e romântico, era quase uma blasfêmia". Mas essa posição mais radical parece ser posterior, pois é contestada por Alfred Bate Richards, seu amigo mais íntimo de Oxford, o qual, muito tempo depois, escreveu que achava Burton "brilhante, meio arrebatado e muito popular", mas que "nenhum de nós previa sua futura grandeza".

No entanto, ele queria ser educado segundo seus próprios critérios. Irritava os professores falando o verdadeiro latim — isto é, o romano —, em vez do latim artificial típico da Inglaterra, e falava grego à maneira romaica, com a pronúncia ateniense, como havia aprendido com um comerciante grego em Marselha, além de dominar as formas clássicas. Tal proeza lingüística era um tributo ao admirável ouvido e memória de Burton, pois não passava de um adolescente quando esteve na Itália e no Sul da França.

No torvelinho desse ano em Oxford, além das línguas, Burton também se sentiu atraído pela filosofia e pelo misticismo. Começou a estudar o que chamava de "vias estranhas do saber", buscando uma certa espécie de conhecimento arcano, que viria a chamar de "gnose" e, no futuro, iria procurar fervorosamente na Índia e no Oriente Médio. Em suas férias de inverno, em Londres, ele tinha conhecido um homem chamado John Varley, ocultista praticante. Varley, de profissão, era artista, mas, sendo "miseravelmente pobre", tinha adotado a "astrologia prática", convertendo-a numa segunda profissão. Quando Burton o conheceu, ele havia acabado de publicar uma curiosa obra chamada *Zodiacal physiognomony* [Fisiognomonia zodiacal], que sustentava que todos os homens se pareciam de certa maneira com o signo astrológico sob o qual tinham nascido. Varley tirou o horóscopo de Burton e "prognosticou que eu seria um grande astrólogo". O episódio levou Burton a estudar obras ocultistas, e durante toda a vida ele manteve interesse pela astrologia e temas correlatos. Um outro interesse ocultista, conforme o definia Burton, era a "falcoaria" — o falcão, no misticismo muçulmano, era um símbolo da "alma exilada entre os corvos", como se considerava Burton entre os *épiciers* de Oxford.

Ao que parece, foi Varley que estimulou Burton a se envolver com a cabala, disciplina esotérica judaica medieval. O estudo correto da cabala exige um mestre ou "guru", e talvez Varley tenha desempenhado esse papel junto a Burton. Uma das figuras centrais nas leituras de Burton dos textos cabalísticos foi o famoso cabalista cristão Heinrich Cornelius Agrippa von Nettesheim, um equivalente germânico quinhentista do soldado-poeta português Camões, que posteriormente viria a constituir um interesse literário de Burton. Cornelius Agrippa, além de cabalista, tinha a fama de ser mago, homem de "gênio maravilhoso e variado" — andarilho e ex-mercenário que nunca deixou de ter emprego nas melhores cortes européias.

Mesmo sendo católico convicto durante toda a vida, as francas opiniões de Agrippa lhe valeram a inimizade da Inquisição; em Metz, ele desafiou a Igreja defendendo uma mulher acusada de feitiçaria; em Pavia, ensinou as doutrinas de Hermes Trismegisto ("Hermes triplamente grande"), sábio egípcio lendário cujos discípulos, os hermetistas dos três primeiros séculos cristãos, seguiam seus ensinamentos numa secreta busca de experiências místicas. Anos depois, num desses estudos intermitentes que, segundo suas esperanças, deviam levá-lo à misteriosa "gnose" que tanto buscava, Burton se dedicou por um breve tempo ao hermetismo. Ao que parece, também leu a obra mais famosa e controversa de Cornelius Agrippa, *De occulta philosophia*, proibida durante 21 anos pela Inquisição, que era uma defesa da magia "por meio da qual o homem pode chegar ao conhecimento da natureza e de Deus".

A cabala esquadrinhava significados ocultos e obscuros nos textos hebraicos sagrados, explorando cada camada do texto em busca das emanações da Sagrada Presença, com uma interpretação mística das palavras, letras, números e sons. Mas a consulta não se resumia aos textos hebraicos. Uma figura central no estudo das obras místicas era Isaac, o Cego, erudito provençal do começo do século XIII, que, além dos textos hebraicos, estudava textos gnósticos gregos e cristãos e certas obras de uma misteriosa irmandade sufista em Basra, os Irmãos da Sinceridade, cujas "Epístolas" também exerceriam uma breve influência indireta sobre Burton na Índia.

Um dos mais claros expositores das doutrinas cabalistas, cujas obras manuscritas se encontravam em Oxford, era o erudito espanhol trecentista Abraão Abuláfia de Saragoça, místico de pretensões messiânicas que tinha viajado até o Oriente Médio e o Norte da África, voltando com certas técnicas iogues hindus de sentar, respirar e orar ritmicamente, que foram introduzidas no ritual cabalístico por ele e seus discípulos.

Embora provavelmente Burton ainda não soubesse ler hebraico, a biblioteca de Oxford tinha pelo menos uma das obras em manuscrito de Abuláfia. Era *Sheeloth ha-Zaken* [Perguntas do velho], que dava instruções detalhadas para a criação de um *golem*, criatura artificial de barro que, embora sem poder falar, servia como uma espécie de criado e auxiliar doméstico, até que cresceu tanto que teve de ser destruído para que não subjugasse seu criador. Não foi apenas o hinduísmo que exerceu influência sobre o ritual cabalista e, portanto, também sutilmente sobre Burton. Havia temas referentes aos significados secretos das palavras, nomes e letras derivados dos sufistas, os indefiníveis místicos do islamismo, e numerologias, fórmulas e encantamentos ainda mais complexos que, para os iniciados, haveriam de remover os véus que ocultavam o "Grande Rosto", a imagem de Deus negada a todos e permitida apenas aos eleitos. Uma das influências importantes sobre a numerologia cabalística foi a estranha seita islâmica dos ismaelitas, conhecidos como "Adeptos do Sétimo", não só porque seguiam uma linha de sete imãs ou chefes religiosos, mas também porque o número sete era a chave de seus rituais e crenças. Dois anos depois, no Oeste da Índia, Burton iria se deparar com o misterioso imã ismaelita e ingressaria na seita.

A cabala foi talvez a influência intelectual mais importante na juventude de Burton, colocando-o em contato com obras que poderiam levá-lo a um conhecimento secreto. Nessa altura, ele era apenas um diletante, um curioso, mas o pouco que aprendeu serviu para prepará-lo para formas mais complexas e profundas de estudos esotéricos na Índia e no Oriente Médio.

O semestre da primavera se passou sem qualquer acontecimento notável para Burton, a não ser pelo fato de ter percebido que não tinha absolutamente nenhum interesse em continuar em Oxford: "Os professores em Trinity eram ótimos e refinados, mas eu não queria de forma nenhuma me transformar num deles". Os pais e a irmã de Burton agora estavam na Alemanha, a mãe com problemas do coração, o pai ofegando e arquejando como sempre. Vieram as férias de verão, Richard e Edward foram se reunir à família e começaram as inevitáveis andanças de uma agradável cidadezinha a outra. "Bonn, de uma maneira ou outra, sempre conseguia mostrar pelo menos uma garota bem bonita, com olhos azul-porcelana e cabelos cor de gengibre." Os jovens Burton dançavam sem parar, e Richard e Edward tentaram, sem conseguir, entrar numa das equipes universitárias de esgrima em Heidelberg. Mas havia um assunto mais urgente a tratar, um conflito tradicional entre gerações. Os dois rapazes abordaram o coronel a respeito de seus respectivos futuros. Ambos podiam argumentar que não eram de forma alguma talhados para a Igreja, e todos os seus interesses do momento apontavam para carreiras no exército. Richard pediu permissão para entrar no serviço militar — "o serviço austríaco, a Guarda suíça em Nápoles, ou até a Legião Estrangeira". Ou podia emigrar para o Canadá ou Austrália. Tendo concluído a aprendizagem com o dr. Havergal, Edward também disse que preferia entrar no grau mais baixo do exército do que ir para Cambridge. Mas o coronel fez pé firme, vislumbrando uma vida luxuosa de clérigo para os filhos em vez de sua estropiada carreira militar a meio-soldo. Vencido pela incompreensão do pai, Richard voltou para a Inglaterra "resolvido a deixar Oxford, *coûte que coûte*".

"É claro que minha atitude foi de uma temeridade pueril." Bebia, escrevia paródias de temas sagrados, fazia caricaturas dos diretores das faculdades, improvisava rimas obscenas, compunha epigramas e epitáfios nas ceias e coquetéis. Seu objetivo era ser "afastado", não expulso, mas suspenso temporariamente da universidade como forma de castigo. De momento, as autoridades simplesmente o ignoraram.

Em Londres, durante as férias de inverno, Richard e Edward tiveram um encontro que se revelou memorável. Conheceram os três filhos de um certo coronel White, dos Terceiros Dragões. Os White estavam se preparando para o serviço militar na Índia, e atiçaram o interesse dos Burton em relação a esse país e ao Oriente de modo geral. A Inglaterra tinha acabado de sofrer uma derrota maciça no Afeganistão, às mãos das forças nativas — houve uma baixa de cerca de 16 mil soldados. Com a morte de tantos oficiais na infeliz guerra com os afegãos, os rapazes concordavam que era uma boa hora para conseguir uma rápida promoção nos exércitos indianos. Mas o coronel Burton não queria nem ouvir falar dessas novas idéias dos filhos. Ainda estava decidido a transformá-los em clérigos.

A crise ocorreu na primavera, quando um famoso saltador de obstáculos chamado Oliver apareceu nas corridas locais de Oxford. Tolamente, as autoridades universitárias proibiram que os estudantes fossem assistir às corridas. Burton desafiou a proibição e foi. No dia seguinte, foi chamado perante as autoridades da universidade. Seus colegas baixaram a cabeça, mas Burton argumentou que não havia nenhuma baixeza moral em ir a uma corrida, que os universitários não deviam ser tratados como crianças e que "confiança gera confiança". Os outros estudantes receberam suspensão, mas Burton foi expulso. Com um outro colega afastado, ele foi embora no alto de um coche, tocando uma trombeta de quase um metro, passando por cima dos canteiros e mandando beijos com a mão para as belas mocinhas das lojas, enquanto lhe passavam pela cabeça os versos de um poema:

Abandono-te, Oxford, e é muito que te abomino,
Santa, pecadora, sabichona, pedante no ensino. *

Em Londres, Burton foi recebido pela vovó Baker e suas parentes, um tanto espantadas com sua inesperada aparição, pois sabiam que o semestre ainda não tinha terminado. Para ter um pouco de paz antes do inevitável acerto de contas com a família, Burton disse às tias que tinha recebido férias extraordinárias "como prêmio por ganhar dois primeiros lugares". Um clérigo que tinha ido jantar com eles desmascarou as evasivas de Burton dizendo: "Posto para fora, hein?". E era mesmo o caso. Quando o coronel soube da verdade, foi uma cena tremenda.

Já que um havia saído, seria prudente dar ao outro a permissão formal para sair também. O coronel escreveu a Edward, dizendo que não precisaria prosseguir na carreira eclesiástica — como se o filho estivesse labutando muito para entrar no sacerdócio. Quando lhe perguntaram o que pretendia fazer agora, Richard respondeu que preferia entrar no exército, mas optaria pelo serviço militar na Índia, pois lhe abriria mais o mundo e lhe daria melhores oportunidades na ativa. Havia duas alternativas no serviço militar na Índia: uma era nas forças armadas regulares do governo inglês — o serviço da rainha — e a outra era nas forças da Ilustre Companhia das Índias Orientais, a empresa comercial que detinha os direitos exclusivos de comércio na Índia e em outros lugares do Oriente.

A família de Burton não teve dificuldades em comprar um posto no exército da Companhia. "O que sei", disse Burton, "é que o posto custou quinhentas libras."

Ingressar nas fileiras dessa enorme e tentacular organização comercial parecia uma escolha temerária e arriscada, mas a cavalheiresca recusa do coronel Burton de depor contra a princesa Carolina, 22 anos antes, ainda sombreava as possibilidades de

---

* I leave thee Oxford, and I loathe thee well/ Thy saint, thy sinner, scholar, prig and swelt.

uma carreira militar regular para os filhos. Edward, porém, teve mais sorte do que o irmão, recebendo um posto no 37º Regimento de presente de lorde Fitzroy Somerset, futuro lorde Raglan, de renome na Criméia.

Ficou combinado que Richard embarcaria no final da primavera de 1842. Teve a oportunidade de aprender uma língua hindu com um lingüista escocês "sujo e fumarento", chamado Duncan Forbes. O hindustâni adquiriu tanta importância para Burton que, por algum tempo, ele renunciou à esgrima e ao boxe.

Burton não poderia ter encontrado um melhor professor para introduzi-lo no hindustâni e na riqueza cultural da Índia. Quando jovem, Forbes, que cresceu falando gaélico e foi educado na Academia Persa, conseguiu um lugar na Academia de Calcutá, criada pouco antes. Lá ele tomou contato com os estudos de línguas orientais que vinham sendo desenvolvidos pelos ingleses para seus soldados e funcionários. Os clássicos orientais, que estavam sendo traduzidos pelos ingleses de várias línguas nativas, não eram áridos fragmentos academicistas trazidos das morgues literárias da Índia. Os ingleses eram, em sua maioria, jovens com olhos e ouvidos aguçados para o lascivo, o erótico, o pitoresco e a novidade. Entre as obras que descobriram, estavam os chamados "Livros do papagaio", precursor hindu das *Mil e uma noites* (que em parte derivam de fontes indianas) e com vagas semelhanças com as *Fábulas* de Esopo e outros apólogos do gênero. Também tinham se deparado com algumas das obras abertamente eróticas, como as que Burton iria traduzir posteriormente, como *Ananga Ranga*, um popular manual matrimonial.

Problemas de saúde obrigaram Forbes a voltar para seu país após três anos em Calcutá. Ele entrou no corpo docente do King's College, em Londres, e fez rápidos progressos em árabe, persa, bengali e hindustâni. Forbes deu várias horas de aula de hindustâni a Burton, e logo chegou o momento da aceitação formal no exército da Companhia das Índias Orientais.

Burton prestou o juramento nos escritórios da Companhia, "um local extraordinariamente velho, insípido e enfumaçado".

Era tão grande a necessidade de soldados e oficiais depois da catástrofe afegã que a Companhia estava disposta a aceitar praticamente qualquer um.

O excesso da demanda explicava a curiosa presença dos futuros cadetes quando se reuniram para prestar juramento na Casa da Índia. Pareciam bisonhos campônios, a maioria com roupas feitas em casa. [...] O filho do coronel White, que estava ingressando no serviço militar naquele mesmo dia, e eu nos olhamos com absoluta consternação. Tínhamos caído entre jovens yahoos.*

Então Burton recebeu seus apetrechos, reclamando que os cadetes — ou seus pais — sempre eram vitimados pelos fornecedores da Inglaterra, que os entulhavam dos mais desnecessários uniformes, fuzis, pistolas, espadas e selas, totalmente inúteis, além de botas vagabundas, dicionários e gramáticas de hindustâni, os despachos of Wellington, os regulamentos do exército, a volumosa *History of India* [História da Índia] de Mill, e tudo o que conseguissem impingir aos incautos.

Burton também comprou um artigo que nem passou pela cabeça dos outros. Desde menino, provavelmente nos dias quentes da Itália, ele tinha aprendido as vantagens de raspar a cabeça para sentir menos calor. Assim, Burton comprou uma peruca para as ocasiões em que precisasse aparecer com cabelos. E comprou também uma bull terrier de Oxford, veterana de muitas brigas com cães e implacável com os ratos. A cadela já era velhinha, e Burton não explica por que não escolheu um cachorro mais novo. Finalmente estava pronto para ir para a Índia, uma terra que só conhecia de comentários, boatos e mitos. Não fazia idéia de onde iria ficar nem do que iria fazer. Esperava lutar contra os afegãos, mas, afora isso, seu futuro era uma incógnita.

---

* Referência à raça de animais com formas e vícios humanos que aparece nas *Viagens de Gulliver*, de J. Swift. (N. T.)

Quando embarcou, não tinha posto definido, mas, quando estava em viagem, o escritório do comandante em Bombaim o designou para o 18º Regimento da Infantaria Nativa de Bombaim. O que viria a fazer de sua vida nos próximos anos seria em parte ditado pela necessidade militar e pelos caprichos da história, mas basicamente determinado por sua fortíssima vontade e desmedida curiosidade.

4. O GRANDE JOGO

BURTON ESTAVA RUMANDO — ingenuamente e sem saber disso — para um papel no que veio a ser conhecido como "o Grande Jogo", um jogo de inteligência secreta que, se era divertido, era também mortal e constituiu uma fase da guerra velada entre a Inglaterra e a Rússia na disputa por territórios nativos da Ásia Central e Ocidental. Na época de Burton, os portugueses havia muito tempo já não eram rivais ativos no Oriente, os holandeses haviam se retirado para a Indonésia e os franceses, tendo perdido as Guerras Napoleônicas, também fracassaram na Índia, embora conservassem alguns minúsculos territórios isolados nas costas do sul. Aos olhos britânicos, o subcontinente estava muito bem dividido e governado, mas a oeste encontravam-se grandes presas de valor inestimável. Apesar das palavras do Parlamento inglês em sua lei de 1784 — "Executar planos de conquista e expansão do domínio na Índia são medidas que repugnam ao desejo, à honra e à política desta nação" —, meio século depois o Conselho de Diretores da Companhia das Índias Orientais, esquecendo hipocrisias anteriores, declarou que seus representantes na Índia não deveriam deixar passar "nenhuma aquisição justa e honrada de territórios". No começo do século XIX, viu-se que três grandes áreas requeriam pronta atenção e concentração: Sind, Pundjab e Afeganistão. Mais a oeste ficavam as riquíssimas e belicosas terras da Pérsia, cujos xás, no passado, tinham invadido e saqueado folgadamente a Índia, constituindo uma presa periférica que não devia ser ignorada. Na verdade, naquele exato momento, os ingleses estavam financiando e fornecendo auxílios secretos a sublevações contra o governo do xá qajar. Para além dessa região, na fronteira noroeste, ficavam os montanhosos estados do Himalaia, e ainda mais além as imensas estepes da Ásia Central, que ainda não estavam sob domínio russo, e eram governadas por vários príncipes de ímpar e legendária crueldade. Na ocasião, uma insatisfação geral lançava sikhs, sindis, baluchis, afegãos, persas e mais uma dúzia de outras tribos, subtribos e principados em lutas recíprocas, situação de que os ingleses procuravam tirar proveito.

A Ilustre Companhia das Índias Orientais — popularmente conhecida como Companhia de João* — ainda se encontrava no auge quando Burton foi aceito entre suas fileiras, mas a decadência já estava medrando. O governo, alarmado com os excessos da Companhia e seus funcionários comerciais (os "cavalheiros" eram expressamente excluídos de suas alas), vinha havia cinqüenta anos impondo restrições a ela. Em 1813, o monopólio comercial da Companhia na Índia foi abolido, ainda que continuasse como "governante" da Índia, trabalhando como agente privada da Coroa nos campos comercial e administrativo, e foi autorizada a conservar o rendosíssimo monopólio comercial com a China, cuja principal mercadoria era o ópio, com o algodão em segundo lugar. No entanto, quase 250 anos de exploração dos hindus, de cupidez e desmandos, de corrupção e negócios escusos tinham desgastado a tal ponto a eficiência da Companhia que, na época em que Burton foi contratado, lhe restavam apenas quinze anos de sobrevivência.

O centro do sucesso da Companhia era o ópio, de tal importância para seus balancetes que os diretores se dispunham a entrar em guerra para manter os mercados, travando a chamada Guerra do Ópio com a China em 1839-42, para forçar um mercado aberto contra a vontade dos chineses, daí resultando que "em nenhum período da história dessa mercadoria seu comércio com a China foi tão grande e profícuo [...]". Só o porto de Bombaim, em 1844, exportou para a China 1,8 milhão de libras de ópio malwa, importante variedade do produto, e 500 mil

---

* Referência ao Preste João, figura lendária descendente de Ogier, o Dinamarquês, que reinava no interior da Ásia, dono de fabulosas riquezas e que alimentou muitos mitos no Ocidente. (N. T.)

libras de algodão indiano — a China, depois de graves períodos de fome, tinha trocado a cultura de algodão pelo plantio de alimentos. No mesmo ano, o total geral de exportações legais da e para a Inglaterra foi de apenas 2 milhões de libras.

Mas a Companhia não se restringia ao comércio. A Rússia era um constante inimigo invisível — e às vezes visível. Em 1832, os ingleses estavam absolutamente convencidos, chegando às raias da paranóia, de que a principal ameaça à Ásia Ocidental e ao domínio britânico na Índia já não consistia nos distantes franceses ou nos príncipes nativos do Pundjab e territórios vizinhos — em particular, Sind e Pérsia —, mas exclusivamente na Rússia. Via-se o dedo ardiloso do czar por trás de cada pequena revolta, de cada boato de bazar. A cobiça russa pela Índia era detectada pelos funcionários da Companhia de João em Calcutá e pela Coroa em Londres. Somavam-se ao espectro figuras estranhas e irresponsáveis. David Urquhart, definido como uma "espécie de Messias", que fez carreira promovendo interesses turcos na Rússia e trabalhou em missões secretas e abertas a serviço do sultão, alertava diariamente sobre o perigo russo e mantinha o povo inglês atento à ameaça. Urquhart tinha uma credibilidade especial — não foi ele que introduziu o banho turco em Londres, e não possuía um harém à turca, composto de mulheres de várias partes do império do sultão? Na Pérsia, o chefe da missão inglesa, dr. John M'Neill, achava que era ali que "o risco para os interesses britânicos é maior e mais iminente. [...] A Gazeta de Moscou ameaça ditar em Calcutá o próximo armistício com a Inglaterra". E assim por diante, com vozes e mais vozes se erguendo contra o perigo. Mas os russos viam as coisas de outra maneira: o conde Nesselrode, secretário de Estado russo, em outubro de 1838, se queixou a seu embaixador em Londres da "incansável atividade desenvolvida pelos viajantes [agentes] ingleses espalhando o desassossego entre os povos da Ásia Central e levando a agitação, inclusive ao coração dos países junto a nossas fronteiras, enquanto de nossa parte pedimos apenas para ser admitidos na concorrência limpa pelas vantagens comerciais da Ásia".

No Afeganistão, uma disputa dinástica entre dois irmãos

forneceu o pretexto à Companhia de João para invadir e ocupar o país, assim frustrando os russos, cujos "generais" tinham se empenhado para que os exércitos dos vários príncipes nativos dirigissem suas munições uns contra os outros ou contra os persas; em muitos casos, os exércitos adversários tinham como oficiais mercenários ingleses, franceses ou italianos, que freqüentemente eram veteranos das Guerras Napoleônicas. O governante afegão legítimo, o xá Shuja, teve de se exilar por imposição de seu irmão mais novo, o ferocíssimo Dost Muhammad al-Mulk. Depois de um refúgio temporário em Lahore, onde o astuto chefe sikh Ranjit Singh o aliviou de uma rara coleção de jóias, entre elas o famoso e viajadíssimo diamante Koh-i-noor — "Montanha de Luz" —, o xá encontrou proteção junto à Companhia das Índias Orientais em Peshawar, antiga e romântica cidade do lado oriental do desfiladeiro Khyber. A Companhia via o exilado Shuja como meio de conquistar o controle do Afeganistão. Agora, Dost Muhammad vinha dando uma boa acolhida a persas e russos em sua corte em Cabul, e os agentes do czar estavam trabalhando abertamente. Enquanto isso, os ingleses percorriam ativamente o Sind a jusante do Indo, e iam a montante até o Pundjab, onde Ranjit Singh lhes assegurou que os apoiaria numa invasão do Afeganistão.

A figura central nessas operações era o jovem e brilhante oficial político Alexander Burnes, que tinha violado tratados impostos aos sindis subindo o Indo até Lahore, onde fez acordos com Ranjit Singh e os chefes sikhs. A seguir, Burnes foi até as grandes estepes da Ásia Central, para espionar o canato de Bokhara e procurar outras presas em potencial, ato de exploração audaciosa que lhe valeu a aura de celebridade na sociedade londrina quando em visita à Inglaterra, antes de retornar à sua unidade na Índia Ocidental.

As manobras bélicas dos ingleses, principalmente em Sind, apesar de todas as justificativas em nome de interesses "comerciais" pacíficos, tinham despertado preocupação nas cortes nativas, e a presença de tantos ingleses, com e sem disfarces, nas planícies, nos desfiladeiros, nos vales, no próprio Afeganistão, e até nos distantes canatos da Ásia Central, inquietava a corte em Cabul. Mas, "meu amigo", disse lorde Auckland, o governador-geral inglês da Índia, a Dost Muhammad, "você bem sabe que o governo inglês não costuma interferir nos assuntos de outras nações independentes".

No entanto, a invasão do Afeganistão se deu em fevereiro de 1839, quando os ingleses reuniram um exército de vários contingentes brancos e nativos e marcharam pelo desfiladeiro Khyber, tomando com bastante facilidade a principal cidade, Cabul. O exército se compunha de 9500 ingleses e cerca de 6 mil soldados nativos, muitos sendo muçulmanos do Pundjab mobilizados pelo xá Shuja, e o número surpreendente de 38 mil vivandeiros. A resistência foi pequena: Dost Muhammad não se opôs aos invasores, e a defesa de Ghazni, uma das cidades lendárias da Ásia, foi conduzida, escreve Burton, por uma "ralé". Shuja foi alçado ao governo.

Inesperadamente, mais abaixo na escaldante planície do Pundjab, Ranjit Singh começou a definhar por causas misteriosas, provavelmente uma sucessão de ataques apopléticos exacerbados por seu exuberante estilo de vida, e logo morreu, deixando exposto o flanco britânico, pois todo o abastecimento do exército no Afeganistão tinha de atravessar o Pundjab e agora os vários poderosos chefes pundjabis, com sua recente independência depois do férreo controle de Ranjit Singh, iriam começar a ameaçar as linhas de comunicação inglesas.

O velho Leão do Pundjab foi cremado segundo o antigo rito sacrificial da tradição, conhecido como *sati*, que significa "fidelidade" e designa a devoção das mulheres mesmo após a morte do homem. As quatro mulheres de Ranjit Singh morreram nas chamas com outras cinco dançarinas favoritas, sendo uma delas a formosa Lótus, mulher conhecida em toda a Ásia Ocidental por sua graça e encanto, e que tinha o especial apreço dos oficiais ingleses na corte. "Elas morreram — nove criaturas vivas morrendo juntas sem um grito ou gemido", lamentou um jovem oficial inglês, o capitão W. G. Osborne, quando soube da cremação.

Talvez fosse possível evitar a tragédia que se seguiu. Foi apenas em 1861 que vieram à luz as alterações feitas em alguns despachos de Alexander Burnes, de Cabul, transmitindo "opiniões opostas às dele". Mas não importa. Em novembro de 1841, Burnes e seu irmão Charles foram mortos por uma turba, perto da casa deles, e seus corpos foram estraçalhados. O comandante inglês, sir William Macnaghten, não fez nada. A violência prosseguiu, com outras mortes de ingleses. O xá Shuja, agora praticamente prisioneiro da turba, "perdeu todo o domínio de si", segundo lady Florentia Sale, mulher de um dos altos oficiais ingleses, "e disse às 860 mulheres de sua zenana [harém] que, se o aquartelamento caísse nas mãos do inimigo, ele envenenaria todas elas". Em 23 de dezembro, Macnaghten e três outros oficiais foram a cavalo se encontrar com Akhbar Khan, filho de Dost Muhammad, então exilado. Macnaghten e um oficial foram abatidos a bala, e os outros dois foram presos. As cabeças dos dois assassinados ficaram penduradas em ganchos num açougue do bazar.

Logo se iniciaram revoltas entre as tribos mais afastadas, e no final de 1841 a agitação tinha chegado até Cabul. Agora reinando o caos total, com quadrilhas armadas percorrendo as ruas, os chefes ingleses restantes decidiram que a única solução seria a retirada. Alguns oficiais foram entregues como reféns, junto com as mulheres dos oficiais de patente mais alta. Algumas mulheres dos militares de baixa patente abandonaram os maridos, vestiram trajes afegãos e foram se juntar ao inimigo. Depois de negociarem o que julgavam ser um salvo-conduto para sair do Afeganistão, os ingleses partiram em 5 de janeiro de 1842, para se refugiar nas quentes planícies da Índia: cerca de 16 mil pessoas, soldados ingleses e nativos, além de vivandeiros. Todos os 16 mil foram dizimados na famosa retirada por desfiladeiros cobertos de neve, sob ataques constantes das tribos afegãs, armadas de facas e espadas. Houve apenas um sobrevivente, o dr. William Brydon, cujo nome na Inglaterra se tornou um símbolo da bravura vitoriana.

Tais foram, resumidamente, os emaranhados acontecimentos e a grande tragédia que levaram o jovem Richard Burton a desempenhar na Índia um papel no Grande Jogo.

5. O GRIFO

Em 18 de junho de 1842, "devidamente pranteado", Burton saiu de Greenwich a bordo do navio *John Knox* para uma viagem de quatro meses até a Índia, partindo "com o mínimo de pesar", sem qualquer saudade a não ser dos parentes, esperando servir na campanha que retomaria o Afeganistão e vingaria a trágica derrota do exército de ocupação. Com Burton, encontravam-se no navio mais outros vinte subtenentes (costumavam ser chamados de grifos, na gíria militar corrente), tão ansiosos quanto ele para entrar na ativa. O que mais lhe agradou no *John Knox* foram os três criados nativos que falavam hindustâni. Durante a viagem, Burton lutou boxe com o capitão, ensinou a arte da espada a seus colegas grifos, banhou-se ao lado do navio num velame para afastar os tubarões, e atirou em algumas "pobres aves". Passou a maior parte do tempo, disse ele, se dedicando ao hindustâni. Leu todos os livros orientais a bordo, mas o melhor de tudo era poder conversar com os criados. O *John Knox* contornou o gélido cabo da Boa Esperança, "e foi uma cena maravilhosa", enquanto "as ondas com quilômetros de comprimento vinham do pólo Sul". Passaram-se quatro meses numa bruma onírica de diversão e trabalho, de tédio e fugazes relances de entusiasmo. Nesse ínterim, os fatos tinham se alterado radicalmente na Índia, e grandes campanhas, que iriam afetar a vida de Burton, já começavam a avançar com o profundo ímpeto dos exércitos em guerra.

Na noite de 27 de outubro, o *John Knox* atravessou as redes e estacas de pesca dos baixios na costa de Bombaim e ancorou entre os *pattymars** e outras embarcações nativas, à espera do

---

* Embarcação de vela triangular, com um a três mastros, usada na Índia. (N. T.)

amanhecer. A quilômetros de distância da costa, os grifos tinham percebido "aquele leve aroma picante, como se houvesse caril no ar, que nas residências parece se cruzar com um cheiro de drogas, como se fosse a farmácia de um boticário". Na manhã do dia 28, quando o sol nascente mostrou as formas de Bombaim se estendendo romanticamente além do porto e o calor do dia começou a arder com a intensidade própria dos trópicos, o piloto do governo subiu a bordo. Foi imediatamente crivado de perguntas sobre o Afeganistão, sonho de todos os grifos e preocupação dos outros passageiros.

"E a guerra?", lhe perguntaram. Com sua resposta, todas as esperanças se reduziram a zero. Lorde Ellenborough tinha sucedido a lorde Auckland. O exército vingador tinha voltado pelo desfiladeiro Khyber. A campanha havia terminado. Ghuzni caíra, os prisioneiros tinham sido entregues. Pollock, Sale e Pratt tinham logrado pleno êxito, e não havia nenhuma possibilidade de conseguir o posto de comandante ainda nesse ano.

Um "barco costeiro miserável" desembarcou os grifos no "imundo" Appolo Bunder. Burton logo notou que "Appolo Bunder" era a corruptela inglesa de *apalawaya*, termo marata. Quanto a Bombaim, ele preferia a interpretação hindu de que o nome correspondia à corruptela da antiga Mombadevi, uma deusa tribal local, em vez da possível expressão portuguesa, mais razoável, "Boa Baía".

Burton e seus companheiros trocaram apertos de mão e, "não sem uma ponta de dor no coração", seguiram para seus afazeres. No Bunder, Burton teve um imediato e agradável sucesso: as aulas de língua com Forbes e as conversas constantes a bordo do *John Knox* lhe permitiram, quando começou a falar em hindustâni, "desembarcar com *éclat* como grifo novato e assombrar a multidão de palanquineiros que me acotovelavam, puxavam e empurravam na ponta do cais, com a vivacidade e a rapidez de vocabulário".

Ao pisar pela primeira vez em solo indiano, Burton se deparou com uma miséria e uma sujeira que nunca tinha visto nos cortiços de Nápoles e Roma ou em qualquer outro lugar da Europa. O período das chuvas tinha terminado, mas o céu nunca se abria. Mesmo quando fazia tempo bom, o clima ia contra ele e "o sol parecia acabar com toda a cor da paisagem". As decepções logo se somaram. Burton tinha vislumbrado Bombaim em termos poéticos:

> *Dizem, Bombaim, que tuas torres brilham*
> *Por sobre o mar azul-profundo.* *

O sentimentalismo lhe pareceu absurdo. "A baía tão celebrada podia ser tudo, menos bonita." As águas do porto outrora magnífico eram imundas. Não havia nenhuma torre, exceto os mirrados pináculos da catedral anglicana, que, segundo ele, parecia uma igreja de aldeia, já marcada pelos rigores dos trópicos — "manchada e corroída como se fosse gangrena". O velho forte português — imprestável para a defesa — era, disse ele, "lúgubre". Ficou também estarrecido ao ver pela primeira vez um cipaio — soldado hindu —, "com rosto encardido, cabelo ensebado, braços como cabos de vassoura e corpo de múmia". Seria esse o tipo de homem que ele iria comandar, o tipo de soldado de que sua vida poderia depender numa batalha? Mais tarde, Burton passou a apreciar o cipaio como soldado, mas naquele momento ficou chocado com o uniforme, que consistia num casaco vermelho desbotado e calças de brim azul.

Mesmo assim, apesar dessas decepções de momento, a seus pés estendia-se uma cidade romântica e emocionante. Bombaim na década de 1840 era rude e grosseira, uma ilha estreita e comprida formada por ilhas menores que se juntavam aos poucos, conforme as pequenas enseadas e canais internos iam se preenchendo. A cidade mostrava traços de seus ocupantes anteriores,

---

* Thy towers, Bombay, gleam bright, they say,/ Across the dark blue sea.

os rajás hindus, depois os muçulmanos, que a cederam aos portugueses, os quais, por sua vez, a transferiram para os ingleses como parte do dote de Catarina de Bragança em seu casamento com Carlos II em 1662.

A princípio, a sujeira, os cheiros e a brutalidade de Bombaim chocaram Burton. Devia voltar para o *John Knox*? Ele e os outros grifos estavam hospedados numa estalagem destroçada, o British Hotel, "não só imundo, mas extremamente caro [...] puro desasseio aos mais altos preços". Uma das reclamações constantes de Burton era que os oficiais do exército da Companhia tinham de pagar o alojamento em todos os lugares em que estavam de serviço.

Mas o British Hotel lhe reservava uma surpresa agradável. À espera dos grifos no salão estava um *munshi* — professor —, no caso um professor de línguas, um certo Dosabhai Sohrabji, parse de barbas brancas, muito esperto, tido como o melhor professor de Bombaim. Sohrabji ensinava gujerate, hindustâni e persa ("este último o usual produto indiano barato", disse Burton). Sohrabji "conseguiu estragar sua reputação publicando um livro em inglês e nessas três línguas, onde mostrava seu absoluto despreparo". Mas o *munshi* era "muito bom quando não tinha pretensões", e deu como textos básicos a Burton o *Akhlaq-i-Hindi* e o *Tota-Kahani*, livros que Forbes já havia lhe apresentado. Burton ficaria amigo do velho parse e, como dizia freqüentemente, o *munshi* "sempre costumava citar seu aluno como uma pessoa capaz de aprender uma língua correndo".

Tirante suas aulas de línguas, Burton achava a vida no hotel insuportável. O edifício tresandava a caril. Como em muitos locais desses no Oriente, ainda hoje, as divisórias de fina musselina não iam até o forro do teto. Oficiais bêbados subiam em cadeiras e espiavam nos quartos vizinhos. A falta de privacidade deixava Burton "doente de raiva".

Depois de uma semana no British Hotel, Burton ficou com diarréia e, graças aos bons préstimos do cirurgião do forte, Paddy Ryan, foi transferido para o que era eufemisticamente chamado de *sanitarium*. Ryan receitou como remédio um bom vinho do Porto, e Burton raciocinou que, se o porto curava, também devia ser um bom preventivo, e a partir daí a bebida passou a fazer parte de sua dieta.

O trabalho parecia ser o único paliativo. Burton se atirou a seus estudos lingüísticos. Exercitava com Sohrabji seu hindustâni cada vez mais fluente e começou a aprender gujerate e persa, abstraindo o espírito dos tristes alojamentos ("impróprio para abrigar o cão de um inglês") e dos deprimentes odores que vinham dos crematórios vizinhos — "o cheiro de hindu queimado era extremamente desagradável".

Burton percebeu que tinha trocado o exílio nas colônias inglesas da Europa e a vida cinza e monótona de Oxford e Londres pelo exílio na Pequena Inglaterra de Bombaim. Era uma sociedade exigente e restrita, e Burton não escapava a suas restrições. "Em 1842", disse ele, "havia pouquíssimas caras brancas em Bombaim." Uma contemporânea, a sra. Elwood, comentou que não havia nem "quinhentos [europeus] respeitáveis" na cidade. A única coisa que ocupava as pessoas era uma sucessão interminável de atividades sociais. "Mas", disse Burton, "jantares indigestos não são bons num banho turco; os bailes não têm muita cotação num lugar de eterna canícula. [...] As visitas viram um castigo."

Ele não conseguia suportar a sociedade de Bombaim. "Eu ficava numa pasmaceira total em presença deles." Burton reclamava que o grupinho inglês não era uma colônia, mas uma guarnição, onde todo mundo sabia da vida do outro. Além disso, "as crianças eram educadas de uma maneira pavorosa, e aos cinco anos usavam uma linguagem de arrepiar os cabelos de um carregador".

Mas havia um outro lado em sua vida, mais agradável do que aturar reuniões sociais com recatados memsahibs e filhos de escriturários e homens de negócios. No *sanitarium* junto ao mar, Burton entrou na "vida de farra e folia", como dizia ele, dos outros residentes, um dos quais lhe mostrou "todos os tipos de malandragem, apresentando-me à vida nativa que é melhor nem comentar". Ele se referia aos bordéis de Bombaim, onde as mulheres ficam na porta de barracas que parecem jaulas, com barras de ferro na frente, fazendo convites. De início, ele reclamava dos dias insípidos: "A vida se restringia a uma cavalgada solitária (ao amanhecer e no final da tarde), um dia monótono e sem graça" — mas à noite ele descobriu

> alguns locais de dissipação — para usar um termo brando — como o bazar Bhendi, cujas atrações consistem em jovens de tez escura com roupas berrantes, jóias de imitação e fixador no cabelo à base de óleo de noz de coca, e cujas diversões especiais eram uma "pancadaria" de vez em quando — uma versão bárbara do pessoal da universidade.

Os bazares de Bombaim eram locais animados à noite. Numa passagem de sua tradução ágil e solta do *Kama Sutra* (1883), onde não hesitou em acrescentar elementos de sua experiência pessoal ao que faltava no original, Burton escreveu algo que lhe parecia válido tanto para o século VI, em que foi composto, quanto para o século XIX:

> Uma cortesã, bem vestida e enfeitada, se sentava ou se postava à porta de sua casa, e sem se expor demais ficava olhando a via pública, de modo a ser vista pelo passante, como um objeto à venda.

Foi nessa época que ele deu início a seus primeiros cadernos de anotações e observações etnológicas que lhe serviriam de fonte para trabalhos futuros. Decerto se sentindo irritado com seus conterrâneos ingleses, logo veio a considerar Bombaim — na verdade, tudo o que via na Índia e, mais tarde, em outras partes do Oriente — maravilhosamente interessante, pois tudo era pitoresco e exótico. Apesar de suas constantes reclamações, esta era a Índia, imensa, complexa, formigante de gente de todas as raças, cores, línguas e religiões.

Antes de completar seis semanas de permanência em Bombaim, Burton recebeu ordens da Companhia enviando-o para a

18ª Infantaria Nativa de Bombaim em Baroda, uma cidade em Gujerate. Com essa nomeação, Burton finalmente se convertia em membro pleno e formal da classe e casta dominante da Índia. Arrumou seus apetrechos. Precisava de um cavalo. "Eu tinha rejeitado categoricamente o chamado cavalo árabe — um animal bastardo do golfo Pérsico", pois era o tipo de montaria que os comerciantes locais convenciam o oficial médio a comprar a preços exorbitantes. Burton adquiriu um cavalo indiano, um kattywar.

Era um baio brilhante, malhado e calçado de negro, um animal muito manhoso, dado a todos os pecados da carne eqüina, mas vivo como um puro-sangue. O cavalo e seu dono combinavam perfeitamente.

E como todo oficial, todo inglês e toda família branca sempre tinha o número de empregados que pudesse se permitir, ele contratou uma família de Goa, encabeçada por um certo Salvador Soares. Salvador foi bastante útil para os textos de Burton, servindo de porta-voz de várias anedotas sobre um jovem oficial inglês, que o leitor arguto pode identificar como o próprio Burton.*

Com o kattywar, a comitiva de criados mestiços, a bull terrier, uma quantidade enorme de baús, um sólido domínio do hindustâni e uma boa reserva de vinho do Porto, Burton embarcou num pattymar de dois mastros, para a viagem até Gujerate ao norte. Foi uma travessia tranqüila, percorrendo de setenta a oitenta milhas por dia em águas mansas, o que devia fazer as delícias de Burton, agora totalmente apaixonado pela Índia. Era a primeira vez que ficava totalmente sozinho entre hindus, sem

---

* Burton preferia empregados goeses, porque "criavam menos problemas do que os hindus e muçulmanos", pois os primeiros, enquanto vegetarianos, não gostavam de trabalhar para europeus sem casta e carnívoros, e os segundos achavam que o islamismo era superior ao cristianismo dos brancos. Os goeses eram uma mistura de indianos da casta inferior e portugueses do enclave lusitano de Kontan, costa sul de Bombaim.

brancos que lhe lembrassem a terra e o povo que não lhe despertavam qualquer sentimento mais profundo. Foi um percurso que ele repetiria várias vezes nos próximos anos, seja para Gujerate ou para a província ocidental de Sind, sempre agradável, com paradas raramente visitadas por europeus.

O pattymar aportou primeiramente na cidade indiana santa de Dwarka, em Cutch, "guardada externamente por tubarões e cheia de mercenários ferozes e fanáticos", então seguindo pela costa a leste até Surat, a primeira sede da Ilustre Companhia das Índias Orientais e seio do Império britânico na Índia, onde aos "conterrâneos meio piratas" de Burton seguiram-se os portugueses, os holandeses e os franceses. As magníficas tumbas dos europeus mortos em Surat mostravam o sucesso que tinham alcançado como comerciantes na curta vida que os trópicos lhes concediam. "O cemitério antigo", escreveu Burton na primeira de uma série de homenagens aos bravos antepassados, "não carecia de um certo interesse bárbaro", mas não conseguiu encontrar o túmulo de Thomas Coryat, por quem nutria uma admiração de longa data. Burton ficava particularmente fascinado pelos túmulos de pessoas pelas quais sentia uma afinidade especial, andarilhos, lingüistas, aventureiros, eruditos, homens intrépidos e inteligentes que considerava como ancestrais espirituais e intelectuais. Aqui se tratava de Thomas Coryat — "Tom Coryate das Cruas Realidades", como dizia Burton —, inglês nascido em 1577. Depois de percorrer a Europa, ele publicou em 1611 um relato dessas viagens com o título *Coryate's crudities, hastily gobbled up in five months travells...* [As cruas realidades de Coryate, rapidamente devoradas em cinco meses de viagens]. Ele foi a pé até a Ásia, esmolando pela Grécia, pela Terra Santa e a Pérsia, e depois de visitar o grande mogul, estabeleceu-se em Surat, como místico e pedinte devoto.

Por mais que procurasse o túmulo de Coryat, Burton não conseguiu encontrá-lo. Só mais tarde soube que seu informante nativo lhe dera indicações erradas e que Coryat estava enterrado mais adiante, rio abaixo.

Por fim, cheio de visões que seriam inimagináveis nos dias

tristes e decepcionantes de Oxford, Burton desembarcou em Tunkaria-Bunder, mangue com um atracadouro numa praia no golfo de Cambraia. Não estando disposto a agüentar a garupa de seu nervoso rocim kattywar nos três ou quatro dias de caminhada pela frente, ele alugou umas carroças nativas e numa delas estendeu um colchão para si, "bastante confortável para membros jovens e nervos fortes". Partiu pelo campo, "verde como uma mesa de jogo, e igualmente plano". Tudo transbordava de "vistas, sons e cheiros tipicamente indianos". Os guinchos dos macacos, o alarido das trombetas de concha no final da tarde chamando os fiéis para os templos dos povoados, os "pavões gritando boa-noite ao sol" lhe causaram tanta impressão quanto o cheiro dos fogos de cozinha, alimentados com estrume de vaca. E o ar, depois dos fedores de Bombaim, era "suave e agradável".

De repente se viu em Baroda, e encontrou o caminho que levava ao quartel inglês, que se espraiava em aparente desordem numa ligeira elevação a oitocentos metros a oeste da cidade nativa, cujas torres, torreões e minaretes tremeluziam sobre as palmeiras, figueiras-bravas e figueiras santas.

6. A ESPOSA NEGRA

CHEGANDO A BARODA, Burton estava esquelético. Um grupo, com a maioria dos oficiais, tinha sido enviado a Mhow, no planalto de Malwa, mais ou menos a 240 quilômetros de distância, para proteger a carga de ópio da Companhia de João. Havia poucos oficiais do estado-maior, e alguns trabalhavam no serviço civil da Companhia. Apenas oito oficiais da 18ª Infantaria Nativa de Bombaim estavam ali para receber Burton e comitiva.

Ele foi conduzido ao bangalô dos viajantes — "um local lúgubre", disse depois a respeito da decrépita construção mantida para os europeus que passavam por Baroda. Ali foi esquadrinhado por seus colegas oficiais, sob a liderança de um tal major James, que então estava no comando do regimento. James, percebendo o constrangimento de Burton, imediatamente lhe ofereceu pouso provisório em seus próprios alojamentos. Burton foi formalmente apresentado aos outros oficiais no refeitório à noite.

> O refeitório do regimento, com seu grande salão fresco e punkahs [ventiladores], suas toalhas limpas e pratas brilhantes, cada criado de pé atrás da cadeira de seu senhor, e os charutos e hookahs [narguilés] que apareceram depois de desaparecer a toalha da "mesa", constituíram uma agradável surpresa, a primeira visão de uma vida doméstica confortável que tive desde que cheguei a Bombaim.

Com seu impulso de se afastar desnecessariamente de pessoas mais convencionais, Burton logo se pôs de parte ao recusar cerveja e arriscou um mau começo junto aos colegas de mesa ao se sair com a garrafa de porto, seu remédio de prevenção contra diarréias: "A primeira noite no rancho marcou época, e o velho pessoal notou que eu não tomava cerveja. Isso era excepcional naqueles dias. [...] 'Beba cerveja, pense cerveja', era esse o costume daquela época na Índia".

Quando recebeu seus alojamentos, foi uma grande decepção. Num relato, referiu-se a seu bangalô como um "buraco de cachorro" — o mesmo termo que tinha usado para seus aposentos em Oxford; num outro relato, como "uma coisa de palha não muito diferente de um estábulo", que protegia do sol, mas não da chuva. Instalado em seu bangalô com a família de criados, a bull terrier e o novo cavalo, finalmente pôde avaliar a situação. Talvez logo pudesse entrar em combate, pois, apesar da retomada e normalização de Cabul e Ghazni e da libertação dos prisioneiros, "as agourentas palavras 'a ponta da tempestade afegã' eram repetidas por muitos". O Afeganistão ainda era assunto de conversas à mesa, mas, como tema de especulações, vinha sendo substituído pela situação cada vez mais instável em Sind. Enquanto isso, Burton tinha mais o que fazer além de frívolos falatórios sobre futuras campanhas. À sua frente estava Baroda, uma autêntica cidade indiana, a primeira que conhecia — feudal, primitiva, velha como a história, compondo um agudo contraste com Bombaim, com suas fortes marcas portuguesas e inglesas. Baroda era a Índia, com todo o refinamento, a pompa, o espalhafato, a sujeira, a fetidez, a decadência e os perigos do exotismo.

Tirante a presença do quartel fora da cidade, Baroda tinha sido poupada de grande parte da angústia que afligia o restante da Índia, pois fora invadida pelos ingleses apenas quarenta anos antes e a ocupação não alterou muito a vida dos habitantes. Exceto em casos extremos, como infanticídios, os ingleses davam plena liberdade aos gaekwars, dirigentes locais, para seguirem seu próprio curso. No entanto, os gaekwars não eram gujerates, e sim maratas, originalmente rudes brutamontes cujo gênio militar lhes permitiu controlar vários estados indianos, sendo portanto gente forasteira. Os príncipes maratas em Baroda se outorgavam o título honorífico de gaekwar — com o sentido aproximado de "boiadeiro" ou "guardador de vacas" —, devido à profunda devoção aos animais consagrados a suas divindades hindus. Eram fiéis do grande deus Shiva e realizavam cultos fálicos com ritos bastante selvagens e primitivos, executados por devotos de ambos os sexos.

Na época de Burton, as origens humildes dos gaekwars já tinham caído no esquecimento. Agora eram dirigentes com grandes poderes e riquezas — os tipos de bens e a forma de ostentação de tais riquezas chocavam as sensibilidades inglesas, mas Burton apreciava muito certas expressões suas. O gaekwar daquela época possuía duas grandes espingardas que recebiam regularmente *puja* ou cultos de adoração: "Eram de ouro maciço, montadas com tubos de aço, e cada uma valia umas 100 mil libras", conta Burton.

Apesar da presença dos ingleses, Baroda, no fundo, continuava a ser um estado medieval bárbaro. Aos olhos dos dirigentes e dos deuses, o povo ocupava uma posição inferior ao gado, e a bondade em relação a um não supunha a bondade em relação ao outro. Eram comuns todos os tipos de excessos, e os castigos eram cruéis. O criminoso podia ser amarrado às patas de trás de um elefante, que o arrastaria pelas ruas. Se a vítima não morresse, sua cabeça era posta sobre uma pedra, para ser esmigalhada pelo elefante. As mulheres e filhas de homens honestos podiam ser apanhadas nas ruas e mandadas para o harém do governante. Além de lutas entre animais para a diversão do povo num estádio público, havia ainda combates mortais entre homens dopados de ópio e haxixe, com garras feitas de chifres afiados e amarradas com correias em volta dos pulsos; lutavam até que um deles sucumbisse transformado numa massa de carne retalhada e ensanguentada. As crianças do sexo feminino eram eliminadas com uma forte dose de ópio ou afogadas numa cova cheia de leite, pois para os hindus as meninas representavam uma carga indesejável.

Mais tarde, Burton viria a ter uma visão mais calejada da vida no Oriente, com sua brutalidade, torturas, miséria, dores e morte. Mas, no momento, ali estava a cidade de Baroda, medieval, com muralhas, espremida nas margens do rio Vishwamitra ("Boa

Água", diz Burton). Não era fácil sobreviver lá. Densas selvas em torno das muralhas não permitiam que o ar circulasse. Não eram raras as temperaturas de quarenta graus, e Burton registrou dias de cinqüenta graus centígrados. Havia ainda as chuvas das monções, quando o céu despejava aguaceiros de mais de trezentos milímetros, e tudo ficava mole, pegajoso, podre no lodo tropical. As chuvas, disse Burton, eram "torrenciais, às vezes durante sete dias e sete noites, sem nenhuma hora de interrupção".

Além da ameaça do calor e da chuva, havia as pessoas. A população era "extremamente hostil, e nos via com ódio, e até seus animais pareciam ter aprendido a nos detestar". Burton avisava sempre que, mais cedo ou mais tarde, o povo indiano se levantaria contra os ingleses — e quando se levantou, principalmente na revolta de 1857, ele só pôde deplorar sua profecia.

Com ou sem hostilidade, Baroda — "uma mistura de palhoças baixas e casas altas, grotescamente pintadas, com um palácio miserável e um cauk ou bazar" — era sempre interessante, sedutora e perigosa. Era um lugar instigante para um jovem oficial que queria romper a rotina do quartel. Poucos ingleses se arriscariam nas ruas apinhadas, entrariam nas tendas dos bazares para procurar livros e manuscritos ou visitariam as mulheres nas casas que se alinhavam nas ruas e vielas.

Foram essas ruas apinhadas, tão estreitas que um homem e uma vaca sagrada mal conseguiam passar ao mesmo tempo, que se tornaram uma obsessão para Burton. Acostumado a cidades não-inglesas, à vida em cidades francesas e italianas e aos bairros miseráveis de Roma e Nápoles, Burton achou Baroda uma cidade ainda mais interessante e exótica — e erótica — do que qualquer outra que tinha conhecido.

Naquela época, embora o governante fosse hindu, as ruas e vielas de Baroda, aglomeradas e misteriosas, transbordavam de sinais e sons islâmicos: os chamados dos muezins para as orações, os fiéis caindo de joelhos nas mesquitas e nas ruas ou nos santuários de santos e *pirs*, os sacerdotes. Todas as casas, que chegavam a três ou quatro andares, tinham balcões onde as cortesãs muçulmanas se sentavam ociosas a cantar, compor poemas, mascar nozes de bétel, conversar com as amigas, chamar as pessoas nas ruas, servir sorvetes e gelados aos admiradores. Nos assoalhos dos aposentos estendiam-se ricos tapetes e lençóis brancos e limpos: os ladrilhos dos balcões eram borrifados com água fresca e os parapeitos forrados com filas de perfumados potes de barro com água, rescendendo a terra fresca. E havia ainda as flores. As flores enfeitavam tudo, as portas e os caibros, os leitos e as pilhas de almofadas; as mulheres punham flores nos cabelos e envolviam os amantes principalmente com jasmim árabe, flor conhecida como *rath-ki-rani*, "rainha da noite", espargida sobre o leito quando o casal se unia, para se despetalar no momento da paixão. Sobre tudo pairava o perfume adocicado dos narguilés, do incenso, do ópio e do haxixe.

Para a maioria dos oficiais brancos, a cidade de Baroda, a meia hora de cavalgada do quartel, era um lugar distante. Suas vidas se concentravam na base e nos passatempos, principalmente a caça. Segundo Burton, seus colegas oficiais viviam bastante bem. "Cada um tinha um ou dois cavalos, parte de uma casa, uma boa comida, muita cerveja clara, quantos tiros quisesse e de vez em quando um convite para um baile [...] ou um jantar quando surge uma vaga inesperada." A vida era fácil e agradável e, excetuando-se os desconfortos normais da Índia, era uma vida divertida para a maioria. "Mas", disse Burton, "alguns são fúteis e querem mais, e um desses tolos era eu." E imperava uma certa ilusão entre eles: "Não havia um subalterno no 18º regimento que não se considerasse capaz de governar um milhão de hindus".

Em Baroda, o quartel, como todos os quartéis, estava cercado de choças, estábulos e barracos nativos: "um imenso bazar sujo [eram chamados de *lal bazars*, 'bazares vermelhos', devido aos casacos vermelhos dos primeiros soldados], cheio de comerciantes e criados, soldados e cipaios, senhoras sem virtudes a declarar, crianças nuas e vira-latas latindo — cena no mais puro estilo oriental de pobreza".

Os alojamentos dos oficiais, seguindo as linhas de delimitação do quartel, obedeciam a uma visível hierarquia, começando com as elegantes mansões brancas de grandes arcos dos oficiais superiores. A seguir vinha "a pequena construção asseada de janelas com cortinas bem-cuidadas [...] sucedâneo do jardim que se cultiva a despeito das dificuldades, indicando o capitão ou oficial de campo casado".

Finalmente, havia a própria casa de Burton, como salta à vista:

> Um outro bangalô, ciosamente cercado por treliças de bambu, um palanquim berrante perto das choupanas sujas, e dois ou três lépidos "pretinhos" de ar debochado, vestidos com o máximo de dandismo negro, mostram evidentes traços da "bubu".

Mais tarde, Burton (ou sua mulher) esclareceu ou censurou esses parágrafos, observando que o capitão ou oficial de campo tinha uma "esposa branca" e, achando que o termo "bubu" não era claro, substituiu-o por "esposa negra".

Mas "bubu" (ou *booboo*, como às vezes grafava Burton) era um termo corrente, conhecido pelo pessoal da Velha Índia. Burton explicou que era uma corruptela da Índia Ocidental do termo "bibi" (ou *beebee*), dama no mais elevado sentido social, embora bibi tenha vindo a designar mulheres brancas em geral e mulheres nativas de alta posição, ficando bubu para as de tez escura, identificação sumária que não deixava dúvidas sobre a mulher que dividia o leito do oficial.

Assim temos Burton com uma "esposa" nativa em casa, uma mulher da cidade de Baroda, talvez hindu, mas mais provavelmente muçulmana, que o *hawaldar*, o velho e grisalho sargento-ajudante do regimento, o qual conhecia os gostos dos brancos e o tipo de mulher de seu povo capaz de agradá-los, encontrou para ele (como fazia para os outros oficiais brancos). O regimento de Burton era composto de hindus puros, de modo que o *hawaldar* devia ser um hindu, mas encontrava as mulheres entre os mais variados grupos, e no caso elas provinham sobretudo das cortesãs muçulmanas.

O costume da bubu tinha se desenvolvido lentamente durante os anos de domínio inglês. Originalmente, os soldados brancos das fileiras da Companhia de João eram incentivados a casar com indianas, recebendo subsídios para tanto. Alguns dos administradores e oficiais de patente mais alta se casaram com mulheres da nobreza, oriundas das famílias hindus e muçulmanas dirigentes, mas aos poucos, à medida que os preconceitos de cor passaram a predominar, as uniões formais foram sendo desprezadas, e a cortesã usual era apenas uma "esposa" temporária.

Os ingleses na Índia formavam uma sociedade fortemente sexualizada. Embora muitos evitassem se envolver com as mulheres nativas e os missionários fossem enfáticos em condenar relações sexuais fora do casamento e com as nativas, havia múltiplas oportunidades de ligações amorosas. Um dos contemporâneos de Burton, Samuel Sneade Brown, que apodrecia num posto de magistrado distrital no Pundjab, deu voz a uma opinião corrente. Ele achava as mulheres nativas "tão divertidamente alegres, tão ansiosas em agradar que a pessoa, depois de se acostumar ao convívio com elas, se arrepia à idéia de enfrentar os caprichos ou de se render às fúrias de uma inglesa".

O que podia ocupar o tempo de um homem nas longas horas depois dos exercícios? Burton disse que, quando o jantar terminava, os oficiais jogavam uíste, mas achava que não eram em número suficiente para poder ter boas partidas. Em ocasiões especiais, havia um espetáculo de danças eróticas com as cortesãs da cidade. Mas as lembranças de Burton, em anos mais maduros, não eram nada favoráveis.

> A cena é freqüentemente descrita pelo seu lado pitoresco [disse Burton à sua mulher em 1876]. Mas ela tem um lado sombrio. Não podia existir nada mais ignóbil do que duas ou três instrumentistas bêbadas e debochadas guinchando e arranhando a música mais horrenda, e as figurantes com rostos simiescos, vestidas com magníficos brocados, encenando das maneiras mais grotescas. O espetáculo dava calafrios, e no entanto não poucos dos velhos oficiais, que ti-

nham sido criados com esse tipo de coisa, gostavam tanto quanto os russos da mesma época, encantados com as *soirées* ciganas de Moscou.

Esta é sua posição "vitoriana", quando já se aproximava da velhice. Ou talvez estivesse despistando por causa da esposa. Mas em *Scind, or the unhappy valley* [Sind ou o vale infeliz], publicado em 1851 a partir de anotações feitas durante seus anos de permanência na Índia, ele apresentou uma visão muito diferente desses espetáculos de dança. Um hindu sindi chamado Hari Chand tratou os serviços de um grupo de dançarinas, encabeçado por "uma famosa dama de bonito nome, Mahtab — 'Raio de Luar'". A companhia chegou em cadeirinhas sobre camelos.

Mas pare, sr. Bull [Burton está se dirigindo a um imaginário conterrâneo], nesse ritmo o senhor vai se apaixonar por Raio de Luar: tremo em pensar no humor com que sua querida companheira toda recatada, bem penteadinha, envolta em toucado, mantos e anáguas receberia essa sua escorregadela. Eu até o aconselharia a não dizer nada sobre a cena quando voltar para casa; eu ficaria mortificado só em sonhar com alguma atitude "petulante" e "exaltada" da parte de uma distante obra-prima de beleza.

As dançarinas tomavam uma bebida que parecia água, mas "que creio ser algo mais forte".

Mahtab avança flutuando com tanta leveza que não se percebe qualquer traço de esforço físico: lentamente ondulando seus alvos braços, inesperadamente pára bem perto e então, girando numa pirueta — não há outro nome, mas é algo muito diferente dos rodopios de pião de uma Taglione —, ela se inclina, recua e pára imóvel como uma peça de cera, e recomeça tudo *da capo*. [...] A cítara está no sétimo céu do êxtase, a flauta vai diminuindo encantadoramente e os timbales ameaçam se destruir. As irmãs da dama estão enfeitiçadas demais para sentir inveja.

Entre as outras dançarinas, apenas uma despertou interesse em Burton: a irmã de Raio de Luar, Nur Jan — "senhorita Luz Radiante" —, que se tornaria uma de suas amantes em Sind.
Os músicos agora estavam completamente bêbados. "Cairiam debaixo da mesa se houvesse alguma na tenda." A companhia, à exceção de Raio de Luar, vestiu alguns figurinos e dançou uma "charada" de um amante que roubava a mulher de um velho. "A flauta vai rápido, e é necessário que alguém sustente o corpo inclinado de Nur Jan, a irmã mais nova e mais bonita de Raio de Luar."
Esses espetáculos não se resumiam a danças. Criava-se um alto grau de excitação sexual em virtude da música e das vozes palpitantes das cantoras, das letras eróticas, das drogas e álcool, das jóias rutilantes, das tornozeleiras e braceletes se entrechocando, dos ventres nus, dos sorrisos cintilantes, dos cabelos soltos. Caudais de mulheres, vinho e música corriam não só nas cortes reais e nos bazares, mas até nas casernas.
Os ingleses ficavam fascinados, escandalizados, ansiosos — atitudes que persistiam, mas nunca se resolviam. Afinal, naquela época, eram pouquíssimas as mulheres brancas na Índia, e geralmente eram casadas, ficando confinadas às cidades maiores, com mais amenidades.

A bibi (mulher branca), nesse tempo, era rara na Índia [diz Burton em seu fragmento autobiográfico]; daí a vitória da bubu (irmã de cor). Todo oficial que encontrei no corpo militar, de uma ou outra maneira, tinha uma dessas companheiras.

Para alguns oficiais, a solução para o sexo na Índia era o passatempo conhecido como "se pavonear" ou "se fazer de cãozinho" — visitar as mulheres dos outros oficiais. Mas se pavonear no calor "logo abatia os mais ardentes admiradores do belo sexo branco".

Este se vingava da maneira mais violenta de qualquer coisa que parecesse descaso, e a conseqüência era que, naqueles dias, a maioria dos homens, depois do primeiro ano, procurava refúgio na companhia do belo sexo escuro. Por isso, no ano da graça de 1842, não havia quase nenhum oficial em Baroda que não fosse morganaticamente casado com uma mulher hindi [muçulmana] ou hindu. Este é um campo fértil de anedotas, mas sua natureza proíbe entrar em detalhes.

"Essas uniões irregulares eram na maioria temporárias, com o acordo de que se desfariam quando o regimento deixasse o posto", disse ele. "Alguns chegavam a estipular que não haveria filhos." A amante nativa tinha "uma receita infalível para prevenir a gravidez, principalmente se sua posição dependesse de tal acordo".

O sistema tinha suas vantagens e desvantagens. Ligava o estrangeiro branco à terra e à gente local, despertava-lhe o interesse por seus hábitos e costumes, e lhe ensinava muito bem a língua [embora, assinala Burton, alguns homens aprendessem com as "esposas" apenas as formas femininas].

Todavia, essas ligações tinham seu outro lado. "Tais uniões geravam uma legião de mestiços, mulatos, 'nem carne nem peixe nem dando para disfarçar', os quais eram igualmente desprezados pelas duas raças progenitoras."

A garantia da amante nativa contra a gravidez constituía uma promessa vaga e aérea. Os métodos anticoncepcionais eram muito diferentes dos utilizados, mesmo naquela época, no Ocidente. Os mantras, preces e sortilégios eram muito populares, mas de pouca eficácia, e o estrume de vaca, folhas, suco de limão e outros cítricos, natro (uma forma natural de carbonato de sódio) e, entre mulheres de tribos, pedras (ao que consta) também não davam grandes resultados. Os abortos eram comuns. Muitos ingleses ficavam surpresos ao saber que tinham gerado filhos com a "esposa negra". Ao que parece, o próprio Burton teve uma fieira de mestiços, pois atualmente existe uma família na Índia Ocidental com o mesmo sobrenome e a tradição de descenderem de um inglês de Baroda, um "sir" e "major", sendo que os membros mais jovens da família guardam uma semelhança impressionante com Richard e Maria Burton, no retrato de ambos que foi pintado por Francois Jacquard em 1851, em Boulogne.

"Tive excelente ocasião de estudar os prós e os contras do sistema da bubu", disse Burton.

Prós: o "dicionário ambulante" é absolutamente indispensável ao Estudioso, e ela lhe ensina não só a gramática hindustâni, mas também as sintaxes da vida nativa. Cuida da casa para ele, nunca deixando que economize ou, se possível, que desperdice o dinheiro. Mantém os empregados na linha. [...] Trata dele na doença, e é uma das melhores enfermeiras, e como para um homem não é bom viver sozinho, ela é para ele uma espécie de lar.

"As desvantagens são tão evidentes quanto as vantagens", acrescenta ele de maneira um tanto vaga, e nesse ponto a explicação desaparece, pois o que ele disse a Isabel (que estava escrevendo o que ele contava) não chegou até nós. Fossem quais fossem os problemas de comunicação 34 anos após os fatos, é claro que Burton se apaixonou por indianas. Iria se envolver com outras mulheres, as quais menciona com muitos rodeios, mas de uma maneira que o pessoal da Velha Índia entenderia e Isabel, que não era nenhuma tola, não teria como se fazer de desentendida.

No período de Baroda, Burton, com a agradável lembrança do dr. John Henry Newman e o vibrante neocatolicismo em Oxford, começou a freqüentar as missas católicas. Deve ter sido uma grande conquista para o padre, um mestiço de Goa. A Igreja na época vinha desdobrando grandes esforços em converter Gujerate, que fora posta sob a proteção da Virgem Maria. A "conversão" de Burton, quando foi noticiada, desencadeou uma batalha com a família e amigos. "Desisti de 'ficar debaixo' do capelão da guarnição", conta Burton em *Life* [Vida], "e me transferi para a igreja católica do padre goês cor de chocolate, que ministrava consolo espiritual aos copeiros (mordomos e principais empregados) e outros empregados do quartel."

O capelão protestante branco decerto se entendia com os assuntos dos jovens oficiais, mas o padre de Goa via a relação conjugal de Burton sob um outro prisma. Esse jovem inglês não estaria oprimindo uma indiana, por mais imoral que ela fosse? Burton logo viu o padre lhe fazer sermões de boa conduta. "Tive de agüentar os protestos do padre português [de Goa], que tinha tomado para si a responsabilidade e a cura de minha alma, e era como uma galinha chocando um patinho."

Não há dúvida de que as mulheres morenas e negras eram do gosto especial de Burton, não só durante seus anos de permanência na Índia, mas por muito tempo depois. Ele nunca insinuou claramente qualquer relação séria com uma branca na Índia. Na verdade, era tremendamente negativo em relação a suas conterrâneas, pois deve ter sofrido críticas suas.

> Mesmo em minha época, os homens casados começavam, sem dúvida por instâncias de suas mulheres, a olhar os semicasados com frieza, assim mostrando uma grande falta de sensatez, pois a Índia era a terra clássica dos amantes galantes, onde os maridos ficam ocupados entre as dez da manhã e as cinco da tarde em seus gabinetes e escritórios de contabilidade, deixando o campo aberto e muita leniência para os solteiros subalternos. [...] Os hipócritas inveterados e os respeitabilistas, quando no poder, imprimiram uma espécie de mancha negra inquisitorial ao nome dos semicasados. Finalmente a bubu saiu e deixou um vazio.

Começaram a chegar da Inglaterra carregamentos de mulheres ainda não casadas — e incasáveis —, conhecidas como "Esquadras de Pesca", em busca de maridos, e logo a esposa nativa foi substituída por mulheres que freqüentemente alardeavam as mais rígidas concepções sobre a vida, a propriedade e os deveres familiares.

O "dicionário ambulante" absolutamente indispensável de Burton não foi apenas sua mestra em técnicas sexuais, mas também sua melhor apresentação à vida nativa. Em lares como o de Burton, havia um largo círculo social nativo em torno da amante indiana — a mãe ou a parente mais velha que dirigia a casa e fazia a moça receber o que lhe era devido, além dos irmãos, irmãs, primos e outras pessoas um tanto indefinidas, que estavam aprendendo as manhas e costumes que lhes permitiriam usar os oficiais brancos como introdução à vida ocidental. E nas caóticas casas das bubus não havia apenas sexo. Havia as comidas e costumes, as superstições, poesias e músicas, e acima de tudo a religião, pois as mulheres que compunham as classes de cortesãs, as dançarinas muçulmanas e as *devadasis* hindus, eram então praticamente as únicas mulheres cultas da Índia, as únicas que conheciam os textos religiosos, os poetas sufistas persas e os místicos hindus *bhakti*, cantando suas músicas com aquela deliberada ambigüidade que envolvia tanto o sagrado quanto o erótico.

As indianas com quem Burton viveu em seus sete anos no subcontinente lhe proporcionaram o material que incluiria em seus livros nas introduções, notas de rodapé, comentários e elucidação de passagens dos textos originais, onde tentava mostrar aos leitores europeus que existia um estado interior de arrebatamento erótico, as longas seqüências de carícias, beijos, arranhões, mordidas, gritos amorosos e várias posições que levavam a um prolongado estado de satisfação e excitação sexual, a ser gozado com abandono tanto pelo homem como pela mulher. Preocupava-se que não fossem apenas os homens ingleses ineptos em matéria de sexo; "a maioria das mulheres inglesas" também "nunca aprenderam realmente o verdadeiro deleite da relação carnal", ignorância "a ser remediada apenas com um estudo constante e inteligente dos Textos Ananga Ranga", obra que ele "traduziu" mais de trinta anos depois.

Em suas notas aos vários textos eróticos que trouxe a público, Burton apresentou uma série de, digamos, homílias técnicas, conselhos tanto para o homem quanto para a mulher. Ele acreditava que "muitos homens ignoram totalmente os sentimentos da mulher, e nunca dão a menor atenção à paixão dela. Para entender inteiramente a questão, é absolutamente necessário estudá-la. [...] Uma mulher, para ter satisfação com o ato sexual, deve estar preparada para ele". Falando a partir de sua própria experiência, ele observou que

> os homens familiarizados com o amor sabem muito bem o quanto uma mulher difere da outra em seus suspiros e gemidos durante a cópula. Algumas mulheres gostam de ouvir as palavras ditas da maneira mais amorosa, outras da maneira mais lasciva, outras da maneira mais ofensiva, e assim por diante. Algumas mulheres gozam de olhos fechados, em silêncio, outras fazem um grande barulho e algumas quase desfalecem. A grande arte consiste em avaliar o que lhes dá maior prazer e quais as especialidades que preferem.

Em tudo isso, embora estivesse falando — dissertando — para o inglês médio de ambos os sexos, Burton não estava se referindo ao "amor" no sentido ocidental. Não era do amor romântico que se tratava em suas relações na Índia. Eram arranjos "de negócios". Numa ligação dessas, por mais que a mulher declarasse seu eterno amor pelo homem, de fato não se esperava que ela alimentasse qualquer emoção realmente sentimental. "Uma cortesã apaixonada?", pergunta a dançarina profissional Umrao Jan Ada em sua autobiografia oitocentista. "Era sempre o amante que se desmanchava."

> Os homens se consumiam de ciúmes, e essas garotas jogavam deliberadamente umas contra as outras. E a ironia de tudo isso era que elas não envolviam seus sentimentos, pois consideravam todos os homens indignos. O afeto era pura simulação. Se algum infeliz caía em seus artifícios, elas eram as primeiras a fingir que estavam apaixonadas.

Se uma cortesã agisse como tola, sempre havia a mãe, a tia, a madame ou as "irmãs" para lhe lembrar que ela estava naquela relação para ganhar dinheiro. Burton mostrou ter clara consciência disso, ao dizer que os indianos "sempre tiveram o bom-senso de reconhecer as cortesãs como parte da sociedade humana". E falava bem da "sutileza delas [...] de suas maravilhosas faculdades de percepção, seus conhecimentos e apreciação intuitiva dos homens e das coisas".

7. OS SACERDOTES DA SERPENTE

O CLIMA AINDA ESTAVA AGRADÁVEL quando Burton chegou a Baroda, mas logo começou a mudar e em pouco tempo ficou insuportável. O calor tinha começado em março, e os meses de abril e maio logo mostraram ser os mais quentes do ano.

Agora o sol ardia furiosamente num céu refulgente; o ar era seco e tudo crestava — homens, animais, terras; os rios e correntes secavam, o solo estalava e rachava, e não havia um sopro de ar exceto na costa, onde as brisas vespertinas sopravam do oceano, despertando a falsa esperança de que o dia seguinte seria melhor. Quando o calor vinha com toda força, a temperatura, reclamava Burton, chegava a cinqüenta graus centígrados. A vida nesse calor andava devagar: as pessoas costumavam ficar sentadas languidamente, e os empregados tinham de ser empurrados para trabalhar. Era o período em que os ingleses ricos, os administradores e oficiais de alto escalão iam para as estâncias nas montanhas como Simla, onde a temperatura em maio ainda ficava entre os quinze e os vinte graus centígrados.

Num calor desses, o horário dos jovens oficiais não era muito exigente. Ao primeiro clarão do amanhecer, no céu ainda escuro e quase sem estrelas, eles acordavam, se vestiam e tomavam uma xícara de chá que os criados lhes traziam. Os cavalos, já arreados e escovados, eram levados pelos cavalariços, e partiam para o local de treinos, para os exercícios matinais.

Nos emocionantes momentos antes do alvorecer, quando os corvos começavam a romper o silêncio da noite e o cheiro do fogo para cozinhar, que acabara de ser atiçado à base de esterco de vaca, flutuava pelo campo para se misturar ao vapor da terra compacta, e o ar ainda estava fresco com as suaves brisas e a umidade da noite, tudo — diz Burton — "parece e soa intensamente militar". Na distância, uma esquadra com faiscantes baionetas caladas treinava em coluna cerrada; perto, uma tropa de artilharia montada serpenteava pela estrada.

Por fim, os raios do sol atravessavam as copas das árvores, com os primeiros sinais do calor que se aproximava. O treino ainda continuava por algum tempo, e então os oficiais e soldados seguiam para seus respectivos desjejuns. Aqui, como em tantas outras coisas, Burton não resistia à tentação de se diferenciar. Para os colegas, chá, café com leite, biscoitos, pão com manteiga e frutas constituíam a primeira refeição do dia, mas Burton se contentava com um copo do inseparável porto e um biscoito. A seguir, enquanto os outros subalternos enchiam o tempo jogando bilhar, atirando ou brincando com canivetes, ele ia estudar com seu *munshi*, pois agora estava se preparando para prestar os exames oficiais em hindustâni.

A vida em Baroda, para Burton, não se resumia aos treinos e aos estudos concentrados de línguas. Às vezes se afastava dos serviços do regimento para ir caçar. Na década de 1840, Baroda ainda era cercada por grandes selvas. Na densa mata, os oficiais encontravam tigres, cervos negros, antílopes e aves como o marabu da Índia e a narceja. Podiam-se alugar elefantes para a caça, e às vezes o gaekwar levava os ingleses em seus próprios elefantes. A princípio, Burton caçava e matava qualquer animal, exceto macacos, mas acabou renunciando a todo e qualquer alvo. Uma de suas maiores tristezas foi atirar num macaco. "Ele gritou como um bebê", disse ele, "e nunca consegui esquecer." Ele gostava das qualidades quase humanas dos macacos, da maneira como conversavam e se avisavam da presença de seres humanos. Mais tarde, em Sind, Burton comprou uma coleção de macacos no bazar e começou a estudá-los, dando um título e uma posição a cada um deles: havia, entre outros, um médico, um capelão, um secretário e um ajudante de campo. Isabel Burton disse que "uma bem miudinha, uma macaquinha bem bonita que parecia de seda, ele costumava chamá-la de minha mulher e punha pérolas em suas orelhas". Os macacos se sentavam em tamboretes e comiam à mesa enquanto Burton mantinha a ordem com um chicote e os criados goeses os serviam. Ele conseguiu reunir sessenta "palavras" dos macacos antes de se desinteressar. Infelizmente, suas anotações foram destruídas num incêndio em 1861.

Era uma vida emocionante e cheia. Em seu matungo kattywar, Burton teve habilidade suficiente para ganhar a corrida do regimento contra os cavalos árabes dos outros oficiais. Aprendeu a lutar à maneira hindu e ensinou a seus soldados ginástica e manejo da espada à européia. Foi uma pequena tragédia quando sua cadela morreu. Mas, no final das contas, Burton sentia que fora colocado entre homens de menos refinamento e cultura, com poucos interesses além do quartel e sem nenhuma intenção de fazer coisas que pudessem ocupar o tempo e o espaço de uma maneira útil e agradável. Sua saída era trabalhar. "Atirei-me com uma espécie de frenesi a meus estudos", diz ele; "mantinha minha pequena reserva de árabe que tinha adquirido em Oxford, e dedicava umas doze horas por dia a uma desesperada peleja com o hindustâni." Aqui ele estava sendo modesto, pois fazia grandes progressos com a língua. Então, em março de 1843, chegaram notícias estarrecedoras. "O quartel inteiro, mesmo sendo pequeno, ficou eletrizado com a notícia da batalha de Meeanee." Os ingleses, sob o comando do general Charles Napier, tinham invadido em grande número a província de Sind, e depois de várias escaramuças tinham derrotado os governantes locais, os emires, em duas grandes batalhas, a primeira em Miani e a segunda, cinco semanas depois, em Dubba. "Depois de uma série de reveses realmente humilhantes para o amor-próprio britânico, o Sol da Vitória finalmente havia brilhado sobre suas baionetas." Miani foi "a proeza que coroou a estação".

Junto com a notícia das vitórias do general Napier em Sind, chegou a informação de uma tragédia, o assassinato de dois agentes secretos ingleses, Stoddard e Connolly, em Bokhara. Estavam disfarçados de usbeques, mas acabaram sendo descobertos e decapitados. Burton tinha certeza que viria uma outra guerra, mas a agitação amainou, sua depressão aumentou e ele voltou a seus estudos de hindustâni. No final de abril, sentia-se com um domínio suficiente da língua para pedir uma licença de dois meses e ir até Bombaim, para prestar os exames do governo.

Agora acostumado a sobreviver nessa abrasadora terra de calor, insetos, doenças, barulhos, torpor e preces dos nativos, Burton, que queria ficar em paz, evitou o British Hotel e o *sanitarium* e montou uma tenda na área conhecida como Linhas Estrangeiras em Back Bay, de frente para o mar Arábico. Com a ajuda de seu antigo *munshi*, Dosabhai Sohrabji, deu a arrancada final para o momento do exame.

O examinador era um personagem famoso, o general-de-divisão Vans Kennedy, um excelente orientalista que estava na Índia desde 1800, tendo chegado aos dezesseis anos. Tinha se tornado um grande lingüista, especializando-se em hindustâni, gujerate, sânscrito, persa e árabe, sendo também afamado jurista e especialista em direito militar. Kennedy morava, nos termos de Burton, num "bangalô caindo aos pedaços num recinto esfrangalhado", rodeado de livros e manuscritos orientais, além da inevitável família de nativos. Kennedy não aprovava um candidato só com uma conversa rápida. Num exame rigoroso, Burton teve de traduzir dois livros do hindustâni e um trecho de manuscrito nativo, escrever um breve ensaio e manter uma conversação no idioma. Foi o primeiro colocado entre doze candidatos. Ficou amigo íntimo do general, e sempre o visitava em suas viagens a Bombaim, até a morte de Kennedy em 1845.

Depois dos exames, Burton passou uma semana em Bombaim, sem especificar seus objetivos — terá voltado ao bazar Bendhi para visitar as jovens damas engaioladas de fixador no cabelo? Quando voltou a Baroda, depois de uma tranqüila viagem de pattymar, irrompeu a monção de sudoeste, e desde aquele momento, durante o verão inteiro, foi uma luta constante para sobreviver às chuvas que não davam qualquer mostra de clemência. Ele ficava ensopado dia e noite. O ar pululava de insetos, que pousavam na comida, na bebida e no corpo, e rastejavam pelas páginas dos livros. Entre os aguaceiros, os ventos levantavam redemoinhos de areia tão densos que tinham de acender velas ao meio-dia. Às vezes, as chuvas caíam ininterruptamente durante sete dias e sete noites, como uma maldição bíblica. Para chegar ao refeitório e jantar com conforto, Burton tinha de enrolar suas roupas num impermeável e mandar um portador levá-las na frente, e então, com uma capa de chuva, disparar a toda velocidade entre a chuvarada que parecia nunca diminuir e corria em enxurrada pelo caminho. Não havia serviço para os soldados: a praça de armas era um lago só.

A monção [...] mudava completamente o modo de vida anglo-indiano [isto é, branco].* [...] Vi chuvas tropicais em muitos regimes perto da Linha [do Equador], mas nunca nada que se compare a Gujerate. [...] Essa quadra do ano era uma época terrível, de uma insipidez de matar, pior do que o melancólico mês de novembro.

Seu bangalô ficava constantemente inundado. Ele se mudou para uma outra construção maior, uma casa que seguia o estilo nativo. "O chão era lavado com um dos cinco venerados produtos da vaca" — o esterco —, brinca ele. Com toda a razão, acreditava-se que o esterco de vaca tinha propriedades antissépticas. O segundo bangalô era um sítio malfadado:

Um oficial inglês tinha sido atacado lá, e o lintel ainda guardava a marca do sabre deixada por algum valentão nativo, na tentativa de cortar a cabeça de um sargento. [...] A regra da boa Companhia, porém, não era um código de honra, mas de conveniência, e não se dava grande atenção à segurança de seus oficiais; eram esfaqueados em suas tendas ou abatidos por dacoits [bandidos], mesmo quando viajavam nas estradas de Gujerate.

Para Burton, esse período de chuva, pó e ócio militar não era perdido. Ele tinha passado para o gujerate, que, como o hin-

---

* Na época de Burton, o termo "anglo-indiano" designava os britânicos que serviam na Índia. Posteriormente, o termo passou a ser aplicado também aos indivíduos nascidos de pais europeus e mães indianas e aos seus descendentes, substituindo o depreciativo "eurasiano". (N. T.)

dustâni, era um dos prakrits ou vernáculos da Índia. Também começou a estudar sânscrito, a língua clássica dos sacerdotes. Para o gujerate, ele dispunha de um professor chamado Him Chand, que, disse Burton, era um "brâmane nagar". Mas não explicou por que mencionou a casta específica de Him Chand. Seu professor de sânscrito era o sacerdote brâmane do regimento, que atendia aos cipaios. Com os dois professores, principalmente Him Chand, "logo adquiri a familiaridade possível a um forasteiro com a prática do hinduísmo". A mesma energia infatigável que tinha aplicado a outros estudos era agora dedicada ao estudo da antiga fé hinduísta — primordial, complexa, cheia de contradições e ambigüidades. "Li cuidadosamente Ward, Moor e as publicações da Sociedade Asiática", disse ele — Ward e Moor eram especialistas em hinduísmo numa época em que este ainda não tinha sido afetado pelo Ocidente —, e estudou o *Tota-Kahání*, um dos livros do papagaio, e o *Baital-Pachisi*, uma história sobre o tantrismo que levaria a seu *Vikram, and the vampire*.

Com Him Chand e essas obras, Burton ficou muito instruído sobre o culto e a prática hindu nos níveis mais arcaicos e primitivos, sobre a vida e costumes do povo sem contato com estrangeiros, com seus folclores, preconceitos, crendices, práticas ocultas, santos e religiosos. Tomou conhecimento do rito do *sati*, em que as viúvas se sacrificavam nas piras dos maridos, e de práticas iogues como o controle da respiração, do esperma e do sistema circulatório, as quais logo haveria de adotar, sobretudo observando os preceitos ocultos conhecidos como tantra, comuns na região de Baroda entre os brâmanes nagares e outras castas.

Em sua tradução extremamente criativa de *Vikram, and the vampire*, Burton descreve práticas tântricas que, ao que parece, não constavam do original, mas que ele aprendeu por experiência própria, inclusive as formas de meditação intensiva empregadas "para ver Brahma", o principal deus hindu, e "dissolver a ilusão (Maya) que oculta todo verdadeiro conhecimento". Escrevendo sobre si mesmo na terceira pessoa:

Ele repetia o nome da divindade até que ela lhe aparecesse sob a forma de uma Luz Seca. [...] Dava grande atenção à pranaiama, ou gradual suspensão da respiração, e atingia a imobilidade mental. [...] Praticava as 84 asanas ou posturas [...] até não sentir mais o incômodo do calor ou do frio, da fome ou da sede. Preferia em especial o padma, ou posição de lótus, para sentar [...] e praticava a prityahara, ou poder de controlar os membros do corpo e a mente [até que] se assemelhava à chama serena da lâmpada [e era] capaz de se elevar das imagens brutas da onipotência até as obras e a divina sabedoria da gloriosa origem [ou seja, a união com o deus Brahma].

Depois desses intensos estudos hinduístas, "meu professor de hindu me autorizou oficialmente a usar o cordão bramânico". Assim, Burton recebeu o *janeo*, o cordão sagrado de três fios de algodão significando que seu portador pertencia à casta superior. Era uma honra rara e inédita para um jovem de uma outra cultura, a qual nutria tanta inimizade pelo hinduísmo e tudo o que ele representava. O *janeo*, ressaltam os hindus, é um privilégio que *nunca é* conferido a estrangeiros, pois para ser realmente hindu é preciso ter nascido hindu. Não existem atalhos, embora na teologia ortodoxa hindu todas as pessoas já nascidas sejam hindus: no hinduísmo, cada indivíduo tem de passar por um ciclo inevitável de encarnações e reencarnações para entrar no hinduísmo e ascender entre o dédalo de castas e subcastas.

Os brâmanes constituem a casta mais elevada entre as quatro grandes castas e as 2 ou 3 mil subcastas. Mesmo entre os brâmanes existem numerosas divisões e clãs, sendo estes designados pelo termo *gotra*, "curral de vacas", pois nos tempos antigos esse animal sagrado, a vaca, constituía o ponto central da unidade exogâmica do clã,* e especificamente da família patriarcal. O

---

* E não endogâmica, como se poderia supor. "Existem inúmeros *gotras* nas sete divisões principais dos brâmanes, cada qual deve se casar fora de seu *gotra*, que corresponde ao *gens* latino [*exogâmico*]." — Damodar Dharmanan Kosambi.

tipo de *gotra* depende da área, da profissão, das tradições, da família e da casa. Existem cerca de seiscentos tipos de brâmanes, muitos deles mutuamente excludentes e hostis entre si, tão estritos que certos brâmanes não falam com outros brâmanes, não comem com uma pessoa de um outro *gotra* e nem sequer usam a cozinha ou o banheiro de outros por temer uma contaminação ritual.

Him Chand era membro de um *gotra* que se mantinha à parte, embora os brâmanes nagares tivessem seu lugar definido e necessário na sociedade indiana. Tinham raízes muito antigas no fértil e velho solo do subcontinente, mas eram questionados por puristas ortodoxos, pois correspondiam ao que, coloquialmente, pode se chamar de "sacerdotes da serpente". Os brâmanes nagares estavam associados não só às serpentes, mas particularmente às najas, que tanto simbolizam a Índia. (Um termo usual para serpente ou cobra é *naga*, que também significa naja.) Nos antigos épicos hindus, como *Mahabharata* e *Ramayana*, e nas coleções budistas *Jataka*, a serpente — *naga* — e os indígenas que moram nas florestas — *nagas* — são idênticos. Os *nagas*, homens ou répteis, são os donos da terra, guardiões de seus tesouros e repositórios de uma sabedoria secreta que não é partilhada com os outros. Viam-se templos *naga* por toda parte, e onde não havia um templo próprio para a naja encontravam-se imagens suas, representada amiúde espiralando-se estreitamente em torno de certas divindades, sobretudo as de um passado mais remoto. Uma naja se enrola na cintura de Shiva, o deus fálico de três olhos; uma naja circunda o pescoço da deusa negra Káli, de cujos ritos Burton iria participar, embora teoricamente fosse um intocável nascido fora da casta, tendo ainda de ser purificado no decorrer de um número indefinido de encarnações e reencarnações.

Se um jovem em busca do Infinito, procurando sabe-se lá que mistérios nessa antiga terra que é puro arcano, enigma, ilusão, toda velada e envolta em segredos de densidade impenetrável, quisesse chegar ao âmago de um povo que se nega tão intimamente a quem não é de sua casta, de sua cor e de seu *gotra*, não iria tentar penetrar a fundo na mais sagrada e arcaica dentre todas as seitas? Por que tentar virar um brâmane de um *gotra* que extrai sua santidade da pureza do alimento que consome, alimento intocado por mãos intocáveis, inviolado por sombras das castas inferiores, se aqui, no pó, no calor e na sujeira da Índia, estavam os brâmanes nagares, com a sabedoria e o conhecimento secreto do passado remoto? Não é preciso partilhar as refeições com um brâmane kulin nem cantar mantras com os sacerdotes dos mortos nem ler os Vedas com um ancião sarasvat, quando o culto da Grande Serpente transporta o adepto pelos milênios, até os tempos primevos em que os *nagas* de pele negra e nariz pequeno enxameavam a região, sem saber que a milhares de quilômetros, nas estepes asiáticas, havia um povo nômade de pele branca que seria impelido por forças desconhecidas a migrar como conquistador para o calor ardente da península indiana e que lá permaneceria, agora escravizado às espirais envolventes dos *nagas*.

De alguma forma, por encanto, persuasão e demonstração de sua sinceridade do momento, Burton convenceu Him Chand e os anciãos brâmanes nagares a aceitá-lo em seu *gotra*, saltando por sobre infinidades de castas, metempsicoses e reencarnações.

É praticamente inquestionável que ele se empenhou propositalmente para ser recebido na casta dos brâmanes nagares. Se quisesse simplesmente se tornar hindu, poderia convencer seu professor de sânscrito a aceitá-lo num dos *gotras* mais convencionais, embora, pelo que se sabe das preocupações bramânicas quanto à contaminação e às impurezas que emanam dos brancos intocáveis, pareça extremamente improvável que algum dia ele fosse autorizado a ingressar numa casta "comum". Como Burton comia carne e tinha outros hábitos reprováveis aos olhos dos hindus, a questão da intocabilidade sempre paira sobre sua iniciação e apresenta um enorme obstáculo que apenas um *gotra* como o dos brâmanes nagares poderia superar. Eles formavam um grupo tão apartado dos outros brâmanes que não iriam necessariamente passar vergonha pelo fato de aceitar um *mleccha*, como eram chamados os não-indianos havia mais ou menos 3500 anos. Ainda que os brâmanes nagares possam se gabar de desempenhar um papel solidamente estabelecido no sistema de castas tradicional, suas origens questionáveis fazem-nos suspeitos aos olhos dos outros *gotras*. A maioria dos brâmanes se recusa a comer com os nagares, e em Baroda as mulheres da casta são chamadas de *nag-kanya*, "donzelas-serpente", pois entre as outras castas era corrente a antiqüíssima crença de que elas não nasciam da maneira normal, e sim de uma união entre uma serpente e um cântaro.

O culto da *naga* é tão difundido que praticamente toda a Índia comemora uma festa das serpentes, chamada Nag-pancami, no mês hindu de sravana (aproximadamente junho-julho). A festa, que significa "Quinto Dia da Serpente", é consagrada aos semideuses em forma de serpentes. As portas das casas são besuntadas com estrume de vaca e folhas de nimba, planta purificadora de defesa contra répteis venenosos.

Possivelmente foram os alegres rituais generalizados da Nagpancami que atraíram Burton para os brâmanes nagares, pois a festa é celebrada por toda Baroda e a seita desempenha um papel fundamental nos ritos. Burton tinha acabado de voltar à cidade depois de seu primeiro exame de língua, bem no momento de assistir à Nag-pancami, e não demorou muito para se envolver profundamente com o *gotra*.

Existem ambigüidades no texto de Burton que relata sua conversão aos brâmanes nagares, mas alguns aspectos são claros. Ele menciona especificamente o "brâmane nagar" Him Chand (e posteriormente, nas *Mil e uma noites*, chega a lembrar a tez amarelo-pergaminho de seu guru). Por mais obscura que seja essa passagem em sua vida, permanece o fato de ter sido formalmente iniciado ao *gotra* por um dos sacerdotes, depois de aceito pelos anciãos, e ter recebido o cordão sagrado, o *janeo*, símbolo especial do renascido. No passado mais remoto, a iniciação levava semanas ou meses, mas na época de Burton as cerimônias tinham se reduzido a alguns dias. ("Cinco ou seis dias de jejum prévio, com outros símbolos de alegria, como num casamento", escreveu ele a propósito de tais ritos.) A cerimônia, chamada *upanaya*, era precedida por um ou mais dias de purificação. O candidato ficava isolado, geralmente numa pequena choça de ramos, jejuando e orando. Na manhã da iniciação, ele se banhava, um barbeiro cortava suas unhas e raspava sua cabeça, deixando apenas o famoso tufo bramânico, o *sikha*, e então recebia uma roupa limpa, um pano simples de algodão que enrolava na cintura, ficando o tronco nu. Durante a cerimônia, o candidato era perfumado e ungido com óleo e açafrão-da-índia, e às vezes com pasta de sândalo.

Assim, Burton se tornou um brâmane e recebeu o privilégio de recitar a oração bramânica especial, o mantra gayatri, de recitação proibida a mulheres e castas inferiores. Como bom brâmane, devia rezar o mantra três vezes por dia, nas horas santas do amanhecer, do meio-dia em ponto e do ocaso, momentos chamados de *sandhi*, "junção do tempo", períodos que, segundo a crença iogue, são particularmente bons para a meditação, quando a mente está calma e fresca, num estado "sáttvico", isto é, "harmonioso, puro e luminoso". A oração é recitada em sânscrito, e Burton a conhecia intimamente. Ele deixou uma tradução, fazendo, como de praxe, acréscimos ao original de modo a lhe dar clareza e substância. O hino se dirige ao sol, Savitur, começando e terminando com a palavra *Om*, o mais sagrado som.

> *Meditemos sobre o supremo esplendor*
> *do divino governante*
> *que pode iluminar nossa compreensão.*
> *Homens veneráveis, guiados pela inteligência,*
> *saúdam o divino sol com oblações e louvores.**

Se Burton foi consciencioso, em cada ocasião ele terá recitado o mantra 108 vezes, número sagrado e místico (e inexplicado), além de mágico.

---

* Let us meditate on the supreme splendour/ of that divine ruler/ who may illuminate our understandings./ Venerable men, guided by intelligence,/ salute the divine sun with oblations and praise.

Ser um "sacerdote da serpente" não era apenas um papel honorário numa irmandade fechada. Os brâmanes nagares participavam ativamente da vida cotidiana do povo. Numa terra em que se encontravam serpentes por toda parte, muitas vezes em situações — certos ritos e rituais, por exemplo — onde um deslize podia significar a morte, os brâmanes nagares eram freqüentemente chamados para tratar de picadas de cobras. Normalmente, as vítimas que morriam não eram cremadas, mas tinham de ser enterradas; a pessoa que morresse de uma picada de cobra podia ter como certo que renasceria como cobra na próxima encarnação. Em Gujerate, a Nag-pancami prosseguia mensalmente sob outras formas específicas, nas observâncias de mulheres estéreis ou atingidas por um ou outro infortúnio provocado por alguma ofensa talvez inadvertida a uma serpente. Por períodos de um a três anos, sob os auspícios do quinto dia de cada mês hindu, as mulheres sem filhos adoravam uma imagem da serpente, *naga*, e na observância final do rito a mulher e o marido, com vestes brancas limpas, ofereciam *puja* ao espírito da serpente. As cobras tinham tal importância em certos aspectos do hinduísmo que eram cremadas com os mesmos ritos oferecidos a um brâmane, sendo veneradas por todas as partes; as tribos da selva prestavam juramento em nome da serpente.

Burton agora era um pleno sacerdote da serpente. Tinha o privilégio de manusear serpentes, em especial as najas, sob a tutela de Him Chand. Pelo visto, acreditava que essa iniciação o levaria às profundezas de um conhecimento secreto, ao qual se referia constantemente como "gnose", às raízes arcaicas da espécie humana, pois era crença corrente que as serpentes guardavam uma "doutrina oculta", transmitida a certos adeptos passando do mestre para seus discípulos. Mas de conhecimento secreto não havia nada, apenas o manuseio e o atendimento de alguns répteis extremamente perigosos. A iniciação de Burton junto aos brâmanes nagares e o uso do *janeo* não constituíam segredo, pois seus colegas militares começaram a chamá-lo de "Negro Branco". Mais tarde, Burton tentou minimizar a questão, mas o termo ficou vinculado a ele durante todos os anos que permaneceu na Índia. O fato era que, antes mesmo de completar um ano na Índia, Burton se afastou do mundo inglês o máximo que lhe foi possível sem precisar abandonar o regimento e se tornar *jungli*, termo empregado para os europeus que se tornavam nativos.

Burton tinha sentido um grande fascínio pelas múltiplas facetas do hinduísmo, mas o oportunismo e a corrupção dos sacerdotes hindus que via em torno, somados à sua aversão e desconfiança geral em relação a todos os credos religiosos, logo lhe despertaram dúvidas sobre o que tinha feito. Tendo se iniciado rapidamente no hinduísmo bramânico *naga*, com a mesma rapidez Burton se afastou. A naja não é um animalzinho doméstico, e ele teve a sensatez de perceber isso sem tomar como um desafio a ser vencido. Sua sondagem das profundezas primevas da humanidade, se fosse picado, levaria à morte e não à iluminação. Então o estranho caráter do hinduísmo perdeu seu fascínio. As referências posteriores de Burton à doutrina não são favoráveis. O grande número de divindades — 33 milhões, segundo a tradição —, o estranho teor dos cultos, costumes e práticas hindus, a conduta irreal, cruel e imoral dos deuses e deusas — seus hábitos bastante mundanos, os excessos sexuais, o roubo, a mentira, a fraude e outras malandragens —, mais a mistura de crenças que se manifestava na grande quantidade de cultos e seitas esquisitas dentro do hinduísmo, as diferenças e contradições entre os filósofos, a necessidade de suspender o juízo racional, a sensatez e o senso de proporção — por causa de tudo isso, um estrangeiro tinha dificuldade em partilhar da crença de um hindu. O jovem Burton, prático, cético, obstinado, não acreditou por muito tempo. A importantíssima libertação mística, obtida pela rigorosa disciplina, pelo estudo severo e pelo treinamento mental e físico, parece ter sido o único aspecto do hinduísmo a atrair Burton, e mesmo esse aspecto Burton foi procurar, a seguir, numa das mais extremas e misteriosas práticas hindus, a ioga tântrica. Aqui também estava em busca de um saber arcano e subterrâneo, esperando encontrar uma chave para os mistérios da vida na adoração das divindades primitivas, o rei fálico

Shiva e a potência feminina universal Shakti, conhecida sob inúmeros nomes e que aparece sob incontáveis formas no hinduísmo. Mas Burton não abandonou de todo o *naga*, pelo menos teoricamente. No complexo amálgama de crenças que caracteriza o hinduísmo popular, o culto da serpente, *naga*, está associado desde tempos imemoriais à adoração tanto de Shiva, a divindade iogue da natureza, quanto especialmente das grandes divindades femininas, que são, todas elas, formas da Grande Deusa Shakti, a eterna e Suprema Potência, energia manifesta, substância do Onipresente, expressão do princípio criador.

Na iconografia popular, Shakti, sob vários aspectos e amiúde como Kundalini, o Poder da Serpente, é basicamente associada a Shiva, que comparece como o Senhor do Sono. Sob esse aspecto, ele é branco (Kundalini é preto-azeviche) e passivo, e fica deitado de costas com o pênis ereto. O deus desperta apenas graças às energias da deusa, que monta sobre ele para levar ao paroxismo que cria o universo. Essa cópula divina é constantemente celebrada na difundida prática popular do tantra, geralmente observado em segredo, desencadeando as forças primevas do universo através de símbolos e ritos iogues sexuais, e baseado em coisas interditas às castas superiores do hinduísmo.

Os ritos, escreveu Burton, indicam que o tântrico não deve

> alimentar vergonha ou aversão a nada, nem preferir uma coisa a outra, nem considerar o asseio ou desasseio cerimonial de casta, mas gozar livremente todos os prazeres dos sentidos.

Enquanto os religiosos ortodoxos da casta superior, "sustentando que o controle ou anulação das paixões é essencial para a bem-aventurança suprema", procedem com "rigores físicos e evitando tentações", o tantrismo embota "o gume das paixões com a entrega excessiva a elas". Enquanto os ascetas piedosos estão "seguros apenas nas florestas, e enquanto mantêm um jejum constante", o adepto do tantrismo é capaz de "subjugar suas paixões na própria presença do que mais deseja".

Em *Vikram, and the vampire*, coletânea de antigos contos sânscritos populares, que Burton achou que devia ampliar com materiais seus — "atrevi-me a remediar a concisão da linguagem e a recobrir o esqueleto com carne e sangue" —, ele acrescenta várias descrições de ritos tântricos e iogues que parecem provir de suas experiências pessoais. Num conto, Burton expõe um rito tântrico praticado por um dos personagens secundários, um jovem de casta inferior que, tendo herdado do pai uma fortuna considerável, "leva uma vida infame". O jovem é deformado, "com uma cara que parece de macaco, pernas de cegonha e costas de camelo". Mesmo assim, "fazia amor com todas as mulheres, e apesar de sua feiúra não se saía mal". A seguir vem a descrição, sem grandes detalhes, do rito tântrico.

> O corcunda, além disso, se tornou tântrico, assim completando suas infâmias. Foi devidamente iniciado por um brâmane apóstata,* fez uma declaração renunciando a todas as cerimônias de sua antiga religião e foi libertado do jugo delas, indo realizar, em sinal de júbilo, um rito abominável. Em companhia de oito homens e oito mulheres — uma brâmane, uma dançarina, a filha de um tecelão, uma mulher de má fama, uma lavadeira, a esposa de um barbeiro, uma leiteira e a filha de um proprietário de terras —, escolhendo a hora mais escura da noite e o lugar mais secreto da casa, ele bebeu com eles, foi espargido e ungido, e passou por muitas cerimônias ignóbeis, como se sentar nu sobre um cadáver.

Esse é um culto tântrico bastante corrente, mas o tantra não é basicamente um pretexto para a liberação sexual, ainda que os homens o empreguem para tanto. Às vezes, há apenas uma mulher, que passa pelo colo de cada participante, estando eles na

---

* Essa passagem levanta a possibilidade de que Burton tenha sido iniciado por um brâmane nagar apóstata, mas, como não existem informações a respeito, a questão fica sem resposta.

postura iogue normal, o *padmasana*, ou posição de lótus, com a mulher por cima, sentada de pernas abertas. Ou as oito mulheres podem passar de homem para homem. É freqüente que haja apenas um homem e uma mulher. O sexo constitui o ato central do rito, mas não como se poderia pensar no Ocidente. A mulher representa — e literalmente é — a deusa Shakti, e é chamada de *shakti*. O homem — *sadhaka* — deve primeiramente passar por um ritual de purificação, com mantras e *puja*. O local de realização consiste num círculo, uma espécie de iantra ou mandala, conforme o costume de cada grupo, e é uma área sagrada, um centro cósmico. A *shakti* — uma ou várias —, tal como o *sadhaka*, é purificada com mantras e *puja*. É ungida e massageada da cabeça aos pés com óleos e perfumes doces, com atenção especial às partes genitais. Pinta-se uma pequena mancha em sua testa, o *bindu*, para simbolizar o Terceiro Olho, e traça-se uma linha da região genital até o *bindu*, para simbolizar a ascensão do Kundalini, a Força da Serpente. A consumação do rito geralmente se dá à meia-noite ou mais tarde; as *shaktis* estão levemente envoltas em seda fina de cor púrpura ou violeta, e a cena é iluminada por uma luz tênue. Dá-se preferência a óleo de castor, pois deixa um brilho violeta tido como estimulador dos órgãos sexuais.

Como tantas outras passagens, a descrição do devoto típico feita por Burton parece quase um auto-retrato.

Ele estava vestido com o manto de leão em cor ocre de sua categoria; da cabeça desciam longas madeixas emaranhadas de cabelo como crina de cavalo; seu corpo escuro estava riscado de linhas a giz, e na cintura trazia um cinto de fêmures. Seu rosto estava pintado com cinzas de uma pira funerária, e os olhos, imóveis como os de uma estátua, cintilavam nessa máscara com uma luz de ódio infernal. Tinha a barba feita, e não esqueceu de desenhar a marca horizontal da seita. [...] Batia numa caveira humana com dois ossos da canela, tocando música para a horrenda orgia.

Mas essas atividades não eram do agrado do jovem Burton, usualmente racional. O hinduísmo se apagou em seu espírito, e ele passou para uma outra religião. Não se sabe bem quando Burton adotou o catolicismo a sério. Não importa se nutriu um interesse profundo ou superficial pelo hinduísmo: ao que parece, seu envolvimento emocional com o catolicismo foi bem maior. Referindo-se à sua bubu, tinha dito que "tive de agüentar os protestos" do padre "português", que havia "tomado para si a responsabilidade e a cura de minha alma". Será que um padre, um católico indiano de Goa — um nativo, portanto —, ousaria protestar contra a normalíssima conduta de um jovem branco que não fosse membro praticante de sua congregação? É indubitável, porém, que Burton, em seus meses em Baroda, freqüentou a Igreja católica. Mesmo Georgiana Stisted, inflexível em afirmar que seu tio não era católico, admitiu relutante que, de tempos em tempos, ele ia à missa.

> Dizem que nosso versátil soldado de vez em quando variava os domingos assistindo a missas papistas oficiadas por um padre de Goa bem marrom, e é possível que realmente tenha aproveitado essa oportunidade de estudar as impressões provocadas pela Igreja de Roma sobre o povo semicivilizado que o rodeava.

Logo a seguir, porém, ela tenta afastar a hipótese de conversão do tio.

> Mas a tolice de que o dito padre de tez cor de chocolate o teria recebido na comunhão em questão foi absolutamente refutada pela exigência de um oficial de registro na igreja, para seu casamento quase vinte anos depois; esse funcionário só é chamado quando as partes contratantes não pertencem à mesma religião.

Decidida a manter o tio distante da Igreja católica, a srta. Stisted, em sua biografia, acaba por afastá-lo totalmente dela. E escreve: em seus últimos anos na Índia, "como muitas vezes ocorre com homens muito lidos e viajados, Burton passou a considerar suas idéias de juventude insustentáveis". Ao estudar "credos estranhos" na Índia — o hinduísmo, o islamismo e o sikhismo —, "o cristianismo se reduziu em seu espírito ao que ele acreditava serem suas verdadeiras proporções — não a única, mas apenas uma entre muitas religiões".

E, prosseguindo, ela frisa que

> ele tinha uma franca aversão pela Igreja de Roma. [...] Embora acreditasse que a nossa [o anglicanismo] fosse a mais pura forma de cristianismo existente, ele tinha vivido tanto tempo entre as enxameantes populações orientais que se prontificou a conceder os louros ao islamismo como a fé mais capaz de civilizar as desgraçadas criaturas conhecidas sob a ampla designação de pagãos.

A religião, ou melhor, as religiões de Burton, pois não muito tempo depois se converteu formalmente ao islamismo e ao sikhismo, deram muito o que falar entre parentes, amigos, críticos e biógrafos. Ele não era teólogo nem filósofo, nem um pensador muito profundo sobre assuntos religiosos, mas tinha todas os sinais de um homem *em busca* de algo — do quê, ele não sabia. Aspirava à gnose, o conhecimento secreto que desvendava os mistérios do universo, não importando se tal aspiração lhe veio em seus estudos juvenis da cabala, numa jaula de Bombaim, numa igreja católica na primitiva Baroda ou no deserto árabe.

No verão escaldante de 1843, enfrentando os aguaceiros, se iniciando aos brâmanes nagares, estudando gujerate e sânscrito, se envolvendo no catolicismo, desempenhando suas obrigações militares, desfrutando da companhia de sua bubu, Burton ainda conseguiu se aprofundar o suficiente em seu segundo idioma hindu para se apresentar a novos exames oficiais. Foi novamente até Bombaim de pattymar, para prestar o exame em gujerate perante Vans Kennedy e passou com as maiores notas entre todos os candidatos, superando um outro jovem oficial da mesma idade, Christopher Palmer Rigby, homem extraordinário, que já dominava quatro línguas indianas, além do somali e do amárico, considerado como o lingüista de maior destaque no exército indiano. Apesar de seus interesses comuns — ou talvez justamente por causa disso —, Burton e Rigby vieram a se tornar inimigos em anos mais avançados.

Burton foi designado para o posto de intérprete do regimento, com um pequeno aumento no soldo. Voltou a Baroda para as comemorações da 18ª Infantaria Nativa de Bombaim, que tinha acabado de receber ordens de seguir para Sind, onde serviria ao general Charles Napier. Os fragmentos autobiográficos de Burton não comentam nenhum sentimento de pesar, alívio ou pena em deixar Baroda e a bubu. A essa altura, ele se referia a ela como sua "esposa morganática", mas pelo visto foi deixada para trás — na verdade, ele menciona a presença de uma única mulher a bordo do navio militar que transportou o regimento para Karachi. Não a identifica, mas é curioso que em *Life* — autobiografia ditada 33 anos depois — ele diga que era uma "nativa". Por que esse detalhe se conservou em sua lembrança? Seria uma das hindus com quem viveu?

Era visível sua felicidade em sair de Baroda, pois comentou duas vezes que o mês de novembro na cidade era um "mês de matar". A 18ª Infantaria Nativa de Bombaim arrumou suas trouxas e se mudou — "a marcha lenta de sempre", reclamou Burton, pois gostava de viajar sozinho ou em pequenos grupos móveis, com rapidez e agilidade. O regimento finalmente chegou a Bombaim, tendo feito a viagem por terra, para embarcar no vapor *Semiramis* com destino a Karachi e a grandes aventuras na guerra contra os sindis.

8. O NOVO EGITO

COMO DISSE BURTON, o *Semiramis*, com sua "carga de seiscentos negros", era um "Navio do Inferno". E acrescentou: o calor parecia que ia incendiar o barco e passageiros. Não havia lugar para se refrescar. A sala de armas tresandava a comida e pão azedo, o convés escaldava "com a ira dos deuses". Fazia calor demais para ler. Burton quase ficava fora de si com o barulho das vozes dos cipaios, que eram brâmanes. "Como falam, discutem, tocam a trombeta, cantam hinos ao deus marítimo e se besuntam com óleo de palma!" Como sempre, a comida irritava Burton. Reclamou do "chá sem leite, o café que era uma água [...] o pão azedo, conservas tão picantes que trinta gramas duram um ano, carneiro vermelho-azulado desmanchando de tão cozido". O mais revoltante era que os oficiais tinham de pagar uma libra por dia pela passagem e alimentação.

Numa terra em que havia tanta insolação, também havia "inlunação". "Vocês, cavalheiros ingleses sabichões, podem dar risada", disse Burton, mas, acrescentou ele, a pessoa acordava com um lado do rosto tão desbotado que levaria um ano para se recuperar dos efeitos do luar. Burton usava trajes nativos, uma túnica solta de algodão e as calças folgadas de algodão que se chamavam "pijamas".

Tédio. Mas apareceu uma figura interessante entre a multidão de rostos tão barbaramente comprimida no navio escaldante. Era um homem com os mesmos interesses e impulsos do próprio Burton, franzino, meio loiro, de barba — o capitão Walter Scott, a princípio freqüentemente tido como sobrinho do famoso romancista. Scott era engenheiro agrimensor, e estava indo para o Setor de Levantamentos de Sind, para trabalhar no imenso complexo de vias fluviais sem fiscalização que se concentravam em torno do Indo. O general Napier acalentava o louvável sonho de tornar os camponeses do Sind realmente auto-suficientes, de tirar o Indo e seus braços do controle dos emires, que usavam suas margens e pântanos como reservas de caça particulares. Scott tinha a missão de converter o imenso deserto num oásis de terras cultiváveis, com verduras e arrozais. Burton e Scott logo fizeram amizade, pois Scott também era erudito e arqueólogo amador, "uma figura realmente excelente", que "nunca dizia uma palavra desagradável nem tinha atitudes baixas".

Havia também um jovem alemão, o dr. John Steinhauser, cirurgião no exército indiano, estudioso com um quê de lingüista — conhecia o persa e o árabe. Como amigos íntimos, Burton preferia estudiosos auto-suficientes que mostrassem constância e bom humor. Sobre Scott, ele disse: "Nunca tivemos uma idéia divergente, e menos ainda uma palavra desagradável; e quando ele morreu em 1875, em Berlim, senti sua perda como a de um amigo próximo". Sobre Steinhauser, disse algo muito parecido: "Nenhum pensamento descortês, e muito menos uma palavra inamistosa jamais rompeu nossa boa camaradagem. [...] Foi uma das pouquíssimas pessoas que, fosse pela boa ou má fama, nunca deixou que a amizade sofresse qualquer diminuição, cujas atenções sempre eram mais calorosas quanto mais gélido parecia o mundo mesquinho". Todavia, é curioso que Steinhauser seja uma figura bastante apagada nas recordações de Burton, embora ambos tenham concebido a idéia de traduzir o amorfo conjunto de contos, lendas, homilias, poemas e histórias edificantes conhecido como *As mil e uma noites*. Burton parecia considerar Steinhauser quase como um irmão; freqüentemente viajavam juntos, e quando o médico morreu de repente, devido a uma apoplexia, no ano de 1866, quando estava em Berna a caminho de casa, Burton experimentou uma sensação estranha.

> Naquela época eu andava vagando pelo Brasil, e de repente caiu um dente no chão, seguindo-se um jorro de sangue. Um amigo assim realmente se torna parte da gente. Ainda sinto uma pontada de dor enquanto minha mão escreve essas linhas.

Depois de quatro dias no mar, o *Semiramis* ancorou perto de Karachi, enquanto os barcos de sonda vinham recolher os passageiros. Burton tinha chegado ao "Novo Egito" — conta ele em *Scind revisited* [Sind revisitada] que, quando a região foi tomada, proclamou-se oficialmente que a nova conquista era "igual ao Egito em fertilidade".

Na década de 1840, Karachi não passava de um povoado, com uma população de 6 mil habitantes. Embora Sind tivesse 75% de muçulmanos, o grupo religioso dominante em Karachi era o hinduísta, largamente composto da casta baniana (de negócios), além de alguns cristãos goeses.

Karachi, o único porto ativo em Sind (os outros — todos de pequenas aldeias de pescadores — tinham sofrido um assoreamento, devido aos entulhos trazidos pelo Indo), estava nas mãos dos ingleses apenas desde fevereiro de 1839. Numa demonstração brutal da arrogância da Companhia, uma expedição comandada pelo general John Keane tinha entrado no porto, exigindo a rendição da guarnição do Forte Kalhora. Burton foi sarcástico a respeito da "batalha". Os defensores responderam: "Somos sindis e lutaremos!". Quando o bombardeio britânico derrubou as muralhas, descobriu-se que os defensores se resumiam a um velho, uma mulher e uma criança.

O que os invasores viram à frente foi uma vasta região escaldante, horrível sob vários aspectos, com um grande delta pantanoso em que o Indo vinha desaguar. Sind era ameaçada por inimigos de todos os lados. Os afegãos e os sikhs por muito tempo receberam tributos daquela infeliz região. A partir de 1832, os ingleses tinham imposto tratados aos emires sindis, concedendo os direitos de trânsito e comércio em troca da garantia de que não utilizariam o Indo para fins militares. Então, em 1838, a Companhia informou aos sindis que, "contrariamente aos artigos do tratado entre as duas potências, o Indo deve ser utilizado para o transporte de materiais militares" — a Companhia estava se preparando para invadir o Afeganistão. "A conduta dos príncipes nativos nessa ocasião parece ter sido tipicamente asiática", escreve Burton com uma certa impudência, pois os sindis protestaram. Mas o controle do Indo era fundamental: por sobre todas as potências asiáticas espreitavam os russos, que finalmente poderiam realizar o velho sonho de descer até a Índia. O controle britânico de Sind e do Indo era agora tido como um imperativo. O rio, que entrava nas ricas terras do Pundjab — os "Cinco Rios" —, era uma via que permitiria o desenvolvimento do comércio dentro da Ásia Central. Ademais, a guerra, em vez da penetração lenta, seria um pretexto para saquear e pilhar os imensos tesouros dos emires, que supostamente transbordavam de moedas de ouro e prata, jóias raras, espadas e armaduras, e todas as outras presas de tanto valor para um agressor. A própria terra também parecia merecer exploração. A expressão "Novo Egito", aplicada com tanta grandiloqüência a essa enorme província arenosa e escaldante, era um indicador dessa expectativa.

Os acontecimentos em Sind sob os ingleses foram tão ambíguos e contraditórios na época de Burton que andamos numa corda bamba ao tentar destrinçar as versões irremediavelmente conflitantes sobre o que teria realmente ocorrido, quem estava errado, quem foi o herói, por que se deu preferência a um emir em vez de outro, por que os ingleses, que sempre pareceram se orgulhar de sua honestidade, se envolveram em negócios tão escusos que, ao lado deles, os patifes e ladrões do campo adversário pareciam santos.

A figura central nas manipulações de ambas as partes, ingleses e nativos, era o príncipe mais importante, o chefe talpur emir Rustam, que na época tinha uns 85 anos, de forças um tanto debilitadas, mas lúcido e com saúde ainda perfeita. Rustam estava enfrentando um irmão bem mais novo, Ali Murad, que vinha fazendo suas maquinações pelo trono. Os ingleses divergiam em suas avaliações de Rustam: Napier disse que ele estava "esgotado pela devassidão", ao passo que E. B. Eastwick, o principal oficial político em Sind, afirmou que Rustam tinha desde o começo "mostrado a mais firme inclinação a se manter em termos amigáveis com os britânicos". De fato, todos os emires, à exceção de Ali Murad, eram simpáticos aos ingleses. Nas décadas seguintes, houve discussões violentas sobre a humilhante questão de saber se o apoio foi dado ao emir certo ou errado — a Ali Murad contra Rustam.

O verão de 1842 marcou o início dos trágicos acontecimentos que finalmente dariam a província aos britânicos. Eastwick, figura fundamental para a estabilidade da região, adoeceu e teve de se aposentar. Ele tinha exercido um poder moderador, tentando atenuar a cobiça dos ingleses, esses "faringi* avaros, gananciosos, eternamente insatisfeitos". Então, inesperadamente, morreu Ross Bell, o ríspido e brutal oficial superior, sendo substituído "pelas mãos mais hábeis do major [James] Outram". "Se se tivesse permitido que [Outram] permanecesse em seu cargo", escreve Eastwick, "as planícies de Sind nunca teriam se empapado com o sangue de milhares de habitantes seus, dizimados nos campos de Miani e Dubba."

Para complicar ainda mais a situação, Ali Murad e outros tinham se envolvido numa grande falsificação de documentos para mostrar que o emir Rustam estava conspirando contra os ingleses. Alguns dos oficiais ingleses mais jovens começaram a questionar a autenticidade dos vários documentos que apareciam de maneira tão surpreendente. Os papéis estavam redigidos em persa, a linguagem da corte, a qual apenas poucos ingleses conseguiam entender com facilidade. Todo esse material foi enviado ao novo governador-geral, lorde Ellenborough, que logo se convenceu de que os emires sindis estavam se preparando para uma revolta contra as tropas inglesas. Enquanto isso, Outram estava sendo alvo de críticas de seus próprios conterrâneos, e seus poderes ficaram tão desgastados que seu cargo de efetivo em Sind foi anulado. A perda de seus serviços, seguindo-se à renúncia de Eastwick, contribuiu para a guinada trágica dos acontecimentos. Os dois oficiais tinham a confiança dos emires, e ambos, que nunca trairiam os interesses de sua nação, por mais

---

* *Faringi*: termo indiano que originalmente designava os europeus em geral, e que veio a adquirir conotações altamente depreciativas. (N. T.)

que pudessem criticá-los com inteligência e indignação, continuaram a acreditar na boa-fé dos chefes nativos. Burton, que nunca foi amigo de Outram — os dois sabiam odiar, e a animosidade mútua durou a vida inteira —, assinalou que

> durante a terrível catástrofe que ocorreu em Cabul, os sindis e seus chefes não tomaram partido contra nós, fato geralmente atribuído à honrosa e sagaz linha política adotada pelo major Outram, o residente.

Mas aí, tragicamente, "o cargo político [de Outram] em Sind foi abolido". Em Londres, as estranhas e inquietantes notícias recebidas do Afeganistão, além do desastre lá ocorrido e as preocupantes notícias de Sind, alarmaram o Conselho de Diretores da Companhia das Índias Orientais e, numa tentativa de encontrar um oficial de alta patente capaz de lidar com a crise que parecia se aproximar, foram consultar o general Charles Napier, soldado de carreira, para assumir a Presidência de Bombaim. O general era um homem dedicado à vida militar que guardava suas idéias para si, sem permitir que elas afetassem seu trabalho, embora depois tenha sido franco em suas críticas e não tenha mostrado grande consideração pela sensibilidade dos derrotados, ainda que quisesse tornar público que sua vida tinha sido "um longo e ininterrupto protesto contra a opressão, a injustiça e a má conduta". Assim, Napier, com a avançada idade de sessenta anos (velho demais pelos critérios indianos), recebeu a tarefa de consolidar a amorfa situação ao longo do Indo. Depois de quase um ano de aclimatação nas montanhas do Sul da Índia, Napier aportou no delta de Sind em 25 de outubro de 1842. Isso foi três dias antes do desembarque de Burton em Bombaim; seus caminhos só viriam a se cruzar em algum momento de 1844.

Na Índia, Napier, como outros militares, teria de servir não só à Coroa, mas também à Companhia. Como soldado profissional durante toda a vida, Napier desprezava e odiava a Companhia, qualificando seus diretores de "um bando de merceeiros" e "mercantocracia", mas não tinha dinheiro e precisava se ocupar de três filhas, frutos de uma ligação com uma grega. Durante seu serviço na Índia, o general denunciou a Companhia em termos virulentos, mas ao mesmo tempo inquestionáveis.

Os ingleses foram os agressores na Índia e, embora nosso soberano [a rainha Vitória, *sic* no masculino] não seja capaz de cometer qualquer erro, seus ministros o são, e ninguém pode lançar uma acusação mais pesada a Napoleão do que a que paira sobre os ministros ingleses que conquistaram a Índia e a Austrália, e protegeram aqueles que cometeram atrocidades. [...] Nosso objetivo ao conquistar a Índia, o objetivo de todas as nossas crueldades, era o dinheiro [...] consta que um bilhão de libras esterlinas foi extorquido da Índia nos últimos noventa anos. Cada xelim foi retirado do sangue, enxugado e posto no bolso dos assassinos; mas não adianta lavar e enxugar o dinheiro: a "mancha da Danação" não vai "sair".

Ao comentar essa passagem, Eastwick perguntou: "Podem ser estas as palavras do homem que abriu caminho entre sangue até os tesouros de Haiderabade?". E observou que os diretores, na verdade, tinham "declarado que a guerra em Sind era gratuita, politicamente indesejável e injusta". Para ressaltar o cariz hipócrita da guerra em Sind por parte de todos os lados envolvidos, veja-se que, a despeito da dor expressa por Napier pela invasão e do choque da Companhia pelo que o general havia feito, os diretores, segundo o que afirma Burton, deram a Napier 60 mil libras em rúpias de prata como recompensa pela tomada de Sind para a Companhia de João. Outram ganhou 3 mil libras, mas se recusou a aceitá-las. A propósito da postura cândida e ambígua da Companhia, Eastwick perguntou: "Mas quando alguma nação algum dia devolveu uma aquisição rendosa, por piores que tivessem sido os meios de obtê-la?".

Sempre se tentou demonstrar que Burton tinha uma posição favorável a Napier, e os biógrafos anteriores o consideram como um dos protegidos do general. Napier, sem dúvida, podia apreciar os talentos e a ousadia de Burton, e o utilizou várias vezes em missões perigosas. Mas uma leitura atenta mostra que ele foi favorável a Napier apenas na medida em que Napier se tornou inimigo de Outram, que era inimigo de Burton. Ele foi extremamente crítico com Napier em relação ao dinheiro da recompensa e rabiscou alguns versos satíricos que não agradaram ao general.

> *Quem jurou, quando de xelins vivia,*
> *Que de sangue hindu a rúpia se tingia*
> *E "o pranto das viúvas" era seu lema do dia,*
> *Se não Charley?*
>
> *E quem também, nesses cinco anos de agora,*
> *Uma soma bem gorda do metal entesoura*
> *Deixando o "sangue" e o "pranto das viúvas" de fora,*
> *Se não Charley?**

Napier ficou na posição de controle do alto e baixo Sind, e o major Outram foi abruptamente reduzido a uma posição bastante subalterna, sob suas ordens. Eastwick escreveu:

> É evidente demais o quanto essa medida deve ter alarmado os emires e dispensa comentários. Os oficiais com os quais estavam acostumados a negociar foram todos removidos ou rebaixados a posições inferiores, e no lugar deles surgiu um soldado rude e duro, que ignorava seus costumes, idioma, história e recursos, cheio de ânimo feroz e perseguidor, que era odioso e os odiava.

No final de 1843, Napier, com seus soldados prontos para o combate, "com uma pressa selvagem e indecente", escreve

---

* Who, when he lived on shillings, swore/ Rupees were stained with Indian gore,/ And, "widows' tears" for motto bore,/ But Charley?// And yet who, in the last five years/ So round a sum of that coin clears,/ In spite of "gore" and "widows' tears",/ As Charley?

Eastwick, "declarou que toda a área, de Rohri a Sialkot, estava confiscada". Napier tinha ido a Sind "determinado de antemão a encontrar ou criar hostilidade". Então se seguiu um "emaranhado de erros, crueldades e extravagâncias que agora se sucediam um após o outro, sem cessar". Em certa medida, Napier percebia que aquela invasão era injusta, pois declarou: "Não temos nenhum direito de tomar Sind, mas a tomaremos, e haverá de ser uma velhacaria muito útil, vantajosa e humana".

Desconhecendo a Índia e o povo, Napier pôde empreender sua missão sem atender ao fato de que vários tratados justos e sensatos, impostos pela Companhia aos sindis, tinham sido anulados quando assim o exigia a cupidez. O general não só caiu nas tramas de Ali Murad — contra as quais Outram tentara alertá-lo —, como também, escreve Eastwick, disse que "achava que a única possibilidade de levar os emires à guerra seria perseguindo o emir Rustam". O litoral de Sind e uma faixa de terra nas duas margens do Indo foram tomados das mãos dos emires "em caráter perpétuo" — "como castigo por suas intenções hostis anteriores", escreveu Burton em *Sindh, and the races that inhabit the valley of the Indus* [Sind e as raças que moram no vale do Indo]. O emir Rustam, embora tivesse sido (mas não o suficiente) favorável aos ingleses, foi deposto e substituído por Ali Murad, salafrário tão evidente e rematado que agora ninguém de nenhuma facção inglesa pronunciava uma palavra favorável a ele.

O emir Rustam fugiu para o deserto, perseguido por Napier. Enquanto isso, estando Sind apenas sob o controle do general, Outram era enviado de volta de Bombaim para Sind, para servir diretamente sob Napier. Como tantas outras situações na Índia, a atual se encontrava num difícil emaranhado, e Outram tinha ordens de tentar simplificar as coisas. Resumindo, embora estivessem em estado de guerra, Outram pôde visitar o emir Rustam e outros emires e convencê-los a assinar mais um tratado, com a promessa de que o caso do emir Rustam seria considerado nos mais altos círculos da Companhia e da Coroa. Mas suas esperanças foram baldadas. Enquanto Napier prosseguia em seu avanço em Sind e o emir Rustam em sua retirada, os chefes menores, contrários ao conselho dos emires, decidiram investir contra Outram, que então se encontrava em Hyderabad, como o lado mais vulnerável das duas forças inglesas presentes na região. Depois de uma resistência heróica, o pequeno contingente de Outram conseguiu escapar aos furiosos ataques dos sindis, perdendo apenas dois oficiais, e embarcar num vapor que subiria o Indo para se reunir a Napier. Dois dias depois, em 17 de fevereiro, em Miani, numa batalha famosa nos anais militares da Inglaterra, "sir Charles Napier e seu pequeno exército", para citar o resumo de Burton, "com uma conduta admirável e uma bravura desesperada, obtiveram uma vitória decisiva sobre uma vasta legião do inimigo". Tal era sua opinião em *Sindh*, quando ainda jovem, não demasiado cético e ainda esperando impressionar seus superiores, os diretores da Companhia.

Não se trata de negar que Miani foi uma vitória impressionante. Fossem quais fossem seus defeitos, Napier era um general habilidoso e experiente. Os sindis tinham 22 mil soldados em campo, enquanto ele contava apenas com 2800, seiscentos deles defendendo as bagagens ou fazendo um reconhecimento do inimigo sob o comando de Outram. Sob o comando de Napier, apenas quinhentos eram brancos; os demais eram nativos cuja lealdade e confiabilidade sob o fogo constituíam uma perene fonte de preocupação para os ingleses. No dia 17, quando se ergueram as névoas matinais, Napier viu o inimigo bem perto. Notando uma falha nas fortificações dos sindis, construídas às pressas, ele mandou que um certo capitão Tew penetrasse por ela, com ordens de tomar e manter a ocupação e, se necessário, morrer lá. Tew e seu destacamento foram imediatamente mortos.

Os sindis avançavam em ondas incessantes, sendo dizimados pelo maior poder de fogo de Napier. O número inferior das forças da Companhia conseguiu ladear e circundar o inimigo; os sindis, não podendo escapar, continuaram a avançar contra os canhões ingleses. "Nenhuma bala de mosquete, nenhuma descarga de metralha, nenhuma estocada de baioneta conseguia fazê-los retroceder", escreveu um dos biógrafos do general. "Arrojando-se contra as armas, eles eram arremessados às dezenas de uma só vez, e os vazios eram continuamente preenchidos pelos que vinham atrás."

Houve um ferrenho combate corpo a corpo, e a seguir os sindis sobreviventes fugiram. Na terrível carnificina, Napier perdeu vinte oficiais e 250 soldados. Seis mil nativos morreram ou ficaram feridos no campo. Hyderabad se rendeu, e seus tesouros passaram para as mãos de Napier.

O calor se instalava rapidamente: a temperatura durante o dia já havia chegado a 43 graus centígrados. Napier recebeu reforços, e em 24 de março atacou Shir Muhammad, "o Leão de Mirpur", no povoado de Dubba, onde lançou seus 5 mil homens contra os 26 mil sindis. Mais uma vez, Napier derrotou um inimigo numericamente superior: 5 mil nativos foram mortos ou feridos, contra 270 de Napier. Esse foi o fim da resistência sindi. E então começaram as controvérsias.

Mesmo sendo vitórias brilhantes, Napier teve de enfrentar críticas de amigos e inimigos. *Punch*, uma revista satírica inglesa que começara a ser editada menos de um ano antes, publicou uma charge de Napier atravessando pomposamente a carnificina do campo de batalha, com a legenda "Peccavi" [Pequei] — como de fato tinha pecado mesmo.

Alguns dos militares e diretores da Companhia mais sanguinários acharam que a recompensa de Napier pela vitória alcançada era excessiva para uma batalha que custara tão poucas vidas de ingleses — segundo eles, "a conta do açougueiro" não se justificava, diz Burton. Em *Life*, numa inversão do trecho elogioso em *Sindh*, Burton deduz que a fácil vitória se devia a razões que não as publicamente apresentadas. O relato do irmão de Napier, sir William, era "uma peça de *fantaisie*", denunciava Burton, falando com um maior conhecimento retrospectivo e com a acrimônia da meia-idade. "A história foi muito bem contada, o quadro era perfeito, mas os detalhes não foram exatamente esses."

Nenhuma de nossas autoridades nos conta, nem poderíamos esperar que um documento público nos dissesse, como o mulato [eurasiático] encarregado dos fuzis do emir foi convencido a disparar para o alto, e como o traidor de Talpur que comandava a cavalaria [sindi] desviou abertamente seus homens e deu o exemplo descarado da fuga. Quando chegar o dia de publicar os detalhes referentes ao desembolso de "dinheiro do Serviço Secreto na Índia", o público tomará conhecimento de coisas estranhas. Até lá, aqueles dentre nós que viveram o suficiente para ver como se escreve a história podem considerá-lo [o relato da batalha segundo William Napier] como pouco mais do que um romance de má qualidade.

O "mulato" e o "traidor de Talpur" que traíram os sindis no calor da batalha tinham sido abordados e subornados pelo mirzá Ali Akhbar, que acabava de chegar da Pérsia. A princípio, ele trabalhou como *munshi* ou secretário pessoal de James Outram, e depois de Napier. Ali Akhbar, conta Burton, serviu com grande bravura na batalha de Miani e mais tarde em Dubba. Napier comentou posteriormente com Burton que o mirzá "fez o trabalho de mil homens para a conquista de Sind", pois como correligionário muçulmano ele podia entrar nos acampamentos inimigos e subornar alguns de seus melhores homens, para que desertassem do campo de batalha. Assim, acrescenta Burton, "ele deu o máximo de si para salvar muitos infelizes bravos belochis [sindis]".

A mera contestação das vitórias britânicas, da bravura britânica, ápice das paixões vitorianas, quando um certo código cavaleiresco de tipo arturiano se encontrava em pleno auge, já constituía em si mesma um ato de heroísmo. Mas as palavras de Burton só chegaram ao público após sua morte, e aí o Império já tinha passado por várias crises internas e externas, e essas acusações sobre o uso de "dinheiro do Serviço Secreto na Índia" foram ignoradas.

Dubba foi o clímax trágico da luta dos sindis para defender sua liberdade. "Com esse segundo golpe", escreve Burton, "o trono vacilante da casa de Talpur caiu inapelavelmente." Napier foi nomeado para o governo e o comando militar de Sind, e foram designados oficiais ingleses para administrar a justiça britânica (e não nativa) em toda a província recém-conquistada e, principalmente, para coletar as rendas que os emires tinham tomado para si.

Os emires derrotados, acrescenta Burton talvez com uma ponta de piedade por aquela gente que tinha levado a pior tanto na mesa de negociações quanto no campo de batalha, "foram enviados como prisioneiros para Bombaim; de lá, em 1844, foram transferidos para Bengala, onde alguns deles ainda sobrevivem numa espécie de prisão do Estado, melancólico espetáculo da grandeza caída".

Formaram-se dois partidos entre os ingleses: de um lado, os chamados outramistas, a favor do major Outram e seus adeptos, que defendiam um curso firme, mas pacífico, concedendo aos emires o máximo de liberdade compatível com uma administração sem problemas, e de outro os napieristas, que adotavam um pulso rígido e até cruel com os emires, deixando claro que eram os ingleses, e não os nativos, que mandavam em Sind. Napier iria governar com a baioneta e a forca, e logo a oposição e a criminalidade se manteriam em níveis reduzidos. "A pacificação da nova província foi magnificamente alcançada pelo despotismo esclarecido do Conquistador", escreve Burton em *Sindh*. "Sir Charles, em um ano, a tornou mais segura do que qualquer outra parte da Índia. [...] Em 1844, quando nivelava os canais, fui abençoado em voz alta pelos camponeses, que exclamavam: 'Esses homens realmente merecem nos governar, pois trabalham para nosso próprio bem'."

As palavras finais podem ser as de Eastwick:

Aceitamos uma massa de falsidades como prova contra uma família de príncipes, nossos aliados, despojamo-los de tudo, caçamo-los por toda parte e os atiramos à prisão, de onde sairiam apenas para um lugar: o túmulo.

Quase desde o início, Napier teve de enfrentar uma enxurrada de críticas, tendo herdado não tanto os êxitos, mas sim os erros de seus predecessores em Sind, no Pundjab e até no Afeganistão. Napier não aceitava nenhuma outra opinião além da sua, fosse dos povos conquistados ou dos críticos entre seus compatriotas. Apesar da pródiga recompensa concedida pela Companhia de João, ele logo se desentendeu com os diretores. Um de seus alvos favoritos era sir James Hogg, pessoa de enorme influência na Inglaterra, que havia enriquecido em seus anos de juventude na Índia, porta-voz da Companhia na Câmara dos Comuns. Napier se referia a ele como "aquele Hogg", chamando-o de *suar*, termo hindustâni dos mais insultantes na língua, que significa "porco". Uma das obsessões de Napier era o talentoso dr. George Buist, ex-pregador que tinha virado jornalista famoso, ocupando o cargo de editor do *Times* de Bombaim em 1839. Buist parecia um renascentista, pois também era cientista e trabalhava sem remuneração como inspetor dos observatórios astronômicos, magnéticos e meteorológicos de Bombaim. Não teve papas na língua quando condenou o governo pelos massacres dos afegãos na retomada de Cabul, em 1842, e foi igualmente franco sobre a captura de Sind por obra de Napier. Buist continuava a criticar o general e seus oficiais, atacando principalmente seus princípios morais, pois supunha-se que eles tinham se apropriado de certos haréns dos emires, em vez de libertar as mulheres. Napier entrou numa cruzada contra Buist e o *Times*, guerra que prosseguiria não só após a reforma de Napier, mas por uma década à frente. Conta Burton que Napier chamava o editor de "o animal espalhafatoso do *Times* de Bombaim" e "declarou guerra mortal" contra inimigos "reais e imaginários". "Para responder ao Inimigo no Portão e replicar à 'vil e sórdida ficção de Bombaim, encabeçada pelo Desenfreado Buist'", alguns amigos de Napier, com o sólido respaldo de funcionários que preferiram manter o anonimato, começaram a lançar uma folha em litografia chamada *Karachee Advertiser*, cheia dos "mais picantes artigos" dedicados basicamente a combater os outramistas e defender Napier, descrevendo "os vícios dos emires de Sind em linguagem que nada tinha de ambígua". Burton afirma que o general "carecia totalmente de qualquer prudência, não se importava minimamente com o número de inimigos que fazia, e sua língua era como a ferroada de um escorpião". Buist, por sua vez, não era muito mais calmo nem mais concreto do que seus adversários. Ele declarou que Sind exauriria a força vital da Índia; de fato, a providência já parecia estar chegando para punir a "gigantesca façanha de espoliação".

Essas disputas eram diversionismos trágicos das questões sérias ali postas. Napier passou o ano inteiro de 1844 tentando impor alguma espécie de ordem sob condições dificílimas: "com outros dois comandantes [...] dois governos [a Companhia e a Coroa] para manter correspondência, um inimigo nas fronteiras, um povo para manter em paz", queixava-se ele numa carta para a irmã na Inglaterra. "Tudo isso num sol tão acachapante que nenhum rapaz nem sequer finge fazer muita coisa!"

A mera máquina governamental tinha suas tremendas exigências sobre Napier e seus oficiais. Havia todas as minúcias do governo: processos judiciais com os nativos, cortes marciais, comissões, o comissariado, o trabalho dos engenheiros militares, a construção de quartéis, arranjar canos para poços ainda a serem abertos (muitos dos quais forneciam água contaminada e tiveram de ser abandonados), abrir e assentar estradas, escavar reservatórios. Por sobre tais fainas rotineiras ardia o sol e reinava o calor, em relação aos quais não havia muito o que fazer: apenas ter "paciência", conselho não muito próprio para os ativos ingleses, que o ouviriam constantemente. E por trás de tudo havia ainda a possibilidade de "traição" nativa: será que os emires vão se revoltar, os sindis, esquecendo as antigas inimizades, vão se aliar aos sikhs, aos persas, aos afegãos, numa sublevação em massa? Com quais agentes nativos, com quais oficiais do próprio exército inglês se pode contar para obter informações capazes de impedir uma revolta, um amotinamento ou mesmo uma guerra?

Ainda que o governo gostasse de declarar que a nova conquista era uma província rica, qualquer um que chegasse às suas praias teria uma outra reação. "Oh, a costa árida, árida!", escreveu Burton ao chegar. Ele viu "um deserto plano, um fio de costa litorânea baixa, arenosa como as suíças de um escocês;

um lúgubre ermo descalvado e cintilante, com um calor visível e palpável brincando sobre a superfície branca encardida, amarela encardida e marrom encardida". Sind era "algo entre um forno e uma lixeira".

Apenas o "nobre Indo" oferecia alguma esperança de riqueza. O rio era a força vital da província. Tudo dependia de seus caprichos e excentricidades.

> Os desertos brotam, as cidades, portos e vilas caem no espaço de tempo que o Indo leva para mudar seu leito em alguns quilômetros ou que um príncipe nativo leva para remover sua capital. [...] Ele é ao mesmo tempo o grande fertilizador do país, a via de tráfego das mercadorias e a principal linha de comunicação. [...] Mesmo para um europeu, é difícil contemplar essa nobre corrente sem uma admiração tingida de reverência: o oriental vai um passo além [...] a adoração.

A terra era amaldiçoada pelo clima. Burton fala na "ausência quase absoluta de chuvas" e na "falta de árvores". A temperatura nas áreas costeiras era "raramente inferior a 33 graus centígrados; em Sukkur [vila a quatrocentos quilômetros para o interior], não chegava a menos de 45 graus centígrados. As terras do delta eram em todas as épocas um viveiro de miasmas".

A nova capital de Sind, Karachi, não tinha sequer um hotel para os visitantes. A cidade nativa consistia num conjunto miserável de choças de pau-a-pique e casas de barro amontoadas em volta dos muros arruinados de um forte nativo. O barro era o material de construção mais usado: os muros da cidade e dos jardins, as fundações, as casas, todas as construções eram feitas de barro, que secava, se desfazia e voava com as brisas marítimas e vinha chão abaixo com as chuvas das monções. "O nariz, os olhos e os ouvidos" eram feridos, diz Burton, pelo "bater constante dos tambores, os guinchos da música nativa, os berros, os rugidos, as gritarias do povo, e os bandos de gaivotas famintas disputando pedaços de peixe podre." Esse "cheiro de carniça era substituído, conforme nos aproximávamos dos bazares, por um odor opressivo e parado de drogas e especiarias". Ele tinha descoberto os antros de ópio, as *dhaira*.

A uma pequena distância de todas as grandes vilas há várias *dhaira*, como são chamados, jardins murados e plantados com bangue e nazbu (uma espécie de manjericão, tida como estimulante), tendo um otak ou salão para a comodidade das visitas. Lá, por volta das cinco ou seis horas da tarde, se reúnem os bhangi ou tomadores de haxixe. Primeiro há a cena de lavar, espremer e friccionar a planta, que é um momento animado pela perspectiva da diversão predileta deles. A poção é tomada num silêncio solene, e depois alguns fumam e outros comem doces ou nozes secas e torradas. Logo alguém começa a cantar, um outro pede música, um terceiro se diverte e diverte os amigos falando da maneira mais engraçada, e um quarto ferra no sono.

Um homem com tendências dissipadas não precisava se limitar ao ópio, ao haxixe e a excêntricas formas de vinhos e aguardentes. (Burton mencionou "o peculiar predomínio da embriaguez".) Gostaria de ter um caso com uma mulher casada, esposa de algum respeitável cidadão? As mulheres sindis eram notoriamente impudicas — "a natureza amorosa da mulher aqui parece ser mais forte do que a do homem". E eram "extremamente indecentes em sua linguagem, principalmente em insultos, e escolhem deliberadamente os piores palavrões usados pelos homens. Adoram bebidas alcoólicas e diversos preparados de haxixe: a finalidade é sempre a embriaguez". E as "intrigas" eram um dos passatempos mais apreciados.

Burton visitava dois tipos de prostitutas comuns. De um lado, as meretrizes vulgares da raça jatki, um tipo de cigano, que "moram nos povoados perto das estradas principais, e sustentam a si e aos homens com as contribuições dos viajantes". De outro, a kanyari, dançarina profissional, que "soma a profissão de dançar à parte mais imoral de seu comércio".

A kanyari, falando de maneira geral, é bem vestida e de corpo asseado, raramente bebe mais do que as outras mulheres e, como as ordens inferiores da frágil irmandade de seu sexo, obedece escrupulosamente as imposições de seus mestres religiosos.

Entre a enorme variedade de raças, seitas e grupos sociais em Sind, Burton se sentia especialmente intrigado com os sidis, descendentes de escravos negros trazidos da costa africana da Somália e do estado árabe de Muscat.

Têm uma disposição ao mesmo tempo alegre e ríspida, são risonhos e passionais [...] vingativos como camelos, sujeitos a acessos de mau humor tão intensos que só o castigo físico mais violento é capaz de curá-los. [...] Corajosos e implacáveis, são também os patifes mais ousados e traiçoeiros; de fato, nada, a não ser a certeza da morte, é capaz de impedi-los de roubar e derramar sangue.

Mas uma tragédia inesperada se abateu sobre os sidis. "Um dia, Napier meteu na cabeça que ia libertar os escravos, que foram imediatamente postos fora de casa e do lar. [...] Houve protestos e ranger de dentes, mas poucos passaram fome, pois a vida é fácil nessas latitudes."
Uma excursão até um santuário com fama de grande antiguidade, consagrado a hinduístas e muçulmanos, deu-lhe alguns relances interessantes sobre a prática do povo, que misturava as crenças de duas religiões hostis e contraditórias num tranqüilo amálgama, estranha síntese nessa província que era a mais muçulmana de toda a Índia. "Nos montes a nordeste de Kurrachee, um grande hadji* transformou uma flor num jacaré, cujos descendentes ainda chafurdam no lodo de um lago lamacento", cheio de centenas de jacarés, de sessenta centímetros a seis me-

---

* Termo que designa o muçulmano que fez sua peregrinação a Meca. (N. T.)

tros de comprimento. Burton foi um dos primeiros europeus a perceber a importância de Mango Pir, designação popular do santuário; desde então, tornou-se objeto de estudo de pesquisadores e etnólogos. Entre os muçulmanos da Índia e Sind, diz Burton, "as superstições dos hinduístas foram adotadas como pontos da doutrina prática".

A dança das bailarinas profissionais nas sepulturas dos religiosos, a adoção de locais sagrados dos pagãos e o respeito demonstrado pelos muçulmanos por certos santos e devotos hinduístas são abominações aos olhos do velho rebanho de fiéis [muçulmanos]; ao mesmo tempo, aqui são atos religiosos admissíveis.

Durante o Ramadã, o grande período islâmico de jejum e luto, realizava-se uma grande feira no santuário. "As cortesãs, que tanto aqui como na Índia são, de modo geral, as mais rigorosas em suas devoções, afluem em grande número." O companheiro de Burton na feira era um árabe, o qual, "depois de observar a cena, declarou que era visível que Satã estava por baixo de tudo o que se passava, e opinou que o Katl Am, ou massacre geral, era a única maneira de limpar a terra de tais abominações". Burton, porém, tinha uma outra interpretação. Notou prontamente que os iesidis, os "adoradores do demônio" do Curdistão, chamavam Satã de "Melek-Taus", Rei Pavão, e que os sindis costumavam chamar o jacaré-líder de "Mor Sahib", Senhor Pavão. Burton, subconscientemente, estava à beira de uma importante descoberta etnológica e mística relativa aos iesidis — o culto ao Anjo Pavão —, associação que o perseguiu durante anos. A seita iria aparecer várias vezes em sua vida, até finalmente exorcizá-la em sua meditação elegíaca, *Kasidah*.

Nem todos tratavam os crocodilos sagrados com o mesmo respeito das dançarinas profissionais. Para os jovens oficiais da guarnição, era um esporte divertido. Depois de tentarem abordar as peregrinas, em sua maioria kanyaris, os subalternos foram se divertir cutucando os jacarés, "animal como que sagrado no novo Egito", observa Burton, como eram no antigo Egito.

Os pobres-diabos dos jacarés, até ali alegres como monges ou párocos, sem nada para fazer no mundo além de comer, beber e cochilar, se espojar, gingar e ser adorados, passaram a ser alvejados, apedrejados, espicaçados, maltratados e assediados pelos Passamonts, Alabasters e Morgantests de Karachi.

Os oficiais eram "acompanhados por uma matilha rangedora de bull terriers rateiros, ganindo e dançando de alegria por escaparem ao tratador do acampamento". Quando "Trim, Snap ou Pinch eram engolidos, saudavam gratuitamente os olhos e a boca do assassino com duas onças de pólvora". O faquir que cuidava do tanque alertou os grifos do perigo, mas um tal tenente Beresford propôs que pusessem o alerta à prova e atravessassem o tanque pulando sobre as costas dos jacarés. O faquir recebeu uma garrafa de conhaque para se afastar, e Beresford — "o próprio modelo de um membro da guarda" — rapidamente saltou nas costas de um jacaré, depois de outro e mais outro, se esquivando das mandíbulas que tentavam abocanhá-lo e das caudas que zurziam, para chegar ao outro lado do tanque — um herói. Mais ninguém ousou segui-lo, mas Burton propôs um outro teste de virilidade juvenil. Amordaçou um crocodilo com uma corda e ficou balançando na sua frente uma galinha dependurada num anzol. Quando o animal avançou para a presa, Burton saltou sobre suas costas para uma breve e excêntrica cavalgada. Mas a história que ele contou será verdade ou fanfarronice de rapaz?

Aí, a 18ª Infantaria Nativa de Bombaim foi transferida para Ghara, um posto avançado a cerca de 48 quilômetros a leste de Karachi, onde Burton, num calmo entardecer, podia ouvir a salva vespertina na capital. "Gharra era o purgatório, mas Karachi era aquele outro lugar." As condições eram incríveis. O regimento anterior não tinha se dado ao trabalho de construir casas permanentes para si, de modo que os oficiais e soldados recém-chegados tinham de morar em tendas. O calor era tremendo, à temperatura quase constante de 47 graus centígrados ao sol e 52 graus nas tendas. Era um lugar esquecido por Alá: os bangalôs sindis na vila nativa, feitos de trançados de bambu cobertos de barro, ao longo de um riacho de água salobra, eram absolutamente secos e assim ficariam até a chegada das chuvas de monção no outono, quando viriam as enchentes. Por todos os lados estendia-se um vasto descampado ermo, com um baixio salobre, pedras estéreis e planuras arenosas, pontilhado por áridos outeiros sujeitos a freqüentes ventanias vindas do mar. "Oh, a medonha paisagem!", gemia Burton.

Além de não haver nenhum alojamento propriamente dito no local, não havia tampouco nenhuma perspectiva de construção. Nos primeiros meses, a 18ª INB sobreviveu embaixo da lona, enfrentando o calor e os ventos. Burton teve a sorte de ficar sozinho em sua barraca individual, onde, nas horas de folga, escrevia sem parar. Para tornar o ambiente menos sufocante, ele cobria a mesa de trabalho com um pano úmido e se sentava debaixo dela nas melhores horas do dia. Nas tempestades de areia, a caneta ficava entupida e o papel se cobria de camadas e mais camadas de areia. Suas obrigações não eram muito pesadas; como era muito mais fluente nas línguas indianas do que os outros oficiais, era freqüentemente designado para tarefas nas cortes marciais, mas o que tinha a fazer parecia, de certa forma, se enquadrar em suas pesquisas lingüísticas. Das várias línguas que se apresentaram a ele naquela época, Burton preferia o persa, já tendo adquirido alguns rudimentos em Bombaim, com seu velho *munshi*. Burton e um outro subalterno "arrendaram" juntos um *munshi* persa, o mirzá Muhammad Hussein de Shiraz, e "juntos lançamos as bases de um extenso curso de leitura na mais elegante das línguas orientais".

A partir desse período em Ghara, Burton ficou imerso num meio persa. Afora os oficiais ingleses com os quais trabalhava em campo e amigos como Scott e Steinhauser, seus amigos mais próximos eram persas, aliás homens importantes. Do começo de 1844 até o final do verão de 1846, quando ficou tão doente que teve de tirar licença e ir para o Sul da Índia, Burton ficou cercado de persas e sofreu uma influência tão grande deles, de sua cultura e religião, que logo começou a se dizer um "ajami".*

Entre os persas com que Burton se ligou nessa época, estava o *munshi* Ali Akhbar, que havia prestado tão bons serviços de agente secreto a Napier, e o mirzá Daud, conterrâneo do *munshi*. A dupla dividia um bangalô de construção recente, fora de Karachi. O mirzá Daud, diz Burton, era "um estudioso persa de primeira categoria", qualidade que lhe parecia extremamente interessante em suas relações locais. Mas uma sombra pairava sobre o outro persa, Ali Akhbar; ele tinha enriquecido de uma maneira suspeita com seu magro soldo militar e enfrentava o primeiro dos vários inquéritos de Bombaim sobre a fonte de seus rendimentos. "Minha vida ficou mescladíssima a esses cavalheiros", disse Burton. Por ora, ele se comportava como um verdadeiro persa nas idéias e modo de viver, de maneira quase acrítica. Mas, analisando bem, parece que o aprendizado de uma língua elegante não foi a principal razão da longa relação de Burton com os persas.

O mirzá Hussein** era um irmão do agá cã Mahallati, descendente do Ismailiyah, ou "Velho da montanha", que, tendo fugido de seu país, a Pérsia, depois de uma rebelião ridícula, mesmo naquela terra das eternas rebeliões, virou mercenário, e com suas tropas de 130 valentões entrou a nosso serviço e foi designado para a defesa de Jarak [vila junto ao

---

* "Ajam", para os árabes e os muçulmanos sunitas, os mais "ortodoxos" do islã, significa uma terra não-árabe, geralmente designando a Pérsia. "Ajami" é um persa e, como Burton veio a aprender, é também um termo pejorativo que os árabes aplicam a muçulmanos que consideram inferiores ou heréticos.

** Embora Burton chame o mirzá de "Hosayn" [Hussein], outras fontes mencionam o nome de Hasan [Hassan].

Indo, perto de Hyderabad]. Lá, os belochis caíram sobre ele e mataram ou feriram cerca de cem soldados seus, e depois ele notificou Bombaim e informou à Presidência sobre sua conquista de Scinde.

O professor persa de Burton, o mirzá Muhammad Hussein, era membro de uma seita xiita herética um tanto obscura, os ismaelitas, encabeçada por seu irmão mais velho, o príncipe-imã, agá cã Mahallati, o primeiro do clã a ostentar o nome que logo se distinguiria. O mirzá então introduziu seu aluno na órbita de uma família controversa, outrora famosa, mas que na época de Burton era apenas um dos muitos ramos do islamismo que abarrotavam o mundo oriental, embora seus líderes, os imãs, durante séculos tivessem sido considerados quase como divindades pelos fiéis, portando uma aura luminosa e sobrenatural que lhes conferia o papel de centelhas do Ente Supremo na terra.

Hussein se dizia shirazi, indivíduo de Shiraz, um dos antigos e respeitados centros da disciplina mística conhecida como sufismo, cidade que, de tempos em tempos, se incluía entre os vários domínios dispersos de sua família, ora favorecida, ora exilada pela corte real de Teerã. A cidade era particularmente renomada como berço dos grandes poetas místicos Sadi e Hafiz, cujas obras logo estariam nos alforjes de Burton, em suas viagens por Sind, Baluchistão e baixo Pundjab. Sadi estava ligado aos ismaelitas por intermédio da sociedade secreta dos sábios, os Irmãos da Sinceridade, grupo sobre o qual não se sabia muita coisa, embora tivessem publicado no século XI uma enciclopédia de caráter místico e prático, *As epístolas dos Irmãos Sinceros*. Era essa obra que tinha influenciado alguns dos cabalistas estudados por Burton em Oxford. A irmandade tinha muitos inimigos, que a qualificavam de "subterrânea", querendo dizer com isso que era perigosa e herética para os outros muçulmanos. No entanto, seus ensinamentos, quaisquer que fossem suas origens, parecem ter guiado Burton, por intermédio dos ismaelitas, em sua busca da "gnose", o conhecimento interior que perseguia desde seus dias em Oxford, mas que lhe escapara entre os brâmanes nagares.

Burton estava cercado de cultos e seitas semelhantes, muitos mostrando traços da antiga religião persa, o zoroastrismo, com seus poderes dualistas do Bem e do Mal e um "supervisor" que permanecia a distância. Em muitas seitas encontrava-se o tema de uma Luz Primordial — "Deus criou a Luz de Maomé de Sua própria Luz" e depois de muitas eras "Ele criou todo o universo a partir dela". Essa Luz se encarnava na figura do quarto califa do islamismo, Ali ibn Abu Talib, do qual descendia uma quantidade quase incalculável de seitas, cada qual oferecendo Vias e Caminhos arcanos.

E então Ali se encarnou no agá cã Mahallati, o príncipe-imã, para cuja corte Burton fora enviado por Napier, não só para coletar informações, mas na esperança de que conseguisse persuadir o líder ismaelita a voltar para a Pérsia, "aquela terra das eternas rebeliões", para prosseguir em sua guerra contra o governante da época, o xá qajar. Nos dois anos e meio que se seguiram, Burton participou ativamente da corte do agá cã, aprendendo a língua e adulando, lisonjeando e talvez até espicaçando um relutantíssimo imã a voltar ao campo de batalha.

9. OS ASSASSINOS

A FORMAÇÃO DO AGÁ CÃ só podia fascinar uma pessoa como o jovem Burton, tão apaixonado pelo exótico, o incomum e o arriscado, muito embora viesse a nutrir uma insuperável antipatia pelo príncipe-imã. Por muito tempo, os ismaelitas, descendentes das poderosas dinastias fatímidas da Espanha e do Cairo, tinham desaparecido nas brumas da história, vivendo quase cinco séculos numa obscuridade nebulosa onde podiam se vislumbrar algumas figuras indistintas. Então, no começo do século XVIII, alguns europeus curiosos encontraram grupos esparsos de ismaelitas na Síria e na Pérsia, fiéis à presença sagrada de um chefe espiritual, o imã, tido pelos devotos como descendente direto de Ali, o quarto califa do islamismo. Dizia-se que o imã morava no Irã* central, e a notícia animou os estudiosos, que achavam que a seita e o imã tinham desaparecido havia muito tempo.

Antigamente, os ismaelitas eram conhecidos como Assassinos, pois tinham desenvolvido técnicas especiais para eliminar inimigos religiosos e políticos, mas provavelmente fazia muitos séculos que não cometiam assassinatos. Mesmo com o abrandamento ou modificação de várias doutrinas ismaelitas extremistas, o caráter sagrado do imã não se alterou. Além de ser a autoridade suprema em assuntos religiosos, possuía grande poder e riqueza — todos os anos, os fiéis ismaelitas, conhecidos genericamente como khojas, chegavam a vir da Índia com seus tributos, o *zakat* ou dízimo islâmico. Esses tributos iam para os co-

---

* Burton insistiu taxativamente na pronúncia correta de Irã e irani (e não iraniano): não "eerahn" e "eerahnee", como os europeus costumam dizer, e sim "eeroon" e "eeroonee".

fres dos príncipes-imãs, proporcionando-lhes aquelas fortunas tão usuais entre certas classes no Oriente, imensas e prodigamente dissipadas.

Finalmente, em 1812, num povoado perto da cidade santa de Qum, na província de Mahallat, um reduto de ismaelitas, o imã ismaelita da época, chamado Khalilullah, foi encontrado por um viajante francês. Khalilullah era detestadíssimo pelas seitas rivais, mas contava com a respeitável proteção do xá persa, Fath Ali, da dinastia nômade turco-persa qajar, e logo se tornou objeto de interesse para a Companhia de João, em seus planos de tomar o Irã como baluarte contra o czar.

Informam os viajantes que Khalilullah era reverenciado "quase como um deus por seus seguidores, que lhe atribuem o dom de fazer milagres". Então, em 1815, Khalilullah encontrou a morte às mãos de uma turba em Yezd, cidade do sul, depois de um tumulto num bazar local. O episódio, ao que parece, foi instigado pelos adeptos do Duodécimo, uma seita rival. O líder mulá dos adeptos do Duodécimo caiu em desgraça junto a Teerã, recebeu o castigo das bastonadas e — insulto profundamente degradante — teve a barba arrancada, mas não foi executado.

O filho de Khalilullah, xá Hassan Ali, de dezessete anos, se tornou o novo imã ismaelita, e a mãe do rapaz, mulher forte e poderosa, fez uma petição ao xá Fath Ali solicitando a devolução de antigos domínios. Como a família estava nas boas graças reais, o xá concedeu o grandioso título turco-persa de agá cã Mahallati ao novo imã ismaelita — "aqa" (e também agá ou ahgha*) era um termo tártaro que significava dignitário ou senhor, e "khan" (cã) equivalia a soberano e imperador, sendo que agora, pelo desgaste, os dois termos perderam esse significado mais preciso. Mahallat e outras terras voltaram ao jovem senhor, e o xá lhe deu uma irmã em casamento, decerto para garantir sua lealdade ao trono. Mas uma das principais terras ismaelitas, a rica província de Kerman, conhecida tanto por sua fartura

---

* Como Burton às vezes grafava.

quanto pelo fervor religioso e por sua importância na tradição ismaelita, permaneceu nas mãos do xá.

A inesperada descoberta dos ismaelitas, liderados pelo jovem agá cã Mahallati, tornou a situá-los como uma força dentro do islamismo, a qual ainda precisava ser dimensionada, ainda que numa perspectiva diversa da do passado mais distante. Mesmo não sendo muito numerosos, eles logo se mostraram de grande auxílio para os ingleses, pois o jovem príncipe-imã era um oportunista de astúcia e habilidade sem par. Podia escolher entre dois protetores: o xá, que podia ser um rival perigoso, e os ingleses, que podiam ser amigos.

Não demorou muito para que agentes ingleses e o agá cã começassem a fazer reuniões secretas. O xá qajar Fath Ali morreu em 1834, e quando seu sucessor, o xá Muhammad, foi coroado em 1835, o imã e o novo encarregado de negócios inglês, John M'Neill, logo se tornaram amigos. O país naquela época estava num turbilhão. As manifestações populares de insatisfação contra o domínio qajar vinham crescendo desbragadamente, e ascetas andarilhos pregavam a doutrina transcendental de que Deus era imanente em tudo e que os imãs, os eleitos de Deus, eram personificações dos atributos divinos. Havia escassez de alimentos (a cevada era vendida a um preço dez vezes acima do normal) e os soldados do xá começaram a saquear a zona rural. O xá recusou a oferta de amizade dos ingleses e se voltou para os russos. Finalmente iria se perder a Pérsia para o temido inimigo do norte? A campanha do novo dirigente no Afeganistão, onde ele tentou tomar Herat, teve um desfecho catastrófico. Enquanto isso, o jovem agá cã havia lhe pedido para ser nomeado governador de Kerman, aquela província de profundo significado religioso e emocional para os ismaelitas; havia muitos ismaelitas na área e, ficando perto da Índia, ela facilitava a viagem dos khojas que vinham trazer o *zakat*. A província inteira se encontrava agora em estado de guerra civil. Os ingleses enviaram tropas nativas de Bombaim, na tentativa de estabilizar a situação. No final, depois de vários anos de belicismo inconclusivo, o agá cã teve de sofrer a indignidade de ser capturado e aprisionado pelas forças leais ao xá. Em seus oito meses de reclusão num cárcere da província, os fiéis khojas vieram da Índia para render o tributo e a homenagem anual a seu chefe religioso. O imã foi finalmente libertado, sob a condição de que se retirasse para as propriedades da família em Mahallat. Mas ele ainda pensava em Kerman. Pode-se questionar seu bom senso, pois durante toda a vida seus súditos leais lhe ofereceram prodigamente o que outros governantes estabelecidos tinham de arrancar com taxações, pagas sob a pressão do coletor de impostos e da forca.

Enquanto isso, os ingleses planejavam invadir o Afeganistão e iam abocanhando aos poucos as terras dos emires no Sul de Sind. No Irã, a Companhia de João precisava de algo para desviar a atenção e impedir que o xá Muhammad insistisse de novo na questão do Afeganistão num momento pouco oportuno. Para a Companhia de João, a área inteira constituía uma mesma unidade: o controle do Afeganistão, do Sudeste do Irã, Baluchistão, Sind e Pundjab — um vasto território — não só abriria a Ásia Central, como também retardaria o avanço russo para o sul e seria um alerta para que os franceses não se intrometessem de novo. E ainda sustaria novas tentativas do xá em invadir os vizinhos. Assim, a Companhia de João e o agá cã fizeram uma aliança mais secreta, à qual a história não dá muito relevo no emaranhado de alianças secretas da época e que agora não importa muito, a não ser na medida em que viria a envolver o jovem Richard Burton.

No suposto exílio em Mahallat, o agá cã não se limitou de forma nenhuma a admirar seus jardins. Reuniu um exército de ismaelitas, inclusive quinhentos soldados de cavalaria e mercenários pagos, e em outubro de 1840 saiu para o sul rumo a Kerman, sem o conhecimento nem a permissão do xá. Com documentos falsos, condição *sine qua non* para o êxito em tal empresa, que o nomeavam governador de Kerman, ele pôde avançar pelas poeirentas vilas rurais sem encontrar resistência. Mas em Kerman a falsificação foi desmascarada. Iniciou-se uma batalha com o governador legítimo, uma das muitas que engajariam os ismaelitas nos dois próximos anos.

Naturalmente, as versões das diferentes fontes divergem nos pontos fundamentais. O agá cã sempre declarou que tinha sido devidamente nomeado para Kerman, e que depois de ocupar legalmente o poder o ex-governador se rebelou. Burton, numa opinião pensada e formada depois de vir a conhecer o príncipe-imã, achava que aquilo não passava de "uma tentativa absolutamente ridícula de rebelião contra o soberano reinante, o xá Mohammad", ponto de vista que trouxe a público pelo menos duas vezes.

As batalhas seguintes mostraram que o imã não era nenhum gênio militar, ainda que agora estivesse recebendo um volume considerável de armas da Companhia de João, inclusive pelo menos duas pesadas peças de campanha que tiveram um efeito devastador sobre as tropas menos equipadas do governo. Mas estava perdendo as batalhas; um dos generais do xá informou a Teerã que tinha capturado "vários canhões com marcações inglesas". Kerman não parava de escorregar por entre os dedos do imã. A retirada parecia ser o rumo óbvio e inevitável. Em meio à loucura da guerra, à derrota e à fuga do Ali encarnado, os peregrinos khojas novamente encontraram o imã vivo e o cumularam de dízimos para o benefício espiritual deles e o benefício material do líder.

Ao fiasco da campanha do imã seguiu-se uma deserção em massa; até um de seus irmãos, o cã Sardar Abul Hassan (ou Hussein), que se tornaria professor de persa de Burton em Ghara, foi um dos que o abandonaram. O Afeganistão, agora nas mãos dos ingleses, aliados secretos do imã, parecia ser o único refúgio. Com o que sobrou de seu exército, o agá cã fugiu para o Afeganistão, chegando em 20 de dezembro de 1842 a Qandahar, comandada pelo famoso major Henry Rawlinson por trás de um governador-fantoche. Rawlinson lhe deu imediatamente não só abrigo, mas ainda um subsídio de cem rúpias por dia, soma vultosa na época e mais do que um sinal de gratidão pelos serviços passados e futuros. O príncipe, sempre oportunista e dizendo ao major que os ingleses eram *"khalq 'ullah"*, "o Povo de Deus", se ofereceu para assumir o governo de Qandahar — e por que não tomar também Herat para o xá Shuja, aliado da Inglaterra? Mas a época não era favorável para tais aventuras. Alguns dias depois, em Cabul e outras cidades, os afegãos se levantaram contra as guarnições britânicas, gerando os trágicos acontecimentos que levariam Burton a se alistar para a Índia.

Sind foi o próximo refúgio do agá cã. Ali ele enfrentou uma difícil escolha. Devia partilhar a sorte dos emires sindis como companheiros orientais e muçulmanos ou ajudar o Povo de Deus a tomar Sind? Enviando mensageiros à frente, o agá cã, falando como amigo do Povo, aconselhou o emir cã Nassir a permitir que a Companhia anexasse Karachi, conselho que nem chegou a ser apreciado, pois os ingleses já tinham feito a mesma coisa. Novamente mudando de lado, o príncipe-imã decidiu abandonar seus novos aliados e abraçar a causa sindi como seu "dever muçulmano". O emir cã Nassir, que não tinha a menor necessidade de um vira-casacas desses, também estava resolvido, se fosse possível, a evitar derramamento de sangue com os ingleses. Mas o desassossego estava no auge: "Os membros dos clãs reunidos, no ponto máximo da irritação, decidiram atacar o major Outram e seus acompanhantes", conta Burton sobre o episódio. Então, o imã, para quem nenhuma oportunidade parecia ignóbil demais, resolveu dividir seu destino com Outram, "para agradar a Deus", e num encontro em Hyderabad revelou o que sabia sobre o plano de batalha dos sindis, assim salvando o major de um ataque noturno. Essa é a versão dos fatos segundo o agá cã. Burton apresenta um outro lado. "O emir cã Nassir, sentindo que tinha perdido o poder sobre seus súditos enfurecidos, enviou mensagens e cartas ao major Outram, alertando-o do perigo e rogando que saísse o mais rápido possível das proximidades de Hyderabad." Outram abandonou o local, mas três dias depois veio a famosa vitória de Miani, seguindo-se a de Dubba e o fim da resistência sindi.

Por serviços reais ou imaginários, Napier concedeu ao agá cã um estipêndio anual de 2 mil libras e o homenageou com o título de "alteza", honra prodigamente distribuída aos príncipes nativos, dando-lhes uma falsa dignidade que permitia aos ingleses manipulá-los com maior facilidade. O príncipe-imã continuou a ajudar seus novos amigos, e foi útil, alega ele, na tomada do Baluchistão. (A esse respeito, Burton comentou malicioso que o agá cã "informou à Presidência [de Bombaim] sobre sua conquista de Sind".) O agá cã parou no Indo para esperar o tributo dos peregrinos khojas (era 21 de março, ano-novo iraniano); os fiéis, como sempre, conseguiram localizar seu imã mesmo em meio a uma outra batalha. Então — Burton era meio preguiçoso em dar detalhes — um grupo de baluchis, que estavam dando uma batida no local, concentrados apenas em atrapalhar o abastecimento de madeira e carvão para os vapores ingleses no rio, se apoderou do tesouro e matou um grande número de forças ismaelitas. O agá cã pressionou os novos amigos para que o ajudassem a recuperar o dinheiro; responderam que ele devia ter tomado mais cuidado. Poucos meses depois dessas perdas, o príncipe imã e *entourage*, que agora incluía mulheres e crianças além dos soldados restantes, se transferiram para Sind e se instalaram na zona desértica oriental de Karachi, perto de Ghara, para onde seria deslocada a 18ª Infantaria Nativa de Bombaim, refúgio bem distante das hostilidades.

10. A CORTE REAL

O AGÁ CÃ TINHA MONTADO um grande acampamento fora do amontoado de palhoças de barro de Ghara e do simétrico aquartelamento britânico, com centenas de enormes tendas em grupos, cada um cercado por altas divisórias de lona internamente decoradas com motivos florais. Do bivaque vinha a azáfama do cotidiano, com o som de vozes, trechos de músicas, barulho de brigas e discussões, os cinco chamados diários do muezim para as orações, gritos de mulheres e escravos espancados, os berros dos carneiros levados para o abate, a algazarra dos mensageiros correndo para a tenda do príncipe-imã, a chegada de caravanas e agentes secretos, de dançarinas e altos oficiais. Isso só podia fascinar Burton, por mais que antipatizasse com o príncipe, homem de sólida constituição e um rosto cruel, marcado de bexigas, com maneiras arrogantes e uma vaidade insopitável. Quando jovem, o agá cã se sentira atraído pelo sufismo e veio a acreditar que era o ser mais elevado de todos, o *insan-i-kamil*, "o homem primordial de qualidades espirituais plenamente realizadas". Em sua curta autobiografia, *Ibrat Afzã*, em que negava qualquer ambição por poderes mundanos, o príncipe-imã escreve: "Pela graça de Deus e bênçãos de meus imaculados antepassados e ancestrais, posso, da vasta e elevada amplidão dos dervixes, desdenhar e desprezar todas as monarquias". Essa modéstia humilde e fingida só podia enfurecer Burton.

Entre os povos que tinham o exótico como coisa normal tanto na vida quanto na religião, os ismaelitas possuíam uma longa e dramática história que remontava às tumultuadas décadas que se seguiram à morte de Maomé, em 632 d.C., pois seus chefes descendiam diretamente de Ali ibn Abu Talib, primo e genro do Profeta e quarto califa ou sucessor. Durante a vida toda, Burton sempre preferiu Ali aos outros três primeiros califas. Ali era um "prosélito que valia mil sabres". Burton o considerava mais intelectual do que os outros califas, ressalva importante, pois "escreveu poesia, compôs provérbios e, segundo alguns, aperfeiçoou o silabário [árabe] com a invocação dos pontos vogais".

Quando Ali foi eleito califa em meio a grandes disputas, seus adeptos, os xiitas (que significa aproximadamente "partidários"), encontraram a oposição do grupo mais ortodoxo, os sunitas (os "Seguidores do Caminho"). A guerra civil explodiu e o islamismo se estilhaçou de maneira irreversível.

Mas nem sequer o ponto aglutinador da Casa de Ali manteve a unidade dos xiitas: eles se cindiram em várias divisões e seitas, que guerreavam entre si com a mesma freqüência com que combatiam os sunitas. O cisma de Ali se consolidou e assumiu um caráter transcendental com o desenvolvimento da doutrina do Imã Divino, chefe espiritual de caráter e qualidades sobrenaturais. Os povos mais pobres, principalmente os não-árabes e sobretudo os persas, se aferraram à crença de que um descendente de Ali guiaria todas as épocas, estando ou não presente em pessoa, até o final dos tempos. As seitas xiitas logo passaram a igualar seus imãs ao próprio Deus, partilhando de Seus atributos e poderes. Portanto, os imãs eram provas vivas de Ali, sempre o mesmo Ser numinoso que Se encarnava sob várias formas, passando a alma de cada imã para o corpo de seu sucessor.

Na época do sétimo imã, ocorreu mais uma cisão entre os xiitas. Um grupo majoritário acreditava que o imã ismaelita se transformava em *ghayba*, ou ocultamento, tendo desaparecido do mundo para aguardar a vinda do Madhi, o "Esperado", que surgiria no final dos tempos. Apesar de ausente em *ghayba*, o sétimo imã sobrevivia espiritualmente em cada sucessor e estava plenamente vivo no agá cã Mahallati, que dificilmente parecia um santo ou messias aos olhos do jovem tenente Richard Burton. Os xiitas que não viraram adeptos do Sétimo (há também os adeptos do Quinto, entre outros) continuaram sua linhagem até o 12º imã, sendo conhecidos, portanto, como adeptos do Duodécimo. Há uma feroz rivalidade entre todas as seitas.

Um instrumento fundamental no crescimento do ismaelismo era a utilização de devotos, os *fidais*, para divulgar a fé, converter e também matar os oponentes como gesto final de devoção ao Grande Mestre. Criaram-se muitas lendas em torno da habilidade e sigilo com que atingiam seus fins, e conta uma delas que eles recebiam as melhores coisas materiais, além de finos acepipes e jovens virgens de sua escolha, e se drogavam com haxixe — cânhamo indiano ou *cannabis*. O termo árabe sírio para esses *fidais* era *hashshashin*, consumidores de haxixe, e não muito tempo depois os cruzados, que os enfrentaram no Levante, converteram a palavra em "assassinos", agora corrente em muitas línguas. Em todo o Oriente Médio, chefes e personalidades religiosas, generais, primeiros-ministros e vizires, guerreiros heróicos como o grande general Saladdin, de opiniões diferentes das dos adeptos do Sétimo, morreram às mãos dos "assassinos". As pessoas passaram a usar cota de malha por baixo dos trajes normais e a utilizar guarda-costas, os quais, em alguns casos, eram *fidais* disfarçados esperando uma oportunidade para matar.

Para sobreviver às represálias e evitar serem reconhecidos entre os muçulmanos ortodoxos, os ismaelitas e outras seitas extremistas tinham desenvolvido a prática da *taqiya*, dissimulação ou ocultamento das convicções religiosas. Sob os príncipes sunitas, seus inimigos, os xiitas podiam ser obrigados, à força de torturas, a denunciar Ali e os imãs. A dissimulação da fé pela *taqiya* se tornou não só uma questão de sobrevivência, mas também de prática religiosa. Ibn Babuya al-Saduq, religioso xiita do século X, declarou: "Nossa convicção em relação à *taqiya* é que ela é obrigatória. [...] Deus descreveu a demonstração de amizade a infiéis" como algo possível apenas "em estado de *taqiya*".

Burton parece ter adotado a *taqiya* como uma prática sensata — naturalmente não iria admitir o fato —, e daí resulta que seus sentimentos em relação ao islamismo são muitas vezes obscuros, embora nunca negativos: quem lhe perguntasse provavelmente não receberia uma resposta clara, e nos livros ele era muito circunspecto. A *taqiya*, principalmente entre os adeptos do

Sétimo e o agá cã, ainda era corrente na época de Burton, tanto quanto nos primeiros séculos da história ismaelita.

É de se lembrar que o ramo xiita do credo muçulmano, quando se encontra entre adversários [isto é, entre os sunitas], sempre mantém como postulado e adere rigidamente à prática chamada Takiyyah, isto é [...] o ocultamento sistemático de tudo o que se refere à fé, à história, aos costumes, numa palavra, a qualquer peculiaridade deles que, se revelada, poderia acarretar conseqüências desagradáveis.

Mas, no século XIII, apareceu um inimigo que não podia ser afastado pelo assassinato nem pela *taqiya*. Como diz Burton em *Sindh*, mostrando um certo prazer: "A heresia ismaelita" foi "severamente tratada pelo cã Holoku". Os mongóis tinham devastado as fortalezas dos assassinos na Pérsia. Só na fortaleza central de Alamut, foram dizimados cerca de 12 mil ismaelitas, entre simples fiéis e grãos-mestres. Os adeptos do Sétimo na Síria não chegaram a durar mais um século. Até onde se sabia, tal pareceu ser o fim da seita e dos assassinos, até a descoberta fortuita de Khalilullah.

Quando encontrou um grupo de khojas em Karachi, Burton logo começou um pequeno estudo, mas não conseguiu se aprofundar — todos os khojas praticam a *taqiya*, e as informações que davam, na melhor das hipóteses, eram "inexatas". Os khojas de Karachi, diz Burton, não eram nada populares: muito pelo contrário, eram "absolutamente desprezados". Ele observou que os inimigos sunitas os chamavam de "tundo", ou seja, "manetas" ou "mutilados", referência ofensiva porque os muçulmanos usam a mão direita para pegar os alimentos e a esquerda para questões "higiênicas". Assim, quem perde a mão direita (como pena por roubo, por exemplo) é obrigado a comer com a esquerda, ignomínia que significa automaticamente sua expulsão da comunidade dos fiéis. Os sunitas se recusavam a comer com os khojas e, diz Burton em *Sindh*, "o sunita, se é um religioso, sempre desconfia que um prato que lhe é oferecido por um

131

desses heréticos contém alguma impureza", provavelmente porco ou peixe de couro, dois anátemas para os muçulmanos praticantes.

Não há dúvida de que os persas eram adoráveis, inteligentes, espirituosos, extremamente educados e divertidos (as notas de Burton nas *Mil e uma noites* relatam várias anedotas desse período, muitas delas obscenas), mas ele não levava as pretensões de divindade do imã minimamente a sério. Havia outras questões em jogo. O agá cã ainda tinha esperanças de conseguir Kerman, e para os ingleses era vantajoso alimentar tais expectativas. Assim, recém-chegado a Sind, Burton não só se viu estudando a língua oficial corrente da Índia muçulmana — o persa — com um membro da família real, o mirzá Hussein, como também foi designado para manter sob estrita vigilância um matreiríssimo príncipe-imã, que podia ser útil para a Companhia, ajudando a desmantelar a dinastia qajar pró-russa em Teerã, a qual era bastante impopular.*

Os detalhes da situação em Ghara são nebulosos, principalmente quanto ao papel do mirzá Muhammad Hussein, professor de persa de Burton. Ele era um dos principais membros de uma importante família, e tinha sido general de certo renome nas batalhas contra o xá, comandando com especial bravura campanhas contra os baluchis e, depois, a defesa por catorze meses de uma cidadela em Bam, que o agá cã tomara do xá. A família possuía riquezas imensas, recebendo tributos constantes dos fiéis ismaelitas e um vultoso estipêndio da Companhia de João. Havia de existir uma outra razão para que um importante membro da família real, descendente do sagrado Ali, se visse na situação de dar aulas a dois jovens oficiais ingleses. Burton não menciona o nome de seu colega, e ele desaparece de suas recordações depois de uma única referência, mas o mirzá Hussein aflora seguidamente, não só em *Life*, mas também em *Falconry in the valley of the Indus* [Falcoaria no vale do Indo] e em outros

---

* Os qajares só foram depostos em 1925, quando o xá Reza ocupou o trono.

textos. O estipêndio de 2 mil libras anuais era uma soma enorme para ser dada a um nobre renegado, indigno de confiança, com crenças religiosas exóticas. Era óbvio que o agá cã esperava reconquistar seus domínios no Irã e o controle de Kerman. Mas como? Os persas pareciam estar usando Burton, assim como ele estava tentando manobrar o príncipe-imã para que entrasse em ação. Nos trinta meses seguintes, Burton se manteve bem próximo dos chefes ismaelitas, viajando com o mirzá Hussein e estudando as comunidades ismaelitas em Karachi, quando não estava em missões secretas em Sind, Baluchistão e baixo Pundjab, a serviço de Napier. Freqüentemente se disfarçava de persa, e talvez até de ismaelita, e começou a absorver algumas doutrinas da seita.

Afora o mirzá Hussein, Ali Akhbar e o mirzá Daud, Burton não achava a família real especialmente simpática. Burton podia ser muito rancoroso. Não sabemos quais as desfeitas que terá sofrido do agá cã, nem quais os traços de caráter que o imã revelou inadvertidamente ao jovem Burton, dotado de tanto senso crítico. Ele nutria uma implacável antipatia pelo príncipe, o qual, pelas informações dispersas e fragmentárias que sobreviveram em relatos de outros fatos mais importantes, dificilmente seria uma figura agradável. Burton achava "ridícula" não só a tentativa de rebelião do agá cã, mas também suas capacidades enquanto chefe militar. Num mundo onde a bravura no campo de batalha constituía uma chave para o bom governo, o agá cã era um inepto. Burton achava que o título do príncipe se devia antes à sua "posição religiosa como chefe da heresia ismaelita". Embora não gostasse dos khojas, ele escreveu em *Sindh* que o agá cã, "por anos pensionista do governo britânico na Índia, muito fez para prejudicar a tribo com sua rapacidade e extorsão incauta", e que seu povo em Bombaim protestava contra "seu gosto excessivo em beber e intrigar com as mulheres".

Apesar do rancor contra o agá cã e os khojas, Burton mergulhou nas doutrinas ismaelitas. Agora podia ver uma relação com algumas das crenças cabalísticas com que tinha se deparado em Oxford, principalmente na utilização de uma numerologia mística. Os estudiosos têm dificuldade em captar o cerne da doutrina ismaelita, pois muitas das obras da seita foram queimadas pelos inimigos, e só se conhece seu conteúdo por excertos citados pelos adversários, com o objetivo de refutá-la. O apelido de "adeptos do Sétimo" não se deve apenas ao último imã dos ismaelitas. O sete era um número central na escatologia deles. Além dos sete imãs, eram sete os ciclos da história, identificados com os sete natiqs (literalmente, "os que falam") — Adão, Noé, Abraão, Moisés, Jesus, Maomé e, por último, o imã desconhecido que consumaria os ciclos. Entre cada natiq havia uma série de Sete Mudos ou Silenciosos que completavam sua obra. O sete também era aplicado nas interpretações esotéricas, em particular do Corão, sendo que as primeiras palavras do texto sagrado se escrevem em árabe com apenas sete letras, e são consideradas como referências aos sete natiqs; dessas letras derivam outras doze, que designam os doze descendentes de cada natiq. São sete os versos no primeiro *sura* ou capítulo corânico, simbolizando os sete graus da religião. A lista era interminável.

Como no caso dos brâmanes nagares, Burton se vinculava novamente a uma seita específica — e nada ortodoxa — dentro de uma religião maior. Apesar de sua paixão devoradora por fatos, informações, conhecimentos, Burton, mais que um analista, era um compilador, e o que viu a respeito dos ismaelitas parece tê-lo levado não a um exame atento de suas crenças e práticas, mas à vontade de entrar no islamismo a todo custo. A partir desse ponto, a única religião tratada em seus textos é o islamismo.

11. CHEIRO DE MORTE

Burton e a 18ª infantaria nativa de Bombaim tinham chegado a Ghara no final de janeiro, no exato momento em que os ismaelitas começavam a comemorar a sinistra tragédia de Ashura, o grande drama da paixão xiita, uma das festas mais importantes do ano, pois marca o martírio do califa Ali (assassinado em 661 d.C. quando se dirigia à mesquita) e de seus filhos Hassan (que teria sido envenenado) e principalmente Hussein, antepassado em linha direta do agá cã. Em 680, Hussein e seu séquito de umas duzentas pessoas caíram numa armadilha preparada por um rival, o califa usurpador Yassid. O grupo passou dez dias sem água, combatendo o inimigo no calor do deserto iraquiano, perto de Karbala, até serem todos mortos, episódio relembrado anualmente em intensos dramas da paixão com fins purificadores, em que fiéis xiitas do mundo todo presenciavam o mistério do sofrimento e da morte. Nas lamentações de Ashura, durante a reencenação da batalha e da procura de água, os homens batiam no peito desnudo até tirar sangue, salmodiando, gemendo e gritando, até entrarem em transe, ficando em carne viva como um bife sangrento. Gemidos e gritos estridentes rasgavam o ar; homens e mulheres desfaleciam em êxtase místico.

A festa atingia o clímax na reencenação dos fatos que levaram à morte de Hussein às mãos de seu arquiinimigo Shimr — a "morte" do mártir ocorria fora de cena —, quando surgia um ataúde com o cadáver decapitado, a cabeça como troféu de conquista para o usurpador Yassid, grande ofensa aos olhos dos xiitas, pois Hussein era o neto favorito do profeta Maomé. Os fiéis, com o rosto sulcado de lágrimas de verdade, sem conseguir controlar a emoção, gritavam repetidamente o nome do santo. Era um espetáculo de profundo efeito emocional, que teve impacto sobre Burton e despertou seu interesse pelos ismaelitas.

Poucos meses depois, em 1844, os espicaçamentos e apoquentações de Burton para que o agá cã voltasse à Pérsia para liderar a revolta contra o xá qajar lograram alguns resultados, e montou-se uma campanha para pressionar aqueles chefes baluchis hesitantes ou independentes das colinas orientais da Pérsia que não tinham se submetido aos ingleses, na esperança de conseguir um flanco seguro quando se iniciasse uma invasão total do Irã. Anteriormente, os chefes tinham sido atacados do lado sindi, com a ajuda do príncipe-imã. Agora também seriam pressionados a oeste. Assim, a Companhia estava usando os ismaelitas para resolver seus problemas com os cãs encrenqueiros locais, enquanto os ismaelitas tentavam tirar o máximo partido dos ingleses para conseguir uma base na província de Makran, na direção de Kerman. O irmão do agá cã, o cã Muhammad Baqir, veio de sua base em Sind e desembarcou na costa de Makran; enquanto seus soldados tentavam garantir uma cabeça-depraia, os chefes locais eram bombardeados com mensagens do príncipe-imã, agora bem abastecido de armas inglesas, que iria alegar que havia pacificado os membros dos clãs. Muhammad Baqir se viu enredado em dois anos de lutas desencontradas, enquanto o agá cã se retirava para seu acampamento em Ghara, para ruminar outros planos.

Apesar dos atrativos da corte do agá cã, com sua doutrina esotérica, suas práticas arcanas e brincadeiras de péssimo gosto, a vida em Ghara freqüentemente era tediosa para Burton. Logo conseguiu se afastar do posto e, em 1844 e começo de 1845, saiu numa série de missões para Napier, sempre de olho nos ismaelitas. Fez várias viagens a outros locais de Sind, foi ao delta do Indo, subindo pelo próprio rio, ao norte até as fronteiras do Pundjab, atravessando as colinas dos baluchis, onde o agá cã mais bravateava do que combatia. Burton passou por comerciante, trabalhador avulso e dervixe, seu disfarce predileto, pois agora ele se fazia de muçulmano entre os nativos. Não se tratava de mera representação, mas de suas próprias convicções íntimas, visto que em algum momento desse período ele deve ter se convertido ao islamismo, mesmo que fosse o islamismo mais herético dos xiitas ismaelitas, com influências sufistas, e não a ortodoxia dos sunitas.

Ele foi enviado para as tribos selvagens das colinas e planícies para colher informações para sir Charles [diz Isabel Burton em *Life*]. Não foi como oficial ou comissário britânico, pois assim só veria o que os nativos quisessem lhe mostrar: ele baixou uma cortina que o separava da civilização, e um dervixe sujo e esfarrapado foi perambular por aí, a pé, hospedando-se em mesquitas, onde era venerado como um santo, misturando-se às mais estranhas companhias, juntando-se às tribos belochi e brahui [...] sobre as quais, então, não se sabia nada. Às vezes aparecia nas cidades; como mercador, abria uma loja, vendia tecidos ou doces no bazar. Às vezes trabalhava com os peões com roupas nativas, "jats" [ciganos] e cameleiros na limpeza dos canais.

Desprendendo as amarras e se soltando da vida convencional dos postos militares, ficando por longos períodos à deriva num oceano de areias, Burton foi se tornando cada vez mais estrangeiro em relação a seu povo, embora mantendo amizade com Scott e Steinhauser. Naquele tremendo calor, era prático usar roupas nativas, o que, ademais, o aproximava do povo. Vestia os panos de algodão soltos que protegiam do sol, geralmente usando a larga túnica de musselina flutuante, que chamava de *pirhan*, e as calças *salwars* de seda azul, "nas quais caberia, sem exagero", conta ele em *Scinde; or, the unhappy valley*, "um jovem casal com bebê e tudo, presas nos tornozelos". Usava sobre a túnica uma espécie de casaco — mais parecido com uma segunda túnica — de algodão. Na cintura, como uma faixa ou cinto largo, ele amarrava um "xale" onde prendia uma pequena lâmina persa de cabo de marfim — "útil tanto para cortar carneiro quanto para se defender dos amigos". Nos curtos meses frios de dezembro e janeiro, até o baixo Sind pode se tornar desagradável, com algumas geadas ocasionais; então, Burton usava um *kurti* ou jaleco, do tecido que estivesse a seu alcance no momento ("desde o pano com fio de ouro até o pano de frisa"), acolchoado de algodão, com mangas como de camisa, e por cima um *chogheh* afegão, um longo manto forrado com pele de carneiro ou lã de astracã, "a pele curtida até ficar de uma maciez maravilhosa, e depois pespontada e bordada com desenhos entrelaçados". Na cabeça, Burton usava um barrete de algodão chamado *arachkin* ("que segura a transpiração"), em torno do qual ele enrolava quase onze metros de musselina estampada de miúdos motivos florais, formando um turbante. Quando andava a cavalo, usava um par de botas de cordovão amarelo macio; nas outras ocasiões, chinelos macios trabalhados com flores de seda. Em suma, mesmo se fazendo passar amiúde por dervixe e faquir, religioso andarilho pobre, Burton tinha um toque dândi em seus trajes muçulmanos.

Mas se vestir como algum tipo de seguidor do Profeta não bastava. As roupas indicavam a religião da pessoa, pois os hinduístas vestiam trajes diferentes dos das várias seitas muçulmanas, e os cristãos, como parte de sua conversão, adotavam roupas ocidentais. Quando Burton visitava as mesquitas e os bordéis, se sentava nos bazares com os mercadores ou parava nos caravançarás, não era como um oficial inglês com roupas nativas por questões de comodidade. Era como um andarilho de uma outra terra islâmica, solto e desgarrado — o Sagrado Profeta tinha dito: "Sê no mundo como um estrangeiro ou um viajante" —, muitas vezes como mestiço de persa e árabe. Ele experimentava infinitos disfarces, como um ator testando as ligeiras variações de um personagem. Mas, para Burton, não era uma encenação. Se dizia que era muçulmano, é porque o era. Não teria sobrevivido muito tempo apenas fingindo ser muçulmano numa terra tão ardorosamente devotada à religião. Outros oficiais ingleses foram apanhados, como Connolly e Stoddard em Bokhara. Burton estava tão mergulhado no islã e em Sind — dizia odiar Sind, e talvez odiasse mesmo, mas essa era uma outra questão — que, para viver e trabalhar com uma base constante no cotidiano, tinha de se tornar muçulmano no sentido mais pleno, e seria impossível se fazer passar por qualquer tipo de nativo num país muçulmano se não tivesse aquela marca islâmica distintiva que é a circuncisão.

A circuncisão é a marca de identificação dos muçulmanos, ainda que outras raças e religiões também empreguem vários tipos de circuncisão. Entre os muçulmanos, a marca é essencial, e freqüentemente uma questão de vida ou morte. O simples ato de urinar em público é como uma declaração religiosa e ir com uma prostituta num país muçulmano, como Burton fazia com freqüência, é uma outra proclamação de fé. Muitas prostitutas muçulmanas não aceitam homens incircuncisos, exceto nos bordéis que atendem a estrangeiros. Como os ingleses oitocentistas não costumavam se circuncidar, correm muitas especulações sobre a circuncisão de Burton, algumas vulgares, a maioria desinformada, mas ele teria de ser circuncidado, como assinalou cuidadosamente em diversas obras. Ele menciona várias vezes a circuncisão, principalmente nos livros dedicados a temas islâmicos e árabes, e era taxativo sobre tal necessidade para os que percorrem terras muçulmanas. Em *Personal narrative of a pilgrimage to El-Medinah and Meccah* [Narrativa pessoal de uma peregrinação a Medina e a Meca], ele cita um certo sr. Bankes, que teria dito no começo do século XIX: "Mesmo para os viajantes em países maometanos, considero quase impossível que suas jornadas tenham alguma segurança, a menos que tenham se submetido previamente ao ritual".

Burton comentou que "o risco é dobrado pela não-observância do costume. [...] Em países muçulmanos fanáticos, é considerado um *sine qua non*". No mesmo livro, ele assinala que, para fazer a peregrinação até Meca, "deve-se entender que é absolutamente indispensável ser muçulmano (pelo menos exteriormente) e ter nome árabe". É claro que o "pelo menos exteriormente" significava ter a marca de identificação islâmica que normalmente é obrigatória para todos os muçulmanos, sejam homens ou mulheres.

No caso de um muçulmano convertido que pode sofrer com a operação, a circuncisão pode ser dispensada, mas para alguém como Burton, que viajava por regiões muçulmanas "bárbaras" e ia fazer a peregrinação até Meca, no coração da Arábia, a circuncisão era uma questão de prudência. Ele descreve o rito, tal como era praticado em Sind. A cerimônia era conhecida como *sathri* ou *toharu*, este um termo árabe que significa "pureza", geralmente realizada aos oito anos de idade do menino. Como nas cerimônias análogas de iniciação que existem em todas as religiões, fazia-se uma grande comemoração, com banquetes, música e fogos. O iniciado,

> vestido de roupas cor de açafrão e enfeitado com sihra [guirlanda de papel ou flores], é montado na garupa do cavalo, e conduzido pela cidade ao som de instrumentos, cantos e salvas de tiros. Quando volta para casa, o barbeiro faz a operação da mesma maneira que é feita na Índia, mas com muito menos habilidade. Usa-se manteiga clarificada, cera e folhas de *neem* [*Melia azadirachta*, árvore considerada antisséptica] como curativo da ferida, a qual deve se fechar em oito ou dez dias.

Aqui Burton acrescenta uma nota, muito provavelmente baseada em sua experiência pessoal.

> Não costuma resultar nenhum problema da circuncisão de adultos; ela tem sido experimentada em casos de escravos africanos. A cura, porém, geralmente se prolonga pelo período de no mínimo seis semanas.

Alguns anos depois, Burton apresentou uma outra posição sobre as seqüelas físicas da circuncisão do homem adulto, possivelmente lamentando prazeres perdidos.

> A circuncisão masculina torna o amor lento e difícil. Pois a maciez da glande se endurece com a fricção, e por isso o coito é doloroso, lento e não suficientemente enérgico. Em algumas nações, talvez também exista uma causa local [para a circuncisão]: crescendo um pedacinho de carne além do devido, surge a necessidade de amputação.

Uma parte tão íntima do homem como o prepúcio tinha de ser protegida com todo o cuidado. Burton observa que os pathanos enterravam o prepúcio num local úmido da casa, onde se guardavam os cântaros d'agua, decerto na esperança de que crescesse e aumentasse a virilidade do garoto. Em outras regiões do Pundjab, ele era atirado ou amarrado com palha ao telhado da casa. Os muçulmanos de Delhi amarravam o prepúcio com uma pena de pavão ao pé esquerdo do menino, para que não recaísse nenhum mal sobre ele. Os brahuis, povo dravídico do norte que despertou o interesse de Burton, enterravam o prepúcio sob uma árvore, para que o garoto tivesse uma prole fecunda, ou sob a terra úmida para refrescar o ardor da ferida.

Ser iniciado no islã é uma coisa; viver como muçulmano era algo bem mais difícil. O islamismo não é apenas uma religião; é o próprio cerne da existência, da vida cotidiana, um modo de falar, de pensar, comer, dormir, defecar, de assumir atitudes e perspectivas. Mesmo a simples menção do nome do Sagrado Profeta Maomé exigia que se acrescentasse "A paz esteja com ele!". Do contrário, a pessoa seria considerada ímpia. E um gesto tão simples quanto matar a sede constituía um ritual complicado.

Veja, por exemplo, um muçulmano indiano tomando um copo d'agua. Com [os ingleses], a operação é bastante simples, mas o gesto dele inclui nada menos do que cinco diferenças. Em primeiro lugar, ele agarra o copo como se fosse o pescoço de um inimigo; em segundo lugar, pronuncia "Em nome de Alá, o Compassivo, o Misericordioso" antes de molhar os lábios; em terceiro, engole o conteúdo de uma só vez, e não aos sorvos, como deveria ser, terminando com um grunhido de satisfação; em quarto, antes de pousar o copo, diz num suspiro "Louvado seja Alá" — o que é perfeitamente compreensível no deserto —, e finalmente replica "Que Alá te atenda!" em resposta ao polido "Com prazer e saúde!" do amigo. E também tem cuidado em evitar o gesto irreligioso de beber o elemento puro de pé.

Havia outros costumes ainda mais formais, muitos deles remontando ao próprio Profeta. De modo geral, os muçulmanos raspam a cabeça, como Burton tinha feito antes mesmo de chegar à Índia, mas deixam a barba e o bigode, que devem ser aparados de uma determinada forma — Burton usava um bigode basto e uma barba leve, no estilo xiita então corrente. Os homens raspam as axilas e o púbis a cada quarenta dias aproximadamente. Alguns preferem arrancar os pêlos. As mulheres deixam os cabelos compridos, mas tiram os pêlos púbicos, geralmente depilando ou arrancando, costume que teria surgido com Bilkis, a rainha de Sabá, a quem o rei Salomão, um dos maiores profetas islâmicos, disse que não se casaria com ela enquanto não depilasse as pernas. Burton comenta que "no começo a velicação dói, mas a pele se acostuma. O osso púbico é raspado sem depilatórios ou depois de seu uso. [...] Não poucos anglo-indianos [querendo se referir a si mesmo] têm adotado essas precauções".

Tais práticas eram correntes em todo o mundo muçulmano, e os ocidentais ficavam fascinados no caso das mulheres. Gustave Flaubert, contemporâneo de Burton, quando esteve em 1849 e 1850 no Egito, escreveu: "Esses cantos raspados causam um efeito estranho — a carne é rija como bronze [...]". No Oriente, há mulheres não-muçulmanas que raspam o púbis por razões eróticas.

E havia também o costume de urinar que Burton tinha de seguir de maneira ainda mais automática. Os muçulmanos, como a maioria dos orientais, urinam acocorados e, quando terminam, enxugam o pênis com uma pedra ou um, três ou cinco bocados de terra ou argila, dependendo do costume local. Existe uma história que já foi várias vezes repetida: na viagem a Meca, viram Burton distraído, atendendo ao apelo da natureza de maneira não-muçulmana, urinando de pé, na posição ocidental; para salvar a vida, ele teve de matar a pessoa que o viu; é uma lenda que ele tentou desmentir, apontando a dificuldade de urinar de pé com aquelas roupas árabes que estorvavam os movimentos. Mas não há dúvida de que Burton tinha a fama de ter matado um homem a sangue-frio; no entanto, seu detrator Stanley Lane-Poole gostava de comentar que Burton "admitiu um tanto constrangido que nunca matou ninguém em momento algum".

Ademais, a defecação também significava um gesto religioso e cultural, pois os costumes são diferentes dos ocidentais. Um muçulmano deve entrar no banheiro pela esquerda, e não pela direita, descalço, e se limpa com água (ou areia ou terra, caso não haja água) usando a mão esquerda. Os dois herdeiros dos europeus na Índia, os mestiços anglo-indianos e os mestiços goeses de antepassados portugueses, se dividiam sobre a questão do costume sanitário. Os primeiros seguiam a prática inglesa e usavam papel higiênico depois de defecar; os goeses se lavavam com água, usando a mão esquerda, como outros grupos indianos. Os anglo-indianos ridicularizavam os goeses, chamando-os de "lavadeiros", e os goeses criticavam os anglo-indianos, chamando-os de "esfregões".

Havia ainda a questão da prece, em público e em particular. Normalmente o bom muçulmano reza cinco vezes por dia. As preces são precedidas por um ritual de purificação, o *wudu* (ou *wuzu*, como dizia Burton em sua pronúncia mais persa), que deve estar tão incrustado na vida de um muçulmano que é realizado automaticamente. Durante as preces, o muçulmano adota diversas posições, de pé, inclinado, sentado, virando a cabeça de um lado para outro e, em certa altura, depois de dizer *Allahu Akhbar*, "Deus é Grande", toca o chão com a testa, na posição conhecida como *sadja*, em sinal de submissão — islã — a Deus. A observância correta desses rituais é complicada — não se pode errar nem saltar nenhum aspecto da observância completa —, e se Burton errasse num gesto ou palavra, desconfiariam que não era um verdadeiro fiel. Mas agir externamente como um muçulmano não bastava. Cada passo, cada ato, cada gesto e cada pensamento tinham de vir do fundo do coração e ser totalmente, espontaneamente "muçulmanos".

Assim, ele era circuncidado, e compunha o papel de muçulmano, vivia como muçulmano, orava e se conduzia como muçulmano. A dor da iniciação valeria a pena para alguém disposto a se disfarçar de nativo para sair em missões secretas a serviço do comandante, ou haveria alguma outra razão, mais oculta e profunda, além do fingimento e simulação? Burton, na verdade, era e continuaria a ser muçulmano praticante, com um espectro variado de interesses pelo que chamava de Fé Salvadora. Tivesse ou não errado em sua escolha inicial dos ismaelitas, ele começou a se adaptar a um islamismo mais ortodoxo, depois da tentativa fracassada dos ismaelitas de invadir a Pérsia por Makran. No entanto, por mais que pudesse admitir que a comunidade sunita é que era a correta, sua simpatia ficava com os "xiitas heterodoxos" e, avançando mais nos estudos, com os sufistas, que não se ligam a nenhuma facção, fiéis apenas à Via Mística. Burton seria muçulmano durante toda a vida, e muitas vezes devoto praticante, mas com muitos deslizes e recaídas. Em suas obras, volta e meia há passagens duras sobre os muçulmanos, mas dificilmente se encontra alguma palavra negativa em relação ao islamismo.

Burton, agora, estava muito empenhado no Grande Jogo, e a aparência de mercador ou dervixe constituía uma maneira muito habilidosa de colher informações. Como mercador ambulante em seu camelo, Burton — e outros agentes — dispunha de um ótimo modo de medir as distâncias. Ao contrário do cavalo, de andadura irregular, o camelo tem passo constante, quase tão regular como um metrônomo, sendo quase previsível o número de passadas por hora, conforme esteja em areia ou solo firme. Assim, podia-se mapear facilmente as distâncias em áreas antes desconhecidas. Era uma informação importante, pois um topógrafo ou um destacamento militar, por exemplo, podiam prever a distância percorrida, mesmo numa área não mapeada, como os desertos de Sind.

Burton tinha uma ponta de paranóia e sentimento de hostilidade contra ele no período em Sind, talvez devido à natureza solitária e perigosa de seu trabalho. Não deixaria de notar que um animal tão magnífico como o camelo podia ser um meio para criticar outras pessoas. Assim, por exemplo, seus cálculos mostravam que um camelo cobria 3290 metros por hora em terreno plano, ao passo que Alexander Burnes tinha estabelecido a distância de 3381 metros — mas, diz Burton, isso quando o terreno era macio e arenoso — e, nas outras condições, 2589 metros. É claro que, para Burton, que podia ser irritantemente detalhista e impiedoso, seu antigo rival, além de impreciso, podia colocar em risco vidas que dependiam do passo e da velocidade do camelo.

O disfarce de dervixe era ideal para Burton e os outros participantes do Grande Jogo, visto que era freqüente a presença de mendicantes religiosos, que só costumavam ser abordados pelas curas e milagres que podiam fazer. Os "dervixes" estavam muitas vezes vinculados a um departamento de levantamento topográfico — Burton fazia parte do Setor de Levantamentos de Sind, assim como seu correspondente fictício em *Kim*, o coronel Creighton, era ligado ao Setor de Levantamentos indiano, sendo "um homem sem regimento". O agente disfaçado de religioso andarilho — muçulmano, hinduísta, sikh ou budista — geralmente andava com um cajado e um rosário com certas adaptações convenientes (os "lamas" tibetanos também usavam um moinho de orações), instrumentos que, nas mãos de alguém treinado, podiam ser usados como ferramentas topográficas rústicas, medindo colinas, montanhas, rios e leitos de rios sazonais, e outros marcos geográficos. (A técnica foi copiada posteriormente pelos escoteiros de sir Baden Powell.) Esses "mendicantes" andavam por toda a Ásia Ocidental, chegando ao Tibete, a Terra Proibida. Um dos melhores e mais famosos agentes, o tenente Edmund Smyth, entrou várias vezes no Tibete e teve a temeridade de remar no Manasarovar, o lago sagrado, num bote de borracha. Foi Smyth que criou o Corpo de Pundits, grupo de topógrafos nativos, indianos, que mapearam tudo o que foi possível no Tibete, com rosários e moinhos de orações.

Às vezes, ao que parece, Burton estava em companhia de outros oficiais, provavelmente disfarçado de criado, ou com Muhammad Hussein, vestido de religioso andarilho — ele camufla os detalhes em *Scinde; or, the unhappy valley* e outras obras do período. Mas, como viajante, tinha olhos vivos e ouvidos aguçados. A paisagem à sua frente não tinha muito o que a recomendasse, a não ser para o geógrafo, o lingüista e o cientista. "Oh, os imensos ermos", queixava-se Burton, e acrescentou em outra parte: "Os persas se referem a Sind dizendo: 'O cheiro de morte chega a nossas narinas'". Mas, nessas vastidões bravias, ele encontrou muita coisa para se entreter. Escreveu sobre a vida selvagem nos charcos junto às margens dos rios — a acetinada íbis, o grou cinza, a cegonha, o colhereiro, a nobre cegonha-ávegra e o flamingo, por entre os prolíficos caniços, os capins altos e os juncos entrelaçados em todas as etapas da vida vegetal, da germinação à morte, crescendo entre a lama escura e os parados lençóis de água. Burton era um naturalista nato, e se tivesse seguido apenas nessa linha, com seus belos desenhos — dos quais poucos restaram —, chegaria a se incluir entre os grandes.

Mas nem tudo era tão idílico, pois havia os insetos — insetos que entravam no nariz e na boca, enxames deles, vespas, centopéias, escorpiões, marimbondos gigantescos, maruins, pernilongos e "outros companheiros de cama", apesar de ferver as roupas de cama a cada dois dias. Havia também os gafanhotos e cupins que transformavam livros, botas, caixas e estoques num fino pozinho cinzento, além de térmitas grandes e pequenas "que preferem ser cortadas ao meio em vez de afrouxarem o aperto teimoso de suas pinças em nossa pele", e formigas-açucareiras grandes e pequenas que andavam pelo seu bigode. E havia ainda a brotoeja, os furúnculos e as pústulas — "chagas bem malignas".

Igualmente irritantes eram os ratões da Índia. Escrevendo na terceira pessoa em *Scinde*, Burton comentava como eles "caem de cima das tábuas sobre ele, correm vigorosamente pelo seu corpo, dão alegres tapinhas nele com suas patas frias e o cheiram com seus focinhos úmidos e desagradáveis".

O deserto, o vale do Indo e o grande delta tinham profundas raízes na história. Além dos resquícios da passagem de Alexandre, o Grande, pela área em 326 a.C., havia vestígios de povos ainda mais antigos, conhecidos e desconhecidos. Sind flutuava sobre mitos e lendas. Burton ouviu falar de djins e espíritos, dos sete profetas sem cabeça, cadáveres que se levantam e fazem profecias de advertência, de imperadores e déspotas moghul, de santos e mártires. Tudo era grandiosidade empoeirada e efêmera. Tattah, que antigamente tinha sido um próspero centro de 500 mil habitantes no delta do Indo, agora, na época de Burton, era um lugar afastado com alguns milhares de pessoas, sítio arruinado, lamacento e hostil, com mendigos famélicos. A grande mesquita do imperador moghul Aurengezeb, com suas elevadas paredes e imensos arcos, ainda estava de pé, mas agora cercada por casas esquálidas e meio desfeitas em ruas obstruídas com escombros derruídos. Ele comia no Bangalô dos Viajantes, pousada mantida para os oficiais em missão. Ela tinha enormes quartos de pé-direito alto, mas muitos estavam em estado calamitoso, com buracos no teto e no chão. Burton subia ao telhado para escapar ao calor. Num telhado do outro lado da rua, havia algumas prostitutas jovens, com a cabeça descoberta, de túnicas curtas e soltas, jogando bola; em outro, uma dona de casa preparando as roupas de cama para a noite. Ali perto estava um pequeno grupo de jovens, orando sentados num tapete. Um velho de barbas brancas os ensinava a "salmodiar o Corão". "Era um espetáculo muito edificante, e as vozes dos jovens eram muito suaves e agradáveis." Nesse ambiente descontraído, Burton era de novo um apaixonado pelo Oriente. Podia reclamar da grosseria, do absurdo, dos escroques e bandidos, da vaidade do povo, mas também era sensível à humanidade deles. Sobre os jovens alunos, ele comentou:

> Nenhum deles entende mais que um papagaio o que está sendo apresentado com tamanha gravidade — mas faz parte de sua educação: alguns vão aprender; outros vão apenas repetir mecanicamente, igual aos praticantes de qualquer religião de Tóquio e Benares a Plymouth Rock. E há ainda um sind hinduísta fazendo suas abluções totalmente nu.

Não se deve ficar olhando muito, dizia Burton — "vê-se um par de olhos ardentes encarando furiosamente nossa fisionomia curiosa. [...] Não há nada que essa gente mais odeie do que ser olhada de cima: isso é considerado uma violação ultrajante de seus redutos domésticos".

Numa viagem a cavalo até Killian Kot, local perto de Tattah tido como uma velha fortaleza construída por Alexandre, o Grande, ele foi tomado por um sentimento assoberbante da arcaica religião, o hinduísmo: "Quase todos os locais famosos em Sind ainda mostram claros sinais do hinduísmo original". E viu isso até nas colinas mecanas, numa área de nove quilômetros quadrados, com as sepulturas de alguns milhões de santos muçulmanos, onde havia "alguns pontos de peregrinação hinduísta: certas pedras erguidas pintadas de vermelho, e enfeitadas com enormes coroas de flores secas, junto a um pequeno tanque fundo". Eram *lingas*, símbolo do grande deus Shiva, e o tanque era a representação da vulva de Shakti, a Grande Mãe. E continuou em suas explorações. Sentia nojo da sujeira — pior que a sujeira nativa ("Tattah é um monte de imundícies") era a sujeira inglesa.

> Você dificilmente erraria o lugar, mesmo que eu não apontasse. Veja os milhares de cacos de garrafas pretas, que nessas regiões são o símbolo inequívoco da presença do homem branco, e não nos espantaremos com alguma pata cortada.

Irritava-o sempre que os generais não se preocupassem em garantir a saúde de seus soldados. Em Karachi, "a poucas centenas de metros do quartel, deixa-se que cinqüenta camelos mortos fiquem apodrecendo, alimentando os chacais, envenenando o ar, como se realmente estivesse faltando um pouco mais de morte". Hyderabad tinha uma "lagoa miasmática junto aos muros. Como inculcar nessa mentalidade anglo-indiana a absoluta importância da limpeza e drenagem? [...] Se eu comandasse um posto, não haveria nenhum povoado holandês [...] mais escrupulosamente, mais minuciosamente limpo".

Também tinha posições igualmente firmes sobre o povo. Gostava dos baluchis e das tribos das colinas, mas achava que "o sindiano é constitutivamente um covarde. [...] Enganam porque temem confiar; mentem porque não se deve dizer a verdade impunemente ou sem algum objetivo". Sentia uma antipatia cáustica e toda especial por um tal Hari Chand, um hinduísta, que deve ter lhe dado mais do que a dose normal de problemas. Ajudante-de-ordens do "matreiro" emir Ibrahim Khan, Hari Chand aparece várias vezes nos livros de Sind. Era

> um hinduísta gordo e corpulento, o próprio exemplar de sua desagradável raça, com andar de gato, uma cortesia de apurado refinamento, o hábito de sorrir melifluamente em todas as emoções, quer resultem em subornos ou pontapés, uma voz ciciante, que costuma sumir no final das frases, olhos que raramente encontram os seus, e quando encontram, parecem não gostar. Como surge timidamente à porta! Com quanta deferência desliza para dentro, faz salamaleques, assume um ar de desculpas e finalmente, relutante, acaba por se sentar! Talvez possa ser considerado como uma nova espécie de autômato, para o qual você transfere suas idéias e pensamentos — um exemplar curioso de mecanismo humano sob a forma de uma criatura dotada de tudo, menos de identidade própria.

Mas "você se assustaria se pudesse ler seus pensamentos na exata hora em que está formando tais juízos a respeito dele". O desonesto Hari Chand, explica Burton, gosta de se gabar que há uma inglesa "desesperadamente apaixonada por ele". Decerto ele acha, acrescenta Burton, que isso haverá de irritar o tolo homem branco para além de qualquer medida.

> A inveja, o ódio e a malícia são as sementes que o oriental gosta de espalhar enquanto atravessa o caminho da vida — não por um simples espírito diabólico, mas com o instinto da fraqueza astuta.

Burton havia chegado à corte do cã Ibrahim com alguns outros oficiais. Depois de se vangloriar de sua conquista, Hari Chand informou aos visitantes que seu senhor, o emir, tinha ido a Hyderabad, onde embebedou dois sahibs até cair e fez amor com todas as mulheres brancas do lugar. "Hari Chand resolveu açular nosso ghairat, ou inveja, martelando nisso sem parar." Mas, depois, Burton deve ter agradecido a Hari Chand, pois foi o gordo ajudante-de-ordens que contratou os serviços de "uma dama de bonito nome, Mahtab — Raio de Luar" para um espetáculo de dança, onde Burton conheceu sua irmã mais nova, Nur Jan, e a tomou como amante.

Embora considerasse os homens sindis, tanto hinduístas quanto muçulmanos, obsequiosos, arrogantes e desonestos, Burton fazia um outro juízo das mulheres. Na verdade, gostava de mulheres em geral, independentemente da cor ou da raça, e escreveu que rejeitava a teoria de que a beleza é subjetiva, que, por exemplo, a mais negra das negras de uma raça nigérrima só seria um modelo de beleza para os homens de sua própria raça. "Minha experiência é nitidamente contrária: em todos os lugares dos quatro cantos do mundo, sempre que vi uma mulher bonita, ela era admirada por todos." E assim ele admirava as mulheres sindis, inclusive a habilidade delas em catar objetos com os dedos dos pés. A pele delas o atraía: elogiava muito os cosméticos indianos e os bons resultados que tinham sobre a cútis feminina, ao contrário das pomadas européias. Aprovava o uso oriental de depiladores, na época raros na Europa, e dizia que, como a mulher oriental não usava meias nem roupas íntimas apertadas, ela não tinha "calosidades nem outros achaques".* E como um homem haveria de resistir à beleza da mulher sindi?

---

* Burton criticou várias vezes as roupas íntimas das mulheres européias, que restringiam os movimentos e "não [eram] saudáveis". Na Inglaterra oitocentista, era costume nas classes abastadas cingir as meninas, já desde os quatro anos de idade, com espartilhos justos de lona com barbatanas de osso ou metal, para ficarem com a cintura bem fina quando crescessem, costume este que não só afetava os intestinos e a estrutura óssea, mas também a saúde de maneira geral.

Seus olhos são grandes e cheios de ardor, de um puro negro como uma pedra de ônix, de formato amendoado, com longos cílios curvos, inegavelmente belos. [...] O nariz é reto e as finas narinas são delicadamente torneadas.

Incomodava-o a corpulência geral de homens e mulheres no Oriente, onde, observa ele, "a beleza, masculina e feminina, se regula por centenas de quilos de peso. [...] A magreza é tida não só como um defeito pessoal, mas também como sinal de pobreza". As pessoas perguntavam a Burton se ele não tinha o suficiente para comer. "Agora você vê por que adotei as roupas árabes", escreve ele. "É apenas por tolerância que se admite que um árabe seja magro sem estar passando fome."
As crianças o encantavam. "Em poucos lugares do mundo se vêem crianças mais bonitas do que as das classes superiores de Sind." Achava que as crianças, com túnicas e barretes lisos e um xale na cintura com uma minúscula adaga, se saíam "muitíssimo melhor" numa comparação com as "roupas de um cão dançarino" com que as inglesas vestiam seus filhos. Além disso, "quando menino, ele é um homenzinho, e sua irmã no harém é uma mulherzinha".
Mas ele não se iludia sobre o povo que vinha conhecendo em suas viagens. Aquelas belas e educadas crianças iriam crescer e virar gordos Hari Chands e matreiros cãs Ibrahim.

O nativo da Índia e regiões adjacentes da Ásia Central divide seus semelhantes em dois grandes grupos, os velhacos e os tolos, e, o que é ainda mais sábio, ele age na convicção de que são assim. Essa divisão, você há de convir, é admirável pela rica simplicidade e alta adaptação a finalidades práticas.

Infelizmente, sua gente entrava na categoria dos tolos, e as várias críticas de Burton ao fato acabavam não sendo instrutivas, mas apenas irritantes. Ele reclamava reiteradamente que os ingleses não conseguiam entender o modo de pensar dos nativos. A questão dos castigos era um exemplo básico, pois Napier e seus oficiais tentavam dar às punições um caráter mais humano, sem crueldade, daí resultando que não surtiam efeito.

Como deviam parecer desprezíveis aos ferozes bárbaros que ficavam expostos a eles. Descobre-se um afegão roubando; ele espera que lhe decepem a mão direita: nós o hospedamos por alguns meses no que lhe parece um abrigo luxuoso, onde pode comer, beber, dormitar, fumar seu cachimbo e injuriar o estrangeiro com toda a satisfação animal.

E as atitudes dos ingleses em relação a seus ditos amigos e aliados também enfureciam e constrangiam Burton. O que aconteceu aos emires em Sind que se alinharam com os ingleses?, pergunta ele.

A tortura e a morte aguardam os traidores, que, depois de sairmos, ficarem em sua terra natal, e todas as misérias do exílio, da pobreza e do esquecimento, pesadamente impostas aos que seguiram nossos passos, contribuíram muito, receio eu, para espalhar por toda a Índia a suspeita altamente prejudicial de que os ingleses não são amigos leais, que usam a pessoa quando querem e a descartam logo em seguida, sem se preocupar com o que lhe sucede.

Em algum momento de seu primeiro ou segundo ano em Sind, Burton aproveitou um costume xiita local, o casamento temporário. Em *Goa*, ele menciona um jovem oficial inglês — ele mesmo — que se faz passar muito bem por nativo.

O tenente [...] do [...] Regimento era um cavalheiro muito inteligente, que conhecia tudo. Numa multidão, podia falar com cada um em sua própria língua, e todos ficariam igualmente surpresos e encantados com ele. Ademais, sua religião era a de cada um deles.

Recitava o Corão, e os sujeitos circuncidados o consideravam uma espécie de santo. Os hinduístas o respeitavam, porque sempre comia sua carne às escondidas, falava piedosamente da vaca, e tinha um demônio (isto é, alguma imagem pagã) num quarto interno. Em Cochin [onde existia uma antiqüíssima colônia judaica], ele foi ao local de culto judaico e leu um grande livro, exatamente como um sacerdote.

Muito significativo é um detalhe que tem sido negligenciado: "Numa certa região muçulmana, ele se casou com uma moça e se divorciou dela uma semana depois".

Na época em que Burton escreveu *Goa*, a única região "muçulmana" em que tinha morado era Sind. O casamento temporário era conhecido por *muta*. Era um casamento legal, realizado perante testemunhas, cujo prazo era tratado e combinado antecipadamente. A *muta* era um resquício de um antigo costume árabe, inicialmente autorizado por Maomé, mas depois proibido. Os xiitas, porém, ainda consideram a *muta* plenamente legal, encontrando respaldo não só em sua versão da Tradição sagrada, mas também no Corão. Burton fez apenas uma rápida menção à sua *muta* e passou para outras ligações amorosas. Uma das mais sérias foi com uma persa, rodeada de grande mistério.

A mulher em questão é tratada em várias biografias como "A Moça Persa". Burton a menciona já em *The unhappy valley* e depois, novamente, em *Scinde revisited*. Como muitos outros aspectos dos primeiros anos de Burton na Índia, o caso está envolto em ambigüidades. Segundo sua versão pessoal, a relação não passou de um rápido encontro que nem chegou a se consumar numa conversa a dois, mas a família Burton e Stisted, segundo Georgiana Stisted, tinha uma outra história. Numa missão no deserto, possivelmente no Baluchistão, Burton encontrou uma família de persas acampada nas cercanias, "uma hoste de tendas listadas [...] caixas espalhadas, malas abandonadas e montes de palha para os camelos, a cuja sombra brilhante repousam algumas dezenas de homens de longas barbas, com imensos barretes cônicos de lã de carneiro, olhos ferozes, barbas espessas, vozes altas e um hábito terrível de soltar pragas profanas". E acrescenta: "São persas, escoltando uma das mais belas moças já vistas até a casa paterna, perto de Kurrachee".

Burton chamou um garoto escravo da caravana e o interrogou. O menino, indagado sobre o que fazia, respondeu: "Sirvo à bibi [senhora], na casa do grande sardar, A...a cã".

"A...a" corresponde nitidamente à grafia que Burton, a princípio, usava para o "Ahgha" [agá] — o sardar (nobre) era nada mais, nada menos que o agá cã Mahallati. A jovem era possivelmente uma de suas filhas, ou pelo menos membro da extensa família do príncipe — Burton estava a ponto de se apaixonar por uma nobre da família real ismaelita. Depois de subornar o garoto com uma rúpia, Burton se sentou para escrever à bibi uma carta com as expressões mais exuberantes: "botão de rosa de meu coração [...] fino linho de minh'alma". Contou à jovem que: "ai de mim! o jardim está sem seu poeta, e os sopros do desejo dispersaram as frágeis névoas da esperança", e outras expressões floridas (e bastante vazias, mas poéticas) do mesmo gênero.

Finalmente terminou a carta — em papel amarelo brilhante — e a selou com cera amarela, enviando-a pelo garoto à bibi.

Por fim, o escravo voltou com uma mensagem da dama. Teria ele algum remédio estrangeiro? Não havia nenhuma palavra sobre um encontro. Burton preparou uma mistura de gim não refinado e açúcar branco, pôs para ferver em fogo lento, temperando com "um toque de *eau de cologne*" e obteve "uma bebida tão saborosa, doce e forte, como a que poderia desejar qualquer rainha oriental que apreciasse o álcool". Espiando pela aba de sua tenda, Burton pôde ver a dama.

Não é uma moça encantadora, com traços esculpidos em mármore, como uma estátua grega, os nobres, meditativos olhos castanhos profundos e brilhantes, como de uma andaluz, e o talhe aéreo e gracioso com que Maomé, segundo nossos poetas, povoou o paraíso de seus homens?

Burton, na versão pessoal da história, foi rejeitado sem chegar a conhecer a persa. O "horrível" guardião entrou na tenda dela, mas Burton ainda guardava esperanças.

A bela avança agasalhada e envolta em panos; o animal, o dromedário dela, se ajoelha, ela sobe, virando sua face encoberta em nossa direção; ouço uma risadinha; ela sussurra uma palavra no ouvido da escrava sentada atrás; a moça também ri; puxam as pequenas cortinas; os camelos partem...

Tal foi, na versão de Burton, o fim da jovem persa. Georgiana Stisted, baseando-se na tradição familiar transmitida por sua mãe, conservou uma versão mais romântica — e trágica. A srta. Stisted tinha certeza de que existiu um verdadeiro relacionamento, de profundas raízes, que terminou de modo infeliz. "Mesmo na família de Burton", escreve ela, "apenas sua irmã sabia de sua apaixonada e desventurada ligação em Sind, um amor que ocupou um lugar único em sua vida."

Durante uma de suas românticas perambulações pelo campo [...] ele conheceu uma bela jovem persa de alta linhagem, com quem pôde conversar usando seus disfarces. Os encantos pessoais dela, sua adorável linguagem, a devoção sincera de uma daquelas nobres naturezas que se encontram até mesmo entre os orientais [!], lhe inspiraram um sentimento que chegava às raias da idolatria. O jovem e afetuoso soldado-estudante, separado de parentes e amigos por milhares de quilômetros, dedicou toda a força de seu caloroso coração e férvida imaginação à sua amada de olhos brilhantes e cabelos cor de ébano; nunca tinha amado e nunca veio a amar novamente dessa maneira.* Ela, por sua vez, o adora-

---

* Essa observação maliciosa provavelmente é dirigida a Isabel Burton.

va: mas tal enlevo não iria durar. Ele teria se casado com ela e a traria para sua família, pois além de bela era boa pessoa, não fosse o cruel inimigo à espreita, que fica de tocaia para golpear ou separar quando ousamos ser felizes por um momento, que a arrancou a ele na flor da juventude e seu fim prematuro provou serem as horas mais cintilantes do sonho de felicidade conjunta uma dor amarga e duradoura.

Fossem quais fossem as românticas idéias de sua sobrinha, Burton não teria uma vida fácil com seus conterrâneos ingleses, se levasse para casa uma esposa persa. Interpretou-se "seu fim prematuro" no sentido de que preferiram matar a moça em vez de permitir que ficasse com Burton, fato não raro no Oriente quando uma mulher — que é uma propriedade — é "danificada", como dizem, por alguém que não pertence à comunidade. O assassinato de uma mulher — esposa, irmã, mãe ou filha — por uma transgressão sexual era fato corriqueiro em Sind, como em outras partes da Índia e do Oriente. Eastwick comentou "o cruel costume baluchi" de matar mulheres pela simples suspeita de infidelidade. "Freqüentemente se encontravam mulheres enforcadas, com a aparência de terem se suicidado." Depois de conquistar Sind, escreve Burton, Napier "lançou uma ordem prometendo enforcar qualquer um que cometesse essa espécie de assassinato legal". Mas "qualquer homem que suportasse o adultério da esposa ou da mãe sofria o tabu da sociedade e se tornava motivo de chacota e de desgraça para a família e os amigos". A solução de Napier foi pintar de preto o rosto da infratora, raspar sua cabeça e conduzi-la num burro, sentada de costas, pelos bazares, para ser vaiada e apedrejada.

Foi trágico que Burton e a jovem tentassem desafiar os costumes, pois ambos tinham consciência das implicações e sabiam que estavam escarnecendo de um código social extremamente rígido. A lembrança dela não se apagou com facilidade da memória de Burton. Ele mencionou o caso em *The unhappy valley* e também posteriormente, de forma mais burilada, em *Scinde revisited*, além de um poema anterior a seus livros sobre Sind, que não foi publicado, o qual fala da morte de uma mulher na Índia. Ela tinha sido envenenada, e os versos contam como o autor do poema, por sua vez, matou o assassino, seguindo-se então a triste cena do enterro da moça. Tem-se interpretado a figura feminina como o amor persa de Burton. Alguns versos descrevem a paixão dos dois:

As curvas de seus jovens encantos
Em meus braços jaziam arfantes.

Mas então:

Mal imaginava que o mortal fado
Logo deteria aquele hálito perfumado...
Ou que a meiga mão lépida, a magnífica fronte
Repousariam na fria pedra da sepultura
Legando-me o infeliz horizonte
De percorrer sozinho a via da agrura...
Adeus, querida dos sonhos meus
Meu primeiro, meu único amor, adeus
Em meu ser tombam as trevas da morte
Trazidas pelos tormentos da taça envenenada...
O espírito de meu Triste Fado cumpriu tua sorte:
Nunca uma linda donzela foi tão amada, saudosa e vingada.*

O poema, que dá uma base bastante sólida à versão de Stisted, foi encontrado num caderno de anotações que data dos dias de Burton na Índia. A marca d'água do papel é de 1847, e a caligrafia corresponde à de outros textos de Burton sabidamente escri-

---

* The rounded form of her youthful charms/ leaved in my encircling arms. [...]// Little I thought the hand of death/ So soon would stay that fragrant breath.../ Or that soft warm hand, that glorious head/ Be pillowed on the grave's cold stone/ Leaving my hopless self to tread/ Life's weary ways alone.../ Adieu once more fond heart and true/ My first my only love adieu/ The tortures of the poisoned bowl/ Cast the gloom of death around my soul.../ Spirit of my own Shireen Fate heard my vow/ Ne'er was a maid so fair so loved so lost so 'venged as thou.

tos no mesmo período. (Sua caligrafia depois se modificou, chegando a ser quase ilegível.) Por conseguinte, o poema deve ter sido composto, ou pelo menos transcrito, por volta dessa mesma época, embora possa ter sido rascunhado antes e mais tarde copiado para o caderno de notas, que inclui outros materiais dos anos passados em Sind.

Apesar de algumas licenças poéticas, o poema parece ser autobiográfico. Presume-se que a moça do poema foi morta por ter violado o estrito código social vigente, que proíbe qualquer relação sexual, mesmo matrimonial, fora dos limites da comunidade, exceto nos raros casos de alianças dinásticas, de vantagem para ambos os lados. Burton certamente não poderia acrescentar nada à envergadura da família real ismaelita, e seu amor pela jovem, portanto, era ilícito e indesejado. Amando-a e vendo-a sacrificada por profanar o código, teve de vingar sua morte. É aqui que entra a licença poética: não há nenhuma maneira de comprovar a passagem "e vingada".

A srta. Stisted deu a palavra final sobre o trágico caso de amor:

> Anos depois, quando ele [Burton] contou a história, sua irmã percebeu com uma rápida intuição que ele mal conseguia falar daquela terrível separação, e mesmo a solidariedade mais gentil doía como um toque numa ferida aberta. Desde a morte de sua grande bem-amada, ele passou a ter crises de melancolia, e a concepção de seu belo, mas pessimista, poema "Kasidah" parece datar da grande dor de sua vida.

Houve uma outra mulher em algum momento nesses anos em Sind, à qual, numa obra bastante obscura chamada *Stone talk* [Conversa de pedra], Burton se refere como "deusa", definindo-a como "viúva de um pária", o que significa que pertencia à mais baixa casta hinduísta e, como viúva, era ainda mais pária. *Stone talk* só foi publicado em 1865, mas Burton ainda podia lembrar dos encantos de sua amada.

Amei, sim, e como! Descreverei
Os encantos fatais em que me enredei!
Seu talhe, uma palmeira ondulante,
O seio, tenro cacau fragrante;

Olhos negros, cabelos de nigérrima cor,
Rosto deslumbrante como lótus em flor;
Lábios de rubi, hálito de jasmim
Orvalhado de um frescor sem fim.*

E isso é tudo o que se sabe a respeito de mais um dos tantos amores de Burton na Índia.

De tempos em tempos, Burton, como os outros jovens oficiais, servia nas cortes marciais, mas, como era o único da 18ª Infantaria Nativa de Bombaim que conhecia as línguas locais, sua cota nesse serviço foi maior que a dos outros. Não sabemos quem ou quais delitos eram julgados; anos depois, porém, no famoso "Ensaio final" do volume X das *Mil e uma noites*, Burton menciona um caso que passou por ele. Um cipaio brâmane mantinha relações sexuais com um soldado da casta inferior dos párias. O cipaio acabou matando o outro. O problema não foi a paixão, o ciúme homossexual, o sentimento de culpa ou de vergonha ou qualquer outra maldade ocidental; foi um problema de casta, e foi isso que atraiu o interesse de Burton.

O amontoado sujo de choupanas de barro e palha que constituía o vilarejo nativo próximo não oferecia uma única mulher; mesmo assim, apenas um caso de pederastia veio à luz, e anos depois, de maneira trágica. Um jovem brâmane mantinha ligações com um companheiro soldado de casta inferior, e isso prosseguiu até que, em má hora, o parceiro

---

* I loved — yes, I! Ah, let me tell/ The fatal charms by which I fell!/ Her form the tam'risk's waving shoot/ Her breast the cocoa youngling fruit;// Her eyes were jetty, jet her hair,/ O'ershadowing face like lotus fair;/ Her lips were rubies, guarding flowers/ of jasmine dewed with vernal showers.

passivo pária se atreveu a se tornar ativo. Este, em árabe, Al-Fail = "o que faz", não é objeto de desprezo como Al-Maful = "o feito", e o cipaio de casta superior, mordido pelo remorso e cheio de vingança, carregou seu mosquete e disparou deliberadamente contra seu parceiro. Foi condenado à forca pela corte marcial em Hyderabad e, quando lhe perguntaram quais eram seus últimos desejos, ele pediu para ser pendurado pelos pés, pois a idéia era que sua alma, que se macularia saindo "abaixo da cintura", estaria condenada a intermináveis reencarnações nas mais baixas formas de vida.

Mas, depois de uma intensa atividade, havia períodos em que não acontecia nada. Não havia julgamentos nem viagens pelos campos; na verdade, a única coisa a fazer era sobreviver enquanto o calor aumentava ainda mais e o sol, como disse um visitante, escaldava como se fossem dois sóis juntos. Os generais não podiam planejar nenhuma campanha, e o agá cã chegava a renunciar a seus cavalos de corrida. Assim, o que um oficial podia fazer quando não estava espicaçando os ismaelitas, para que arriscassem tudo numa tentativa de invadir Kerman, a não ser sentar debaixo da escrivaninha coberta por um pano úmido e escrever, escrever, escrever, rabiscando notas que poucos seriam capazes de registrar num prazo tão curto de permanência nessa solidão tão erma? E ele não parava de escrever, como um insano tentando aparar as crises dando uma atenção total às minúcias e detalhes. Fazia listas de tribos e clãs, de palavras, fragmentos de línguas colhidos a duras penas nessa imensa lixeira do Império. Anotava tabelas e níveis de água, as mudanças de curso do Indo (mas: "A geografia e a história da província nas eras antigas são igualmente obscuras"), o sistema tributário, os tipos de educação; fez anotações sobre demonologia, magia e alquimia, o Livro do Destino, os épicos (em quatro idiomas — belochi, jataki, persa e sindi), "Excertos de contos de Sasui e Punhu, Marui e Umrah o Sumrah", que falam de santos e guerreiros sindis de outros tempos, escrevendo a seguir um outro capítulo: "Continuação do mesmo tema". Por toda parte Burton mergulhava nas línguas, dialetos, derivações, idiomas que iam se amontoando dentro dele como se fosse um grande dicionário poliglota ambulante e que no futuro fluiriam dele, como se ele, Richard Francis Burton, sozinho, fosse a única fonte da língua primordial, aglutinadora, se flexionando em dezessete casos. E tentava comprimir em algumas páginas, em alguns parágrafos dados sobre tudo e todos, como se jamais fosse surgir algum futuro pesquisador para registrar o que lhe tivesse escapado. Ali estavam santos, castas, tribos párias, prostitutas, jogos e exercícios de ginástica, mendicantes religiosos, "A classe amil: suas origens, ofício e pendor para a fraudulência", cerimônias fúnebres, crimes e castigos. Nosso espírito fica atordoado com a mera idéia da imensidão de sua curiosidade e conhecimentos.

Mas ele se sentia infeliz. Detestava tanto Sind — "o vale infeliz" tinha vários sentidos para Burton — que passou a se dedicar ao marata, a principal língua da Presidência de Bombaim, na esperança de ser novamente transferido para a península indiana, com melhores condições de vida. Aprendeu o suficiente para conseguir licença de ir a Bombaim em outubro, para prestar os exames do outono, nos quais, como era de esperar, foi aprovado com distinção. De volta a Sind, viu que estava ali para ficar, tendo sido nomeado para servir no estado-maior sob o comando de Napier, e se empenhou em tirar o melhor proveito disso. Durante esse ano poeirento e escaldante, disse que veio a dominar "o persa de cor e salteado, o suficiente de árabe para ler, escrever e conversar com fluência, e um conhecimento superficial daquele dialeto do Punjaubee que é falado nas regiões mais atrasadas da província". Também tinha aprendido de ouvido um pouco de sindi, para os contatos mais gerais, mas nessa primeira fase, depois de se debater um pouco com a língua, desistiu; em *Sindh*, finalmente, foi capaz de apresentar uma súmula do idioma com toda a concisão e compreensão que se poderia desejar em 21 páginas, com várias outras referências, num exemplo impressionante de sua capacidade de síntese.

A referência de Burton ao aprendizado do pundjabi como era "falado nas regiões mais atrasadas da província" significava não só que tinha ido em missões secretas até as colinas ermas e selvagens a oeste da planície do Indo, mas também que tinha penetrado no interior feroz do antigo reino de Ranjit Singh, onde uma nova geração de chefes sikhs se ocupava em planejar ações antibritânicas de natureza extremamente hostil. Assim, parece que Burton estava cobrindo um largo espectro, e, pelo que se pode deduzir das rápidas referências que afloram continuamente em seus textos, muitas vezes em caráter secreto.

O momento exato em que Napier incluiu Burton em seu círculo mais próximo de oficiais de confiança, encarregados da difícil tarefa de civilizar a Índia ocidental, é um daqueles detalhes sobre os quais não é possível chegar a um acordo. Provavelmente foi Scott que falou ao general das qualificações de Burton. Stisted diz que "o velho comandante-em-chefe, como a maioria dos homens inteligentes, admirava o talento dos outros, e ficou de olho no jovem soldado promissor", e no final do primeiro ano em Sind o enviou para o Setor de Levantamentos de Sind. O ponto de vista exposto por Burton é um pouco diferente. É fato sabido, diz ele em *Life*, que "uma indicação do estado-maior costuma ter o efeito de acabar com a má impressão da pessoa em relação a qualquer lugar. Assim, quando o governador de Sind foi persuadido a me conceder a nomeação temporária para o cargo de assistente no Setor de Levantamentos, comecei a olhar com interesse para a desolação que me cercava".

> Era um novo lugar, era uma nova população, era uma nova língua. Minhas novas obrigações me fizeram passar o inverno percorrendo os distritos, limpando os leitos dos canais e fazendo esboços preparatórios para um grande levantamento. Fui lançado entre o povo de uma maneira tão absoluta que dependia deles para ter companhia; e a dignidade, para não mencionar o aumento da pensão, de um oficial do estado-maior me permitiu juntar uma boa quantidade de livros e reunir à minha volta quem pudesse torná-los minimamente úteis.

Assim fica claro que Burton recebeu de Napier autonomia e carta branca ao ser indicado para o Setor de Levantamentos, o qual, na maior parte do tempo, não passava de uma fachada para seu trabalho no Grande Jogo. Se quisesse, podia se fazer passar por simples oficial sem qualquer importância especial, como quando foi apresentar seus cumprimentos formais ao cã Ibrahim e Hari Chand; podia se fazer de criado nativo no círculo de Scott e sair sorrateiro do acampamento para visitar os bairros locais; podia ainda sumir totalmente do Setor e ir vaguear pelo campo, entrando em territórios não só desconhecidos, mas hostis, onde poria à prova seu sangue-frio e presença de espírito contra baluchis, sindis e pundjabis. Assim, depois de criticar redondamente todo o Sind, o povo e a língua, teve de mergulhar neles. Em 1º de dezembro de 1844, Burton, com seis camelos — ele menciona o número de camelos, mas não o de homens e oficiais, se é que havia (ele podia estar sozinho) —, saiu para os rios Phuleli e Guni.

Seguindo com seus camelos rumo ao norte, atravessou povoados e povoados de habitantes conhecidos como jats, e com sua costumeira paixão detalhista pela exatidão, teve de explicar que não eram simplesmente "jats", mas que "o nome jat abarca não menos de quatro raças".

Então Burton fez uma descoberta importante:

> Parece provável, pela aparência e outras peculiaridades da raça, que os jats estejam ligados por consangüinidade à peculiar raça dos ciganos.

A "curiosa expressão" que ele viu nos olhos dos jats era o chamado "olhar cigano" que sempre intrigava Burton quando escrevia sobre os ciganos, pois sempre lhe diziam que ele próprio tinha esse mesmo olhar.

> O cigano asiático também tem aquela peculiar e indescritível aparência e expressão do olhar, que é tão desenvolvida nos roma [ciganos] do Marrocos e Espanha mourisca [e cita

uma fonte não especificada]: "um traço que, como o sinal na testa do primeiro assassino, se imprime nessa raça estigmatizada por toda a terra e, uma vez visto, nunca mais é esquecido. O 'Mau Olhado' não é o menor dos poderes que a superstição atribui a esse povo."

Mais tarde, ao encontrar ciganos na Síria, Burton se sentiu novamente atraído pelo olhar.

Os longos cabelos ásperos e colados à cabeça, com a trança enrolada em espiral, os olhos bem castanhos, cuja mirada típica é inconfundível, os pomos proeminentes como os dos tártaros e os lábios de formato irregular sugeriam origem e fisionomia hindu.

Os ciganos espanhóis

conservam o olho característico. A forma é perfeita, e tem uma mirada especial à qual se atribui o poder de gerar *grandes passions* — um dos privilégios do olhar. Várias vezes notei sua fixidez e brilho, que cintila como luz fosforescente, clarão que em alguns olhos indica loucura. Também observei o olhar "distante" que parece fitar algo além de nós, e a alternância entre a mirada fixa e um embaçamento ou toldamento da pupila.

Após a morte de Burton, *The Gypsy Lore Journal* de janeiro de 1891, em seu obituário, observou:

a singular idiossincrasia freqüentemente notada por seus amigos — a peculiaridade de seus olhos. "Quando ele [o olhar] fita a pessoa", disse alguém que o conhece bem, "ele atravessa e depois, se toldando, parece ver algo mais além. Richard Burton é o único homem (não cigano) com essa peculiaridade."

Embora expusesse a opinião negativa generalizada sobre os jats ("Em todas as regiões orientais da Ásia Central, o nome jat é sinônimo de ladrão e vigarista [...] ocupando uma baixa posição na escala da criação"), Burton não era crítico em relação a eles como, por exemplo, em relação à maioria dos orientais. Na verdade, sentia uma certa empatia com a baixa posição que agora ocupavam: tendo sido em outros tempos uma classe dominante, "agora nem um único descendente possui qualquer coisa que se assemelhe a riqueza ou posição social".

Scott tinha um jat a seu serviço "e as peculiaridades do rude velho nos proporcionavam inúmeras ocasiões de diversão". Mas a ligação de Burton com os jats não se dava apenas por meio de um velho bizarro. Ao que parece, ele se afastou de Scott e da equipe do Setor e, por algum tempo, se transformou em jat, se reunindo às turmas de trabalho jats que limpavam e escavavam canais para Napier. Ao mesmo tempo zombava e se afligia com o modo de trabalho. Era uma gente pobre — "no inverno fazem qualquer coisa para escapar à fome". O chefe dormia bêbado sob um lençol, enquanto os outros que não estavam apaticamente acocorados

> preguiçosamente cavam a terra com enxadas curtas. [...] De meia em meia hora, todos fumam, e num determinado momento cada um pega algo com que esteve sonhando a manhã inteira. [...] Sem uma atenção constante, os canais não se encherão de novo, e a montante algum agricultor desonesto vai bloquear o canal para monopolizar a água para sua roda persa.

Burton mostra esse leve tom de contrariedade em relação a esses infelizes talvez por ter passado sozinho a maior parte do inverno daquele ano, percebendo claramente a aproximação do Natal. Era uma vida solitária e miserável, "cavalgando com roupas de pagão, lança na mão, por uma planície crestada ou por um canal arenoso, queimado pelo sol depois da friagem matutina, e com um desjejum *in posse*, não *in esse*". Seu espírito lhe pregou uma peça estranha: ele ouviu um repicar de sinos da igreja, e se deu conta de que era Natal. Os sinos não passavam do "tanger de algum nervo superexcitado — a pura rememoração de coisas obsoletas e esquecidas". O sol se pôs, e a escuridão caiu sobre ele "como uma mortalha". Numa tenda solitária e mal-iluminada, o jantar consistiu numa "galinha cozida com um pedaço de cabra". Deitou e ficou acordado durante horas, rolando de um lado para o outro sem parar, aguilhoado por cada novo pensamento que lhe passava pelo espírito. "De súbito você se separa de si mesmo. [...] Torna a ouvir as vozes familiares e mortas da família e amigos soando no timpano da alma. [...] Você cai aos poucos de volta no presente, tristemente reconhecendo que está onde deveria estar."

Durante essa jornada para o norte, Burton encontrou tempo para se dedicar a um pouco de falcoaria, e desse esporte se originou uma de suas obras menores, *Falconry in the valley of the Indus*. Mais importante do que o assunto é o posfácio do livro, que apresenta uma das poucas descrições de Burton sobre seu modo de vida e trabalho entre os nativos. A primeira dificuldade, disse ele, "era passar por oriental, coisa tão difícil quão necessária".

> O funcionário europeu na Índia raramente ou nunca enxerga as coisas à sua verdadeira luz, tão denso é o véu que o temor, a duplicidade, o preconceito e as superstições dos nativos erguem diante de seus olhos. [...]
>
> Depois de tentar diversos personagens, achei que o mais fácil de adotar era o de meio árabe, meio iraniano, como se encontram aos milhares na costa norte do golfo Pérsico. Os sindis descobririam imediatamente a diferença entre meu modo de falar e o deles, caso eu tentasse falar seu dialeto vernacular, mas assim atribuíam o sotaque a minha origem estrangeira, com a mesma naturalidade que um inglês criado em seu país aceita a pronúncia errada de um estrangeiro que se diz em parte espanhol, em parte português. Além disso, eu conhecia de cor, pelos livros, os países em volta do

golfo, tinha um bom conhecimento da forma de culto xiita vigente na Pérsia e meu pobre Moonshee [mirzá Muhammad Hussein] em geral estava por perto para me apoiar em momentos de dificuldade.

Seus cabelos chegavam aos ombros, à maneira xiita corrente, tinha barba comprida, com o rosto, mãos, braços e solas dos pés tingidos com uma leve demão de hena. Apresentava-se como mirzá Abdullah, dizendo ser de Bushire, importante posto comercial no extremo norte do golfo Pérsico. Era um "bazzaz", vendedor de linho fino, morim e musselina.

Esses mascates às vezes são admitidos por damas "dissolutas" e elegantes até mesmo no harém sagrado, para mostrar seus artigos — e ele tinha um pequeno volume de *bijouterie* e *virtù* reservado para as emergências.

No entanto, escreve Burton, ele só mostrava suas mercadorias quando absolutamente necessário. "Em geral se contentava em mencioná-las em todas as ocasiões possíveis, se vangloriando muito de seu comércio e fazendo mil perguntas sobre a situação do mercado." Assim, Burton podia entrar nas casas mesmo que o dono não quisesse, e até mesmo nos haréns, onde, enquanto mostrava seus artigos, ouviria os mais recentes mexericos que contaria a Napier. Ele afirmou que vários pais lhe ofereceram as filhas em casamento e "conquistou, ou teve de pensar que conquistou, alguns corações, pois chegava como homem rico, permanecia ali com dignidade e partia exigindo todas as honras".

Quando chegava a uma cidade estranha, Burton alugava um ponto dentro ou perto do bazar.

De vez em quando ele alugava uma loja e a abastecia com tâmaras pegajosas, melaço viscoso, fumo, gengibre, óleo rançoso e doces de cheiro forte, e a Fama contava histórias maravilhosas sobre tais estabelecimentos.

Caprichava na pesagem das mercadorias para as damas — "principalmente as bonitas" — e quando não se fazia de comerciante, assumia o papel de dervixe.

Às vezes, o mirzá passava a noitinha numa mesquita ouvindo os estudantes maltrapilhos que, deitados de bruços no chão poeirento, com a cabeça apoiada nos braços, resmungavam em árabe as páginas de teologia gastas, manchadas e esfarrapadas sobre as quais uma fraca candeia de azeite irradiava sua parca luz, ou se sentava discutindo as sutilezas da fé com o *genius loci* míope, barbudo, de cara apática e cocuruto raspado, o mulá. Em outras vezes, quando estava de ânimo mais alegre, entrava sem ser convidado na primeira porta que via, de onde saíam sons de música e dança; um turbante limpo e uma vênia educada são os melhores "tíquetes para uma bóia" no Oriente. Ou então jogava xadrez com alguns amigos nativos, ou se juntava aos tomadores de haxixe e comedores de ópio nos bares, ou visitava os srs. Vadios e os srs. Alcoviteiros, que fazem um par perfeito entre os Fiéis, e conseguia com eles um precioso estoque de histórias íntimas e escândalos domésticos.

Ao que parece, Burton era um viciado crônico, não só em haxixe ou *cannabis indica*, mas também em ópio, tomando as duas drogas em todas as suas várias formas. "E, evidentemente, quanto mais habituada ao uso de drogas, tanto mais a pessoa acha agradável o efeito produzido", escreve ele em *Scinde; or, the unhappy valley*. "O ópio tomado com moderação não é nem um pouco mais prejudicial para a pessoa do que o álcool e o conhaque", disse ele do alto de sua experiência pessoal. "E para alguns parece atuar de maneira benéfica, se as doses são constantes, sem aumentá-las", como faziam os viciados que gostavam "de fumar coagidos por si mesmos". Com o bhang, uma mistura de haxixe com leite, "os pensamentos ficam fantásticos e incoerentes, a imaginação se torna frenética", e ele cita um verso absurdo escrito numa parede:

Os dentes da montanha se arrepiaram comendo bétel,
Que fez o oceano se arrebanhar nas barbas do céu.*

Infelizmente, os leitores não viriam a conhecer os detalhes dessa vida movimentada no Grande Jogo. Há mais sobre drogas e prostitutas do que sobre fugas arriscadas ou a simples espionagem. Conta Burton, continuando na terceira pessoa: "Que cenas ele viu! Que aventuras viveu! Mas quem iria acreditar se ele se arriscasse a contá-las?". De sua vida nas regiões mais afastadas, nas vilas e povoados, nos bazares, resta apenas um vago contorno, desaparecidas as experiências que teve.

---

* The teeth of the mountain were set on edge by the eating of betel,/ Which caused the sea to grin at the beard of the sky.

12. A VIA SECRETA

BURTON PASSOU EM CAMPO seu 24º aniversário, no dia 19 de março de 1845. Em abril, voltou a Karachi, onde agora se encontrava seu regimento. Iniciava-se uma nova fase de sua vida, e por um breve período passou mais tempo com seus colegas oficiais, embora sempre tendo como companhia os mirzás persas Ali Akhbar e Daud, além do onipresente mirzá Muhammad Hussein.

"Karachi não era um lugar monótono para a Índia daquela época", disse ele. Para começar, havia muito trabalho de gabinete — "o trabalho diário de planejar e mapear os levantamentos a serem feitos no inverno, e de calcular latitudes e longitudes até que meu olho direito ficou relativamente míope". Pôde mandar construir seu próprio bangalô e fazia suas refeições no próprio local de trabalho, com outros cinco oficiais — "a sociedade local nos declarou todos loucos", sem dizer por quê, acrescentando sem maiores explicações: "Não vejo por que seríamos mais excêntricos do que nossos vizinhos".

Essa ligação com seus conterrâneos não durou muito. Burton preferia os persas. Ou era tolo, sem qualquer preocupação com o que poderiam pensar seus possíveis inimigos entre os outros oficiais, ou estava agindo segundo instruções de Napier. "Minha vida ficou mescladíssima a esses cavalheiros, e meus irmãos de armas [novamente] começaram a me chamar de 'Negro Branco'." Infelizmente, os problemas financeiros de Ali Akhbar com Bombaim tinham chegado a um ponto crítico. Foi acusado de ter adquirido bens no valor de 100 mil rúpias, soma que se descobriu que ele enviara de Sind para um agente em Bombaim, em 1843. Ali Akhbar alegou que o dinheiro vinha de um patrimônio seu e que o restante provinha do comércio — ele apresentou declarações formais atestando o fato —; mesmo assim, o regulamento proibia que um funcionário do governo comerciasse em serviço. Napier ficou ao lado de seu *munshi*, certo de que os ataques contra Ali Akhbar eram mais um exemplo da má vontade de Bombaim em relação ao exército em Sind.

Napier logo arranjou mais trabalho para Burton, que não consistia em mapear canais. Com a ajuda de Muhammad Hussein, Burton abriu à sorrelfa três lojas em Karachi, "que vendiam tecidos, fumo e outras miudezas a preços baratíssimos para os que mereciam". Os mexericos, também nesse caso, eram transmitidos para Napier. Então surgiu algo diferente. Napier ficou sabendo, conta Burton,

> que Karachi [...] tinha nada menos que três lupanares ou bordéis que vendiam os amores não de mulheres, mas de meninos e eunucos, aqueles pedindo quase o dobro do preço. [...] Sendo naquele momento o único oficial britânico que sabia falar sindi, fui indiretamente solicitado a fazer algumas investigações e apresentar um relatório sobre o assunto; aceitei a tarefa sob a condição expressa de que meu relatório não seria enviado ao Governo de Bombaim, do qual os defensores da política do governador não poderiam esperar grande apoio, justiça ou misericórdia.

Napier achava que os bordéis estavam corrompendo seus soldados, tanto os brancos quanto os nativos. Ignora-se a disposição de espírito de Burton ao aceitar a tarefa. Ele era um observador habilidoso e, enquanto alguns oficiais teriam simplesmente informado que os bordéis eram de fato o que diziam ser e estavam corrompendo os soldados, ele deu informações precisas. Nas *Mil e uma noites*, conta que os clientes preferiam os garotos em vez dos eunucos, porque "o saco escrotal do garoto não mutilado podia ser usado como uma espécie de rédea para dirigir os movimentos do animal". Vários inimigos e alguns biógrafos de Burton tomaram como certa sua participação ativa na vida dos bordéis. Não existem provas a favor ou contra, e posteriormente, quando poderia assumir uma atitude "neutra" ou acadêmica, Burton ironizou e denegriu "Le Vice", como dizia utilizando o termo corrente da época vitoriana, e empregou palavras e expressões como amante anal, sodomizado, violação, o mal, amor patológico, "uma raça de pederastas natos" e batedor de ânus. Como assinala Burton, a homossexualidade é proibida no Corão, e havia muitos exemplos dos mais rigorosos castigos por tal prática, inclusive a morte, mas em Sind, escreve Burton: "Le Vice é visto quase como um pecadilho, e seu nome aflora em todos os livros cômicos".

Napier mandou destruir imediatamente os bordéis e enviou Burton para outras missões. O general escreveu em seu diário que tinha aprimorado a moral pública "abatendo as bestas infames que, vestidas de mulher, praticavam abertamente seu comércio na época dos emires".

A essa altura, poderíamos nos perguntar se Burton, com suas observações pejorativas, não estaria disfarçando uma experiência constrangedora e até dolorosa, que tivera de sofrer por ordens superiores, mas à qual podia ter dado a maior importância. Ele havia dito que "passei muitas noites no vilarejo e visitei todas as *porneia* e obtive os detalhes mais completos". Napier podia ter uma conversa meio indecente — "picante", na expressão popular usada para defini-la —, mas no fundo ele era tão puritano que, se achasse que Burton tinha alguma inclinação homossexual, decerto não lhe ordenaria que fosse investigar algo que era de seu gosto; seria mais fácil designar um outro oficial. Se os bordéis andavam agradando a soldados e oficiais britânicos, seguramente não seria difícil mandar uma outra pessoa, falando ou não a língua local, para visitá-los e fazer um relatório. E certamente, depois de receber o relatório de Burton, Napier não perdeu a confiança nele e continuou a empregá-lo como agente. Mas, independentemente do que aconteceu, os inimigos de Burton, que eram muitos, acharam que poderiam utilizar o episódio contra ele, e pelo resto de sua vida pairou sobre si o boato de que teria participado ativamente dos bordéis de Karachi. Burton escreve nas *Mil e uma noites*:

[...] o irmão do Demônio [Napier] logo saiu de Sind deixando em seu gabinete meu infeliz ofício [o relatório sobre os bordéis], o qual, com vários outros relatórios, chegou a Bombaim e produziu o efeito esperado. Um amigo no Secretariado me informou que um dos sucessores de sir Charles Napier, cujo falecimento me obriga *parcere sepulto*, propôs formalmente minha dispensa sumária do serviço militar.

Mas aqui tem algo errado. Os outros relatórios de Burton foram, ao que parece, apresentados oralmente a Napier — pelo menos os vários pesquisadores não encontraram nenhuma versão escrita de qualquer um deles —; nesse caso, por que esse assunto extremamente delicado foi posto no papel? No entanto, nem sequer esse relatório, que supostamente estaria nos arquivos secretos, chegou a ser encontrado. Fawn Brodie, das mais diligentes em investigar os excêntricos meandros da vida de Burton, tentou encontrá-lo por todos os meios. Ela escreve: "O original desse relatório parece irrecuperavelmente perdido", e fornece os nomes de diversos funcionários em Londres, Bombaim, Karachi e Lahore que revistaram os velhos arquivos a pedido dela. Assim, um mistério rodeia as razões que motivaram a redação do material referente aos bordéis de Karachi, enquanto as outras informações relativas às várias missões de Burton foram, pelo visto, apresentadas oralmente a Napier. Mas Burton teria de fato escrito um relatório sobre os bordéis? Estaria tentando encontrar alguma justificativa para os problemas que enfrentou em seus últimos anos na Índia? Ou sua memória, cerca de quarenta anos depois, estaria falhando e ele acha que escreveu um relatório formal, quando na verdade tomou apenas algumas notas, que foram destruídas quando já não eram mais necessárias? Ou será que o próprio Napier registrou o relatório oral de Burton e deixou o texto em seus arquivos? Sejam quais forem os fatos conhecidos, há aí algo não muito certo, e dificilmente algum dia saberemos a verdade.

Logo a seguir, Napier ordenou que Burton fosse disfarçado para Hyderabad, na região central de Sind, sem absolutamente nenhuma ligação com os ingleses — havia uma guarnição fora da cidade —, até um local conhecido como Mohammad Khan ka Tanda.

O verão de 1845 se aproximava, e o calor, depois da habitual monção seca da primavera, estava ficando insuportável. Em companhia do mirzá Muhammad Hussein, Burton subiu o Indo pelo imenso vale arenoso e abafado de tamargueiras e espinhos-de-camelo [*Alhagi camelorum*], onde "os ardentes raios do sol se combinam para tornar a atmosfera basicamente insalubre". Hyderabad ficava às margens do Phuleli, um afluente do Indo, o que dava um pouco de encanto a essa cidade sob outros aspectos bastante desagradável, correndo entre "belos pomares de palmeiras, mimosas, romãs, mangas e outras árvores" — e isso foi o melhor que Burton teve a dizer sobre Hyderabad. A cidade, antigamente, tinha sido a capital de Sind, e mesmo tendo definhado tragicamente ainda era um centro importante, sobretudo para os chefes baluchis, por boas razões suspeitos de conspirar contra os ingleses. Ao chegar em Hyderabad, Burton viu "uma massa esquálida de ruínas, tendo aqui e ali uma casa alta de tijolos ou um minarete cintilante". A febre e a sezão oprimiam a cidade.

Agora inteiramente à vontade como oriental, Burton encontrou uma excelente posição na qual poderia se divertir e ao mesmo tempo colher informações para Napier. Deixando o papel de comerciante, adotou a caracterização de um mirzá, erudito e estudioso cuja "escola predileta para seus estudos", escreve ele em *Falconry*, "era a casa de uma idosa matrona às margens do rio Fulailee, a cerca de um quilômetro e meio do Forte de Hyderabad". A matrona era conhecida por Khanum Jan, título corrente aplicado à dona de um bordel. Tinha como companhia o amante e proxeneta Muhammad Bakhsh, de idade avançada. A casa de Khanum Jan, como a maioria das construções da cidade, era, nas palavras de Burton, "um edifício de barro ocupando um lado de uma quadra formada por muros de barro altos, delgados e caindo aos pedaços". Quando o bordel funcionava — "a maior vaidade da respeitável matrona era prestar auxílio a todos os tipos de *affaires de coeur*", diz Burton afetando recato —, "freqüentemente o mirzá Abdullah [o próprio Burton] era posto para fora, para passar algumas horas no jardim".

Lá, ele se sentava em seu tapete de feltro estendido à sombra de um tamarindo, com canteiros perfumados de manjericão em volta, seus olhos vagueando sobre o largo rio que corria veloz entre suas margens arborizadas e os grupos reunidos nas várias estações de barcas, enquanto as suaves melodias do misterioso, filosófico, transcendental Hafiz [o poeta persa] soavam em seus ouvidos recitadas pelo outro mirzá, seu companheiro Mohammed Hussein — a paz esteja com ele!

Nessa época, Burton parecia adorar — ou pelo menos Muhammad Hussein adorava — Hafiz, e as palavras do poeta se imprimiram fundo em sua memória, a ponto de citar quadras inteiras ou paráfrases suas em *Kasidah*. Burton sofreu enorme influência de Hafiz, embora não pertencesse à corrente dominante da religiosidade sufista, sendo, como Burton gostava de chamá-lo, um "Anacreonte licencioso" — Anacreonte foi um poeta lírico grego do século VI a.C., conhecido por seu "triplo culto" à musa, ao vinho e ao amor — "que disfarçava sua grosseria [...] sob um manto de duplos sentidos místicos". Isso foi mais tarde; antes, em *Sindh*, ele falou de Hafiz em termos mais favoráveis, incluindo-o no pequeno número dos "exemplares mais impressionantes" que se encontravam entre os místicos sufistas, embora também fossem "poetas anacreônticos".

O sufismo parece ter se tornado a principal preocupação de Burton nesse período, e o capítulo que escreveu sobre o assunto em *Sindh* é uma apresentação admirável numa época em que os ocidentais não conheciam praticamente nada a respeito — Burton foi o primeiro europeu a publicar materiais sólidos e exatos sobre o sufismo na imprensa popular. Seus textos mostram não a vista d'olhos superficial do forasteiro, mas o conhecimento e a prática duramente conquistados do participante interno, obtidos primeiramente com a orientação do mirzá Muhammad Hussein e, depois que o mirzá voltou à Pérsia, com um afegão, um velho *munshi* de nome não mencionado, a seguir com um abissínio e finalmente um outro *munshi*, também persa ou talvez árabe. "Um sistema de crenças como o tassawuf" — escreve Burton usando o termo preferido por muitos sufistas —, que atrai as melhores inteligências do islã, "deve possuir algum valor intrínseco".

> O mérito do tassawuf [sufismo] é seu belo ideal do bem vinculado à beleza, a caridade e o amor universal fluindo da fonte de todo o bem. [...] A idéia corânica da alma ou espírito humano, por exemplo, é semelhante à [cristã]; mas o sufista, deduzindo a doutrina da imortalidade da alma a partir de sua imaterialidade [...] e convencido pela razão de que nada pode ser ao mesmo tempo de existência autônoma, imaterial e intemporal a não ser a Divindade, conclui que o espírito do homem não é senão o sopro, a partícula da alma divina concedida à humanidade, a mais nobre obra de Deus.

Burton considerava o sufismo como a forma moderna da gnose, o conhecimento secreto transmitido pelos antigos, os zoroastrianos, os antigos iogues hindus, os platônicos e os essênios, sendo que os seguidores da Via Secreta continuaram "até o presente, sob diversas denominações místicas, com princípios modificados pelas épocas em que vivem. [...] Eles se formaram a partir dos 'arquétipos' da vida, um sistema constante de criação espiritual anterior à material". No entanto, ele não se dispôs a divulgar nenhum segredo da gnose que porventura tenha aprendido, pois parece ter se controlado e usado os preceitos da *taqiya*, ocultamento e dissimulação, que tinha aprendido com os ismaelitas.

No final do verão, o calor estava insuportável. "O ar parado", escreve Burton, era "particularmente penoso." Na região central de Sind, o verão dura oito ou nove meses, sem qualquer interrupção exceto algumas nuvens ocasionais ou uma rápida chuva. Os ventos do deserto e as tempestades de areia aumentavam de freqüência e intensidade. Agora era o momento de deixar essa toca pestilenta e voltar às frescas brisas marítimas de Karachi. Burton conseguiu manifestar um certo prazer com o verão.

Entre todos os estudos econômicos, este curso foi o mais barato. Pelo tabaco diário, por freqüentes goles de leite, por um ocasional haxixe, pelo proveito da experiência de Khanum Jan, por quatro meses de aulas de Mohammed Bakhsh e vários outros pequenos prazeres, o mirzá calcula ter pago a quantia de seis xelins. Quando saiu de Hyderabad, ele deu um talismã de prata à dama e um casaco de pano ao protetor dela: que tenham longa vida para usá-los!

Ao que parece, os meses seguintes foram de lazer e estudo, convívio com os amigos e rinhas com seu galo Bhujang. Mas, de súbito, ele foi inesperadamente arrancado à indolência de seus dias. "A vida despreocupada findou em novembro" — tinha surgido uma crise no Setor de Levantamentos e Burton foi convocado para cumprir sua obrigação. Napier dispunha de um número tão escasso de homens capazes que só conseguiu encontrar um, Burton, para enviar numa nova equipe chefiada por Scott, num esforço concentrado de confiar toda a operação de limpeza dos canais, que devia ser feita todos os anos, a mãos exclusivamente britânicas, pois o general tinha chegado à conclusão de que os pequenos funcionários nativos supervisionavam o trabalho "num ritmo de total embromação que não havia como controlar". Scott protestou contra a quantidade de trabalho que estava sendo atribuída a seus poucos homens, pois dispunha de apenas dez subalternos ingleses e 24 supervisores, vinte ingleses e quatro indianos, para o mesmo serviço que tinha sido feito antes por mais de cem funcionários nativos. Além disso, poucos oficiais — sendo Burton a grande exceção — falavam alguma coisa de sindi, e só Scott e outros dois eram engenheiros qualificados.

Burton e Scott saíram para um circuito de três meses, tendo como destino final a fronteira a extremo oeste onde as tribos balochis se encontravam "em seu estado mais selvagem". Dessa vez não havia dúvida de que a tarefa básica de Burton eram os canais, e não a espionagem. Subiram a cavalo pelas margens do Indo, e depois seguiram a leste para Hyderabad, onde a 18ª Infantaria Nativa de Bombaim estava temporariamente estacionada; Burton passou uma "semana divertida" com seu regimento. Descobriu que, no curto espaço de tempo desde que saíra de Hyderabad, Khanum Jan estava enfrentando uma concorrência inesperada. "Ultimamente apareceu uma nova categoria", conta ele em *Sindh*, "composta de mulheres em parte respeitáveis, em parte dissolutas; elas se dedicam aos europeus e aos cipaios. Em Hyderabad, as cortesãs se queixam que perderam a profissão, em decorrência da conduta desabrida das mulheres casadas."

Burton e Scott retomaram a direção oeste, numa viagem a cavalo que foi mais incômoda do que interessante. Sehwan, tida como antigo local de acampamento de Alexandre, o Grande, era "um lugar quente, imundo, extremamente insalubre, notável pela vigarice de seus habitantes [...] e a profusão de mendigos, devotos e meretrizes". Sehwan foi uma das muitas experiências negativas de Burton.

> Tudo aqui parece nos odiar. Mesmo o tigre doméstico, quando vê nosso rosto branco, sacode os filhotes ronronantes que se divertem andando sobre seu dorso largo, ergue-se de um salto, fitando-nos com olhos sedentos de sangue.

13. EM BUSCA DE CAMÕES

Depois da morte de Ranjit Singh, em 1839, as relações com os sikhs, antes amistosas, começaram a deteriorar. Os chefes passaram a disputar entre si, e a ilegalidade se espalhou velozmente por todo o Pundjab. Além disso, as barbáries praticadas na época de Ranjit Singh pioraram ainda mais: "Príncipes e generais caíam em rápida sucessão e quase todos acompanhados pelas mulheres e concubinas. Três mulheres morreram com o marajá Kharag Singh, cinco com Basant Singh, onze com Kishori Singh, 72 com Mira Singh e 310 com Suchat Singh".

A única força efetiva no Pundjab em 1845 era o exército sikh, chamado o Khalsa, com cerca de 89 mil homens bem treinados e uma formidável artilharia. Os sikhs, com certa razão, suspeitavam que os ingleses estavam planejando anexar o Pundjab. Em 11 de dezembro de 1845, uma força de sikhs entrou no Pundjab oriental, atravessando territórios sob domínio inglês. Os britânicos colocaram os soldados em posição e no dia 17 declararam guerra.

Numa série de batalhas de artilharia e infantaria no Pundjab oriental, os dois lados sofreram grandes baixas. Nos meados de fevereiro de 1846, os britânicos conseguiram forçar o Khalsa a aceitar um encontro em Lahore para firmar um tratado. Os sikhs concordaram em limitar a força de seu exército e pagar indenizações. Um outro tratado com os chefes sikhs em dezembro transformou os ingleses nos verdadeiros dirigentes do Pundjab. Mas os sikhs não estavam contentes com seus novos senhores, e os *sardars* [nobres] continuavam a promover agitações.

Antes mesmo do primeiro avanço dos sikhs, Burton conta que os bazares fervilhavam de informações sobre a guerra que se aproximava. "A notícia me deixou louco de vontade de ir." Ele convenceu Scott a liberá-lo, muito a contragosto, para a ativa. Enfim, depois de se debaterem entre a papelada burocrática, Burton e outros oficiais ávidos de ação foram liberados e autorizados a se integrar a seus respectivos regimentos. A 18ª Infantaria Nativa de Bombaim, com Burton pronto para o combate, seguiu para a guerra em 23 de fevereiro de 1846. Subiram o vale do Indo e entraram em Bahawalpur, antigo centro de um reino cigano e, na época de Burton, capital do maior estado pundjabi. Lá receberam a "decepcionante ordem de retirar e voltar para casa", e, depois de algumas semanas mourejando nos desertos, Burton e seu regimento estavam de volta aos velhos alojamentos em Mohammad Khan ka Tanda no Phuleli. "Mas nosso desgaste físico e decepção mental tinham azedado nossa disposição, e começaram os problemas domésticos", disse Burton. Entrou em rixas com seu coronel Henry Corsellis, inglês nascido na Índia. "Nem sua cor nem seu temperamento depunham a seu favor. As brigas começaram por uma questiúncula." Certa noite, no refeitório, Burton entretinha seus colegas oficiais improvisando rimas satíricas com seus nomes. Ele sabia que Corsellis era suscetível e pulou sua vez, mas o coronel pediu os versos. "Muito bem", disse Burton, "vou compor seu epitáfio."

Aqui jaz o corpo do coronel Corsellis;
O resto dele deve estar no inferno feliz. *

Corsellis se aborreceu, e ele e Burton começaram a discutir.

Não vou dizer mais nada sobre o assunto; é talvez a parte de minha vida em que meu espírito se detém com menos prazer. [...] E se somando a meus problemas no regimento, não eram poucos os desagradáveis problemas domésti-

---

* Here lieth the body of Colonel Corsellis;/ The rest of the fellow, I fancy, in hell is.

cos, principalmente complicações, com uma jovem pessoa chamada Nur Jan.

Era a moça que Burton tinha conhecido durante o espetáculo de danças de Raio de Luar em Larkana. Nur Jan era uma pessoa de veneta e temperamental. A certa altura, a polícia foi até a casa deles, por razões que Burton não menciona — talvez as brigas entre os dois tivessem acordado os vizinhos, ou talvez ele estivesse batendo nela —, nada, porém, que fosse da conta dos vizinhos — ou quem sabe ele estivesse sob suspeita enquanto estrangeiro. Qualquer que tenha sido a razão, Burton, com a chegada da polícia, escondeu sua amante debaixo de um monte de palha até irem embora.

Nessa época, estava morando com Burton — pelo visto, ele evitou voltar à equipe de levantamento de Scott — um velho *munshi* afegão, de nome infelizmente não mencionado. Muitos afegãos tinham se instalado em Hyderabad e no norte de Sind, e Burton gostava deles, comentando que "são uma gente numerosa e excepcionalmente simpática. [...] As mulheres não são inferiores aos homens na aparência pessoal, e demonstram todo o gosto e ousadia em continuar com as intrigas que os caracterizam em sua terra natal".

O afegão trabalhava como *munshi* e instrutor religioso de Burton. Ambos estavam lendo um famoso poeta místico afegão, o grande Abdur-Rahman, conhecido carinhosamente como Rahman Baba, "Papai Rahman".

Abd el Rahman, ou apenas Rahman, como é chamado familiarmente, é um exemplar perfeito da robusta raça das colinas afegãs que conservou sua independência. O pushtu, dialeto mais bárbaro que o sindi, se converte em suas mãos num meio bastante tolerável para uma poesia triste e fria como a sua. Ele abunda em invectivas ferozes contra o mundo, contra sua falsidade e traição, seu bem efêmero e mal permanente: a devoção mal chega a abrandar o conteúdo da vida, e é com pesar que ele parece se permitir um ocasional pensamento agradável. Nunca ouvi um afegão ler uma de suas odes sem suspirar.

Naquele ano, a monção veio com grande violência. Chovia a noite inteira. De manhã, o que era barro seco tinha ficado totalmente encharcado. Sem imaginar qualquer perigo, Burton estava sentado na sua sala de estar — "aposento que só se comparava a uma cascalheira com teto e mobília" (raramente falava bem de seus alojamentos) —, lendo Abdur-Rahman na companhia do velho *munshi* afegão. O tema, conta Burton, era "uma passagem patética sobre a melancólica incerteza e as fúteis vaidades (De da dunya = 'Deste mundo'), quando, plum!, meia tonelada de paredes encharcadas de água despencou sem qualquer aviso no chão da sala de estar". Burton e o *munshi* atravessaram a porta correndo — aqui não há nenhuma palavra sobre Nur Jan — e se safaram bem na hora em que a entrada se fechava hermeticamente às suas costas. Três casas vizinhas também se desmancharam no prazo de poucas horas. Burton machucou o pé no episódio. Nesse ano pavoroso, nada parecia dar certo para ele. Tinha perdido uma breve oportunidade de ver alguma ação militar, estava com problemas com seu superior, andava brigando com a amante, e agora perdia sua casa.

Depois das primeiras chuvas, o verão foi excepcionalmente quente. Burton tinha voltado para Karachi, onde eclodiu uma epidemia de cólera em junho. O cólera logo chegou até o quartel, atingindo primeiro os soldados britânicos e depois os nativos, que tinham uma leve resistência à doença. Ele se alastrou furiosamente durante quatro dias. A equipe médica andava "assoberbada". Napier, que também não gozava de boa saúde, fazia a ronda dos hospitais — eram sete — duas vezes por dia, tentando dar algum consolo aos doentes e moribundos. Quando a epidemia terminou, tinham morrido oitocentos soldados e cerca de 7 mil civis. Até o robusto e indestrutível Burton foi atingido. Deu entrada na enfermaria no começo de julho, quando a epidemia já devia ter diminuído. Ele disse ter sido "um caso sério", mas pode-se questionar a autenticidade de seu cólera. Realmente apresentava um pouco de febre, mas não mostrou os sintomas clínicos normais, que quase sempre obedecem a um quadro já muito conhecido, praticamente clássico, em que a vítima manifesta sintomas iniciais de enjôos, vômitos e diarréia, cãibras abdominais e febre, além de fraqueza física. A séria desidratação que se segue leva o paciente à beira da morte, e se ele consegue sobreviver a essa crise e resistir de três a cinco dias, a recuperação é quase certa. Burton não mostrou nenhum ou quase nenhum dos sintomas usuais. Teve febre, mas naquela região da Ásia inúmeras febres acometem diariamente as pessoas e fazem parte da vida — "uma delas", dizia Burton, "derruba o sujeito em questão de horas, a outra leva dias para evoluir".

Fosse a doença que fosse, Burton não estava se recuperando como deveria. No começo de setembro, ainda doente e debilitado, cansado e deprimido por suas provações e pela vida difícil da Índia Ocidental, Burton fechou sua casa em Karachi, se despediu de seus amigos persas e foi para Bombaim. Seu *munshi*, o mirzá Muhammad Hussein, tinha acabado de voltar para o Irã, para se encontrar com seu irmão, o cã Baqir, e tentar derrubar o xá qajar. Com armas da Companhia de João e usando como base o território controlado pelos ingleses em Sind, o mirzá foi de barco para o Leste do Irã. "Decidido a atacar a Pérsia por Makran [a província no extremo leste], se saiu tão bem que acabou indo para Teerã amarrado a uma carreta de canhão", conta Burton com uma mescla de sentimentos pela captura e humilhação do *munshi* às mãos dos exércitos qajares. Mas a tragédia não terminou por aí. "Pobre sujeito", acrescenta Burton, "depois de passar ileso pelos fogos de Sind, voltou para morrer de cólera em sua terra natal."

O agá cã, achando mais prudente abraçar seus protetores britânicos na segurança de Bombaim, urbana e civilizada, do que no caos de Sind, tinha desmontado seu acampamento em dezembro de 1845 e também partiu, atravessando majestosamente com sua comitiva Kutch, Kathiawar e Gujerate. Foi acolhido no percurso por multidões de adoradores ismaelitas, que, como ex-hinduístas convertidos, tomavam-no como avatar do deus solar Vishnu, e em Bombaim ele instalou uma sede permanente.

Também em Bombaim, Burton viu que a Presidência andava ocupadíssima com o astuto príncipe-imã. Embora seus irmãos estivessem tentando roubar o Sul do Irã ao xá Muhammad, o agá cã importunava com pedidos de clemência, assim transtornando as negociações britânicas com Teerã; o xá, por sua vez, exigia que seu inimigo fosse extraditado para a Pérsia. A resposta do agá cã, conta Burton, foi apresentar o representante do xá aos "prazeres da pista de corridas".

Burton agora estava confortavelmente estabelecido em Bombaim, de tempos em tempos espicaçando os ismaelitas a se empenhar mais pela Pérsia — a última tentativa de rebelião tinha sido um desastre total — e preenchendo os papéis que lhe valeriam uma prorrogação da licença de convalescença. Ele passou os cinco meses de inverno em Bombaim, deixando em suas obras poucos indícios sobre o que fez nesse período. Então os "veneráveis cavalheiros da junta médica, que nunca acham que a gente está suficientemente perto da morte para atender a nossos desejos", finalmente lhe deram o certificado de licença para tratamento. Ele tinha feito o máximo para instilar um espírito belicoso nos vacilantes ismaelitas, tendo como único resultado a decisão da Presidência em transferir o agá cã para um lugar onde não causasse muitos problemas; ele foi mandado para Calcutá, para ficar com os chefes sindis presos e exilados, os mesmos que ele tinha se oferecido para derrubar.

Para Burton, abria-se "a deliciosa perspectiva de dois anos calmos em que, se a gente quiser, pode ficar na cama metade do dia [...]". Cinco meses na umidade escaldante de Bombaim perfaziam um longo período para alguém que se dizia seriamente enfermo, mas agora ele estava pronto para ir até Ootacamund, cidade no Sul da Índia, recente balneário e centro de convalescença nas montanhas Nilgiri para oficiais britânicos com suas famílias. Mas Burton não estava indo diretamente para Ootacamund. Acabava de se interessar pelo poeta português Luís Vaz de Camões (Camoens, na grafia de Burton), que havia passado grande parte de sua vida adulta no Extremo Oriente e na Índia como soldado das tropas portuguesas, tendo composto uma grande obra, embora relativamente desconhecida, *Os lusíadas*, que agora absorvia a atenção de Burton. Não havia nada como um interesse intelectual para redespertar um Burton febricitante. Não temos mais nenhuma palavra sobre o cólera e apenas algumas, se tanto, sobre "febres". Seguia animado nos rastros de Camões. E se realmente estava doente, levou um tempo excepcionalmente longo para chegar até o saudável refúgio de Ootacamund. A doença pode ter sido uma desculpa para sair de Sind e dar um pulo até a colônia portuguesa de Goa, para investigar Camões *in situ*.

Em *Goa, and the blue mountains; or, six months of sick leave* [Goa e as montanhas azuis, ou seis meses de licença para tratamento de saúde] (os dois anos que lhe foram concedidos agora tinham sido reduzidos a um quarto), Burton dá a impressão de estar viajando sozinho. Na verdade, estava com seu círculo costumeiro: os criados goeses, inclusive Salvador e, substituindo o mirzá Muhammad Hussein, "um professor particular de árabe", o hadji Jauhur, um jovem muçulmano abissínio que tinha feito a peregrinação até Meca. Jauhur era casado, e ele e sua mulher, diz Burton, falavam "um curioso dialeto semita" e eram "úteis em questões de conversação". Até seu kattiwar foi junto. Por fim estava pronto. Tratou um pattymar, e em 20 de fevereiro de 1847 fez-se à vela nas translúcidas águas do mar.

A partida foi precedida pela confusão de sempre. O *tindal* [capitão] estava bêbado, e a tripulação também — até "o último negro, num estado patente de total embriaguez" —, de modo que Burton restabeleceu a ordem chutando a cabeça do *tindal*, um hinduísta, e xingando-o de "suar ka sala", "cunhado de um porco", o palavrão clássico. "Um leve toque de nosso chinelo mágico sobre a região da cabeça": foi assim que Burton descreveu o pontapé.

Por fim, depois de uma viagem tranqüila, o pattymar subiu a foz do rio Mandovi até Panjim, a cidade de Nova Goa. A aurora estava rompendo — "lindíssimos eram os tons nebulosos" —, e Burton logo encontrou uma casa, que alugou por um terço do preço normal para um inglês.

Apesar de suas intensas influências ibéricas, a colônia não fazia grandes exigências aos que estavam acostumados a desafios; embora tenha enchido *Goa, and the blue mountains* de numerosas observações, Burton logo desenvolveu uma fúria implacável contra Goa e os goeses, equanimemente descarregada com sarcasmo e indignação sobre tudo o que lhe aparecia pela frente. Panjim era uma cidade de "vira-latas barulhentos e barqueiros intrometidos". "Que Panjim é uma cidade cristã fica logo evidente pela multidão e variedade de porcos imundos que infectam as ruas. O porco ocupa aqui a mesma posição social que tem na Irlanda." Ele visitou a biblioteca local, esperando encontrar alguns velhos livros e manuscritos raros, mas "a biblioteca nos decepcionou". Ao que parece, visitou os bordéis. Comentou a sujeira das ruas e as casas sem pintura, e viu homens batendo nas esposas. Conheceu o "governador-geral de todas as Índias", conforme era chamado o comandante português, mas a conversa "não durou o suficiente para se tornar tediosa". Burton e sua excelência não tinham nada a dizer um ao outro. Um encontro com um célebre ex-salteador, "um maharatta minúsculo, feio, grisalho, magro, velho e catacego", foi igualmente decepcionante.

Panjim não era o objetivo básico de sua visita. Ele queria subir o rio para conhecer a Velha Goa, onde Camões passou alguns anos, e contratou uma canoa para levá-lo. A cidade da Velha Goa, outrora o local mais cobiçado do Oriente, tinha sido fundada pelos muçulmanos pouco antes da chegada dos portugueses, sob o comando de Albuquerque, em 1510. Os conquistadores a transformaram num grande centro cosmopolita com cerca de 200 mil habitantes, maior do que a própria Lisboa. Mas agora tudo estava em ruínas, devastado por febres e uma mudança climática; os jesuítas, que tinham sido o centro e o espírito da vida religiosa, foram expulsos "e seus magníficos conventos e igrejas ficaram quase destruídos". Era uma terra extremamente infeliz. Burton criticou a defesa de Albuquerque em favor do casamento entre brancos e indianos: "A experiência e os fatos concretos condenam a medida como um devaneio profundamente ilusório e traiçoeiro". Quanto aos mestiços — "pardos, falando claro", escreveu ele com brutalidade —, "seria difícil, acreditamos nós, encontrar na Ásia uma raça mais feia ou de aparência mais degradada. [...] Em toda a nossa permanência em Goa, mal vimos uma mestiça bonita. [...] Elas se casam cedo, começam a formar família provavelmente aos treze anos, são velhas aos 25 e decrépitas aos 35". E os homens de Goa eram em boa medida bêbados. Os mestiços goeses, diz Burton em resumo, eram "uma mistura estranha de características européias e asiáticas, de civilização antiquada e barbárie moderna".

Mas Goa era a terra de seu herói e, depois de desabafar suas raivas e preconceitos numa espécie de catarse, ele passa a tratar de Camões. O poeta português, aventureiro, estudioso, deve ser incluído entre as estranhas figuras que povoaram a vida espiritual de Burton: Cornelius Agrippa, Coryat, Forbes e outros heróis semelhantes. Camões foi o filho temporão de uma família nobre empobrecida; nasceu perto de Lisboa em 1524, destinado a uma vida épica que, escreve Burton, foi "uma das mais românticas e aventurosas em uma época de aventura e romance". Era uma vida que Burton considerava muito semelhante à sua.

> Começando com as mais belas e brilhantes promessas, exposto na maturidade às mais extremas vicissitudes, a intensos prazeres e a "abismos terríveis", passando na meia-idade para o cansaço das esperanças frustradas e terminando relativamente cedo no mais profundo fosso da desilusão, da angústia e da indigência, o Estudioso, o Soldado, o Viajante, o Patriota, o Poeta, o Poderoso Gênio, assim reunidos numa única vida, os esforços, os objetivos, os episódios de meia dúzia de homens. [...] Visto sob essa luz, o português pode ser considerado único; nunca existiu um tal espírito tão maltratado pela Fortuna.

Burton tinha quase sessenta anos quando escreveu essas linhas, depois de 35 anos estudando Camões, e elas se aplicam muito bem a ambos.

Embora sua família se gabasse de ter "sangue nobre", Camões foi enviado a uma universidade em Coimbra para "estudantes pobres honrados". Lá, houve pressões para que seguisse o sacerdócio. "Ele não estava disposto a aumentar o número de mandriões da Igreja, que estão mais preocupados com os bens terrenos do que com a salvação das almas", e recusou a batina, preferindo escrever poesias, que mesmo naquela idade já tinham algum mérito. Ao contrário de outros escolásticos e intelectuais, que escreviam em latim ou grego, Camões preferiu o português, pontilhando prodigamente a língua com neologismos de origem clássica — tendência também partilhada por Burton.

Quando assistia à missa na Sexta-Feira Santa de 1544, Camões viu dona Caterina de Ataíde, jovem de treze anos, filha do camareiro-mor do infante dom Duarte. Camões foi formalmente apresentado a ela, e teve início a "grande paixão" de sua vida. Esse amor prosseguiu com a mesma intensidade, mas Caterina se sentia dominada pela indecisão e pela timidez, com lampejos apenas ocasionais de amor pelo galanteador. Os poemas desse período, escreve Burton, são marcados por aquele sentimento português praticamente intraduzível, conhecido como "saudade". "Essa palavra", diz Burton, "não tem equivalente em inglês. É [...] uma mistura de melancolia e anelo."

Devido ao rigor dos costumes da época, para o casal seria arriscado se encontrar. Camões duelou com o irmão de Caterina e foi exilado. Quando voltou a Lisboa em 1546, Camões teve outros problemas por causa de Caterina e foi novamente exilado, dessa vez para a África. Entrou no exército como soldado raso; na viagem à África, perdeu o olho direito numa batalha com piratas. De volta a Lisboa, cortejando Caterina em vão, Camões viu-lhe negadas as honras que esperava em recompensa por seu serviço militar. Tinha voltado, diz Burton, "pobre como um poeta". Seriamente desfigurado, ele era motivo de desdém entre as mulheres da corte. "As belas damas se divertiam apelidando-o de *Diabo* e *Cara sem olhos*." Uma briga de rua no dia de Corpus Christi de 1552 o levou à prisão; recebeu indulto sob a condição de ir para a Índia, para servir ao Império português. Agora estava perto dos trinta. Viu Caterina pela última vez no Domingo de Ramos de 1553, no dia da partida, esperando fazer fortuna no fabuloso Oriente. Nos seis meses de viagem, que transcorreram sem tocar nenhuma costa, Camões concebeu a idéia de *Os lusíadas*, poema épico que exalta as conquistas dos portugueses e seus grandes feitos nas Índias. Foi esse tema romântico, dramático, heróico que tanto fascinou Burton, da lavra de um homem que, como também ocorria em seu caso, viveu de fato a vida posta na obra. Mas o sonho para Camões, como também às vezes para Burton, haveria de ser diferente da realidade. "Como geralmente acontece", disse Burton, falando muito claramente por experiência própria, "Camões chegou à Índia com prazer", mas logo começou a se queixar "enfaticamente do mundo enfadonho que o rodeava."

A Índia não trouxe a fortuna que Camões esperava, embora outros homens estivessem enriquecendo. Dois anos depois, foi enviado para a China. Sua "nomeação tão lucrativa, que permitiu ao Poeta se erguer do atoleiro da pobreza, foi o mais estranho castigo" — sua nova riqueza não trouxe felicidade. Continuou a trabalhar em *Os lusíadas*. Em 1558, voltando à Índia, o navio em que se encontrava naufragou perto do Camboja, e ele "perdeu tudo na foz do rio Mekong", salvando apenas o manuscrito de *Os lusíadas*, agora com seis dos sete cantos pretendidos. Foi nessa época que Camões foi informado da morte prematura de Caterina. Em Goa, foi lançado ao cárcere por "malversação do cargo". Os anos imediatamente seguintes foram uma sucessão de prisão e liberdade, liberdade e prisão. Encarcerado sob falsas acusações, Camões sempre conseguia recuperar a liberdade. A vida continuou dessa maneira, às vezes entre o luxo e o reconhecimento, às vezes na miséria ou na prisão. Nunca se casou, mas sempre tinha uma mulher nativa, chinesa ou indiana, que lhe mitigava as dores e dirigia a casa. Em todas as situações, Camões continuava a trabalhar em seus poemas. Em 1567, finalmente recebeu um alto cargo como inspetor de Obras Públicas em Goa, mas, escreve Burton, "nunca teve talento para o sucesso. Quando a Fortuna lhe sorria, começava a chorar como criança pelo seu lar. [...] A mais profunda melancolia tingiu seu temperamento outrora alegre. Era oprimido pelas *saudades*".

Camões passou a odiar Goa. Tinha saído de Portugal cheio de elevados ideais, mas a corrupção, a injustiça e a desonestidade que encontrou na colônia o nausearam. Para ele, Goa era Babilônia, "a mãe dos patifes e madrasta dos honestos". Escreve Burton: "A idéia de morrer na Índia se tornou insuportável; seu espírito estava alquebrado. Dezesseis anos de andanças e guerras em seu luxuriante exílio tropical tinham deixado suas marcas. Ele teve de voltar para casa". Quando chegou a Moçambique, foi preso por dívidas. Finalmente chegou a Lisboa em abril de 1570. "O mundo lisboeta não tinha lugar para o poeta, que voltava na miséria da terra de onde tantos traziam riquezas fabulosas." Camões estava em idade avançada, usando muletas e dependendo da caridade pública para comer. "Segundo alguns", escreve Burton, "às vezes recebia alimentos de uma mulata chamada Bárbara", que "à noite mendigava comida para ele." Ele morreu "em 1579 ou 1580, com 55 ou 56 anos [...] solteiro e o último de sua linhagem depois de uma 'vida que foi distribuída aos pedaços pelo mundo'".

Ali, aos pés de Burton, estavam as ruas de Goa por onde Camões havia caminhado, as igrejas onde ele assistira à missa, e mesmo os muros arruinados da prisão em que, de tempos em tempos, o poeta fora encarcerado. Podemos apenas especular em que medida Burton identificou-se com Camões nesse período — o poeta era imprudente, ousado mas por vezes covarde, dissoluto mas também monástico, pobre e esbanjador, impiedoso em seus comentários sobre os ricos e os poderosos.

Burton tinha deixado Nur Jan em Sind e, pelo visto, não a substituiu por outra em sua licença de convalescença. Agora se sentia atormentado por não ter uma companheira constante. *Goa* se refere a várias tentativas de "raptar" freiras de conventos locais. Uma das vezes foi num orfanato, onde fingiu estar procurando esposa. "Não mantemos uma casa de malícias", disse a madre superiora, que enxergou através das mentiras de Burton. Outra vez, ele tentou raptar à noite uma "moça branca muito bonita" de um convento de Santa Mônica, mas no escuro Burton entrou na cela errada e, quando percebeu o engano, empurrou a freira para dentro do rio. Salvador narra a história em *Goa*, atribuindo-a a um "jovem oficial inglês", geralmente tido como Burton, o que os biógrafos aceitam como hipótese verdadeira. Apesar do tempo que passou no rastro de Camões, parece ter percorrido enormes distâncias para encontrar alguma coisa para fazer e satisfazer seus apetites sexuais, enquanto a perspectiva de seguir para Ootacamund se afigurava cada vez menos atraente. Com dois amigos que encontrou em Panjim, Burton desceu para uma cidade litorânea, que diziam ter muitas casas de lindas jovens, "fascinantes para os caçadores de novidades e traficantes de emoções". A cidade, Seroda, ficava a 24 horas de distância por barco. Era, diz Burton, "uma cidade intensamente hindu". Um proxeneta conduziu os oficiais à casa da "matrona mais respeitável da cidade", e os três ingleses se acomodaram para assistir a um longo espetáculo de danças e gozar dos prazeres que se seguiriam. Sempre reunindo dados, mesmo num bordel, Burton observou a idade e cor das moças, o preço como escravas, os dialetos e vozes, o fato de muitas saberem ler e que a matrona sabia recitar versos em sânscrito e conhecia alguns clássicos. Ao que parece, o ponto alto da viagem a Seroda para Burton não foi o espetáculo, mas uma visita à antiga residência de um inglês, o major G..., que tinha se tornado nativo, casando-se com uma dançarina e morrendo como uma espécie de hinduísta da casta inferior. O major despertou simpatia em Burton, pois também era estudioso, e Burton viu o que restava de sua biblioteca, composta em sua maioria de livros sobre magia e ocultismo, do gênero que Burton estudara em Oxford, junto com obras sobre sonhos, geomancia, astrologia, osteomancia, oniromancia e adivinhação. "As ruínas dessa biblioteca ainda estão enfileiradas lá, para serem comidas pelos vermes", escreveu Burton.

Ele ficou profundamente comovido com uma visita ao túmulo do major, como tinha acontecido com outras peregrinações às sepulturas de outros antepassados que eram de sua admiração.

É sempre uma visão melancólica, o último lugar de descanso de um conterrâneo em algum canto remoto de uma terra estrangeira, longe das cinzas de seus antepassados — numa cova preparada por estranhos, sem que ninguém de luto tenha se postado ali, sobre a qual nenhuma mão amiga ergueu um tributo à memória do morto pranteado. O coração do andarilho se comove a essa visão. Em breve não será esse também o seu destino?

De manhã, houve uma briga tremenda com a matrona sobre a questão do pagamento. O barqueiro tinha se aproveitado dos oficiais (era um daqueles "cristãos nativos, como sempre. [...] É estranho que essa gente tenha de mentir, mesmo quando a verdade estaria a seu favor"). Alguns "corretivos periódicos" no guia aliviaram o humor dos três, e logo, "com fome, com sede, cansados, com sono, estávamos de novo nas ruas de Panjim".

Por fim, estavam explorados todos os pequenos tesouros da colônia, tendo Burton absorvido tudo o que podia sobre o exílio de Camões. Reuniu a tripulação e empregados, embarcou o cavalo no pattymar, e depois das costumeiras discussões sobre a partida com o capitão eternamente bêbado — "uma rápida sucessão de leves croques no pericrânio raspado do tindal, que parecia um coco" —, finalmente o barco singrava de novo as águas tranqüilas do mar Arábico. Quatro dias de lânguido percurso os levaram a Calicute, cidade de grandezas passadas — Camões tinha dito "Cidade nobre e rica" —, antigo centro comercial de portugueses, holandeses, franceses e dinamarqueses, mas agora em decadência, se transformando num fim de mundo tropical, onde até os animais eram escassos. "Não há cavalos, ovelhas nem cabras, e as vacas mal chegam ao tamanho dos burricos ingleses", observou Burton. Entre o povo mais pobre, havia "muitos olhares de desagrado". Não havia muita coisa para se ver nesse porto apático, e os nativos, como sempre, eram decididamente asquerosos. "A ralé visivelmente nos encara sem qualquer sentimento amistoso, muçulmanos e hinduístas, todos são carrancudos, e além disso todos os homens andam com uma faca devidamente presa no cós. [...] De modo geral, os hinduístas nessa parte do mundo estão acostumados a usar suas lâminas sem muita cerimônia."

Por toda parte que ia, Burton sabia o quanto os brancos eram odiados — informação que recolheu disfarçado nos bazares ou, de uniforme, como oficial inglês sensível aos sentimentos dos outros povos. Ele menciona reiteradamente essa profunda aversão. Sentiu-a no Sul da Índia. Agora tinha tanta experiência da Índia e uma tal compreensão da mentalidade do povo, rico ou pobre, soldado, governante, camponês, comerciante, servo, hinduísta ou muçulmano, que achava que uma grande calamidade aguardava os ingleses naquele país. "Todo mundo sabe que, se o povo indiano conseguisse unanimidade por um dia, seríamos varridos do país como poeira diante de um turbilhão", escreve Burton em *Goa*.

Uma visita a um rajá local não deu em nada. Pela primeira vez, Burton teve problemas de língua. "O rajá entendia pouco de hindustâni, e nós menos ainda de malaialim." Ele recebeu Burton num aposento repleto de quinquilharias ocidentais, "parecendo uma velha loja de curiosidades". Os pátios estavam lotados de "vacas minúsculas, mas de aparência extremamente agressiva"; o harém, todavia, chamou sua atenção. "As damas eram jovens e bonitas — suas longas tranças negras, traços miúdos e delicados, tez azeitonada e deliciosos membros" lhe agradaram. E mais: "todas as vestes, exceto a parte ornamental dos anéis e colares, eram decididamente exíguas", muito parecido com os mares do Sul — "inteiramente despidas acima da cintura, e descalças".

Por fim, a viagem já tinha sido muito protelada e Burton teria de concluí-la. Em maio de 1847, em seu pequeno e robusto kattiwar, alcançou seu destino, a estância de Ootacamund nas colinas, demorando tanto para chegar que é óbvio que ficou zanzando de propósito, pois em Ootie encontraria gente que não lhe importava muito desde a infância, chegando às vezes a desprezá-la: seus conterrâneos ingleses, visto que Ootacamund — popularmente conhecida como "Ootie" — era a Pequena Inglaterra personificada, provinciana e fechada. Havia dois caminhos que iam da costa até a estância. Burton tomou o mais longo, mais que o dobro da distância do outro. Ainda não se sentia bem. "Num estado perpétuo de febre baixa, a pessoa não consegue comer, beber nem dormir; a boca queima, a cabeça lateja, as costas doem e o humor chega às raias do intratável."

A princípio, parecia que Burton ia poder se descontrair e se divertir em Ootie. Não foi o que aconteceu. Teve uma infecção nos olhos, que possivelmente apanhou na umidade de Calicute, à qual se referiu como "oftalmia reumática", provavelmente uma forma de conjuntivite. Burton responsabilizou "a mudança repentina do clima seco de Sind para as montanhas frias e úmidas". A doença grassava entre os ingleses. Burton agora iria sofrer problemas oculares durante quase dois anos, até março de 1849, data de sua partida da Índia. Experimentou dietas especiais e quartos escuros. Mudou para locais mais adequados e foi tratado com "vários tipos de vesicatórios, e todo o arsenal da farmacopéia", mas nada ajudou. De tempos em tempos conseguia trabalhar e tinha alguma visão. Nesses intervalos, escrevia cartas para o *Times* de Bombaim, estudava telegu e toda, línguas do Sul da Índia, e aperfeiçoava seu persa e árabe.

Durante algumas semanas, tudo foi "entusiasmo, alegria, prazer". O ar estava fresco, e seu apetite melhorou. "O carneiro tinha um sabor que a pessoa esquece na Índia. Incrível, mas é verdade, a carne estava macia. [...] A pessoa elogiava os vegetais, e entrava em êxtase à visão de pêssegos, maçãs, morangos, depois de anos de bananas-são-tomé, goiabas e laranjas". Ele notou os encantos das jovens inglesas em Ootacamund, pois o ar da montanha e o clima fresco lhes davam um brilho maravilhoso. Todos tinham frescor físico, observou ele, contrastando com a "cor cadavérica de cera que a epiderme européia gosta de assumir nos trópicos".

Mas, melhorando a saúde, Burton começou a ficar entediado e inquieto. Passeava de barco, a cavalo, a pé, até cada pedrinha do caminho ser "mortalmente familiar". O ar azul da montanha, as brisas frescas perderam a importância. A companhia dos memsahibs ingleses começou a enfastiá-lo. Seu paladar mimado perdeu o gosto, e Burton teve uma diarréia por excesso de verduras. As duas bibliotecas não tinham nenhum livro de importância. Não havia teatros nem sala de concertos; nada de quadras de tênis, péla ou handebol. Os oficiais das duas presidências, Bombaim e Calcutá, não se misturavam.

Mas, entre os motivos de queixa, havia alguns pontos bons. Burton encontrou um exemplar de um clássico indiano que já estudara antes, o *Akhlaq-i-Hindi*, "Costumes indianos", descoberto em seu baú enquanto procurava sua gramática de hindustâni; comprou um exemplar do dicionário de hindustâni de Duncan Forbes, e começou a traduzir o livro, com o texto na página da direita e suas notas à esquerda. Infelizmente, nunca conseguiu publicá-lo. E. B. Eastwick, seu predecessor em Sind, teve mais sorte com uma versão do persa, *Anvar-i-Suhaili*, publicada com o título de *Fables of Pilpay* [Fábulas de Pilpay].

Acostumado ao fácil acesso das mulheres nativas, Burton se viu perdido para lidar com os meandros da corte amorosa entre os ingleses. É como se tivesse chegado de um outro mundo, e não tinha idéia de como os homens e mulheres flertavam e se espicaçavam. Ele falou de sair a cavalo com "a srta. A...", receando que, "se você a fizer esperar cinco minutos, ela certamente vai conceder a honra de sua companhia a seu rival, o sr. B...". No momento em que temia perdê-la, ele estava nervoso diante do oficial de comando, discutindo sobre um criado que o acusara de reter seu pagamento, enquanto Burton o acusava de roubar.

"Que lugar detestável é essa Ootacamund durante as chuvas!", se queixou Burton. Desanimado com a umidade e a chuva incessante, Burton resolveu deixar Ootacamund. Convenceu o oficial encarregado que estava "pronto para o serviço muito antes que expirasse a licença concedida em Bombaim", tendo chegado à conclusão de que a vida com Charley Napier nos ermos de Sind era melhor do que o clima viscoso, mormacento e chuvoso das montanhas Nilgiri, que parecia Londres. O que ele não sabia é que Napier tinha renunciado a seu posto em julho e ia sair da Índia no dia 1º de outubro, antes que Burton chegasse a Karachi. Numa tempestade de despedida, Burton foi para a costa e tomou um vapor para Bombaim. Em 15 de outubro, foi aprovado em persa na Prefeitura, obtendo o primeiro lugar entre cerca de trinta candidatos; "a isso se seguiu algo mais substancial, sob a forma de um 'honorário' de mil rúpias do Conselho de Diretores".

Apesar de descontente e inquieto em Ootie, as férias de convalescença de Burton não foram desperdiçadas. Ele tinha começado a trabalhar numa tradução de *Os lusíadas*, embora o texto e os dois volumes de comentários respectivos só viessem a ser concluídos e publicados 33 anos depois, tinha traduzido o *Akhlaq-i-Hindi*, reuniu inúmeras notas para *Goa, and the blue mountains*, tinha aprendido telegu e rudimentos de várias línguas tribais, além de relembrar seu árabe e aprimorar seu persa. Mas Burton possuía idéias mais ambiciosas e desafiantes do que o mero domínio de idiomas orientais. Andava ruminando dois grandes projetos — se aprofundar no islamismo tornando-se formalmente sufista e fazer a peregrinação santa até Medina e Meca, não como inglês disfarçado, mas como autêntico muçulmano praticante.

Antes de sair de Bombaim, ele encontrou um *munshi* para substituir o mirzá Muhammad Hussein, um certo xeque Hashim, "um pequeno mestiço de beduíno", que o ajudaria no árabe e o guiaria no caminho do sufismo.

"Minha volta à sede do Setor de Levantamentos foi uma infelicidade para meus companheiros", escreve Burton. "Meus olhos impediam o trabalho sistemático, e meus amigos tiveram de arcar com minha parte." Ainda estava com oftalmia e não podia ler, mas isso não impediu que trabalhasse com línguas e estudasse o sufismo. E, visto que tecnicamente ainda estava de licença médica — que só terminaria no começo de 1849 —, tinha certa liberdade para seguir seus gostos no ano que entrava.

Um amigo dessa época, Walter Abraham, deixou uma descrição de Burton nesse período. Depois de voltar de Karachi, Burton dividia um bangalô com um tal dr. J. E. Stocks, cirurgião-assistente da Presidência de Bombaim e "vacinador em Sind". Burton e Stocks estavam escrevendo dois artigos em colaboração, que só foram publicados no Registro do Governo de Bombaim em 1853: "Breves notas relativas à divisão do tempo" e "Produtos cultivados em Sind, tendo em anexo observações sobre os modos de intoxicação nessa província". Abraham, em 1847, disse o seguinte sobre Burton:

> Ele estava em serviço especial, o que em seu caso significava se aperfeiçoar para algum serviço político adquirindo domínio das línguas do país. Quando o conheci, ele dominava uma meia dúzia de línguas, que escrevia e falava com tanta fluência que um estrangeiro que o ouvisse sem vê-lo pensaria que era um nativo. Seus empregados domésticos eram um português, com quem falava português e goês [konkani], um africano, um persa e um sindi ou beloqui. Falavam suas línguas natais com sir Richard quando este estudava com *munshis*, revezando-se diariamente de duas em duas horas, das dez às quatro da tarde. O *munshi* fazia uma hora de leitura e uma hora de conversação, e era um regalo ouvir sir Richard falar; era difícil distinguir o inglês de um persa, um árabe ou um sindi.
>
> Seus hábitos em casa eram perfeitamente persas ou árabes. Usava os cabelos à persa — compridos e raspados da testa até o alto da cabeça, e seus olhos, por alguns meios que empregava, pareciam persas ou árabes.

Abraham não percebeu que Burton usava *kohl* nos olhos, seguindo o costume do Profeta Maomé, três vezes no olho direito e duas no esquerdo, começando pelo direito — o número de aplicações era diferente para ter uma soma ímpar, pois, segundo al-Ghazzali, "os números ímpares são superiores aos pares", e "o próprio Deus é único e prefere o ímpar".

Até nas roupas e costumes, acrescenta Abraham, Burton era um oriental da cabeça aos pés.

[...] ele usava o banho turco e vestia um capuz; quando saía a cavalo, usava peruca e óculos de proteção. Tinha um físico totalmente persa, de modo que a Natureza evidentemente o destinou para a façanha que ele veio a realizar com tanto sucesso, a saber, visitar o santuário do Profeta Maomé — façanha que pouquíssimos empreenderiam a menos que tivessem um perfeito domínio de si.

Abraham descreve uma cena em que Burton, vestido de pobre andarilho persa (provavelmente um dervixe), enganou até seu próprio *munshi* Ali Akhbar, que estava sentado certa noite na frente de seu bangalô em Karachi, gozando da brisa noturna e tagarelando "como os persas adoram fazer". Depois da costumeira troca de saudações corteses, no que Burton era mestre, ele perguntou onde ficava a pousada dos viajantes e depois falou de pessoas conhecidas do *munshi*, "com uma longa charla sobre suas andanças e outras pessoas". "Então, quando tinha dado alguns passos, perguntou em inglês a Ali Akhbar se ele não o conhecia. O *munshi* não sabia de onde estava vindo a voz em inglês."

A separação de Burton de seu próprio povo tinha seu lado negativo, principalmente na relação com as mulheres brancas. Afora as duas tentativas de se ligar com jovens européias em Goa e suas frustrações em Ootie, seus textos dos anos na Índia nunca mencionam senão relacionamentos com indianas de vida fácil e com a moça persa. No caderno de anotações em que escreveu o poema sobre seu amor persa perdido, há também o fragmento de um poema que fala da "bela Margaret, a famosa donzela de Clifton [...] amada e cortejada, requestada em vão". Será que "Clifton" pode ser o mesmo balneário perto de Karachi onde os ingleses se descontraíam e se recuperavam de suas lides? Será que Margaret pertencia a alguma família inglesa instalada em Sind? E será que Burton a acompanhou em cavalgadas pela praia? Se há alguma base para tais especulações, Margaret seria a única branca com alguma ligação conhecida com Burton durante seus sete anos de permanência na Índia. Mas sua corte foi, naturalmente, "em vão". Burton, com o alto da cabeça raspado, os cabelos compridos, a pele escura, com uma aparência geral de oriental, dificilmente causaria alguma outra impressão, além da excentricidade, a uma moça inglesa de interesses e preconceitos que presumivelmente seriam os ocidentais normais. "As últimas páginas [do diário] foram totalmente arrancadas, com toda a certeza por Isabel Burton", disse Brodie, arriscando um palpite sem ter provas. Mas o próprio Burton é o responsável mais provável. Considerando-se a tendência de destruição por atacado de lady Burton, a destruição seletiva de algumas páginas parece um tanto implausível; de lady Burton se esperaria que desse cabo do diário inteiro, com a moça persa e a bela Margaret juntas.

Embora os problemas oculares ainda continuassem, isso não impediu que Burton estudasse o sufismo. Como *murid* ou noviço sufista, não precisava ler — na verdade, os *murshids* ou mestres fazem questão que os *murids* não leiam. Os ensinamentos sufistas são sobretudo orais, pois os mestres acreditam que os discípulos são bem capazes de se perder se adentrarem na literatura sufista sozinhos, sem orientação, visto que os textos são altamente ambíguos e envoltos em alusões e obscuridades. Burton era extremamente sério em seus estudos: trabalho árduo, concentração e um regime rigoroso são essenciais para o noviço do sufismo, tal como em outras doutrinas. Com o xeque Hashim, conta Burton:

> Iniciei um estudo sistemático do islamismo na prática, aprendi de cor cerca de um quarto do Corão e adquiri domínio das orações. Sempre tive vontade de visitar Meca no período da peregrinação: existia um bom número de textos sobre os ritos e cerimônias, escritos apenas por ouvir dizer, e isso em todos os idiomas, europeus e nativos, mas nenhum me satisfez, pois nenhum parecia conhecer nada do assunto na

prática. Assim, dediquei todo meu tempo e energia para esse preparativo: sem esquecer um estudo propício do sufismo, o *gnosticismo* do islã, que me elevaria acima do nível de um mero muçulmano. Passei conscienciosamente pela *chilla* ou quarenta dias de jejum, e outros exercícios que, aliás, se mostraram ultra-estimulantes para o cérebro.

Ele interrompe a narrativa nesse ponto para declarar: "Às vezes, quando estava tenso demais, eu aliviava meus nervos com um curso de religião e literatura sikh; e finalmente o bom e velho sacerdote [sikh], meu instrutor, me iniciou solenemente na presença da colossal 'Granth' ou escritos de Nanah Shah". Essa incursão no sikhismo não tinha quase nada a ver com os entusiasmos religiosos de Burton. Os bazares fervilhavam de rumores de que a brilhante rainha sikh Rani Jindan e seus chefes temiam uma maior expansão inglesa no Pundjab, e a guerra parecia iminente. Evidentemente, Burton esperava que os estudos do sikhismo nesse momento lhe permitiriam entrar como agente disfarçado no Pundjab. Sua iniciação ao sikhismo cheira exclusivamente a oportunismo político. O sikhismo tinha começado no início do século XVI, sob a liderança do brilhante místico guru Nanak, que se baseou no melhor do islamismo, especialmente o sufismo, e no movimento religioso hinduísta conhecido como *bhakti*, para criar uma religião monoteísta de grande intensidade espiritual. Várias vicissitudes converteram os sikhs, de seu pacifismo anterior, numa nação belicosa, tendo como ideal o santo guerreiro. Na época de Burton, eles eram respeitados tanto pela santidade quanto pela ferocidade. Os sikhs aceitavam qualquer interessado sincero — muçulmano, cristão ou hinduísta de qualquer casta —, e assim Burton não teve de fingir que era algo além de um simples inglês em busca da religião "pura".

Depois de um banho ritual do corpo inteiro, Burton foi levado ao templo sikh, o gurudvara, onde o objeto mais precioso, a escritura sikh *Adi Granth* (ou Livro primordial) se encontrava num catre baixo; o livro não era um mero símbolo, mas continha as personalidades místicas dos dez gurus dos sikhs. Burton se aproximou com a cabeça coberta e os pés descalços, friccionando a testa no chão em sinal de obediência. Então recebeu um pouco de água adocicada, *amrt* ou néctar, nas palmas das mãos, sendo-lhe dito que recitasse um mantra, o *Jap-ji*, em louvor ao Todo-Poderoso. O *amrt* foi misturado com uma adaga de dois gumes, *khanda*, e a seguir ele recebeu um novo nome com o sufixo *Singh*, leão, e jurou usar os cinco Ks: cabelo e barba sem cortar (*kes*), um pente no cabelo (*kangh*), um bracelete de metal (*kara*) no pulso direito, cuecas curtas (*kacch*) e uma espada (*kirpan*). Obrigava-se também a quatro regras de conduta (*rahat*): não podia cortar o cabelo, devia se abster de fumo e álcool, de relações adúlteras com muçulmanas e de carne que não fosse cortada de acordo com as práticas sikhs, todas elas proibições que Burton não deve ter obedecido por muito tempo. Essa "conversão" significou não só um intenso período de estudos de alguns textos místicos de grandes dificuldades, mas também um novo nome (que ele não menciona) e a promessa de seguir algumas regras formais muito rigorosas. É possível que, de início, Burton tivesse intenções sérias. O sikhismo promete a serenidade e o repouso, a meditação sobre o nome de Deus, a purificação e a busca do Uno Eterno e Sem Forma. Mas pouco ficou dessa conversão em sua memória, exceto para lembrar que o bracelete (*kara*), "feito de ferro de Amritsar [...] é tido como sonífero".

Assim, seu período como sikh foi curto e oportunista, e em vários fragmentos autobiográficos Burton passou rapidamente por ele, dizendo apenas que "minha experiência dos credos orientais se tornou fenomenal" e, voltando ao islamismo, afirmando depressa que "virei mestre sufista". Pelas vagas referências em *Life*, ele ainda estava morando em Karachi, e a iniciação deve ter se dado no final de 1847 ou em 1848.

14. A ROSA MÍSTICA

O SUFISMO PENETRAVA NAS MAIS OBSCURAS facetas da vida sindi. "O mais notável em Sindh é o número de religiosos que ela tem", escreveu Burton em *Sindh*, "e o grau em que essa variante do panteísmo chamada tassawuf [sufismo] está difundida pelo povo inteiro por todo o mundo islâmico."

Mas o predomínio dos sufistas e a influência de um sufismo vulgarizado não foram bons para a província. A Via outrora grandiosa tinha se degenerado a um grau alarmante. A pureza inicial do sufismo deu lugar a uma espécie de religião supersticiosa popular que se opunha ao islamismo ortodoxo, o qual vinha agonizando em Sind. "Como seria de se esperar de um povo semibárbaro", disse Burton, "[...] uma imensa superestrutura de falsidades se ergueu sobre um fraco alicerce de verdade", e ele menciona "a mentira milagrosa" que, depois de uma ou duas gerações, "se torna universalmente conhecida do povo sob a forma de lenda ou tradição." E dá uma página de exemplos atribuídos a vários santos:

> Curar dores e doenças, como impotência, loucura, surdez, mudez, cegueira, oftalmia, perda de sangue, epilepsia (principalmente), aleijão, ferimentos, picadas de cobras etc. [...] Mudar o sexo das crianças [...] fazer com que objetos inanimados se movam como se tivessem vida e vontade [...] fazer crescer a barba dos jovens e, vice-versa, devolver a juventude a velhos decrépitos, ressuscitar os mortos [etc.]

Burton dividiu os sufistas de Sind em dois grandes grupos, os jelalis ("a imoralidade e devassidão [deles] são conhecidas de todos") e os jemalis ("uma classe muito mais respeitável"). Embora tenha virado jemali, os jelalis eram muitos mais interessantes em termos etnológicos. Os ritos mais humilhantes preparavam o candidato para o tipo de vida que iria levar — todos os pêlos do corpo eram raspados, o rosto enegrecido, os ombros marcados com ferro quente, e o indivíduo era despido e besuntado com cinzas de esterco vacum. Então saía para o mundo para sobreviver como pudesse, "mendigo irremovível e irrecuperável, incapaz de qualquer ocupação útil na vida, seguro do Paraíso e, enquanto isso, com licença de fazer da terra o lugar mais agradável possível, com o uso pródigo de haxixe ou álcool, e a entrega a uma sensualidade extremamente degradante".

Havia quatro grandes irmandades sufistas, qadiriyya (ou qadiris), naqshbandiyya, suhrawardiyya e chistiyya, cada qual com várias subdivisões e filiados, além de muitas ordens independentes — o número de membros das irmandades chegava aos milhões. Quando se tornou sufista, Burton ingressou nos qadiris, a ordem mais poderosa e difundida, fundada sobre os ensinamentos do grande místico e santo Abdul-Qadir Gilani, no século XII. A ordem era conhecida desde a África do Norte até a Indonésia, com ramificações por todas as partes, nas quais Burton sempre seria muito bem recebido.

O grande símbolo qadiri era a rosa, e os dervixes repetiam freqüentemente uma história sobre seu significado. Quando o xeque Abdul-Qadir chegou a Bagdá, um outro xeque lhe enviou uma xícara cheia de água, querendo dizer que, "estando Bagdá cheia de homens santos, não havia lugar para ele".

Com o que, Abdul Qadir colocou uma rosa na xícara, o que significava que Bagdá encontraria um lugar para ele.
Então todos os presentes exclamaram: "O xeque é nossa rosa!".

A rosa podia ser vermelha, mas também verde, "porque a palavra *Hayy* (o Vivo, isto é, Deus) se manifestava em verde". No centro da rosa havia o selo de Salomão, figura mística maior no islamismo do que no judaísmo ou no cristianismo.

O período de formação como membro de uma irmandade

era, e ainda é, demorado, e impõe um afastamento do mundo e dos assuntos mundanos.

Além da oração e do jejum [diz Burton], recomenda-se ao sufista jemali penitência e isolamento, silêncio, meditação em locais sombrios e lúgubres, uma devoção constante, abstinência de alimentos, sono e prazeres carnais, amor e obediência absolutos a seu xeque ou superior religioso, renúncia de si e de todos os laços terrenos e, por fim, a mais estrita atenção às normas e regulamentos de sua ordem.

Burton tinha escrito que "passei conscienciosamente pela *chilla* ou quarenta dias de jejum, e outros exercícios", mas não se estendeu mais, e na época nenhum inglês, exceto alguns estudiosos do islamismo, sabia em que consistia tal experiência. A *chilla* consistia num retiro de quarenta dias com jejum, orações e rememorações; baseava-se no jejum de Moisés quando viu o Senhor, como diz o Corão (Sura 7:143). Na prática, a *chilla* pode se estender por mais de quarenta dias, incluindo mais de um jejum, às vezes exigindo seis, oito ou dez meses, ou ainda mais, conforme a disposição do candidato e de seu instrutor.

A prática da *chilla* era um costume sufista especificamente indiano, mostrando influências da ioga — a *chilla makusa*, por exemplo, exigia que o candidato ficasse de ponta-cabeça num poço durante quarenta dias, enquanto fazia as devidas orações e meditações. Como noviço ou *murid*, Burton se manteve recluso, saindo de seu retiro, a *chillakhana*, apenas para as orações em conjunto com os outros noviços do mosteiro em que tinha ingressado. Durante a *chilla*, ele dedicou suas horas à leitura do Corão — decorou cerca de um quarto dele e estava gabaritado para se dizer um *hafiz*, aquele que sabe recitar o Corão de memória — um bom *hafiz* é capaz de levar o auditório às lágrimas, como Burton fez posteriormente na Somália. A meditação e o exame de consciência faziam parte de suas atividades, especialmente a rememoração do nome de Deus pela *dhikr*, definida por Burton, que preferia usar o termo persianizado *zikra*, simplesmente como "uma fórmula repetida em voz alta".

A *dhikr* é basicamente a repetição constante de uma palavra ou expressão sagrada, em voz alta ou em silêncio, talvez centenas de vezes. Cada ordem tem sua própria *dhikr* particular, embora se empregue largamente a famosa prece, às vezes conhecida por "Comprovação", "*La ilaha illa-Allah*", "Deus é um só" — dita ou cantada ritmicamente acompanhando a respiração do devoto —, acompanhada pela segunda parte, "*Muhammadun rasulu*", "e Maomé é Seu Profeta".

Esse tipo de prece repetitiva era comum em todas as religiões asiáticas e chegou a entrar no cristianismo como a famosa "Oração de Jesus". Para Burton, suas origens radicavam no hinduísmo, embora os sufistas negassem qualquer proveniência que não fosse islâmica. Em todas essas religiões, o hinduísmo, o sufismo, o cristianismo (e também o budismo, o sikhismo, as doutrinas xamânicas e outras), o ponto central da reza consistia em repeti-la centenas de vezes e controlar a respiração, enquanto o espírito se concentrava num ponto místico do corpo — "fazer o espírito descer ao coração", como disse um místico grego numa formulação que poderia ser a de qualquer fiel de qualquer religião.

A iniciação numa irmandade sufista não constituía um gesto precipitado da parte de qualquer noviço. Burton já contava com vários anos de formação e estudos, e era tão experiente quanto qualquer *murid*, ou talvez ainda mais, pois tinha estudado a doutrina e a prática com sua meticulosidade habitual. O xeque que ia recebê-lo tinha se preparado com preces — sonhos, visões e "manifestações" de espíritos eram essenciais tanto para o mestre quanto para o *murid*, como guias da iniciação.

Quando finalmente estava pronto, Burton foi levado ao mosteiro, o *tauhid-khanah* (a casa da unidade), e introduzido num grande salão caiado de branco e forrado de tapetes e esteiras. Sentada no chão, formando um largo círculo, estava a assembléia dos sufistas, o xeque no centro, sentado num asseado tapete de orações (que se chamava, diz Burton em *Sindh*, "musalla"), virado para Meca (que nesse caso estava a oeste). Burton então se ajoelhou no mesmo tapete, apoiando as nádegas sobre os calcanhares, na posição conhecida no ritual islâmico por *jalsa*. O xeque tomou a mão direita de Burton na sua, com os polegares em contato (sinal de arrependimento). A seguir, veio uma longa série de preces, meditações interiores, leituras do Corão sobre a misericórdia divina e os profetas, homilias e exortações que levaram cerca de uma hora, absorvendo lentamente Burton na grande *tariqa*, a Via Mística das irmandades sufistas, e causando uma profunda transformação que marcou seu espírito pelo resto da vida e da qual nunca se desfez.

Em seu ensaio "O islã", iniciado alguns anos depois de sua iniciação sufista e nunca concluído, publicado apenas postumamente, Burton resumiu o que o levou ao islamismo e ao sufismo e à rejeição de outras doutrinas, não só do hinduísmo e do judaísmo, mas particularmente do cristianismo. Sobre o cristianismo, ele escreveu que, ao longo dos séculos, "a Religião do Amor tinha sido desonrada pela maldade e ódio, pela perseguição e derramamento de sangue". E o que ele considerava necessário para uma vida religiosa bem ordenada: "Os fundadores do cristianismo negligenciaram a insistência em orações diárias em horas determinadas [como faziam os muçulmanos] e no asseio cerimonial, que está próximo da santidade". Também esqueceram as regras alimentares tão necessárias no Oriente e permitiam "o uso de inebriantes, junto com carnes impuras e desagradáveis como porco e coelho". Então, "no século VI da era cristã, o mundo cristão clamava por reformas. Quando as coisas estavam nas piores condições, Maomé surgiu no cenário da vida". A partir daí, Burton só podia exaltar o islamismo, "a Fé Salvadora", considerando-o, desde suas prescrições alimentares a suas mais elevadas crenças morais, éticas, filosóficas e místicas, como a única religião adequada para os homens, guiando-os por entre os perigos da vida:

"O mundo é a prisão do muçulmano, o túmulo é sua fortaleza e o Paraíso o fim de sua jornada." [...] Para o muçulma-

no, o tempo é apenas um ponto na eternidade sem fim, a vida é apenas um passo do ventre à sepultura.
[...] Ele não tem grandes segredos a aprender. O Vale da Morte não tem sombras para ele; nenhuma treva de incerteza e dúvida aterroriza sua imaginação. [...] Tanto no cristianismo como no islamismo, o olho não vê, o ouvido não ouve e a imaginação não concebe as alegrias espirituais daqueles que, na vida terrena, se qualificaram para o futuro celestial.

Como sufista, o ponto de vista de Burton nada tinha de oportunista ou egoísta.

Toda a prática do sufista consiste em procurar a Divindade, não como o "devoto prudente e mercenário comum", mas pelo ardente amor a Deus e ao homem. Ele "proclama a verdade invisível acima do conforto visível"; sua renúncia total consegue encarar os horrores da morte eterna infligidos pela Vontade divina; "ele tem algo até maior do que o ganho eterno".

Durante o ritual, Burton fez sua meditação "de olhos fechados à aparição de seu instrutor religioso", vendo-o numa luz mística que recuava primeiro a Abdul-Qadir e depois ao profeta Maomé. Enquanto Burton meditava, o xeque entrou no estado místico conhecido como "fanah fillah", que Burton traduziu como "fusão da criatura no Criador", isto é, o mestre, como "viajante santo no deserto da existência", se anulou na Divindade. Depois de uns cinco minutos, o xeque saiu de seu arrebatamento místico e, erguendo as mãos em oração, recitou o Fatihah, o primeiro capítulo do Corão e expressão da crença muçulmana na unidade de Deus, prece que é dita em várias circunstâncias, religiosas e seculares. Burton repetiu a oração depois do xeque.

"Finalmente", conta Burton em *Sindh*, "o instrutor, pondo sua mão no peito do candidato, murmura algumas palavras, 'Deus abençoe e salve Maomé e seus descendentes', e finalmente bate no lado do coração de seu discípulo." O xeque então tocou a mão de Burton e respirou três vezes em seu ouvido, dizendo "*La ilaha ill Allah*", ordenando-lhe que repetisse a fórmula 101, 151 ou 301 vezes por dia, embora Burton, em seu "Diploma de Murid", tenha recebido instruções de repeti-la 825 vezes por dia. Com isso findou a cerimônia, e Burton agora era um *murid* plenamente iniciado; também podia ser qualificado de dervixe (andarilho santo) e faquir (pobre dedicado à vida religiosa).

Também foi investido da *khirqa*, capa ou manto de remendos que simbolizava a disposição do novo sufista em aceitar a pobreza, símbolo este que também se encontra entre os budistas e zoroastrianos. A *khirqa* tinha aquele brilho conhecido como *baraka*, "bênção", pois em geral tinha sido previamente bastante usada, ou pelo menos tocada, por um religioso de grande santidade e possuía certos poderes místicos e até mágicos, e por isso suas bênçãos eram transmitidas para o novo membro da confraria. O xeque também conferiu a Burton "o nome altissonante de Bismallah-Shah, 'Rei-em-nome-de-Alá'", e agora ele podia sair pelo mundo como verdadeiro dervixe, faquir, muçulmano até os ossos, mas também agente da Companhia de João.

A iniciação numa irmandade sufista foi apenas o primeiro passo de uma longa série, cada um mais exigente que o anterior, que o devoto devia seguir até o final da vida, a começar pelas chamadas *shugls* ou práticas. Cada *shugl* durava quarenta dias, uma *chilla*. Havia, em primeiro lugar, uma ênfase diária na *dhikr* ou rememoração, repetindo mil e depois 4 mil vezes algumas orações, concentrando-se sobretudo em Alá como "Aquele que é" e no profeta Maomé. As *shugls* mais avançadas se concentravam em certos pontos místicos do corpo, prática provavelmente derivada do hinduísmo, mantendo o tempo todo a respiração lenta e rítmica e invocando o nome de Alá.

Burton não só cumpria fielmente os exercícios, como também tirou grande proveito deles.

> Diz-se que os efeitos morais [...] consistem no arrebatamento e na atração à Divindade, na purificação do coração, se-

reno como um quarto varrido pela vassoura,* no amor intenso pelo Amigo Supremo e "desiderium" [anseio espiritual, termo místico do catolicismo] quando separado d'Ele, e finalmente uma renúncia total de si e do mundo.

Depois de cumprir várias *shugls*, cada qual mais difícil que a anterior, o novo sufista, conta Burton, passava a se chamar *salik*, caminhante, termo bastante popular. Numa espécie de auto-hipnose, o *salik* conseguia deslocar o nome de Alá por todo o corpo, desde a região abaixo do umbigo até o cérebro, os ombros e finalmente o coração, num outro exercício que lembra certas técnicas iogues. Agora, o sufista tem "domínio completo sobre seus sentidos" e "uma maior intensidade de amor pelo Ser Supremo".

Nesse ponto, se tiver resistido aos rigores da prática e dominado seu ofício, o Caminhante da Via espiritual pode ser considerado um *murshid* ou mestre. Às vezes, diz Burton, ele é chamado de "Sahib Irshad", que significa aproximadamente "Mestre da Bem-Aventurança", sendo capaz de orientar outros. O vigésimo e último exercício "permite ao gnóstico chegar à 'fana fillah' ou absorção na Divindade".

Burton nunca disse a que ponto chegou nas várias etapas dessa disciplina religiosa tão exigente e complicada, mas em várias obras dá a impressão de não ter sido apenas um noviço, mas também mestre. Certamente se firmou bem no sufismo, a ponto de poder fazer uma afirmação fortíssima sem ser questionado por mais de um século. Em seu fragmento autobiográfico em *Life*, ele se vangloria de ter se tornado "um mestre sufista", e escreve em *Pilgrimage*:

> Um venerável homem, cujo nome não vou me dar ao trabalho de citar, há algum tempo [em Sind] me convidou para

---

* Os peregrinos da região indo-paquistanesa ainda hoje vão ao túmulo de Abdul-Qadir em Bagdá, para andar em volta do santuário varrendo o pó com pequenas vassouras. Limpar a soleira de um santo ou religioso é tido como gesto de grande recompensa espiritual.

ingressar em sua ordem, a kadiriyah [qadiri], com o nome altissonante de Bismallah Shah, e depois do devido período de provas ele me alçou graciosamente à elevada posição de murshid, ou mestre do ofício místico.

E numa nota Burton acrescenta que "um murshid é alguém autorizado a admitir murids ou aprendizes na ordem". Como prova de seu grau, ele reproduz uma tradução inglesa do chamado diploma, conferido aos mestres sufistas.
"Como o tipo de diploma concedido nessa ocasião pode ser novidade para muitos orientalistas europeus, eu o traduzi."
Mas Burton estava exagerando. O diploma, que mesmo em inglês é impressionante, tem alguns mistérios. No islamismo, o atestado em série, remontando do mestre a *seu* mestre anterior, e deste a *seu* mestre anterior, e assim sucessivamente, é importante para estabelecer as credenciais e credibilidade de uma pretensão ou tradição. No diploma de Burton, os nomes dos xeques que transmitiram seus poderes ao novo "murshid" foram "aqui omitidos por razões óbvias" — comentário altamente suspeito: as razões só são óbvias para o próprio Burton. No lugar dos nomes, são usadas as iniciais A, B e C. Seu bibliógrafo Norman Penzer afirma que o diploma foi "recebido do xeque El Islam", mas a pessoa em questão não é identificada em nenhuma passagem das obras de Burton, e a data (1853) e o local (Meca) que Penzer atribui à concessão do diploma são desconcertantes, pois Burton sempre alegou ter se tornando mestre sufista ou *murshid* em Sind, depois de voltar de Goa. Isso teria sido entre novembro de 1847 e março de 1849, quando ele deixou a Índia. O ponto mais importante, porém, é que o diploma, ao contrário do que afirma Burton, *não* atesta que "o proprietário se tornou mestre no ofício do sufismo". Talvez seja o caso de esperar alguns deslizes ocasionais na honestidade normalmente rígida de Burton em assuntos pessoais. Tudo o que afirma o documento, apesar de sua aparência impressionante (tem quase um metro e meio de comprimento), é que Burton aprendeu "a Récita da Unidade [a prece *la ilaha illa llah*, conforme a transcreve Burton]" e recebeu ordens de re-

citá-la 165 vezes depois de cada uma das cinco orações diárias exigidas, "e segundo sua capacidade em todas as outras ocasiões".

Portanto, não se deve levar muito a sério a declaração de Burton, alegando ter chegado a um grau avançado no sufismo. O inglês médio não tinha idéia do que seria um sufista, e "mestre" soa melhor do que noviço. O que importa é que Burton foi um dos primeiros ocidentais a se converter ao islamismo e se aprofundar nele, entrando numa irmandade religiosa. Certamente foi o primeiro europeu a escrever sobre o sufismo, não como acadêmico, mas como praticante. Chegou a ter um domínio do conhecimento interior — o gnosticismo a que tantas vezes se refere — suficiente para pregar em várias mesquitas de Sind e Baluchistão ("à maneira de um mulá sunita", diria Kipling), e mais tarde na Somália. E cumpriu uma boa parte da respeitada prática muçulmana de decorar o Corão.

Mas ser sufista incluía outras coisas, além do manto, de um nome novo e uma série de rigorosos exercícios espirituais. Uma das práticas favoritas de Burton era a dança sagrada, a *sama*, na *tauhid-khanah*, onde, depois de rezarem em silêncio durante meia hora, sentados em círculo no chão, sobre peles de carneiro, oscilando ritmadamente na *dhikr*, os dervixes começavam a fazer os primeiros movimentos da dança e depois, de pé, entravam numa cadência majestosa.

> Eles descobrem as cabeças, tiram os turbantes, formam um segundo círculo com o primeiro, dão-se os braços, encostam os ombros uns nos outros, erguem a voz e proclamam sem cessar *Ya Allah! Ya Hu!* Só param quando perdem as forças. A pessoa sai quando quiser.
>
> Cantam *Allahu Akhbar* — "Deus é Grande" — e o Fatihah até chegarem ao estado de *halat*, êxtase. Nesse ponto, dois dervixes tiram cutelos dos nichos nas paredes, esquentam-nos até ficarem em brasa e os apresentam ao xeque. Soprando sobre eles enquanto salmodia, o xeque comunica a presença mística de Abdul-Qadir Gilani e devolve as lâminas aos dervixes.

Transportados pelo frenesi, os dervixes agarram os ferros incandescentes, olham-nos com volúpia, lambem-nos, mordem-nos, seguram-nos entre os dentes e os esfriam na boca!

Outros cravam cutelos nos flancos, nos braços e pernas.

Se sucumbem às dores, eles se jogam, sem um gemido, murmúrio ou sinal de dor, nos braços de seus irmãos.

Depois da dança, o xeque trata os ferimentos de cada dervixe, esfregando-os com sua saliva, orando e prometendo rápida recuperação. "Diz-se que, 24 horas depois, não se vê nada dos ferimentos", afirma o manual sufista *Awarif-ul-Maarif*, livro básico das irmandades.

Quando Burton morreu em 1890 e seu corpo foi preparado para o enterro, descobriu-se que estava coberto de cicatrizes, marcas de inúmeras cutiladas que nunca foram explicadas, "provas de uma centena de combates", segundo Thomas Wright em sua biografia de Burton. O que parece provável é que Burton, entrando na *sama* com os outros dervixes, não hesitou em se entregar inteiramente ao ritual das espadas, sofrendo cortes no tronco e membros com o mesmo abandono dos outros dervixes.

Agora havia uma guerra iminente para distrair Burton. Os chefes sikhs andavam inquietos. Durante toda a primavera de 1848, os boatos de um levante armado inundaram os bazares, e a eclosão da guerra parecia apenas uma questão de tempo. Finalmente, numa atitude que pelo jeito queria testar a fibra britânica, o general sikh em Multan, cidade quente e poeirenta no extremo sul do Pundjab, matou dois oficiais ingleses. O incidente inflamou os dois lados. Devido ao calor, que logo se tornou sufocante no Pundjab, os ingleses não tomaram nenhuma medida imediata, mas em 18 de agosto, auxiliados por alguns vira-casacas sikhs, montaram cerco a Multan. Nos meses de outono, a campanha contra os sikhs já tinha aumentado de intensidade, havendo uma convocação geral de oficiais de todos os setores, inclusive do de Levantamentos. Numa carta que começou a escrever em meados de novembro à prima Sarah Burton — umas das poucas desse período que chegaram até nós —, Burton dizia: "Explodiu um caso tremendo em Moultan e no Punjaub, e solicitei ao general do comando para fazer parte de sua equipe pessoal". Burton solicitou um posto de tradutor oficial. Já tinha sido aprovado nos exames oficiais de seis línguas nativas, estava estudando mais duas e era altamente qualificado. "Mais alguns dias, e vai se decidir a questão de entrar na ativa — e estou bastante ansioso com isso, pois embora ainda esteja com meu velho problema — a oftalmia —, essas oportunidades são raras demais para serem desperdiçadas." Na carta, ele menciona seu irmão Edward, agora no Ceilão, onde uma sublevação nativa, conhecida como Revolta de Kandy, tinha acabado de ser esmagada. Foi uma guerra curta, mas brutal, e o rancor resultante iria afetar Edward Burton diretamente. A revolta tinha estourado depois de uma série de tumultos, devido a uma pesada tributação que os ingleses impuseram ao povo, já tendo devastado grandes áreas das florestas para formar plantações de café, chá, borracha e coco: o povo via desaparecerem suas fontes de subsistência. Os cingaleses só podiam reagir com raiva e frustração, e eclodiram distúrbios civis. Os soldados do 78º Regimento Escocês, que tinham sofrido atrozmente com o cólera em Sind, foram transferidos para o Ceilão, para acabar com os conflitos. Um de seus jovens oficiais, o capitão John MacDonald Henderson, escreveu que os impostos eram "extremamente tolos e injustos [...] e, posso acrescentar, impraticáveis". "Surgiram os mais loucos rumores. [...] Entre outros, que as mulheres iam ser tributadas na proporção da faixa em volta do busto." Os distúrbios foram controlados, mas, acrescentou Henderson, "o governo ficou louco de raiva". Durante dois meses, as tropas inglesas percorreram os campos dando uma lição aos "rebeldes". O ódio dos cingaleses contra seus opressores continuou latente, e alguns anos depois Edward Burton foi vítima da ira inabalada dos camponeses. Ele, ao contrário do irmão, era um grande caçador, e elefantes, tigres, chitas e outros animais caíam sob os disparos de sua espingarda. Em 1855, durante uma caçada de elefantes, ele foi atacado por camponeses — "todos budistas", escreveu Georgiana Stisted, "movidos por um sentimento fanático contra alguém que violava abertamente os preceitos da religião deles, tirando indiscriminadamente a vida dos animais, atacaram-no e com paus e pedras infligiram sérios ferimentos em sua cabeça". Edward pareceu recobrar a saúde — de fato, dois anos depois serviu na Índia, durante a Revolta dos Cipaios —, mas "seu espírito cedeu aos poucos e nunca se recuperou". Desde então, Edward Burton passava seus dias em silêncio, solitário, nunca respondendo às perguntas, passando a maior parte dos quarenta anos que lhe restavam de vida internado no Manicômio do Condado de Surrey.

Burton ficou mais dez dias com a carta para Sarah; então, num PS de 25 de novembro de 1848, escreveu: "Não vou para o cerco de Mooltan, pois o general com quem eu esperava servir foi chamado de volta". A história não foi bem essa. Por outras razões, Burton, tão proficiente em tantas línguas, foi preterido em favor de um homem que falava apenas uma (provavelmente hindustâni), e certamente não a mais importante para o cargo, Panjabi. Anos depois, no "Ensaio final" das *Mil e uma noites*, ele disse que a razão da recusa era que seu "Ofício" sobre os bordéis masculinos em Karachi tinha sido enviado a Bombaim depois da saída de Napier, e seus inimigos — a essas alturas, eram muitos — tinham-no desenterrado quando ele solicitou o cargo de tradutor na campanha contra os sikhs. Se foi isso mesmo ou se ele estava tentando justificar um episódio que o aborreceu por toda a vida, o fato é que, com todos os seus dotes, Burton foi deixado de lado em favor de um homem decididamente inferior a ele em termos lingüísticos. Burton era cáustico, espirituoso, irritante, audacioso, heróico, extremamente inteligente, culto, independente, altivo, sempre se achando com a razão, e nenhuma dessas qualidades depunha a seu favor perante a burocracia da Companhia e do exército.

Seis anos de trabalho árduo, de estudos e riscos assumidos tinham redundado apenas no "negror das trevas". Sua oftalmia tinha piorado, e ele parecia definhar com alguma doença desconhecida, talvez uma febre. Agora já era o final do ano. Estava confinado aos alojamentos em Karachi, isolado, um "Negro Branco". No começo de 1849, Burton decidiu voltar para casa, com sete anos nas costas, trabalho, esportes, mulheres, línguas, expedições perigosas a lugares onde nenhum branco tinha se aventurado antes, entre povos que esfolavam os inimigos vivos, arrancavam os olhos de irmãos, filhos e pais em suas brigas dinásticas, mantinham as mulheres numa espécie de cativeiro (e onde as mulheres recebiam cativos que deviam castrar lentamente) — tudo fazia parte de uma experiência que ninguém tivera antes e, até onde se sabe, ninguém tornou a repetir e provavelmente não repetirá.

Febre e calafrios o percorriam, os olhos doíam, as orlas das pálpebras estavam vermelhas, doíam, doíam e coçavam de forma insuportável. Ele se sentia

> nauseado com a história de distritos no deserto, estradas empoeiradas, selvas de tamargueiras, mausoléus de barro, hindus magros, sindis franzinos, mesquitas, bazares e torres de argila com paredes desabando.

Seus amigos insistiam que não esperasse demais, pois seu físico estava engelhado e cambaleante, a voz fraca e os olhos — os olhos cada vez pior. Ele embalou seus tesouros — "espécimes de açúcar e cana-de-açúcar, ópio e haxixe, tabaco e enxofre, folhas de índigo, tinturas desconhecidas, amostras de algodão em todos os estágios [...] xales de tattah, cola preparada com as brânquias e vesículas aéreas de um peixe do Indo [...] mosaicos de Sind [...] caixas de charutos, caixas de lã penteada" e assim por diante, numa coleção de quinquilharias que em algum momento decerto pareceu fascinante e importante, mas que na Inglaterra não passava de mais uma coleção de excentricidades que quase todos os anglo-indianos levavam para casa.

Burton não aguardaria até ver caras e lugares familiares. Quando embarcou para Bombaim, parecia estar nas últimas. Os amigos achavam que estava à morte. Pareciam ser poucas as esperanças de chegar vivo. Ele escreveu uma carta de despedida para a mãe. "Quase inconsciente", contou mais tarde, "tive de ser carregado para o brigue *Eliza*."

Acomodou-se para os meses de viagem pela frente, atendido apenas por seu criado afegão Allahdad. Quando chegou à Inglaterra, estava muito melhor de saúde, graças às brisas marítimas amenas e revigorantes e aos cuidados assíduos do afegão. A saúde, a força e a vitalidade tinham voltado e, ao desembarcar, estava com toda a animação e disposição natural dos homens de sua idade.

Burton agora considerava os sete anos na Índia como tempo perdido. Tinha realizado proezas fantásticas, mas não ganhou nenhuma recompensa: a documentação não o favorecia em nada e as opiniões de oficiais que nunca conheceram os perigos do trabalho de campo e do Grande Jogo sombrearam sua ficha durante décadas. A ousadia, a inteligência, o talento, a cabeça fria na hora do perigo tinham sido anulados pela indiferença e desprezo de Burton pela política das Forças Armadas. No entanto, foi em Bombaim, Gujarete, Pundjab, Baluchistão, Sind e Sul da Índia que ele se introduziu na vida secreta da mística religiosa e sexual, e começou a reunir o material que levaria às *Mil e uma noites* e às publicações da Kama Shastra Society, com suas espantosas notas e comentários e a revelação de um mundo profundamente diferente da Inglaterra. E, acima de tudo, por experiência própria, ele ganhou uma visão do islamismo que o levaria a Meca.

15. DAISY

ENQUANTO BURTON RECOBRAVA A SAÚDE e o *Eliza* deslizava rapidamente com os ventos favoráveis, seus pensamentos se voltavam para a família. Durante os sete anos na Índia, Burton não conseguiu ver Edward, estacionado com o 37º Regimento da Rainha no Ceilão. Os pais não andavam de boa saúde, mas nada de grave, apenas as mazelas que os mantinham num estado de desânimo e indisposição na França e Itália. Em 1845, Maria tinha se casado com um jovem oficial, Henry William Stisted (que se tornaria general de exército), e já tinha duas filhas, Georgiana Martha e Maria. Foi no final do verão de 1849 que o *Eliza* atracou em Plymouth. Burton foi ver imediatamente sua tia Georgina Baker e outros parentes ("notadamente duas belas primas Burton", Sarah e Eliza), e depois seguiu para Pisa com seu criado Allahdad; o afegão começou a brigar com os empregados italianos da família e foi mandado de volta para casa.

O clima ameno e o relativo luxo de Pisa contribuíram para melhorar a saúde de Burton, mas a recuperação plena ainda levaria muitos meses. No final do ano, ele voltou à Inglaterra. Lá, ainda em licença de saúde, ele continuou a ser acometido pelos problemas que tinham se desenvolvido na Índia. Seu rosto estava com uma aparência doentia, indicando enfermidades mais sérias. Problemas do fígado, bronquite e outras doenças do pulmão e "inflamações internas" consumiam suas energias, tornando-o um inválido ambulante. Foi de uma estação de tratamento a outra sem grandes resultados: a Leamington por suas fontes e banhos salinos, a Dover, conhecida como localidade extraordinariamente saudável e agradável balneário, a Malvern pelos tratamentos hidroterapêuticos. Por um breve período, Burton pensou em voltar a Oxford para concluir os requisitos da universidade, mas agora estava numa idade em que a vida universitária parecia pueril, e desistiu da idéia. Não se sentia feliz na Inglaterra. Voltaram todas as velhas reclamações, e a monotonia cinza e insípida começou a deprimi-lo.

Cerca de um ano depois de sua volta, Burton seguiu para a França. A data exata é discutível — Isabel Burton diz 1850, Georgiana Stisted e Thomas Wright falam em 1851. Burton se instalou em Boulogne, uma velha cidade portuária de encantos duvidosos, apenas a 48 quilômetros por mar da Inglaterra. Era uma estância inglesa bastante popular, apreciada pela "mudança de ares, calma e preços econômicos". Era essa última qualidade que mais atraía a maioria dos expatriados. A cidade tinha criado um acentuado ambiente britânico, com várias igrejas, pensionatos e lojas inglesas. O porto devia seus encantos à Haute Ville, a antiga parte medieval da cidade alcandorada no alto de uma colina, cercada por baluartes do século XIII, que os ingleses apreciavam como local para passear e encontrar amigos. E os rapazes achavam os baluartes ideais para conhecer novas moças.

Burton se hospedou no velho hotel na Haute Ville. John Steinhauser esteve com ele pelo menos durante parte do tempo — o médico "tinha um rosto que parecia entalhado em madeira", disse Isabel Burton depois de conhecê-lo —, o coronel e a sra. Burton vieram da Itália, sua irmã com as filhas também vieram lhe fazer companhia — Stisted, nessa época, estava na Índia. Sempre gostando de atividades físicas puxadas, Burton começou um programa rigoroso de esgrima, com toda a intensidade exigida para o domínio da arte. Foi o início de um estudo exaustivo da espada — "A Rainha das Armas", como dizia ele — que desenvolveria durante toda a vida. "O melhor da calistenia", escreveu posteriormente em *The book of the sword* [O livro da espada], "esse enérgico professor ensina o homem a se conduzir como um soldado. Compêndio de ginástica, ela aumenta a força e atividade, a destreza e a rapidez dos movimentos. [...] A esgrima desenvolve a confiança moral e a segurança pessoal, ao mesmo tempo estimulando o engenho."

Infelizmente para Burton, a espada tinha praticamente desaparecido como arma e componente do uniforme militar. Não obstante, sob a égide de um sr. Constantin, mestre famoso, Burton obteve o importante *Brevet de Pointe*. Agora tinha superado as várias moléstias que o acompanhavam desde Sind, e seus olhos tinham recuperado a limpidez e agudeza. Seu manejo da espada se tornou lendário não só entre os ingleses, mas também entre os franceses, e quando souberam que ia fazer uma demonstração na Salle d'Armes de Boulogne, dezenas de espectadores foram assistir. Um amigo dessa época, o tenente-coronel Arthur Shuldham, escreveu a Georgiana Stisted após a morte de Burton, descrevendo um duelo típico.

> Entre 1851 e 1852, conheci o falecido sir Richard Burton em Boulogne, e ele me pediu para acompanhá-lo à Salle d'Armes onde ia esgrimir com um sargento dos hussardos franceses, praticante famoso. O sargento colocou a guarda para proteger a cabeça e uma jaqueta de esgrima em couro, enquanto Burton deixou a garganta nua e ficou em mangas de camisa; aos meus protestos, ele disse que não tinha importância. Trocaram as saudações de praxe e começaram a rodada. Era um espetáculo ver Burton com seus olhos de águia intensamente fixos no adversário, logo se seguindo um velocíssimo movimento circular do braço e um golpe brusco para baixo, desarmando o francês. Ele fez isso sete vezes seguidas, quando o sargento desistiu de continuar a luta, dizendo que quase tinha deslocado o pulso com a força com que esse inglês brandia a arma. Os espectadores, em sua maioria franceses, ficaram assombrados com Burton, o qual, à exceção de uma espetadela no pescoço, não foi tocado.

Mas suas atividades não se restringiam à esgrima. Burton tinha dois outros interesses: um era escrever, e o outro as mulheres. Ele terminou os manuscritos de livros que tinha começado desde 1844 em Sind e continuara na Inglaterra durante a convalescença. Em suas mesas de trabalho dessa época encontravam-se *Goa, and the blue mountains; or, six months of sick leave; Scinde; or, the unhappy valley; Sindh, and the races that inhabit the valley of the Indus; Falconry in the valley of the Indus* e *A complete system of bayonet exercise* [Um sistema completo de exercícios de baioneta]. Esses manuscritos, embora muitas vezes cobrissem aspectos diferentes de um mesmo assunto, representavam um volume maciço de trabalho — Burton tinha começado cedo com seu costume de escrever vários livros ao mesmo tempo —, e em poucos anos se seguiriam outros mais. Mas esse imenso fluxo de criatividade tinha seu lado negativo. Ele começou a sofrer de melancolia. Seus parentes recebiam cartas freqüentes se queixando de "tédio e desânimo". Era o começo de uma depressão que viria a assaltá-lo periodicamente pelo resto da vida. Tentava disfarçá-la, mas era evidente para as pessoas próximas. Em parte, era porque seus livros não vendiam, por novos e importantes que fossem e por prolífico e ativo que ele se mostrasse. As críticas, de modo geral, eram negativas. O prestigioso *Athenaeum* disse que *Goa*, publicado em 1851, era "ao mesmo tempo um livro muito bom e muito ruim". *Scinde*, do mesmo ano, foi considerado "vivo, desconcertante, agudo" e o segundo livro sobre Sind, importantíssimo, foi criticado pelas "opiniões extremadas". Tais comentários enfureceram Burton, e quando fez sua réplica em *Falconry in the valley of the Indus* — obra que, em 1877, não tinha vendido nem metade da edição original de quinhentos exemplares —, recebeu em troca algumas observações desagradáveis dos resenhistas, comentando seu gosto em viver como os nativos. Mas Burton pisava em terreno virgem e abrira assuntos que até então estavam restritos aos acadêmicos e aos pornógrafos. Antes dele, provavelmente ninguém tinha discutido a sério, em obras destinadas ao grande público, temas como, por exemplo, os afrodisíacos, como fez em *Sindh*.

> Nossa ignorância dos afrodisíacos é considerada um fenômeno extraordinário, praticamente não existindo nenhuma obra oriental sobre medicina que não dedique a maioria de suas páginas à consideração da questão que o médico no Oriente ouve mais de dez vezes por dia.

E Burton escreveu franca e abertamente sobre o sistema da bubu, as prostitutas e os bordéis. Enquanto seus contemporâneos tendiam a empregar expressões como "a superstição e o fanatismo maometanos", ele falava do islamismo em termos neutros, se não favoráveis.

Nesse período em Boulogne, Burton se apaixonou por Elizabeth Stisted, uma de suas primas. Ao que parece, houve uma relação de afinidade entre Burton e a moça. Ela era alegre, amigável, com um bom dote, em suma, uma excelente escolha. Mas Burton, bem-apessoado, arrojado e inteligente como era, não era um bom par, pois todo mundo sabia que não passava de um tenente no exército nativo da Companhia das Índias Orientais, a meio soldo, tendo provavelmente de passar o resto da vida na Índia, sem grandes perspectivas financeiras. "Com relutância, ele se curvou à sábia decisão de seu círculo mais próximo", escreve Georgiana Stisted, "que, por mais sinceramente que se preocupasse com ele, não podia aprovar tal compromisso." A srta. Stisted sempre sentiu fascínio pelo romance de Burton com a jovem persa, e aqui ela o menciona novamente, dizendo: "Seu afeto pela prima não tinha a intensidade de seu amor pela jovem morta em Sind". Burton se apaixonou novamente um ano depois — este também parece ter sido um romance sério, mas, diz Stisted, foi "muito fugaz, que, como o último, teve um final prematuro".

Não havia como evitar romances nessa colônia inglesa fechada. As Stisted, a mãe e depois as duas filhas, pareciam conhecer mais os sentimentos de Burton do que o próprio Burton. Isabel Burton iria encobrir seus romances em *Life*, embora alguns sejam mencionados de passagem, apresentados como fatos de menor importância em seus anos de juventude. Mas Burton agora tinha quase trinta anos; o casamento era uma obrigação social, física e econômica, e as Stisted sabiam dos flertes de Burton. "Que Burton teve numerosíssimos *affaires de coeur* não é segredo", escreveu a srta. Stisted. "Eram na maioria de natureza efêmera." Burton, disse ela, nada tinha de eremita, gostava de mulheres e "para ele um rosto bonito era uma atração irresistível".

Como era não apenas um homem bonito, mas de forte magnetismo, as mulheres se apaixonavam por ele às dúzias, muitas vezes sem se preocupar se eram correspondidas ou não. O certo é que muitos de seus amores não partiram dele mesmo, e nesses casos, alguns de natureza delicada e problemática, ele estava em nítida desvantagem.

Mas a mulher certa não apareceu, mesmo que nunca lhe faltasse companhia feminina. "Se uma moça era bonita, nunca importava quão estreita, quão fútil, quão supinamente tola pudesse ser." Aqui, Stisted está se referindo clarissimamente à futura mulher de seu tio, Isabel Arundell, que ele iria conhecer em Boulogne. Em *The true life* [A verdadeira vida], Georgiana Stisted nunca menciona Isabel nessa passagem, mas a critica em termos gerais: "Embora apreciasse profundamente o talento em seus parentes, quando se apaixonava preferia na verdade uma boneca". A "boneca", evidentemente, era Isabel Arundell. "De modo geral, ele preferia o ideal oriental de mulher [...] uma espécie de cachorrinho que nenhuma inglesa, inteligente ou burra, conseguiria imitar."

Nesse ínterim, apareceu em Boulogne a "boneca", a "espécie de cachorrinho" que se tornaria a mulher de Burton. Às vezes ele era fatalista, mas Isabel Arundell era ainda mais. O "destino" era uma palavra constante em seu vocabulário, e podia significar praticamente qualquer coisa. Em Boulogne, significaria nada menos que o próprio Burton em pessoa.

Isabel Arundell, quando Burton a conheceu, tinha dezenove anos e, a julgar pelas descrições da época e dos raríssimos retratos nessa idade, era uma moça de beleza assombrosa. Além disso, num ambiente de classe média e alta inglesa, onde as mulheres e os homens eram enquadrados em tipos, ela era inclassificável. De fato, foi provavelmente uma das poucas mulheres capazes de se encaixar no ideal de feminilidade de Burton: beleza e afeto com inteligência, talento e coragem física e moral.

Isabel era a primogênita de uma grande família de importantes católicos com uma longa e ilustre linhagem que incluía guerreiros, nobres e prelados. Isabel transpunha facilmente os obstáculos na árvore genealógica para encontrar o ancestral cavaleiro, o ancestral romântico, o ancestral religioso. Remontou a família até as gerações nebulosas do século IX: o primeiro Arundell (então Harundell) era mencionado em 877 d.C. E uns versos burlescos da velha tradição de Sussex diziam: "Outrora William combateu e Harold tombou,/ Eram condes de Arundel".

Isabel se envaidecia com a alegada descendência desses antigos condes. Com bases mais sólidas, ela acreditava que seria possível remontar sua família a Roger de Arundell, incluído no Cadastro de Guilherme, o Conquistador, como proprietário de terras em Dorset e Somerset.

Quando a Reforma atingiu a corte real, os Arundell mantiveram uma firme lealdade ao papa, enquanto a Coroa oscilava entre a independência eclesiástica e a submissão a Roma. Todavia, os Arundell estavam intimamente ligados à família governante. Thomas Arundell, antepassado direto de Isabel, era primo de primeiro grau de Henrique VIII, e se casou com Margaret Howard, membro da família Norfolk e irmã de Catherine Howard, a quinta esposa de Henrique. Thomas também tinha parentesco com Ana Bolena, a segunda esposa do rei. Mas naquela época turbulenta e cheia de suspeitas, quando os parentes podiam ser mais perigosos do que os estranhos, Arundell foi citado num complô contra o conde de Northumberland, e, embora talvez fosse inocente, foi para o cadafalso em Tower Hill.

Como os outros nobres católicos na Inglaterra, a família Arundell sofreu perseguições tanto dos anglicanos quanto dos não-conformistas. Esses católicos ingleses, sustentando crenças muitas vezes ridicularizadas, se orgulhavam de suas antigas raízes. Era uma questão séria para a jovem Isabel, e ela nunca a superou. Não só era uma Arundell, como também era parente das famílias Howard e Norfolk, que naquela época ainda esposavam um sólido catolicismo.

Isabel era acima de tudo uma romântica. "Dava grande atenção à sua linhagem", disse seu biógrafo W. H. Wilkins. "Nutria reverência por seus antepassados, e via-se como fruto deles."

Isabel queria ser digna de seus ancestrais com um "espírito andarilho e aventureiro", fortalecido pelas qualidades da "bravura, do arrojo temerário e gosto pelo conflito", além da "tenacidade e dedicação". Tais características conquistaram seus inimigos, que costumavam acusá-la de falta de sensatez e uma infeliz tendência a fantasiar, e até a mentir. Para muitos que a conheceram, a herança católica de Isabel não era uma vantagem, e sim um impedimento.

Isabel Arundell nasceu no domingo de 20 de março de 1831, às oito e cinqüenta da manhã, em Great Cumberland Place, perto do Marble Arch de Londres. "Ao contrário da maioria dos bebês", escreve ela em sua autobiografia, "nasci de olhos abertos." Também nasceu numa nova situação de liberdade — dois anos antes, as restrições legais contra os católicos tinham sido abolidas com a Lei de Emancipação Católica, embora os preconceitos populares contra eles persistissem.

Georgiana Stisted, geralmente cáustica em seus comentários sobre Isabel, trata o pai de Isabel, Henry Raymond Arundell, sem muita consideração, descrevendo-o como "um comerciante de vinho" e "não muito próspero e, como ocorre freqüentemente nesses casos, tinha uma família numerosa". Eram catorze filhos, dos quais dez morreram cedo, restando Isabel e três irmãs.

O sr. Arundell era realmente apreciado por todos, mas, em relação à mãe, Isabel, geralmente caridosa, tinha sentimentos mistos. "Minha mãe foi uma das melhores e mais brilhantes mulheres — uma mulher com o ar e as maneiras de uma rainha [...] era de coração e ânimo nobres, generosa para com os erros", mas também "uma mulher mundana de idéias fortes, gênio impetuoso, dogmática, uma espartana com os filhos mais velhos. Tremíamos diante dela, mas a adorávamos."

"Posso lembrar claramente tudo o que me aconteceu desde os três anos de idade", disse Isabel. "Não sei se era bonita ou não", acrescenta ela — mas sabia, pois sempre teve plena consciência de sua aparência e a impressão que causava nas pessoas.

Isabel e os outros filhos foram educados rigorosamente. "Nós éramos pequenos cavalheiros e damas, e pessoas do mundo desde o berço; era a velha escola." Aos dez anos, ela foi enviada para um colégio de freiras fundado por uma geração anterior de Arundell para filhos de católicos de classe alta. Isabel ficou seis anos e depois voltou para a casa dos pais, que queriam sua companhia. Ela se queixa que isso foi na época em que estava começando a gostar de seus estudos. "Sair da escola foi um infortúnio."

Os Arundell agora moravam numa propriedade rural em Essex. A casa principal era um velho edifício espraiado, meio casa de campo, meio sede de fazenda, coberto de arbustos, hera, flores e trepadeiras, com estábulos, canis e cinqüenta acres de bosques e campos. Isabel era uma jovem extremamente ativa, com a energia física de um rapaz. Aprendeu a patinar, e percorria os campos com os irmãos e irmãs, adquirindo a força e destreza física que lhe seriam úteis na América do Sul e no Oriente. Mas também gostava de ficar sozinha. Dispunha de "bastante solidão", e passava muito tempo nos bosques "lendo e contemplando". A "contemplação", pelo visto, consistia mais em devaneios do que em coisas profundas. Lia muito, conta ela, mas sua leitura se concentrava basicamente num único livro.

> *Tancred*, de Disraeli, e outros livros ocultistas eram meus prediletos, mas *Tancred*, com seu encanto do Oriente, era o principal, e eu costumava cogitar a forma de minha vida futura e tentar resolver grandes problemas. Estava formando meu caráter.

Tancred foi "o livro de minha vida", "minha segunda Bíblia". Ela o levava por toda parte e dizia conhecê-lo de cor, mencionando-o freqüentemente em seus textos. Em que consistia esse "livro de meu coração"? Infelizmente, ele escapa a qualquer síntese e análise fácil. Era uma daquelas obras muito citadas e pouco lidas, uma mistura de filosofia simplória, teologia, romance, viagens e aventuras, povos e lugares exóticos, permeada por um vago esboço de um mundo utópico baseado num redespertar religioso. *Tancred* resultou de uma viagem do autor, Benjamin Disraeli, ao Oriente Médio para superar uma crise de depressão. Aos 26 anos, Disraeli saiu para uma viagem de dezesseis meses pelo Oriente, suposto berço de verdades eternas, em busca de respostas para certas questões religiosas e filosóficas que o incomodavam. O herói, Tancred — o próprio Disraeli —, encontra a realização no "grande mistério asiático", mas não é muito claro o que seja tal mistério, pois o autor foi vago sobre o que viu. Ficou fascinado com o deserto, mas perplexo com o povo ("Os árabes são apenas judeus a cavalo"), e viu a salvação no deserto: "A decadência de uma raça é inevitável a menos que viva em desertos e nunca misture o sangue".

Isabel passou dois anos no jardim lendo *Tancred*. Não sabemos até que ponto a aérea teologia e filosofia do livro penetrou em seu jovem espírito. Ela se sentia mais atraída pelos cenários românticos, pelos personagens pitorescos e a miscelânea de religião e aventura. *Tancred* "me inspirou todas as idéias e anseios por uma vida oriental selvagem". De fato, esse estranho e bizarro livro penetrou tanto em seu subconsciente que, quando chegou a Damasco com Burton, "senti como se tivesse vivido aquela vida durante anos".

Foi seu amor pelo Oriente, inspirado por *Tancred*, que a levou aos ciganos que estavam acampados nas proximidades, embora seus pais tivessem proibido o contato com eles.

> Eu ficava entusiasmada com os ciganos, árabes beduínos e tudo que fosse oriental e místico, e principalmente uma vida selvagem e sem lei. Com muita freqüência, em vez de ir para os bosques, eu descia uma determinada aléia, e se houvesse alguns ciganos orientais por lá, eu ia até o acampamento deles e ficava uma ou duas horas sentada com eles. [...] Minha amiga pessoal era Hagar Burton, uma mulher alta, esguia, bonita, distinta, refinada, que tinha muita influência sobre sua tribo. Muitas horas passei com ela (que costumava me chamar de "Daisy"), e muitos pequenos serviços prestei a

eles quando alguém da tribo adoecia ou tinha algum problema com os *squires* por causa de galinhas, ovos ou outras coisas. No último dia que vi Hagar Burton em seu acampamento, ela leu meu horóscopo e o escreveu em romani [a língua cigana]. [...] Hagar me traduziu o horóscopo. A parte mais importante dele é a seguinte:

Você vai cruzar o mar e ficar na mesma cidade em que está seu Destino, sem saber disso. Vão se levantar contra você todos os obstáculos e uma tal combinação de circunstâncias que você precisará de toda a sua coragem, energia e inteligência para enfrentá-los. Sua vida será como nadar contra a corrente, mas Deus estará com você, e assim você sempre vencerá. Fixará seus olhos em sua estrela-guia e seguirá sem olhar nem à esquerda nem à direita. Você usará o nome de nossa tribo, e terá razão em se orgulhar dele. Será como nós somos, mas muito maior do que nós. Sua vida será toda de andanças, mudanças e aventuras. Uma só alma em dois corpos na vida e na morte, nunca separados por muito tempo. Mostre isso para o homem que tomar como marido.

É impossível saber se realmente existiu uma Hagar Burton, e, se existiu, se de fato tirou o horóscopo de Isabel, e, se tirou, se o que ela disse foi o que Isabel contou. O encontro com Hagar Burton cheira um pouco a invenção autobiográfica. Richard Burton também visitava ciganos, e Isabel muitas vezes gostava de repetir o que o seu Richard fazia. Toda essa passagem dá a impressão de ser não um relato de encontros secretos com ciganos numa aléia do campo, e sim os efeitos da vida de seu marido sobre seus próprios pensamentos e desejos.

Uma das linhas mais significativas na profecia de Hagar Burton, tal como é relatada por Isabel, é a seguinte: "Uma só alma em dois corpos na vida e na morte, nunca separados por muito tempo". Pode ser a maneira de Isabel de enfatizar que seu Jemmy, como ela o chamava muitas vezes, era um católico apostólico. Mas de onde surgiu o tema de uma só alma em dois corpos? É, entre outras coisas, um conceito sufista corrente, e aparece sob várias formas no misticismo sufista, mas em uma escala muito maior do que a do homem e da mulher, geralmente ressaltando a relação entre Deus ou Alá e o místico. Burton, tendo estudado tão meticulosamente os poetas sufistas em Sind, provavelmente os citava de tempos em tempos a Isabel, em suas freqüentes conversas e discussões sobre o islamismo dele e o catolicismo dela.

Com ou sem ciganos, Isabel estava passando por todas as dores do crescimento. Deixou um auto-retrato nessa idade crucial dos dezesseis anos, um tanto negativo, mas com a intenção de ser contestado. "Foi a época mais feia de minha vida", disse em relação a essa idade. "Eu era alta, roliça e supostamente bonita, mas estava sempre queimada de sol. Conhecia meus pontos fortes. Que garota não conhece? Eu tinha grandes olhos azuis-escuros e francos, e longos cílios e sobrancelhas negras que pareciam diminuir conforme eu crescia. Tinha dentes muito brancos e regulares, e mãos, pés e cintura bem pequenos." Mas se queixava que era gorda demais para roupas de tamanho normal. "Por meus gostos ciganos, eu preferia uma toilette pitoresca em vez de meramente elegante."

Quando Isabel estava com dezessete anos, seus pais decidiram mudar para Londres. Era hora de apresentá-la à sociedade. Ela conta como fez peregrinações de despedida a todos os lugares associados às brilhantes reminiscências de sua juventude, como era triste ter de eliminar os animais e — o que parece mais uma desculpa para seu comportamento posterior — "fazer uma fogueira com tudo o que a gente não quer que seja violado por mãos estranhas". E assim os Arundell, chorando pelos velhos empregados que por sua vez também choraram, desmontaram a casa em Essex e foram para Londres.

Os prazeres de Londres logo apagaram a dor de abandonar Essex. Belos vestidos para as moças, cartões de visitas entregues em casas estratégicas, e "estávamos todos prontos para a campanha da estação". Isabel fez seu *début* no Almack's, um clube e salão de reuniões famoso que, durante três meses, oferecia uma série de bailes semanais, dirigidos por "um comitê de damas de alta posição, e a admissão era extremamente difícil". As moças Arundell receberam o patrocínio da duquesa de Norfolk, parente e membro da antiga nobreza.

Isabel granjeou uma popularidade imediata. Seu caderninho de danças vivia cheio. "Pode-se adivinhar como fiquei incrédula e vaidosa quando ouvi alguém dizer à minha mãe que eu andava sendo citada como a nova beldade do clube. Imagine, coitada de mim!"

Então vieram as sessões de ópera e os jantares, e mais bailes, compras, visitas a novos amigos. Às vezes havia duas ou três festas na mesma noite. Ela era "à prova de cansaço" e "louca para dançar". Mas era perspicaz — ou refletiu nas coisas em anos mais avançados — para as contradições, os rapazes ingênuos e os caça-dotes de ambos os sexos, e as velhas esposas dos pares do reino, desesperadas, cheias de ruge, "com um pé no túmulo, quase loucas de excitação com as cartas e os dados, e todas as paixões, exceto o amor, brilhando em seus horríveis olhos". Ao vir para Londres, conta Isabel, ela não sabia do mercado matrimonial. "As mães me consideravam doida, e quase insolente, porque não abocanhava prontamente qualquer bom *parti*; e vi filhas de duques aceitarem alegremente homens para os quais, pobre e humilde, eu teria torcido o nariz." Não tinha em boa conta muitos dos galanteadores. "Às vezes me pergunto se eram mesmo homens ou apenas criaturas assexuadas — manequins vivos de alfaiates. Que vergonha desonrarem sua masculinidade!" Ela achava que o dever do homem era fazer grandes proezas. "Os jovens da época passavam pela minha frente sem causarem a menor impressão. Meu ideal não estava entre eles."

Ela era bem específica em relação a seu "ideal". Ele tinha

> cerca de 1,80 metro de altura, sem um grama de gordura a mais, com ombros largos e musculosos, de peito forte e vigoroso. [...] Tem cabelos negros, pele morena, testa inteli-

gente, sobrancelhas sagazes, grandes olhos negros maravilhosos — aqueles estranhos olhos dos quais você não ousa desviar os seus — com longos cílios. É soldado e *homem*. [...] Sua religião é como a minha, livre, liberal e generosa. [...] É um homem que possui mais que um corpo: tem cabeça e coração, mente e alma.

Isso, supostamente, foi escrito quando Isabel ainda estava em Londres e não conhecia seu futuro marido. Mas é um retrato tão claro de Burton que poderíamos questionar sua declaração de que "é uma criação de minha fantasia". Mas, independentemente da data em que foi escrito, Isabel tinha certeza de que "é apenas com um homem desses que vou me casar". E se encontrasse um homem assim e ele se casasse com outra, "vou virar irmã de caridade de são Vicente de Paula", ordem religiosa que trabalhava basicamente com os pobres.

Isabel estava apenas há uma temporada em Londres. No final do verão de 1850, o sr. Arundell decidiu transferir a família da Inglaterra para um lugar menos dispendioso e exigente. "Foram invocadas as mudanças de ares, os banhos de mar, professores franceses para concluir nossa educação, e a economia", escreve Isabel. Mas havia mais uma outra coisa no ar para influenciar seu pai. O anticatolicismo tinha redespertado. Em 1848, o catolicismo revigorado e a influência dos oxfordianos que tinham interessado Burton estavam alarmando os protestantes. A agressão papal parecia evidente, principalmente quando o papa Pio IX anunciou que estava restaurando a hierarquia inglesa, com o dr. Nicholas Patrick Stephen Wiseman como o novo cardeal arcebispo de Westminster. A Inglaterra protestante, como dizem os clichês históricos, se pôs "em chamas".

É difícil dizer até que ponto essa inquietação alarmou os Arundell. Em agosto, o sr. Arundell escolheu Boulogne como local de refúgio, e lá já se encontravam parentes seus. Quando Wiseman chegou a Londres, eclodiram tumultos "antipapistas". As tensões entre os católicos, os anglicanos e os poderosos evangélicos aumentaram, e para transpor esse abismo, como fariam

Burton e Isabel Arundell, seria preciso coragem e convicção; poucos amigos e parentes de Burton chegariam algum dia a esquecer que sua mulher era uma católica apostólica, e orgulhosa disso.

Isabel não gostou de sair da Inglaterra. "Eu adorava a sociedade e odiava o exílio", escreveu ela. À primeira vista, porém, Boulogne era "uma cidade extremamente pitoresca", mas ela mudou de opinião no dia seguinte: "Boulogne parecia um daqueles baralhos sujos que a cigana tira do bolso para ler a sorte". As ruas eram "irregulares, estreitas, imundas, cheias de esgotos abertos, que achamos que nos dariam cólera".

As jovens Arundell foram colocadas no convento do Sacré Coeur para aprender francês, e ficavam lá o dia inteiro, com música e outros tópicos adequados a moças. Não havia uma grande vida social para elas. A sra. Arundell as acompanhava nos passeios de uma ponta à outra da cidade, e às vezes era-lhes permitido o luxo de vaguearem pelos baluartes. Em geral, "a mãe nos mantinha sob uma terrível severidade".

E então ocorreu o grande acontecimento. Certo dia, no começo do outono de 1850, Isabel e sua irmã Blanche, ainda com os uniformes da escola, estavam andando pelos baluartes quando viram um belo rapaz — Burton, é claro — se aproximando da direção contrária.

> A visão de meu sonho desperto veio em nossa direção [disse Isabel]. Ele tinha quase 1,80 metro de altura, muito largo, esbelto e musculoso; tinha cabelos muito escuros, sobrancelhas negras, sagazes, claramente definidas, uma pele morena batida pelas intempéries, traços francamente árabes, uma boca e queixo mostrando determinação, praticamente cobertos por um enorme bigode negro. [...] Mas a parte mais notável de sua aparência eram dois grandes olhos negros faiscantes com longos cílios que atravessavam a pessoa de lado a lado. Ele tinha uma expressão altiva e orgulhosa de melancolia e, quando sorria, sorria como se isso lhe doesse, e olhava para as coisas em geral com um desdém im-

paciente. Estava vestido com um casaco preto curto e felpudo, e segurava no ombro um bastão curto e grosso como se estivesse em guarda.

Burton, sem qualquer timidez e acostumado a conhecer garotas de qualquer cultura, ficou encarando as jovens. Foi Isabel que prendeu sua atenção. Ele viu à sua frente uma moça alta, esguia, independente, com cabelos cor de mel e olhos azuis, mostrando grande autoconfiança. "Ele me olhou", escreveu ela mais tarde, "como se me lesse inteira de uma só vez, e andou um pouco. Eu fiquei totalmente magnetizada, e quando ele tinha se afastado a uma pequena distância, virei para minha irmã e cochichei: 'Esse homem vai casar *comigo*'."

No dia seguinte, por acaso, seus caminhos se cruzaram de novo — Isabel não diz como e por que nesse momento e lugar específico. "Ele nos seguiu", escreve ela. Burton rabiscou com giz no muro dos baluartes: "Posso falar com você?", e deixou o giz no chão. Isabel apanhou o giz e escreveu em baixo da pergunta de Burton: "Não, a Mãe vai ficar brava". Mais tarde, a Mãe encontrou os rabiscos e ficou brava *mesmo* — mais uma questão inexplicada: como e por que a Mãe percebeu que esses sinais diziam respeito à sua primogênita. De qualquer modo, conta Isabel, "depois disso ficamos ainda mais prisioneiras do que antes".

Burton e Isabel Arundell tinham, ambos, um sentido teatral altamente desenvolvido, como se durante a vida inteira estivessem criando um roteiro não para um drama vitoriano à luz de lampiões de gás, mas para um seriado cinematográfico ainda não inventado. Logo depois dos encontros nos baluartes, apesar das proibições da Mãe — era claramente impossível prender Isabel —, ela saiu para passear com sua prima Louisa, e Burton apareceu. Burton e Louisa se conheciam. Mas — "Que agonia!", pensou Isabel quando Burton começou a flertar com Louisa. No entanto, "fomos apresentados formalmente e o nome me provocou um sobressalto". Ela tinha encontrado seu destino, conforme previra Hagar Burton.

Então veio uma longa e estranha corte, cheia de rituais como se os dois fossem um casal de pássaros exóticos empenhados numa espécie de demorada dança pré-nupcial, um rodeando o outro em movimentos lentos e graciosos, tão lentos que parecia que a consumação final nunca haveria de chegar. Isabel sofreu a mais profunda angústia com essa corte, foi ela que a viveu com a maior intensidade. Burton não deixou nada registrado sobre seus pensamentos e emoções a respeito. Isabel deixou — recorrendo a seu diário, que tem sido a fonte primária de informações sobre dez anos de grande paixão, frustração e, por fim, realização.

Não tentei atrair sua atenção; mas, sempre que ele saía para o passeio costumeiro, eu inventava uma desculpa qualquer para tomar uma outra direção e poder vê-lo, se ele não estivesse olhando. Se eu ouvia o som de sua voz profunda, ela me parecia tão doce e suave que eu ficava enfeitiçada, como quando ouço música cigana. Nunca perdia uma oportunidade de vê-lo sem ser vista, e como eu então ficava vermelha e pálida, quente e gelada, zonza e fraca, doente e tremendo, e meus joelhos quase cediam, minha mãe me levou ao médico se queixando que minha digestão não andava bem e que eu tinha enxaquecas na rua, e ele me receitou uma pílula que eu joguei no fogo.

A essa altura, as coisas pareciam perdidas. "Todas as moças vão se sentir solidárias comigo", disse Isabel. "Eu tinha sido atingida pelo raio de meu Destino, mas não tinha esperanças." Não passava "de uma colegial feia", e Burton agora andava envolvido com uma "criatura muito vistosa, com quem mantinha um flerte bastante sério", uma moça "muito bonita e muito dissoluta".

Por fim se passaram dois anos, e para os Arundell era hora de sair de Boulogne e voltar para a Inglaterra. "Estávamos tristes em deixar nosso pequeno círculo", escreve Isabel. Mas ela estava encantada com a perspectiva de rever a Inglaterra e, mais importante, "impaciente em me libertar das restrições que fui obrigada a me impor em relação a Richard". Mesmo assim temia sair de "suas proximidades". Oprimida pelas dúvidas, ficou pensando se devia se despedir dele. Em 9 de maio de 1852, os Arundell embarcaram no vapor do canal, com destino à Inglaterra. Isabel tinha chegado à conclusão que, quando fosse embora, o destino levaria Richard para um caminho e ela para outro. "Vê-lo de novo apenas aumentaria a minha dor."

Isabel passaria quatro anos sem ver Burton. Tinha ido para Boulogne, escreve W. H. Wilkins em *The romance of Isabel Burton* [O romance de Isabel Burton], como "uma menina ainda não formada, e saiu como uma mulher apaixonada" — ademais, "ela tinha encontrado seu outro eu em Richard Burton. Era seu elemento de afinidade", o que de fato viria a ser verdade.

Enquanto isso, os Arundell, ignorando a paixão ardente da filha pelo oficial polêmico e proscrito, tentavam casá-la, de preferência com alguém de uma das antigas famílias católicas. Blanche, mais maleável, logo foi dada em casamento a um jovem cavalheiro de nome Smyth-Piggot, ao passo que Isabel, voluntariosa, impetuosa, com gosto pela liberdade, se restringia a seu diário, rejeitando os aristocratas ricos e insípidos arranjados por sua mãe. "Vantajosas propostas de casamento" mirravam diante da realidade de seus sonhos. Ela perguntou a seu diário: "Onde estão todos os homens que inspiraram as *grandes passions* do passado? Será uma raça extinta? Richard será o último deles? E se for, será para mim?".

Ela adotou uma opinião dura em relação ao destino da mulher inglesa, "procriando tolos e conversando ninharias". Nesse ínterim, Burton se preparava para ir à cidade santa de Meca.

16. O CAMINHO PARA MECA

Durante os anos na Inglaterra e na França, numa espécie de exílio, Burton continuou com a idéia de fazer uma peregrinação até Meca, que seria o destino final de três anos de uma grande exploração da Arábia. Ele voltou a Londres logo depois da partida dos Arundell, decidido a executar esse projeto que vinha alimentando havia muito tempo: "estudar meticulosamente a vida íntima do muçulmano". À primeira vista, uma viagem pelos imensos desertos desconhecidos e inexplorados da Arábia era, por si só, uma aventura impraticável, quase uma loucura. Burton queria sair de Muscat, cidade na extremidade oriental da península Arábica, e seguir para o oeste, até chegar a Meca. Para que a aventura parecesse exeqüível — pois ele tinha de conseguir permissão da Companhia e do exército —, Burton precisava oferecer razões convincentes. Ele queria uma licença de três anos. Por intermédio de um amigo, o general Monteith, ele ofereceu seus serviços à Royal Geographical Society de Londres. Os diretores foram entusiasticamente favoráveis, pois Burton tinha proposto a viagem "com a finalidade de remover aquele opróbrio para as explorações modernas que é a imensa lacuna em branco que, em nossos mapas, ainda indica as regiões orientais e centrais da Arábia". Era o famoso "Quadrante Vazio" que continuaria a desafiar os aventureiros em anos avançados do século XX. Burton tinha ouvido que "suas horríveis profundezas fervilham com uma grande população semimorta de fome", mas "a região está aberta ao viajante intrépido". Ele queria fazer alguns estudos etnológicos do povo "para fundamentar nossas indagações sobre a origem comum da família árabe". Ainda mais interessante para alguns dos funcionários junto aos quais Burton pleiteava ajuda era o seguinte — ele queria descobrir se é possível abrir algum mercado de cavalos entre a Arábia Central e a Índia, onde os plantéis de reprodutores começavam a despertar uma insatisfação geral.

Burton também tinha algumas razões pessoais: uma delas era a questão da fibra, mencionada depois de sua volta. Ele queria "provar pela experiência que o que podia ser perigoso para outros viajantes era seguro para mim". E, por trás de todas as outras razões, havia a questão de seu dever de muçulmano. "Todo muçulmano é obrigado", escreveu ele em *Personal narrative of a pilgrimage to El-Medinah and Meccah*, "sob certas condições, a fazer pelo menos uma visita à Cidade Santa. Abu Hanifa [um antigo teólogo muçulmano] orienta todo muçulmano e toda muçulmana a fazer a peregrinação, se tiverem saúde e dinheiro para a viagem e o sustento de suas famílias."

A peregrinação era conhecida como hadj — "Os religiosos muçulmanos explicam que a palavra hadj significa 'kasd' ou aspiração e exprime o sentimento do homem de que ele não passa de um viandante na terra seguindo para um outro mundo superior". E acrescentava: "Isso explica a origem da crença de que, quanto maiores as dificuldades, maior será a recompensa do andarilho piedoso".

Embora a Royal Geographical Society tenha "fornecido prodigamente os meios para a viagem" de Burton — de forma que, pelo menos nessa aventura, ele não ficaria em dificuldades financeiras (a não ser por suas próprias extravagâncias) como ocorreria em outras —, o grande projeto, porém, iria ser drasticamente reduzido. O velho inimigo de Napier, sir James Hogg, diretor da Ilustre Companhia das Índias Orientais, prontamente identificado como "aquele Hogg", recusou a proposta de Burton. Na primeira edição de sua *Personal narrative of a pilgrimage to El-Medinah and Meccah*, Burton disse que Hogg alegou "como razão que a viagem planejada era de natureza perigosa demais". Era difícil discutir esse ponto com Hogg. Na época em que foi publicada a edição comemorativa (4ª edição) da *Pilgrimage*, Burton não estava com a menor disposição de poupar a sensibilidade de

Hogg. Agora Burton dizia que a razão pela qual Hogg se opôs à viagem foi seu "grande desagrado, para falar bem a verdade, por meu costume nada político de dizer certas verdades políticas (em 1851, eu tinha submetido ao Conselho de Diretores certas observações sobre a questão do desmando anglo-indiano; nem preciso dizer que a publicação foi recusada com muitas ameaças)".

Ninguém há de acreditar que Burton seria ingênuo a ponto de supor que Hogg se mostrasse a favor de seus planos. Mas conseguiram uma solução de compromisso, salvando as aparências no melhor estilo oriental para dois homens bem familiarizados com as sutilezas do Levante. Para compensar sua decepção, Burton recebeu apenas um ano de licença, "para conduzir meus estudos em terras onde se aprende melhor a língua".

Burton tentou prevenir qualquer problema que pudesse surgir. Chegou até a ser aprendiz de ferreiro, para aprender a ferrar cavalos, pois, se encontrasse os garanhões certos, bem que poderia vir a se envolver no comércio de eqüinos. Em abril de 1853, vestido de "príncipe persa", Burton tomou um vapor em Southampton com destino ao Egito, acompanhado de um amigo, o capitão Henry Grindley da Cavalaria de Bengala. Burton não se despediu da família, pois detestava lágrimas de adeus, mas fez várias visitas de última hora aos pais e a Maria, e desapareceu sem despedidas formais. Deixou uma carta para a mãe com a idéia geral de seus planos — bastante perigosos, teve de admitir — e instruções para que, em caso de morte, seus poucos bens de valor fossem divididos entre ela e sua irmã.

Burton tinha deixado o cabelo crescer ao estilo persa xiita. Em *Pilgrimage*, ele não é nada claro sobre os disfarces que usou nas primeiras semanas; ao longo do livro, ele aparece como nobre iraniano e dervixe andarilho. Foi apenas quando se assentou no Egito que resolveu suas dúvidas e adotou a caracterização mais adequada para não levantar suspeitas. Foi sugestão de Grindley que Burton passasse por oriental desde o começo da viagem, providência aliás feliz, pois ele estava "absolutamente cansado do 'progresso' e da 'civilização'" e queria mais ver do que ouvir falar da "vida interna muçulmana num país realmente muçulmano". Observando que, "entre os orientais, o andarilho, o comerciante e o filósofo freqüentemente se unem na mesma pessoa", ele retomou seu velho personagem de andarilho religioso que lhe serviu tão bem em Sind. Mas havia lacunas a serem preenchidas. "Muitas coisas orientais tinham se apagado de minha memória", e a bordo do vapor *Bengal* "passei uma quinzena proveitosa para pegar o jeito do comportamento oriental". Teve de aprender novamente todas as minúcias de comer e beber, de sentar, urinar, defecar, dormir e principalmente rezar, pois, apesar de sua fervorosa ligação com o islamismo na Índia, ele parece ter abandonado suas práticas muçulmanas.

Ao chegar em Alexandria, os mendigos o tomaram por oriental, os circunstantes acharam que "a pele de cordeiro cobria um cordeiro de verdade" e ele finalmente rumava para a "vida interior muçulmana".

Burton ia ficar com um amigo, John F. Larking, mas, para evitar suspeitas de que esse muçulmano era na verdade um inglês, seu anfitrião o hospedou num anexo. Os criados, mesmo sendo sunitas, aceitaram Burton como ajami, um xiita persa; pensaram que ele era "um tipo de maometano, não tão bom quanto eles mesmos, mas em todo caso melhor do que nada". Contratou imediatamente os serviços de um xeque e "mergulhei uma vez mais nas complexidades da Fé, ressuscitei minhas lembranças das abluções religiosas, li o Corão e me tornei novamente perito na arte da prostração". Passava suas horas livres nos banhos, cafés e bazares. E tinha de visitar as prostitutas. "E não se negligenciou a oportunidade de ver a 'Al-nahl', a 'dança da abelha', pois se passariam alguns meses antes que meus olhos pudessem se deter novamente num espetáculo tão agradável." As dançarinas eram as famosas mulheres de Walid Nahl, que se encontravam por toda a África do Norte até o Egito. Na verdade eram ciganas, embora na época Burton não soubesse disso. Foi só mais tarde, em sua obra inacabada *The gypsy* [O cigano], que ele as descreveu em maiores detalhes — "arqui-sedutoras cuja beleza física faz delas um perigo; as jovens eram dançarinas, as mais velhas videntes ou cartomantes". Um dos predecessores e primeiros rivais de Burton nos assuntos árabes, Edward William Lane, comentou que "a dança delas não tem muita elegância, sendo sua principal característica um movimento de vibração muito rápido dos quadris, de um lado para o outro".

Em Alexandria, a pura alegria de vida fascinou Burton. "Agora estamos sentados quietos e imóveis, ouvindo a melodia monocórdica do Oriente — a suave brisa noturna percorrendo os céus estrelados e as árvores copadas, com uma voz de significado melancólico." Era, diz ele, o que os árabes chamam de *kayf*, uma forma de inebriamento, "um saborear da existência animal" que "demonstra uma tendência à voluptuosidade desconhecida nas regiões do norte. [...] Não admira que 'kayf' seja uma palavra intraduzível para nossa língua materna".

Burton não ia ser o primeiro europeu a entrar na cidade sagrada de Meca, e em *Pilgrimage* ele mencionou escrupulosamente os viajantes anteriores, em sua maioria homens que tinham sido capturados pelos turcos, escravizados e levados, muitas vezes a contragosto, para Meca, depois escapando do cativeiro.

Entre mais ou menos doze predecessores e contemporâneos que tinham visitado a cidade santa, o homem mais admirado por Burton e o único que se poderia equiparar a ele como explorador, aventureiro e estudioso era o suíço Johann Ludwig Burckhardt, que várias vezes citou e louvou dizendo: "Honra à memória do certeiro Burckhardt". Burckhardt nasceu em 1784 e, depois de freqüentar universidades na Alemanha, se mudou para a Inglaterra, onde estudou ciências e árabe. Em 1808, com as bênçãos da Africa Association, partiu para o Oriente com a intenção de penetrar, quando tivesse experiência suficiente, no coração do mais obscuro continente. Chegou a Alepo no ano seguinte e se instalou para estudar. Disfarçado de árabe e adotando o nome de xeque Ibrahim ibn Abdallah, vivia numa pobreza extrema, pobre entre os mais pobres, se especializando em árabe, aprendendo o Corão e estudando os comentários e as leis islâmicas. Foi acusado de ser um cristão disfarçado, mas um tribunal de dignitários muçulmanos o considerou um erudito doutor do islã. Depois disso, em aventuras numerosas demais para serem pormenorizadas, ele subiu parte do Nilo — Burckhardt acalentava, como Burton também viria a acalentar a partir daquele momento, a idéia de descobrir a nascente do rio —, mas foi obrigado a abandonar a viagem. Então, disfarçado de comerciante sírio, ele cruzou o deserto núbio até a costa do mar Vermelho. Dali, no começo de 1815, Burckhardt fez a peregrinação até Meca, mas só conseguiu ficar uma semana. Voltou depois, para passar três meses na cidade, encontrando um quarto num bairro sossegado, onde pôde viver sem ser incomodado, anotando todos os detalhes da vida local. "Suas descrições de Meca são definitivas", escreveu Augustus Ralli, estudioso de uma época posterior. "Burton admite que não há o que retocar nelas e as transpõe inteiramente para suas próprias páginas." É absolutamente verdade, e Burton transcreve na íntegra a descrição de Burckhardt sobre a Caaba, a Bayt Ullah ou "Casa de Alá", como apêndice de *Pilgrimage*.

Burton tinha levado consigo um grande sortimento de remédios em frascos e caixas de comprimidos; quando os vizinhos curiosos viam seus estoques, achavam que ele era algum tipo de médico indiano.

> Homens, mulheres e crianças assediavam minha porta, de forma que eu podia ver as pessoas cara a cara, principalmente o belo sexo que os europeus, falando de modo geral, conhecem apenas em seus piores exemplares.

Ele desenhava diagramas mágicos, mandalas, para os "pacientes" e tinha consigo um "Espelho Mágico" que levava os visitantes a crer que ele era "um homem santo, dotado de poderes sobrenaturais, conhecedor de tudo". Burton admitia que "desde minha juventude sempre fui um diletante em ciências médicas e místicas". Aqui estava uma magnífica oportunidade de combinar medicina e misticismo numa mesma disciplina — curar pessoas que não estavam realmente doentes.

Burton ficou um mês em Alexandria — "um mês de trabalho duro", disse ele —, período em que burilou e redefiniu seu personagem de muçulmano. Já não era mais persa, tendo concluído que era um erro se fazer de xiita numa terra majoritariamente sunita. Foi um erro que na verdade nunca deveria ter cometido. Burton às vezes mostrava uma curiosa insensibilidade a certos fatos claros. Não ter percebido, apesar de seus vários anos entre os muçulmanos de Sind, o desprezo geral dos outros muçulmanos pelos xiitas — sua falha parece inexplicável. O fato de ter inicialmente aparecido no Egito como persa viria a ter, diz ele, "conseqüências incômodas". "Embora eu tenha descoberto o erro e me empenhado em corrigi-lo, o mau nome [de ajami, persa] ficou associado a mim: as informações dos bazares voam mais velozes e implacáveis do que as notícias dos jornais." Quando deixou Alexandria, já não era um mirzá persa, mas um "xeque" sunita, aproveitando ao máximo suas habilidades de médico e mago, seu disfarce de dervixe e seu diploma de sufista, que trazia consigo e de vez em quando mostrava para impressionar as pessoas. "No mundo muçulmano, não há melhor disfarce do que o de darwaysh [dervixe]." Ele pode ser, dizia Burton, de qualquer condição social, rico ou pobre, nobre ou camponês, jovem ou velho, e pode ir aonde quiser. É um "vagabundo autorizado" e ninguém pode indagar suas origens ou destino. É membro da Via Mística, a *tariqa*, "que leva, ou se supõe que leve, ao Paraíso".

Burton decidiu de repente sair de Alexandria, por se sentir entediado. Havia percebido "um paroxismo de *ennui* se aproximando lentamente. [...] O homem quer vaguear, e deve fazê-lo ou senão morre".

Mas sair da cidade não era tão fácil quanto ele esperava, pois era um "nativo", e se os estrangeiros, principalmente os ingleses, podiam ir quando quisessem, os nativos estavam presos a um sistema complicado de passaportes controlado pelos turcos, egípcios e ingleses. Os estrangeiros, reclamou Burton, "não sabem absolutamente nada do que os pobres nativos têm de enfrentar". Em *Pilgrimage*, ele apresenta, por pura exasperação, vários relatos sobre o tratamento que recebeu da parte de funcionários egípcios e estrangeiros por ser um "nativo". Foi obrigado a pagar um dólar espanhol ao consulado britânico para receber um certificado atestando sua identidade de súdito da Índia britânica. Burton compareceu diante do cônsul falando um inglês estropiado e talvez nunca conseguisse seus documentos se Larking não estivesse ali para "ajudar". Burton ficou fulo: "Que ódio!". Então, depois de ir até o magistrado da polícia para uma outra assinatura, ele foi mandado para o escritório do governador, "em cuja entrada tive a honra de ficar acocorado no mínimo três horas", até ser encaminhado a um outro escritório, onde primeiro foi ignorado e depois despachado com um "seu cachorro!". E assim por diante, de escritório em escritório, perdendo dias e dias até conseguir os devidos documentos. Por que ele não se apresentou como inglês convertido ao islamismo indo para Meca? — sabe Burton que o leitor em casa irá perguntar. Por uma questão de orgulho e preservação do disfarce. Como inglês, ele podia encaminhar as coisas "com arrogância", mas como nativo "você tem que rastejar com timidez e submissão; na verdade, se tornando um animal desprezível demais para ser xingado ou maltratado". E tinha de aparecer como muçulmano nato, pois "meu espírito não se sujeitaria a reconhecer que sou um *burma*, um renegado — ser apontado com o dedo, evitado, interrogado, objeto de suspeitas para a maioria e de desdém para todos".

Finalmente seus papéis ficaram prontos — pelo menos em Alexandria — e Burton arrumou suas coisas: alguns artigos de higiene para suas abluções, uma muda de roupa, um embornal de água, um tapete persa grosseiro que iria servir de "cadeira, mesa e oratório", um travesseiro, um lençol, cobertor e um incrível guarda-sol gigantesco, amarelo-brilhante. Levava também um punhal, um tinteiro e um porta-canetas de bronze, "um potente rosário, que quando necessário podia se transformar em arma de ataque", uma caixa de medicamentos e, para compras públicas, algumas moedinhas de ouro numa bolsa, e mais 25 soberanos de ouro num pesado cinto de couro amarrado no peito, debaixo da roupa.

Enfim, "não sem um certo pesar, deixei meu quartinho entre as pencas brancas de mirto e as flores rosadas de oleandro com perfume de amêndoa". Ao verdadeiro estilo oriental, o nativo Burton, "com humilde ostentação", beijou a mão de seu anfitrião branco, Larking, na presença de seus criados. Então saiu para tomar o vapor do Nilo que o levaria ao Cairo.

Agora eram os últimos dias de maio de 1853, e o calor se tornava opressivo. Burton não teve muitos elogios para a viagem ao Cairo, Nilo acima: "Parecia ser Sind de novo — não só o calor, o pó, a areia, as águas turvas, os ventos quentes, os crepúsculos violentos, os bancos de areia e as ilhas de assoreamento", mas "aqui e ali despontavam lugarejos de barro, choupanas solitárias, torres ou torrinhas de observação habitadas por pombos, de onde garotos morenos gritavam e atiravam pedras nos pássaros, por entre as faixas de um verde brilhante de palmeiras, tamargueiras e mimosas, de milho, fumo e cana-de-açúcar". Mais adiante estendia-se "o cintilante deserto amarelo", e os "barcos, com suas curvas agudas, popas desproporcionais e velas latinas, bem que podiam pertencer ao Indo". Ao Indo também podiam pertencer

> os camponeses de pele cor de chocolate e roupas azuis, as mulheres carregando os filhos no quadril, com o eterno cântaro na cabeça, e os homens dormindo na sombra ou empurrando o arado. [...] Os animais inferiores, tal como os superiores, eram os mesmos: camelos esquálidos e sarnentos, búfalos enlameados, burricos mirrados, chacais sorrateiros e cães que pareciam raposas. Mesmo as criaturas emplumadas me eram inteiramente familiares: passarinhos dos arrozais, pelicanos, garças enormes, águias e patos selvagens.

No pequeno vapor lotado, por mais que tentasse evitar as pessoas, Burton fez amizade com dois homens, um muçulmano da Índia que insistia para que Burton ficasse hospedado com ele no Cairo e um outro hadji chamado Wali, comerciante originário de uma das regiões muçulmanas da Rússia, que estava indo ao Cairo para resolver uma questão judicial. Burton ficou uma quinzena com o muçulmano indiano, até não conseguir agüentar mais os ares ingleses que o anfitrião vinha adotando: "Pois eu não estava fugindo dessas coisas?". Escapando à untuosa hospitalidade do muçulmano, Burton encontrou refúgio num quarto num *wakala*, ou caravançará, construção ampla e espraiada que funcionava como hotel e pensão. O *wakala* de Burton ficava no bairro grego de Cairo, não muito de seu agrado, mas ali reencontrou o hadji Wali inesperadamente. "O hadji e eu logo ficamos amigos." Iam à mesquita juntos, fumavam haxixe — "essa droga fascinante [...] [o Egito] algum dia fornecerá 'cânhamo indiano' ao Ocidente, quando seus sólidos méritos forem devidamente apreciados", disse ele numa nota de *Pilgrimage*. O hadji Wali aconselhou Burton a não viajar como ajami, pois "você se meterá em encrencas". Assim, Burton virou um pathano, nascido na Índia de pais afegãos estabelecidos nesse país. Diria que tinha sido criado em Burma, e qualquer erro em seu persa, hindustâni ou árabe se justificaria pela longa permanência em Rangum. Mas continuou como "doutor" e a exercer a medicina. Logo tinha uma grande clientela, primeiro entre os pobres e depois entre os ricos. Seus primeiros pacientes vieram do outro lado do corredor do *wakala*, onde um árabe vendedor de escravos estava com um grupo de moças abissínias acometidas de banzo. "As jovens abissínias, basicamente gallas, [são] muito valorizadas porque têm a pele sempre fresca mesmo no clima mais quente", disse Burton. Podiam alcançar altos preços — "raramente são vendidas a menos de vinte libras [na Arábia], e muitas vezes chegam a sessenta libras" — e em outros lugares valiam ainda mais. Os problemas de saúde geralmente eram de pequena monta; ele teve de tratar uma meia dúzia "do pernicioso hábito de roncar, que desvalorizava o preço", mas não contou qual foi o tratamento empregado. Naturalmente, Burton flertou as moças, e elas lhe pediram que as comprasse. Burton, de má vontade, acabou ficando amigo do traficante de escravos, "cuja fisionomia e maneiras brutais eram realmente repugnantes. O traficante explicou certos mistérios de seu comércio. [...] Mal sabia quem era seu interlocutor".

A questão que agora o preocupava eram os criados para a peregrinação. Por mais que protestasse contra a escravidão (foi uma bandeira de toda a sua vida), o triste fato é que, como nativo de respeito, ele teria de possuir escravos. Chamou um xeque ("no 'Oriente', há um xeque para tudo, até ladrões") e lhe deu a conhecer suas necessidades. O primeiro escravo que comprou logo esfaqueou o segundo a ser comprado, e foi descartado, recebendo da polícia "quatrocentas bastonadas nos pés". Burton comprou e vendeu muitos outros escravos, e finalmente chegou a um garoto indiano chamado Nur, que ficaria com ele durante toda a peregrinação.

Burton passou boa parte do tempo no Cairo refrescando seus conhecimentos islâmicos. Com o auxílio do hadji Wali, encontrou um velho xeque chamado Mohammed al-Attar, erudito outrora famoso que tinha passado por uns maus bocados e agora tentava se manter como droguista num buraco minúsculo no muro da rua, onde ministrava alguns remédios e ensinava alguns discípulos.

A lojinha do xeque era "um exemplo perfeito da excentricidade nilota", uma toca de 1,5 por 1,8 metro. "Como ele faz para rezar, se ajoelhar e se prostrar naquele meio metro de tapete esfarrapado, que mal daria para um nenê inglês?" O xeque admitiu que não entendia nada de farmácia, mas "seu grande prazer parece ser quando o hadji e eu sentamos alguns minutos com ele no final da tarde, trazendo nossos cachimbos, que ele nos ajuda a fumar, e encomendando café, que ele insiste em adoçar com um tablete de açúcar de sua lojinha". Ele mandava Burton ler o Corão e vários livros religiosos. "Ele fica furiosamente sarcástico quando discordo de sua opinião, principalmente numa questão de gramática ou na teologia à qual dedicou seus anos. Fico sentado admirando-o." O xeque várias vezes repreendeu asperamente o hábito de Burton de tomar notas: "Estás sempre escrevendo", reclamava ele. "Que mau hábito é esse? Certamente o aprendeste nas terras dos francos. Arrepende-te!"

Quando Burton flagrava o xeque em alguma dificuldade ou perplexidade em relação a alguma passagem obscura e fingia se zangar, o velho xeque "me olha, e com uma momentânea humildade sussurra: 'Teme Alá, ó homem!'".

Naquele ano de 1853, o Ramadã, mês de jejum para os muçulmanos, caiu em junho, segundo o calendário móvel do islamismo. "Aquele 'mês santo' era um castigo terrível", diz Burton, pois tornava os muçulmanos "doentios e inamistosos".

> Durante dezesseis horas e quinze minutos seguidos, ficávamos proibidos de comer, beber, fumar, cheirar e até engolir nossa saliva de propósito.

O jejum deixava as pessoas de péssimo humor.

> Os homens praguejam uns contra os outros e batem nas mulheres. As mulheres esbofeteiam e destratam as crianças, as crianças por sua vez maltratam e xingam cães e gatos. A pessoa mal consegue passar uns dez minutos em qualquer parte populosa da cidade sem ouvir alguma briga violenta.

As mesquitas ficavam apinhadas de gente emburrada, rosnando e ofendendo os outros, e nos bazares e ruas as pessoas com caras pálidas e tristes pareciam "insuportavelmente rabugentas". Mas Burton, como os outros, obedecia escrupulosamente ao jejum do Ramadã. À meia-noite e meia, um tiro de alerta avisava os fiéis que era hora da última refeição do dia. Vinham as orações, e depois, lá pelas duas e meia da madrugada, soava a ordem de abstinência. Os bons muçulmanos se abstinham de comer e beber enquanto havia luz do sol; observava-se o jejum enquanto se pudesse distinguir entre um fio branco e um fio preto. No primeiro alvorecer, Burton dizia suas preces e dormia até de manhã. Então chegavam seus pacientes, e depois ele saía com o xeque Mohammed para ir até a mesquita, estudando durante três horas até a oração do meio-dia. De tarde, recebia seus pacientes mais abastados. Então vagueava pelas ruas e olhava as prateleiras de livros. No final da tarde, o calor era opressivo. Um vento espalhava pela cidade o pó e o calor de fornalha do deserto. Nem uma nuvem aparecia no céu limpo. Enfim, "se aproxima a hora do pôr-do-sol — e como demora para chegar! — [e] a cidade parece se recuperar de um transe". A noite caía e novamente era permitido comer.

Embora, pela escassez de alojamentos, ele fosse obrigado a ficar na região grega da cidade, Burton preferia passar o tempo nos bairros muçulmanos, onde a vida era muito mais interessante. "Todo mundo fala, e é uma fala sempre exagerada, ou aos sussurros ou aos gritos." Tudo era empolgante nas ruas cheias, entre os contadores de histórias, os cantores e pregadores ambulantes. As pessoas lotavam os cafés ao ar livre, ouvindo bandas gregas e turcas ou comendo bolos, amêndoas torradas, tomando café e bebidas açucaradas. E aí havia "certas damas cujo único sinal de modéstia é a burka ou véu do rosto". Embora tivessem de cobrir o rosto, muitas mulheres não tinham pudor em andar com os seios nus. Havia um ar de animação por toda parte: o menino do burrico esbordoava sua montaria, "mendigos intensamente orientais" e mulheres cegas batiam dois pauzinhos e cantavam: "O túmulo é escuridão e a boa ação é a lâmpada que o alumia". Burton e o xeque costumavam se sentar em cima de um muro do lado de fora da mesquita de Muhammad Ali ou passear pelos terrenos baldios fora do Cairo, indo até a Cidade dos Mortos, um imenso cemitério muçulmano com centenas de milhares de sepulturas, "onde jaz o suíço Burckhardt". Freqüentemente iam visitar um oratório sufista, uma *tariqa*, para orar e estudar. Burton conta que preferia "aquele chamado 'gulshani', perto da mesquita Muayyid, fora das portas sagradas do Mutawalli".

> Em sua aparência, não há nada de atraente. A pessoa sobe um lance de degraus gastos e entra numa varanda baixa que fecha um terraço aberto de estuque, onde fica o túmu-

lo abobadado do santo; os dois andares têm pequenos aposentos escuros onde moram os dervixes [...] são uma miscelânea curiosa de gente, composta dos vagabundos mais seletos de todas as terras do islã.

"Afora isso", frisou Burton, "não posso descrever a [*tariqa*] ou o que se faz lá dentro, pois a 'via' do dervixe não pode ser palmilhada por pés profanos."

Como tantas outras vezes, Burton recorria à *taqiya*, ocultamento, no tocante a suas crenças e práticas religiosas. Por que não a dissimulação? — para bom entendedor, meia palavra bastaria. Esse oratório descrito de maneira bastante misteriosa estava ligado à irmandade de Burton, os qadiris. Ele evitou dar informações específicas sobre a *tariqa* do Cairo, embora o oratório gulshani fosse a encarnação de sua formação sufista em Sind. "Gulshan" (ou gul-i-stan) significa jardim de rosas, termo corrente que designa um mosteiro de dervixes, e aqui, como em Sind, a rosa ocupava o centro das práticas religiosas, isso desde a fundação dos qadiris. A rosa era o símbolo do mistério, na medida em que representava o enigma de Deus, o Absoluto, Aquele que era "tão nuamente patente aos olhos do Homem que não é visível", dizia o popular manual sufista *Gulshan-i raz*, "O jardim de rosas secreto", de Sad-ud-din Mahmud Shabistari. Mas, para se atingir o êxtase, *halat*, muitas vezes se empregavam outras coisas além da espada em brasa. Os dervixes do oratório gulshani do Cairo iam muito além dos de Sind. O cético predecessor de Burton, Edward William Lane, afirmou que os membros da *tariqa* "dizem que enfiam pontas de ferro nos olhos e corpos sem sofrer ferimentos. Também quebram grandes pedras no peito, comem tições em brasa, vidro etc., e dizem que atravessam os corpos com espadas de lado a lado.". Outros sufistas "manuseiam impunemente cobras venenosas e escorpiões vivos, e em parte os devoram".

Mas no oratório dervixe não havia apenas ritos estranhos e danças rodopiantes. Por trás da "porta sagrada do Mutawalli" ficava a personificação de uma das doutrinas sufistas mais misteriosas, o *qutb*, "eixo secreto" ou guia de todos os sufistas e, na verdade, do mundo todo. O *qutb* ou *mutawalli* era um personagem estranho, chefe de todos os religiosos vivos, dotado de estranhos poderes, que podia se deslocar com a velocidade da luz de um santuário a outro ("de Meca ao Cairo instantaneamente", diz Lane, que tratou do *mutawalli* com circunspecção britânica, fornecendo muitos detalhes e aspectos folclóricos, mas deixando escapar os significados esotéricos). O *qutb* era o "Selo dos Santos" que, em grupos de três, quatro, sete, quarenta ou trezentos, conservavam a ordem do mundo, concepção que postulava uma espécie de burocracia sobrenatural dirigindo o universo. O *qutb* era o eixo de rotação do mundo, praticamente o centro de energia espiritual, num estado de repouso em absoluta tranqüilidade, assentado em Deus.

Burton poupou seus leitores desses detalhes — por que haveria de contar a pessoas de fora os segredos do oratório sufista? Se ele não levasse o sufismo a sério, pelo menos na época, teria apresentado algumas observações agudas, quando não arrogantes, ignorando as suscetibilidades dos dervixes, o que seria um sinal de que estava apenas se fingindo de muçulmano e de sufista.

Finalmente terminava o Ramadã e, como acontece na Páscoa européia depois dos jejuns e rigores da Quaresma, os cairotas usavam roupas novas. "É tão forte a vaidade no peito dos orientais, homens e mulheres, jovens e velhos, que do Cairo a Calcutá seria difícil encontrar um coração triste sob uma roupa bonita", disse Burton. As festas enchiam a cidade. Um dos locais de comemorações mais populares era o grande cemitério, agora "palco de alegria". Estava repleto de "cantores e músicos [...] malabaristas, bufões, encantadores de serpentes, dervixes, adestradores de macacos e meninos dançando com roupas de mulher. [...] Os homens faziam pose, as mulheres punham afetação no andar, viravam os olhos e ficavam eternamente arrumando os véus da face e se coqueteando".

Burton conseguiu visitar um harém e assistiu a um casamento armênio. ("Depois da mesmice da sociedade muçulmana, nada mais animador do que o rosto descoberto de uma mulher bonita", escreveu ele.) Conheceu outras pessoas que iam fazer a peregrinação, e acabou se formando um pequeno grupo para fazer em conjunto a primeira etapa até Suez.

No Ramadã, Burton armazenou alimentos para a peregrinação, pois em vários trechos estaria longe de cidades e povoados, e cada peregrino, enquanto estivesse na Arábia, precisaria ser auto-suficiente. Também teve de resolver o problema de registrar e guardar suas anotações. Providenciou algo que parecia um pequeno estojo para guardar o Corão, que se usava preso num cordão a tiracolo cruzando o peito e pendendo do lado direito. Mas no estojo, em vez do Corão, havia três compartimentos, um para seu relógio e bússola, o outro para dinheiro vivo e o terceiro para um canivete, lápis e papeizinhos numerados que poderia esconder na palma da mão quando quisesse fazer anotações. Destinavam-se a notas e desenhos, que depois transcreveria para o diário, um "volume comprido e fino que cabia num bolso interior, onde podia ficar sem ser visto". Mas o viajante no deserto

> deve, porém, ter cautela na hora de registrar alguma coisa na frente de um beduíno, que certamente tomaria medidas extremas, sob a suspeita de que é um espião ou feiticeiro. De fato, nada desconcerta tanto essa gente quanto o hábito ocidental de colocar tudo no papel: a imaginação deles começa a funcionar e aí se pode esperar o pior.

Ele também precisava se armar. Além das armas à vista — "um bom par de culatras e canos turcos, montados com fechos de fabricação européia" —, ele tinha uma pequena pistola num bolso secreto, "à qual poderia recorrer" numa emergência.

Havia um objeto mais importante: a roupa especial do peregrino, chamada *ihram*, a ser usada num determinado ponto antes de chegar a Meca. O *ihram*, que era o traje dos homens, não passava "de dois panos novos de algodão, cada qual com 1,80 metro de comprimento por um metro de largura, brancos, com franjas e listinhas vermelhas". Um deles, o *izar*, era amarrado em torno da cintura como tanga, lava-lava ou sarongue; o outro, *rida*, era "atirado para trás [sobre o ombro esquerdo] e, deixando à mostra o ombro e o braço direitos, é amarrado do lado direito". As peregrinas deviam usar uma modalidade simples de sua roupa habitual; tinha apenas de ser lisa e limpa.

Burton conseguiu seu *ihram* com um novo conhecido, um jovem mecano chamado Mohammed al-Basyuni, ao qual, a partir daí, Burton se refere como "o garoto Mohammed", para diferenciá-lo dos outros Mohammed que conheceu. "Era um rapaz imberbe, com uns dezoito anos, cor de chocolate, com traços altivos e perfil marcado; o formato mecano de seu rosto, ossudo e decidido, é iluminado por típicos olhos egípcios, que parecem passar de geração para geração." O garoto Mohammed era baixo e gordo, voraz e ganancioso, e tinha "um gosto por canções anacreônticas e companhias femininas duvidosas". Burton logo ficou agastado com ele, pois "dava mostras de saber demais", tendo morado na Índia, onde viu muitos ingleses, e Burton receava que esse rapaz curioso e parasitário adivinhasse mais do que devia. Mohammed também lhe vendeu um "kafan ou sudário, com que o muçulmano costuma iniciar uma jornada como a minha", e então sumiu, para grande alívio de Burton. Mais tarde, porém, apareceu de novo para lhe seguir as pegadas.

Burton tinha de obter outros vistos, em mais uma experiência humilhante, pois teve de ir à polícia e ao cônsul britânico, que não se dignou a honrar esse suposto nativo como súdito britânico proveniente da Índia. Mas, com a ajuda do hadji Wali, ele foi ao cônsul persa, esperando que pudesse se oferecer como súdito temporário do xá em troca de um passaporte. Foi de novo humilhado pelos funcionários, e os documentos lhe foram negados. A seguir, o hadji Wali o levou ao cônsul afegão. Aqui, finalmente, as coisas deram certo, recebendo o certificado de ser "um certo Abdullah, filho de Yussuf (Joseph [nome do pai dele]), originário de Cabul".

Burton partiu do Cairo antes do programado, por causa de "um acidente". No caravançará, ele entrou sem querer numa briga com um soldado albanês bêbado, chamado capitão Ali Agha, e acordou a hospedaria inteira. Depois de fazerem as pazes com alguns tragos e uma ou duas cachimbadas, trocando experiências numa mistura de albanês, turco e árabe, entraram numa bebedeira que soou por todo o *wakala*. Ali Agha chamou raparigas, entrou nos quartos dos outros e atacou vários estranhos antes de ser dominado. O respeitável médico indiano caiu em desgraça. Tinha bebido uma substância proibida ao muçulmano piedoso, e todo o caravançará cochichava comentando sua hipocrisia. O hadji Wali aconselhou Burton a partir o mais depressa possível.

Burton juntou suas coisas, combinou se encontrar com um grupo de beduínos a caminho de Suez e se despediu dos amigos e clientes. O hadji Wali e o xeque o acompanharam até os portões da cidade. Mesmo para pessoas conhecidas, Burton ocultou sua verdadeira rota e deu uma falsa. "Oculta!", diz o provérbio árabe, "teus princípios, teu Tesouro e tua Viagem", escreveu Burton.

Ele havia alugado dois dromedários de um beduíno, um para si e o outro para Nur, seu criado indiano. Pensava em fazer uma marcha forçada até Suez, onde pegaria um barco para o porto árabe de Yambu. E se perguntou: "Até que ponto quatro anos de vida efeminada européia reduziram minha resistência? [...] existem poucos testes melhores do que uma viagem de 140 quilômetros em pleno verão, numa sela dura e ruim em cima de um dromedário ainda pior, pelo deserto de Suez". Ao deixar os amigos, ele disse: "Não nego que senti um aperto no coração quando seus rostos e silhuetas honestas desapareceram na distância".

Ele viajava com um pequeno grupo de nômades grosseiros. "Agora não é hora de emoção." Burton deu com o calcanhar no dromedário e saíram a toda. "Sobre nós um ar como um alto-forno." Logo depois, diminuíram a marcha — "o sol começou a cansar homens e animais". Tirante as queixas, Burton estava gostando da viagem. Depois de trocar algumas cachimbadas, os beduínos começaram a lhe fazer perguntas para passar o tempo — "nunca ficam satisfeitos enquanto não souberem tudo a respeito da pessoa". Depois, falaram de comida — "entre essa raça esfomeada, a comida, como assunto de conversa, ocupa o lugar do dinheiro das terras mais afortunadas". Esgotado esse tema, os beduínos começaram a cantar. "Mesmo monótona e repetitiva, a modinha [em português no original] deles tem uma plangência simples e natural, que condiz admiravelmente bem com o cantor e o cenário." Continuaram a viagem durante a noite, e Burton comentou que seus companheiros eram "os sujeitos mais bem-humorados e sóciaveis. [...] Sempre os considerei [os beduínos] companheiros agradáveis e merecedores de respeito". Já a paisagem era outra coisa. Acima havia "um céu terrível em sua beleza imaculada, e os esplendores de um fulgor implacável e cegante, [enquanto] o simum ['vento-veneno'] nos acaricia como um leão com hálito de fogo". Era "uma terra selvagem infestada de animais ferozes e homens ainda mais". Mas também era "o glorioso deserto", e "depois de adaptar os gostos à tranqüilidade de tal viagem, a pessoa realmente sofrerá ao voltar ao turbilhão da civilização".

Quando o céu começou a escurecer, Burton se afastou da estrada para fazer suas orações vespertinas, sendo inesperadamente detido por uma figura que disse "As Salamu alaykum", a saudação muçulmana habitual. "Fiquei olhando por um momento para a pessoa sem reconhecê-la." Era o garoto Mohammed. No Cairo, Burton tinha recusado sua companhia. Agora, no deserto, embora Mohammed convidasse Burton para jantar, este percebeu que o rapaz estava com "uma absoluta falta de dinheiro" e que agora não havia escapatória. O garoto Mohammed pegou a comida de Burton, xingou os cameleiros beduínos e dali até Meca se instalou como membro da peregrinação de Burton.

O grupo, por fim, chegou a Suez, na época uma cidade obscura, e Burton e os beduínos encontraram um *wakala* apenas depois de muito procurar — pois o porto estava cheio de peregrinos a caminho de Meca. Burton, esgotado e sem querer companhia, se retirou para um quarto vago. "Os 140 quilômetros de percurso doíam em todos os ossos; a pele descascou e o sol queimou cada centímetro de carne exposta."

O quarto de Burton era miserável. Ele reclamou que as paredes estavam grudentas de sujeira, os caibros enfumaçados e o chão preto de baratas, formigas e moscas. Havia ninhos de pombos na prateleira, e "gatos que pareciam uns tigres" passavam por um buraco na porta. Até um bode e um jumento tinham o hábito de perambular pelo seu aposento. Burton conseguiu achar alguns peregrinos que estavam formando um grupo "ao qual o destino me lançou". Pelas próximas semanas, seriam seus companheiros íntimos. Um deles se chamava xeque Hamid al-Samman, "vendedor de manteiga clarificada", descendente de um famoso sufista qadiri, que estava voltando para Medina. O xeque era um homenzinho sujo que não rezava porque, para isso, teria de fazer as abluções rituais e vestir roupas limpas. O grupo todo não perdeu tempo e foi logo pedindo coisas emprestadas a Burton. "Ver o estado deles foi uma lição de metafísica oriental", disse Burton. Até Medina, tinham pela frente doze dias de viagem e mais quatro dias de jornada pelo deserto, "e no entanto o grupo inteiro mal conseguiria reunir, creio eu, dois dólares [espanhóis] de dinheiro vivo". Discutiam e invejavam os bens de Burton — suas roupas, a caixa de remédios, as pistolas. As pessoas do grupo viram o sextante e, quando se puseram a distância dos ouvidos de Burton, se consultaram entre si, perguntando se não seria um sahib da Índia. Por fim, concluíram que "a luz do islã" brilhava em seu rosto. Mas Burton achou prudente deixar o sextante para trás, e fez questão de se mostrar ostensivamente rezando as cinco orações diárias prescritas. Todavia, tinha se desfeito de um importante instrumento de trabalho, e não poderia conferir as medições de Burckhardt.

Mais uma vez, Burton encontrou dificuldades com a documentação. Seus novos companheiros o avisaram que os vistos assinados pelas autoridades turcas no Cairo, ao invés de ajudar, atrapalhariam seu trânsito. Foi novamente obrigado a enfrentar funcionários insolentes, e lhe negaram os novos papéis que solicitou. Em desespero, recorreu ao cônsul britânico em Suez, que havia sido secretamente informado de seus planos. O cônsul fez valer sua influência sobre os turcos, e finalmente Burton conseguiu as devidas assinaturas.

Agora estava tudo em ordem. O grupo tinha marcado passagem para descer o mar Vermelho até o porto árabe de Yambu, a bordo do sambuco *Silk al-Zahab*, "o Fio Dourado". O navio estava lotado de peregrinos; eram 97 passageiros numa embarcação com capacidade para sessenta pessoas, e travou-se uma violenta batalha na disputa pelos lugares, alguns peregrinos foram esfaqueados na refrega, mas Burton — assim escreve ele — restabeleceu a ordem despejando um grande cântaro d'água em cima da multidão; finalmente, lá pelas três da tarde do dia 6 de julho de 1853 (Burton anotou cuidadosamente as horas e datas de todas as etapas da viagem), o sambuco desfraldou a vela enfunando-se ao vento. Os peregrinos recitaram o Fatihah de praxe, e Burton sentiu "o coração aos saltos, como acontece à perspectiva de uma aventura". Agora navegavam em "águas clássicas", pois foi perto dali que os hebreus fizeram sua travessia na fuga do Egito. No crepúsculo, o navio ancorou para passar a noite, pois as águas eram perigosas demais para navegar no escuro, e de manhã Burton lamentou ter escondido descuidadamente sua caixa de provisões no compartimento — "e pior ainda, meu ópio [...] estava absolutamente fora de alcance" —, tendo de comer no desjejum algo popularmente conhecido como "couro de égua", uma folha de pasta prensada de abricó seco, e biscoitos duros.

Nos dias que se seguiram, "mais que dormindo, os homens ficam semidesmaiados; têm a impressão que, mais uns graus, e morreriam de calor". Naquele calor pavoroso que quase enlouquecia as pessoas, Burton pôde notar a gentileza com que seus companheiros de viagem se tratavam, atendiam as crianças, ajudavam uma turca com o bebê à morte, repartiam os alimentos. Mostravam uma "autêntica polidez — bondade do coração".

Ao pôr-do-sol, todo mundo se recompunha. "Levantávamos, ainda fracos e zonzos, pedindo água [...] cachimbos, café e outros luxos do gênero". Então, num fogão primitivo e numa panela de argila, preparavam "um pouco de arroz, algumas tâmaras ou uma cebola que manterão vivo aquele que estiver em nossa situação".

Assim se passaram os dias e as noites. Num ancoradouro conhecido como Wijh, puderam comprar alguns alimentos — carneiro, arroz, pão e "coisas de luxo" —, "um droguista me vendeu uma onça de ópio a preço chinês", isto é, barato. Burton fazia novas amizades, orava, desconfiava que às vezes duvidavam silenciosamente de seu disfarce, mas um afegão de verdade o aceitou como conterrâneo, e então ele se sentiu seguro. A certa altura, o barco quase afundou devido a uma corda curta da âncora — "Dedicamo-nos à grata tarefa de espancar o rais [capitão], que muito merecia". Em sua maior parte, foi uma viagem sem incidentes, os dias transcorrendo na indolência, preces e conversas, sendo o implacável sol o único problema, "um inimigo feroz, um adversário que obriga todos a se prostrarem diante dele".

Então ocorreu um acidente que afetaria Burton, prejudicando sua capacidade de realizar plenamente a peregrinação. No entardecer do dia 15, o navio ancorou num local conhecido como Marsa Mahar. Fazia 48 horas que ninguém punha os pés em terra firme. Burton estava impaciente.

> Ao vadear até a costa, cortamos nossos pés nas pedras pontiagudas. Lembro que senti a dor aguda de algo entrando no meu artelho, mas, depois de olhar o lugar e extrair o que pareceu ser um espinho, deixei a coisa de lado, mal podendo adivinhar o problema que iria me causar.

Burton tinha dado uma topada no que, posteriormente, julgou ser um espinho de "fruta-ovo" ou ouriço-do-mar (*Echinus*), tido comumente como venenoso. Viu que era impossível curar o pé. "Todos os remédios pareciam piorar."

Agora estavam a pequena distância de seu destino, o porto de Yambu. Mas o capitão era preguiçoso, e "tendo batido devidamente nele", ancoraram perto da costa. Doze dias depois de saírem de Suez, estavam a salvo na enseada que levava ao porto de Yambu. A essas alturas, o pé de Burton estava tão infeccionado que "mal conseguia apoiá-lo no chão". Em Yambu, ele e seu grupo tiveram de negociar camelos para a viagem por terra até Medina. Burton teve de comprar um *shugduf*, ou liteira, para ser carregado, pois não conseguia andar. Agora se encontrava entre gente muito rigorosa e desconfiada, e temia que alguns dos locais suspeitassem que ele não era um verdadeiro muçulmano. ("Vi-os observando detidamente os *wuzu* [abluções rituais] e as preces.") Seus companheiros o aconselharam a não falar a não ser em árabe, mesmo com seu criado indiano, e a se vestir como árabe. Burton e seu grupo conseguiram se reunir a uma caravana que seguia para Medina. O caminho não era seguro para peregrinos solitários, pois bandos de nômades saqueavam e matavam os estrangeiros. O grupo de Burton contava com doze camelos; no total, eram duzentos peregrinos e uma escolta de sete membros das tropas irregulares da cavalaria turca. Burton estava com dois cameleiros, pequenos beduínos de ar miserável — "pequenas e desprezíveis criaturas cor de chocolate, magros e mirrados, com grenhas de cabelos ásperos e embaraçados, acastanhados por causa do sol, com vozes estrídulas e membros bem torneados, mas enfraquecidos". Usavam albornozes ou kufiyahs, "no último fio", e ambos traziam "uma camisa esfarrapada, tingida de índigo, e um pedaço de corda comum como cinto". No entanto, "esses sujeitos esmolambados [...] tinham seu orgulho", e Burton gostava deles, embora fossem preguiçosos e muitas vezes o enfurecessem com sua teimosia.

Em 18 de julho, lá pelas sete da noite, a caravana transpôs a porta da cidade e tomou o devido rumo leste, na direção de Medina. "A lua se ergueu clara e limpa, ofuscando-nos de brilho conforme íamos saindo das ruas escuras. [...] Meus companheiros, como sempre fazem os árabes nessas ocasiões, começaram a cantar."

Viajaram até as três horas da manhã, quando pararam para dormir, levantando às nove, mais uma vez "no 'querido deserto'", alegres e esfomeados, fazendo um modesto desjejum — como Burton gostava de falar de suas refeições! —, composto de um biscoito, um pouco de arroz e uma xícara de chá sem leite. Burton deu uma olhada na paisagem enquanto os outros voltavam a dormir. À sua frente se estendia "uma férrea planície que não produzia nada além de pedras e gafanhotos [...] o calor furioso secava a seiva e o sumo da terra, como mostrava a atmosfera ardente e tremulante".

Às duas horas, todos se levantaram e fizeram uma refeição simples — que Burton também teve de descrever —, composta de arroz cozido com manteiga clarificada, *samn* ou *ghee*,* um biscoito macio chamado *kahk*, pão amanhecido, pasta prensada de tâmaras e "uma bebida de gosto ruim, mas saudável, chamada akit", que parece corresponder à mistura de iogurte com água e especiarias, usual no Oriente Médio. Finalmente, depois de enfrentarem uma tempestade de areia, partiram de novo, viajando à noite, Burton anotando praticamente tudo o que via, pensava, encontrava e ouvia, perguntando o nome das montanhas e leitos de rios, registrando dialetos e palavras, povoados e habitantes, fortes abandonados, preço das provisões ("Comprei um carneiro de tamanho médio por um dólar"). Estava crente que ia acampar perto de um determinado poço, prefigurando uma "cena bucólica, flores silvestres, rebanhos e regatos", mas "numa visão deformada" viu que, em vez de um pouso confortável, aquilo não passava de "um buraco fundo cheio de água salobra".

Nesse ínterim, o ferimento de Burton tinha piorado. "Meu pé machucado inflamou por causa de um emplastro de casca de cebola que a sra. Myryam [uma outra peregrina] insistiu em aplicar." Burton queria lavar a ferida com água, mas os companheiros insistiram que a água iria envenenar.

Perto de Medina, a caravana foi atacada ao passar por um desfiladeiro. Das rochas vieram disparos. Foi uma batalha séria,

---

* Manteiga líquida que se prepara com o soro que resta do leite de búfala, depois de se fazer a manteiga propriamente dita. (N. T.)

embora Burton tentasse se mostrar *blasé*, mas "o resultado da história foi que perdemos doze homens, além de camelos e outros animais de carga".

Na noite de 26 de julho, a caravana parou pela última vez. Medina ficava a poucos quilômetros e de manhã, antes do nascer do sol, partiram novamente, atravessaram uma cordilheira de basalto e "depois de alguns minutos a vista plena da cidade se descortinou à nossa frente".

> Detivemos nossos animais como que a uma voz de comando. Todos apeamos, imitando os piedosos de outrora, e sentamos, cansados e famintos como estávamos, para regalar nossos olhos com a visão da Cidade Santa. [...] Em todo o lindo panorama à nossa frente, nada impressionava mais, após o ermo que tínhamos atravessado, do que os jardins e pomares da cidade.

"Mas [...] fui tomado de novo pelo espírito do viajante." Burton desenhou um esboço grosseiro da cidade a distância, fez perguntas sobre os edifícios e tomou algumas notas.

17. O TÚMULO DO PROFETA

ENFIM, BURTON TINHA ATINGIDO parte de sua meta. Ali estava a segunda cidade mais importante do islã (a primeira era Meca, a terceira Jerusalém). Em Medina estava o túmulo do Profeta Maomé — não em Meca, como supunham muitos europeus — "com que freqüência ainda se comete esse erro grosseiro", disse Burton em *Pilgrimage*. Recebeu o convite de ficar hospedado na casa do xeque Hamid, que se apressou em ir na frente, e quando Burton chegou à casa de seu anfitrião, viu que o xeque tinha abandonado os trajes encardidos que usara durante a viagem e, lavado e barbeado, agora vestia panos de seda e algodão fino, com requintadas franjas, padrões florais e geométricos, bordados com fio de ouro. Logo Burton pôde observar que todos os seus companheiros sofriam metamorfoses semelhantes, aparecendo em andrajos quando necessário durante uma viagem, e em vestes finas quando o mundo fosse avaliar sua prosperidade pela indumentária.

Então se seguiu uma manhã inteira de cumprimentar pessoas, estranhos que vieram visitar o xeque e conhecer o hóspede afegão, em tal número que Burton falou em "praga", pois estava com fome, sede, cansado, e foi apenas com esforço que conseguiu ficar "na companhia que mais desejava — a de mim mesmo". O xeque Hamid queria sair logo em seguida para visitar a sepultura de seu pai e o túmulo do Profeta, mas respeitou o cansaço de Burton. De tarde, após uma ablução ritual e vestidos de branco (cor "que o Apóstolo [Maomé] amava"), estavam todos prontos para visitar os santuários. Como o pé de Burton continuava a doer, o xeque mandou buscar um burrico. "Apareceu um animal desgraçado, de garupa esfolada, manco de uma perna e faltando uma orelha", e lá foram eles.

Um percurso por ruas enlameadas os levou ao Portão da Piedade, e de súbito surgiu a mesquita onde estava enterrado o Profeta. "Fiquei atônito com a aparência pobre e de mau gosto de um local tão venerado em todo o mundo muçulmano." Não era como a grande Caaba em Meca, "simples e grandiosa, expressão de uma idéia sublime e única". Quanto mais Burton olhava a mesquita, "mais parecia um museu de arte de segunda categoria, uma velha loja de curiosidades, cheia de ornamentos que não são acessórios, e decorada com um mísero esplendor". Um bando de mendigos rodeou Burton e o xeque, que tiveram de abrir o caminho à força até a entrada. Hamid lhe perguntou se estava "religiosamente puro" e, na posição formal exigida — as mãos no lado esquerdo da cintura —, entraram no recinto. "Nesta mesquita, como em todas as outras", assinalou Burton, "o adequado é entrar com o pé direito e sair com o esquerdo." O xeque se adiantou alguns passos a Burton, recitando as preces para que as repetisse, as quais ele anotou na íntegra, às escondidas. Percorreram vários jardins, terminando num chamado Rauzah, onde Burton fez as orações da tarde, inclusive "as duas vênias de praxe em honra ao templo", e concluiu com "o 109º e o 112º capítulos do Corão", sucintas profissões de fé e unidade muçulmana, sendo que ele traduziu a segunda:

> *Ele é o único Deus!*
> *O eterno Deus!*
> *Não gera nem é gerado!*
> *E Ele é inigualado!**

Nos volumes que compõem *Pilgrimage*, Burton se empenhou em frisar que os muçulmanos não são pagãos, como freqüentemente acusavam muitos cristãos, inclusive os da Inglaterra vitoriana. "É apenas uma questão de justiça reconhecer que

---

* Say, He is the one God!/ The eternal God!/ He begets not, nor is he begot!/ And unto Him the like is not.

os muçulmanos fizeram o máximo, com todos os meios ao alcance humano, aqui como em outras partes, para inculcar a doutrina da distinção eterna entre criatura e Criador." Na concepção muçulmana, é uma monstruosidade que Deus possa ter uma prole, como supõe a doutrina cristã da Santíssima Trindade. Jesus não era o Filho de Deus, mas um de seus profetas, e voltará como Messias no final dos tempos.

Tendo feito suas orações, Burton foi assediado por mendigos. Não querendo ser perturbado por eles, Burton, antes de sair da casa do xeque, tinha dado algumas moedas ao garoto Mohammed para distribuí-las como esmolas. Agora, virou os bolsos do avesso para mostrar que não tinha dinheiro e deixou as esmolas a cargo dos criados. Isso lhe permitiu observar o famoso jardim onde o próprio Profeta em pessoa tinha caminhado e orado. "De dia, não há o que elogiar nele", comenta lacônico, "quando guarda com uma igreja de segunda categoria em Roma a mesma relação que há entre a abadia de Westminster e uma capela de paróquia". Ele achou a "decoração de mau gosto", suas colunas enfeitadas "com motivos vegetais espalhafatosos e pouco naturais, em arabesco". Mas à noite "o olhar, ofuscado por lâmpadas a óleo suspensas do teto, por imensas velas de cera e outras fontes de luz menores caindo nas multidões de visitantes com belas roupas [...] se torna menos crítico. Mesmo assim, deve-se contemplar a cena com um viés muçulmano".

Ele rezava em todos os locais apresentados — no túmulo dos primeiros califas Abu Bakr e Omar, no túmulo de Fátima, a filha do Profeta, no túmulo ainda vazio de Isa — Jesus —, pois o Messias ainda era esperado. Queria encontrar o sítio exato da sepultura do Profeta, e em várias páginas de *Pilgrimage* ele especula sobre sua localização, mas teve de desistir, frustrado por não conseguir responder a uma questão que as pessoas sensatas poderiam resolver escolhendo uma dentre uma meia dúzia de tumbas sem referências, sendo que os restos sagrados podiam estar em qualquer uma delas.

As preces pareciam ser necessárias por todo lugar que Burton percorria, e ele não descurou delas. Até parece que foi com relutância que finalmente escreveu:

> Por fim voltamos ao jardim, e rezamos mais uma prece com duas vênias, terminando por onde tínhamos começado, adorando o Criador. [...] Enfim fui cercado de mendigos.[...] Alguns eram mendigos mansos e pitorescos [...] mendigos zangados [...] mendigos abelhudos e petulantes [...] mendigos bonitos, garotos que estendiam a mão direita para dar uma boa aparência; mendigos feios, malandros descarnados cujos cabelos longos, sujeira e magreza os autorizava a pedir caridade, e por fim os cegos, os mancos e os doentes.

O túmulo de Maomé era o objetivo da primeira parte da peregrinação, mas, dentre os vários supostos túmulos do Profeta junto aos quais rezou, Burton não saberia dizer com precisão qual era o verdadeiro. A visita a Medina confere ao peregrino o título de zair (a visita a Meca o converte num hadji), e agora Burton teve tempo para percorrer a cidade, observar as pessoas e tomar notas sobre os detalhes da vida cotidiana. Nada parece ter escapado à sua atenção: ele passa uma página descrevendo as matilhas de cães que vagueavam pelas ruas ("mais fortes e mais bravos do que os [...] do Cairo"), contando suas brigas e quais os vencedores. Não esquece a mistura de raças que abarrota a cidade, os vários clãs familiares, os párias e os ilustres, os dialetos e as palavras, as escolas de filosofia islâmica, os tipos de animais (inclusive três espécies ovinas), os ritos matrimoniais e os dotes. As doenças ocupam poucas páginas: o "vento amarelo" — o cólera asiático — tinha castigado a cidade, "às vezes levando lares inteiros". A varíola era particularmente "fatal para as crianças". Seu próprio problema, a oftalmia, era "raro". "Febres baixas", icterícia, problemas biliares, "disenterias", hemorróidas eram comuns, mas a *Filaria Medinensis*, terrível inchamento dos membros causado por um verme no sangue, tinha desaparecido.

Em sua busca constante do novo, do incomum e do puramente fatual, Burton se deparou com um material que lhe despertara a atenção desde seus primeiros dias em Sind, onde, escreve ele, *não* se usa a circuncisão feminina. Em Medina, havia muitos sinais dessa prática, sobre a qual discorreu longamente em *Pilgrimage*. Quando o manuscrito do livro estava sendo preparado para a publicação, ele se encontrava em Bombaim. O editor era John Gardiner Wilkinson, homem de certa fama, mas de talentos não muito grandes e pouca competência para editar Burton, sendo egiptólogo e não arabista. Wilkinson eliminou algumas passagens por considerá-las "lixo desagradável" e reduziu outras a notas de rodapé em latim, língua tão corrente entre os ingleses cultos que nem fazia diferença. O material de Burton num livro de divulgação tinha novidade e importância como revelação de uma antiga batalha que ainda hoje prossegue no Oriente.

> A circuncisão de ambos os sexos é um costume muito antigo entre os árabes. Os teólogos dizem que a invenção dessa mutilação religiosa se deve a Sara, mulher de Ibraim, que, movida pelo ciúme, para diminuir o amor de Agar [por Ibraim] arrancou pela raiz o clitóris da jovem adormecida. Então, por ordem de Alá, Sara e Ibraim cortaram uma parte de seus próprios órgãos sexuais com uma pequena faca. Ora, a razão dessa prática num homem é o asseio e a saúde; numa jovem, parece ser um preventivo para a falta de castidade. Os povos asiáticos [...] consideram o desejo sexual da mulher dez vezes maior do que o do homem. (Eles cortam o clitóris porque, como adverte Aristóteles, esse órgão é a sede e a fonte do desejo sexual.) O filósofo não poderia imaginar como são grandes e poderosos os efeitos dessa mutilação. As sensações, o amor e o desejo das mulheres diminuem. A fraude, a crueldade, os vícios e a insaciável extravagância das mulheres aumentam. [...] Entre os somalis, uma tribo africana, a eliminação dos lábios genitais da noiva é acompanhada pela eliminação do clitóris. "A circuncisão feminina é um costume generalizado em El Hejaz e Kahira do Egito. As tribos beduínas não querem casar com

uma mulher inteira [isto é, não-circuncidada]" — Xeque al-Nazawi.*

As lendas e o folclore de Medina não foram esquecidos; "acreditam que em cada uma de suas ruas principais há um anjo sentado para velar pela cidade e impedir que o 'Anticristo' entre". E quanto custa um escravo em Medina? Uma jovem escrava negra para uso doméstico custa de quarenta a cinqüenta dólares espanhóis, ao passo que "um garoto negro, sem nenhum defeito e razoavelmente inteligente, custa cerca de mil piastras; as moças são mais caras e os eunucos alcançam o dobro dessa quantia". Mas uma jovem branca da Circássia era cara demais em Medina, pois ela podia "chegar a um preço de cem a quatrocentas libras, e poucos homens em Al-Hijaz poderiam se dar a um luxo tão grande".

Burton achou difícil encontrar solidão e silêncio nessa terra afetiva e familiar. Depois do almoço, principal refeição do dia, ele alegava precisar de uma sesta ou se desculpava dizendo ser uma pessoa de temperamento melancólico, e estendia um tapete na passagem escura atrás do salão onde a família se reunia para receber as visitas. Ficava deitado, lendo, cochilando, fumando ou escrevendo, nu por causa do calor.

Embora, pelo menos nessa época, Burton parecesse se considerar um bom e piedoso muçulmano, havia certas coisas às quais não renunciava. Ele comenta que os turcos não se faziam "de forma nenhuma destacar pela sobriedade", e que mesmo em Medina os turcos locais faziam áraque e outras bebidas alcoólicas, ainda que apenas eles contrariassem o costume islâmico tomando álcool. Burton, em público, respeitava o costume, mas bebia às escondidas. "Durante o período inteiro de minha esta-

---

* Embora o ônus da prática recaia sobre os homens, geralmente são as mulheres da família, especialmente as mais velhas, como a avó ou uma tia, que insistem em circuncidar uma criança do sexo feminino, ato de grande barbaridade executado sem anestesia na criança bem novinha. No Egito, como em outras partes, até os cristãos coptas ainda usam a circuncisão feminina.

da, tive de me contentar com uma única garrafa de conhaque, com corante e aromatizante para ficar parecendo remédio."

Burton passou mais de um mês em Medina, visitando de novo os túmulos e mesquitas e procurando no Cemitério dos Santos, Al-Bakia, o local em que estavam enterradas "todas as mulheres do Profeta", com exceção da primeira, Khadijah, que está em Meca. Rezou por toda parte, visitou bibliotecas atrás de manuscritos raros, se esquivou aos mendigos, tomou notas sem parar.

Ele sabia que estava sendo prolixo em *Pilgrimage*. "Agora descrevi, temo que de maneira cansativamente longa, os locais visitados por todo zair [peregrino] em Al-Medinah", mas não pôde deixar de acrescentar uma relação de mesquitas mencionadas nos guias árabes, "a maioria agora desconhecida dos cidadãos, até mesmo de nome." Mas a seguir não resistiu a descrever catorze túmulos de santos. Não se pode esquecer que, a cada momento, ele estava arriscando sua vida para colher e registrar cada fragmento de informação em minúsculos papeizinhos quadrados e numerados, que seriam recompostos num estranho quebra-cabeças que somente ele podia resolver.

18. A CIDADE MAIS SAGRADA

FINALMENTE ERA HORA DE SEGUIR para Meca. A Caravana de Damasco, que, desde a cidade que lhe dava nome, vinha reunindo peregrinos ao longo do caminho, iria partir no dia 1º de setembro. Burton esperava ir com uma outra caravana — a "Caravana Voadora" —, que sairia mais tarde, porém chegando ao mesmo tempo a Meca, mas foi cancelada. Ela seguiria uma rota interna que nunca fora percorrida por nenhum outro europeu; no entanto, as tribos do deserto tinham inesperadamente entrado em guerra. "Um cometa refulgente, chamejando no céu a ocidente", tinha despertado as previsões catastróficas de praxe — "guerra, fome e peste" —, e algumas subfamílias do Benu-Harb "começaram a lutar nessa época com um furor impressionante". Essa guerra no deserto pôs fim à secreta esperança de Burton de desafiar as ordens de Hogg e ir não a Meca, mas a Muscat, uma das áreas no extremo oriente da Arábia, e voltar no ano seguinte, assim podendo conhecer o misterioso Quadrante Vazio. Seria uma viagem "extremamente perigosa" de cerca de 2400 a 2550 quilômetros. Ele tinha ordens de voltar a Bombaim em março do ano seguinte, sob pena de perder seu posto, mas achava que não teria problemas se lograsse êxito na aventura, temerária mas importante. Agora só tinha uma escolha, a Caravana de Damasco, e arrumou imediatamente seus apetrechos. Teve de consertar seus embornais, roídos pelos ratos, e embalou "farinha de trigo, arroz, açafrão, cebolas, tâmaras, dois tipos de pão sem fermento, queijo, laranjas, fumo, açúcar, chá e café" em quantidade suficiente para ele e seus cameleiros durante onze dias, contando ainda saques e surrupios dos companheiros de peregrinação.

Burton tinha contratado dois beduínos, pai e filho. Chamavam-no de Abu Shawarib, "Pai dos Bigodes", pois Burton não se barbeava segundo os preceitos religiosos deles. O pé de Burton ainda doía. Mandou consertar o *shugduf*, a liteira, arreou-a no camelo e estavam prontos para partir. Podia se congratular "por ter atravessado o primeiro perigo", a viagem a Medina.

O próximo risco a correr era o percurso entre as duas cidades, onde os funcionários locais podiam arranjar facilmente um suspeito dando um dólar [espanhol] a um beduíno.

O aspecto da caravana, enquanto atravessava lentamente a planície, era "impressionante".

A julgar pelo que se via, a multidão se compunha no mínimo de 7 mil pessoas, a pé, a cavalo, em liteiras ou montando os magníficos camelos da Síria. [...] Incluo entre os 7 mil cerca de 1200 persas.

A caravana tinha partido de repente, com aviso de apenas uma hora de antecedência na manhã de 31 de agosto, e viajou o dia inteiro. No calor do deserto, logo surgiram problemas.

Depois da tarde longa e abafada, um grande número de animais de carga começou a derrear. Carcaças frescas de asnos, pôneis e camelos pontilhavam a beira da estrada: os que tinham ficado à morte foram abandonados às repulsivas aves de carniça, o rakham (abutre) e o ukab amarelo [não-identificado], e todos os que tiveram as gargantas devidamente cortadas [segundo a lei islâmica] foram cercados por bandos de peregrinos takruris [tribo negra do Sudão]. Essas criaturas semimortas de fome cortavam nacos das partes boas, e carregavam-nos aos ombros até encontrarem ocasião de cozinhar. Nunca vi homens mais miseráveis [...] A morte estava pintada em seus corpos e rostos.

A caravana prosseguiu, em longas marchas forçadas que tentavam aproveitar ao máximo as horas mais frescas da madrugada; muitas vezes descansava até uma da manhã, quando soava um tiro de aviso para despertar as tendas (dos afortunados que podiam tê-las), e logo "um segundo tiro ordena que a pessoa se despache o mais depressa possível". Havia pequenas paradas de meia hora ao amanhecer, ao meio-dia, à tarde e ao pôr-do-sol, para as orações islâmicas. Então, à noite, três disparos avisavam a hora do descanso.

Era uma viagem monótona, sob condições duras — a sede era um problema constante —, mas Burton não deixou de reunir informações, rabiscando observações sobre a paisagem, a possibilidade de ouro, as superstições dos árabes, palavras novas, os peregrinos com os quais estava viajando.

Ele tentou chegar a uma conclusão sobre o interessante tema que fora objeto de suas reflexões em Londres — a origem dos povos da Arábia —, mas teve de declarar que, em sua opinião, não existia na Arábia "'um rosto exclusivamente árabe, um molde de traços e expressão', como antes se imaginava ser o caso", e foi obrigado a reconhecer que a figura da "bela jovem beduína" em *Pilgrimage* não era de uma beduína: as roupas são árabes, mas quem as usa é "uma fada do Ocidente".* Sua dificuldade em situar a verdadeira origem dos árabes, porém, não o impediu de escrever um capítulo inteiro sobre "Os beduínos de Al-Hijaz", onde não só analisa as diversas raças e descreve algumas genealogias (sempre importantes para os árabes), como também apresenta um levantamento de várias subdivisões, com suas subsubdivisões e subsubsubdivisões, e uma exposição pormenorizada de seus modos de vida, passatempos e técnicas de combate, informações de tal exatidão que, meio século depois, ainda eram valorizadas por outros viajantes.

Quando um turco estripou um cameleiro árabe numa discussão, Burton indagou das condições do ferido. Ele ainda não tinha morrido.

---

* Poderíamos especular se foi Isabel Arundell que posou para o desenho, mas é impossível identificar o rosto, pesadamente pintado à maneira árabe.

Asseguraram-me que ele tinha sido confortavelmente amortalhado e colocado numa cova semi-aberta. Esta é a prática corrente no caso dos pobres e solitários, impossibilitados de continuar por doença ou acidente. É impossível contemplar tal destino sem horror; a sede excruciante de uma ferida, o sol ardente enlouquecendo o cérebro e — pior de tudo, pois não esperam a morte — os ataques do chacal, do abutre e do corvo selvagem.

Eles atravessaram paisagens agrestes, pequenos povoados e, mais adiante, uma planície desolada. "A marcha desse dia foi tipicamente árabe. Era um deserto povoado apenas de ecos — um local de morte, a despeito do pouco que ali há para morrer —, um ermo onde, para usar a expressão de meu companheiro, não há nada além d'Ele [isto é, Alá]." Por fim, depois que "a natureza escalpou, despelou e desnudou todo seu esqueleto aos olhos do espectador [e] o horizonte era um mar de miragens", eles desceram a uma região densamente arborizada, com o ar pesado de névoa e orvalho. A caravana armou tendas e, depois de um sono profundo, os peregrinos passaram pela cerimônia do al-ihram ("significando literalmente 'proibição' ou 'transformação em ilegal'", explicou Burton), que consistia em vestir a roupa especial do peregrino, o *ihram*, depois de uma purificação ritual, em que um barbeiro raspa a cabeça dos homens, suas unhas são cortadas e os bigodes aparados. As unhas das mulheres também são cortadas e os cabelos lavados. Os peregrinos de ambos os sexos têm de remover os pêlos do púbis e axilas. O *ihram* dos homens era liso e inconsútil; teoricamente, não se deveria amarrar nem a *rida*, a peça do ombro, para evitar que o pano escorregasse, mas Burton observa que, "a despeito dessa proibição, de modo geral os peregrinos, por conveniência, amarram o pano do ombro debaixo do braço direito". As mulheres podiam usar roupas costuradas, brancas ou azul-claro (mas não pretas); no entanto, o véu da face não podia tocar o rosto.

No meio da tarde, a caravana estava pronta para seguir.

Agora estava perto do Haram Sharif, região sagrada que abrangia Meca. "Foi uma cena maravilhosamente pitoresca", com os peregrinos vestidos de branco gritando "Labbayk! Labbayk!" — "Aqui estou! Aqui estou!". Um grupo de wahhabis, seita fundamentalista muito temida e conhecida por sua violência e crenças puritanas, se integrou à caravana: "companheiros nada agradáveis", diz Burton. Mas na manhã seguinte, logo cedo, foram úteis ajudando a rechaçar um ataque de salteadores.

Depois da luta, a caravana continuou durante a noite, até a uma da manhã, quando se viram entrando em Meca. Era domingo, 11 de setembro de 1853 — "o sétimo Zul Hijjah", escreve Burton, seguindo o calendário islâmico. Ziguezagueando pelas ruas escuras, "em locais cheios de choupanas grosseiras e figuras sombrias", chegaram uma hora depois à casa do garoto Mohammed, que acordou o porteiro com um pontapé. Mohammed, antes "lépido e fanfarrão", agora estava "sério e atento": tinha Burton como hóspede. O som de chinelos se arrastando num outro aposento avisou aos "ouvidos famélicos" de Burton que estavam preparando comida, e logo surgiu "um prato de aletria fina, polvilhada e escurecida com açúcar cristal. O garoto Mohammed, eu e o xeque Nur não perdemos tempo em usar nossa mão direita". Seguiu-se um breve descanso antes de iniciar os ritos de peregrinação.

"Finalmente lá estava ela", escreveu Burton empolgado, "concretizando os planos e esperanças de muitos e muitos anos." À sua frente estava o imenso catafalco quadrado, a Caaba, a Casa Sagrada de Deus, o Bait al-Allah. Ele comentou que não tinha nada da beleza ou grandiosidade dos monumentos de famosa arquitetura do antigo Egito ou Grécia, Itália ou Índia, "e mesmo assim a visão foi estranha, única — e quão poucos contemplaram o celebrado santuário!".

Posso realmente dizer que, de todos os devotos que se agarravam chorando à cortina ou comprimiam contra a pedra o coração aos pulos, ninguém sentiu naquele momento uma emoção mais profunda do que o hadji, vindo do extremo norte.

E acrescentou: "Poucos muçulmanos contemplam a Caaba pela primeira vez sem medo e temor", mas fez a ressalva: "Para confessar a humilhante verdade, o sentimento deles era o de um elevado arrebatamento religioso, e o meu era o êxtase do orgulho satisfeito", admissão que lançava algumas dúvidas sobre a sinceridade de seu compromisso com o islamismo.

O garoto Mohammed deixou Burton sozinho durante alguns minutos antes de conduzi-lo a vários lugares sagrados na grande praça cujo centro era ocupado pela Caaba, permitindo-lhe assim dar início a suas anotações, reunindo detalhes e mais detalhes — de novo aqueles rabiscos em minúsculos papeizinhos numerados! Burton começou com o Bab Benu Shaybah, o "Portão dos Filhos da Velha", um dos 22 portões que levam à Caaba e que conduz ao famoso poço Zamzam. ("A palavra Zemzem tem origens dúbias", concluiu Burton depois de várias páginas que põem à prova a paciência do leitor.) Zamzam era o poço sagrado de Agar, a escrava do profeta Ibraim. Ibraim (ou Abraão), que para os muçulmanos é tão sagrado quanto para os judeus e cristãos, tinha abandonado Agar e Ismael, filho de ambos, no deserto, com apenas algumas tâmaras e um odre de água. Depois de uma procura frenética, Agar encontrou água jorrando do mesmo ponto em que a criança tinha posto os pés. A nascente logo atraiu nômades, e ali acabou se desenvolvendo um povoado, que depois se transformou numa cidade — Meca. Mais tarde, Ibraim voltou de Canaã e, junto com Ismael, agora homem feito, construiu a primeira Caaba terrena, sendo que a original havia descido dos céus.*

---

* Gênesis 21, 1-20, apresenta uma outra versão da história de Abraão, Agar e Ismael, e o local é Beersheba na borda do Neguev, e não Meca. "Deus estava com o menino", destinando-o a fundar a linhagem dos beduínos, das regiões ermas do sul.

"A água de Zemzem é muito apreciada", escreve Burton. "É usada para beber e fazer abluções religiosas, mas não para finalidades mais baixas [sanitárias]. [...] Pode provocar diarréia e furúnculos [...] tem gosto de sal amargo, e se parece muito com uma colher de chá de sais Epsom num copázio d'água."

Os devotos quebram o jejum quaresmal [Ramadã] com ela, usam-na nos olhos para dar brilho à visão e sorvem algumas gotas na hora da morte, quando Satã está ao lado segurando um vaso com água puríssima, preço da alma que parte. [...] Sob todos os ângulos, a terrível aridez é altamente meritória de um ponto de vista religioso.

Concluídas as devoções junto ao poço, os peregrinos então voltaram suas atenções à Caaba propriamente dita. Era um imenso cubo de alvenaria, constituindo o centro mais sagrado do islã, o "centro da Terra". Colocada no canto mais ao sul, a uma altura em que apenas com dificuldade se conseguia tocá-la, estava a Pedra Negra, objeto misterioso que Burton tentou analisar posteriormente. Naquele momento, devido à multidão de gente, ele não conseguiu se aproximar a mais de dez metros dela, mas ergueu as mãos e rezou a costumeira oração de louvor "apenas a Alá".

Em seguida veio a cerimônia do tawaf, o percurso em volta da Caaba, imitando o profeta Maomé quando voltou vitorioso a Meca, depois de seu exílio em Medina. Maomé e seus chefes guerreiros tinham dado três voltas correndo em torno da Caaba, mas ficaram tão cansados que a quarta e última volta foi feita em passo normal, prática desde então seguida pelos muçulmanos.

Enquanto dava suas voltas, absorvido nos significados religiosos do rito, Burton não pôde deixar de notar que os peregrinos seguiam na direção contrária à usada em outras culturas. "O muçulmano nesse circuito apresenta o ombro esquerdo", seguindo no sentido anti-horário, enquanto "a pradashina [circuito] dos hinduístas consiste em andar com a direita voltada para o templo ou o ídolo [...] e nossas procissões em volta da paróquia [cristã] conservam a forma dos antigos ritos, há muito tempo desaparecidos".

Burckhardt também havia descrito pormenorizadamente a Caaba, e Burton, em seu livro, achou mais simples homenagear seu antecessor com "um excerto de suas páginas", fazendo correções quando julgava necessário.

A Caaba era de fato uma estrutura impressionante, embora simples, disposta numa praça oblonga, o Haram, cercada por um grande muro. A Caaba, segundo Burckhardt, media "13,5 metros de comprimento, 10,5 metros de largura e 10,5 a doze metros de altura", mas Burton apresentou outros números: "Minhas medições dão 16,5 metros de comprimento por 13,5 metros de largura, e a altura parece ser maior do que o comprimento". Quando lembramos que cada um deles fez seus cálculos sob o risco de morte imediata e violenta às mãos de guardas enfurecidos, é de se perguntar se a diferença de poucos metros tem alguma importância.

Burton continuou a divergir vez por outra do ilustre suíço. "Isso eu creio ser incorreto", diz a propósito de uma passagem onde Burckhardt afirma existir uma pedra em Meca sobre a qual subiu o faraó, deixando suas pegadas, mas Burton não quis subornar os guardas para ir ver de perto, e esse ponto secundário ficou sem elucidação.

Burton finalmente obteve uma oportunidade de ver a Pedra Negra. O garoto Mohammed, com a ajuda de uma meia dúzia de mecanos e lançando impropérios aos outros peregrinos, abriu caminho até a Pedra passando por uma multidão zangada de devotos.

> Depois de chegar à pedra, apesar da indignação popular atestada por gritos de impaciência, monopolizamos o uso dela pelo menos por uns dez minutos. Enquanto a beijava e esfregava a testa e as mãos nela, observei-a detidamente e saí convencido de ser um meteorito [outros viajantes, inclusive Burckhardt, consideravam-na de origem "vulcânica"].

Em cada lugar que rezava, Burton tinha cuidado em observar o rito em seus mínimos detalhes, e parece ter orado com sinceridade e convicção, mas finalmente, pelas dez da manhã, "totalmente esgotado, com os pés crestados e a cabeça fervendo — é de se lembrar que as duas extremidades estavam nuas —", Burton saiu da mesquita e voltou para seus aposentos. Naquele final de tarde, em companhia do garoto Mohammed e seu escravo Nur, Burton voltou à Caaba. Estendeu seu tapete de orações diante dela, "desta vez para gozar esteticamente das delícias da hora". Era quase lua cheia, e seus raios se refletiam nas construções vizinhas, arrancando de Burton um comentário positivo.

Um objeto, único em seu aspecto, ficava à vista — o templo do único Alá, o Deus de Abraão, de Ismael e de sua posteridade. Era sublime, e expressava com toda a eloqüência da imaginação a grandeza da Idéia Una que alimentava Al-Islam e a força e firmeza de seus seguidores.

Burton queria visitar o túmulo de Ismael, mas havia muita gente; só mais tarde viu um lugarzinho livre, e brigou por ele com um outro peregrino. Por fim seus dois companheiros começaram a cochilar. Burton foi até a Caaba "com a intenção de 'anexar' um pedacinho da velha kiswat ou cortina rasgada, mas havia olhos demais observando". O pano era considerado sagrado e talismã da sorte, muito cobiçado pelos peregrinos (mais tarde, Burton ganhou um pedacinho de Mohammed). Apesar dessa pequena frustração, "era uma ocasião favorável, porém, para um levantamento com uma trena e o método simples de contar por passos e palmos. Consegui medir todos os objetos que me despertavam curiosidade".

Na manhã seguinte, Burton e seus companheiros, a camelo, deram início aos ritos formais da peregrinação, a visita ao monte sagrado Arafat, a alguns quilômetros da cidade, onde o Profeta costumava falar aos fiéis. O caminho estava cheio de peregrinos vestidos de branco, muitos a pé, alguns a cavalo, camelo ou jumento. "Animais mortos pontilhavam o solo", escreve Burton. A viagem foi lenta, cerca de seis horas para a maioria dos peregrinos, mas o grupo de Burton, pressionando os camelos, levou menos tempo. O calor cansava os animais, mas "os humanos sofriam mais".

> Vi nada menos que cinco homens caírem e morrerem na estrada; exangues e moribundos, tinham continuado a se arrastar para entregar a alma no sítio de onde ela segue para a bem-aventurança imediata. O espetáculo mostrou como é fácil morrer nessas latitudes; de repente a pessoa cambaleava e caía como se tivesse sido alvejada; depois de uma breve convulsão, jazia imóvel como mármore.

O *fiumara*, leito de rio seco e normalmente vazio, no sopé do Arafat, agora tinha se transformado numa cidade. Tinham surgido tendas e barracas numa rua principal, com palhoças, lojas e um bazar, e o local estava cheio de gente. Burton calculou 50 mil peregrinos, mas os árabes achavam que nunca se poderia calcular a multidão, e "se menos de 600 mil mortais se reúnem no monte para ouvir o sermão, os anjos descem e completam o número". Burton viu os albaneses bêbados de sempre e "grupos de egípcios [...] se drogando ruidosamente com haxixe proibido". O garoto Mohammed lhe emprestou um fino xale de caxemira vermelha, para substituir a parte de cima de seus trajes de peregrino, que tinha "se sujado no caminho", e mandou armar tendas para o grupo; tiveram de defender seu espaço contra uns coveiros que queriam "enterrar uma pequena pilha de corpos a cem ou duzentos metros de nossa tenda". Ali perto, um velho muçulmano cantou a noite inteira, impedindo Burton de dormir. "Os cafés também não eram nada silenciosos; tarde da noite, ouvi palmas acompanhando alegres músicas árabes, e os risos altos dos tomadores de haxixe egípcios."

Na manhã seguinte, Burton examinou o monte sagrado Arafat, uma projeção de pedra no centro de um vale largo e árido, com tradições que remontavam ao longínquo passado. "Aqui é o lugar em que, expulsos do Paraíso, perdidos na vastidão erma e selvagem de um mundo estranho, Adão e Eva se encontraram depois de dois séculos de separação", dizia um dos guias dos peregrinos.

Agora se iniciariam as grandes cerimônias. Milhares de pessoas estavam reunidas, "todas num estado de agitação". Soavam disparos incessantes, cavaleiros passavam em tropel, mulheres e crianças andavam sem parar. Burton logo se viu desagradavelmente surpreendido com a chegada de um mecano que tinha conhecido, Ali bin Ya Sin Zemzemi, que havia perdido sua mula e, vendo o grupo de Burton, se juntou a eles. "Ele era curioso e observador demais para meu gosto", escreve Burton.

Finalmente, no meio da tarde — ditas as orações do meio-dia e da tarde —, as cerimônias começaram a tomar forma. Uma procissão de guerreiros e beduínos, escravos armados, o xerife de Meca com família e cortesãos, tomaram posição no monte. A multidão silenciou, e o khatib (pregador) deu início aos ritos para o wuquf, a posição de pé. Os peregrinos, se tivessem condições físicas, deviam ficar de pé a tarde inteira até o sol sumir do horizonte. "De minha tenda, eu podia distinguir o vulto do velho [o pregador] em seu camelo, mas estava longe demais para ouvir", diz Burton. "Mas como é que eu estava na tenda?", pergunta retoricamente, pois o sermão no monte Arafat constituía o ponto alto da peregrinação, pela qual tinha arriscado tanto. Por que não estava ao lado do pregador, decorando suas palavras? Burton até estava com um papelzinho na mão, onde pretendia registrar os pontos principais, mas é que havia

> uma moça alta, com cerca de dezoito anos, de traços regulares, uma pele que parecia topázio, mas clara e macia, sobrancelhas simétricas, os mais lindos olhos e um corpo que era pura graciosidade. [...] Tinha o porte que os árabes apreciam, suave, arqueado e flexível, como deve ser uma mulher.

Em vez do habitual véu espesso, ela usava uma musselina transparente e começou a flertar com Burton, que se sobressaía muito com o xale de caxemira vermelha do garoto Mohammed.

Com o habitual gesto coquete, [ela] atirou para trás uma ou duas polegadas do véu da face, revelando grandes madeixas de cabelo negro [...] e logo surgiu uma boca com covinhas e um queixo arredondado. [...] Vendo que meus companheiros estavam ocupados em ouvir o sermão e eu em segurança, entrei no perigoso terreno de levar minha mão à testa. Ela sorriu imperceptivelmente e se virou. O peregrino ficou em êxtase.

O sermão durou três horas. Burton não ouviu uma palavra enquanto flertava com a jovem. Talvez estivesse redespertando lembranças vívidas e irresolvidas da jovem aristocrata persa de Sind — essa moça de Meca e sua família também eram "belas", "aparentando pertencer à classe superior". Por fim, o pregador deu o sinal de partida — ninguém podia sair antes —, e começou a corrida para deixar o Arafat. Foi uma enorme confusão. "Todo mundo apressava os animais a toda força; era o pôr-do-sol [...] liteiras eram esmagadas, pedestres eram atropelados, camelos eram derrubados [...] aqui se perdia uma mulher, ali uma criança, e acolá um animal; em suma, era um caos de confusão".

Burton tentou fazer um esboço do Arafat enquanto mantinha a jovem de olho, ao mesmo tempo se esquivando às perguntas do velho curioso de Meca. Que nada! "O rosto encantador que me sorria da liteira foi ficando cada vez mais indistinto [...] uma fieira de camelos se interpôs em nosso caminho — perdi a beldade de vista." Seu único consolo foi conseguir fazer um "desenho grosseiro do Monte da Misericórdia".

No dia seguinte — o grupo tinha andado três horas de camelo à noite, para fugir à multidão em Arafat —, foi a vez do próximo grande rito, a cerimônia do apedrejamento num vilarejo chamado Mina. Há aí, descreve Burton, "um pequeno contraforte de pedras rústicas, com cerca de 2,4 metros de altura por 0,75 metro de largura". Era o Shaytan al-Kabir, o Grande Demônio, o primeiro de três monumentos similares que marcam "os sucessivos lugares em que o Demônio, sob a forma de um velho xeque, apareceu a Adão, Abraão e Ismael, e foi afastado pelo método simples ensinado por Gabriel, atirar pedras do tamanho de uma fava". O Shaytan al-Kabir ficava num estreito desfiladeiro, e estava lotado de fiéis, sendo que cada um devia atirar sete pedras nele, "todos se engalfinhando como bêbados para se aproximar o máximo possível do Demônio".

"Evitando ser pisado graças a um uso judicioso da adaga, não tardei em fugir de um lugar tão ignobilmente perigoso", conta Burton. Estará ele dizendo aos leitores que teve de ferir, ou talvez matar, alguém para escapar ao esmagamento da multidão de peregrinos? Ou será apenas um efeito teatral? Finalmente, ele e o garoto Mohammed conseguiram atirar suas pedras enquanto gritavam: "Em nome de Alá, e Alá é todo-poderoso! [Faço isso] por ódio a Satanás e seu Opróbrio", depois recitando um versículo em louvor a Alá.

Este foi o término formal da peregrinação. Agora Burton estava livre para retomar as roupas normais — seus trajes árabes — e se banhar. "O barbeiro removeu todo meu cabelo", escreve ele, querendo dizer não só o cabelo da cabeça, mas também os pêlos do púbis e das axilas. Havia uma prece também para isso: "Ó Alá, faz-me de todo Pêlo uma Luz, uma Pureza e uma generosa Recompensa!". Burton então protegeu a cabeça do sol, cobrindo-a com a ponta de seu *ihram*, até voltar a Meca, onde poderia retomar suas roupas normais.

Ele seguiu o mais depressa possível para a cidade, para se lavar novamente e visitar a Caaba antes da chegada dos outros peregrinos. O garoto Mohammed viu que, naquele momento, não havia peregrinos na Caaba, e Burton saiu ainda de *ihram*. Como homem que agora era hadji, Burton queria entrar no santuário. A porta do edifício não fica no rés do chão, e sim cerca de dois metros acima. Ele foi erguido pelos guardas, e então se encontrou dentro do recinto, sendo interrogado por "diversos funcionários, mecanos de aparência sombria". Tendo respondido satisfatoriamente o nome, a nacionalidade e outros pormenores, Burton teve permissão de prosseguir.

Não vou negar que, olhando as paredes sem janelas, os funcionários nas portas e a multidão de fanáticos arrebatados lá embaixo [...] eu me sentia como um rato numa ratoeira. [...] Isso, porém, não me impediu de observar cuidadosamente o cenário durante nossas longas orações e esboçar uma planta grosseira com um lápis em meu *irham* branco.

Não havia nada mais simples do que o interior desse celebrado edifício: era feito de lajes de mármore fino; o chão era de mármore branco e colorido formando o desenho de um tabuleiro de xadrez. Considerava-se desrespeito olhar o forro — "pouco seguro para um peregrino", comenta Burton —, mas ele olhou, observando as vigas em cruz, o tamanho delas e o tipo de madeira. "Eu pingava de suor e imaginei horrorizado como seria quando o local estivesse lotado com uma multidão de fanáticos se acotovelando e se esmagando furiosamente."

Finalmente, depois das orações de praxe, os musculosos guardas mecanos o conduziram à saída e ele se sentiu livre. "Wallah, Effendi!", disse Mohammed num tom ambíguo, "te saíste bem! Alguns deixaram a pele lá atrás."

Burton correu de volta para seus aposentos, exausto, "e me lavei com hena e água quente, para aliviar a dor das queimaduras de sol nos braços, ombros e peito", recebendo "um cachimbo, café, água fresca e desjejum".

Ele devia sacrificar um animal em Mina, mas deixou de lado: seu dinheiro estava escasseando, e esperava evitar maiores despesas. Agora tinha de voltar. Foi conversar com alguns mecanos, iniciativa tola, pois "soube a seguir pelo garoto Mohammed que todos me diziam ajami", xiita. Talvez estivesse ficando mais descuidado por causa do cansaço e do calor, mas este era um mau sinal.

Ele "temia o ar pestilento de Mina", pois "a terra literalmente fedia". Cinco ou seis mil animais tinham sido abatidos e retalhados. "Considerando as magras condições de minha bolsa, não pude comprar um carneiro, e me contentei em ficar olhando os vizinhos. [...] A superfície do vale ficou parecendo o mais imundo matadouro." Burton ficou preocupado, pois seu "espírito presciente via maus auspícios para o futuro", mas nada desfavorável o impediu de sair de Mina, que agora estava parecendo "uma cratera vulcânica, um Aden". No dia seguinte, ele concluiu os ritos de apedrejamento. Tinha cumprido todas as obrigações de um peregrino, e como hadji podia usar o turbante verde que indica que a pessoa esteve em Meca e cumpriu seu dever sagrado.

Ainda tinha alguns dias de descanso entre os amigos, e os consultou sobre a possibilidade de continuar até Muscat, a leste. Burton andava se queixando da falta de dinheiro, mas a viagem pela península Arábica sairia bem cara, e ele não explica como iria financiá-la. Todavia, as tribos do deserto ainda estavam em guerra, e tal viagem seria perigosa. "Logo percebi que minha estrela não estava em alta, e resolvi me guardar para uma conjuntura mais propícia voltando ao Egito."

Ao concluir o relato de suas viagens, a fim de evitar críticas por ter participado de ritos "pagãos", sabendo que os ingleses em geral não viam o islamismo com olhos muito mais favoráveis do que o escandaloso hinduísmo, com seus milhões de deuses, Burton se viu obrigado a escrever sobre a fé. "Das cerimônias da peregrinação não posso falar mal", escreve ele, observando que o cristianismo na Europa ainda conservava elementos do antigo paganismo, "o visco dos ingleses, a vigília dos irlandeses, o perdão dos britânicos, o Carnaval [antes da Quaresma] e o culto a Iserna — que nação", indaga ele, "seja no Ocidente ou no Oriente, conseguiu eliminar de suas cerimônias todas as sombras de sua antiga idolatria? [...] Em Meca, não há nada teatral, nada de operístico" — aqui ele comparava os ritos islâmicos e os católicos, principalmente em Roma —, "e tudo é simples e marcante [...] voltado, creio eu, à maneira deles, para o bem". Ele até tentou reconciliar a crença muçulmana de que Ibraim e seu filho Ismael tinham construído a Caaba com o relato do Grande Patriarca no Gênesis, observando que "tem sido sugerida aos eruditos a idéia de dois Abraãos".

Enfim, vistas todas as mesquitas, rezadas as preces em todos os locais sagrados, visitada e revisitada a Caaba, medida e examinada às escondidas, provada a água de Zamzam e especuladas suas qualidades — enfim, era hora de fazer as malas e partir. Rejeitando a idéia de voltar pelo caminho de Medina, aventura de extremo risco, Burton alugou dois camelos e enviou seus pertences à frente, com o escravo Nur, e seguiu com o garoto Mohammed em burricos. Outros peregrinos se juntaram a eles (apenas o néscio viajava sozinho na Arábia), e sem maiores incidentes ou detalhes dignos de registro — Burton parecia realmente esgotado a essas alturas, cansado de viajar, cansado de uma aventura tortuosa e arriscada, cansado de fazer anotações secretas —, ele prosseguiu e, depois de onze horas de percurso noturno, chegou de manhã cedo a Jedá, atravessando a imensidade de choupanas, bares, cemitérios e dunas que constituíam o acesso oriental ao porto. Encontrou um quarto, mandou varrê-lo e tentou lhe dar o máximo de conforto possível. "Em Jedá me senti novamente em casa", escreve ele. "A visão do mar agiu como um revigorante."

Agora ele estava realmente atrapalhado com a questão do dinheiro. Tinha de pagar os camelos e os burricos e acertar com os empregados. Ainda vestido como árabe, foi até o cônsul britânico, um certo sr. Charles Cole, mas o intérprete da legação se recusou a recebê-lo. Em desespero, Burton rascunhou um bilhete dizendo que era "um oficial do exército indiano", e "seguiram-se uma exclamação de espanto e uma hospitaleira acolhida". Burton e Cole logo ficaram amigos, os problemas financeiros foram resolvidos e Burton ficou pacientemente à espera do navio para o Cairo, de onde pretendia seguir rapidamente para Bombaim. Agora o cansaço é visível. "Jedá tem sido várias vezes descrita por autores modernos", escreve ele numa desculpa esfarrapada para não dedicar um capítulo ao porto — entre outros, Burckhardt e Edward William Lane tinham devotado um espaço considerável a essa "capital infeliz" das planícies hijazis.

Havia ainda uma pequena obrigação religiosa a cumprir: visitar o túmulo de Eva, "a Mãe da Humanidade". O túmulo era bastante notável, devido a suas dimensões invulgares: Burton mediu noventa metros da cabeça à cintura — nesse ponto havia uma pequena pedra quadrada — e sessenta metros da cintura ao calcanhar. Ele comentou com o garoto Mohammed que, se nossa primeira genitora tinha essa forma tão estranha, "devia parecer um pato". Acredita-se, acrescentou ele, que a Mãe "jaz, como um muçulmano voltado para a Caaba, com os pés para o norte, a cabeça para o sul, e a face direita apoiada na mão direita".

"Não é fácil passar o tempo em Jedá", queixou-se. Agora andava ficando descuidado. Cansado e agastado, com o pé ainda doendo, cometeu um ou outro deslize que despertou a desconfiança do eterno desconfiado Mohammed, que lhe pediu uma grande soma de dinheiro para comprar trigo e depois sumiu. O escravo Nur contou a Burton o que o garoto Mohammed tinha dito: "Agora eu entendo. Seu senhor é um sahib da Índia [isto é, um branco]. Ele riu em nossas barbas".

"Por algum tempo minhas peregrinações cessaram", escreveu Burton como fecho de *Pilgrimage*. "Esgotado de cansaço e com o feroz calor mortal, embarquei (26 de setembro) no *Dwarka*", agora como um inglês em torno do qual corriam os boatos de ter ido até a Cidade Santa, "enquanto isso me indagava por que os peregrinos turcos que lotavam o navio não se davam ao trabalho de me atirar borda afora". Chegou a Suez no tempo aprazado, e o último parágrafo de *Pilgrimage* se encerra com as palavras de um outro viajante, o famoso explorador chinês Fa-Hian.

> Expus-me a perigos e escapei a eles; atravessei o mar e não sucumbi às maiores fadigas; e meu coração se comove com sentimentos de gratidão, pois me foi permitido realizar os objetivos que tinha em vista.

Burton podia voltar a Londres como um herói — sua peregrinação agora saía nos jornais ingleses, e seu sucesso foi saudado como um grande exemplo da bravura britânica, embora Burton, por mais satisfeito que estivesse por ter realizado algo que tão poucos haviam feito antes dele, visse o fato sob um outro prisma: ele era um muçulmano, e ir a Meca era ao mesmo tempo um dever e um privilégio enquanto muçulmano. No entanto, os muçulmanos de nascença, sabendo que um ocidental tinha violado o mais sagrado santuário do islã, consideravam o fato, não como bravura, dever ou privilégio, mas como uma blasfêmia. Havia ainda outros aspectos: Burton tinha de estar de volta a seu regimento em Bombaim em março de 1854, não havia tempo para ir até Londres e, se ele se atrasasse em voltar a suas obrigações militares, corria o risco de perder o posto, ainda que, com sua nova fama — notoriedade, talvez —, quem sabe conseguisse passar por cima da burocracia e dos regulamentos, e obtivesse uma prorrogação da licença. Ele se hospedou por breve tempo no afamado Shepheard's Hotel no Cairo, para reunir suas anotações e começar a trabalhar na narrativa da peregrinação.

Burton estava numa posição ambígua em relação ao papel que devia ou queria desempenhar. Podia novamente se tornar um oficial britânico em boa situação, mas conservou os trajes árabes, não como disfarce, mas porque tinha se transformado praticamente num árabe. A religião, em certa medida, é cultural. Os convertidos ao cristianismo na Índia (e em outros lugares) eram obrigados a usar roupas ocidentais; parecia lógico que um convertido ao islamismo vestisse algum tipo de roupa associada ao islã. Daí resultou que, nesse período, surgiram várias anedotas sobre a aparição de Burton em trajes árabes. Um dia, ele viu um grupo de oficiais conhecidos, sentados na varanda do Shepheard's. Andando a passos largos, da maneira gingada e desenvolta típica do árabe do deserto, com o albornoz flutuando atrás de si, Burton passou "acidentalmente" de raspão num dos oficiais. "Maldito descaramento desse negro", disse o oficial. "Se fizer isso de novo, vou acertá-lo."

Burton deu meia-volta e disse: "Que raio, Hawkins, é uma bela maneira de receber um colega depois de dois anos de ausência".

"Meu Deus, é o Dick Valentão!", exclamou Hawkins enquanto os oficiais se comprimiam em torno de Burton.

Ele também retornou ao oratório gulshani (ou a um outro *tariqa*) para participar dos ritos. A anedota que contam sobre sua participação nos ritos não tem data: pode ter ocorrido no outono de 1853, depois da volta de Meca; ela foi publicada num jornal de Londres depois do lançamento do sexto volume de suas *Mil e uma noites*.

Ele mostrou no Cairo como está inteiramente à vontade entre seus irmãos adotivos [os muçulmanos], quando, para o divertimento de alguns amigos ingleses que assistiam às ruidosas devoções de alguns dervixes "ululantes", ele se juntou ao círculo que gritava e gesticulava, e se comportou à maneira nativa. Ele se formou como "ululador", tem diploma de mestre dervixe e pode iniciar discípulos.

Havia outras razões para se fazer passar por árabe. De tempos em tempos, ele visitava as mulheres de Oulid Nahl ou outras prostitutas. Em algum momento da peregrinação, em Alexandria ou em alguma de suas estadas no Cairo, ele contraiu sífilis. O médico do exército que o tratou dois anos depois, após a luta com salteadores somalis, observou que, além do ferimento no rosto, Burton também "sofreu recentemente de sífilis secundária".

Burton logo se mudou do Shepheard's para a casa mais acolhedora de um revolucionário italiano chamado Galeazzo Visconti. Também se encontrava por lá um rapaz chamado Fred Hankey. Hankey, notório libertino, tinha percorrido a Barbaria — Norte da África. Numa carta ao dr. Norton Shaw, secretário da Royal Geographical Society, de 16 de novembro de 1853, Burton escreve que a casa de Visconti era "um centro de depravação, mostrando o que o Cairo é capaz de fazer num aperto, deixando todas as mil e uma noites no chinelo — e isso quando o paxá [Visconti] proibiu expressamente a fornicação".

Mas seu espírito estava ocupado por assuntos mais sérios do que danças sufistas e travessuras com prostitutas ciganas. Ele procurava um recém-chegado ao Cairo, um missionário chamado Johannes Ludwig Krapf, lingüista e explorador que, na década de 1830, tinha trabalhado entre os abissínios e depois, na companhia de um outro missionário, Johannes Rebmann, entre os gallas da Somaliland. Krapf e Rebmann tinham ido até a África Central para fundar uma série de missões — uma "Rua do Apóstolo" —, mas, conta Burton, "nunca converteram um número suficiente para prover sequer uma casa", ridicularizando o fracasso deles. No entanto, Krapf tinha dados que intrigavam Burton. Ele e Rebmann ouviram falar várias vezes de "um vasto mar interno na direção em que diziam ficar as fontes do Nilo, entre 0°30'N e 13°30'S". Burton agora ficava excogitando expedições praticamente para qualquer lugar, desde que não precisasse voltar ao serviço na Índia.

Ele contou a Shaw que Krapf tinha chegado "com descobertas sobre a fonte do Nilo Branco, o Kilimandjaro e as Montanhas da Lua que pareciam as de um *lunatico*".* A fonte do Nilo era um mistério que intrigava, desconcertava e se furtava à humanidade desde os tempos de Heródoto. Na época de Burton, havia muitas especulações sobre a nascente do rio, devido às várias notícias recolhidas entre os árabes mercadores e traficantes de escravos que tinham penetrado nas profundezas da costa oriental da África. Periodicamente, os europeus tentavam encontrar a fonte, mas sempre tinham de voltar, barrados por selvas intransponíveis e nativos agressivos.

Com o êxito e resultante fama de sua peregrinação a Meca, Burton estava pensando numa outra viagem igualmente audaciosa. Por que não o Nilo? Essa busca o levaria a regiões africanas nunca antes pisadas pelo homem branco. Em sua carta a Shaw, ele mencionava a perspectiva de uma expedição a Zanzibar, uma pequena ilha semibárbara que ficava cinco graus ao norte do Equador. Burton informou a Shaw que a ilha era "um dos centros de escravidão" — tema que sempre o agastava — e que "os americanos estão dominando de maneira pacífica, mas firme, o

---

* *Lunatico*, em latim no original. Ver explicação à p. 359 (N. T.).

comércio do país, [o qual] tem imensos recursos ainda não desenvolvidos". Por ora Burton se mostrava cada vez mais propenso a preferir uma expedição pela África do que voltar à Arábia, pois, mesmo observando que viajar pelas terras árabes seria uma alegria e poucas coisas lhe agradariam mais do que passar vários anos explorando sua imensa costa oriental, ainda praticamente desconhecida, "daí não adviria nada além da descoberta de mais desertos, vales e tribos".

O plano de Burton agora consistia numa expedição que começaria pela costa da Somaliland no Nordeste da África, o chamado Chifre da África, seguindo então para o interior até Harar, cidade lendária em cujos governantes tinham impedido a entrada de brancos e até de africanos cristãos, e depois rumando para o sul, na esperança de localizar durante o percurso as fontes do Nilo. Depois disso, seguiria a leste até Zanzibar. Pelo menos a primeira parte da proposta interessava aos poderes em Londres. Apenas em 1850, um certo dr. Carter, da Companhia das Índias Orientais, tinha sugerido uma exploração da costa da Somaliland. A Royal Geographical Society não dera respaldo a Carter por estar mais interessada no interior, e já existiam algumas informações sobre as regiões costeiras. Carter fez uma prudente sondagem do litoral da Somaliland, numa aventura que atiçou o sarcasmo de Burton. "Carter, não gostando muito da possibilidade de perder seus culhões — aquele povo desencaminhado [as tribos somalis] tem o hábito de cortá-los fora e pendurá-los como enfeite em volta dos braços —, se recusou a explorar o interior", comenta Burton em sua carta a Shaw.

A incursão pela costa somaliana oferecia um objetivo imediato tão emocionante quanto a peregrinação a Meca. A cidade exótica e misteriosa de Harar, a cerca de 320 quilômetros do litoral, ficava a 1500 metros acima do nível do mar, praticamente desconhecida, mas proibida, perigosa e sedutora — a mera idéia deixava um aventureiro com os cabelos em pé. Harar, escreve Burton em *First footsteps in East Africa; or, an exploration of Harar* [Primeiros passos na África Oriental, ou uma exploração de

Harar], era um "equivalente da mal-afamada Timbuctu no Extremo Ocidente".

Era uma cidade sagrada e proibida. Jamais se acreditou que branco algum tivesse chegado até ela, embora muitos tivessem tentado, entre eles o dr. Krapf. Todos haviam "tentado em vão. [...] O dirigente intolerante e o povo bárbaro ameaçavam de morte o infiel que se arriscasse a transpor seus muros". Corria a superstição de que a entrada de estrangeiros traria a decadência e o fim da cidade.

[Era], portanto, um ponto de honra para mim [...] utilizar meu título de hadji para entrar na cidade, visitar o governante e voltar à segurança depois de romper o sortilégio tutelar.

Burton não podia se retardar mais no Cairo. Ainda parecendo um hadji, com roupas árabes e o turbante verde que constituía o privilégio dos que tinham empreendido a hadj, ele embarcou no *Dwarka* em Suez, sem se diferenciar minimamente de qualquer árabe de nascença. Um dos passageiros era o padre William Strickland, primo de Isabel, que nunca tinha visto Burton. Quando Strickland se sentava no convés recitando o breviário, uma tarefa que devia ser cumprida cinco vezes ao dia pelos padres católicos e outros clérigos — as orações são oficiadas em voz alta —, Burton estendia seu tapete de orações no convés, perto de Strickland, e salmodiava o *salat*, as preces islâmicas que também deviam ser rezadas em voz alta cinco vezes por dia, para o grande aborrecimento de Strickland. "Afinal, um dia", escreveu Isabel em *Life*, "Strickland se ergueu dizendo: 'Oh, meu Deus, não agüento mais'". Depois disso, ele e Burton ficaram amigos. A bordo também se encontrava James Grant Lumsden, membro principal do Conselho de Bombaim, voltando ao cargo. Vendo Burton rezar, Lumsden comentou com um companheiro: "Que rosto inteligente e intelectual tem esse árabe!". Burton, bastante satisfeito por ter sido julgado árabe e ainda por cima inteligente, fez uma piada em inglês e se apresentou. Ele e Lumsden logo travaram amizade, e Lumsden o convidou para ficar com ele em Bombaim enquanto terminava o relato da peregrinação.

Em Bombaim, Burton passou pela primeira vez a se mover em círculos superiores aos que freqüentava quando era um jovem tenente — o escandaloso círculo de Napier não tinha ajudado em sua carreira —, e com outros amigos poderosos, entre eles o par escocês John Elphinstone, 13º barão do reino, que acabava de ser empossado como governador da Presidência, agora se encontrava entre as cliques mais fechadas. O dr. John Steinhauser também tinha voltado a Bombaim, e ele e Burton falavam constantemente em fazer uma tradução completa das *Mil e uma noites*, já que existiam apenas traduções parciais em inglês. E foi provavelmente nessa volta a Bombaim (a data e as circunstâncias não são claras) que Burton conheceu Foster Fitzgerald Arbuthnot, um jovem funcionário público nascido na Índia, membro de uma importante família anglo-indiana. "Homem de gênio calmo e amigável", como comentou Wright a seu respeito, Arbuthnot desde cedo fora tomado pela firme idéia de que a literatura da Índia, Pérsia e Arábia devia receber a mesma atenção dedicada à da Grécia e Roma antiga, que na época (e mesmo agora) constituíam o núcleo de uma educação "clássica" no Ocidente. Burton e Arbuthnot naturalmente descobriram que tinham interesses comuns pela literatura oriental, e dessa amizade brotariam os criativos projetos, ainda que apenas parcialmente concretizados, de publicar uma grande coleção de obras orientais.

Ao que parece, Burton conseguiu, com o máximo de suas habilidades, se esquivar a suas obrigações militares normais. Era "popular em seu regimento quando voltou", disse Wright, e "não gostava da rotina". Burton empregava seu tempo trabalhando assiduamente no manuscrito de sua peregrinação — chamava-se *Personal narrative of a pilgrimage to El-Medinah and Meccah* —, e em menos de um ano estava com os dois primeiros volumes, dos três planejados, prontos para enviar à sua editora, Longman, Brown, Green e Longmans, em Londres; foram publicados em 1855. O terceiro volume só foi lançado dois anos depois.

Sempre que um livro seu era publicado, Burton invariavelmente queria revisá-lo, mas a primeira vez que teve essa oportunidade foi com *Pilgrimage*. O manuscrito sofreu algumas alterações quando estava sendo preparado para a publicação. Burton estava a uma distância segura, e a editora Longman, Brown confiou os dois primeiros volumes a John Gardiner Wilkinson, que, além de eliminar passagens delicadas ou vertê-las para o latim, se viu às voltas com o árabe, confundindo, por exemplo, *taqiya*, dissimulação, com *tariqa*, mosteiro sufista ou Via Mística. A obra teria várias reedições, quatro em vida e quatro após a morte de Burton, cada uma delas apresentando muitas variações em relação às anteriores e algumas mudanças importantes. As figuras e mapas foram deslocados, os apêndices transferidos para o último volume, além do acréscimo de outros, inclusive um da autoria de Aloys Sprenger, famoso orientalista, corrigindo alguns pequenos erros geográficos cometidos por Burton.

Pilgrimage continua um clássico em sua área. Muitas vezes é posto ao lado de *Arabia deserta*, de Charles Montagu Doughty, respeitado por Burton, mas que se manteve afastado dele. Doughty era extremamente crítico em relação a Burton (e Burton, brandamente em relação a ele). Essa divergência talvez nunca surgisse se Doughty, jovem geólogo e arqueólogo e cristão evangélico muito rigoroso, não tivesse desaprovado a viagem de Burton como muçulmano. Doughty tinha passado dois anos, 1876-8, entre os beduínos. Como cristão abertamente declarado, não foi a Medina nem a Meca; mesmo assim, sua viagem pela península Arábica foi de extrema coragem e risco. Seus relatos de viagem foram publicados dez anos depois, redigidos numa prosa rica, mas forçada, que ainda lhe granjeia admiração, porém poucos leitores. Doughty nunca entendeu o compromisso de Burton com o islamismo, e sempre fez questão de não lê-lo. Na Arábia, Doughty sofreu dificuldades que Burton conseguiu evitar, resultantes do calor, do deserto e da crueldade beduína. Mas, ao cabo, o que irritava Doughty não era o sucesso de Burton, mas a adoção do islã — virar turco.

A grandiosa proeza de Burton teve outros detratores, sempre homens que o invejavam, careciam de sua coragem e força, não tinham sua fluência nas línguas, mas achavam que suas próprias falhas tinham de encontrar paralelo em defeitos equivalentes de Burton. Um inimigo seu foi Francis Palgrave, que fez uma viagem famosa pela Arábia e publicou um relato em 1865, com o título *A narrative of a year's journey through Central and Eastern Arabia* [Uma narrativa sobre um ano de viagem pela Arábia Central e Oriental]. Palgrave cometeu o erro de questionar o caráter e a honestidade de Burton.

> Fazer-se passar por dervixe andarilho, como alguns exploradores europeus [isto é, Burton] tentaram fazer no Oriente, é por várias razões uma péssima idéia. Não precisamos nos deter sobre o aspecto moral desse procedimento, que a princípio sempre chocará espíritos simples. Simular uma religião em que o próprio aventureiro não acredita, executar com meticulosa exatidão, como se da mais alta e sagrada importância, práticas que interiormente ridiculariza e que, ao retornar, pretende expor ao ridículo dos outros, converter durante semanas e meses as mais sagradas e reverentes atitudes do homem em relação a seu Criador numa pantomima falsa e deliberada, para não mencionar outros traços ainda mais sombrios — tudo isso não parece propriamente condizer com o caráter de um cavalheiro europeu, e ainda menos com o de um cristão.

Era uma crítica feroz, e a réplica de Burton foi igualmente feroz, e talvez injusta. Ele observou que Palgrave, nascido protestante, de ascendência judaica (seu avô era Meyer Cohen, um judeu corretor de ações em Londres), tendo se tornado padre jesuíta, havia trabalhado, apesar de ser oficial britânico, como agente secreto para os franceses, fizera-se passar por "curandeiro" sírio e "com a volta ao protestantismo violou seus votos [sacerdotais]". Era, acrescentou Burton, "Satanás pregando contra o Pecado". Mas o cerne da questão era que Burton havia feito pouco do islamismo. A isso ele respondeu:

> O que há, perguntaria eu, de tão ofensivo na Peregrinação Muçulmana para os cristãos — o que a faz objeto de "ridículo interior"? Eles [os muçulmanos] também não veneram Abraão, o Pai dos Fiéis? [John] Locke e outros nomes ainda maiores não afirmaram que os maometanos são cristãos heterodoxos, na verdade arianos que, até o final do século IV, representavam a maior parte da cristandade norte-européia?
>
> O fato é que [...] Al-Islam, em seus princípios básicos, está muito mais próximo da doutrina de Jesus do que as modificações paulinas e escolásticas que, nesses nossos dias, dividem o espírito indo-europeu em católico e romano, grego e russo, luterano e anglicano. [...] O muçulmano pode ser mais tolerante, mais esclarecido, mais caridoso do que muitos grupos de pretensos cristãos.

E prosseguiu nessa linha. O relato de Palgrave sobre o que tinha visto e feito na Arábia — a geografia, o clima, os cursos d'agua, os oásis, vilas e cidades, o povo e suas incursões em áreas desconhecidas — já tinha sido questionado reservadamente por algumas pessoas com experiência do Oriente, mas não se devia afrontar dessa maneira alguém que era a grande celebridade do momento, como era o caso de Palgrave em 1865, e só mais tarde é que se descobriu que boa parte do que ele alegava conhecer por experiência própria não passava da repetição de dados que havia recolhido entre os beduínos ou lido em textos árabes.

Enquanto Burton voltava ao Cairo e depois a Bombaim, Isabel Arundell enlanguescia em Londres, sem muitas companhias interessantes além de seu diário — como os rapazes eram enfadonhos! Os sentimentos extravasados em seu caderno secreto talvez nem sempre fossem muito profundos, mas exprimiam uma emoção forte e direta e um amor intenso e constante por Richard. E tinha uma visão aguda da sociedade inglesa.

Sempre se pinta o "homem certo" como um fidalgote rico, gordo, afável, vivendo em suas terras, e com isso sua esposa poderia chegar a líder do Almack's. [...] Eu não conseguiria viver como um vegetal no campo. Não consigo me imaginar num avental branco, com um molho de chaves, ralhando com as empregadas, contando os ovos e a manteiga, com um bom marido corpulento (detesto homens gordos!), com um chapéu de abas largas e uma grande barriga.

Ela excluía *squires* rurais, médicos, advogados ("ouço os pergaminhos estalando"), párocos, empregados de escritórios em Londres.

Deus me ajude! Melhor seria pão seco, privações, sofrimentos, perigos por aquele que amo. Que eu possa ficar com o marido que escolher, para lutar, tratar dele em sua tenda, segui-lo sob o fogo de 10 mil mosquetes. Eu seria sua companheira nos problemas e dificuldades, trataria dele quando ferido, trabalharia para ele na tenda, prepararia suas refeições quando estivesse com fome, faria sua cama quando estivesse cansado, e seria seu anjo da guarda para reconfortá-lo — felicidade bela demais para ser expressa em palavras!

Ela temia que seu "Amante Ideal" nunca a aceitasse. "Será que nunca estarei sossegada com ele para amar e me entender, para contar todos os pensamentos e sentimentos, em lugares bem diferentes destes — sob a lona diante de Rangum — em qualquer parte da Natureza?" Ela achava que uma mulher devia se casar com um homem não "por apreço, estima, gratidão pelo amor dele, e sim pela plenitude de seu próprio amor". E "Se Richard e eu nunca nos casarmos, Deus fará com que nos encontremos no próximo mundo; não podemos nos separar; pertencemos um ao outro". Ela se achava destinada exclusivamente a Burton — e provavelmente tinha toda a razão: "Como eu seria imprestável para qualquer outro a não ser Richard Burton!".

Mas, por ora, essas grandes paixões deviam permanecer num limbo romântico. Não sabemos quais as idéias que Burton acalentava em relação a Isabel Arundell. Ele era levado, quase empurrado como que por forças além de seu alcance e controle, ao tipo de ação que tanto fascinava Isabel. Todas as suas energias eram absorvidas por planos de aventuras e mais aventuras de grande audácia. Era como se não parasse.

Com uma ponta de bravata e estoicismo, Isabel anotou em seu diário que "Richard acabou de voltar triunfante de Meca; mas, em vez de vir para casa, foi até Bombaim para se reunir a seu regimento. Sinto glória por sua glória. Deus seja louvado!". Mas a isso se seguiu uma compreensível onda de autopiedade, desolação e desesperança.

> Mas estou sozinha e sem amor. O amor pode iluminar o lar negro da miséria e aliviar os grilhões de um escravo; a existência mais miserável é tolerável com seu apoio, e a mais esplêndida é cansativa sem sua inspiração. [...] Não há esperanças para mim? [...] Posso rir, dançar e cantar como os outros, mas há sempre um desânimo me corroendo o coração que me cansa.

19. "CIDADE MAL-AFAMADA"

DE BOMBAIM, BURTON BOMBARDEOU os poderes de Londres — a Companhia das Índias Orientais e a Royal Geographical Society — pedindo autorização e respaldo para sua grande viagem até o coração da África, em busca das nascentes do Nilo. Mas a diretoria tinha em mente objetivos mais específicos. Preferia apenas a penetração na Somaliland, além de um levantamento dos portos costeiros. Havia razões práticas para tal decisão. Em 1839, depois de uma disputa com um xeque local, a Companhia das Índias Orientais tinha tomado o minúsculo porto de Áden, antigo ancoradouro sem maior significação na ponta sul da enorme península Arábica, transformando-o numa escala importante na rota entre Suez e a Índia. Áden, em si, era uma pequena língua de terra, com 4,8 quilômetros de extensão e oito quilômetros de largura, consistindo basicamente de desoladas e áridas rochas vulcânicas, um monte de lava cozida ao sol sem qualquer encanto. Áden tinha muitos defeitos. Não era um porto de escala muito satisfatório, ficando um pouco fora de mão na travessia Suez-Bombaim, e seu ancoradouro não era dos melhores. O clima, como se queixou Burton, era tórrido. Mas do outro lado do golfo de Áden, no Chifre da África, ficava Berbera, o principal porto da Somaliland e um dos melhores e mais seguros do lado oeste do oceano Índico. Portanto, era natural que os diretores da Companhia de João quisessem saber mais sobre o porto e as estranhas e temíveis terras que se estendiam além dele. Mas a Companhia, dando, como sempre, mostras de sua costumeira mescla de prudência e cupidez, que caracterizava seu tratamento com os empregados que saíam fora da "rotina de tombadilho" (como dizia Burton), aprovou o plano apenas em parte. A Companhia declarou em 1849: "Se uma pessoa capaz e adequada se apresentar como voluntário para ir até a Somália, ela viajará por conta própria, sem receber do governo maior proteção do que ele daria a uma pessoa sem qualquer relação com a instituição". No entanto, o governo "lhe fornecerá todos os instrumentos necessários, lhe dará uma passagem de ida e volta e pagará as despesas efetuadas na viagem".

Depois da sondagem cautelosa e improfícua de Carter em suas costas, a Somaliland ficou em suspenso até ser tida por Burton como o primeiro passo para o coração da desconhecida África. Ele contava com três companheiros igualmente ansiosos, prontos para irem juntos: o tenente G. E. Herne, do 1º Corpo (europeu) de Fuzileiros de Bombaim, o tenente William Stroyan, da marinha indiana, e o dr. J. Ellerton Stocks, velho amigo de Karachi. Todos estavam altamente qualificados para uma expedição tão ousada e perigosa como demonstrou ser a penetração da costa da África Oriental. Herne se distinguia por sua perícia como topógrafo e mestre das recentes técnicas fotográficas, além de suas habilidades mecânicas. Stroyan também era um bom topógrafo e artista. Stocks, além de ser cirurgião-assistente do Setor Médico de Bombaim, era ainda botânico, explorador calejado de áreas primitivas e um "sujeito de primeira linha sob todos os aspectos".

Naquele ano de 1854, a África Oriental não constituía uma prioridade para os compatriotas de Burton na Inglaterra. Em janeiro, ela e a França, que até pouco tempo era uma inimiga odiada, tinham se aliado aos turcos na guerra contra a Rússia. Enquanto a Inglaterra estava absorvida pela guerra, Burton prosseguiu com seus planos, tendo de agüentar não muito mais que as usuais inconveniências de seus superiores em Bombaim. Em maio, antevendo uma resposta positiva de Londres a seus projetos, ele embarcou para Áden num navio da Companhia, junto com Herne e Stroyan. A Companhia chegou a lhes oferecer passagens gratuitas. Stocks, que estava de licença em Londres, devia encontrá-los em Áden, mas logo depois chegou a notícia de que ele tinha morrido de repente, de um ataque apoplético. Com isso, a expedição perdeu um homem. O ambiente em Áden, tanto físico quanto político, não se mostrava propício ao planejamento e preparação final da aventura, e sobre esta pairava uma atmosfera agourenta, a começar pelo clima e pela topografia opressiva. O "Olho do Iêmen", como era conhecido o porto, era uma montanha miserável, diz Burton, com "vista apenas para o ermo, a areia, a água salgada e o desespero". O acampamento inglês era uma "Poncheira do Demônio", que sufocava durante nove meses do ano, sujeito a tempestades de areia, intercaladas por rajadas do simum, "estéril por falta de chuva". Burton reclamou que "aqui nem sequer um pardal consegue sobreviver, e nem um corvo é capaz de procriar" — tinham tentado trazer esses pássaros de Bombaim: os pardais morreram e os corvos não conseguiram se reproduzir.

Os funcionários da Companhia em Áden se opuseram ao plano de Burton, e daí adviriam conseqüências funestas. Em primeiro lugar, o agente político local, capitão Stafford B. Haines, da marinha da Coroa, tinha acabado de ser afastado do cargo sob acusação de malversação. Um "capítulo sombrio na história do governo de Bombaim", declarou o *Allen's Indian Mail* seis anos depois, visto que o processo contra o agente parecia se basear não em atividades criminosas, mas nas disputas políticas nas quais muitos funcionários da Companhia se envolviam. A tragédia para Burton foi que Haines, tendo servido quinze anos em Áden, desde a tomada do porto, conhecia bem as tribos somalis, negociava com os árabes, era altamente respeitado pelos vários povos nativos e, como Burton, compreendia a mentalidade oriental — tratava os árabes com as próprias táticas deles, "calmamente deixando que, antes de agir, eles percebam que você sabe quais são suas intenções e que você está preparado para se contrapor a seus planos". Seu substituto, o coronel James Outram, foi enviado em julho. Outram e seus ajudantes iriam mudar todo o perfil da Expedição Somali. Rixas havia muito tempo adormecidas se reavivaram; hostilidades nascidas na época mais negra de Sind, entre napieristas e outramistas, entre militares e políticos, ainda latentes e não resolvidas, agora explodiam abertamente. Outram estava com problemas de saúde e devia ocupar o cargo em Áden apenas até dezembro, tempo suficiente, porém, para afetar os planos de Burton. A tensão deflagrou imediatamente.

> Eu não tinha razões para gostar dele [disse Burton em *Life*]; quando mais jovem, ansioso para se distinguir, Outram ambicionava explorar as terras somalis, então tidas como as mais perigosas da África, mas, quando eu me preparei para tanto, ele se opôs abertamente a mim.

Outram apelou a amigos de toda parte para que o apoiassem contra Burton. Em Bombaim, o famoso dr. Buist, editor do *Times* de Bombaim, dirigiu suas munições contra Burton. Terminada a expedição, Buist escreveu em editorial:

> Em Áden, em agosto passado, o coronel Outram, apenas há quinze dias no cargo, mas fundamentando suas opiniões nas dos residentes mais antigos e experimentados do lugar, nos apontou com toda a ênfase a extrema imprudência da chamada Expedição Somali e a tragédia que, de uma forma ou outra, quase certamente se seguiria à louca aventura de um grupo de jovens temerários, que, independentemente de seus talentos [...] não pareciam capazes de acrescentar grande coisa a nossos conhecimentos científicos.

Buist acrescentou que Burton havia replicado "com sua costumeira habilidade [...] expressando as opiniões mais opostas possíveis às que tínhamos apresentado". Agora a colônia, como tinha acontecido em Sind, estava dividida em dois lados. Outram opinou que a expedição equivalia a desafiar o destino. Burton fez uma crítica ríspida, observando que "o europeu se degenera rapidamente [...] nos climas quentes, desgastantes e insalubres do Oriente" — seus compatriotas perdiam a fibra. "As maneiras rudes, o olhar feroz e as ameaças insolentes dos somalis [...] tinham incutido na tímida colônia [inglesa] no 'Olho do Iêmen' a idéia de um extremo perigo. [...] O autor e seus camaradas foram acusados de estarem seguindo deliberadamente para a morte."

Outram "negou apoio ao projeto proposto" e insistiu que a expedição se dividisse e que cada membro seguisse um caminho diferente para as explorações. Foi um erro crasso. Ainda agora não é claro se essa decisão partiu de Outram ou de Burton, ou se chegaram juntos a ela depois de muitas discussões, estando Burton disposto a aceitar praticamente qualquer solução de compromisso para poder ir à Somaliland. "A cabeça humana, quando é cortada, não rebrota como a rosa", disse um membro da equipe de Outram a Burton. Mas agora o novo projeto oferecia um ramalhete de três cabeças humanas.

Para complicar as tensões entre Burton e Outram, surgiu em cena um terceiro partido, um homem que a princípio contribuiria e trabalharia para os planos de Burton, mas que depois se tornou uma espécie de nêmesis, um inimigo disfarçado de amigo e associado. Era John Hanning Speke, que chegou inesperadamente da Índia no mês de setembro. Speke era seis anos mais novo que Burton, mas já era capitão. Tinha ido para a Índia aos dezessete anos como protegido do duque de Wellington e ganhou um posto na 46ª Infantaria Nativa de Bengala. Nos últimos cinco anos, tinha ido a Áden, durante sua licença explorou o Himalaia e chegou ao Tibete, viajando sozinho, apenas com o séquito normal de carregadores nativos. Era tido como pessoa fria, pedante e calculista. Tinha sido atingido por alguns respingos controversos na Índia, os quais ainda permaneciam. Mas eram controvérsias bastante inócuas, ao contrário dos sinistros cochichos a respeito de Burton. Mesmo pelos cruéis padrões da Inglaterra oitocentista, Speke era um caçador impiedoso, quase um assassino de animais em vez de um esportista, e não poupava esforços, por mais exigentes ou perigosos que fossem, para encontrar caça. Orgulhava-se de ser um colecionador de flora e fauna, e agora, tendo juntado três anos de licença, pensava em passar a maior parte desse período na África, onde imaginava que encontraria muitos animais. Speke tinha economizado dinheiro como um unha-de-fome e pensava em dedicar os dois próximos anos à coleta de vários espécimes. É evidente que, na época, ele estava interessado apenas em caçar. Mais tarde, Speke alegou que o objetivo básico de sua viagem era encontrar as nascentes do Nilo, assim tentando estabelecer *a posteriori* uma precedência sobre Burton, alegação que deixou muito explícita em seu livro *What led to the discovery of the source of the Nile* [O que levou à descoberta da fonte do Nilo] publicado em 1863 e dedicado a Outram. Speke alegou que tinha ido a Áden para organizar a expedição pela região mais selvagem da África e que, quando encontrasse a cabeceira do Nilo, desceria o rio até o Egito.

A princípio, Speke planejava ir sozinho à África, idéia de extrema insensatez. Não era lingüista, falava apenas os rudimentos mais simples do hindustâni militar e, pior, ao contrário de Burton, que podia reclamar e se queixar dos nativos, mas que no fundo sentia admiração e amor por eles, Speke fazia pouco das raças indígenas, referindo-se a elas como "negros simplórios".

Quando Speke expôs seus planos a Outram, ficou surpreso ao encontrar oposição. O agente não só negou auxílio, como ainda afirmou que não devia de forma nenhuma se aventurar na África, "pois as terras para além de Áden eram perigosíssimas para qualquer estrangeiro". Ademais, os somalis eram "de uma natureza tão selvagem e agressiva que nenhum estranho decerto conseguiria viver entre eles". Era uma proibição rígida e terminante, mas Outram, depois, permitiu que Speke substituísse o pranteado Ellerton Stocks, cujas várias habilidades teriam sido de tanta valia para Burton.

De todas as pessoas que passaram pela vida de Burton, Speke é o mais passível de ser submetido aos riscos da psicanálise amadora do século XX. Nascido em 1827, era o segundo filho de fidalgos rurais que diziam descender de um antigo clã de Yorkshire, os Espec. Speke tinha um enorme ciúme de seu irmão mais velho, e até fez comentários públicos e escritos sobre o fato. Recebeu apenas algumas tinturas de instrução; odiava "conhecimento livresco" e preferia passatempos como procurar ninhos de aves. Lia pouco porque sofria de sérios ataques oftálmicos, problema que iria afetá-lo freqüentemente em anos mais avançados. Talvez também tivesse um pouco de dislexia, e seus problemas de saúde o levaram a se manter na companhia da mãe. Assim, ele pode ser visto quase como um caso típico do "irmãozinho" que teve de passar a vida tentando se afirmar, o que fez com alguma distinção na Índia. Serviu nas guerras sikhs, oportunidade que, pelas circunstâncias, foi negada a Burton, e ganhou medalhas em diversos engajamentos importantes. Em toda a carreira militar, foi um solitário, um "bom soldado" que passava sozinho seu tempo livre. Sua carreira, em certo sentido, foi exemplar. Pelos critérios militares, era o soldado ideal, trabalhador, corajoso nas batalhas, um perfeccionista sempre querendo agradar o oficial de comando, nunca criando problemas. Mantinha-se a distância das mulheres nativas (e das esposas dos colegas), e não bebia nem jogava.

Como Burton iria observar, Speke não era nada modesto e tinha a tendência de mostrar o tipo de bazófia mais ridícula. Felizmente para seu amor-próprio, nunca foi questionado a não ser em anos mais adiantados, e justamente por Burton, que conhecia os fatos. Speke alegava, por exemplo, que tinha "atirado em três quartos do mundo todo", sendo que suas experiências de caça se restringiam a uma área infinitesimal — as ilhas Britânicas, alguns estados indianos e, mais tarde, uns poucos locais da África. Um exemplo mais grave, porém, apresentado para fundamentar suas pretensões de grande cartógrafo, é a bazófia de ter explorado e mapeado o Tibete: "Fui o primeiro homem [branco] a penetrar em muitas de suas partes mais remotas, e a descobrir muitos de seus numerosos animais". Na verdade, o Tibete tinha presenciado um afluxo constante de bravos espíritos europeus, entre eles missionários jesuítas, "escritores" enviados pela Companhia das Índias Orientais (inclusive William Moorcroft, que se supunha ter vivido doze anos em Lhassa), vários franceses e, mais recentemente, os irmãos Henry e Richard Strachey. Por conseguinte, as circunstâncias da vida de Speke, suas fantasias e desejos, sua inveja de Burton foram razões largamente suficientes para sua conduta posterior. Ele queria ser conhecido como o homem que tinha descoberto a nascente do

Nilo, honra que não partilharia com ninguém, muito menos com Burton.

A primeira reação de Burton a Speke foi positiva e amigável. O recém-chegado parecia experiente, corajoso, forte e interessado na expedição. Mais tarde, Burton tentou fazer uma avaliação justa e razoável de Speke. Isso foi depois da morte de Speke, quando Burton sentiu a necessidade de fornecer alguma explicação para as divergências que, quase de imediato, surgiram entre ambos. Elogiou os atributos físicos de Speke: "Um homem de corpo ágil e enxuto, com cerca de 1,80 metro de altura, 'olhos azuis, de cabeleira fulva, o velho tipo escandinavo, cheio de vida e energia', com um temperamento altamente nervoso, sinal de resistência, e pernas longas e rijas, mas não musculosas, que caminhavam com desenvoltura.".

No entanto, agora era difícil para Burton ocultar seus verdadeiros sentimentos e manter a neutralidade. Ele tentou deixar claro que "não me apresento como inimigo do falecido", como escreveu após a trágica bala que matou Speke.

> Ninguém mais do que eu é capaz de apreciar melhor as nobres qualidades de energia, coragem e perseverança que ele possuía em tão alto grau, pois eu o conheci durante muitos anos e viajei com ele como um irmão, antes que a infeliz rivalidade a respeito da nascente do Nilo se erguesse como o espectro da discórdia entre nós, e se transformasse numa labareda pela inveja e ambição de "amigos".

Burton reivindicava "apenas o direito de dizer a verdade e nada mais que a verdade". Era uma verdade retrospectivamente não muito agradável. Burton escreve que Speke "não estava qualificado para a excursão. [...] Desconhecia as raças nativas da África. [...] Não conhecia nenhum hábito e costume do Oriente. [...] Vi que ele ia perder seu dinheiro, sua 'licença' e sua vida. Por que havia de me preocupar? Não sei". Ao aceitar Speke como membro pleno da Expedição Somali, Burton estava salvando o dinheiro e a licença de Speke, mas disse: "Agora vocês podem pensar que era ao contrário — que foi ele que me aceitou, não eu a ele". Um problema sério com Speke era sua alegação de ter "feito um levantamento do Tibete", o que se revelou como pura fanfarronice. Ele obteve suas informações sobre o país através de seu amigo, o conhecido capitão Edmund Smyth, aventureiro do estofo de Burton, que, ao que parece, tinha entrado no Tibete numa missão secreta em 1851 e depois em 1853. Com efeito, Speke se mostrava estranhamente vago em relação ao Tibete, a despeito de suas bravatas. O que estarreceu Burton e os outros oficiais foi que Speke disse que gostava de comer a carne dos fetos dos animais que abatia. "Ele tinha adquirido um gosto curioso pela carne mais nova, chegando a preferi-la ainda não nascida", escreve Burton em *Zanzibar*. Mais tarde, muitos anos depois de ter estado na África, o próprio Speke se referiu incautamente a essa sua inclinação:

> Tendo atirado numa corça kudu grávida, mandei que meu caçador nativo, um homem casado, dissecasse seu ventre e tirasse o embrião; mas ele se negou horrorizado, temendo que a visão do bebê, atingindo seu espírito, tivesse uma influência sobre o futuro parto de sua mulher.

Speke tinha outros defeitos graves, à luz dos perigos que seriam enfrentados pela Expedição Somali. Maior que sua ignorância, apenas sua ambição cega. "Sem saber sequer os nomes dos portos [da África Oriental], ele propôs explorar algumas das partes mais perigosas da África", disse Burton, assombrado que Speke se expusesse com um espírito tão jovial às doenças, privações e lanças dos nativos. Havia um motivo para essa displicência. "Antes de partirmos, ele declarou abertamente que, estando cansado da vida, tinha vindo para ser morto na África — uma declaração não muito satisfatória para os que aspiravam a algo melhor do que a coroa do martírio". Mesmo assim, apesar da desalentadora confissão de Speke, Burton teve de reconhecer: "Quando havia oportunidade, ele se comportava com prudência e coragem". No entanto, "o tenente Speke era de um trato excepcionalmente difícil. Tendo sido dono de seu nariz durante anos, tinha uma vontade e um jeito todo próprio".

Mas, pelo bem ou pelo mal, Speke era necessário para substituir Stocks, e Burton prosseguiu em seus preparativos.

Enquanto isso, a Royal Geographical Society em Londres tinha recebido e comentado o primeiro relato de Burton sobre a peregrinação a Meca. A Society elogiou sua "ousadia e sagacidade" e o "pleno êxito" na realização de uma viagem arriscada. Apesar disso, os diretores da Companhia das Índias Orientais mostraram a habitual pusilanimidade, evitando habilmente dar um apoio concreto à Expedição Somali. Em outubro, quando Burton estava prestes a partir para a costa africana, Outram recebeu uma carta dizendo que a expedição não devia ser oficial,

> mas empreendida pelo tenente Burton como viajante particular. [...] O tenente Burton deve ser terminantemente proibido de incorrer em qualquer risco imoderado. [...] Deve apalpar o terreno cuidadosamente, e não seguir em frente a menos que tenha motivos razoáveis para crer que sua vida e a de seus companheiros não estarão sujeitas a ameaças sérias.

O fato cruel é que a posição contrária de Outram à expedição e sua obstinação em insistir que, caso o projeto se concretizasse, os membros deviam seguir caminhos distintos, punham em risco a vida de quatro oficiais e dos nativos que os acompanhavam. Ficou decidido que, em novembro, Herne iria a Berbera após a inauguração da famosa feira anual, que atraía comerciantes de toda a costa oriental da África. "Julgou-se que a permanência de um enviado oficial na costa despertaria um sentimento amistoso por parte dos somalis", conta Burton.

Herne ficou em Berbera de novembro de 1854 até abril do ano seguinte, tendo Stroyan se reunido a ele em 1º de janeiro, e ambos ficaram esperando nessa cidade portuária relativamente segura, onde os brancos não eram totalmente desconhecidos. A missão deles era investigar a situação do comércio, o tráfico de escravos e as rotas das caravanas, explorar e mapear as montanhas litorâneas e, na medida do possível, fazer registros climáticos. Mas a suposição de que a presença de oficiais britânicos em Berbera "despertaria um sentimento amistoso" foi um erro ingênuo e grave, que Burton não devia ter cometido. Speke desembarcou em Bunder Garay, um pequeno porto em Ara al-Aman, ou "Terra da Segurança", de onde, providenciando guias e carregadores locais, sairia para procurar e mapear um famoso vale e o rio Wady Nogal, e comprar cavalos e camelos para futuras expedições. Devia também coletar amostras de uma certa terra avermelhada, que muitos acreditavam conter ouro em pó.

E Burton?

Burton tinha reservado o papel mais interessante, mais audacioso e mais perigoso para si mesmo. "O autor, adotando o disfarce de mercador árabe", escreve ele, "se preparou para visitar a cidade proibida de Harar. [...] E fui, devo confessar, mais por curiosidade e demonstração de *savoir faire* de viajante do que por qualquer outra razão." "Não conseguia reprimir minha curiosidade sobre essa misteriosa cidade", disse ele num artigo que escreveu para o *Journal* da Royal Geographical Society quando voltou à Inglaterra.

Harar era um objetivo à altura de Burton em sua melhor forma, no grau máximo de sua ousadia e destemor. Seus muros nunca tinham sido franqueados por nenhum europeu, e a cidade também era hostil em relação a outros povos, inclusive os abissínios, os quais eram cristãos. Era uma antiga metrópole, habitada por uma raça estranha, outrora poderosa, que falava uma língua exclusivamente sua (que desafio para Burton!) e famosa como centro islâmico comparável a Meca (outro desafio!). Além disso, era conhecida como centro de tráfico negreiro, por onde passavam as caravanas árabes levando os negros capturados em outros lugares até a costa — o que fazia dela alvo da indignação de Burton. E, para justificar seu interesse por Harar, Burton podia ressaltar para os diretores da Companhia de João que a cidade teria muitas vantagens comerciais, com seu lucrativo mercado de café e algodão. Em suma, Harar era um repto ao qual Burton dificilmente fecharia os olhos. E uma viagem de reconhecimento por Harar poderia fornecer algumas pistas para o caminho até as cabeceiras do Nilo.

O perigo era inegável. "Existe uma tradição", conta Burton, "segundo a qual Harar cairá à entrada do primeiro cristão [branco]."

> Assim, todos os que tentavam entrar eram mortos. Portanto, era um ponto de honra para mim utilizar meu título de hadji para entrar na cidade, visitar o governante e voltar à segurança depois de romper o sortilégio tutelar.

Burton viajaria como hadji mirzá Abdullah, voltando ao papel que tinha adotado na peregrinação a Meca, com o novo detalhe de que agora era alguém especial, um homem que tinha feito o hadj e merecia respeito. Usaria roupas árabes e sugeriu — na verdade ordenou — que os outros também vestissem trajes árabes, não tanto como disfarce, mas por conveniência e uma certa precaução, pois assim não seriam imediatamente reconhecidos como europeus. Outram ficou furioso que Burton não pretendesse aparecer aos somalis como oficial britânico. Ele achava que o disfarce rebaixava os ingleses aos olhos dos nativos. Speke também não gostou. Ele escreveu que Burton

> achava melhor que aparecêssemos como discípulos dele, e assim Herne já tinha comprado suas roupas, e eu então comprei as minhas. Não foi nada agradável. Eu usava um turbante quente, uma túnica comprida e justa, calças largas e frouxas presas nos tornozelos, sandálias nos pés sem meias e uma faixa de seda na cintura com pistola e punhal.

Embora as circunstâncias o obrigassem a passar o verão inteiro no clima pesado e sufocante de Áden, Burton não ficou inativo nem se entregou àquela lassidão que tantas vezes se abate sobre a pessoa nos trópicos. Ele tinha ocupado um apartamento num hotel velho de Steamer Point, longe da colônia britânica. Steinhauser também se encontrava por lá, e ambos ficavam conversando interminavelmente sobre uma expedição conjunta à África Central e uma tradução a quatro mãos "daquela obra maravilhosa", *As mil e uma noites*. E Burton se atirou a tudo o que conseguiu sobre a Somaliland, o povo e a língua. A princípio não foi fácil, pois, além do veto de Outram à expedição, os ingleses em Áden tinham estabelecido uma fronteira rígida entre eles e os nativos. Assim, como de hábito, Burton se ligou às pessoas mais informadas, no caso os árabes e os próprios somalis que moravam em Áden. Iniciou seus estudos da língua com um artigo de Christopher P. Rigby, seu velho rival nos exames semestrais de línguas em Bombaim. Rigby tinha escrito um útil ensaio, *Outline of the somauli language, with vocabulary* [Linhas gerais da língua somali, com vocabulário]. A rivalidade prosseguiu: Rigby dizia que o somali não guardava "a menor semelhança com o árabe na construção". Burton adotou o ponto de vista contrário. Mas existia um meio mais eficaz e agradável de aprender o somali do que um artigo de mérito questionável. Era mais prático seguir o velho e comprovado provérbio que diz que a melhor maneira de aprender uma língua é na cama; assim, Burton contatou algumas prostitutas somalis em Áden e logo adquiriu domínio da língua. Mas as mulheres não eram propriamente prostitutas.

> Não existem meretrizes na Somaliland [observou ele em *First footsteps in East Africa*], mas há muitas mulheres que, devido à inatividade dos maridos, prostituem seus corpos sem qualquer escrúpulo. O homem expressa suas intenções com acenos, sorrisos e movimentos despudorados dos dedos. Se a mulher sorri, Vênus se rejubila. Aí, o fornicador indica com os dedos a soma que se dispõe a pagar. [...] Os somalis têm apenas um método de fazer amor. Os parceiros se deitam de lado, e nunca, como é nosso costume, o homem sobre a mulher. A mulher deita sobre seu lado esquerdo e o homem sobre o direito.

A facilidade de conseguir mulheres somalis o levou a emitir um juízo que talvez não fizesse quando mais jovem. "No que concerne à moral delas", não lhe pareceu que estivesse numa "condição venturosa. [...] Como regra geral, as mulheres somalis preferem *amourettes* com estrangeiros, obedecendo ao famoso provérbio árabe, 'O recém-chegado enche os olhos'." Quem seria o recém-chegado, senão Burton? Ele elogiou "o corpo moreno carregado e o rosto redondo" das somalis. "Um de seus encantos típicos", escreve ele em *First footsteps in East Africa*, "é uma voz baixa, suave e plangente. [...] Ela tem um encanto indefinível. Muitas vezes fiquei horas acordado ouvindo as conversas das moças [somalis], que a meus ouvidos mais pareciam música do que meras palavras."

Apesar de apreciá-las, ele acrescenta: "De modo geral, as mulheres somalis têm um temperamento frio, em virtude de causas naturais e também artificiais.". Ele descobriu que as somalis, como as egípcias e árabes, eram sem exceção submetidas à infibulação, isto é, à sutura dos lábios genitais. Num apêndice a *First footsteps*, intitulado "Breve descrição de certos costumes típicos", que tratava da excisão (ou "circuncisão") do clitóris e da infibulação, ele atribuiu os dados a dois exploradores anteriores, W. G. Browne, que em 1802 mencionou a excisão do clitóris entre os cristãos da Abissínia e os muçulmanos do Egito, e Ferdinand Warne, em 1842, numa narrativa de suas viagens ao longo do Nilo Azul. Mas as informações de Burton dificilmente seriam de segunda mão.

> Há um método muito notável sistematicamente praticado pelos somalis, como também entre os abissínios, núbios e gallas, para preservar a castidade de suas mulheres. Eles costuram os lábios das partes íntimas da menina com um cordão de couro ou, mais usualmente, de crina de cavalo. Uma escrava, que os árabes chamam de kadimah e os somalis de midgan, corta o clitóris e as ninfas da menina com um facão; feita a excisão, ela pega uma agulha e costura os lábios com uma série contínua de pontos grandes. Na parte inferior, deixa-se uma pequena passagem para a saída de água, e assim o órgão genital perde seu formato natural e se torna circular. Tratam os ferimentos da menina com uma fumigação de mirra, en-

faixando as coxas e a colocando sobre um fogo que solta vapores; a cura leva de dez a doze dias. Todas as classes superiores somalis empregam o método da sutura. Nas cidades, as meninas recebem esse tratamento ainda bem novas; nos distritos rurais, ele só é aplicado aos quinze anos de idade.

Ele não poupou ao leitor nenhum detalhe dessa "bárbara garantia de virgindade e castidade", que supostamente preservaria a jovem até o casamento.

Se um homem quer fornicar com uma moça, e ela é suficientemente despudorada para permitir, ele tira os pontos; o marido, por outro lado, se empenhará em aumentar e intensificar sua força física com uma dieta de carne, e à noite, ao ir para a cama com sua esposa recém-casada, vai forçar e romper o bloqueio com seu cálamo do amor. Geralmente não consegue, e então ataca essa membrana artificial com o dedo. Se com esse método não consegue atravessar a barreira, ele abre o órgão a partir de baixo com uma faca e empurra imediatamente seu pênis pela abertura sangrenta. A dor é tão grande que a mulher solta gritos agudos; para compensar, músicos e músicas cantam para abafar os gritos da noiva; as moças de mais idade, porém, reprimem os gritos por vergonha. Alguns, em sua ânsia de gozo, chamam uma escrava que alarga o órgão da mulher, para que o pênis possa caber. Por cerca de uma semana, marido e mulher ficam na mesma cabana e se dedicam dia e noite ao ato amoroso. Os que desconfiam da fidelidade da esposa, quando saem para alguma viagem, costuram novamente a abertura do órgão; mas uma mulher cuidadosa rompe a sutura com a maior facilidade e a costura de novo depois de satisfazer seus desejos. Eles dizem que, num único ano, nasceram doze bastardos em Zayla [cidade da costa somali].

O tempo parecia passar devagar nessa fornalha parada e abandonada. A atenção inglesa se concentrava na guerra com a

Rússia. A campanha na Bulgária tinha terminado, e a Inglaterra, junto com a França, viu a oportunidade de assestar um profundo golpe no czar, atacando a grande base naval russa em Sebastopol, na Criméia. O que havia para fazer nas longuíssimas horas e dias, enquanto a Expedição Somali não ficava pronta? Mulheres, línguas, discussões com Outram, suspeitas de Speke. Era uma vida irritante para alguém que via que

> a literatura se restringe a adquirir a arte de se explicar no jargão de selvagens seminus; onde os assuntos da vida consistem em ignóbeis querelas de funcionários [...] onde o convívio social é soterrado pelos boatos; onde [...] é quase impossível se dirigir a uma bela senhora sem ao mesmo tempo deixar de afetar a reputação dela e a nossa.

Mas Burton encontrou uma droga que ajudaria a mitigar o tédio. Era o narcótico conhecido como *khat* (kat ou cat, escreve Burton em *First footsteps*), que consiste nas folhas tenras de um arbusto comum, *Catha edulis*, que se encontra por toda a África Oriental.

> Os europeus não obtêm um grande efeito com ele — o amigo S[teinhauser] e eu experimentamos certa vez uma infusão forte, sem resultados —, os árabes, porém, que não estão acostumados a estimulantes e narcóticos, dizem que, como os comedores de ópio, não conseguem viver sem o estimulante. Parece provocar neles uma espécie de prazer sonhador.

Mas, a despeito dessa ligeira ressalva sobre os fracos efeitos do *khat* sobre si, Burton foi um consumidor constante durante sua permanência na Somaliland. Era uma droga popular. Os religiosos muçulmanos diziam que o *khat* era "o Alimento do Devoto", e "os letrados comentam que ela tinha as propriedades singulares de avivar a imaginação, clarear as idéias, alegrar o coração, diminuir o sono e substituir a comida". Segundo conhecedores, o *khat* era "comparável aos efeitos do cacau do Peru". Também provocava acentuados efeitos priápicos, e os usuários se gabavam de um vigor e resistência inigualáveis.

Agora o verão estava no fim, e a Expedição Somali estava pronta. No dia 29 de outubro, um indescritível domingo, às quatro da tarde, hora quentíssima e lânguida, Burton deu ordens para que o barco partisse, e desceram pelo "porto abrasador". Steinhauser deu "o tapa da bênção" nas costas de Burton, e tudo parecia muito bem. Quando o barco chegou a mar aberto, Burton e a tripulação recitaram o Fatihah em homenagem ao lendário xeque Najud, que, segundo os árabes, teria inventado a bússola dos marinheiros. Logo a seguir, os tripulantes nativos e os criados de Burton abandonaram qualquer mostra de civilização que tinham aparentado em Áden, tirando os turbantes e as roupas — ficando apenas de tanga, e untando, diz Burton, seus "couros escuros" com uma "pomada que cheirava a rabo de carneiro".

Burton tinha contratado três somalis em Áden, que serviriam de guias e guarda-costas. O chefe era Mohammed Mahmud, sargento da polícia de Áden. Era chamado de al-Hammal, ou o Porteiro. Era "um sujeito de pescoço taurino, cabeça redonda, de humor linfático, com uma pele cor de carvão, traços regulares e figura corpulenta". Burton acrescenta: "Ele não sabe ler nem escrever, mas tem todos os conhecimentos que são adquiridos em quinze ou dez anos de 'andanças'" pelo Egito e pela Índia. "É um mímico excelente e diverte seus expectadores com imitações e apresentações da cerimoniosidade indiana, da dança egípcia, da veemência árabe, da violência persa, da vivacidade européia e da insolência turca."

O segundo indivíduo era um outro policial de Áden, chamado Long Gulad, "um daqueles compridos esqueletos vivos, comuns entre os somalis. [...] É bastante corajoso, pois se arroja ao perigo sem pensar [...] mas não consegue suportar fome, sede e frio". O terceiro era chamado de Final dos Tempos. Era uma espécie de sacerdote inferior, analfabeto, mas com ligeiros conhecimentos religiosos. Burton conta que seu nome se referia "à profetizada corrupção dos sacerdotes muçulmanos na era final do mundo", e era "um indivíduo de 'muita fala e pouca ação', pura intriga, covardia, estultícia, dotado de uma língua realmente ferina". Havia ainda um garoto caolho, chamado Calendário.

A travessia do golfo de Áden não teve maiores incidentes, e no dia 31 de manhã, o barco entrou na enseada de Zayla, e ao meio-dia atravessou os recifes de coral antes do porto. Enquanto o grupo de Burton se preparava para ancorar, souberam pela tripulação de um outro barco que a estrada que Burton pretendia tomar para Harar estava fechada. Tinha se desencadeado um conflito entre as forças do governador de Zayla, o hadji Sharmakay bin Salih, e as do emir de Harar, a propósito do rendosíssimo tráfico de escravos. O filho de Sharmakay foi morto, praticaram-se inúmeras crueldades, sobretudo contra os desamparados, uma caravana de escravos tinha sido saqueada, as mulheres levadas e vendidas, e trezentos "desventurados meninos" foram castrados para serem usados como eunucos.

Burton e seus empregados vadearam até a costa e puseram roupas limpas. Tendo ouvido as terríveis notícias de Zayla, Burton ficou "agradavelmente desapontado com o espetáculo das casas caiadas e minaretes, despontando sobre uma longa linha de muros castanhos".

A cidade, importante centro de exportação, estava sob o controle dos turcos, que governavam por intermédio de Sharmakay. Burton o conheceu em Áden, e logo tinham ficado amigos, mas agora, para preservar o disfarce, eles tinham de fingir que não se conheciam e fizeram todo o ritual do primeiro contato no palácio, que Burton, pilheriando como de hábito, definiu como "estábulo". Sharmakay, porém, era "um homem bastante notável". Com cerca de sessenta anos, cego de um olho e o outro esbranquiçado pela idade, "com um pé no túmulo, ele não pensa senão na conquista de Harar e Berbera", que o tornaria senhor do litoral e estenderia seus poderes até a Abissínia.

Depois do rápido encontro com o governador, Burton foi levado a uma casa onde ficaria pelas próximas semanas, e foi deixado a sós:

Os sons familiares de Al-Islam voltaram à memória. O salmodiar melodioso do muezim — nenhum repicar das vésperas pode se comparar a ele em solenidade e beleza — na mesquita próxima, o Amin [Amém] e Allahu Akhbar [Deus é Grande] entoados em voz alta — muito além de qualquer órgão — soaram novamente em meus ouvidos.

Em seguida ouviu-se a salva do crepúsculo, e depois o tambor avisando a hora de recolher. "O anoitecer foi acompanhado por canções, por danças e pela festa de casamento [...] e figuras com as cabeças encobertas andavam apressadas e misteriosas pelas ruelas escuras. [...] Depois de uma olhadela pela janela aberta, adormeci, sentindo-me novamente em casa."

Então se seguiram, diz Burton em *First footsteps*, "36 dias quietos, iguais, desinteressantes", enquanto ele atendia a "todas as cansativas preliminares da viagem africana". Mas ele era "árabe demais para se aborrecer com os intermináveis preparativos para a formação de uma caravana", como diz em *Life*. Aos primeiros raios da alvorada, ele se levantava e ia ao terraço para fazer suas orações. Mas, ao que parece, dedicava seu tempo a flertar com duas jovens, irmãs por parte de pai, uma delas uma indiana de "pele cor de chocolate e cabelo comprido", que chamou a atenção de Burton "se penteando, dançando, cantando e dando tapas nas escravas", a outra uma abissínia com muitas tatuagens no rosto, com uma linha bem marcada que ia da testa à ponta do nariz; entre as sobrancelhas tinha uma flor-de-lis, além de pintas tatuadas por todo o rosto. Burton gostou da abissínia, e "logo ficamos conhecidos".

O desjejum era às seis horas, quando o calor do dia começava a avançar, e Burton não pôde deixar de falar da refeição pesada, composta de bolos de *holcus* fermentado e carneiro assado — "nessa hora, um bom teste de saúde e asseio" — e consumida de cócoras no chão nu, em volta de um escabelo. As visitas participavam da refeição, e ralhavam com Burton quando seu apetite diminuía. A seguir um cochilo, e depois visitantes "às dúzias — como se nenhum deles tivesse nada para fazer". Mas era hora de se afirmar como homem íntegro e piedoso entre os somalis. Burton tinha consigo vários livros, em sua maioria religiosos, entre eles um Corão e algumas obras sufistas, e, para exibir no momento oportuno, estava com seu diploma de murshid que atestaria suas credenciais sufistas, caso seu islamismo fosse questionado. Até onde todos sabiam, salvo Sharmakay, ele era um mercador árabe, homem de distinção, que tinha feito a peregrinação a Meca. Tinha facilidade em falar de assuntos religiosos, mas muitas vezes preferia contar histórias das *Mil e uma noites*, para o prazer de suas visitas. Eram, em sua maioria, somalis, "que falam na língua deles, riem, estendem as pernas e deitam no chão como gado, fumando o hookah coletivo, limpam os dentes com palitos e comem rapé 'como suecos'". Burton se sentava num sofá baixo, lendo, contando histórias ou expondo aspectos religiosos. "Gostar dessa vida, isso eu reconheço, exige 'originalidade'", escreve ele. Corria o risco de ser acusado "de ser um 'bárbaro amador'", na definição que amiúde fazia de si mesmo. De tarde escrevia em seu diário, e quando a atmosfera começava a refrescar, saía com amigos e acompanhantes para um passeio pela praia. Na orla marítima havia uma minúscula mesquita onde as pessoas jogavam uma forma primitiva de xadrez ou se dedicavam a exercícios físicos brutos — ginástica, luta corpo-a-corpo e outros esportes do gênero. Burton se gaba: "Logo adquiri a fama de ser o homem mais forte em Zayla", e acrescenta: "É talvez a maneira mais fácil de granjear respeito entre um povo bárbaro, que honra o corpo e rebaixa o espírito à mera astúcia".

Nas sextas-feiras, dia do descanso islâmico, Burton ia à *jami*, ou mesquita central, "um velho celeiro grosseiramente caiado", com teto baixo e de "um monótono comprimento de um calor desagradável". Consciente, como sempre, da necessidade de impressionar, Burton entrava na mesquita com um empregado carregando seu tapete de orações e, passando pelo "olhar fixo de trezentos pares de olhos, que pertenciam às duas alas paralelas de fiéis agachados", ia até a frente da mesquita, onde recitava a usual prece das duas vênias. Então colocava uma espada e um rosário diante de si e, erguendo um exemplar ensebado do Corão, recitava um capítulo do livro sagrado em "voz alta e estridente". Gostava de escolher para a leitura uma passagem do famoso "Capítulo da vaca" (Sura 2), um dos textos corânicos mais conhecidos. Trata da obstinação dos israelitas, que discutiram a profecia de Moisés: como o povo não tinha acreditado em Deus e matou seus mensageiros, Moisés ordenou que sacrificassem uma vaca. Depois da leitura, Burton fazia um comentário. A Sura, com seus 286 versículos, contém a essência do Corão, e era uma excelente base de explicação e demonstração de seus conhecimentos islâmicos.*

Finalmente Burton conseguiu formar sua caravana. Ninguém parecia ter pressa, pois a viagem prometia dificuldades e perigos — muito mais arriscada do que a peregrinação a Meca. No deserto somali, onde os ataques eram freqüentes, os nômades matavam até mulheres grávidas, na esperança de que o feto fosse menino. Os inimigos mortos eram castrados e tinham os pênis cortados. "O herói leva para casa o troféu de sua proeza", conta Burton, "e sua mulher, saindo de um salto da tenda, solta um longo grito agudo de alegria", zomba das outras mulheres pelo fracasso dos maridos, as quais, por sua vez, insultam seus homens "com especial virulência, e os senhores entram num paroxismo de inveja, ódio e malevolência." Mas, fossem quais fossem os riscos, Burton estava ansioso para partir, e no dia 20 de novembro, uma segunda-feira, estando tão "absolutamente farto com os protelamentos" que quase decidia ir a pé, as mulas e camelos necessários de repente ficaram prontos, e uma se-

---

* Devido a essas demonstrações de erudição, Burton permaneceu por muito tempo na lembrança e na tradição oral dos somalis. Anos depois, um velho somali contou a um visitante inglês, Ralph E. Drake-Brockman, que Burton não só lia o Corão melhor do que qualquer mulá, como também era mais instruído nos ensinamentos do Santo Profeta.

mana depois, escoltados por árabes armados de mosquetes, Burton e sua caravana iniciaram viagem. A meia hora de distância de Zayla, os árabes dispararam uma última salva de despedida, e Burton respondeu esvaziando seu revólver de seis tiros, e seguiu caminho.

Seu séquito tinha aumentado bastante desde a saída de Áden. Um dos membros mais importantes era o *abban*, ou guia, um homem chamado Raghi, da feroz tribo dos issas.

> [Na Somaliland], o *abban* funciona ao mesmo tempo como cambista, escolta, agente e intérprete, e a instituição pode ser considerada a mais antiga forma de pedágio. Em todas as vendas, ele recebe uma determinada porcentagem, sua alimentação e pousada correm por conta de seu empregador e não raro ele cobra pequenos presentes para seus parentes. Em troca, ele deve acertar todas as diferenças e até combater por seu cliente contra seus próprios conterrâneos. [...] Segundo as leis do país, o *abban* é dono da vida e bens de seu cliente. O êxito do viajante depende basicamente da escolha de seu *abban*.

Em Raghi, Burton tinha encontrado um bom *abban* de confiança, e o êxito de sua viagem até Harar estava assegurado. (Speke, ingenuamente, tinha tomado como *abbans* os dois primeiros somalis que encontrou pela frente, dois jovens condutores de burricos sem qualquer autoridade, e iria sofrer as conseqüências disso em toda a sua viagem em busca do Wady Nogal.) Burton também contratou várias empregadas para cozinhar e servir de animais de carga. Burton comentou que "cada uma delas é do tamanho de três mulheres médias juntas numa só". Eram tremendamente fortes, podiam transportar o mesmo tanto de um jumento, armar tendas, buscar água, fazer chá e café e falar de "assuntos vulgares" em "voz macia". Alguns outros somalis indefinidos completavam a caravana e, fechando a retaguarda, se arrastava uma beduína esfarrapada conduzindo um burrico. O mais grandioso era o próprio Burton.

Eu os sigo montado num belo jumento branco, que, com sua sela árabe e manto alegremente *galonné*, guarda uma aparência de certa dignidade; uma espingarda de dois canos repousa de atravessado em meu colo, e um par de coldres [...] contém meus Colts de seis tiros.

Como as tribos que ocupavam justamente a região entre Zayla e Harar estavam em guerra, Burton teve de tomar um desvio a sudeste, ao longo da costa, e depois virar para o interior, na direção de Harar. Em *First footsteps*, ele parece ter registrado cada momento, cada hora do dia, cada arbusto, pássaro, tribo, cada local pobre, cada perigo. Seguiram pelo deserto aluvial, duro e pedregoso, passando por mangues pantanosos e baixios irregulares de barro negro, por trechos de arbustos espinhosos e massas de granito e rochas sinistras. Mesmo sendo dezembro, o sol ardia terrivelmente. Agora estavam entrando numa região pagã ou talvez sem qualquer religião; os rigores do islamismo tinham desaparecido. Estavam entre selvagens intocados pelos refinamentos da Fé Salvadora. As paisagens se sobrepunham e desapareciam umas nas outras, longas marchas por terras inóspitas, povoados que desconfiavam de estrangeiros, calor, poeira, ventos ardentes, pastores insistentes pedindo comida e tabaco. Um fato que passa quase desapercebido entre a massa de informações é que Burton estava doente e cada dia constituía um suplício. Ele tinha contraído um incômodo problema de diarréia constante na última semana em Zayla, e tudo o que fez para melhorar não deu resultado. Nos trópicos, mesmo em condições normais de conforto e descanso, a cólica, como chamava Burton, era irritante. Agora atravessava em lombo de jumento terrenos acidentados sob condições que requeriam todas as suas forças.

De vez em quando, viam-se a distância nômades salteadores, mas não ocorreu nenhum ataque. Todos se sentiam perseguidos por pressentimentos de catástrofe e morte. O nervosíssimo sacerdote de segunda categoria, o Final dos Tempos, se protegia recitando trechos poéticos, as melancólicas odes conhecidas como belwo entre os somalis.

> *O homem é apenas um punhado de pó,*
> *E a vida é uma tempestade violenta.*

Desde seus dias em Sind, Burton se comovia com tais frases tristes e melancólicas. Os belwos se pareciam bastante com os versos do poeta afegão Abdur-Rahman, que ele tanto admirava (e cita em *First footsteps*). Um outro belwo dizia:

> *Teu corpo se casará com a Velhice e a Morte*
> *E algum dia elas partilharão toda a sua riqueza.*
> *Não te afastes em desdém:*
> *Algum dia uma tumba demonstrará*
> *A fragilidade de teu rosto*
> *E os vermes desfrutarão sua beleza.*
> *Deixa-me te desfrutar agora — e*
> *Não te afastes em desdém.*

Apenas um "bárbaro amador" poderia se sentir à vontade nas paisagens diariamente percorridas. Eles estavam viajando entre povos quase tão selvagens quanto os animais que ameaçavam fugir ou atacar, povos desesperadamente pobres, numa condição pior do que os animais do deserto e das florestas. Os issas tinham toda "a aparência selvagem que as bocas abertas, os olhos espantados e os cabelos emaranhados podiam lhes dar [e] fitavam com extrema sofreguidão meu manto escarlate [...] a multidão ensebada puxava e tocava sua convidativa textura".

Os somalis, embora guerreiros, não se impressionavam com as armas de fogo, e de vez em quando comentavam as de Burton. Os guerreiros julgavam que o verdadeiro teste de virilidade consistia na destreza na lança ou na espada, na zagaia ou na adaga. Para calar seus críticos, Burton derrubou um pássaro voando. Depois que os homens de uma certa aldeia murmuraram o "sinistro termo 'faranj' [estrangeiro]", ele mirou um abutre.

Um tiro no corpo da ave arrancou um grito de admiração. [...] Então, carregando com chumbo graúdo que esses beduínos nunca tinham visto, atingi um segundo abutre voando. Novos gritos se seguiram à maravilhosa proeza.

Enquanto Burton seguia seu caminho pelo deserto, Isabel Arundell ainda estava com seu diário. Tinha ouvido a notícia de que ele fora para Harar, "uma expedição mortal. [...] Estou cheia de pressentimentos sombrios. Algum dia voltará para a Inglaterra? Como tudo isso é estranho, e como ainda confio no destino!". Enquanto ela escrevia essas linhas, Burton entrava no primeiro planalto, e entre os gudabirsis que moravam nos montes

> surgiu o primeiro rosto realmente bonito que vi no país somali. [...] Sua pele era de um marrom cálido e profundo, um encanto especial nessas regiões, e seus movimentos tinham aquela graciosidade que sugere uma simetria perfeita dos membros. [...] Um pano cobrindo parcialmente o seio e uma saia de couro não faziam grande mistério de suas formas.

Como tributo à beleza da jovem, Burton lhe deu alguns tecidos, tabaco e um pouco de seu precioso suprimento de sal. Agora era o começo de dezembro e, à medida que avançava para o interior, ele notou que a cor de sua pele atraía a atenção, e foi ficando cada vez mais preocupado com seu disfarce. Além disso, a diarréia piorava. "A água ruim, o sol do meio-dia a 42 graus centígrados e as manhãs frias [dez graus] tinham afetado seriamente minha saúde." Os remédios nativos não ajudavam. Os leões rondando o acampamento à noite, o frio cortante depois do crepúsculo e a doença de Burton se somavam para dificultar ainda mais uma viagem já difícil por si só.

Desta vez, o Natal em campo passou despercebido. Não houve nostalgia por velhas cenas, pela família, pelos amigos, por Isabel. Agora Burton já tinha entrado bastante no planalto, e as aldeias e os povos tinham uma clara aparência centro-africana. Poucos dias depois, ele chegou a uma cidade chamada Wilensi, que seria a última pousada antes da investida contra Harar. Burton esperava encontrar o governante local, o gerard Adan, mas o gerard — o termo significa príncipe ou sultão — tinha saído, deixando a suas mulheres o encargo de receber o estrangeiro. Burton foi hospedado num chalé rústico, recebendo acomodação para tratar de seus problemas de saúde e se preparar para a última etapa da jornada. O gerard era um homem importante, e sua ajuda era necessária. Era parente do emir de Harar, e Burton esperava que ele lhe garantisse um trânsito seguro até a cidade. Enquanto isso, a única coisa que Burton podia fazer era tomar notas sobre a vida no clã e reclamar da comida — sempre carne e *holcus*; "essa gente despreza as aves e acha que verdura é para gado". Como sempre, privacidade não havia. "Homens, mulheres e crianças entram aos magotes, e não saem."

À noite, as pessoas se embriagavam com um fermentado de painço — "horrível", disse Burton, tendo experimentado várias vezes. "Ele sobe direto à cabeça, por ser misturado com alguma casca de árvore venenosa."

Finalmente chegou a notícia de que o gerard Adan se encontrava numa outra aldeia, não muito distante. Burton foi então obrigado a dividir sua caravana, pois devia passar por terras ainda mais difíceis e perigosas. As empregadas e a maioria dos homens receberam ordens de ficar para trás. Levando apenas os objetos de maior necessidade, Burton embalou tudo em dois pequenos alforges de couro, que podiam ser arreados num único jumento, e partiu. Era 29 de dezembro de 1854, e a estrada passava por belas paisagens onde perfumadas rosas-de-cão cresciam em abundância. "O cenário em torno de nós era admirável [...] os leitos das quedas d'água brilhavam como lâminas de metal [...] e a distância havia um conjunto de picos púrpura e planaltos azuis numa longa sucessão que se esfumaçava." As florestas primitivas, que desconheciam o machado, ressoavam com os gritos dos macacos e galinhas-d'angola. Enfim, numa aldeia chamada Sagharrah, chegaram até o gerard Adan, "um beduíno forte e rijo [...] por volta dos 45 anos de idade, e no mínimo 1,80 metro de altura [...] um sorriso astuto.[...] De caráter, ele mostrou que era um daqueles idiotas metidos a espertos especialmente difíceis de lidar".

O gerard queria auxílio para a construção de um forte, do qual poderia controlar o campo e ameaçar Harar. Pediu inúmeros presentes, e Burton lhe deu uma espada, um Corão, um turbante, um garrido colete de cetim, cerca de setenta mantos e muitos panos tingidos de índigo, apenas uma fração do que era solicitado. Porém, ficou claro que o gerard não só não ia se oferecer para ajudar Burton a chegar até Harar, como também tinha medo do emir. "Ficamos seis dias sob o teto do gerard Adan, um dos chefes mais traiçoeiros e perigosos nessa terra de traições e perigos", diria Burton em seu relatório para a Royal Geographical Society. Seus homens "viram horrorizados que se faziam preparativos para entrar na cidade mal-afamada [...] mas os infelizes não conheciam a pertinácia de um hadji".

Era evidente que Burton estava numa posição precária. O gerard Adan temia garantir a segurança de Burton. O máximo que pôde fazer foi permitir que seu filho acompanhasse Burton. A única via parecia ser a audácia. "Atirando aos ventos qualquer prudência", Burton decidiu "confiar no que tem dado grandeza a muitos homens pequenos, a boa estrela." Ele tinha percebido que seu disfarce de árabe mais prejudicava do que ajudava. "Meu rosto branco me transformou num turco, um povo mais odiado e suspeito do que qualquer europeu, sem nosso prestígio." O mais prudente seria se mostrar abertamente como inglês. Não tendo nenhuma credencial que comprovasse sua verdadeira identidade, ele escreveu uma carta em inglês assinada pelo agente político — Outram, implicitamente —, dirigida ao emir de Harar, que deveria entregar pessoalmente como enviado do governo de sua majestade. Mas a angústia e a preocupação quanto aos rumos que deveriam ser tomados, ao papel a ser desempenhado, se faziam presentes em condições muito penosas. Durante todo o período em Sagharrah, Burton ficou doente demais para se levantar. Ficou sob uma árvore, praticamente sem forças. Na verdade, parecia capaz "de morrer debaixo de uma árvore. [...] De fato, nada seria mais fácil que isso: bastaria virar o rosto para a parede durante quatro ou cinco dias".

"Mas morrer de uma mísera cólica!", escreveu ele, "nem pensar." Sendo a cólica derrotada por sua vontade de ferro, Burton tentou negociar com o gerard. O príncipe queria um forte; Burton, trânsito seguro até Harar. Nenhum dos dois parecia provável. Então apareceram cinco estranhos, dois hararis e três somalis. Depois de procederem a uma desconfiada inspeção de Burton e grupo, eles informaram ao gerard que Burton não era absolutamente um pacífico mercador árabe, e sim um espião, e queriam mandá-lo como prisioneiro para Harar, solicitação que foi recusada pelo gerard, visto que Burton era seu hóspede. Foi esse incidente que finalmente levou Burton a declarar que era um oficial inglês. Os cinco estrangeiros saíram, e no dia seguinte Burton se sentiu com forças suficientes para seguir até Harar. Rezaram a Fatihah para ter uma viagem segura, mas os moradores lhes garantiram "que já éramos homens mortos".

Apesar de suas constantes bravatas, Burton tinha plena consciência de que podia ser morto, e morto de uma maneira muito dolorosa. Mas estava decidido a conquistar Harar. Ele reduziu sua bagagem ao mínimo — "uma muda de roupa, um ou dois livros, alguns biscoitos, munição e um pouco de tabaco". À luz dos perigos que se avizinhavam, ele escreveu um bilhete a Herne, "orientando-o como agir em caso de necessidade", e o confiou a Final dos Tempos, que iria ficar. Agora sua escolta consistia apenas em Long Gulad, o hammal e três homens do gerard, um deles o filho do príncipe. Era como se Burton seguisse para a morte certa, mas tinha o espírito lúcido e, surpreendentemente, não deixou de anotar os detalhes da região em que se encontrava.

> Acima à nossa esquerda erguiam-se as paredes perpendiculares do monte nublado, orlado por grupos de pinheiros, e à direita os recôncavos cobertos de arbustos desciam até um vale profundo. O vento frio assobiava e os raios do sol, como lanças douradas, dardejavam por entre as altas árvores copadas. [...] O solo estava coberto de grama úmida, e em volta dos troncos cresciam cardos, margaridas e flores azuis que, a distância, pareciam violetas.

A essa altura ele dificilmente se atreveria a tomar notas. Nos dez dias que se seguiram, tudo o que viu e viveu foi guardado na memória — a paisagem, a aparência do povo, os clãs e as tribos, a flora e a fauna, observações meteorológicas, o tipo de informação que podia ser útil para a implicante Companhia de João e sua irritada e irritante diretoria.

Por fim,

a uma distância de uns 48 quilômetros, e separado por uma série de vales azuis, via-se um pontinho escuro num lençol de matas castanho-claras — Harar.

Depois de uma tarde atravessando florestas e passagens íngremes, Burton se abrigou numa aldeia da tribo migdan, e o povo o recebeu com hospitalidade. Mas seu repouso logo foi perturbado pela chegada dos dois hararis que tinha encontrado antes, os mesmos que queriam prendê-lo. Eles se ofereceram para escoltar Burton até Harar. Ele respondeu que aceitaria para a manhã seguinte. À noite, os anciãos migdans lhe informaram que os hararis tinham se comportado como se estivessem prontos para atacá-lo. Ele deixou seus papéis — diários, esboços e outros livros — aos cuidados de um velho migdan, pedindo que fossem entregues ao gerard, e de manhãzinha — do dia 3 de janeiro — ele saiu depressa, levando apenas suas armas e alguns presentes para o emir, conseguindo escapar à atenção dos hararis, e rumou para a cidade. No caminho, encontrou um grupo de camponeses gallas. "Todos se espantaram com o turco, sobre o qual tinham ouvido tantos horrores." Agora estava perto da cidade, e então pôde vê-la a poucos quilômetros de distância. "O espetáculo, fisicamente falando, foi uma decepção." Harar consistia em "uma longa linha escura que fazia um forte contraste com as cidades caiadas de branco do Oriente. [...] Muitos relutariam em expor três vidas para ganhar um prêmio tão reles".

Mas, de todos os que tentaram, nenhum jamais conseguiu entrar naquele amontoado de pedras; o verdadeiro viajante, caro L. [ele se dirigia a Lumsden], entenderá minha exultação, embora meus dois companheiros trocassem olhares de espanto.

Burton chegou aos portões da cidade no meio da tarde. Teve de esperar, cercado por multidões de curiosos, que "examinavam, riam e repreendiam" os estrangeiros. Depois de meia hora, ele e seus dois acompanhantes foram levados ao pátio do palácio, que mereceu a descrição de "mero galpão, um celeiro comprido e sem janelas, de um andar só, feito em pedra bruta e argila avermelhada". Burton teve novamente de esperar, dessa vez num imenso pátio cheio de guerreiros gallas em descanso. Mas a recepção não estava sendo cordial. A sentinela que o levou dos portões da cidade ao palácio se mostrou ríspida e zangada. Em harari, língua que Burton ainda não falava (mas captou facilmente o sentido), a sentinela ordenou que ele e seus companheiros entregassem as armas. Burton se recusou: "À força de obstinação, mantivemos nossas adagas e meu revólver".

O guia ergueu uma cortina da porta, esboçou uma vênia e me encontrei na presença do temido chefe.
    Entrei num vasto salão, com mais de trinta metros de comprimento, entre duas longas filas de lanceiros gallas, entre as quais tive de passar. Eram grandes selvagens seminus, postados como estátuas, com olhos móveis e ferozes, cada um segurando [...] uma enorme lança, com uma ponta do tamanho de uma pá. De propósito, passei devagar e serenamente por eles, com um andar arrogante, e os olhos postos nos rostos ameaçadores. Eu tinha um revólver de seis tiros escondido no meu cinto em volta do peito, e decidi, ao primeiro sinal de agitação, correr até o emir e apontá-lo para sua cabeça, se fosse necessário para salvar minha vida.

O homem mais perigoso dessa parte da África Oriental não era muito atraente. "Tinha a aparência de um pequeno rajá indiano, um jovem estiolado de 24 ou 25 anos, feioso, de barba rala, de tez amarelada, sobrecenho franzido e olhos saltados."

Burton entrou no aposento dizendo em alto e bom árabe "Que a paz esteja contigo", a que o príncipe, inesperadamente, respondeu com elegância. Dois camareiros avançaram e, tomando os braços de Burton, o obrigaram a se curvar sobre os dedos estendidos do emir, "que eu não beijei, sendo naturalmente avesso a fazer tal coisa, a não ser na mão de uma mulher". Então se seguiram algumas polidas trocas de palavras, de acordo com a etiqueta oriental, e depois o emir perguntou a Burton qual o propósito de sua visita. Burton, em árabe, disse que estava trazendo os cumprimentos do governador de Áden e que "entramos em Harar para ver a luz do semblante de sua alteza". Era o tipo de coisa que sempre agradava a Burton; aqui se tratava de um daqueles riscos que podiam dar bons ou maus resultados. Como reagiria o príncipe?

"O emir sorriu graciosamente."

"Esse sorriso, devo confessar", conta Burton, "foi um alívio." Tinha se preparado para o pior. A conversa terminou e, depois de repetir as formalidades do início, Burton e seus acompanhantes foram conduzidos a uma casa, onde ficariam pelos dez dias seguintes, recebendo três vezes ao dia alimentos da cozinha do emir.

Burton encontrou outros funcionários do governo de Harar, e cada encontro era cheio de incerteza, pois

> eu estava sob o teto de um príncipe intolerante cuja menor palavra significava a morte, entre gente que detesta estrangeiros, o único europeu a franquear sua inóspita soleira e instrumento do destino que traria a futura queda da cidade.

Na época, Burton não sabia até que ponto essa afirmação se revelaria trágica e verdadeira. Ele foi de fato o instrumento da queda de Harar. O "Sortilégio Tutelar" tinha sido rompido, e em uma geração se concretizaram os temores mais supersticiosos de Harar. Vinte anos depois, a cidade não passava de um povoado exótico e apagado, sucumbindo rapidamente à civilização.

Os ocasionais encontros com o emir nos primeiros dias foram formais e cautelosos. O emir, que podia ter matado Burton aos poucos, não mostrava mais do que tênues indícios de amizade. Todavia, tinha interesse em se conciliar com os ingleses, que dispunham de navios tão grandes e gozavam de tanta fama de tomarem os países dos outros. Além disso, o emir temia que Sharmakay, amigo dos ingleses em Zayla, realizasse seu sonho de tomar não só Berbera, mas também Harar. O emir precisava da amizade britânica, mas como obter a amizade sem perder o país? Para confirmar suas preocupações, fontes confidenciais nativas, numa eficiência surpreendente, tinham informado que "três irmãos" brancos estavam na região, com o propósito de capturá-la. "Dois deles [Herne e Stroyan] estavam aguardando ansiosamente em Berbera a volta do terceiro [Burton] de Harar, e que, embora vestidos como muçulmanos, eram na verdade ingleses a serviço do governo." Ao que parece, as andanças improfícuas de Speke atrás do Wady Nogal não tinham sido notadas. (A transmissão de informações entre os nativos era tão acurada que, conta Burton, os somalis sabiam até da guerra na Criméia.) O que também preocupava o emir era o receio de que os ingleses interferissem no tráfico de escravos, o qual lhe permitia auferir altas rendas. Por conseguinte, Burton era um "hóspede perigoso", sendo necessário que fosse despachado com o mínimo de bulício. Mas Burton percebeu que não iam deixá-lo partir muito facilmente; as protelações começaram a se multiplicar.

Ele passou dez dias numa espécie de limbo, tendo liberdade para andar pela cidade, mas não ver demais, nem escrever ou desenhar. Devido à sua posição precária, ele não ousou tomar notas nem sequer na privacidade de seus aposentos, e nem pôde elaborar o que mais ocupava seu espírito, uma gramática da língua harari. Não deixou de calcular a altitude (pensou em cerca de 1650 metros; na verdade, eram 1800 metros), e calculou a latitude e a longitude com grande precisão. Mais tarde, pôde apresentar uma descrição absolutamente exata da cidade e arredores, virar várias páginas da história e descrever as fortificações com um certo detalhamento, caso a Companhia de João quisesse invadi-la. Harar, porém, não era uma cidade convidativa e logo Burton criticava sua "construção simples", a falta de árvores e jardins, os lagos estreitos "sulcados de enormes montes de lixo, em cima dos quais descansam bandos de cachorros sarnentos ou zarolhos".

Sempre havia mulheres disponíveis. Burton passou algum tempo com as escravas gallas, inclusive "uma certa Berille, uma jovem feia, cuja voz estridente e maneiras despudoradas constituíam um lamentável escândalo para os peregrinos e muçulmanos piedosos". Havia ainda "Aminah, a atrevida, [que] insistia em apagar a lâmpada a sebo muito antes da hora da cama ou entrava no quarto cantando, rindo, dançando e batendo palmas ritmadas". As mulheres, para Burton, eram invariavelmente bonitas.

> Têm cabeça pequena, perfil regular, nariz fino, olhos grandes, bocas que se aproximam do tipo caucasiano e tez amarelo-clara. O busto traz estrelas tatuadas, as sobrancelhas são prolongadas com tintas, os olhos orlados com kohl, e as mãos e os pés tingidos de hena.

Infelizmente, "a voz feminina é áspera e estrídula, principalmente quando é ouvida depois dos delicados órgãos do somali.". Burton descobriu que as escravas gallas eram peritas numa técnica popular na África Oriental e no Egito, e que mencionaria várias vezes em seus textos eróticos.

> Entre algumas raças [especialmente as mulheres gallas], os músculos constritores da vagina são anormalmente desenvolvidos. Na Abissínia, por exemplo, uma mulher consegue apertá-los tanto a ponto de provocar dor no homem [Burton não estará falando por experiência própria?] e, sentada sobre as coxas dele, ela consegue provocar o orgasmo sem mover qualquer outra parte de seu corpo. Os árabes cha-

mam tal artista de 'kabbazah', que significa literalmente 'segurador', e não admira que os traficantes de escravos paguem altas somas por ela. Todas as mulheres têm essa capacidade em maior ou menor grau, mas não lhe dão a menor atenção; na verdade, existem muitas raças na Europa que nunca ouviram falar dela.

Ele podia elogiar as mulheres, mas sobre os homens escreveu: "Não vi um rosto bonito: seus traços são grosseiros e debochados", passando daí para uma crítica geral de um povo que lhe pareceu "nada atraente".

Era uma cidade cruel, numa parte do mundo onde a crueldade era corriqueira. "O governo de Harar é o emir. Esses pequenos príncipes têm o hábito de matar e prender todos os que são suspeitos de aspirar ao trono." Dizia-se que o calabouço ficava embaixo do palácio, e "quem entra nele vive com a barba descuidada e unhas sem cortar [uma desgraça para os muçulmanos] até o dia em que a morte o liberta". O príncipe era juiz e júri.

As penas, quando não são em dinheiro [como multas], seguem basicamente o código corânico. O assassino é colocado na rua do mercado, com os olhos vendados, as mãos e os pés amarrados; o parente mais próximo do condenado golpeia sua garganta com uma faca de açougueiro pesada e afiada, e o cadáver é entregue aos parentes para receber sepultura muçulmana. [...] O roubo é punido com a amputação da mão.

Burton se dedicaria freqüentemente a outros passatempos, que lhe agradavam enquanto bárbaro amador, como tomar *khat* e falar de religião. Ele observou que o povo de Harar comia *khat* ("aqui chamado de 'jat'") "todos os dias das nove da manhã até perto do meio-dia", quando almoçavam.

A religião era um assunto que sempre o interessava, e Harar oferecia muitas oportunidades. "Mal preciso dizer que Harar se orgulha de sua erudição, santidade e religiosos mortos. [...] A cidade abunda de mesquitas, edifícios simples sem minaretes, e de cemitérios cheios de túmulos." A cidade "inunda os distritos próximos com eruditos pobres e 'widads' [sacerdotes de segunda categoria] loucos. [...] Apenas as ciências religiosas são cultivadas".

Logo Burton teve a desejada oportunidade de impressionar os funcionários hararis com a amplitude de seus conhecimentos religiosos. Certo dia, os anciãos se entretinham com *khat* e conversas religiosas, e um deles, que estava lendo o Corão, enganando-se com uma nota à margem do texto, leu "anjos, homens e djins". Burton se apressou em explicar que devia ser "homens, anjos e djins", pois "a natureza humana, que entre os muçulmanos *não* é nada inferior à angelical, se situava mais acima, porque dela foram criados profetas, apóstolos e santos. [...] Minha teologia obteve aprovação geral e alguns olhares afáveis dos anciãos".

A audiência com os anciãos e a pequena vitória teológica constituíram uma preliminar a uma entrevista com o emir, na qual parecia que finalmente seriam discutidas questões sérias. A Burton foi conferida a honra de se sentar perto do emir, que então apresentou a carta forjada que Burton tinha entregado no dia de sua chegada. O emir "a observou com desconfiança e me ordenou que explicasse o conteúdo". Burton pretendia "comprar e vender Harar?". "Não somos compradores nem vendedores", foi a resposta enfática de Burton. "Tornamo-nos seus hóspedes para apresentar nossos respeitos ao emir — que Alá o proteja! — e que a amizade entre as duas potências possa durar."

O príncipe pareceu ficar satisfeito com essa resposta vazia — a perigosíssima viagem de Burton se reduzia apenas a isso? —, mas Burton também estava satisfeito com o prazer pessoal de transpor os portões de Harar, e guardadas em sua memória estavam informações para a Companhia de João que justificariam a Expedição Somali.

O problema, agora, era sair de Harar. Burton tinha consciência que podiam se passar dois ou três meses antes que o emir se dispusesse a liberá-lo. Ele importunou o príncipe e, mais tarde, sozinho, vários funcionários da corte, para obter permissão de partir, e solicitou alimentos e água. Finalmente, numa última reunião com o emir e seus principais funcionários, sem maiores incidentes, Burton e o governante trocaram cumprimentos e votos mútuos pelo sucesso das duas nações, ficando claro que Burton agora podia ir. Houve alguns episódios que retardaram a partida: ele teve uma longa conversa sobre o sufismo com um xeque Jami, tendo inspecionado sua biblioteca ("A única obra realmente valiosa no local era um belo exemplar antigo do Corão"), e se despediu dos vários funcionários subalternos. Recomendaram-lhe um dia auspicioso, a segunda-feira, para partir, mas "o povo de Harar é notoriamente volúvel; não sabemos o que o dia seguinte podia trazer ao espírito do emir", e bem antes da madrugada do sábado Burton estava pronto para escapar, sabendo que

> todas essas cidades africanas são prisões em grande escala, onde você entra por vontade própria e, como diz o significativo provérbio, sai pela vontade de outro.
>
> De repente, minha fraqueza e doença sumiram — que santo remédio é a alegria! — e, quando atravessamos os portões com altos salamaleques às sentinelas [...] livrei-me de uma carga de preocupação e ansiedade que parecia um manto de chumbo.

Burton tinha saído de Harar com seus culhões e tudo o mais intacto, exceto, talvez, sua honra. Agora rompido o "Sortilégio Tutelar" que mantivera a cidade inviolada, Harar nunca mais voltaria a representar uma barreira impenetrável aos europeus, seus portões seriam transpostos e, no prazo de uma geração, um inimigo totalmente inesperado — os egípcios — iria ocupá-la e abri-la a qualquer um que quisesse entrar, sendo um deles Arthur Rimbaud, poeta, traficante de escravos e armas. O emir enfermiço morreu no ano seguinte à visita de Burton, embora os ingleses tenham enviado um doutor árabe para tratá-lo, não um médico formado, mas um religioso "com algumas leves habilidades médicas". Foi "importante para a Expedição Somali e a futura abertura do comércio africano que esse chefe tivesse optado pela conciliação".

Um dia depois de deixar Harar — tão depressa viajaram eles —, Burton e companheiros chegaram à relativa segurança de Wilensi, onde eram aguardados pelo gerard Adan e os demais membros do grupo de Burton. Já corriam os boatos de que Burton fora levado à morte — uma aventura tão temerária não poderia ter outro desfecho —, mas agora ele estava a salvo. Juntou seus livros e papéis. Passaram uma semana em Wilensi, preparando-se para a árdua travessia do deserto até Berbera. Burton passou o tempo trabalhando num vocabulário da língua harari, com o auxílio de um harari que tinha sido expulso da cidade e de um poeta somali "celebrado por sua espirituosidade, sua poesia e sua eloqüência. [...] Sua perspicácia lingüística me permitiu realizar uma proeza de dificuldade incomum, a de fazer um esboço gramatical da língua".

Nossas horas transcorriam em atividade incessante; começávamos ao amanhecer, a cabana estava sempre lotada de críticos badawis e o manuscrito era deixado de lado apenas a altas horas da noite. No entardecer do terceiro dia, meus letrados se puseram de pé e apertaram minha mão, declarando que eu sabia tanto quanto eles.

Foi uma façanha importante e significativa, considerando-se a escassez de tempo. Foi apenas depois da abertura de Harar aos estrangeiros que se deu continuidade ao trabalho lingüístico, parte do qual só veio a ser realizado em 1936, quando os italianos ocuparam a região.
Veio então uma viagem louca, quase insana, até a costa, tendo como guia um homem chamado Bubayr, o Asno, incapaz de resistir ao cansaço e, "tendo casado tarde, incapacitado de an-

dar". Era uma região perigosa. "Nas terras que íamos atravessar, todas as lanças seriam contra nós." Havia rumores de que uma das tribos estava furiosa porque Burton não tinha passado pelo território dela a caminho de Harar, e assim perdeu o tributo que ele teria pago, e agora estava a ponto de atacar. Surgiu um outro boato de que havia a recompensa de cem vacas por Burton e criados, vivos ou mortos. Mesmo assim, Burton, com sua habitual meticulosidade, tomou notas sobre a região — a aparência do deserto, as ruínas antigas, as aldeias pobres, as manhãs enevoadas, os "horrendos montes" e "a paisagem uniforme e desinteressante". Famélicos pela falta de provisões adequadas, os membros do grupo finalmente chegaram a planaltos com bastante vegetação herbácea, e choveu um pouco. Mas, quando desceram para a planície costeira, tiveram problemas de água. "Vários pedidos de ajuda em diversas aldeias foram negados." Homens e jumentos morriam de sede. Quando a caravana chegou à costa, onde existiam poços, Burton descobriu que as aldeias eram de inimigos de seus empregados. No último dia de janeiro de 1855, depois de uma marcha forçada de 64 quilômetros, Burton chegou a Berbera e à cabana onde Herne e Stroyan estavam aguardando. Eram duas horas da manhã. Burton achava que essa viagem "vai viver nos anais locais por muitos e muitos anos". O malfadado Jack Speke ainda não havia chegado, tendo se deparado com dificuldades em sua excursão, sendo seu destino, agora e depois, sempre seguir na retaguarda do formidável Burton.

De dia, quando Burton viu Berbera, "foi com empolgamento que refleti sobre a impolidez de ter preferido Áden a este local".

O centro comercial da África Oriental tem um clima saudável, água doce em abundância — um luxo que só pode ser "plenamente apreciado depois de um tempo de permanência em Áden" — uma monção amena, um belo campo aberto, um porto excelente e um solo altamente produtivo. É o ponto de encontro do comércio, tem poucos rivais e, com metade da soma prodigalizada na Arábia em loucas engenharias de pedra e cal [em Áden], os arredores agora podiam estar cobertos de casas, jardins e árvores.

Mas era Áden a escolhida, e era àquela "montanha de miséria", àquele "monte de carvão" que Burton agora devia voltar. Em 5 de fevereiro, acompanhado pelo hammal, Long Gulad e Final dos Tempos — "mal podiam acreditar que saíam de Berbera com o couro ileso" —, Burton embarcou num barco costeiro e, depois de um breve giro de reconhecimento pela costa da Somaliland, chegou são e salvo a Áden, onde "tive o prazer de ver uma vez mais os rostos de amigos e camaradas".

Em Áden, Burton recebeu a notícia da morte de sua mãe. Ele tinha chegado no dia 9 de fevereiro de 1855, e Speke apareceu uma semana depois, declarando que sua viagem tinha sido um fracasso e culpando todo mundo, menos a si mesmo. "Ele estava absolutamente desgostoso com sua viagem", conta Burton, "e voltou com uma triste história de problemas." Speke achava que "uma das razões de seu fracasso eram seus trajes de árabe". Tinha se convencido de que não havia nenhum Wady Nogal, embora sua existência fosse de conhecimento geral.

No próprio desembarque, ele começou com um erro sério, que podia ter levado às piores conseqüências. Encontrando os primeiros somalis desgrenhados que falavam um inglês estropiado, ele lhes falou de suas intenções e de fato permitiu que dois rapazes arrieiros se tornassem seus abbans — guias e protetores.

Speke não sofreu apenas nas mãos dos nativos; sofreu também nas mãos de Burton, que não demonstrou nenhuma solidariedade pelo infortúnio de seu companheiro.

Ele tinha registrado suas aventuras num diário cujo estilo, para não dizer nada de seus sentimentos e afirmações geográficas, o tornava, a meu ver, impróprio para a publicação, e me dei ao trabalho de reescrever todo ele. Publicado como Apêndice de *First Footsteps in East Africa*, ficou na terceira pessoa, sem a menor intenção de ofender, mas simplesmente porque eu não queria impingir ao leitor minha própria composição como se fosse de outra pessoa.

Speke ficou furioso com essa reformulação de seu texto, e teve apoio dos amigos, sendo que pelo menos um deles atacou Burton na imprensa devido ao ultraje. Mais tarde, na África, quando Speke delirava de febre, desabafou a queixa, para a surpresa de Burton, "de que seu diário tinha sido roubado". Durante toda essa época, Burton tinha se equivocado totalmente em relação ao caráter de Speke. Todas as manifestações de má vontade, de raiva e inveja que surgiam em Speke, Burton tentava explicar como resultado das compreensíveis tensões que amiúde surgiam na realização de uma tarefa difícil. Burton não se importava que Speke achasse defeitos em praticamente tudo. Burton também era implicante, mas havia uma diferença. Suas reclamações não eram pessoais, e era óbvio que, mesmo quando as coisas lhe davam nos nervos — por exemplo, a série de "estábulos" e "canis" que passavam por palácios e as jovens nativas esganiçadas —, na verdade ele estava se divertindo. Mas Speke tomava praticamente tudo como afronta pessoal, parte de uma imensa conspiração para levá-lo ao fracasso.

Enquanto isso, Burton tinha muito o que fazer em Áden, escrevendo uma série de relatórios de natureza secreta para o governo em Bombaim e se preparando para uma volta à Somaliland. Em seus relatórios e textos pessoais, Burton tinha de seguir uma linha precisa. Cada viagem, cada aventura, desde seus primeiros dias em Sind, tinha se convertido num livro, onde não deixava de fazer críticas pessoais à política oficial; muitas vezes foi obrigado a abrandar os termos numa segunda edição, como fez em *Pilgrimage*. Cada publicação sua era uma fonte de preocupação para o governo. Agora ele teve de assegurar à Companhia de João que seu livro sobre a Somaliland e Harar seria "um simples relato de aventuras. [...] Que todas as alusões políticas serão cuidadosamente evitadas". Mas tais promessas dificilmente deteriam suas palavras no papel, e ele fez críticas tanto à diretoria da Companhia das Índias Orientais quanto ao governador-geral da Índia. Não poupou ninguém que lhe parecesse precisar de um puxão de orelhas. Em seus relatórios secretos, recomendou que os ingleses se estabelecessem em Berbera, mas não avançassem para o interior. Não era necessário tomar Harar. Ele achava que os nativos somalis prefeririam os britânicos "em vez da outra alternativa — os turcos".

Infelizmente para o futuro imediato do imperialismo britânico, o rico Chifre da África logo foi abocanhado por outras potências. Independentemente do que se possa pensar da política de Burton nesse ponto, tratava-se do século XIX, e o mundo nativo estava ali para ser explorado. Apareceram dois inesperados rivais do interior para tomar terras da Somália: a Abissínia a oeste e o Egito ao norte. Em 1884, a Inglaterra se apropriou da costa norte do Chifre e, poucos anos depois, a França tomou uma bela área em volta do porto de Djibuti. No final do século, a Itália conseguiu um lugarzinho no espaço vago na base do Chifre, ao sul dos britânicos.

Burton estava ocupado com outras questões além da ampliação territorial. Mais que o enriquecimento de um império já rico, preocupava-o o problema da escravidão, e foi eloqüente a esse respeito em seus relatórios.

> Não é nenhuma teoria quixotesca contra a escravidão que me impele a recomendar sua extinção. Mas, onde floresce a escravidão, o comércio declina. É muito mais satisfatório para um povo bárbaro incendiar uma aldeia e vender os fugitivos do que semear algodão e cultivar café. Sempre falei em termos favoráveis da servidão doméstica entre os muçulmanos [da Arábia e do Egito], mas a prática da escravização deve ser abominada por um povo filantrópico. Eu poderia adornar meu relatório com muitos quadros de horror — crianças abandonadas para ser destruídas por animais selva-

gens, mulheres que ficam sujeitas a extremos de brutalidade contra seus corpos, homens cuja têmpera é domada por torturas diabólicas.

Depois de terminados os relatórios, ele passou para a questão central que ocupava seu espírito, a busca da nascente do Nilo, para a qual precisaria de apoio do governo. Não avesso a bajulações, se elas pudessem ajudá-lo, ele propôs a construção de uma grande agência em Berbera, que se chamaria "Elphinstone". Deu a sugestão de voltar a Berbera junto com Speke, onde eram esperados por Herne e Stroyan, que tinham reunido jumentos e camelos, para dar início à segunda fase da Expedição Somali. Em abril, mês da monção, seguiriam diretamente para o deserto de Ogáden, região abrasadora que, se não fosse essa estação de chuvas, seria estéril, mas onde, nessa época, "os poços estão cheios, há capim em abundância para o gado e a terra tem leite em profusão". Ele assinalou que se devia dar um prazo bem folgado para a viagem, pois os nativos demoravam em ajudar, visto que se alimentavam às custas das provisões dos viajantes, e não queriam que eles partissem. Burton advertiu em proveito próprio que "nada aumenta tanto os perigos de doença e a fadiga do homem e dos elementos quanto a pressa". Por isso pedia mais um ano de licença e, para isentar o governo da responsabilidade, se oferecia para assinar qualquer documento necessário declarando que não iria "incorrer em nenhum risco imoderado ao empreender o objetivo em vista, de forma que minha vida e a de meus associados não ficarão expostas a perigos sérios". Terminou dizendo que não temia "muito da parte dos somalis, além de sermos gradualmente despojados da maneira mais amigável de todos os nossos bens — exceto de nossas armas". Para Burton, isso fazia parte do jogo: ele conhecia as regras e estava disposto a segui-las. Para fortalecer sua posição, tinha mais um pedido: a patente local de major na Áden Oriental para impressionar os nativos. Ele recebeu permissão para fazer a expedição em busca das fontes do Nilo, mas, quanto ao grau de major, nada. Burton seria constantemente ultrapassado por outros homens de menor ou nenhuma capacidade, e nunca foi além da patente de capitão no exército nativo da Companhia de João.

Para Norton Shaw, Burton não minimizou os perigos da expedição. "Nossas dificuldades estarão principalmente entre esses cortadores de pênis", escreveu referindo-se aos somalis, "mas de dia não precisamos recear ataques", pois a expedição estaria fortemente armada.

A seguir, ele teve de tratar com o petulante Speke. Os nativos tinham claramente se aproveitado dele no tempo em que passou no continente, mas "sua vida nunca correu um real perigo", escreve Burton. Speke não compreendia o povo — "os selvagens não conseguem acreditar que um homem desperdice seu arroz e sua roupa para colecionar animais mortos e determinar a direção de um rio". Speke também tinha ofendido a sensibilidade religiosa nativa: era um cristão declarado e "ignorava a fé muçulmana". Entre Burton e Speke vinha se cavando lentamente um fosso irrecuperável. Speke percebia com toda a clareza que existiam divergências entre ambos. Mas Burton parecia insensível à suscetibilidade de Speke, e, se tinha alguma consciência do fato, ignorava sistematicamente as tensões que surgiam. Talvez achasse que elas seriam superadas e sanadas com o trabalho conjunto que tinham pela frente. Speke, porém, não perdoava nem voltava atrás. Toda e qualquer desfeita, toda e qualquer ofensa ou discussão se ampliaria e se cristalizaria num ódio mortal que, mesmo na atmosfera aparentemente pacífica de Áden, estava corroendo o êxito da futura expedição.

Apesar dos problemas, Speke agora era um fator importante nos planos de Burton. Não havia aparecido nenhuma outra pessoa com temeridade suficiente para arriscar sua vida na Áden Oriental, e tinha de se confiar em Speke. Burton encontrou para ele um *abban* de total confiança, e o mandou de volta para a costa somali, a fim de obter camelos para a expedição; Speke chegou no final de março. Havia inúmeros problemas no litoral; circulavam boatos, possivelmente muito bem fundados, mas sempre negados, de que os ingleses pretendiam tomar Berbera ou entregá-la ao aliado Sharmakay, e que pensavam em suspender o tráfico de escravos. Quando alguns somalis de Berbera disseram que os ingleses seriam detidos a meio caminho, antes que fizessem qualquer avanço maior na Somaliland, o *abban* de Speke lhe traduziu a conversa.

> Se os somalis descerem para lutar [tinha dito um dos anciãos] e depois voltarem rapidamente para a fortaleza de suas colinas, o que os ingleses iriam fazer, se não conseguem viver um dia sem beber cerveja e comer carne? Ao passo que os somalis passam muito bem sem nada, raramente precisando sequer de água e apenas de um naco de carne, para uma semana inteira, todos juntos.

Bazófia nativa, é claro. Mas Burton, se tivesse ouvido o comentário, saberia que os mais velhos estavam falando a verdade. Outram podia ser, com toda a justiça, considerado o responsável por essa segurança dos nativos, pois o fato de ter alterado o projeto original de Burton de uma força conjunta, mesmo que pequena, tinha mostrado aos somalis que os ingleses estavam vulneráveis à captura individual. Agora Outram já não se encontrava mais em Áden, tendo sido substituído pelo coronel W. W. Coghlan, não mais favorável a Burton do que seu predecessor. Na Somaliland, Speke, com a ajuda de seu novo *abban*, conseguiu reunir facilmente uma cáfila e voltou a Berbera no dia 3 de abril, para se encontrar com Herne e Stroyan. A feira comercial estava chegando ao fim. Uma enorme caravana de 3 mil homens e um mesmo número de animais tinha ido até a cidade, para comprar um volume de provisões para oito meses, para serem revendidas em seus territórios de origem, em sua maioria situados no deserto de Ogáden. Speke, com muita razão, achou que a Expedição Somali devia se juntar a ela. "Se tivéssemos seguido direto de Áden, sem qualquer alvoroço prévio, e nos reunido à caravana de Ogáden em Berbera, bem no momento em que ela estava de partida, estou certo que teríamos conseguido êxito."

Burton chegou no dia 7 a bordo da escuna *Mahi*, da Companhia de João. A embarcação ficou fundeada perto da costa, para dar apoio e proteção para a expedição, enquanto se faziam os preparativos finais.

O acampamento foi montado no alto pedregoso de uma montanha, a cerca de 1200 metros da cidade, perto do local que Burton sugeriu para a construção da agência. Tinha sido escolhido porque ficava ao alcance das armas do Mahi. O acampamento inglês se compunha de 42 homens: os quatro oficiais ingleses, uma mistura de criados egípcios, núbios, árabes e negros, e vinte guerreiros somalis de diferentes tribos rivais, sob chefes rivais, cada qual disputando o papel de guia da expedição. Coghlan tinha negado a Burton forças policiais de Áden: daí essa guarda de ar um tanto precário. Uma figura central era o *ras*, ou capitão, da expedição, um somali que era responsável pelas atividades cotidianas. Chamava-se al Balyuz, "o Enviado". "Ele tinha a fama de ser um administrador esperto, inteiramente familiarizado com os usos e costumes, além da geografia, da Somaliland", conta Burton a propósito do *ras*, que evidentemente era, de todos os nativos ligados à expedição, o mais confiável e responsável.

As tendas inglesas estavam armadas em linha. Numa das pontas ficava a de Stroyan; no centro, a cerca de doze passos, ficava um grande "rowtie", ocupado por Burton e Herne, e na outra ponta ficava a tenda de Speke. O rowtie era um tipo de tenda usado pelos cipaios, com o formato de um "telheiro" grande, com um dos lados mais alto do que o outro — o que os americanos chamam de *leanto* [teto de meia-água] —, apoiado numa viga transversal sobre dois postes e aberto numa das longas extremidades. As bagagens ficaram entre a tenda de Speke e o rowtie; os camelos foram amarrados em frente, num canteiro de areia descendo do topo da colina, e atrás ficaram os cavalos e jumentos. Durante o dia, todos ficavam alertas, e à noite alguns ficavam de sentinela; periodicamente os oficiais ingleses ou o *ras* iam vê-los, e fazia-se um rodízio a intervalos regulares. Apesar dos boatos sobre os bandos de salteadores, os nativos pareciam amigáveis, inclusive os dois grupos somalis rivais que formavam a guarda. Pequenas discussões sobre o salário dos tratadores dos cavalos e dos cameleiros tinham se resolvido amistosamente. "Em suma", escreve Burton, "não tínhamos motivos de apreensão." A expedição estava quase pronta para sair, mas Burton queria ver o final da feira comercial, e estava à espera de instrumentos e outros materiais necessários que chegariam da Europa no correio de meados de abril. Na tarde do dia 9 caiu o primeiro aguaceiro, marcando o início da monção Gugi, ou somali, e os mercadores começaram a ir embora. No dia seguinte, a cidade estava praticamente deserta. No dia 15, o último barco saiu da enseada de Berbera. O *Mahi* tinha sido chamado para outras tarefas, deixando a expedição sem a proteção de seus fuzis. No dia 18, uma pequena embarcação nativa de Áden entrou na enseada, trazendo cerca de doze somalis que esperavam ir ao Ogáden com Burton. O capitão pensava em sair naquela noite, mas "felizmente [...] eu tinha ordenado que nosso pessoal oferecesse ao comandante e à tripulação um banquete de arroz e irresistíveis tâmaras", conta Burton.

Naquele fim de tarde, na hora do crepúsculo, três estranhos a cavalo chegaram ao acampamento. Burton os interrogou e recebeu respostas evasivas; os cavaleiros foram embora. As sentinelas se postaram como de costume, e o acampamento parecia calmo e seguro.

Em algum momento depois das duas da manhã, Burton acordou aos gritos de que o acampamento estava sendo atacado. O que se passou depois disso é, até hoje, uma questão controversa. "Ouvindo um tropel de homens como um vendaval, levantei de um salto, pedi meus sabres e mandei o ten. Herne verificar o número dos invasores", escreve Burton. Os oficiais viriam a saber posteriormente que eram somalis de vários clãs. Herne viu o inimigo espalhado por todas as partes e foi informado de que a guarda tinha fugido. Nesse ínterim, Burton acordou Stroyan e, a seguir, Speke. Depois disso, ninguém tornou a ver Stroyan vivo; os somalis o fizeram em pedaços.

Speke, a princípio, achou que os disparos eram um alarme falso para assustar ladrões, mas logo percebeu que era um ataque de fato. Reuniu-se a Burton e Herne no rowtie, e os três, cada um num ponto diferente, ficaram tentando rechaçar os atacantes. Os salteadores, enquanto isso, tentavam entrar pela abertura do rowtie e pelo espaço entre as paredes da barraca e o chão, atirando dardos e investindo com lanças compridas e pesadas. Burton estava apenas com um sabre, mas Speke e Herne tinham seus Colts, que usaram "com efeitos mortais". Mas logo acabaram as balas e, como não podiam recarregá-los depressa, usaram os revólveres para golpear. Finalmente, um somali entrou pelos fundos.

Nessa hora, uns cinco minutos depois de começar o tumulto, a tenda quase tinha sido posta abaixo, costume árabe que nos era bastante conhecido, e se nos enredássemos em suas abas seríamos lanceados com desagradável facilidade. Falei para fugirmos e pulei fora, seguido de perto pelo ten. Herne e o ten. Speke atrás. A visão não foi simpática. Cerca de vinte homens estavam ajoelhados e agachados na entrada da tenda, enquanto muitas figuras sombrias estavam de pé um pouco mais adiante, ou corriam lançando o grito de guerra, ou com gritos e golpes afugentavam nossos camelos. Entre o inimigo, incluíam-se muitos amigos e empregados nossos; estando a costa livre, naturalmente fugiram, disparando alguns tiros inúteis e recebendo uma módica quantidade de ferimentos superficiais.

Burton julgou ter visto Stroyan no chão, e abriu seu caminho até ele por entre uns doze somalis. Ouviu um barulho ao lado e, achando que era um dos atacantes, se virou. Era o *ras*; Burton quase tinha dado cabo dele.

Ele deu um grito alarmado; a voz conhecida criou um momento de hesitação; naquele instante, um lanceiro avançou, deixou seu dardo em minha boca e recuou antes de receber seu devido castigo.

Burton escapou "por milagre". O *ras* voltou e o levou a um lugar onde achava que estariam os outros oficiais, e desapareceu. Embora derreado pela dor e pela fraqueza, Burton ficou vagueando até o amanhecer em busca de seus companheiros. Quando rompeu o dia, viu-se no topo da crista da montanha, onde foi recolhido pela tripulação do barco nativo, que havia recebido hospitaleiramente na noite anterior, e foi levado a bordo. Ainda estava com o dardo no queixo, que então foi retirado. Burton mandou alguns tripulantes em busca de seus companheiros. Herne tinha chegado à segurança do barco logo antes de Burton, sem maiores ferimentos além de uns doídos golpes de clavas. Encontraram e trouxeram a bordo o cadáver de Stroyan. Speke tinha sofrido vários ferimentos, ainda mais que Burton, e em seu caso a sobrevivência foi de fato milagrosa. Separado dos outros oficiais, ele foi atacado, apanhado por trás, atirado ao chão, tendo as mãos amarradas às costas. Passou pelo pânico que domina os europeus capturados por nativos. "Enquanto me amarravam as mãos por trás das costas", escreve ele, "apalparam minhas partes íntimas. [...] Senti os cabelos em pé e, sem saber quem eram meus inimigos, temi que pertencessem a uma tribo chamada issa, famosa, não só pela ferocidade na luta, mas também pelas indignas mutilações com que se divertem." Mas os guerreiros estavam apenas tentando descobrir se Speke tinha, à maneira dos árabes, uma adaga escondida entre as pernas. A seguir, enquanto ele estava no chão, alguns somalis o trataram com brandura (considerando-se a situação) e outros o espancaram.

Finalmente Speke conseguiu soltar as mãos e, quando se ergueu, foi atacado várias vezes, sendo golpeado com clavas e esfaqueado com lanças e lâminas. Conseguiu escapar — os atacantes estavam mais interessados em saquear o acampamento — e correu e andou quase cinco quilômetros, seriamente ferido — tinha, ao todo, onze ferimentos, dois perfurando-lhe as coxas —, até ser resgatado pelo grupo do barco nativo que se encontrava na costa. O corpo de Stroyan, que tinha sido barbaramente mutilado, foi sepultado no mar no mesmo dia, e dois dias depois os membros restantes da Expedição Somali chegaram a Áden com a notícia da inesperada catástrofe.

Em Áden, os ferimentos de Burton e Speke foram tratados.

O cirurgião militar observou em seu relatório oficial que o dardo tinha entrado pela face esquerda de Burton, saindo pela direita, arrancando dois molares e cortando o céu da boca. Também observou que Burton sofria de um grau secundário de sífilis. O cirurgião recomendou que Burton evitasse o clima quente de Áden e que voltasse à Inglaterra para se recuperar. Os ferimentos de Speke foram muito piores. Estava num tal estado que não podia nem se mexer. Pelo que se avaliou, seus braços e pernas estavam "contraídos em posições indescritíveis". Começou a sofrer de uma cegueira parcial e, quando finalmente conseguiu se mover, foi enviado para a Inglaterra.

As notícias da viagem de Burton a Harar, sua permanência na cidade, sua volta a Berbera e depois a Áden, seguindo-se o combate em Berbera, tinham sido publicadas na Inglaterra, e foram acompanhadas de perto por Isabel, que receava ser "duvidoso que Richard se recupere".

> Sem dúvida, é este o perigo mencionado pela clarividente, e a razão de meus horríveis sonhos com ele, na época em que aconteceu. Rezo aos Céus para que ele não volte para lá! Como agradecer o suficiente por ter escapado!

Na sociedade insípida e mexeriqueira de Áden, a batalha em Berbera se tornou um assunto dominante nas conversas. Os que tinham avisado dos perigos da Expedição Somali agora podiam dizer que estavam com a razão. Além disso, confirmaram-se certos preconceitos: não se podia confiar nos nativos, e Burton tinha sido muito presunçoso ao se associar com eles julgando que seria mais esperto. Fora uma batalha grandiosa, travada por homens de coragem numa posição de tremenda inferioridade, mas os adversários de Burton se indagavam se, afinal, as coisas não tinham sido encaminhadas de molde a permitir que aquilo acontecesse, e agora armava-se a tentativa, fundada nos fatos, de lançar a culpa sobre ele. O coronel Coghlan, sucessor de Outram, não queria que o governo assumisse qualquer responsabilidade pela catástrofe. Ele havia herdado todos os preconceitos de Outram contra Burton, e deixou que tivessem livre curso. Após a partida de Burton, deu-se início a investigações secretas das quais ele nunca veio a ter notícia — os papéis ficaram nos arquivos do governo até a década de 1960. Mesmo a troca de documentos públicos tinha um tom acrimonioso, e os três oficiais sobreviventes fizeram o máximo para se isentar.

Em primeiro lugar, pelo relatório de Speke:

> Fomos condenados por não termos colocado mais sentinelas de guarda; mas, se todo o acampamento estivesse nos preparativos normais de guerra, teríamos, com o espírito covarde que possuíam nossos homens [referindo-se aos criados nativos], sofrido uma derrota retumbante.

Herne enfatizou o número da força inimiga:

> Se algum somali ou membro da guarda tivesse ficado, teríamos resistido ao ataque, mas com números tão superiores não tínhamos qualquer possibilidade.

Burton, como Speke, também escarneceu dos soldados nativos:

> Os oficiais sob minha responsabilidade lutaram com frieza e energia, mas entre nossos doze homens armados de espadas e mosquetes, apenas Saad, um escravo negro, está seriamente ferido; há também três levemente feridos [...] os outros se comportaram com a mais baixa covardia [...] depois de disparar apenas três tiros no ar, lançaram fora as armas e correram.

Burton se sentiu acossado pelas acusações. Tentou mostrar que essa "triste ocorrência foi o ato de um bando de salteadores beduínos [...] sob todos os aspectos contrário ao costume do país e uma violação flagrante do código de honra do povo". Em sua defesa, disse: "Não posso deixar de observar que, assim como assumi a responsabilidade pela expedição, da mesma forma eu me desincumbi dela com o máximo de minhas capacidades". Fora levado a crer "que a costa de Berbera era tão segura quanto a própria Bombaim", e tivera de esperar o correio de Áden, que não havia sido entregue "dentro de um prazo razoável".

Mas Coghlan não aceitou as justificativas de Burton. "Talvez pareça muito severo criticar a conduta desses oficiais que, à dor de seus ferimentos e à perda de seus haveres, devem acrescentar o fracasso total de seu projeto longamente acalentado", mas, ressaltou ele, "todo o procedimento deles é marcado pela falta de prudência e vigilância", não tendo, em suma, nenhum comentário positivo a fazer, a não ser elogiar a bravura dos oficiais num ataque que, a seu ver, poderia ter sido evitado pela "sensatez e prudência". A troca de palavras prosseguiu e se tornou mais áspera. Burton logo estava de volta a Londres, seguido por Speke, e Coghlan aproveitou a ausência deles para reunir declarações de alguns somalis ligados à expedição. Naturalmente, eles não queriam ser responsabilizados pela catástrofe e atiraram a culpa em Burton, dizendo que tinham-no avisado que não devia acampar onde acampou — em suma, que Burton havia sido muito bem alertado. Suas declarações, tão prejudiciais a Burton, foram aceitas ao pé da letra — embora Coghlan, como a maioria de seus compatriotas, sempre tomasse como pressuposto que os nativos não eram muito dados a dizer a verdade —, formando um agudo contraste com os depoimentos dos três oficiais. Em resposta a essas acusações específicas, Burton denunciou que os chefes nativos tinham falsificado o teor das supostas conversas com ele. Não foi informado de todos os documentos preparados contra ele, e só podia reclamar "desse subterfúgio de esfaquear pelas costas o caráter de um homem". Esse último dossiê, como outros anteriores, adquiriu dimensões impressionantes, sendo finalmente enviado a lorde Dalhousie, governador-geral da Índia.

Em Bombaim, Elphinstone, embora amigo de Burton, tinha vindo a concordar com as posições de Coghlan, mas esperava encontrar algum meio de atenuar os golpes. Apenas Lumsden deu pleno apoio a Burton. Pouco depois, o próprio Coghlan foi alvo de críticas por não entender a delicadeza da situação. Dalhousie, rejeitando a recomendação de Burton de que os ingleses ocupassem a Somaliland, declarou que "desaprovava" uma política que envolveria o governo britânico na Índia com "um canto da África a 2500 quilômetros de distância de seus recursos", e Burton chegaria à velhice antes de ver seu sonho concretizado.

20. "CABEÇAS PODRES"

SERIAMENTE AFETADO POR FERIMENTOS que teriam levado outro homem ao túmulo, Burton voltou à Inglaterra para se tratar. Além de perder quatro dentes, arrancados pelo impacto da lança somali até o maxilar superior, e do ferimento no céu da boca, suas duas faces foram perfuradas. Burton mal conseguia falar. Entregou-se aos cuidados de um cirurgião e um dentista, e se recobrou com notável facilidade, embora tenha ficado com a face esquerda desfigurada — a face que gostava de mostrar, como no retrato feito por Frederick Leighton, onde ele aparece numa postura ambígua, entre cavalheiro inglês e déspota oriental, ainda que um déspota de grande sensibilidade e inteligência. Napier, que anos antes sofrera um ferimento parecido, comentou a "agonia quase intolerável" que sentia.

Burton teve uma outra amostra de seu habitual azar em obter reconhecimento depois de uma expedição. Seu audacioso trabalho na Índia tinha resultado apenas em denúncias secretas em seu dossiê; perdera a oportunidade de auferir vantagens com sua peregrinação a Meca, por não ter voltado à Inglaterra em tempo de receber toda a aclamação possível; quanto às duas expedições à Somaliland, perdeu a glória da primeira por ter ido para Bombaim, e a glória da segunda foi toldada pela guerra de seu país contra a Rússia na Europa Oriental e na Criméia, e sua luta feroz pela vida não significava grande coisa num momento em que rapazes britânicos e até alguns generais morriam diariamente numa terra até então desconhecida, a Criméia, diante dos fuzis do czar ou derrubados pelo cólera e outras doenças, pelo frio e pelas intrigas e ineficiência dos aliados.

Quando Burton, pouco depois de voltar a Londres, leu um artigo sobre Harar numa reunião da Royal Geographical Society, a expedição parecia não passar de uma façanha trivial. E quando tentou chamar a atenção para a importância da Somaliland, principalmente de portos como Berbera, teve de enfrentar uma crítica irritante e ignorante de "um antigo membro", que nunca havia estado na Somália, mas que tinha certeza de que Burton teria atravessado um importante rio a caminho de Harar, e queria saber por que Burton não o mencionara. Não passava de um ribeiro — ele tentou em vão tranqüilizar os membros.

"Ferido e amargamente abatido" com suas experiências, embora tendo a satisfação de ver impressa a obra *Personal narrative of a pilgrimage to El-Medinah and Meccah* e iniciando a composição do manuscrito a que daria o título de *First footsteps in East Africa; or, an exploration of Harar*, Burton voltou suas atenções para a grande diversão do momento, a Guerra da Criméia, com o sítio à base naval czarista em Sebastopol.

A Rússia e a Turquia tinham entrado em guerra em outubro de 1853, ao longo das imensas fronteiras que compartilhavam no leste europeu e no delta do Danúbio. Para a Inglaterra, era vantagem apoiar os turcos, pois a ameaça da expansão russa na Ásia Central e no sul, na direção do oceano Índico, era uma constante sempre presente em relação a áreas de máximo interesse para a Coroa britânica. Alguns dissidentes ingleses apoiavam a Rússia, e trinta anos depois, invertendo seu envolvimento anterior no Grande Jogo, Burton escreveria que "esse erro catastrófico nos custou para sempre o afeto da Rússia, nossa mais velha amiga e muitas vezes a única entre os países do continente europeu". O que aconteceu, comenta ele, foi que a Rússia se desviou da Europa para se concentrar mais na Índia, sobretudo "duplicando sua extensão com a absorção da Turcomênia", isto é, a Ásia Central, que havia muito tempo constituía um dos objetivos britânicos. A Inglaterra e a França, numa repentina aliança, enviaram uma frota a Constantinopla em sinal de apoio à Turquia. Depois que os russos esmagaram a frota turca, as duas aliadas européias foram obrigadas a assumir um papel ativo, e em janeiro de 1854 declararam guerra à Rússia, enviaram navios e tropas à área do Danúbio e finalmente levaram o czar à rendição na Europa Oriental. As Guerras Napoleônicas ficando na poeira do passado, os novos aliados agora viram uma oportunidade de paralisar a Rússia e, com os turcos, atacaram a grande base naval russa de Sebastopol, na costa ocidental da Criméia, em setembro de 1854, assim dando início a uma das guerras mais trágicas e desastrosas do século. Burton viu o conflito como "um mal terrível para a Inglaterra". E a forma de combate o deixou estarrecido. Para os jovens oficiais das unidades britânicas, era uma oportunidade de glória; de fato, a guerra exibia ostensivamente todos os valores militares tradicionais a que aspiravam homens de certas classes: furiosas cargas de cavalaria, escaramuças corpo-a-corpo, duelos de artilharia, confrontos navais e heroísmo sob as mais assustadoras condições. Mas homens que podiam ser brilhantes na praça de armas eram incompetentes no campo de batalha, e os oficiais com experiência de guerra — que eram os oficiais da Índia — não receberam postos, porque o serviço militar na Índia era visto depreciativamente. O comandante supremo, lorde Raglan, era "exatamente o homem *não* desejado", escreveu Burton. Havia ainda lorde Cardigan, o homem encarregado da Brigada Ligeira, celebrizada pelas elegias de Tennyson, e seu cunhado lorde Lucan, cujas rixas trouxeram a morte de inúmeros homens. A Brigada Ligeira, com cerca de setecentos homens, tinha arremetido diretamente para a boca dos fuzis russos, e apenas duzentos sobreviventes voltaram. "É grandioso, mas não é guerra", diz Burton, citando um general francês.

Em Londres, Burton obteve algumas cartas de apresentação a vários comandantes — de fato, ele era um autêntico mercenário franco-atirador —, embalou suas coisas, atravessou depressa a França e encontrou um barco para Constantinopla. Passou alguns dias na capital turca encontrando velhos amigos, e então seguiu para a Criméia, desembarcando em Balaklava ("Cidade do Peixe", observou ele), onde se fazia o cerco às fortificações russas. Visitou vários comandantes, um homem em busca de um posto ou de um emprego, mas nenhum general o aceitou, existindo um alto grau de preconceito contra oficiais do exército indiano. Finalmente voltou a Constantinopla, onde encontrou um amigo oficial de Boulogne, o general W. F. Beatson, homem indômito e independente com 35 anos de serviço em Bengala, que prontamente lhe deu um posto. Beatson estava formando uma unidade de cavalaria turca irregular, que operava com autonomia, sem passar pelos canais militares habituais. Era conhecida como "Cavalaria de Beatson", mas o nome popular era Bashi-Bazouks, "Cabeças Podres" segundo a tradução livre de Burton. Os Bashi-Bazouks provinham, em sua maioria, das províncias turcas dos Bálcãs, sendo sobretudo valentões e delinqüentes rústicos temidos pela indisciplina, e até por crimes. Não eram remunerados, mas sobreviviam com os saques, e era notoriamente difícil controlá-los. Beatson era um velho veterano corajoso, mas impulsivo e pouco diplomático, que usava "um uniforme rutilante, refulgindo de ouro" para impressionar os turcos. Os Bashi-Bazouks usavam uniformes parecidos — a única maneira de causar impressão num oriental, comenta Burton várias vezes, era com esse tipo de demonstração. "Um oriental forma seus juízos guiando-se *inteiramente* pelo vestuário."

Seu relato dos dias em Constantinopla vem recheado de minuciosos mexericos sobre homens outrora importantes na política, cujos nomes mal são lembrados hoje em dia, alguns deles bem ao gosto de Burton, como Percy Smythe, lorde Strangford, um lingüista que "parecia absorver uma língua por todos os poros, e ter tempo para todas as suas sutilezas e excentricidades". Strangford e Burton podiam conversar no mais perfeito acordo sobre o sufismo. Burton também se deparou com Fred Hankey, seu velho amigo do Cairo, cujos interesses eram em larga medida eróticos e pornográficos. Havia ainda Alison, futuro ministro em Teerã, que conhecia "perfeitamente o romaico [grego demótico], bem o turco, um pouco o persa e uns rudimentos de árabe". Burton se movia nos mais altos círculos na capital turca, mas permanecia o fato de ser um oficial indiano servindo num contingente nativo comandado por um homem tão indisciplinado quanto seus soldados.

Os Bashi-Bazouks estavam estacionados em Galípoli, na foz dos Dardanelos. A situação local parecia um ninho de cobras, de tantas intrigas. Além da rivalidade entre os oficiais regulares e os oficiais indianos, havia também uma rivalidade entre alguns dos que serviam sob Beatson, "ovelhas negras" que faziam seus planos por contra própria. Os funcionários da capital desprezavam os que estavam nos Dardanelos, e os regulares turcos se ressentiam com os irregulares turcos de Beatson. Os gregos preferiam os russos em vez dos ingleses, e Burton acusou os poderosos mercadores judeus de também serem pró-russos. Os paxás turcos locais temiam que os aliados tentassem tomar o país, receio este reforçado pelos engenheiros alemães que trabalhavam nas fortificações. E os franceses se ressentiam com os ingleses, seus recentes conquistadores.

"Mas nossos inimigos mais mortais", diz Burton, "eram, evidentemente, os mais próximos." Um grupo de ingleses se opôs aos Bashi-Bazouks e conseguiu obter o apoio do embaixador britâncio, lorde Stratford, que tinha tomado antipatia por Beatson. O general havia escandalizado seus superiores com sua franqueza ao propor "enforcar o paxá militar dos Dardanelos, caso continuasse a fazer intrigas e dar informações falsas sobre suas forças".

O general obedecia tanto aos regulamentos quanto seus Bashi-Bazouks, e Burton, tendo sido nomeado chefe do estado-maior, conta que "vistoriei seus livros e fiquei estarrecido ao ver o estilo de seus despachos oficiais". Burton escreve que Beatson "foi algum tempo depois persuadido, com alguma dificuldade, a me deixar atenuar a franqueza dos despachos sob o pretexto de copiá-los". No entanto, numa ocasião em que Burton pensou ter feito uma boa cópia, ele olhou no envelope e encontrou um desafio formal a lorde Stratford.

> Imaginem o efeito de um desafio formal ao combate, "pistolas para dois e café para um", ao velho rancoroso de Constantinopla [o embaixador], cuja ira ardia como fogo em brasa, e cuja vingança era sempre incandescente! Tirei o papel fora, mas meu general não me agradeceu por isso.

Pouco depois, com a experiência das praças de armas em Baroda ainda fresca na memória, Burton colocou os Bashi-Bazouks em forma militar, com a disciplina fortemente inculcada. Agora, o que fazer com esses homens, cerca de quatrocentos indivíduos fortes, indômitos, ávidos por ação e capazes de feitos heróicos? O corpo estava ociosamente parado em Galípoli; o alto comando inglês não tinha nenhuma tarefa para os irregulares. Ruminando sobre a situação e conversando interminavelmente com Beatson e os outros oficiais, Burton teve a idéia de socorrer a guarnição em Kars, uma antiga cidadela na Turquia oriental, não muito longe da fronteira russa. Kars tinha sofrido um prolongado cerco: a guarnição era composta de turcos, mas comandada por um inglês, o general Fenwick Williams Pasha, que tinha despachado oitenta "ofícios" para pedir ajuda a lorde Stratford, sem receber uma única resposta. Na Inglaterra, o auxílio a Kars se tornou uma questão. Karl Marx, que na época era "correspondente de guerra" do *New York Tribune*, jornal radical, populista e socialista, escreveu várias vezes, mesmo sem nunca sair de Londres, sobre os planos de Beatson de socorrer a cidade, sem saber que Burton era o instigador. O resgate de Kars parecia uma questão óbvia para muitos britânicos. Sua queda não só prejudicaria os turcos, mas também facilitaria o avanço russo na Pérsia, Mesopotâmia, Afeganistão e Índia Ocidental. Os próprios Bashi-Bazouks, noticiou Marx, tinham solicitado permissão para ir em socorro de Kars. Por fim, Burton foi pleitear junto ao embaixador e obteve uma entrevista com o principal assistente de Stratford, o general Robert J. Hussey-Vivian, "homem que cheirava a excessiva meticulosidade e formalidade, e servilmente submisso ao embaixador". Como desculpa para não socorrer Kars, Stratford tinha mencionado a falta de transportes.

> Assim senti que o jogo estava em *minhas* mãos, e passei com um glorioso ufanismo a submeter a sua excelência meu projeto de auxílio a Kars. Já tínhamos 2640 sabres em absoluta prontidão para se pôr em marcha, e eu poderia obter *qualquer quantidade* de veículos [para transporte]. A cena resultante ultrapassa qualquer descrição. Ele me gritou num acesso de raiva: "O senhor é o homem mais impudente do

exército de Bombaim, sir!". Mas eu o conhecia [...] e não me incomodei. A coisa terminou com: "Naturalmente, o senhor jantará conosco hoje, pois não?".

Frustrado e desconcertado, Burton voltou a Galípoli.

Apenas alguns meses depois é que eu soube o que significaria meu infeliz plano. Kars estava fadada a cair para contrabalançar a captura de metade de Sebastopol, e um capitão de Bashi-Bazouks [eu] tinha tentado loucamente deter o curso da *haute politique*.

Em Galípoli, os irregulares tinham criado problemas. Houve alguns tumultos — "umas travessuras", disse Burton, explicando que "apenas uma mulher foi desonrada". Todavia, regulares turcos tinham cercado o acampamento e navios de guerra aliados estavam fundeados perto da costa, prontos para disparar; os Bashi-Bazouks estavam a pique de atacar o "inimigo". Mas Beatson emitiu ordens rigorosas e "conteve a compreensível fúria de seus sofridíssimos homens". O incidente parecia ter se encerrado, mas os inimigos do general em Constantinopla continuaram com a batalha, enviando "tomadores de notas", entre eles um tal sr. Skene, para desencavar informações contra Beatson e seus oficiais, inclusive Burton. Nesse meio-tempo, Beatson tinha se machucado ao cair de um cavalo, e não estava em condições de cumprir seus deveres; para piorar as coisas, o general Vivian o substituiu por um outro homem, o general-de-divisão Richard Smith, que chegou ao acampamento com soldados não ingleses, e sim franceses. Burton e os outros tentaram expor o caso a Smith, mas ele se negou a ouvir. "Depois de um insulto desses, sentimos que já não podíamos servir e manter o respeito próprio. Foi esse procedimento, creio eu, que depois deu origem a uma notícia de que eu teria feito o máximo para provocar um amotinamento."

Enquanto isso, Stratford ofereceu a Burton, como um pequeno prêmio de consolação por não ter sido autorizado a socorrer Kars, uma outra oportunidade de entrar em ação. Havia no Cáucaso um famoso chefe tribal muçulmano, Schamyl (Samuel), que governava a maioria das tribos da região e era considerado um imã de qualidades especiais, aos olhos dos fiéis inferior apenas a Maomé. Ele vinha pregando havia quase 25 anos uma *jihad*, guerra santa, contra o ímpio czar. Seu longo combate aos russos, sua astúcia e ousadia (que incluía ter escapado várias vezes, por um fio de cabelo, ao cerco de soldados inimigos) valeram-lhe a admiração de toda a Europa. Em *Life*, Burton se referiu a Schamyl como "valentão" e disse que "ultimamente vinha sendo acusado, entre outras atrocidades, de açoitar damas russas que tomara como prisioneiras". Para o alto comando britânico, parecia uma boa idéia enviar o encrenqueiro capitão Burton, com suas simpatias muçulmanas, ao encontro do imã, para angariar seu apoio ativo aos aliados. "Eu não conseguia entender como lorde Stratford, que tinha um enorme horror por todas as crueldades russas e que sempre o expressou nos termos mais crus, podia se aliar com um tal valentão."

"Havia dificuldades e perigos", lembra Burton, inclusive a passagem por um longo trecho de território russo, mas "a tarefa podia ter sido cumprida." Achava que poderia confiar "muito no ardente patriotismo das mulheres circassianas que então enchiam os haréns de Constantinopla. Eu não veria um único rosto, exceto talvez o de uma escrava, mas seria calorosamente auxiliado com todo o interesse possível das belas patriotas". Ele pensou seriamente no assunto, mas afinal percebeu que Schamyl haveria de querer "dinheiro, armas e possivelmente soldados", e se Burton não chegasse com tudo o que o imã precisava, iriam "infalivelmente me considerar um espião, e minhas chances de voltar a Constantinopla serão extremamente pequenas".

Foi sorte que Burton tivesse a sensatez de não ir nessa missão desvairada. Soube-se depois que, num outro exemplo de *haute politique*, os russos tinham feito um pacto com Schamyl e que não o incomodariam se ele não ajudasse os aliados. É evidente que, caso tivesse aceitado a missão, Burton ficaria seriamente comprometido e provavelmente seria morto. Com Beatson caído em desgraça e encerrada sua carreira pessoal na guerra, Burton voltou a Londres. Lá foi chamado como testemunha no processo que o general abriu contra seus inimigos, por difamação. O principal oponente era Skene, cujos advogados insinuaram que Burton era um dos culpados na "sublevação" dos Bashi-Bazouks. No banco das testemunhas, Burton foi sarcástico e até grosseiro — os advogados da outra parte ignoravam muitos termos militares, e ele se aproveitou ao máximo disso. No final, Beatson ganhou a causa, limpou o nome e Burton também. Novamente saía de uma situação difícil com uma má reputação. Circulavam rumores, no mínimo ridículos, chegando à sordidez, sobre suas atividades durante a guerra. "Um colega oficial", escreve Thomas Wright em sua biografia, "um tremendo salafrário [porém sem citar o nome] cuja vida fora empanada por todos os tipos de vícios", começou a contar histórias sensacionalistas sobre as escapadas de Burton na Turquia. O oficial "inseriu detalhes que lhes davam verossimilhança". O próprio oficial tinha má fama — havia "roubado o correio em Alexandria" e tentara trapacear uma herdeira grega. "Esse vigarista sórdido e calejado se empenhou em levar as pessoas a crer que ele e Burton estiveram juntos como carne e unha em vários tipos de maldades." Uma expressão que lhe era cara era "'Eu e Burton somos grandes tratantes'". O amigo de Burton, lorde Strangford, replicou: "Não, não é isso, [...] é um tratante de verdade, mas Burton é apenas impetuoso".

Uma história que nunca desapareceu dizia que Burton tinha sido apanhado num harém turco e fora castrado. ("O usual castigo indescritível": foi o eufemismo usado por Wright.) Este é o único mexerico que se sabe ter irritado Burton, mas, diz Wright enfaticamente, "muito certamente ele não passou por nenhuma perda". E acrescenta o biógrafo: outros rumores "de natureza ainda mais ofensiva vieram a circular". "As mães piedosas abominavam o nome de Burton, e mesmo homens do mundo o mencionavam num tom de desculpas."

A Criméia tinha se esfumado, e sobrevivia apenas nas recriminações, análises e luto pelos mortos. Pereceram 250 mil homens de cada lado: 70 mil baixas dos aliados se deviam ao cólera e outras doenças. Depois do processo Beatson, Burton voltou suas atenções ao chamado "Desvelamento de Ísis", a busca da nascente do Nilo que, em sua opinião, devia se encontrar nas regiões dos lagos da África Central.

Um pequeno episódio serviu para distraí-lo. "Num dia de verão em agosto de 1856", escreve Isabel Arundell, "nós [a família Arundell] não tínhamos saído da cidade, e eu estava andando no Jardim Botânico com minha irmã Blanche Pigott e uma amiga, e Richard estava lá, andando com a criatura vistosa de Boulogne — então casada".

> Imediatamente paramos e trocamos apertos de mão, e nos fizemos mil perguntas sobre os últimos quatro anos, e me retornaram todas as lembranças e sentimentos de Boulogne que tinham ficado adormecidos, mas não extintos.

Isabel estava com *Tancred*, que ainda era "o livro do meu coração e gosto", e Burton agora o explicou a ela. Passaram uma hora juntos, "e quando tive de ir embora, ele me olhou de uma maneira peculiar, como em Boulogne". Isabel acrescenta: "mal olhei para ele, mas senti sua mirada e tive de sair correndo". E, quando chegou em casa: "Que aflição!".

Na manhã seguinte, Isabel e Blanche foram de novo passear pelo Jardim Botânico, e Burton também estava lá, escrevendo um pouco de poesia. Ele se aproximou e disse, rindo: "Você não vai escrever 'A Mãe vai ficar brava'?", referindo-se ao primeiro encontro nos baluartes de Boulogne. Burton e Isabel ficaram caminhando e falaram sobre "os velhos tempos em geral".

Depois de um terceiro encontro, Isabel notou uma estranha mudança na atitude de Burton, que antes era de despreocupação. "Tínhamos começado a nos conhecer."

21. O GRANDE SAFÁRI

COM A BUSCA DAS FONTES DO NILO, Burton ingressou no período mais perigoso, mais difícil e mais trágico de sua vida. A África não guardava qualquer semelhança com os desertos de Sind e da Arábia. Mesmo a louca ida e volta de Harar mais parecia uma pequena aventura na qual ele entrara com uma certa displicência, em comparação com o safári* no interior da África. Mas, se a viagem se complicou e trouxe um desfecho amargo para Burton, não foi apenas por causa da geografia, das selvas cheias de miasmas, das doenças e dos nativos totalmente desconhecidos a ele. O que aconteceu na África iria marcá-lo pelo resto da vida. A causa de muitos de seus problemas não foi, ao contrário do que muita gente sugeriu, Isabel Arundell, mas sim John Harming Speke e seus amigos e aliados. A tragédia foi que Burton, tendo tantas vezes se afastado do mundo inglês, não compreendia Speke. Burton parecia não ter a mais leve idéia do que ocupava o espírito de Speke — seus pensamentos secretos (muitas vezes obliquamente revelados), suas ambições, sua cobiça, seu desejo de reconhecimento e, sobretudo, sua vontade de vingança, pois acreditava sinceramente que Burton o prejudicara com toda a deliberação.

Depois da catástrofe em Berbera, Speke se recuperou rapidamente de suas feridas. "Uma lição expressiva de como é difícil matar um homem de boa saúde", escreveu Burton a propósito de Speke em *First footsteps*. "Ele nunca sentiu a menor inconveniência resultante dos ferimentos, que se fecharam como cortes numa seringueira indiana." Speke, a seguir, se juntou à

---

* Foi Burton quem introduziu o termo *safari* (em suaíle, do árabe *safár*, jornada ou viagem) no inglês.

corrida de jovens oficiais para a Criméia, onde foi um pouco mais feliz do que Burton, sendo designado como capitão para um regimento de regulares turcos. Com o fim das hostilidades, ele decidiu que, em vez de voltar à Inglaterra, ficaria na Ásia Ocidental e se dedicaria a caçar e colecionar animais nas montanhas do Cáucaso; esperava ser acompanhado por seu grande amigo, o capitão Edmund Smyth do exército de Bengala, "um velho e conhecido esportista do Himalaia", segundo disse Speke. Precisavam de passaporte para entrar no Cáucaso, e escreveram a Norton Shaw, pedindo que usasse sua influência para obter os documentos. Shaw respondeu que, naquele momento, seria desaconselhável entrar na Rússia, e que Speke pensasse em ir até Burton, o qual estava novamente organizando uma expedição à África. "No correio seguinte, recebi um comunicado do próprio capitão Burton, convidando-me a me unir novamente a ele para explorar a África." Burton escreveu que o governo indiano e o governo inglês tinham prometido contribuir com mil libras cada um. "Isso decidiu a questão." Speke voltou imediatamente à Inglaterra, para se preparar para a viagem.

Por que Burton pediu a Speke para se juntar a ele?

> Eu estava ansioso em aceitar novamente o tenente John Manning Speke, porque ele tinha sofrido junto comigo, em seus bens e sua pessoa, em Berbera, e porque ele, como o resto do grupo, não obteria indenização.

Pelo visto, Burton achava que o lucro, tanto financeiro quanto em termos de reconhecimento público, seria suficiente para compensar as perdas sofridas na Somália. Mas, chegado a Londres, Speke não conseguiu licença junto ao Conselho de Diretores, e parecia que Burton teria de seguir sem ele, confiando em outros já comprometidos com a expedição.

Com sua habitual meticulosidade em expor projetos de grande envergadura, Burton havia proposto, tanto à Royal Geographical Society quanto à Companhia de João, "uma exploração das regiões dos lagos da África Central, totalmente desconhecidas". Também corrigiria — uma ressonância da peregrinação a Meca — certos erros geográficos (e eram muitos) referentes ao Continente Obscuro e faria o levantamento mais completo possível dos recursos da África Central e intertropical. Ele pesquisou a bibliografia antiga com sua energia de sempre, lendo descrições do Nilo e suas fontes em Estrabão, Plínio, Ptolomeu e outros clássicos, no original grego e latino, bem como as várias obras em árabe. Examinou mapas antigos e investigou as lendas das fabulosas "Montanhas da Lua", as Jebel Kumri (como diziam os árabes), as "Montanhas Lunáticas" segundo ele mesmo, devido aos mitos e lendas que diziam que os homens enlouqueciam ao procurá-las. Também estudou a bibliografia posterior, os relatos dos exploradores portugueses, holandeses, ingleses e franceses (nenhum deles tinha se arriscado muito além da costa, mas relatavam mitos e comentários ouvidos de terceiros), e reuniu os papéis dos missionários que tinham experiência própria da África, como Johannes Ludwig Krapf.

Nessa época, a viagem já estava muito bem planejada, tendo como destino expresso a aldeia de Ujiji (pronunciava-se Uwiwi), a cerca de 1600 quilômetros para o interior, à margem do lago Tanganica, relativamente desconhecido. Supunha-se que os habitantes de Ujiji eram comerciantes árabes, e Burton achou que poderiam ajudar na busca. Ao que parece, ele manteve seu verdadeiro objetivo deliberadamente vago — talvez aqui estivesse operando a *taqiya* ou dissimulação —, e não tornou pública sua intenção de prosseguir até encontrar o próprio rio e sua nascente.

Os possíveis acompanhantes constituíam uma questão preocupante. Um membro importante da expedição devia ser Steinhauser. Havia necessidade de um médico no grupo, pois entrariam numa terra em que grassavam doenças, febres, males tropicais e outros problemas de caráter altamente destrutivo. Como Steinhauser e Burton se conheciam bem, entendiam suas mútuas idiossincrasias e partilhavam interesses comuns (inclusive *As mil e uma noites*), poderiam enfrentar as pressões da exploração sob condições extremamente difíceis e um equilibraria e complementaria o temperamento do outro. Steinhauser também era lingüista, ao contrário de Speke, e falava árabe e outras línguas orientais.

Burton também manteve contato com o missionário alemão Johannes Rebmann, que havia acompanhado o dr. Krapf ("um dos viajantes da Abissínia mais conhecidos", segundo Burton) e vira com ele o monte nevado do Kilimandjaro ("Killma-njaro", na grafia de Burton). Rebmann, nessa época, morava numa missão a cerca de 140 quilômetros para o interior de Mombaça, a ex-colônia portuguesa a norte de Zanzibar, e estava trabalhando sob os auspícios da Sociedade Missionária Londrina. Burton obteve uma carta da Sociedade liberando Rebmann de suas obrigações missionárias, caso quisesse se juntar à expedição.

E o quarto homem seria Speke, se conseguisse licença do exército. Pelas aparências, ele seria um membro positivo e valioso da expedição, e foi acolhido como o homem que completava o grupo.

No entanto, naquele momento havia apenas um membro confirmado, que era o próprio Burton. Embora ele e Steinhauser estivessem mantendo correspondência, o médico se encontrava em Áden, e Rebmann teria de ser consultado pessoalmente. Foi-lhe enviada uma carta, mas ela nunca chegou. Speke parecia muito disposto a participar, mas teria de ir até Bombaim para solicitar a autorização dos oficiais da Companhia das Índias Orientais e conseguir uma licença prolongada.

Nessas alturas — final do verão de 1856 — foi publicada a obra de Burton sobre a Somália, *First footsteps in East Africa*, que tinha sido escrita e editada num curto prazo. Não resultou em dinheiro para o autor, mesmo com o lançamento de uma segunda edição, e depois da morte de Burton foram lançadas várias reimpressões. Era uma obra volumosa; a primeira edição tinha quase setecentas páginas, com mapas e ilustrações, algumas a cores, mas dois de seus cinco apêndices geraram problemas. A editora Longman, Brown, Green and Longmans omitiu de última hora o Apêndice IV, sem qualquer explicação. Na verdade, tratava-se de uma nota de quatro páginas em latim sobre o uso da infibulação entre os somalis, sendo que a única pista quanto a seu conteúdo se encontra na introdução de Burton ao livro, na qual ele se refere a "certos costumes típicos [...] sob o nome de fibulação".

Mas foi o Apêndice I — o diário de Speke reescrito por Burton — que provocou a maior controvérsia. Em seu texto, Burton havia insinuado que Speke, tendo recebido um encargo importante, mas fácil, no entanto fracassou, sem chegar sequer a Wady Nogal, meta de sua missão, e tinha voltado "convencido de que tal coisa [...] não existia". Para se somar a essas desfeitas, havia a questão de seu diário, tão penosamente escrito num estilo bastante insípido e sem imaginação. Burton só veio a expor inteiramente no prelo o problema de Speke em 1872, com a publicação de *Zanzibar*, quando arrolou as razões que o levaram a reescrever o diário na terceira pessoa, acrescentando que "um artigo da lavra de alguém bastante conhecido" na revista *Blackwood's* lamentava que Speke não pudesse ter aparecido com suas próprias palavras. Esse artigo, inspirado provavelmente por Speke, "atiçou uma fogueira que, nem por ter sido abafada, deixou de queimar furiosamente". E aí Speke se sentiu ainda mais ofendido por não ter auferido nenhum rendimento com o livro, embora Burton tampouco tivesse recebido qualquer tostão, pois o livro só passou a vender depois de sua morte. Essas ofensas, junto com outras reais e imaginárias, continuariam a remoer Speke.

A Royal Geographical Society doou a Burton os subsídios solicitados, mas, como provavelmente ele já esperava, a Companhia de João se furtou a suas promessas, e assim ele partiu com um financiamento menor do que o planejado, confiando no sangue-frio, na coragem e no engenho para cumprir a mais difícil de todas as suas viagens. Já se estava no outono de 1856 quando ele saiu de Londres. Agora tinha 35 anos, idade que poderia sugerir a opção por aventuras menos árduas. Acompanhado por Speke, que tinha a esperança de que os funcionários da Companhia das Índias Orientais em Bombaim encarassem seu pedido de afastamento com olhos mais favoráveis do que os dos diretores em Londres, Burton foi primeiro a Boulogne para visitar Edward, que estava de licença antes de voltar à Índia. Burton e Speke chegaram ao Cairo no dia 6 de novembro. Lá, Burton encontrou à sua espera uma ordem do Conselho de Diretores da Companhia das Índias Orientais, convocando-o imediatamente a Londres para testemunhar "em alguma desgraçada corte marcial". Ele ignorou a intimação a pretexto de que não estava redigida de maneira clara e, também, que era impossível conseguir um navio naquele momento. Burton e Speke continuaram até Suez e desceram até o mar Vermelho. Seus olhos argutos e ouvidos aguçados lhe permitiram perceber que havia problemas pela frente. As condições políticas, sociais e militares, resultantes da "má administração anglo-indiana e [...] da índole árabe" logo resultariam em "alguma terrível catástrofe". Isso o levou a escrever "um longo memorando, mostrando o verdadeiro estado das coisas ao departamento de assuntos interiores do governo indiano". E acrescentou: "De novo aquele zelo!". Como uma questão de prudência, como iria perceber mais tarde, ele devia ter pintado "todas as coisas *couleur de rose*", mas tinha farejado problemas no ar e, com seus anos de experiência no Oriente, sabia que poderiam estourar crises, e advertiu dessa possibilidade.

O resultado foi um "ralho" que recebi no coração da África, e — coincidência curiosa! — junto com essa folha de papel almaço veio um jornal com as notícias do massacre de quase toda a comunidade cristã em Jedá.

Burton e Speke chegaram a Bombaim em 23 de novembro, recebendo uma boa acolhida de lorde Elphinstone e James Grant Lumsden, o velho amigo de Burton do Cairo, agora importante membro do Conselho de Bombaim. Elphinstone deu a Speke a licença necessária, e ele e Burton arrumaram seus apetrechos a toda pressa. Também contrataram como empregados dois "rapazes cozinheiros" goeses, Valentine e Gaetano, "filhos daquela raça semipária que todos os anos sai de Goa, Daman e Diu", comenta Burton. Eram indispensáveis no serviço, mas eram também vaidosos, fanfarrões, gatunos e gulosos, com "uma deficiência de força física e de compleição". Elphinstone, "sabendo a importância que os orientais atribuem à aparência", pôs à disposição uma chalupa de guerra, de modo que os dois exploradores chegariam a Zanzibar com todo o peso do governo por trás. Lumsden acompanhou os amigos a bordo. "Em 2 de dezembro de 1856 [...] demos *adieu* ao imundo porto de Bombaim a Bela, com um único suspiro", como escreveria Burton em *Zanzibar*, dezesseis anos depois. "Quando partimos, decididos a vencer ou morrer, nenhum fantasma do futuro lançava sombras em nosso caminho ensolarado."

Como sempre, Burton se sentia tremendamente empolgado com uma aventura dessas, pois o Bárbaro Amador sempre estava à espreita por baixo de sua pele de europeu. "Vejo meu diário transbordando de entusiasmo", escreve ele.

> Um dos mais alegres momentos na vida humana, penso eu [escreveu enquanto navegava], é a partida para uma viagem distante para terras desconhecidas. Lançando fora, num impulso vigoroso, os grilhões do Hábito, o peso de chumbo da Rotina, o manto de muitas Preocupações e a escravidão do Lar, a pessoa se sente novamente feliz. O sangue corre com a rapidez da infância. [...] Uma viagem, de fato, fala à Imaginação, à Memória, à Esperança — as três irmãs Graças de nosso ser moral.

"Um tanto grandiloqüente, mas verdadeiro", acrescentou ele. Mas, no momento, "a sensação súbita de liberdade aumenta nosso espírito em um côvado [...] e a face gloriosa da natureza alegra a alma".

A chalupa estava impecavelmente limpa, a comida era boa, a viagem não teve percalços, os oficiais homenageavam Burton e Speke como homens corajosos rumo a uma corajosa aventura e, "claro, não tivemos aventuras". No entardecer do dia 18, foram obrigados a parar numa minúscula pontinha de terra chamada Tumbatu, a pouca distância de Zanzibar. Nunca perdendo tempo, Burton reuniu várias páginas de informações etnológicas sobre os habitantes. "Estávamos na presença de uma nova raça", observou ele. Ao que parece, Burton deve ter presenciado uma morte nas poucas horas que passou em terra firme, pois boa parte do material versa sobre os costumes mortuários. No dia seguinte, de manhã cedo, eles estavam no canal de Zanzibar

> impressionados com nossa primeira visão da ilha, então misteriosa, de Zanzibar, realçada pela cúpula das colinas a distância, como ar solidificado. [...] Terra, mar e céu, tudo parecia envolto num repouso suave e sensual, na vida tranqüila dos Comedores de Lótus, no sono como que desfalecido dos Sete Adormecidos, nos sonhos do Castelo da Indolência.

O capitão Burton, novamente como um bárbaro amador, se apaixonou de pronto por Zanzibar.

> [...] tudo era voluptuoso com as curvas suaves, com as formas arredondadas de uma jovem negra [...] cada traço era brando e enevoado, como se fosse visto através de uma "treliça de ar" e não da atmosfera comum.

Sobre todas as coisas pairava o perfume picante das plantações de cravo-da-índia. Burton tinha ordens de notificar o residente britânico, tenente-coronel Atkins Hamerton, do exército indiano. O coronel era o símbolo do típico branco esmagado pelos trópicos.

> Ainda agora posso ver claramente meu pobre amigo sentado à minha frente, uma figura alta, vigorosa, de ombros largos, barba e cabelo prematuramente brancos como a neve, um semblante outrora limpo e corado, mas desde há muito descolorido, de uma palidez cadavérica, pelo tédio e pela doença. Tais foram os efeitos do calor escaldante de

Maskat e do "golfo", e da umidade mortal de Zanzibar, da ilha e da costa. O pior sintoma no caso dele — raras vezes vi algum que não fosse fatal — era sua falta de disposição em deixar o lugar que estava a matá-lo aos poucos. À noite, ele conversava animadamente sobre uma remoção, sobre uma volta à Irlanda; de manhã, abominava o assunto. Sair parecia uma impossibilidade física, embora a única coisa que precisaria fazer fosse mandar embalar algumas caixas e embarcar no primeiro navio de volta ao lar.

Além dos estorvos colocados pela enfermidade de Hamerton, Burton descobriu também que, desde a morte do sultão, ocorrida sete semanas antes, os acontecimentos em Zanzibar tinham ficado caóticos. Agora se travava uma batalha entre os dois filhos do sultão, um em Maskat, notoriamente antibritânico, e o outro, mais novo, que tinha ocupado o trono de Zanzibar e agora se preparava para entrar em guerra com o irmão. A ilha fora recentemente devastada pela varíola, e uma séria seca reduzira a costa sul a um estado de fome.

Hamerton não era favorável à viagem pelo interior da África, e contou a Burton o destino de um jovem oficial da marinha francesa, que tinha sido o último europeu a tentar penetrar na África Oriental. Aprisionado pelos guerreiros da tribo mzungera, o oficial foi amarrado a uma árvore, e lhe decepararam várias partes do corpo, e por fim a cabeça. Os assassinos fugiram, exceto o homem do tambor que tinha rufado o toque da morte; foi apanhado e passou dez anos amarrado a uma árvore na prisão de Zanzibar. Hamerton, talvez sob a influência de suas más condições físicas, sugeriu que "seria melhor eu voltar para Bombaim. Mas, naquele 20 de dezembro de 1856, eu preferia ir para o Hades do que voltar a Bombaim".

Enquanto isso, Burton aproveitou ao máximo sua permanência na ilha. Zanzibar era um lugar desalentador para os brancos. "De maneira que, com água ruim e álcool ainda pior, o britânico acha difícil viver em Zanzibar", comentou Burton. No ar que o rodeava, a doença era tão palpável que quase se podia tocá-la e vê-la. Não havia médicos nativos, e todo o leque de doenças tropicais proliferava desbragadamente.

Predominavam os problemas urinários e genitais — "A gonorréia é tão comum que nem é considerada uma doença" —, e mesmo algo tão simples quanto revolver a terra para o plantio provocava enfermidades estranhas. "A sífilis é muito generalizada [...] e apresenta sintomas tremendos." Burton conta que os árabes chamavam a sífilis de "leão negro". Ela "destrói a parte afetada em três semanas; é de se temerem efeitos secundários; o nariz desaparece, o cabelo cai, e surgem reumatismos e úlceras que se alastram". Ele descreveu a elefantíase dos braços e pernas, "especialmente do escroto", a qual afetava 20% da população nativa. O calor, a doença, a comida ruim, as chuvas, "insônia esgotante à qual se alterna um sono letárgico [...] o dia escaldante e a noite de ar parado" — poucas coisas não afetavam brancos e nativos por igual.

A cidade de Zanzibar era tão imunda quanto outras que Burton já conhecera. "De vez em quando cadáveres flutuam numa água pesada, a praia é uma cloaca." Nas ruas, "como nas odiosas areias [onde as pessoas defecavam], as impurezas em putrefação fazem do caminhar uma tarefa que exige uma certa resolução, e as ruas são impróprias para uma mulher (branca) decente".

Não era a cor negra da pele que irritava Burton, mas sim a falta de cultura e civilização. Não existia sequer um verniz, e Burton não demorou em reclamar dos modos e costumes primitivíssimos dos nativos. Queixou-se várias vezes da "insolência dos negros", e declarou genericamente que os negros eram "uma raça não desenvolvida e que não se desenvolveria". Mas era ao mundo negro que ele sempre voltava, apesar de seus rosnidos e raivas, explorando "a cidade nativa — um labirinto imundo, um arabesco caprichoso de ruas e vielas desordenadas. [...] Levaria semanas para aprender a percorrer esse dédalo sem lógica, e qual o branco que teria a disposição de aprender?". Mas foi Burton que passou horas intermináveis a sondar seus mistérios, tão desconcertantes para alguém que pensava entender o mundo oriental. Ele saía de manhã cedo, "antes que o mundo negro volte à vida [...] por entre a massa fétida das habitações densamente apinhadas onde os escravos e os pobres vivem 'porcamente' juntos". Logo a compaixão supera a raiva. "As classes pobres se contentam com meros barracos. [...] As choças mais pobres são de folhas de palmeira trançadas, escurecidas pelo vento ou pelo sol [...] tão miseráveis quanto as palhoças do oeste irlandês."

Além dos árabes e dos negros, havia "os caçadores de dólares da Europa [...] uma mera população flutuante", os bânias da Índia ocidental, os cutchis, "com fisionomias plácidas e satisfeitas, e corpos nédios, roliços, rechonchudos, dando a impressão de vacas prósperas e felizes". E, para lhe recordar suas experiências com o agá cã, ele encontrou "uma meia dúzia de 'khojas' pálidos, homens de ar astuto, olhos malignos, sorrisos traiçoeiros, que seriam bons descendentes dos 'Assassinos'".

> Complete-se o grupo jogando dentro um europeu — como é cadavérico seu rosto desbotado, e como é horrorosa sua roupa justa! —, andando empertigado pelas ruas com o pior dos humores, e usando sua bengala nos esquálidos "cães párias" e nos ombros nus dos "negros" que atrapalham sua passagem.

Então ele passa para o tema que era quase obsessivo. "A escravidão grassava", conta ele. Hamerton havia exercido sua influência sobre o sultão falecido, e "várias fustigadas e confiscos de bens instauraram entre os donos de escravos uma aparência de humanidade", diz Burton em *Life*. Mas, apesar dessas medidas, a escravidão prosseguiu, pois Zanzibar funcionava como uma central de câmbio para a importação e exportação de seres humanos. Como o sultão cobrava um imposto sobre cada escravo que passasse pela ilha, os "infelizes eram atirados borda afora quando doentes, para não pagar a taxa; e a praia em frente à cidade, bem como as fazendas, apresentavam espetáculos medonhos de cães devorando carne humana".

Para Burton, ainda mais importante do que a exploração da cidade era o contato com as línguas, nesse caso o suaíle, a grande *língua franca* da costa oriental da África, que Burton chamava de wasawahili. Em Zanzibar, ele não encontrou muitas mulheres que trabalhassem formalmente como prostitutas, suas professoras de língua preferidas, mas havia muitas mulheres casadas com maridos tolerantes em relação a atividades extraconjugais; os brancos locais preferiam como concubinas as abissínias de pele fresca e constritoras de pênis, e como amantes as gallas, mas não eram muito generosos em partilhá-las com outros. Burton acabou encontrando o *lal bazar* no bairro Malagash, uma favela imunda, lamacenta, miasmática, "o próprio centro da prostituição". Todas as mulheres eram suaíles. Tendo uma mistura de árabe e negro, não eram, porém, companhias agradáveis. "Com o rosto de macaco sem pêlo e as pernas magras envoltas em panos justos de seda vermelha, elas são de aparência tão repugnante quão perigosa é sua companhia."

Burton deu uma atenção desproporcional aos suaíles nas páginas de *Zanzibar*, com uma longa discussão e análise de todos os detalhes da tribo, uma mistura de árabes e persas com negros, discorrendo longamente sobre a estrutura social, a história, os tipos físicos — o formato do crânio, dos maxilares, os olhos, as cores da pele ("um marrom chocolate, variando em tons, como entre nós"). Declarou que, dos árabes, os suaíles "puxaram a astúcia mental e o costume de esconder seus pensamentos: acolhem um homem com a determinação de matá-lo [...] a verdade é algo desconhecido [...] a honestidade e a franqueza são ignoradas até mesmo de nome".

Seu desgosto com o povo talvez se devesse em parte à sua dificuldade de aprender a língua, pois o suaíle (e as outras línguas que imediatamente tentou absorver) não se encaixava nos padrões lingüísticos a que estava acostumado. Depois de uma longa peroração sobre a tribo suaíle, ele afirma: "O ponto mais interessante ligado a esses negros da costa é a língua deles. [...] As línguas orais são essencialmente flutuantes; não tendo padrão, as raízes das palavras definham e morrem, enquanto termos, expressões e idiotismos antes populares logo caem no esquecimento e são suplantados por neologismos". E em seguida oferece uma análise da língua e dialetos, que parece uma introdução básica até mesmo para o mais rematado lingüista.

> O kisawahili é ao mesmo tempo rico e pobre. [...] Abunda em nomes de objetos sensíveis; há um termo para cada árvore, arbusto, planta, capim e bulbo, e mostrei que as várias idades do cacau são chamadas de maneiras diferentes. [...] Tendo muitas vogais e líquidas, a língua admite uma verbalização imensamente eloqüente; na raiva ou agitação, as palavras fluem como uma torrente, e cada uma se encaixa na seguinte, até que a frase inteira vira um único vocábulo.

Finalmente, pôde afirmar, depois de muita discussão e análise, que "o dialeto se aprende com facilidade [...] é uma língua preguiçosa que se adequa bem ao clima acachapante".

Burton fez um estudo completo da ampla variedade dos sinais tribais, talhos, protuberâncias, cicatrizes e tatuagens, e as "tribos e tribos de mulheres que alargavam os lábios com discos de bambu, marfim, madeira e metal". Ele comenta com visível satisfação, provavelmente tendo sentido algum prazer erótico com os afagos, que "a escrava zanzibarita raspa a cabeça até deixá-la bem lisa, até brilhar e ficar de um marrom reluzente como um cacau bem polido".

As pesquisas etnológicas e lingüísticas de Burton, além da exploração da cidade, foram interrompidas pela súbita decisão de partir numa "expedição experimental" para visitar o dr. Rebmann, o qual Burton esperava que se reunisse a eles na busca do Nilo.

Burton encontrou um mestiço de árabe, chamado Said bin Salim el Lanki, para ser guia e chefe da caravana. Embora zombasse da coragem e firmeza de Said — "não é capaz de suportar fome ou sede, cansaço ou falta de dormir" —, todavia Burton gostou dele e o designou como chefe da seção nativa da expedição, quando esta entrou no interior, pois, apesar de seus vários defeitos, Said também lhe parecia "cheio de excelentes dotes, cortês, totalmente bem-humorado e aparentemente confiável, exceção brilhante à regra de sua raça pouco conscienciosa".

Seria uma viagem empreendida sob condições de penúria, com suprimentos e financiamentos insuficientes. Havia um único pequeno luxo, um bote de ferro, a que Burton deu o nome de *Louisa*, deixando que os futuros biógrafos se interrogassem por que não o chamou *Isabel*. O *Louisa*, uma invenção americana, era feito de ferro e vinha em sete partes, que podiam ser aparafusadas. Burton esperava que o barco desmontado pudesse ser transportado por carregadores até Tanganica, mas logo ficou evidente que, devido a seu peso, o *Louisa* era um luxo, não uma necessidade.

Ele tinha contratado "um velho beden árabe", o *Riami*. "A embarcação era um belo exemplar de sua classe; velha e apodrecida, as tábuas e madeiras do tombadilho estavam se fragmentando [...] as velas estavam em farrapos; as cordas e cabos se rompiam a cada meia hora, e o toldo vazava como um impermeável barato." As formigas infestavam os instrumentos, baratas caíam sobre eles de dia, "e os ratos se casavam", como disse Said, "durante toda a noite".

Burton e seu grupo soltaram as amarras no final da tarde de 4 de janeiro, sábado, de 1857, rebocando o *Louisa*. Era uma travessia de importância secundária, e não foi fácil. Foi significativa para Burton e Speke porque serviu para moldar-lhes a têmpera para as dificuldades que encontrariam no continente. Burton manifestou seu entusiasmo de sempre ao registrar a viagem costa acima, descrevendo o povo, as línguas, o calor, a flora, a fauna, as despesas de subsistência, as tribos, as paisagens e até os aromas, enquanto rumavam para Mombaça, que havia sido uma importante colônia portuguesa, onde Camões passou alguns meses infelizes.

Numa breve parada em Pemba, um grupo de ilhas sob o controle do sultão de Zanzibar, Burton e Speke foram até o litoral no *Louisa*, desembarcando em Chak-Chak, principal porto, forte e cidade do arquipélago.

O complicado acesso [...] possui aquela beleza silenciosa, monótona, melancólica, o encanto da morte, que caracteriza as enseadas e rios dessas regiões. [...] Não ouvíamos uma única voz, não víamos um único habitante — tudo era profundamente parado, um grande túmulo verde. Uma cadeia de ilhotas forma o acesso a uma enseada, por baixo um puro mangue e lama vegetal negra, que tinge a água e alimenta raízes que despontam como as hastes de uma grade de arado; acima, nos dois lados, outeiros arredondados e encimados pelo cacau e o cravo-da-índia. Um pouco antes do pôr-do-sol, ancoramos no porto mais externo, a sete ou oito quilômetros da cidade. Num cume arborizado erguiam-se os muros brancos e a alta torre do Forte Chak-Chak, destacando-se intensamente de seu fundo verde-escuro [...] enquanto as vergas de uma embarcação árabe despontavam sobre as árvores encobertas. Com a clara lembrança de rios indianos, meu companheiro e eu só podíamos sentir admiração com a paisagem à nossa frente.

Afora o cenário, o qual Burton descreve longamente em termos poéticos e imaginativos, Pemba não tinha muita coisa que pudesse lhe interessar, e ele ordenou ao grupo que seguisse para Mombaça. "O passeio em Mombaça foi verdadeiramente típico da África", escreve ele. Os homens gritavam a notícia a distância, enquanto "éramos impiedosamente ridicularizados como brancos pelas ninfas negras que se banhavam nos trajes das nereidas de Camões. [...] Tomando banho de sol nas areias brancas, elas gritavam o informal muzungu — 'europeus!'". Muzungu era um termo que ele e Speke iriam ouvir amiúde, e mais tarde Burton percebeu que os povos das selvas, capazes de dar aos filhos qualquer nome que lhes agradasse, já vinham chamando alguns de Muzungu, embora nunca tivessem visto nenhum branco antes dos dois. Uma das primeiras coisas que Burton fez em Mombaça foi procurar a sepultura de um colega inglês, o tenente John James Reitz, que tinha sido enterrado na cidade em 1822. O local "foi transformado num curral pelos bânias", comenta Burton com uma certa tristeza por tal profanação de um túmulo inglês às mãos de hinduístas adoradores de vacas.

Burton agora vestia "um traje árabe — um turbante numa grandiosa circunferência e uma túnica comprida, tingida de hena". Ele notou com uma ponta de rispidez que Speke tentava enrijecer a têmpera andando descalço. "O calor do chão fazia com que meu companheiro descalço, de tempos em tempos, corresse para a sombra, como os cachorros no Tibete." Ainda que tentasse andar descalço, Speke tinha aversão e desdém pelo hábito dos ingleses de usar roupas nativas. Mais tarde, quando andava em busca do lago Vitória (como viria a chamá-lo), os comerciantes árabes locais o aconselharam a usar roupas árabes,

> a fim de não chamar tanto a atenção: precaução inútil, que acredito terem sugerido mais para satisfazer à sua própria vaidade, vendo um inglês se rebaixar à posição deles, do que por qualquer proveito que eu pudesse ter com isso.

"De qualquer forma, eu estava mais confortável e com melhor aparência com minha camisa de flanela, calças compridas e um 'bem desperto' [chapéu de feltro macio] do que ficaria, tanto mental quanto fisicamente, se tivesse me degradado e adotado a túnica comprida, quente e particularmente incômoda deles."

Depois de um rápido reconhecimento da cidade, Burton foi procurar Rebmann, que estava com sua base a cem quilômetros para o interior. O missionário e sua esposa pareceram a Burton um casal absolutamente extraordinário; estavam cercados de nativos, que eram de uma estranheza que assombrou Burton.

> Um dos ajudantes tinha no rosto e nas maneiras aquele algo que sugeria um revólver pronto. "Não se incomode com ele", disse a sra. Rebmann, "ele é um amigo muito querido — um de nossos conversos mais antigos." "Sim", prosseguiu o marido, "Apekunza estava mentalmente preparado para o cristianismo por uma longa carreira de parvoíces, pobre sujeito!"

A princípio, Rebmann mostrou um grande entusiasmo em se reunir a Burton e Speke. "Mas, a seguir, veio a reflexão serena." Como missionário, Rebmann queria participar para converter todos os nativos que encontrasse. Mas Hamerton, cumprindo uma promessa que tinha feito ao novo sultão em Zanzibar, pedira a Burton que não se envolvesse em nenhuma iniciativa do gênero — não que, pessoalmente, fosse se envolver —, de modo que teve de recusar um homem que daria uma contribuição significativa a seu trabalho. Rebmann "achava que confiávamos demais nas armas da carne — a espada e o fuzil", e não queria arriscar sua pele numa expedição em que lhe seria negada a própria razão de sua existência.

Depois do encontro com Rebmann, Burton passou a mostrar um ressentimento talvez compreensível em relação aos missionários. Rebmann era o único sobrevivente dos dez membros originais da Missão de Mombaça, e Burton comentou "as ilusões em que mesmo homens honestos são capazes de viver", julgando que o trabalho missionário era um fracasso. "A religião é a expressão mental de uma raça, e não pode avançar sem um aprimoramento intelectual correspondente por parte de seus adeptos", pois ele achava que os africanos eram incapazes de crenças religiosas mais elevadas.

Ele tinha esperanças de prosseguir de Mombaça para o interior, "mas tudo se combinou para contrariar o projeto". A terra estava crestada, não se conseguiriam provisões e ali por perto havia bandos de guerreiros massais salteadores. "Este é o estado normal da África Oriental, do mar Vermelho ao Cabo." Mais tarde, ele escreveria irritado sobre um cartógrafo alemão que "não resistiu à tentação de me ironizar, dizendo que eu teria hesitado em enfrentar perigos pelos quais os missionários passaram 'armados apenas com seus guarda-chuvas'".

Estando Mombaça devidamente explorada e várias tribos visitadas e descritas — os warimangos eram "um retrato perfeito da selvageria [...] seus olhos eram ferozes e inquisitivos, as vozes altas e vociferantes, e todos os seus gestos mostravam o 'nobre selvagem'" —, Burton resolveu voltar por etapas a Zanzibar.

Navegou rumo ao sul numa pequena embarcação nativa, passando por Pemba e indo até o rio Pangi-ni, onde ele e Speke acamparam numa cidade da foz. Fizeram "várias excursões", e Burton foi em busca de cidades abandonadas de civilizações havia muito tempo desaparecidas, reclamando constantemente do custo da viagem, de como os nativos de todas as raças tentavam tapeá-lo, da interminável gatunagem, das dificuldades da viagem, mas, como sempre, nenhum fato parece ter lhe escapado — a escarificação tribal dos rostos, a vegetação, a composição do solo, o preço dos vegetais. Pangi-ni era um povoado miserável dominado por comerciantes hinduístas, e Burton veio a tomar aversão por eles, apesar de sua longa ligação com indianos. Ele subiu o rio com Speke, por entre altas montanhas, para ver as cataratas; chovia sem parar. Numa aldeia, reuniram um grupo de mercenários baluchis, alguns dos 1500 que serviam nas tropas sob o sultão de Zanzibar. Seus antepassados tinham sido trazidos da Índia, como soldados, algumas gerações antes. Eram, diz Burton, "uma ralé vulgar de árabes e afegãos, de sidis [negros] e hindustânis. O corpo militar falava uma meia dúzia de línguas diferentes, e muitos dos membros tinham deixado sua terra para o bem do próprio país — um grupo de degredados, porém, geralmente luta bem".

Havia um homem fora do comum entre os baluchis. "A pérola do grupo, todavia, é um tal Sidi Mubarak, que adotou a alcunha de 'Bombaim'." Sidi Mubarak tinha uma "pele fuliginosa" e dentes limados. Fora capturado quando jovem e vendido como escravo a um bânia, que o levou para a Índia, onde acabou sendo libertado. Conseguiu voltar para a África e se juntou aos baluchis. Era baixo, escuro e feio, mas excepcional, e Burton o apreciava.

> Ele trabalha por princípio e trabalha como uma mula, dizendo sinceramente que é a obrigação com sua barriga, e não o amor por nós, que o faz trabalhar. Com um tornozelo torcido e uma carga totalmente desproporcional a seu físico *chétif* [franzino], ele insiste em carregar duas espingar-

das; depois de 48 quilômetros de caminhada, está tão fresco como antes de partir. Ele nos ajuda em toda parte, dirige nossas compras, leva todas as nossas mensagens e, quando não está a nosso serviço, fica à disposição de todos. Falando um pouco de hindustâni estropiado, ele nutre por todos os "negros da selva" um indizível desdém que nunca tenta ocultar.

Burton tinha Sidi Bombaim Mubarak em tal apreço que o tirou da esquadra baluchi, saldou suas dívidas e o convenceu "a seguir nossos destinos". Como tinha alguns rudimentos de hindustâni, ele foi designado para ficar com Speke. "Em nossa marcha para os lagos, ele foi o criado de confiança e intérprete de meu companheiro, o único homem com quem este conseguia conversar", escreve Burton.

Nessa época, os sentimentos antinegros de Burton tinham começado a diminuir, e ele aceitou Sidi Bombaim Mubarak como homem que merecia respeito. Speke também o aceitou, mas, quando surgiu a oportunidade de mostrar a Bombaim qual era seu lugar na hierarquia dos seres humanos, ele não hesitou em explicar por que os negros viviam o "destino cruel de ser escravos de todos os homens".

Contei a história de Noé e a dispersão de seus filhos pelo Mundo, e lhe mostrei que ele era do tronco negro ou hamita e que, pela ordem geral da natureza, eles, sendo os mais fracos, tinham de sucumbir a seus superiores, os ramos jafético e semita da família.

Depois de subir o Pangi-ni e voltar à costa, Burton e Speke, com uma semana de espera antes que o *dhow** viesse apanhá-los, decidiram caçar hipopótamos. Saíram numa canoa de doze me-

---

* Veleiro com apenas um mastro e vela latina, proa aguda e tombadilho mais alto na popa, usado nas águas da África Oriental. (N. T.)

tros com os baluchis e Sidi Bombaim, "ao alvorecer, quando os animais selvagens estão mais famintos e mais mansos".

A *mise-en-scène* é perfeita: o rubor brilhante da manhã, o ar fresco e limpo, o rio com seu amplo busto se avolumando entre duas alas de árvores altas e luxuriantes, e, destacando-se de sua superfície de espelho, os chifres negros ladeados por pequenas orelhas pontudas, parecendo-se bastante com o cavalo dos velhos jogos de xadrez.[...]
  Meu companheiro, homem de propensões especulativas, faz experiências no alvo mais próximo com chumbo grosso e metralha de dois canos. [...] A mosca do alvo, porém, está numa posição oblíqua: o tiro se espalha e o animal, incólume, afunda rapidamente como uma foca.

Finalmente, Speke marcou um tento.

Ouve-se uma espadanada, um debater-se, a superfície se espuma e Behemoth, com a boca escancarada como a banca de um açougueiro e sangrando como uma vala cheia d'agua, arremete à superfície. [...] Por fim, um golpe de misericórdia, atravessando o ouvido, chega ao pequeno cérebro; o animal afunda, mais sangue avermelha a superfície e bolhas brilhantes sobem fervilhando. O hipopótamo partiu deste mundo: esperamos pacientes que reapareça, mas ele não reaparece.

A matança prosseguiu.

Sempre que uma cabeça aflora uma polegada acima da água, um chumbo pesado "dá uma patada" nela ou perto dela; manchas rubras cobrem a correnteza: alguns morrem e desaparecem, outros mergulham feridos, ao passo que outros, não podendo mergulhar devido às perfurações que atravessam o focinho, se espadanam e tentam fugir, com estranhos resfolegos provocados pelo ar passando pelos ferimentos.

Speke vê um filhote de hipopótamo. "Voa fora a coroa da cabeça do rebento." A mãe investe contra a canoa, Speke manda uma bala em seu flanco, a mãe "recua e se arremessa assustada, até não se enxergar mais nada além de um longo fio ondulante de sangue". Speke desembarca para ir disparar da praia, atirando num velho macho desgarrado. "Um disparo rápido do Colt o atinge em cheio na testa; atravessa-lhe o cérebro, ele se ergue, cai com um estrondo sobre as ondas e todo aquele volume de carne não consegue reter nem um pouco de vida. O Sultão Mamba [o hipopótamo] desapareceu para todo o sempre [...] nunca mais irá intimidar os canoeiros, nunca mais quebrará a perna de um negro."

Talvez Burton esteja sendo irônico em relação à matança. Normalmente, já não caçava mais, e parece não ter participado da caça aos hipopótamos, mas nota-se uma certa animação em suas palavras. "Às dez da manhã, tínhamos matado seis, além de ferir não sei quantos animais." Tinha achado "o massacre monótono [...] pouco mais do que atirar em faisões".

De volta a Pangi-ni, ambos foram acometidos de febre, que atacou também os cozinheiros goeses e Sidi Bombaim. O *dhow* retornou. Burton estava tão doente que "tive de ser amparado como uma velha decrépita" e foi levado a bordo. Em pouco tempo, a expedição estava de volta ao porto de Zanzibar, e "nos vimos uma vez mais no âmbito da civilização oriental". Tinham passado três meses perambulando, sem muitas coisas para mostrar, afora uma certa experiência arduamente conquistada sobre a "verdadeira" África e aquela febre popularmente conhecida por "sezão".

Ainda não era hora de adentrar o continente. A monção de sudoeste, "que chegou feito um leão, tinha melhorado minha saúde", conta Burton, mas ela atrasou ainda mais a expedição. Sua recuperação contou com doses maciças de quinino, recém-descoberto como remédio para as febres. Burton começou a montar os estoques de provisões e a cuidar dos "mil impedimentos que fazem parte de uma exploração africana. [...] Eu estava tomado de uma impaciência nervosa para ficar de pé e agir".

Steinhauser ficou detido em Áden — o cólera tinha irrompido — e, quando a epidemia cedeu, não havia no momento nenhum barco para Zanzibar. Assim, ele foi a Berbera "com o valoroso projeto de descer por terra e nos encontrar no sul". Mas o médico não chegaria a Zanzibar em tempo, e desistiu da esperança de se juntar a Burton.

> A ausência do dr. Steinhauser foi para a Expedição da África Oriental uma perda maior do que se pode exprimir em poucas palavras. [...] O ten. Speke se salvaria da surdez e dos acessos febris, e eu da paralisia e conseqüente invalidez.

Como Rebmann também não estava disponível, Burton ficou apenas com Speke para arcar com o pesado ônus da exploração. O que faria agora? A busca do Nilo era um sonho romântico e popular acalentado por muitos, mas na verdade apenas poucos estavam realmente preparados para arriscar a vida nessa aventura improvável. E para encontrar esses espíritos corajosos seria preciso adiar os planos por até, quem sabe, um ano. Portanto, Burton tinha de confiar em Speke e torcer pelo melhor.

Agora ele acelerou os preparativos. Uma viagem de ida e volta a Ujiji demandaria uma quantidade enorme de equipamentos e provisões. Em *The lake regions of Central Africa* [A região dos lagos da África Central], Burton fornece uma lista detalhada ("para o proveito de futuros viajantes") do que exigia uma expedição bem equipada, a começar por uma necessidade muito pessoal.

> [...] uma dúzia de conhaques (seguida por mais uma dúzia); uma caixa de charutos; cinco pacotes de chá (cada um de seis libras) [e assim por diante, incluindo caril, especiarias, picles, sabão, vinagre, óleo etc.].

A seguir vinham as armas e munições para os dois oficiais, entre elas "cem libras de pólvora" e "20 mil cápsulas de cobre", escudos, espadas, adagas e facas para os guardas baluchis. E ainda o material de acampamento: tendas e roupas de cama, cadeiras, mesas, mosquiteiros, esteiras, tapetes, e tudo o que fosse necessário para um devido ar inglês em campo; instrumentos de topografia e mapeamento, inclusive vários tipos de bússolas, termômetros, um cronômetro, um relógio de sol, medidores de chuva e várias outras peças de um equipamento científico, os quais foram praticamente todos quebrados no percurso, perdidos pelos carregadores ou danificados por Speke ao usá-los. Havia diversos materiais de escrita, agendas em branco, resmas de papel, lápis, tintas, quadros meteorológicos, mapas geográficos, mapas estelares, livros de contas, aquarelas e outros materiais de desenho, atlas, gramáticas de línguas africanas, manuais de topografia e cartografia. Um artigo de primeira necessidade, o baú de remédios, "estava muito ordinário", diz Burton. Ele teve de mandá-lo de volta a Zanzibar por intermédio de uma caravana árabe, para ser completado com quinino, morfina, ácido cítrico, raiz de *chiretta* (uma espécie de genciana) e um preparado conhecido como gotas de Warburg, uma panacéia de quinino com ópio, temperada com abrunho. Havia ainda uma miscelânea de artigos variados, casimiras vermelhas enfestadas para dar de presente a chefes importantes e vários outros tecidos para indivíduos de menor importância, guarda-chuvas e facas, canivetes, duzentos anzóis, um jogo de costura, artigos de banho e um pavilhão militar inglês para desfraldar nos momentos oportunos. Havia também uma oficina de carpintaria bem abastecida, com tudo, desde cinqüenta libras de pregos, esmeris, verrumas e brocas, até serrotes e formões. O que foi reduzido ao mínimo foram as roupas. "Sem prever uma viagem tão longa, saímos de Zanzibar sem um guarda-roupa novo; em virtude disso, estávamos em andrajos antes do final."

Tal foi o bom abastecimento da expedição à África, ao estilo europeu. Num certo sentido, ele iria se consumir sozinho. O êxito da jornada acabou exigindo que a expedição se aliviasse de muitas coisas, e parte das contas de vidro, roupas e arames seria dada de presente ao longo do caminho ou paga como salário aos *pagazis*. Estes eram os carregadores que levavam esses próprios artigos, por sua vez os trocavam por outras coisas, outros tipos de roupas ou contas de vidro ou principalmente por escravos — costume que irritava Burton e o qual tentou impedir na medida do possível. Até os escravos tinham escravos, para o grande aborrecimento dele. Os tecidos eram um artigo de especial popularidade como uma espécie de tarifa exigida pelos chefes locais — as peças mais vistosas eram "invariavelmente pedidas pelos sultões mais poderosos, para si mesmos e suas mulheres, ao passo que dividem as merkani [americanas] e kaniki [indianas] que compõem o *bongo* deles — 'propina' ou presente — entre seus seguidores".

De súbito, no dia 5 de junho, as chuvas cessaram, e era hora de partir para a Grande Jornada. Hamerton parecia à morte, embora se sentisse com forças suficientes para acompanhar Burton e Speke até a costa. Tinham como caravana um pessoal da ralé, uma nova escolta baluchi de sete homens contratados no bazar, "nove rufiões" obtidos com Ramji, um bânia dono de escravos que cobrou de Burton um preço mais alto pelo aluguel de seus homens do que custariam no mercado de escravos. Burton se divertia chamando-os de "os Filhos de Ramji". O chefe da caravana — o kafilah-bashi — era Said bin Salim, o homem que tinha guiado a viagem em busca de Rebmann; dessa vez, com lisonjas e engabelações, cobrou uma soma exorbitante de Burton para aceitar participar da expedição. Said tinha seu próprio séquito, quatro escravos mosqueteiros como guardas e um rapaz e duas moças para seus prazeres. O sultão emprestou um navio, e o grupo foi transportado para o continente.

A África se estendia à frente deles, um continente gigantesco, cruel, fétido, cheio de emanações mefíticas, um desafio cujos mistérios estavam envoltos em lendas e mitos enigmáticos. "Ao escrever nossas aventuras", disse Burton nos volumes de *Lake regions*, "tive o cuidado de não dar uma impressão de perigo [...] mas os futuros viajantes farão bem em não julgar que, quando forem explorar a África Central, estarão saindo para um simples passeio."

Muitos tinham morrido nessa empreitada, mesmo sem se afastarem muito do litoral, e o famoso contemporâneo de Burton, dr. Livingstone, tinha caído prisioneiro de um chefe tribal. Conforme afirmou à Royal Geographical Society, Burton tinha como meta a aldeia de Ujiji, à margem de um grande lago, o Tanganica. Ali existiam núcleos árabes e um sultão que diziam ter bons olhos para com os mercadores. A rota de Ujiji era bastante conhecida e percorrida, tendo sido aberta já em 1825 por um árabe traficante de escravos e marfim, e desde então as tribos ao longo do percurso tinham se acostumado às caravanas, das quais tiravam proveito. A freqüência das caravanas árabes também possibilitaria a Burton encomendar mais provisões e mandar cartas e relatórios a Zanzibar, para de lá serem encaminhados a Londres.

Burton esperava contratar um número suficiente de carregadores no continente — tinha calculado que precisaria de 120 —, mas só conseguiu 36, pois os comerciantes árabes tinham levado a maioria dos homens disponíveis. Ele comprou trinta animais de carga, mas precisava de muitos mais. Assim, foi obrigado a deixar para trás equipamentos valiosos, esperando que, mais tarde, os árabes lhe trouxessem o material.

Havia prenúncios de mau agouro. Espalharam-se rumores entre os bânias de que Burton era o responsável por certas desgraças não especificadas que estavam recaindo sobre a população local, e que portanto nunca chegaria nem à metade do caminho. Aquela noite, no continente, "na solidão e silêncio" da escura palhoça nativa em que estava alojado, Burton se sentiu "o joguete do infortúnio".

Avaliando posteriormente a situação, ele compreendeu que, desta feita, estava sozinho com "um colega, não um amigo, com o qual eu já vinha me estranhando", e uma turma heterogênea de nativos covardes, preguiçosos, gananciosos e, como ele logo descobriu, propensos a desertar com tudo o que conseguissem surrupiar da expedição. Burton e Speke passaram duas semanas nos preparativos finais na aldeia de Kaole, finalmente seguindo para o interior no dia 27 de junho. Despediram-se de todos, árabes, mestiços de árabes, hinduístas e muçulmanos indianos, chefes negros.

Às quatro horas — geralmente, no primeiro dia, essas expedições começam tarde —, depois de inúmeras delongas e discussões — "tudo e todos, guia e escolta, asnos e escravos, pareciam se unir para erguer novos obstáculos" —, Burton conseguiu dar o sinal de partida, e a caravana saiu aos trancos e barrancos. As chuvas tinham parado na ilha de Zanzibar, mas começavam com todo o ímpeto no continente. A caravana andou uma hora e meia antes de parar. A primeira marcha, além de começar tarde, também foi curta, servindo apenas para se pôr a caminho e se afastar da base. Mas as coisas não andavam bem. Três dias depois, os baluchis se amotinaram — "uma outra parada forçada, quando experimentei toda a amargura que pode recair sobre aqueles que exploram regiões nunca visitadas pelos de sua raça". Os guardas queriam mais salários, contas de vidro, tabaco, quinquilharias, os muleteiros reclamavam do trabalho indigno, os moradores das aldeias locais ameaçavam atacar. Quando os problemas se resolveram, a partida da caravana "foi como conduzir uma manada de gado feroz".

Os baluchis pareciam estar sempre à beira de um amotinamento, tomando qualquer tolerância da parte de Burton como sinal de fraqueza, e dia a dia se tornavam mais insolentes e ameaçadores.

> Um dia em que estava andando, espingarda no ombro e adaga na mão, ele percebeu que dois de seus homens estavam desagradavelmente próximos [escreve Thomas Wright], e depois de algum tempo um deles, sem saber que Burton entendia a língua, insistiu que o outro atacasse. Burton não hesitou um segundo. Sem olhar em torno, enfiou a adaga para trás e acertou no homem, que caiu morto ali no próprio local. O outro, que caiu de joelhos e implorou misericórdia, foi poupado.*

---

* Wright diz: "Essa história não aparece em nenhum dos livros de Burton. Eu a ouvi do sr. W. F. Kirby, que a ouviu de Burton". *The life of sir Richard Burton*, vol. 1, p. 154.

Mais tarde, ocorreu um outro atentado à sua vida — a fonte, novamente, é Wright. Burton ouviu alguns Filhos de Ramji discutindo a idéia de matá-lo. Para assustá-los um pouco, ele enterrou uma caixa de metralha de pólvora no local onde faziam a fogueira. Quando puseram lenha e acenderam o fogo, lá se foram os futuros assassinos na explosão.*

Quase de imediato, Burton e Speke contraíram malária, mas se obrigaram a prosseguir, cobrindo 189 quilômetros em dezoito dias, apesar da doença e de outros problemas que pareciam inevitáveis e incontornáveis. Essas marchas ou etapas, por sua própria natureza, eram curtas e, devido ao calor, começavam cedo.

> Às três da manhã, tudo está silencioso como um túmulo. [...] Cerca de uma hora depois, o canto de um galo avisa que a aurora se aproxima. Fico deitado acordado por algum tempo, ansiando pela luz, e, quando estou de boa saúde, por um primeiro desjejum.

Os goeses acendiam uma fogueira, tremendo de frio — fazia catorze graus centígrados, conta Burton —, e preparavam a comida. Ele e Speke tomavam chá ou café, mingau de leite de arroz e bolinhos chatos fermentados com iogurte, ou então uma papa. Ao fundo, os baluchis salmodiavam suas orações matinais. (Burton, pelo visto, não seguiu as práticas islâmicas durante o safári, embora se referissem a ele como "hadji Abdullah", e sua peregrinação a Meca era fato sabido e respeitado.)

Pelas cinco da manhã, o acampamento estava "todo de pé". Era um momento crítico: "Os carregadores prometiam na noite anterior que começariam cedo e fariam uma longa marcha direta". Então começavam as discussões: os *pagazis* estavam com

---

* "Contamos essas histórias exatamente como Burton contou a amigos íntimos. A primeira pode ser verdadeira; a segunda, cremos, simplesmente ilustra seu hábito inveterado de contar histórias contra si mesmo, com a vontade de chocar." Ibid.

frio, ainda cansados, com preguiça, eram rebeldes, insistiam em maiores salários. "Voltamos a nossas tendas", escreve Burton, assim mostrando que iriam ignorá-los, o que significava a perda do pagamento do dia — pois algum tipo de regateio de sua parte parecia ser a única forma de obrigar os carregadores a trabalhar. Então, numa correria, os *pagazis* pegavam as cargas e começavam a andar. "Meu companheiro e eu, quando estamos em condições de cavalgar, montamos em nossos asnos, conduzidos pelos porta-espingardas [...] quando não estamos em condições, somos transportados em macas presas a varas compridas e carregados por dois homens ao mesmo tempo."

Quando estava tudo pronto, o guia-chefe, usando peles de animais, erguia uma bandeira vermelha enrolada, "símbolo de uma caravana de Zanzibar", e partia, seguido por um *pagazi* batendo num timbale. Os *pagazis* saíam da aldeia "numa barafunda desordenada" e esperavam os desgarrados a algumas centenas de metros; as palhoças pegavam fogo por acidente ou maldade, e finalmente a caravana se punha a caminho, acompanhada por "barulhos despreocupados". "Os entretenimentos habituais de uma marcha consistem em assobiar, cantar, gritar, apupar, tamborilar, imitar os gritos de aves e bichos, repetir palavras que só são usadas nessas jornadas [...] e discutir muito", quadro que, no final das contas, fascinava Burton, por mais que falasse mal dele.

Tendo se recuperado parcialmente da malária, Burton foi acometido pela febre dos pântanos. Dessa vez ficou doente por vinte dias, enquanto passavam por uma terra miserável onde "a água era ruim, e o solo escuro e molhado desprendia um cheiro mortal de deterioração". Por aborrecidos e irritantes que fossem esses surtos febris, podem ter ajudado a curar a sífilis de Burton, pois se sabe que a febre mata os espiroquetas. Seja como for, por essas ou outras febres posteriores, Burton saiu da África recuperado da sífilis, embora estropiado por outros males. Mas era uma experiência desgastante.

> [...] a alternância do calor úmido e do frio seco, a inútil fadiga de andar, o penoso trabalho de preparar e recarregar os

jumentos, a exposição ao sol e ao orvalho, e finalmente, mas não menos importante, as influências morbosas, o desgaste mental com a perspectiva de um fracasso iminente, tudo estava começando a me cansar profundamente.

Nesse meio-tempo, Speke adoeceu de febre, da qual se livrou depressa, mas apenas para ser acometido novamente. "Jack estava em pior forma", escreveu Burton. "Meu companheiro sofria ainda mais seriamente, teve um acesso de desmaios que se parecia muito com uma insolação e que parece ter afetado seu cérebro para sempre."

Mais tarde, Speke fez uma acusação parecida, dizendo que Burton ficou com a cabeça um tanto afetada. "Meu companheiro se queixou do choque nervoso recebido no confronto com os somalis [em Berbera], e isso parece tê-lo afetado durante toda a campanha." Ele também iria comentar que Burton, com febre, ficava "às vezes com o espírito vagueando". Essas suspeitas recíprocas não contribuíam para o bom funcionamento da expedição. Em seu estado de fraqueza, Speke caía repetidamente de sua montaria — "com a freqüência de duas vezes a cada duas horas", diz Burton. Entrementes, os animais de carga começavam a cair mortos de excesso de trabalho.

Lutando sob condições terríveis, dois homens adoentados, com recursos insuficientes, escassez de carregadores e animais de transporte, falta de equipamentos e uma caravana rebelde, avançavam numa África jamais vista por europeu algum, e que mesmo os árabes comerciantes e traficantes de escravos, com grande experiência, pisavam com cautela e receio. Todavia, nem Burton nem Speke pensavam em voltar à segurança e ao sol de Zanzibar. Prosseguiam atravessando aldeias que não passavam "de amontoados imundos das choças mais primitivas", onde moravam "habitantes miseráveis". Devido à perda contínua de animais e à deserção de carregadores, a viagem estava se transformando num pesadelo. "O encalhe da Expedição parecia iminente e definitivo", escreve Burton. "Daí resultava uma sensação de desgraça."

A 14 de julho, a caravana entrou num pequeno posto comercial chamado Kutu, onde Burton conseguiu encontrar um chalé e "pela primeira vez [durante a marcha] desfrutei de uma atmosfera vaporosa doce e quente". Speke, tentando provar que era rijo demais para se entregar a tais mimos e a despeito das ordens de Burton, "ficou na tenda enlameada e malcheirosa, onde lançou alguns dos alicerces para a febre que [mais tarde] ameaçou sua vida nas montanhas de Ussagara". Eles tinham chegado a "uma bela região de vale, particularmente rica em animais de caça". Existia uma abundância de grandes gnus, gamos africanos e outros antílopes, perdizes e galinhas-d'angola. Mas o tempo era "uma sucessão de nevoeiros úmidos, chuvas torrenciais e um sol abrasador, a terra parecia podre e a selva tresandava a morte".

Então chegaram a uma parada importante, "aquele ninho de pestilência, Zungomero, onde quase encontramos 'túmulos molhados'". Burton e Speke se alojaram numa palhoça africana. "O telhado era uma peneira, as paredes eram sucessões de frestas e o chão um lençol de lama." Fora, a chuva caía "pertinaz". Enquanto isso, os baluchis pilhavam a aldeia, e os Filhos de Ramji tentavam violentar as mulheres. Mas encontraram mais outros carregadores, e finalmente "todo o grupo [alcançou] um total de 132 pessoas", e partiram de novo, deixando Zungomero, aquele "cúmulo do desconforto". O atraso tinha afetado seriamente a saúde de muitos da caravana. "Fomos martirizados pelo miasma", escreve Burton. Ele e Speke estavam tão debilitados que mal conseguiam sentar em suas montarias, "e a fraqueza quase nos privou da audição".

As trilhas que estavam tomando agora eram bem batidas e de uso constante de árabes mercadores e traficantes de escravos. As tribos ao longo do caminho eram muito vivas na cobrança de pedágios, exigiam propinas ou *hongo* e exploravam no preço das provisões, água fresca, leite e carregadores. Podia-se contar com as freqüentes caravanas árabes para fornecer mais suprimentos, munição, contas de vidro e tecidos para troca, além de outros *pagazis*, levando também correspondências e notícias nas duas direções.

Burton e Speke adoeciam continuamente, perseguidos pelas enfermidades, como se a doença tivesse se tornado um membro fixo da expedição, uma companhia invisível e antipática que atazanava, infernizava, derreava e até paralisava. Quando Burton se recuperou de sua febre mais recente, ficou com a boca em carne viva, e nem conseguia falar. E também não podia andar. A má alimentação, o clima, a selva, a apoquentação das doenças cindiram seu espírito. Tinha insônia, depressão, delírios,

> uma curiosa sensação de identidade dividida, nunca deixando de ser duas pessoas que geralmente se opunham e se obstavam mutuamente; as noites insones traziam visões horrendas, animais de formas hediondas, mulheres que pareciam bruxas e homens com a cabeça saindo do peito.

Os membros nativos da caravana não passavam muito melhor, e logo desertavam, furtando o que conseguiam. A própria moeda — tecidos, arames e contas — necessária para pagar as despesas diárias era furtada por gente ansiosa em voltar à costa e a melhores condições de saúde. Burton e Speke estavam agora tão doentes que não conseguiam controlar seus homens. Burton escreve que ele e Speke estavam "física e moralmente incapacitados para qualquer esforço além de nos equilibrar em cima dos jumentos".

No entanto, sob condições que teriam feito outros voltarem atrás, Burton insistiu em prosseguir. Para a grande irritação de Speke, ele não concedia tempo para caçadas, exceto para atirar nos animais que serviriam de alimento para os carregadores. No primeiro ano, houve uma certa amizade e camaradagem entre esses dois espíritos de grande incompatibilidade. Em suas doenças periódicas, nas febres e cegueiras parciais, um tratava do outro. Burton escreveu que tratou Speke "como um irmão". Para passar as horas desanimadas de doença e tédio, ou quando esperavam a chegada de carregadores ou um tempo propício para viajar, liam em voz alta, um para o outro, Shakespeare e outras obras da restrita biblioteca que tinham consigo. No começo,

Speke mostrava seu diário para Burton, mas, talvez incomodado pela lembrança aguilhoante do destino de seu diário somali, deixou de fazê-lo. A África — e Burton — começavam a enervá-lo. Só conversava com Burton e Sidi Bombaim, ao passo que Burton, como grande poliglota, proseava com qualquer um que aparecesse. Mesmo as caçadas permitidas a Speke estavam ficando monótonas, e no segundo ano ele se queixava que não existia mais caça, exceto elefantes. A África tinha se convertido num "imenso mapa absurdo sempre igual". Mas a África não era "sempre igual" para Burton. Suas reclamações contra os nativos diminuíam à medida que avançava para o interior. Agora via-os num leque de maior variedade do que aquelas caricaturas simplistas que deixou, ao escrever sobre seu primeiro ano de África, ainda que fosse uma variedade tendente à vigarice, à teimosia, à estupidez e à ganância.

E sempre havia as mulheres. Tem-se a impressão de que, durante boa parte desse período na África Central, em cada parada, com ou sem febre, Burton passava seu tempo na aldeia na cama com alguma mulher, enquanto Speke ficava sentado de mau humor em sua tenda, escrevendo cartas para a mãe ou alinhavando queixas para Norton Shaw. As mulheres eram tão disponíveis que os leitores vêem Burton comentando a moral lassa, idéia não muito freqüente em seus escritos anteriores.

Nada ia bem para nenhum dos dois. Embora depois se gabasse de suas boas condições físicas, muitas vezes Speke ficou tão doente que tinha de ser carregado numa maca, mas os *pagazis* freqüentemente recusavam a carga e Burton era obrigado a utilizar "aquela fala macia que, segundo os orientais, é mais forte do que uma cadeia, e passava tanta 'graxa' que me era graciosamente permitido fazer um acordo para o transporte de meu companheiro".

Speke na maca era apenas um entre muitos problemas. Em meados de setembro, Burton percebeu que "as roupas, que se esperava que durariam um ano, em três meses já estavam pela metade". Ele chamou Said bin Salim para dar algumas explicações, o qual lhe disse que "Alá é onisciente" e que chegaria uma caravana com carregadores e vestimentas. "Tal fatalismo é contagioso", escreveu Burton. "Deixei de pensar no assunto."

A questão dos suprimentos e dos carregadores podia ser entregue à Providência; já a perda dos instrumentos era uma outra história. As várias bússolas, relógios, cronômetros e outros instrumentos necessários de medição e mapeamento continuamente quebravam, se estragavam, eram roubados ou sofriam algum outro problema. O único conta-passos não dava as medidas corretas. Quando era levado por Speke, "apresentava um índice constante exagerado", mas, quando passava para Sidi Bombaim, "ficava mais que inútil, às vezes dando 20,8 em lugar de quarenta quilômetros". Duas semanas após a partida da expedição, os três cronômetros de bolso "falharam na medição e se tornaram imprestáveis para longitudes cronométricas". Por algum tempo, as bússolas foram de utilidade, embora os mostradores de papelão se amolgassem com a umidade e o calor. Speke pisou numa bússola, e um nativo pisou noutra. Uma bússola de navio também estragou e teve de ser deixada de lado. A improvisação e as hipóteses fundamentadas tiveram de substituir as medições exatas.

Em 7 de novembro de 1857, depois de 134 dias de viagem, eles entraram em Kazeh, um povoado estabelecido em torno de um poço de boa água. Os cartógrafos estrangeiros a conheciam mais pelo nome de Tabura, fato que levou alguns críticos de Burton a supor que ele não sabia onde estava. Tinha viajado 960 quilômetros, e muitos membros da expedição estavam doentes e esgotados, mas Burton mandou que todos vestissem suas melhores roupas para impressionar os árabes e os moradores da aldeia, os quais, por sua vez, puseram seus ornamentos para receber a caravana. "Meus olhos tinham se desacostumado há muito tempo de tal luxo!", escreve Burton. E que diferença em relação aos povoados negros anteriores! Esta era uma aldeia árabe civilizada, é verdade que de escravos, mas limpa, com casas de barro bem construídas, pátios espaçosos e agradáveis canteiros com vegetais frescos, e a comida gostosa.

Os mercadores árabes acolheram Burton como amigo, e ele

logo se tornou íntimo, principalmente de um comerciante chamado Snay bin Amir, "um dos negociantes de escravos e marfim mais ricos da África Oriental". Snay iria servir de agente de Burton em Kazeh, recrutando carregadores, encontrando-lhe uma casa e fornecendo alimentos. Burton conhecia e entendia os árabes, homens inteligentes, educados, limpos, praticando uma religião que ele próprio apreciava e de vez em quando seguia devotamente. Embora censurasse constantemente a escravidão como "uma praga de gafanhotos pela terra", nesse momento ele separava os homens de suas atividades comerciais. Apesar dos árabes, porém, Burton reclamou que Kazeh foi "um longo exercício de paciência".

A caravana ficou cinco semanas em Kazeh, enquanto Burton reorganizava seus homens, acrescentava novos carregadores e conversava com os árabes sobre as terras mais adiante. Os conflitos com Speke, que tinham suas origens desde a Somália e haviam se exacerbado no caminho até a África Central, agora começavam a endurecer, embora só mais tarde se fizessem visíveis em sua plena manifestação. Tudo o que Burton fez nesse período, Speke acabou tentando atribuir a si mesmo, em seus dois livros sobre a busca do Nilo. Talvez Burton estivesse sendo egoísta e Speke falasse a verdade nesse trecho: "O capitão Burton ficou terrivelmente doente, enquanto eu colhia todas as informações possíveis junto aos árabes, tendo Bombaim como intérprete". Speke, em seus textos, repisou o fato de Burton não ter conseguido aprender nenhuma das línguas africanas na época.

> Para evitar repetições, posso igualmente mencionar o fato de que nem o capitão Burton, nem eu pessoalmente pudemos conversar em qualquer língua africana até nos aproximarmos da costa, na viagem de volta.

O que Speke, por intermédio de Sidi Bombaim, ficou sabendo sobre lagos e rios desconhecidos não lhe agradou. Os árabes lhe contavam coisas que ele não queria saber e, ao que parece, não confiava nas traduções do árabe de Burton. Speke era inflexível sobre o tipo de informação que desejava: "Fiz com que confessassem que todos esses rios corriam no sentido exatamente contrário do que afirmaram de início". Speke, sem provas, insistiu que um determinado rio, o Jub, "deve correr do lago, e não para o lago, como tinham dito". Para agradar a Speke, os árabes concordaram: se ele insistia que o rio corria ao contrário do que sabiam, então tudo bem, era isso mesmo.

A doença entre os homens prosseguia. Os Filhos de Ramji entraram em greve, e os atrasos se multiplicavam. Burton novamente caiu de cama com febre. Sofria de uma "enorme fraqueza, desarranjos do fígado, dores ardentes e formigações nos pés, olhos doloridos e calafrios alternados de calor e frio [que] duraram, no meu caso, um mês inteiro". Snay bin Amir estava se prestando de médico da caravana, sendo "um perito no tratamento 'com remédios de camelo', como dizem seus conterrâneos, a saber, cauterização e outros antiirritantes semelhantes". Mas os medicamentos de camelo não curaram Burton, e o xeque chamou uma curandeira local, uma velha de "pele gordurosa, preta como fuligem", que o encharcou de algo que ele suspeitou ser *bhang* misturado com água, que também não surtiu efeito, embora tivesse sido generosamente paga com tecidos, e Burton acabou se recuperando por conta própria.

Em 14 de dezembro, Burton e Speke saíram para Ujiji; estavam na África havia quase um ano. Burton esperava obter em Ujiji algumas pistas para o mistério do Nilo. Speke, posteriormente, alegou que tinha sido contrário à marcha. Tinha "tanta certeza em meu espírito que seria o Vitória Nianza* e não o Tanganica a fonte do Nilo [que] propus ir vê-lo imediatamente, em vez de ir até Ujiji". Mas ele admitiu que tinham sido informados que "a rota para o Nianza era perigosa", e o capitão Burton preferiu seguir para o oeste. Speke frisou que Burton não estava em condições de viajar: "Julguei que o capitão Burton iria

* O lago só passou a se chamar assim posteriormente, quando Speke fez uma viagem sozinho.

morrer", acrescentando repetitivamente: "Ele me pediu para cuidar de seus bens, pois julgava que iria morrer". Speke afirmou várias vezes que Burton estava próximo da morte. Alguns dos guardas nativos, que Speke mandou ir à frente numa etapa da marcha, "encontraram o capitão Burton deitado na beira do caminho, prostrado de febre e, se apiedando dele, trouxeram-no para o acampamento". Poucas semanas depois, Speke achou que "o capitão Burton iria morrer se não tomássemos uma providência, de modo que lhe roguei que me permitisse assumir o comando *pro tempore*, e eu veria o que poderia fazer para tomar uma providência".

As questões aumentavam no espírito de Speke. Ele declarou que Burton invejava sua saúde e energia, e que tentou impedi-lo de ir em busca do lago que supostamente correria para o Nilo. "O capitão Burton a princípio ergueu obstáculos em meu caminho." Para mostrar que Burton era incapaz de cumprir suas obrigações, Speke se referia reiteradamente à saúde dele: "Tanto o capitão Burton quanto eu contraímos febres. As minhas voltavam ocasionalmente a intervalos variados, mas as dele se mantiveram durante toda a viagem, e até mesmo perduraram por mais algum tempo, depois de voltar para casa". Speke insistiu continuamente nesses pontos, tentando insinuar que ele é que tinha sido o líder *de facto*. Um dia, quando os nativos "fizeram greve por comida [...] surgiu uma altercação que tive de resolver, como era invariavelmente o caso quando surgiam dificuldades no acampamento".

Que ambos estavam constantemente doentes é inquestionável. Burton não escondia os problemas, fossem médicos ou outros, mas que tenha sido Speke a força motriz é algo de que só se pode duvidar.

Qualquer que fosse a condição física de Burton nessa época, à beira da morte ou lépido e fagueiro, ele seguiu cheio de energia para Ujiji, considerando-a como o ponto culminante de um ano dificílimo e enchendo seus cadernos de notas com observações sobre a área; nenhum etnólogo posterior, com mais tempo e maiores recursos, jamais se equiparou à perspicácia, pormenorização e curiosidade de suas notas sobre a própria essência da vida das aldeias africanas, de uma precisão inigualável: a estrutura social, os costumes, os ritos e rituais, a escravidão (ou ausência dela — "Eles raramente se vendem entre si", diz a respeito de uma tribo) — e, evidentemente, as línguas. ("A língua deles é rica, mas confusa [...] têm um gosto desmedido por sílabas simples e sem significado, usadas como interjeições.")

O Natal na selva passou praticamente desapercebido, com os mesmos problemas de sempre: ocorriam mais deserções entre os carregadores, a caminhada era difícil, problemas oculares pareciam atingir quase todos — "fenômeno desagradável", foi como Burton definiu o mal.

Meu companheiro [...] então começou a sofrer de "uma inflamação de tipo simples, afetando toda a membrana interior dos olhos, em especial a íris, a coróide e a retina"; ele a descreveu como "uma cegueira quase total, deixando todos os objetos toldados como que por um véu nebuloso".

O cozinheiro goês Valentine sofria de um problema parecido, e Burton também: "durante alguns dias, teias de moscas esvoaçantes obscureceram os objetos menores e impossibilitaram a visão a distância". Speke e Valentine continuaram com a afecção, mas, conta Burton, "escapei com o uso pródigo de 'remédio de camelo'".

Atravessaram uma região de terreno íngreme e ondulado, intercalado por brejos fundos de lama e matagal, o tempo se alternando entre "a irrupção violenta das chuvas de monção e os acessos freqüentes de um sol abrasador". Burton então foi acometido do que chamou de "um ataque de 'paraplegia'", querendo dizer que ficou com os braços e pernas paralisados e teve de ser carregado. Mas logo depois seus carregadores desertaram, e ele teve de montar um jumento. Sua vista falhava, e não sabia com certeza o que enxergava. Speke, sofrendo de uma oftalmia constante, estava praticamente cego e não podia viajar sem assistência. Tinha grandes dores, e seu jumento tinha de ser conduzido por um carregador. Parecia semimorto. Os percalços continuaram a perseguir a marcha. Um dia, perdeu-se o rowtie de Burton, junto com as roupas de cama, e ainda por cima os carregadores se escondiam sempre que podiam. O caminho era acidentado, escorregadio, cheio de grandes buracos. A selva agora mostrava grandes extensões de bambu e rotim, bananas-de-são-tomé, salsaparrilha e uvinhas silvestres "em miniatura e de sabor extremamente sóbrio".

Em 13 de fevereiro de 1858, encontraram-se num outro terreno, atravessando capins altos e subindo um monte pedregoso com algumas árvores espinhosas espalhadas aqui e ali. A montaria de Speke sucumbiu e morreu. Burton ordenou uma parada de descanso no alto do morro. Embora ainda parcialmente cego, vislumbrou um brilho um pouco mais abaixo. "O que é aquilo?", perguntou a Sidi Bombaim.

"Sou da opinião", respondeu Bombaim, "que é *a* água."

A vista vacilante de Burton lhe mostrava algo que, através do maciço de árvores, parecia não passar de um laguinho minúsculo. Pensou imediatamente em voltar a Kazeh e começar de novo. Todavia, avançou algumas centenas de metros, e viu algo muito diferente. Parou contemplando com "admiração, assombro e deleite". Cintilando aos fúlgidos raios do sol tropical, estava o lago Tanganica. "Era realmente uma festa para a alma e os olhos!"

Mas pense-se no pobre Speke!

"Vocês podem imaginar meu amargo desapontamento", escreveu ele, "quando [...] vi, ao me aproximar do zênite de minha ambição, que o Grande Lago em questão não passava de névoa e cintilação diante de meus olhos."

Agora Burton conseguia enxergá-lo claramente.

Nada [...] pode ser mais pitoresco do que essa primeira visão do lago Tanganica, tal como se estendia no regaço das montanhas, aquecendo-se aos fúlgidos raios do sol tropical. Abaixo e mais além de uma prega abrupta e escarpada do morro, numa breve saliência pela qual desce a trilha num penoso ziguezague, uma faixa estreita de verde-esmeralda, nunca ressequida e maravilhosamente fértil, segue em declive para uma linha horizontal de areia amarela cintilante, ora bordejada por juncos, ora recortada nitidamente pelas pequenas ondas se quebrando.

Mais ao longe erguia-se "a muralha alta e irregular de uma montanha de cor metálica". Ao sul ficava o rio Malagarazi, que carregava uma argila vermelha numa enxurrada violenta, e por todas as partes viam-se aldeias, terras cultivadas e canoas de pescadores na água. Era um cenário, comenta Burton, que podia "rivalizar, se não superar, as mais admiradas paisagens das regiões clássicas". No dia seguinte, chegaram a Ujiji, a meta última da expedição, depois de um percurso que durou sete meses e meio.

Logo que ele e Speke montaram um acampamento seguro, Burton tomou um barco árabe de construção sólida, de propriedade de um comerciante que se encontrava fora. Tinha capacidade para 35 homens e diziam ser a segunda maior embarcação de Tanganica. Saíram num rápido passeio de exploração, mas ambos estavam fracos demais para fazer um reconhecimento amplo. Então pararam para uma estada tão desconfortável quanto uma caminhada pela selva. A umidade invadia tudo. Os livros apodreciam, a escrita ficava ilegível com o mofo e os borrões, os espécimes botânicos arduamente coletados se tornavam imprestáveis. Em volta, os nativos mostravam uma hostilidade constante. As exigências de *hongo*, pagamento, se tornavam exorbitantes. Os dois asnos restantes eram continuamente feridos por golpes de lanças. Ladrões roubaram as roupas de alguns baluchis. A velha que andava vendendo leite a Speke agora exigia tantos tecidos em troca que ele teve de suspender a compra.

"De início, o clima úmido e frio da região dos lagos não combinou conosco", disse Burton, ponderando que a dieta à base de peixe era "rica e gorda demais" e que ele e Speke andavam se empanturrando de vegetais, que aqui havia à vontade. "Todas as energias pareciam ter nos abandonado."

Fiquei quinze dias no chão, cego demais para ler ou escrever, exceto a longos intervalos, fraco demais para montar, doente demais para conversar.

Speke estava ainda pior. "Meu companheiro [...] estava quase tão 'grogue' das pernas quanto eu [e] sofria de uma oftalmia dolorosa e de uma curiosa distorção do rosto, que o obrigava a mastigar de lado, como um ruminante."

Os cozinheiros goeses e os baluchis também estavam seriamente enfermos. Os mercenários e os *pagazis* receberam tecidos como pagamento de seus serviços, foram dados vários presentes aos nativos locais, que eram chefiados, escreve Burton, por um homem chamado Kannena, "um chefe muito maldisposto [...] tirânico e, como invariavelmente eram tais selvagens, absolutamente insensato".

A despeito das doenças, "havia trabalho a fazer", escreve Burton, impondo sua vontade sobre a enfermidade e a letargia. Tinham-lhe falado de um *dhow* grande do outro lado do lago; diziam ser a única embarcação respeitável em Tanganica, e ele mandou que Said bin Salim o pegasse, para poder explorar as águas ao norte; diziam existir "um grande rio correndo na direção norte" a partir do lago. O kafilah-bashi "se esquivou com tanta perícia" que, conta Burton, "orientei meu companheiro a fazer o máximo para contratar o *dhow* e equipá-lo para um mês de navegação". Burton, ainda fraco, tinha resolvido mandar Speke sozinho, para se informar sobre o lado superior do Tanganica; deixar que apenas Speke, monoglota e quase cego, fizesse a exploração foi um risco que Burton teve de assumir. Foram dezoito dias para negociar o *dhow* e reunir uma tripulação. Nesse ponto, como em muitos outros casos posteriores, há duas versões diferentes sobre os fatos ocorridos. Speke disse que Burton estava doente demais para se mover; Burton disse que mandou Speke ir. Speke escreveu que "o capitão Burton de início ergueu obstáculos em meu caminho", porque a viagem não parecia segura. Seja como for, Speke, ainda bastante cego, partiu com um grupo de 26 homens, entre eles Sidi Bombaim, um goês e dois baluchis, sendo os demais nativos locais, como remadores.

Foi, em sua maior parte, uma travessia sem incidentes, ao longo de praias vazias, sem gente, sem aldeias, sem sinal de civilização. Não podemos saber até que ponto esse vazio se devia aos problemas visuais de Speke. Ele se queixou da "incessante monotonia [...] de árvores verdes, matos verdes — matos verdes, árvores verdes —, tão enfadonhos em sua exuberância". Logo entrou em atrito com a tripulação. Ele havia ofendido os remadores perguntando os nomes dos lugares, pois temiam "corromper a uganga ou 'igreja' deles, se respondessem a qualquer pergunta de um estranho enquanto estavam no mar". Certa vez, ele atirou os restos de seu jantar barco afora, e segundo os remadores isso pressagiava má sorte. O tempo estava tempestuoso e chovia com freqüência. Quando estourou um temporal violento, Speke se refugiou numa ilha. Ficou deitado em sua tenda pensando na vida e nos problemas com o capitão, enquanto o vento e a chuva o fustigavam impiedosamente. Findo o temporal, ele acendeu uma vela para arrumar suas coisas.

> Como que por mágica, todo o interior ficou coberto por uma legião de pequenos besouros pretos, evidentemente atraídos pela luz da vela. Tinham escolhido o local de peregrinação com uma determinação tão irritante que parecia inútil tentar espaná-los das roupas ou dos lençóis, pois quando um era expulso logo vinha outro, e mais outro; até que finalmente, esgotado, apaguei a vela e com dificuldade — tentando vencer a irritação das cócegas provocadas por esses intrusos que subiam por minhas mangas e por entre meus cabelos, ou desciam pelas costas e pernas — me deitei para dormir.

Então ocorreu um acidente grave. "Um desses insetinhos horrendos me despertou em seu esforço de entrar em meu ouvido, mas era tarde demais." Ao tentar tirar o besouro, Speke o empurrou ainda mais para dentro. "Ele seguiu em seu caminho, lutando no canal estreito, até que se deteve por falta de passagem."

> Esse impedimento na certa o enfureceu, pois, como um coelho numa toca, ele começou a escavar violentamente, com uma enorme energia, meu tímpano. A sensação esquisita que me causou essa divertida *providência* ultrapassa qualquer descrição. [...] Eu não sabia o que fazer.

Speke experimentou derramar manteiga derretida no ouvido, para que o besouro saísse. "Falhando isso, cutuquei suas costas com a ponta de um canivete, o que mais prejudicou do que ajudou." Ele matou o besouro, mas o canivete feriu o ouvido "tão seriamente que veio uma inflamação e uma grave supuração". Seu rosto ficou contorcido, e surgiram bolhas. Por vários dias não conseguiu mastigar e teve de sobreviver apenas com sopas ralas.

> Por muitos meses, o tumor me deixou quase surdo, e fez um buraco entre o ouvido e o nariz, de modo que, quando eu soprava por ele, meu ouvido assobiava de forma tão audível que os que ouviam davam risada. Seis ou sete meses depois desse acidente, saíram pedacinhos do besouro — uma perna, uma asa, partes do corpo — na cera.

E Speke acrescenta: "A coisa não foi totalmente ruim", pois "a excitação provocada pela atuação do besouro agiu sobre minha cegueira como um contra-irritante, tirando a inflamação de meus olhos".

Sofrendo uma dor constante, Speke explorou parte do lago. Uma das missões era encontrar o *dhow*, que pertencia a um xeque de nome Hamed bin Sullayin. O árabe recebeu Speke cordialmente e o tratou como um convidado de honra. Sim, ele podia usar o *dhow*, mas o que confundiu Speke foi que Hamed não falou nada sobre pagamento e, pelo que Sidi Bombaim conseguiu saber por intermédio de um criado do xeque que falava hindustâni, ele não esperava qualquer remuneração. Quais eram os motivos secretos de Hamed? Não se conseguiu descobrir nenhum. Ele também prometeu que arranjaria tripulantes, e Speke se pôs a aguardar com paciência o momento de partir nessa magnífica embarcação, com suas velas brancas como um cisne. Hamed repetia diariamente suas promessas, e trazia alimentos para Speke — vacas e cabras para abate, óleo, ghee, patos-domato, frangos, ovos, bananas-de-são-tomé e outros. Por fim, Speke chegou à infeliz conclusão de que Hamed estava protelando de propósito. Quando o pressionou para ter uma resposta, o comerciante disse que iria com Speke e Burton, mas que deviam esperar três meses. Assim, Speke foi obrigado a renunciar a qualquer esperança de conseguir a embarcação e voltou ao acampamento para dar a Burton "a mortificante informação de meu fracasso em obter o *dhow*". A notícia pareceu "afligir duplamente Burton".

Burton declarou com bastante franqueza: "Fiquei profundamente desapontado: ele não tinha feito literalmente nada". Burton desfrutava do relativo sossego desse "Éden africano", sem outra perturbação além das discussões dos nativos, quando, anunciado por disparos de mosquetes, Speke voltou ao acampamento.

Nunca vi um homem tão úmido e embolorado; ele justificava a expressão francesa "molhado até os ossos". Sua parafernália estava em condições semelhantes; suas armas estavam granuladas de ferrugem, e seu paiol de pólvora à prova de fogo tinha deixado entrar a chuva de monção.

Conta Burton que mais tarde se consolou "suprindo certas deficiências em relação à ortografia e sintaxe do diário [de Speke], que foi publicado [posteriormente] em *Blackwood* [uma revista] de setembro de 1859. [...] Devo confessar minha surpresa". Speke tinha situado "as elevadas montanhas que formam uma grande ferradura" bem no centro da chamada "Depressão de sir R. Murchison". Era uma "representação inteiramente hipotética, ou melhor, inventiva [...] que meu companheiro publicou a sério, com toda a pompa da descoberta, em maiúsculas gigantescas". Speke tinha escrito: "Essa cadeia de montanhas considero COMO AS VERDADEIRAS MONTANHAS DA LUA". Burton ficou irritado com esse equívoco: "É assim que os homens *fazem* geografia! E é assim que as descobertas se transformam em nulidades".

A essas alturas, não havia muito a fazer, salvo examinar o lago em canoas comuns. Restava pouquíssimo tempo, os suprimentos estavam diminuindo e o estoque de artigos de troca era reduzido. "Eu sentia muito", escreve Speke, "pois meu companheiro ainda estava sofrendo gravemente, tão gravemente que qualquer um que visse seu esforço em ir não teria qualquer esperança de vê-lo de volta. Mas ele não ficaria para trás." Assim, Burton e Speke partiram, Burton numa canoa grande com quarenta remadores e o rude chefe Kannena; Speke, num barco menor. Kannena estava com seu harém, seus marinheiros e suas mulheres, tocando oboés rústicos e folhas de metal "com uma dolorosa perseverança". O som, acrescenta Burton, "ainda persiste e continuará a persistir em meus tímpanos". Os gritos e berros de prazer, "o clangor e o tinido dos cornos, *shaums* [um instrumento de junco] e tantãs, soprados e estrondados sem parar [...] duram o dia inteiro".

Kannena não permitiu que os remadores avançassem muito para o norte. O suposto escoadouro do Tanganica, que podia ser o começo do Nilo, nunca chegou a ser visto. O ardiloso Hamed tinha garantido a Speke que o rio corria para o lago. "Se eu tivesse pensado nisso, teria mudado o curso todo [...] em meu mapa, fazendo-o correr a partir do lago, mas não pensei", escreveu Speke baseando-se na teoria, às vezes correta, de que os nativos diziam exatamente o contrário da verdade ou do que acreditavam de fato. Mas não era essa a solução. Sidi Bombaim agora confirmou a Burton que Speke tinha entendido mal a conversa com Hamed, o qual, pelo visto, nunca tinha ido até o final do Tanganica.

"Fiquei angustiado", escreveu Burton em *Zanzibar*. "A versão africana sobre a direção dos rios é, amiúde, diametralmente oposta aos fatos", prossegue ele, "raramente a dos árabes — neste ponto, discordo totalmente do capitão Speke". Encontrando três jovens árabes, filhos de um sultão local, "o assunto da misteriosa corrente que todos os meus informantes, tanto árabes quanto africanos, diziam sair do lago, e que durante meses consideramos como a cabeceira ocidental do Nilo, foi imediatamente trazido à baila", e eles também "declararam (provavelmente mentindo) que tinham-na visitado; todos asseguraram que o rio Rusizi não sai do Tanganica, mas entra nele". E Burton teve de concluir — isso foi em 1872 — que "o mistério continua sem solução [...] O fato é que fizemos o máximo para chegar até ela [a fonte provável do Nilo] e fracassamos".

Frustrações e mais frustrações se sucederam na viagem de volta a Ujiji. Os barcos vazavam constantemente e estavam "vergonhosamente atulhados", o singrar das águas danificou as tendas, molhou o sal e encharcou os cereais e a farinha; a pólvora se estragou e os fuzis foram corroídos pela ferrugem. "Aos poucos, [Kannena] acrescentou, além das varas, lanças, vasos, cabaças e potes quebrados, um bode, dois ou três rapazinhos, um ou dois marinheiros doentes, as pequenas escravas e o grande carneiro."

Estouraram tempestades violentas. "Pesados aguaceiros caíam quase todos os dias e noites, e nos intervalos irrompia um sol abrasador." Burton ficou com úlceras tão graves na língua que nem conseguia falar. As mãos ficaram tão paralisadas que não podia escrever — que provação! —, e as chuvas continuavam. Uma observação críptica de Burton indica o quanto as coisas tinham degringolado entre ele e Speke e toda a numerosa expedição: ele comenta que se abrigou "sob meu melhor amigo de então, minha capa de chuva". Os carregadores se mostravam novamente rebeldes e, impudentes, mataram e comeram as três cabras que forneceriam a carne para a viagem de volta à base. Mas nada nunca parece se desperdiçar nas viagens de Burton. Há sempre observações a fazer, curiosidades a descobrir, e agora ele se deparava com uma pequena tribo miserável de canibais vivendo numa área onde "a malária, os mosquitos, os crocodilos e os homens são igualmente temidos". Eram os wabembes, "corretamente descritos no 'Mapa da Missão de Mombaça' como Menschenfresser-anthropophagi". Era um povo impassível "que, além de homens, devora todos os tipos de carniças e vérminas, larvas e insetos. [...] Preferem os homens crus, ao passo que os wadoes da costa gostam mais de assados. [...] Entre canibais, a pessoa sempre se imagina do ângulo da carne de açougue". Todavia, acrescentou: "os pobres-diabos, escuros e mirrados, tímidos e degradados, pareciam menos perigosos aos vivos do que aos mortos".

Nos distritos mais distantes, enquanto os barcos iam a locais que nem mesmo os árabes traficantes de escravos ousavam visitar, os moradores

> eram ainda mais maçantes, barulhentos e curiosos. [...] Sentíamo-nos como ursos amestrados; éramos instantaneamente cercados por uma multidão e examinados de todos os ângulos. [...] Eram insistentes como moscas, afastá-los era o mesmo que fazê-los voltar; ao passo que, o pior de tudo, as mulheres eram feias e suas saudações grotescas pareciam o "encontro de dois babuínos".

"Os olhos deles [...] pareciam nos devorar", fitando-nos incansavelmente. Mas, "curioso dizer, apesar de todos esses incômodos, nossa saúde melhorou sensivelmente". Eles voltaram à base tão logo a monção cedeu. "O clima se tornou realmente agradável", disse Burton. Então se apoderou dele uma "estranha e inexplicável melancolia". Acrescentou que tal melancolia "acompanha todos os viajantes por terras tropicais". No entanto, essa resposta tão simplista não explicava sua depressão. "Nunca senti essa tristeza no Egito e na Arábia; nunca fiquei sem ela na Índia e em Zanzibar." Na exuberância da África tropical, onde "a natureza é bela em tudo que se apresenta aos olhos" e onde "tudo que afeta os sentidos é macio", ele suspirava "pela preciosa simplicidade do deserto". Mas não era a natureza que o abatia. "A penúria começou a nos encarar de frente." A expedição não contava com fundos suficientes para voltar a Kazeh, a uma distância de mais de quatrocentos quilômetros, demandando 75 carregadores e guardas, além do *hongo* para os sultões ao longo do percurso. "Mil libras não duram muito quando têm de ser divididas entre duzentos selvagens gananciosos durante dois anos e meio."

No dia 22 de maio, uma salva de tiros anunciou a chegada inesperada de uma caravana árabe — "depois de um silêncio mortal de onze meses" —, com "caixas, fardos, carregadores, escravos e um pacote de papéis e cartas da Europa, Índia e Zanzibar". Foi a primeira vez que Burton ouviu falar da revolta indiana, e mais tarde viria a saber que Edward Burton fora acometido nessa sublevação pela doença definitiva que o invalidaria pelo resto da vida. Os novos carregadores eram os piores para seguirem caminho, e Burton teve de renunciar a qualquer esperança de continuar a explorar o Tanganica. Podia voltar a Kazeh, mas ainda faltavam homens e suprimentos para retornar à costa por uma longa marcha para o sul, até o lago Niassa e Kilwa.

"Encerramos o lago Tanganica", escreveu Speke em seu diário, sem qualquer referência aos problemas que afetavam a expedição, às más condições físicas dos chefes e à escassez dos artigos de troca. Burton deu ordens para a volta a Kazeh e à vizinhança civilizada dos árabes. "Lembrarei por muito tempo a manhã de 26 de maio [de 1858], que me ofereceu o último espetáculo do crepúsculo no lago Tanganica", disse Burton com uma certa tristeza. "O encanto da paisagem era talvez realçado pelo pensamento de que meus olhos nunca tornariam a vê-la." E recordou as brumas do alvorecer:

> o fogo vivo ainda oculto emitia seus feixes largos, como os raios de uma imensa roda etérea, vertendo uma torrente de ouro sobre as águas azul-claro do lago.

Quando a caravana chegou a Kazeh, as condições de saúde de todos tinham se agravado ainda mais. "Sofri novamente de inchaço e entorpecimento das extremidades, e a força voltava com uma lentidão torturante. Meu companheiro era um mártir da obstinada surdez e de um toldamento da visão que o impossibilitava de ler, escrever e enxergar direito".

Mas, sob o efeito de narcóticos, tônicos e estimulantes, pouco depois avançávamos para a convalescença; e, em meu caso, mais intenso do que qualquer alívio físico, era o efeito moral da vitória e o fim de dúvidas e preocupações desagradáveis, e do terrível dilaceramento mental que, desde a costa até [Ujiji], nunca deixara de estar presente.

Com a saúde um pouco melhor, Burton adiou o retorno à costa. Em suas várias conversas com os mercadores árabes, eles haviam lhe contado não só os pormenores das regiões ao norte e ao sul da linha de marcha da expedição, mas também a descoberta de um grande *bahr*, mar ou lago, a quinze ou dezesseis marchas ao norte. Burton percebeu de imediato que "a existência dessa bacia até então desconhecida explicaria muitas discrepâncias decretadas por geógrafos especulativos [na Europa], mais particularmente as notáveis e enganadoras diferenças de distância resultantes da confusão entre os dois pontos d'agua". Parecia aconselhável "verificar se os árabes não tinham exagerado, com a costumeira hipérbole oriental, as dimensões do lago Norte".

Speke, agora descansado e de melhor saúde, "se afigurava uma pessoa adequada para ser destacada para essa tarefa". Burton achava que, se ele ou Speke vissem o *bahr* desconhecido, muitas coisas se esclareceriam. Não era preciso que ambos fizessem a viagem. Havia também outras razões. "Sua presença em Kazeh não era nada desejável" e "eu temia deixá-lo em Kazeh", pois Speke tinha tendência a provocar raiva nos árabes.

Era muito difícil se associar aos árabes como um deles. Jack era um anglo-indiano, sem qualquer conhecimento dos usos, costumes e religião orientais nem de qualquer língua oriental além do hindustâni. Ora, os anglo-indianos [...] freqüentemente se ofendem sem razão; esperam o máximo de civilidade como algo que lhes é *devido*, tratam todos os de pele um pouquinho mais escura que a deles como "negros".

Esta é a versão de Burton. Speke iria escrever que Burton não queria que nenhum dos dois fosse ao lago do norte. Isso levou a uma ruptura final entre ambos, e a partir daí sempre surgiriam versões contraditórias dos fatos. Speke escreveria que Burton estava "infelizmente acabado" e "incapaz de se mover sem o auxílio de oito homens para carregá-lo numa maca". "Isso está longe de ser verdade", Burton replicou com aspereza em *The lake regions of Central Africa*. "Eu tinha coisas mais importantes para fazer." Em seu diário, em 2 de julho, Speke também escreveu: "Eu propus fazer uma viagem rápida até o lago desconhecido, enquanto o capitão Burton faz os preparativos para nosso retorno".

Seja qual for a verdade — os dois podiam ter razão em parte —, a pessoa se sente inclinada a tomar o lado de Burton. Assim, Speke recebeu ou pediu ordens, ou se ofereceu voluntariamente, para empreender uma busca ao norte. Said bin Salim recebeu instruções para acompanhá-lo, mas recusou; até Sidi Bombaim, geralmente cooperativo, também recusou, no que foi imitado por muitos guardas e *pagazis*. Por fim, depois de muitas discussões, gritos, intimidações e promessas de um salário maior e largas recompensas, Speke conseguiu reunir uma pequena caravana e saiu de Kazeh no dia 10 de julho.

Burton, ditosamente livre de Speke por algumas semanas, começou a recobrar a saúde e a colher entre os árabes o máximo de informações possíveis sobre o lago ao norte e os príncipes que Speke provavelmente encontraria no caminho. Também "coletei exemplares dos múltiplos dialetos" e se aprontou para descer até a costa.

Em assuntos etnográficos, lingüísticos e geográficos, Burton sempre era cuidadoso em relação às fontes. Ele assinalou que as informações que reuniu sobre os lagos foram selecionadas entre "um grande volume de dados geográficos orais de árabes. Todas as notícias vagas registradas a partir de informações descuidadas foram submetidas a eles para uma confirmação". Achava um equívoco coletar informações e tentar chegar a um feliz meio-termo entre versões conflitantes — disso só poderiam resultar erros. "É o desagradável dever do explorador em todas essas terras duvidar de tudo o que não tenha sido submetido a seus próprios olhos", escreve ele.

A aprendizagem das línguas constituía um problema mais específico. Ele tinha aprendido suaíle "depois de alguns meses de trabalho irregular" e, "uma vez dominado, seus cognatos se tornam de fácil aprendizado, assim como o bengali ou o marata a partir do hindustâni". O principal obstáculo das línguas africanas era "a falta de professores e livros". Mas, com o auxílio de Snay bin Amir, "os Filhos de Ramji e outros escravos dóceis", ele reuniu cerca de 1500 palavras dos três dialetos principais. Depois encontrou alguns "escravos ferozes" em Kazeh, "com os quais iniciei o enfadonho trabalho de coletar exemplos".

> O trabalho não era uma tarefa de amor. Os selvagens não conseguiam adivinhar o misterioso objetivo de minha inquirição sobre os nomes que usavam para um, dois e três; muitas vezes se punham de pé e fugiam, ou ficavam sentados num silêncio obstinado, talvez se julgando ridicularizados. O primeiro número raramente era arrancado sem meia hora de lengalenga.

Mas, uma vez começando, "suas línguas [...] muitas vezes prosseguiam ininterruptamente aos tropeços", mas com todos os escravos, bravos ou mansos, "o olhar vidrado [e] a tendência irresistível a cabecear e cochilar evidenciavam um cérebro fraco que logo se esgotava".

Enquanto isso, Speke seguia para o norte. Sem dúvida era corajoso, ou talvez apenas imprudente. Ali estava ele sozinho numa terra totalmente estranha, estranha até para os traficantes de escravos, entre povos que tanto podiam matá-lo quanto alimentá-lo, sem saber o que qualquer um à sua volta estava falando, exceto o que lhe era transmitido num hindustâni trôpego por Sidi Bombaim Mubarak, o único homem com quem podia ter algum rudimento de conversa. Seu séquito era sorumbático e rebelde, e o pior de tudo é que ele ainda não enxergava quase nada e os restos do besouro no ouvido ainda o mantinham num estado próximo à surdez.

Tanto Burton quanto Speke deixaram relatos desse safári pelo desconhecido. Burton — podia ser de outra maneira? —, mesmo nesse caso, consegue apresentar uma versão do safári melhor do que a do próprio homem que o empreendeu. Mas as palavras de Speke bastarão. Ele teve "um começo enfadonho". Logo que chegaram a uma aldeia, os *pagazis* se lançaram à *pombe*, um fermentado de banana, e se embebedaram. Todo mundo andava acabrunhado, mas Speke não pôde deixar de observar que "esses bípedes de carapinha", mesmo depois de um dia de trabalho duro, passavam a noite dançando e cantando — "cantando a mesma cantiga sem parar, e dançando e batendo com as pernas e braços abertos como se fossem os braços de um semáforo", com o acompanhamento dos tambores da aldeia. Mas eram inconvenientes secundários. Speke tinha trazido como moeda de troca as miçangas erradas, "e não posso comprar esses pequenos luxos, ovos, manteiga e leite, que exercem uma influência tão poderosa para dar gosto e sabor ao que a pessoa come". Ele havia trazido contas brancas, quando seria com contas coloridas que "eu poderia comprar qualquer coisa".

"Os infortúnios continuaram", observou ele, quando uma sultana, a única chefe do sexo feminino que encontrou, se empenhou ao máximo não só para reter o primeiro branco que via na vida, como também para despir-lhe as roupas.

Em 1º de agosto, seguindo por uma pequena enseada que se alargava à medida que corria para o norte, Speke ficou contente em ver que ela finalmente atingia "dimensões muito consideráveis" e surgiam "muitas pequenas ilhotas". "Ah, se meus olhos estivessem bons o suficiente para se deter límpidos em tal cenário!" Ele andava usando óculos de lentes cinzentas contra a luz, os quais atraíam enxames de nativos, que se aproximavam a centímetros de seu rosto para perscrutar aqueles olhos duplos. Foi obrigado a tirar os óculos. Dois dias depois, em 3 de agosto, a caravana subiu serpenteando por uma longa colina, "à qual, como não tem nome nativo, chamarei de Somerset". Esse costume de pôr nomes ingleses na geografia nativa enfurecia Burton e outros puristas, mas os nomes haveriam de permanecer. Não era este, porém, o único nome disponível. No topo da colina,

> a vasta extensão das águas azul-pálidas do Nianza subitamente irrompeu diante de meus olhos. Era de manhã cedo. A distante linha do horizonte norte estava claramente definida na atmosfera serena entre o norte e o oeste da bússola.

Continuando a atribuir nomes estrangeiros a acidentes geográficos nativos anônimos, Speke batizou uma distante fileira de ilhas como arquipélago de Bengala e o próprio lago: "Esse magnífico lençol d'agua eu me atrevi a denominar VITÓRIA, como nossa graciosa soberana". Mais além, Speke conseguiu discernir a fumaça de fogos de cozinha, e aqui e ali aldeias e povoados parcialmente encobertos. "Mas o prazer da paisagem", escreve ele, "se apaga frente àquelas intensas e empolgantes emoções que despertam avaliando-se a importância comercial e geográfica do panorama à minha frente."

> Já não senti mais qualquer dúvida de que o lago a meus pés dava origem àquele interessante rio, cuja nascente tem sido objeto de tantas especulações e objetivo de tantos exploradores.

Assim Speke tinha encontrado a fonte do Nilo! Mas tinha mesmo? Dessa declaração brotariam discussões que iriam afetar a carreira e a vida de vários homens e levar à morte o próprio Speke. Ele sentia absoluta certeza de sua descoberta, embora não tivesse visto senão um pequeno trecho do maior lago da África (e o segundo do mundo, superado apenas pelo Cáspio). O mapa que ele havia desenhado a partir de "testemunhos árabes" — Burton e Sidi Mubarak tiveram de colher aquelas informações para Speke — "estava tão substancialmente correto que não precisei alterar absolutamente nada de suas linhas gerais". Ele já havia passado o mapa para a Royal Geographical Society.

Burton ouviu de alguns de seus amigos árabes em Kazeh que, junto ao lago, existia um certo Mansur bin Salim, um vagabundo pobre que dependia da boa vontade do sultão local, um homem cruel e indigno de confiança chamado Mahaya. Speke logo encontrou o árabe. Deu-lhe alguns pequenos objetos de seu próprio estoque, e em troca Mansur o conduziu pelas margens em rápidos passeios, durante os quais várias aves selvagens caíram aos disparos de Speke. Ele ainda não dispunha de nenhuma informação acurada ou precisa sobre o lago e o suposto rio que escoava dele e se transformava no Nilo. Onde ficava esse rio tão importante? Qual era o comprimento do lago?, perguntou Speke a Mansur. O árabe não tinha nenhuma informação razoável, e um homem que ele apresentou a Speke — "o maior viajante do lugar" — mostrou saber pouquíssima coisa. Quando Speke voltou a Londres, seu relato dessa conversa foi motivo de chacota.

À minha pergunta sobre o comprimento do lago, o homem se virou para o norte e começou acenando a cabeça naquela direção; ao mesmo tempo continuou estendendo a mão direita e estalando várias vezes os dedos, procurando indicar algo incomensurável.

O nativo aduziu que ninguém sabia a extensão do lago, mas que "provavelmente ia até o fim do mundo". Speke já tinha conseguido ofender o sultão Mahaya, a tal ponto que este proibiu que seu povo desse qualquer alimento à caravana. Aceitando as desculpas de Said bin Salim e Sidi Bombaim (Speke não diz qual foi a ofensa), o sultão reuniu sua corte para ajudar Speke, "mas nem uma única criatura sabia coisa alguma sobre o extremo norte". Até mesmo uma das mulheres do sultão ("uma criaturinha bonitinha e ordinária"), que era do norte, disse que "nunca tinha ouvido falar que o lago tivesse algum fim". Depois de três dias em Vitória Nianza, achando que reunira todos os dados que havia para reunir e certo de ter descoberto a lendária fonte do Nilo — como são ingênuas e simplistas as observações que expõe em *What led to the discovery of the source of the Nile!* —, Speke decidiu voltar a Kazeh, um herói, tendo finalmente ultrapassado Burton em algo importante. Ele achava que "apenas um pouco mais de tempo e alguns fardos de miçangas" teriam lhe permitido resolver "todas as questões que tínhamos vindo verificar a toda essa distância", mas o assunto não pareceu preocupá-lo muito — o que Burton teria feito nas mesmas circunstâncias? — e, planejando "fazer tudo o que estivesse em meu alcance para visitar novamente o lago", reuniu sua caravana e rumou sem tardança para o sul.

A volta a Kazeh transcorreu sem incidentes. Speke encontrou tempo para caçar um pouco: "Empacotei um belo hipopótamo jovem [...] atingindo-o no ouvido quando estava de pé em água rasa". Fez anotações simples no diário: "A preguiça natural e a ignorância do povo são a perdição deles mesmos e de seu país". Reclamou da "medonha indolência" dos nativos e achava que, "moral e fisicamente, eram pouco melhores do que animais". Recomendava que os missionários entrassem na região para catequizar e civilizar, e que os ingleses ocupassem a área para o desenvolvimento econômico e o bem da população. O coração do negro, uma vez conquistado, "pode ser facilmente orientado para qualquer lado que queira o preceptor, como é o caso de todos os asiáticos; logo aprendem a se curvar ao intelecto superior do europeu, e são governados com a mesma facilidade que uma criança diante do pai".

A caravana chegou a Kazeh no dia 25, e os árabes foram correndo ao encontro dela. "O capitão Burton me cumprimentou à chegada", escreve Speke, "e disse que durante algum tempo esteve muito preocupado com nossa segurança" — corriam notícias de guerras tribais nas áreas percorridas por Speke.

> Ri a isso, mas exprimi pesar por ele não ter me acompanhado, pois me sentia certo de ter descoberto a fonte do Nilo. Naturalmente ele objetou a isso, mesmo depois de ouvir todas as minhas razões para afirmar tal coisa, e portanto o assunto foi deixado de lado.

Deixar o assunto de lado era o único ponto de concordância possível entre Speke e Burton. Este diz que Speke só deu a notícia de sua descoberta depois do desjejum do dia seguinte. A demora em transmitir essa informação de interesse — a principal razão da expedição —, isso Speke nunca explicou. Por que a reteve e depois a lançou inesperadamente?

"Desde essa data, Jack mudou seus modos para comigo", comenta Burton em *Life*, com uma ponta de tristeza. "Deixou que sua divergência de opinião alterasse o companheirismo" e, "depois de poucos dias, ficou evidente para mim que não se diria nenhuma palavra sobre o assunto do lago, o Nilo e sua *trouvaille* em geral sem que viesse acompanhada por alguma ofensa." Por acordo tácito, os dois evitaram esse tema bastante controverso.

Agora, pela primeira vez [acrescenta Burton], embora tivesse prosseguido em minha viagem sob algumas grandes provocações, não entendia qual o mal que eu teria feito à Expedição publicamente e a mim pessoalmente por não viajar sozinho ou com companheiros árabes ou pelo menos com um inglês menos rabugento e trapaceiro.

O livro de Speke, *What led to the discovery of the source of the Nile*, termina abruptamente com sua volta a Kazeh, "num estado de grande animação e satisfação", mas Burton escreveu mais meio volume — afinal, havia muitas coisas a ver tanto na subida quanto na descida da costa —, e quem se beneficia com isso é o leitor. No entanto, não foi uma viagem fácil. Mal a caravana saiu de Kazeh, Speke adoeceu, torturado por dores que lhe percorriam o corpo todo, e tinha pesadelos e sonhos violentos em que era "perseguido por um bando de horríveis demônios, gigantes e diabos com cabeça de leão". Burton falou em ataques "epilépticos" e comentou que "se pareciam mais com os de hidrofobia do que qualquer outra coisa que jamais presenciei". Said bin Salim disse que foi um cometa no céu que deixou Speke doente.

Em 4 de março de 1859, Burton e Speke finalmente chegaram a Zanzibar, onde souberam que tinha estourado uma guerra entre os pretendentes ao sultanato. E o pior era que o capitão Christopher Rigby, rival de Burton nos exames de língua em Bombaim, tinha substituído Hamerton no cargo de cônsul — mais uma vez, Burton encontrava um inimigo em posição de prejudicá-lo —, e Rigby, como inimigo, era implacável. Mesmo dez anos depois, numa dissertação em resposta às alegações de Speke sobre "o 'estabelecimento' do Nilo", Burton adaptou em nota de rodapé uma passagem de Dickens, referindo-se humoristicamente a *Nicholas "Rigby"** para mostrar a raiva que sentia pelo cônsul: "Ah! aquela voz áspera, aquele estilo arrogante, aquela superficialidade impertinente que decidia tudo, aquela arrogância insolente que contradizia a todos: eram inconfundíveis!".

Burton caiu novamente num estado de depressão. Os membros nativos da expedição vociferavam por salários, por recompensas e gratificações, e eclodiam discussões intermináveis, embora eles tivessem recebido pagamento ao longo do caminho e agora pedissem mais do que mereciam. Speke prontamente fez amizade com Rigby, como tinha feito com Outram em Áden, ao passo que os velhos antagonismos da Índia entre Burton e esses homens persistiam, talvez tendo se aprofundado. Outram tentara lançar a culpa do desastre em Berbera em Burton, e exclusivamente nele; agora, Rigby fez sua parte para prejudicá-lo. Os dois volumes do diário de Burton sobre Zanzibar, que concluíra em 1857 antes de ir para o interior, tinham se "perdido". Haviam sido embalados cuidadosamente num pacote dirigido à Royal Geographical Society de Londres — Norton Shaw o receberia no devido tempo —, mas de alguma maneira o amanuense do consulado em Zanzibar, que Burton, um tanto melindrado, definiu como um "boticário eurasiático", tinha mandado o pacote para a agência da Royal Asiatic Society em Bombaim,

---

* Alteração satírica do título original da obra de Dickens: *Nicholas Nickleby*. (N. T.)

onde ficou às moscas durante anos. Não se sabe por que ninguém identificou o endereço tão claro da encomenda e não a encaminhou a Londres — os inimigos de Burton estavam colocando obstáculos deliberados a seu trabalho, ou terá sido mera incompetência burocrática? Mas, além do diário, outros materiais sobre Zanzibar também se extraviaram. Suas cartas geográficas oficiais sobre as primeiras excursões pela costa ficaram sumidas durante algum tempo; as observações meteorológicas feitas no litoral africano e durante a descoberta dos lagos ficaram "por engano escondidas durante anos nos profundos recessos de certos escaninhos em Whitehall Street". Em conseqüência disso, *Zanzibar: city, island, and coast* [Zanzibar: cidade, ilha e costa] (ao qual foram incorporados os outros materiais perdidos) só foi publicado em 1872. Nessa época, Burton já tinha servido como cônsul na África Ocidental, no Brasil e em Damasco, passando por muitas outras aventuras. Speke havia feito sua segunda expedição gloriosa, mas ao final controversa, até a África Central, e tivera uma morte trágica de volta à Inglaterra. Naqueles anos, Burton teve muito tempo para situar os acontecimentos numa perspectiva mais adequada, embora cáustica.

Speke parecia "invulgarmente sôfrego" em voltar a Londres, e manobrou para ir antes de Burton. Saíram juntos de Zanzibar para Áden em 22 de março. "Os pés de cravo-da-índia e os cacaueiros de Zanzibar desapareceram novamente de minha vista", escreve Burton. O médico inglês em Zanzibar tinha advertido a ambos que estavam com a saúde precária, e, em Áden, Steinhauser "também recomendou um longo período de repouso". Por acaso, o Navio de *HMS Furious*, com o conhecido diplomata James Bruce lorde Elgin a bordo, estava no porto a caminho da Inglaterra, retornando de uma missão no Extremo Oriente. Speke embarcou imediatamente no *Furious*, preferindo permanecer lá do que ficar em terra firme, na guarnição de Áden. Steinhauser tinha conversado a sós com Speke, e com um certo alarme advertiu Burton que não se devia confiar nele. Se Burton teve ou não ocasião de partir com Speke, eis aí um ponto controverso. Ele tinha razões para não partir de imediato: entre elas, suas condições de saúde e a vontade de discutir as *Mil e uma noites* com Steinhauser. Também é possível que não tenha sido convidado a viajar com Elgin. Speke arrumou rapidamente seus papéis e seguiu para a Inglaterra. "Ele deixou Áden com tal pressa que não se despediu de seu anfitrião", disse Burton. "Mesmo assim, segundo todas as aparências, éramos amigos."

> Antes de se separar de mim, o capitão Speke prometeu espontaneamente que, chegando à Inglaterra, iria visitar a família no campo e esperar minha chegada, para que pudéssemos comparecer juntos à Royal Geographical Society. [...] Do Cairo, ele me escreveu uma longa carta, reiterando seu compromisso e instando comigo para dar todo o tempo e descanso que exigia a saúde quebrantada.

A bordo, escreve Burton, Speke "ficou exposto às piores influências". Foi "persuadido a agir de uma maneira que sua própria consciência moral, depois disso, deve ter condenado enfaticamente, se é que de fato algum dia ela o perdoou".

Burton não iria publicar os nomes das "piores influências", mas todos sabiam. A bordo do *Furious*, trabalhando como secretário de Elgin, estava Laurence Oliphant, um rapaz estranho, mas popular e atraente, então com 29 anos. Espalhafatoso, escandaloso, vaidoso, amoral e oportunista, que andava atrás de experiências místicas e estava na vanguarda das últimas coqueluches sociais, políticas e literárias do momento, Oliphant era um excêntrico ao grande estilo da Inglaterra oitocentista. Começou imediatamente a virar Speke contra Burton.

"Ele dominou e envenenou o espírito de Speke contra Richard", escreve Isabel Burton em *Life*, dizendo a Speke que Burton "tomaria toda a glória de Nianza. [...] Speke a princípio resistiu, mas sua vaidade prevaleceu e o conduziu, amontoando uma coisa após a outra contra o ausente desinformado do que se passava." Numa nota de rodapé, ela elucida: "Speke me falou disso, e após sua morte cobrei o fato de Laurence Oliphant, que disse com a maior simplicidade: 'Perdoe-me — sinto muito — eu não sabia o que estava fazendo'".

Burton escreveu: "Mal [Speke] chegou a Londres, ele foi a Whitehall Place para apresentar suas opiniões pessoais sobre pontos importantes [a respeito da fonte do Nilo] ainda em discussão".

Speke virou a celebridade do momento; fez conferências sobre sua descoberta e pouco depois a Royal Geographical Society o encarregou de uma segunda expedição à África Central, com amplo financiamento. E Burton? "Cheguei a Londres em 21 de maio, e descobri que tudo já fora feito por, ou melhor, contra mim. Meu companheiro agora surgia em suas cores verdadeiras, um colérico rival." Todas as desfeitas, as injúrias reais ou imaginárias, as fantasias de que o êxito da expedição se devia a ele e não a Burton (ou aos esforços conjuntos de ambos) tinham se convertido, segundo uma alquimia que Burton entendeu, numa ira destruidora. "Quase nem é preciso dizer: ninguém é mais implacável", comenta Burton, "do que o homem que agride outrem."

Para completar as agressões, Speke publicou apressadamente dois artigos, ambos contendo erros que Burton achava que anulavam grande parte do êxito da expedição. Tinha cometido erros nos aspectos geográficos e na divulgação de informações recebidas dos árabes. "Ainda que a gente comum possa não se importar muito com tais questões, o homem que arriscou sua vida por uma grande descoberta não consegue ficar calmamente sentado vendo-a ser anulada", escreve Burton. Seu amigo Alfred Bate Richards, dos tempos de Oxford, disse: "Burton, abalado pela febre até a medula, desgostoso, abatido e abandonado no espírito e na carne, estava [...] 'em lugar nenhum'".

22. "MEU REI E DEUS NA TERRA"

Mas, e o que se passava com Isabel Arundell, com os anos passando, cansada do esforço incessante dos pais em casá-la com um cavalheiro católico inglês respeitável, rechonchudo, economicamente estável, durante esses 33 meses em que Burton esteve ausente? Que relação estranha era essa! Burton, ao que consta, teria escrito a ela somente quatro cartas — quatro! — ao longo desse período, além de um poema de apenas seis versos, quando saiu da selva e chegou a Zanzibar. Nenhuma mensagem, apenas seis linhas de uma poesia tipicamente vitoriana.

A ISABEL

Esse rosto que se ergueu à minha frente,
Como ao peregrino o santuário;
Esses olhos — luz que me fazia vivente;
Esses lábios — meu vinho devocionário;
Esse timbre que parecia, ao ouvir fluí-lo,
Música de um sonho no exílio.*

"Aí eu soube que estava tudo bem", escreveu Isabel em seu diário. Mas aqueles últimos dias tinham sido bem ruins. Speke chegara, mas onde estava Burton? Então ela leu na imprensa que Burton estava voltando por algum tempo. Isabel andava pensando de novo em virar freira, mas aí foi publicada a notícia de seu retorno, a qual ela leu com um misto de alegria e ansiedade. "Sinto-me estranha, assustada, fraca", anotou em seu diá-

---

* *To Isabel*// That brow which rose before my sight,/ As on the palmer's holy shrine;/ Those eyes — my life was in their light;/ Those lips — my sacramental wine;/ That voice whose flow was wont to seem/ The music of an exile's dream.

rio no dia 21 de maio, "que, depois de tudo o que sofri e ansiei, tenha de suportar mais."

No dia seguinte, Isabel foi visitar uma amiga, sem saber que Burton havia chegado a Londres no dia anterior. A amiga não estava, e Isabel resolveu esperar. A campainha da porta tocou, e ela ouviu uma voz conhecida perguntando à empregada:

> Uma voz que me emocionou inteira subia as escadas, dizendo "Quero o endereço da senhorita Arundell". A porta se abriu, eu me virei e imagine meus sentimentos quando vi Richard! Por um instante, ficamos ambos atordoados. [...] Lançamo-nos um aos braços do outro. Não sou capaz de descrever a alegria daquele momento. Ele tinha desembarcado no dia anterior, e chegado a Londres, e tinha vindo aqui para saber onde eu estava morando, onde me encontrar.

O chá com a amiga de Isabel foi deixado de lado, e Burton desceu as escadas com Isabel e a colocou num táxi "e disse ao motorista para ir [...] a qualquer lugar".

> Ele me abraçou a cintura e eu apoiei minha cabeça em seu ombro. Sentia-me totalmente aturdida; não conseguia falar nem me mexer, mas me sentia despertando de um desmaio ou de um sonho; era uma dor aguda. [...] Mas tinha um contentamento absoluto, tal como imagino que as pessoas devem sentir logo depois que a alma deixa o corpo. Quando nos recuperamos um pouco, ambos tiramos ao mesmo tempo de nossos respectivos bolsos nossos mútuos retratos, para mostrar como tínhamo-los guardado cuidadosamente.

Mas valia a pena esperar por esse homem? Muitas mulheres (que seja dito sem ofensa) teriam se afastado dessa figura outrora vistosa, outrora bonita. Agora Burton era uma visão trágica.

> Nunca esquecerei como Richard era naquela época. Tinha sofrido 21 acessos de febre — tinha ficado parcialmente pa-

ralisado e parcialmente cego. Era um mero esqueleto, com a pele castanho-amarelada pendendo em bolsas, os olhos saltados e os lábios afastados dos dentes.

"Mas nunca senti a força de seu amor como então", apressa-se Isabel em garantir ao mundo, e era um amor que não desapareceria, por mais doente ou por mais golpeado e manchado pelo mundo que Richard pudesse estar.

Ele voltou mais pobre e abatido pelas disputas do funcionalismo e todos os tipos de aborrecimentos; mas ainda era — mesmo que fosse sempre tão malsucedido e todos estivessem contra ele — meu rei e deus na terra, e seria capaz de me ajoelhar a seus pés e adorá-lo. Eu ficava tão orgulhosa dele; sentava, fitava-o e pensava: "Você é meu, e não há nenhum homem no mundo que se compare minimamente a você".

O que Burton mais precisava naquele momento era de amor, amor de uma pessoa calorosa, que não criticasse e não fosse competitiva, e Isabel lhe deu aquilo que o nutriria e o revigoraria. "Acho que, se não fosse eu, ele teria morrido", disse ela com simplicidade. Parecia, então, que era um momento adequado para se casarem, mas a sra. Arundell se opôs com firmeza a qualquer união, por razões sobejamente conhecidas tanto por Isabel quanto por Burton. A sra. Arundell era totalmente contrária a Burton, constantemente ressaltando o que, para ela, eram os dois maiores defeitos dele: "Ele não é cristão e não tem dinheiro". Aliás, uma das campanhas de Isabel durante a vida inteira foi que Burton era cristão, e até católico apostólico, mesmo que meio chinfrim, e quanto ao dinheiro, Burton, com a morte do pai, tinha herdado a considerável soma de 16 mil libras.* Burton estava disposto a casar: concordou em fazer o matrimônio na Igreja católica, prometeria por escrito que educaria os filhos no catolicismo, e queria se

---

* O que, hoje, teria um poder aquisitivo de talvez umas 300 ou 400 mil libras.

assentar, possivelmente num cargo diplomático — o consulado de Damasco era um posto excelente.

Infelizmente, aquele incrível encontro na casa de uma amiga, teatral como tantos outros entre Burton e Isabel, não resultaria senão em frustração, pois foi inútil tratar com os Arundell. O sr. Arundell gostava de Burton, mas sua esposa foi inflexível em sua oposição ao casamento. "Dick Burton não é amigo meu", iria dizer até o fim da vida.

Entre encontros calados e clandestinos com Isabel, Burton ia e vinha entre Londres e Dover, onde estavam seus irmãos. O marido de Maria, coronel Henry Stisted, tinha voltado recentemente da Índia, seguido por Edward Burton, agora em licença médica prolongada. Ambos tinham passado pela terrível carnificina da chamada Revolta dos Cipaios de 1857. O coronel escapara ileso, mas o pobre Edward, tendo "servido com distinção", chegou a seu limite na Índia. O calor assoberbante, as cenas de sangue e caos, as atrocidades cometidas pelos dois lados acabaram por derrubá-lo: seu cérebro foi de alguma maneira afetado — abalado — por insolação ou algum outro problema indefinido. "Sua mente aos poucos cedeu e nunca se recuperou", escreve Georgiana Stisted. Acabou sendo internado no Manicômio do Condado de Surrey, sem falar nem se mover, numa tragédia que abalou profundamente seu irmão mais velho. Irremediavelmente mudo e passivo, não houve o que induzisse Edward a falar pelo resto da vida, até 1895, um pouco antes de morrer, quando um primo seu, dr. E. J. Burton, para fazer um teste, acusou-o de não ter pago uma pequena dívida. "Vergonhoso", disse dr. Burton a Edward quanto ao incidente. Ao que Edward replicou: "Primo, eu lhe paguei, você deve lembrar que lhe dei um cheque". Mas, salvo essas palavras, o silêncio foi absoluto.

Burton ainda não estava bem de saúde. Fazia longos passeios com Maria, a família se reunia em jantares agradáveis e ele trabalhava com constância na redação do livro sobre a busca das cabeceiras do Nilo, mas, escreveu sua sobrinha anos depois, "todos observavam que ele parecia doente e deprimido. As doçuras do sucesso se mesclavam a muitas amarguras.

A estranha quebra de confiança de Speke o afetou mais do que ele admitiria".

A srta. Stisted, como de hábito, se recusa a mencionar o nome de Isabel Arundell, nome medonho que não comparece nas várias páginas seguintes de sua biografia de Burton. Ele foi levado ao desespero nessa época, tentando aplacar a implacável sra. Arundell, que sistematicamente interceptava e queimava suas cartas a Isabel, afetando ainda mais uma natureza que deslizava com tanta facilidade para a melancolia. No começo do outono, a família foi para a França, visitando Paris e ficando mais tempo em Boulogne, uma das cidades favoritas deles, local que, escreveu Burton a amigos na Inglaterra, lhe parecia ideal para trabalhar. Em outra viagem, foram a Vichy, onde Burton experimentou as águas para suas dores e achaques.

Mas os passeios com a irmã, as conversas com o coronel Stisted, as águas para seus problemas físicos, as visitas secretas a Isabel, não o curavam. Como Burton conseguiu escrever nessa época é um mistério, mas escreveu, e bem. Talvez fosse um paliativo para a dor e a infelicidade que sentia, não só por causa dos Arundell, mas também de Speke, que andava fazendo o máximo para denegrir seu ex-comandante. Os ataques começaram tão logo Speke chegou à Inglaterra, e a seguir, sob a orientação de Oliphant, se transformaram numa enxurrada, enquanto alguns outros, amigos de Speke ou inimigos de Burton, se juntavam numa vasta campanha de vitupérios. Speke podia ter deixado que os fatos heróicos falassem por si mesmos, mas tinha sofreguidão que o mundo soubesse de sua descoberta. Por que não deixou que sua magnífica proeza se destacasse por si só? Ele tinha encontrado a nascente do Nilo, e essa simples notícia teria bastado. Por que destruir Burton? Na época em que Burton chegou à Inglaterra, a segunda expedição já tinha sido decidida, com Speke no comando e a promessa de 2500 libras de financiamento. Speke pedira 5 mil libras, mas pareceu demais, visto que a primeira expedição havia saído com apenas mil libras. Sir Roderick I. Murchison, presidente da Royal Geographical Society, não se incomodou sequer em esperar a chegada de Burton. Quando este soube da nova expedição, sugeriu, a fim de não ficar totalmente excluído, que se fizessem duas expedições, uma chefiada por Speke e a outra por ele mesmo, que se encontrariam num ponto mais avançado do interior e se reuniriam numa grande aventura de descobrimento. A proposta foi rispidamente rejeitada.

A influência de Oliphant sobre Speke prosseguiu por muitos anos. Ele havia nascido na África do Sul em 1829, de uma família escocesa ilustre. "A educação do garoto foi a mais irregular", escreveu seu contemporâneo um pouco mais jovem, o excelentíssimo Montstuart Elphinstone Grant Duff, que não gostava de Oliphant. Quando jovem, Oliphant perambulou pelo Ceilão, Índia e Nepal, e escreveu um livro sobre suas aventuras. Depois de tentar a advocacia na Inglaterra e na Escócia, ele foi para a Rússia — mais um livro. Seu apoio a Speke em parte talvez se devesse a uma rivalidade com Burton, então ignorada, pois Oliphant alegava ter sido o primeiro, e não Burton, a propor uma força de socorro a Kars durante a Guerra da Criméia e a missão junto ao imã-bandoleiro Schamyl, no Cáucaso. Suas viagens por lugares obscuros dão a impressão de que ele tinha alguma participação no Grande Jogo. Quando estava na Criméia, antes da guerra, andou bisbilhotando sobre a base naval russa em Sebastopol. Os russos o expulsaram, mas ele já tinha formado uma idéia sobre o tamanho e a disposição das fortificações, e poderia oferecer, caso fosse necessário numa guerra, dados adequados sobre o sistema ferroviário russo e a dificuldade no transporte das tropas para o sul.

Não é fácil definir a influência de Oliphant sobre Speke. Sua inteligência, embora errática, é inegável. Possuía ligações na Inglaterra que iam além da esfera de Speke. Continuou a agir sobre este, dizendo-lhe que Burton tinha se aproveitado de seus esforços e descobertas, que era ele, Speke, e não Burton, o verdadeiro líder, a força diretriz da expedição, e que não devia perder tempo explicando isso ao público. Além disso, Oliphant incentivou em Speke a idéia de que Burton nem sequer era inglês, mas sim alguma espécie de "europeu" (Speke teria afirmado que

Burton era corso, referência à nêmesis inglesa, não tão distante no passado, Napoleão Bonaparte), e que apenas um inglês — isto é, Speke — estava gabaritado para a descoberta do Nilo. Oliphant — cuja "sanidade", segundo Duff, era "apenas parcial" — era persuasivo, calculista e sabia manipular Speke a seu bel-prazer.

Enquanto Burton se via de súbito como uma figura de menor plana, Oliphant andava levando Speke para cima e para baixo em Londres, para conhecer pessoas de influência, entre elas os primos William e Robert Blackwood, a geração mais nova de uma importante editora de Glasgow fundada em 1804. Os Blackwood eram conhecidos como editores espertos, inteligentes e bem-sucedidos, atentos ao popular e ao incomum, e a revista *Blackwood's Edinburgh Magazine* tinha ao mesmo tempo popularidade e respeito. Speke logo foi contratado como colaborador da *Blackwood's*. Que seus artigos sobre a busca do Nilo, quando os submetia à revista, fossem praticamente analfabetos e até incompreensíveis não constituía problema. Os Blackwood burilavam e corrigiam quando necessário, e Oliphant conduzia Speke por entre as dificuldades da escrita, ao mesmo tempo atiçando os ressentimentos que consumiam diuturnamente seu *protégé*. Speke, em cartas a várias pessoas, levantou um dique de acusações, semiverdades e falsidades contra Burton. Um de seus correspondentes preferidos era Rigby, que certamente reproduziria suas acusações. Quando os estudiosos e o público ignoraram ou desconsideraram a circunspecção com que Burton negou que o Vitória Nianza fosse a fonte do Nilo, Speke se regozijou numa carta a Rigby: "Burton anda em depressão, e está se acabando a cada passo".

Burton também estava sofrendo com as acusações de Rigby de que teria ludibriado os carregadores na volta a Zanzibar. Speke, que a princípio havia ficado do lado de Burton nessa questão, agora invertia sua posição e acusava Burton de não ter pago os homens conforme havia prometido. Mais uma vez, como acontecera depois da batalha em Berbera, os funcionários ingleses tomaram a palavra incomprovada dos nativos contra o depoimento jurado de um de seus próprios homens, e Rigby informou à Câmara da Índia que a intransigência de Burton estava fazendo o governo passar vergonha. Era uma farsa cruel que a Inglaterra pudesse estar se preocupando com sua imagem entre nativos semibárbaros. Homem que nunca fugia à luta, Burton entrou numa rixa tremenda com Rigby, e em meados de janeiro de 1860 sofreu uma admoestação da Câmara da Índia. Sugeriram que ele era o único responsável para saldar as pretensas dívidas. Daí resultaram outras cartas furiosas, que não ofereciam nenhuma solução satisfatória. Speke, tirando o máximo da situação, escreveu a Rigby: "Na Câmara da Índia, eles escutam com grande orgulho quando lhes conto como você governa em Zanzibar [...] você é o pai de Zanzibar e o sultão é seu filho mais velho".

A acrimônia que viera a público quando os dois chegaram à Inglaterra prosseguiu inalterada em 1860, cada qual ficando cada vez mais formal com o outro na troca de correspondência, pois tinham de se escrever para acertar os assuntos da expedição, e as saudações passaram de "Caro Jack" e "Caro Richard" para "Caro Speke" e "Caro Burton", chegando finalmente a "Senhor" de ambos os lados. O tempo todo Burton tentou se manter correto e educado, mas de maneira fria e formal. Em novembro de 1859, Burton tinha se sentido tão frustrado com a situação que escreveu a Norton Shaw: "Não quero ter mais nenhum contato pessoal ou direto com Speke. Ao mesmo tempo, gostaria de não fazer nenhuma menção a seu nome que não fosse do conhecimento dele". Shaw ouviu os dois lados da disputa sobre o pagamento dos carregadores, e soube também que Burton havia adiantado uma soma considerável de seu próprio bolso, para conseguir manter o safári de pé, e emprestara dinheiro a Speke. Burton contribuiu com 1400 libras, e achava que Speke poderia lhe reembolsar seiscentas libras, pedido que não foi aceito. "A dívida foi contraída incondicionalmente por sua pessoa na África", escreveu Burton a Speke. "Se eu o conhecesse como agora o conheço, teria exigido recibos para o que ficou como uma dívida de *honra*. Devo me contentar em pagar o castigo da ignorância." Com isso, Speke escreveu não a Burton, mas a Shaw, dizendo que Burton tinha achado "desagradável" continuar a correspondência. Mais ou menos na mesma época, ele também escreveu a Burton com uma profunda insensibilidade em relação à situação: "O senhor parece *querer* me evitar". Àquelas alturas, era evidente que Burton andava *mesmo* evitando Speke, pois era claramente impossível uma troca racional de pontos de vista sobre suas divergências, agora em grande número.

Mesmo o fato de Burton ter usado seu próprio dinheiro para manter a expedição e emprestar uma soma a Speke foi invertido. Speke começou a insistir que Burton estava tão desesperado em tê-lo consigo, por causa de seus talentos e capacidades especiais, que "até me deu dinheiro para minha passagem de Bombaim, para não *perder meus serviços*. Oh, que embuste!!!".

Se a pessoa não estivesse diretamente envolvida na disputa, alguns dos ataques de Speke poderiam ser considerados cômicos. Ele disse que a publicação de seus artigos em *Blackwood's* havia de "ter o efeito de corrigir Burton; de qualquer forma, vai refrear sua mania de escrevinhador e pode salvar sua alma do peso de muitas mentiras". Também falou aos primos Blackwood que preferia mil vezes morrer do que deixar que um estrangeiro tirasse da Inglaterra o mérito de descobrir a nascente do Nilo. Speke tentou constantemente deixar claro que Burton "não [era] um de nós", insinuando que nem sequer era inglês; prova disso eram seus olhos escuros de cigano. Mas pior do que essas acusações infantis foram as calúnias grosseiras em que mencionou obscuramente o notório relatório sobre os bordéis masculinos em Karachi. Trinta e cinco anos depois, W. H. Wilkins tentou conter os boatos que ainda circulavam, escrevendo que "Speke tinha espalhado todos os tipos de notícias feias — e creio que falsas — sobre Burton. Estas, vindo se somar a certos outros rumores — também, creio eu, falsos — que se originaram na Índia, foram aceitas com excessiva rapidez". Nunca existiu nenhuma prova clara e concreta de que Burton fosse homossexual. De todas as acusações injustas contra ele, esta, sem dúvida, era a mais prejudicial, e ainda hoje não foi desfeita de todo. Quanto a Speke, acusar Burton de tendências homossexuais não constituía propriamente a defesa mais adequada de sua pretensão de ser o grande descobridor das nascentes do Nilo.

Todavia, nem todos deram um apoio irrestrito e incondicional a Speke. Numa sociedade selvagem — a Inglaterra vitoriana das classes altas —, onde homens e mulheres se dispunham a acreditar nas piores coisas a respeito de seus semelhantes e onde era freqüente que as fofocas prevalecessem sobre os fatos e a verdade, Speke também teve seus detratores. Burton possuía muitos amigos, alguns deles ilustres e poderosos, e não lhe faltou apoio; quando não era capaz de se defender publicamente ou de criticar Speke na frente dos outros, seus amigos falavam abertamente. O mexerico sobre a pendência da dívida de Speke para com Burton, crime hediondo aos olhos de muitos ingleses de classe alta, tinha se espalhado, e o irmão mais novo de Speke, Benjamin, escreveu a Norton Shaw em outubro de 1860 (Speke, nessa época, estava na África): "Eu soube por intermédio de minha mãe que houve muito falatório por causa disso em Londres, bastante depreciativo em relação a meu irmão". Seis meses antes, quando ainda não partira para a África, Speke escrevera a Burton dizendo que tinha instruído Benjamin para que lhe pagasse a dívida em nome dele, mas isso nunca ocorreu.

O eminente dr. David Livingstone, altamente respeitado, logo se juntaria ao debate. Dizem que ele, pessoalmente, não gostava de Burton, mas, como homem imparcial, achava que Speke, com o qual se correspondia, tinha cometido erros geográficos. Mais tarde, viria a dizer isso em público. Um dos defensores mais francos e ardorosos de Burton era James Macqueen, um escocês que tinha passado a juventude administrando fazendas de cana-de-açúcar nas Índias Ocidentais e coletara os relatos dos escravos sobre suas terras de origem. Mesmo nunca tendo visitado a África, Macqueen conhecia profundamente sua geografia e costumes, e criticou os artigos de Speke não só pelos erros, mas também, com uma certa malícia, por sua pomposidade e fanfarronice.

Em seus primeiros meses febris e controversos de volta à Inglaterra, Burton começou a receber convites da elite, dos poderosos e influentes. Speke, conta Georgiana Stisted, "se tornou a inevitável celebridade anual da estação londrina", mas "nos círculos literários e boêmios" seu tio "era muitíssimo procurado e festejado". Entre as pessoas que Burton visitou em seu retorno, estavam o duque de Somerset, lorde Palmerston, lorde Derby, lorde Stanley e Richard Monckton Milnes, futuro lorde Houghton. Todos eram amigos preciosos, ligados aos círculos fechados do governo e das finanças. Desse grupo, um dos amigos mais íntimos de Burton era o rico e influente Milnes. Burton e Milnes tinham alguns interesses semelhantes, e Milnes pôde ajudar Burton em várias passagens difíceis de sua carreira. Foi um dos que persuadiram a Royal Geographical Society a financiar a primeira expedição à África Central.

Além disso, Milnes não era o lorde pomposo habitual, caçador de raposas. Poeta amador de certa qualidade, era amigo de literatos e patrono discreto e generoso de escritores necessitados. Foi um precoce admirador das irmãs Brontë. Comovido pela relativa pobreza e "solidão entre a fama" de Charlotte Brontë, caladamente fez com que o estipêndio anual do reverendo Arthur Nicholl recebesse um aumento, para que ele pudesse se casar com ela. O próprio Milnes, quando jovem, quis se casar com Florence Nightingale, mas, depois de cortejá-la por cinco anos, ela se afastou para entrar em coisas de maior envergadura, como humanitarista; Florence sempre gostou de Milnes porque discretamente sustentava os reformatórios juvenis e outras obras de assistência caras a seu coração. Milnes só veio a se casar com sua noiva Annabel Crewe, bela, inteligente, neurótica, artística, fechada, quando ambos já estavam bem entrados na casa dos quarenta. Os poetas e escritores famosos e desconhecidos da Inglaterra afluíam às residências de Milnes, principalmente à propriedade rural de Fryston, uma mansão ampla e decrépita em estilo georgiano, que Tennyson chamava de Freezetown [vila gelada]. As reuniões de Milnes eram famosas: Carlyle, Disraeli e, mais tarde, Swinburne eram convidados constantes. Milnes — coisa na época excêntrica — gostava de americanos, que geralmente eram ridicularizados devido à pronúncia e aos erros de gramática. Entre os bem recebidos em Fryston estavam Nathaniel Hawthorne e Henry Adams.

Infelizmente, em boa parte da bibliografia atualmente existente, e por obra de autores de décadas posteriores, Milnes e seu círculo são apresentados a uma luz francamente sensacionalista, de forma que ele aparece como um velho que gostava de livros pornográficos. Um escritor francês de uma geração posterior, Georges Lafourcade, considerava Fryston "uma sinistra mansão de Yorkshire cheia de literatura sadista e presidida por um anfitrião 'felino' e maligno". Essa lamentável opinião sobre Milnes também acabou afetando Burton, como membro do salão de Fryston. Entre os que denegriram Milnes — e, por essa via, o próprio Burton —, conta-se o conhecido crítico e estudioso Mario Praz, que disse que Milnes era um homem de "malignidade mefistofélica", que usava seus amigos como "instrumentos para montar uma comédia cruel e estranha".

No final do verão de 1859, Burton fez várias visitas a Fryston. As grandes bibliotecas o fascinavam: havia livros por todas as partes, em quartos e mais quartos. A mansão, em si, era um desastre. O reboco caía do forro, e Milnes não deixava que sua mulher fizesse a decoração como ela queria, mas montava prateleiras e mais prateleiras de livros. A biblioteca era organizada e catalogada por assuntos e idiomas, representando a literatura européia de quatro séculos, desde poesia inglesa, Revolução Francesa, teologia, magia, feitiçaria e crime até a coleção única de obras eróticas, pela qual Milnes era famoso.

O material erótico provinha basicamente de Fred Hankey, conhecido de Burton desde seus dias no Cairo, após a peregrinação a Meca. Hankey agora morava em Paris, grande centro de pornografia. Ele tinha uma amante francesa sem a qual não viajava. Não era bem-vindo em Fryston quando trazia obras eróticas — que crítica aos padrões dúplices dos vitorianos! —, e por isso remetia os livros por malotes diplomáticos ou na mochila de um certo sr. Harris, empresário do Covent Garden, que ia com freqüência à França por motivos de negócios.

É possível que Hankey fosse tão depravado quanto diziam as histórias que circulavam a respeito dele, às quais alguns autores tentam vincular Burton. Os irmãos Edmond e Jules Goncourt, famosos romancistas e historiadores franceses, foram fazer uma visita a Hankey em seu apartamento em Paris. "A conversa dele lhes pareceu tão perversa e repugnante que mal conseguiam acreditar no que ouviam", escreve James Pope-Hennessy, o biógrafo de Milnes. Hankey disse que achava Paris bastante mansa — em Londres, havia uma casa onde o freqüentador podia não só açoitar as jovens damas, mas também cravar-lhes alfinetes (e mostrou o comprimento dos alfinetes com o polegar e o indicador). Hankey declarou que ele e um amigo tinham alugado um quarto em frente ao local de execuções públicas em Paris, de onde poderiam assistir ao guilhotinamento de uma mulher condenada por assassinato, com duas prostitutas para "fazer a coisa" enquanto olhavam; para o azar de Hankey e do amigo, esse requintado *frisson* acabou lhes sendo negado quando a imperatriz perdoou a assassina. Consta que Hankey tinha todos os objetos sexuais imagináveis decorando seu apartamento. Como sádico notório, ele se tornou o estereótipo do sádico inglês que aparecia nos romances franceses e italianos da segunda metade do século. Hankey, exaurido por sua mania erótica, acabou sumindo de cena, mas acredita-se que morreu no final do século, "talvez [...] num manicômio de Paris".

Enquanto estava com os Stisted, Burton foi várias vezes a Paris, provavelmente para visitar Hankey. Encontrou-se com ele no final do outono de 1859, depois em janeiro do ano seguinte, e possivelmente em outras ocasiões. Existem algumas discussões sobre a chamada bipolaridade de Burton — sua atração por jovens inocentes como a virginal Isabel Arundell e, do lado oposto, seu interesse por práticas sexuais exóticas —, mas talvez tenha se exagerado nessa dicotomia. Isabel Arundell, quando estava "comprometida" com Burton, não era propriamente ingênua, embora certamente fosse virgem; podia assumir os ares vitorianos correntes, e foi provavelmente a única mulher branca com quem Burton se envolveu romântica, emocional ou fisicamente, a despeito de suas paixões adolescentes por outras inglesas de classe média, de seus casos com as prostitutas de cidades italianas e seu flerte com Louisa. Como em tantos outros casos em que Burton tem sido acusado de violar a decência humana comum, aqui também não existe nenhuma prova real de nada a esse respeito que possa incriminá-lo. Milnes tinha escrito alguns versos pervertidos sobre flagelação, e Burton, polidamente, fez críticas a eles. De tempos em tempos, na África ou em outros lugares, Burton escrevia a Milnes e perguntava: "Alguma coisa sobre Hankey?" ou "Alguma notícia de Fred Hankey?", e finalmente, dez anos depois, "Fred Hankey deve ter quase se extinguido".

Hankey havia mostrado aos irmãos Goncourt um in-fólio que queria encadernar com a pele de uma negra esfolada viva. Parece que tinha pedido a Burton que lhe arranjasse uma, o que lhe valeu uma péssima imagem, mas os Goncourt escreveram que, na verdade, tinha sido uma outra pessoa — dr. Heinrich Barth, também explorador da África — que lhe prometera arranjar a tal pele. Barth era um alemão da idade de Burton, que tinha percorrido o norte e o centro da África sob os auspícios do governo britânico; era membro da Royal Geographical e da Royal Asiatic Society e tinha publicado uma importante obra em três volumes sobre suas experiências, recomendada em *City of the saints* [Cidade dos santos] de Burton (publicada em 1861). Para Hankey e os irmãos Goncourt, não havia como confundi-los. O doutor Heinrich Barth não era o capitão Richard Francis Burton. Hankey conhecia Burton havia anos e possivelmente também Barth, e os Goncourt eram cultos demais para confundir os dois. Mas, mesmo que Hankey tivesse pedido a sério que Burton lhe trouxesse a pele de uma negra esfolada viva, Burton não era homem de atender a tal pedido, mesmo que de vez em quando talvez se permitisse atender a uma ou outra vontade de Hankey. Considerando a repulsa com que Burton encarava a violência contra os seres humanos em terras primitivas (e em sua própria terra) e a maneira com que se levantava contra a crueldade na África — escravidão, mortes rituais, sacrifícios humanos e torturas —, não é provável que fosse mandar esfolar uma negra para o prazer de um inglês sádico meio maluco que vivia discorrendo sobre temas sexuais.

Apesar das más condições de saúde e das frustrações com a família Arundell, Burton parece ter passado um ano de grande atividade após voltar da África Central, indo e vindo a Londres para se encontrar na calada com Isabel, passar férias com a nobreza em suas propriedades rurais e concluir o manuscrito de seu livro sobre a África Central. Também continuava indo assiduamente a Vichy, tomando regularmente suas águas para tentar corrigir sua tendência gotosa. Vasculhava bibliotecas por todos os lugares por onde passava, mas o que mais lhe ocupava os pensamentos era a situação com Isabel Arundell. Ela torcia e rezava para que a mãe consentisse num casamento católico de praxe, e queria preparar os detalhes e o contrato matrimonial. No mês de outubro da volta de Burton, ela havia escrito uma longa carta suplicante à mãe, falando de seu desejo de se casar com Burton e mais ninguém. A carta, reproduzida em *Life*, ocupa quase cinco páginas em tipo pequeno, e é um apelo profundamente tocante, apaixonado e bem arrazoado. "Minha queridíssima Mãe", começa a carta, "sinto-me extremamente grata a você por me pedir que eu me abra. É a primeira vez que você faz isso, e a oportunidade não deve ser desperdiçada."

> Sinto-me um tanto envergonhada em lhe contar que me apaixonei pelo capitão Burton em Boulogne, e teria me casado com ele em qualquer momento desde aquela época, se ele tivesse me pedido. No instante em que vi seu olhar de bandoleiro temerário, eu o erigi como um ídolo e decidi que era o único homem com quem me casaria; mas ele nunca soube disso até três anos atrás, antes de ir para a África.

A seguir, ela entra detalhadamente nas várias viagens e expedições de Burton. Com sua volta da Criméia em 1856, escreve Isabel, ele então "se apaixonou por mim e me pediu para ser sua esposa, e ficou absolutamente surpreso ao saber que eu tinha pensado nele durante todo aquele tempo". Ela lembra à mãe que, quando lhe contou "que eu tinha encontrado o Homem e a Vida pelos quais ansiava, [você respondeu] que ele era o *único* homem com quem você nunca me deixaria casar e que preferia me ver no túmulo". E assim prossegue, discorrendo sobre sua vida e a de Burton, seus serviços militares, sua fama. ("Veja os escritos dele, as viagens, a poesia, as línguas e os dialetos!") Burton era o maior conhecedor de línguas na Europa; era o melhor cavaleiro, o melhor atirador de pistola. Isabel escreveu enfaticamente sobre as qualidades de Burton e seu amor por ele. E quanto ao lado de sua mãe? "Você disse que 'não sabe quem ele é, que não o encontra em lugar nenhum'." Mas a primeira afirmação faz de sua mãe uma "iletrada", e a segunda significa apenas que o tipo de sociedade que a sra. Arundell freqüenta para arranjar marido para as filhas parece simplesmente "tediosa" para Burton. No que tange à religião, embora Burton possa fazer mofa, "ele leva uma vida boa, tem um sentimento natural de adoração a Deus, uma honra inata, e faz o bem sem alarde. Ele se casará na Igreja católica e criará os filhos como católicos". Isabel suplicou à mãe que discutissem juntas o assunto e que deixasse Burton se dirigir ao sr. Arundell, para o pedido formal de sua mão em casamento. Ela esperava "uma palavra gentil" de sua mãe. Advertiu que "nunca nos casaremos com outra pessoa, e nunca desistiremos um do outro. [...] Se você me forçar a isso, casarei com ele de qualquer forma". Para ela, nunca existiria nenhum outro senão Burton; quanto a ele, se desistisse dela, "vou direto para um convento". Implorou à mãe que, em vez de dar uma negativa, desse "uma bênção!". Mas foi em vão. "A única resposta a essa carta foi um tremendo sermão, longo e solene." E novamente: Burton não era cristão, não tinha dinheiro. E, por ora, o assunto ficou encerrado.

Retrospectivamente, anos depois, Isabel admitiria — talvez com uma certa injustiça para consigo mesma: "É claro que *agora* eu posso ver como a carta deve ter sido exasperadora para uma mulher com o coração empenhado em grandes casamentos para as filhas". Burton observou que Isabel e a sra. Arundell eram "ambas dotadas com a nobre firmeza das mulas". O impasse permaneceu, reforçado por todas as barreiras que a sociedade inglesa podia erguer em torno de um casal: classe, religião, dinheiro, estirpe, esnobismo, obstinação, orgulho e egoísmo.

Num período de redação incrivelmente concentrado e produtivo, apesar das várias interrupções e distrações, Burton concluiu seu manuscrito, os dois volumes maciços de *Lake regions of Central Africa*, e em 10 de abril de 1860 enviou o material à editora Longman, Green, Longman e Roberts. Ele também havia escrito um relato da expedição com 460 páginas, que foi publicado no final de 1859 no *Journal* da Royal Geographical Society (foi relançado um ano depois como brochura), e saíram também breves relatos e cartas, tanto de Burton quanto de Speke, em pelo menos cinco números dos *Proceedings* da Society. Burton contribuiu ainda para a *Blackwood's* com um artigo de 24 páginas, intitulado "Zanzibar; and two months in East Africa" [Zanzibar, e dois meses na África Oriental]. Em menos de um ano, Burton finalizou um volume enorme de textos, que um outro poderia levar dez anos para escrever. Mesmo assim, ele sentiu necessidade de se desculpar pela demora em terminar o manuscrito do livro — "a debilitação de minha saúde, a depressão de ânimo e, pior ainda, os aborrecimentos da correspondência oficial, que para mim foram os únicos resultados da exploração africana, podem ser admitidos como razões válidas para a delonga".

Muita coisa foi escrita, fez-se um nome, perdeu-se, talvez, esse nome. Speke estava no momento prestes a partir sem Burton, mas com um outro oficial, James Augustus Grant, numa segunda exploração, possivelmente ainda mais importante, e os Arundell se opunham firmemente ao casamento de Button e Isabel.

O que aconteceria agora?

Um dia em abril de 1860, eu estava andando com duas amigas [escreve Isabel], e senti um aperto no coração que já conhecia de antes. Fui para casa e disse à minha irmã: "Não vou ver Richard por algum tempo".

A irmã tentou tranqüilizar Isabel, mas "bateram à porta e foi-me entregue um bilhete com a letra muito conhecida. Eu sabia meu destino, e respirando fundo eu o abri". Burton tinha sumido sem uma palavra. "Fiquei por muito tempo na cama", escreve Isabel, "e delerante [sic]".

Durante seis semanas fui tratada de gripe, caxumba, dor de garganta, febre, delírio e tudo o que eu não tinha, quando na verdade eu estava apenas infeliz, lutando pelo que queria, uma última luta árdua com meu futuro em suspenso à minha frente, e nada nem ninguém para me ajudar.

O gesto de Burton podia ser precipitado, mas tinha suas razões. Chegara-se a um impasse, estava desesperado por uma solução, e não havia nenhuma em vista. Ao que parece, andava bebendo muito, coisa que fazia esporadicamente, quando se encontrava sob pressão. Estava mantendo correspondência com Steinhauser, que tinha lhe escrito: "venha comigo e vamos beber pelos Estados Unidos". O médico havia dito:

> Vou tomar *mint-juleps*, porradas de conhaque, montes de uísque, gim com limão, coquetéis de xerez, sangrias, misturas de rum, *streaks of lightning*, *morning glory*,* e será uma experiência extremamente interessante — quero ver se, depois de três ou quatro meses dessa vida, consigo comer e beber ao nível dos aborígines — como você.

---

* *Mint-julep*: bourbon com açúcar e folhas de menta; *streaks of lightning*: bebidas destiladas fortes, especialmente gim; *morning glory*: coquetel à base de bourbon com conhaque, pernod, curaçau e angostura. (N. T.)

Beber pelos Estados Unidos não era uma má solução para os Arundell e demais problemas. "Assim, respondi pela afirmativa", escreve Burton.

A viagem aos Estados Unidos encerra muitos mistérios não resolvidos. A princípio, não se sabia se Burton esteve com alguém pelo menos durante parte da viagem, mas um trecho de um diário que escapou à destruição menciona esse convite, e a publicação de *Zanzibar* em 1872 revela que seu acompanhante era Steinhauser — "geralmente ele vive de garrafas" —, que nessa época já era falecido.

Burton tinha obtido discretamente uma prorrogação de sua licença — talvez com o auxílio de Milnes —, e assim tomou a decisão estranha e inesperada de ir para os Estados Unidos. A questão americana nunca tinha aparecido antes nas reflexões publicadas de Burton; não houve nenhuma grande premeditação para essa viagem, ao contrário das viagens à Arábia e à África, sem Mecas nem Nilos a descobrir. Os Estados Unidos não eram propriamente um país exótico para os ingleses. O afluxo de imigrantes de todas as ilhas britânicas para o Novo Mundo ainda era grande, e muitos visitantes, ao retornar, publicaram suas experiências, observações e julgamentos. Nem mesmo existia a sedução do primitivo para interessar a Burton. As tribos índias sobreviventes viviam em condições de derrota e miséria ou em guerra contra os colonos e o governo federal. Burton não iria mostrar grande interesse por suas línguas, embora tenha ficado fascinado com a linguagem de sinais dos peles-vermelhas. Mais tarde, declarou que sua intenção era ver os mórmons, que poucos anos antes, depois de terem sido perseguidos por todos os Estados Unidos, desde o norte de Nova York até Utah, tinham se estabelecido em Great Salt Lake.

A frustração, a raiva, o abandono e o abatimento de Burton com os episódios na Inglaterra nitidamente contribuíram muito para sua decisão de fugir para um outro meio. As discussões com Speke tinham minado suas energias. Em breve, Speke estaria na África sem ele, mas se aproveitando de seu trabalho. O dr. Livingstone também estava na África, e tinha declinado do pedido de Burton em se associar a ele. Talvez essa estranha viagem ao Novo Mundo encerrasse mais coisas do que se vê à superfície. As motivações de Burton, tirante a vontade de afogar as mágoas, não são nada claras. Que quisesse ver *in situ* mais uma religião exótica — a mórmon —, não chega propriamente a justificar uma jornada longa, cansativa, às vezes perigosa. Tal como os meses decorridos durante a Guerra da Criméia, os meses de Burton nos EUA são apenas um interlúdio, uma forma de passar o tempo, a ser esquecido, salvo pelo volume esperado — e enorme — de experiências.

Ele embarcou no *S. S. Canada* em alguma altura do mês de abril, sem sequer esperar para ver as provas do livro *Central Africa*. Seu diário começa no dia 21, já a bordo, e menciona rapidamente alguns contatos com outras pessoas. Não parece que estivesse definhando de saudades de Isabel — na primeira manhã, acordou e viu "um lindo rosto à minha frente [...] um adorável rubor nela!". Mas outros contatos não foram muito amistosos. Antipatizou de pronto com o capitão ("um mentiroso"); logo deixou de gostar de um outro com o qual, de início, travara amizade — talvez o homem tenha se recusado a beber com ele. A tensão e a melancolia pareciam dominá-lo. Estava bebendo, e continuou a beber. Mas onde estava Steinhauser? É possível que o médico já se encontrasse nos Estados Unidos, ou tivesse se encontrado com Burton mais tarde e se recolhido cedo. O *Canada* atracou em Halifax, e aí Burton achou as pessoas mais simpáticas do que a bordo. Além da decepção e frustração, ele também estava sentindo o peso dos anos, meros 39 anos, e se queixou que "depois dos quarenta o homem devia comer e viver, depois dos sessenta não tem nenhum outro prazer na vida além de comer. Quanto aos outros estímulos, entre os sessenta e setenta é tudo peso morto".

Ao que parece, Burton não se demorou em Halifax, mas seguiu prontamente para Nova York, onde passou alguns dias conversando com editores — a casa Harper and Brothers ia lançar *The lake regions of Central Africa* ainda naquele ano —, e depois foi para Washington. Lá encontrou John B. Floyd, virginense que era secretário da Guerra. Burton solicitou cartas de apresentação de Floyd a vários comandantes militares no Oeste, esperando que lhe permitissem entrar numa batalha contra os índios. A seguir, continuou para o sul, numa excursão da qual não existem dados documentados. Esse período no sul é praticamente um vazio. Não escreveu nada a respeito para ser publicado; se escreveu cartas (geralmente era um missivista prolífico), elas se perderam ou estão enterradas em obscuros arquivos oficiais ou em coleções particulares. Isabel não comenta nada em *Life* sobre essas semanas ou meses que se evaporaram. Será que esteve bêbado o tempo inteiro, tão bêbado que nem conseguia se comunicar com os outros? Estaria passando o tempo em bordéis? — Nova Orleans era famosa pela quantidade e variedade de suas casas de meretrício. Steinhauser estaria por lá nessa época? Em *The city of saints and across the Rocky mountains to California* [A cidade dos santos e o percurso pelas montanhas Rochosas até a Califórnia], não há nenhuma referência ao período de Nova Orleans nem a qualquer acompanhante; dentre os registros disponíveis desse ano, o jornal de Salt Lake, *Deseret News*, noticiou sua chegada na edição de 29 de agosto de 1860 e em 3 de outubro sua partida, sem menção a nenhum companheiro de viagem e nem a um médico militar alemão nesse mesmo período.

Há um outro aspecto desses dias perdidos no sul. No ano de 1860, havia uma crise iminente nos Estados Unidos. A União estava a ponto de se dissolver: antigas disputas sobre os direitos dos estados, a escravidão, até mesmo a agricultura e a indústria estavam levando a nação à beira da guerra civil. Muitos ingleses apoiavam o sul: entre outras matérias-primas, o algodão era fundamental para a economia britânica. Pode-se supor que Burton estivesse numa missão secreta junto a certos líderes sulinos, preparada por amigos influentes em Londres. Milnes, que, depois de estourar a guerra, iria apoiar o norte, mesmo assim podia ter dado algum respaldo à missão. Raramente se fazia explícito o fato de que muitas das viagens de Burton tinham várias finalidades simultâneas, coisa que só se soube anos depois. As pessoas com que Burton se encontrou nessas semanas no extremo sul, onde ficou, o que fez, são perguntas que permanecem ainda mais obscuras do que alguns períodos vagos em Sind, quando estava a serviço de Napier.

Em 7 de agosto, estando havia mais de três meses nos Estados Unidos, Burton chegou inesperadamente a St. Joseph, uma mísera cidade de fronteira junto ao rio Missouri, tendo acabado de vir, diz ele, de St. Louis. St. Jo's (como Burton gostava de dizer) era uma estação de parada para os emigrantes que iam para o oeste. Lá, Burton tomou uma diligência com destino a Salt Lake City. Escreve que pagou 175 dólares pela passagem, um preço chocante. Na diligência encontravam-se ainda um juiz federal, sr. Flemmikin, um oficial de justiça, sr. Grice, e a família Danas, pai, mãe e filha, com ligações no exército.

Com essa arrancada, Burton abandonou a melancolia que o perseguira no início da viagem, o que era freqüente quando se abria diante de si a perspectiva de uma viagem ao desconhecido, soerguendo seu ânimo tantas vezes abatido. Começou imediatamente a anotar suas impressões num caderno. A gíria americana o fascinava, principalmente expletivos correntes como "God damn" [maldição], percebendo que antes não havia entendido seu significado. Logo estava incluindo elementos dessa fascinante versão de sua língua materna em sua própria fala e escrita. Gostava muito da expressão "getting liquored up" [coloquial como um "enchendo a cara"], coisa que de fato andava fazendo com grande freqüência.

Burton nunca entrava numa viagem sem preparativos cuidadosos e um estudo dos textos adequados. Tinha formado uma pequena biblioteca sobre os Estados Unidos, com material que o informaria sobre o caráter e os costumes americanos. Comprou também algumas obras americanas recentes, entre elas *Moby Dick* e *The scarlet letter* [A letra escarlate]. Burton apreciou as posições religiosas de Melville ("sagazes"), mas descartou a grande obra de Hawthorne com um "ilegível". Possuía também as obras dos primeiros exploradores do oeste — Frémont, Stansbury e Gunnuson —, e uma coletânea das "polêmicas mórmons e antimórmons mais violentas". Iria alertar que nos Estados Unidos existia um grande antimormonismo: os textos dos antimórmons e de mórmons apóstatas eram "venenosos" e "totalmente inconfiáveis".

Mais importantes eram o *Dictionary of americanisms* [Dicionário de americanismos] de Bartlett e *The prairie traveller* [O viajante do meio-oeste], de Randolph B. Marcy. Nunca largava este segundo livro, que era um guia para imigrantes escrito por um oficial do exército americano que havia explorado alguns dos caminhos a oeste e combatera índios desde o Minnesota até o Texas e México. Burton era tão apaixonado pela obra que preparou uma edição européia para futuros emigrantes para o oeste.

Burton seguiu os conselhos de Marcy sobre a vestimenta; com efeito, parecia uma daquelas ilustrações do arraiano bem equipado que aparecem em *The prairie traveller*. Trajava uma pesada jaqueta de caça inglesa, parecida com as usadas pelos homens do oeste, uma camisa de flanela, calças reforçadas com pele de gamo e metidas dentro de botas pesadas, além de um grande chapéu marrom de feltro. Usava ainda um cinturão largo de couro, onde enfiava um par de Colts. Tinha uma faca de mato — um palito de dentes do Arkansas, como dizia ele — enfiada na bota. Para os momentos formais que passaria entre os mórmons (e talvez também nos encontros com vários líderes do sul), dispunha de um chapéu de seda e um guarda-chuva. Tinha comprado alguns instrumentos topográficos simples, um sextante portátil, uma bússola e um telescópio, materiais de rascunho e cadernos de notas, e, para seus prazeres pessoais, o indefectível conhaque, fumo de cachimbo e ópio (mais como remédio), quinino e gotas de Warburg.

A diligência passou pelas famosas trilhas dos emigrantes, percorridas a pé ou a cavalo por milhares de recém-chegados, atravessou colônias e povoados, por vaus e rios com nomes de romance: Troy, Kennekuk Station, Big Grasshopper, Kickapoo, Uncle John's Grocery, Little Sandy e Big Sandy, West Turkey, Omaha, Little Kiowa e Horse Creek. Burton lembra Bleeding Kansas, Sweet Rock e Devil's Gate.* Mas pequenos inconvenien-

---

* Os "nomes de romance" podem ser traduzidos como: Tróia, Estação de Kennekuk, Grande Gafanhoto, Kickapoo (nome de uma tribo de índios algonqueses), Armazém do Tio João, Pequeno [rio] Arenoso, Grande [rio] Arenoso, Turquia do Oeste, Omaha (nome de um ramo das tribos siouans), Pequeno Kioma (nome de uma tribo das planícies), Riacho do Cavalo, Kansas Sangrento, Pedra Doce, Portão do Diabo. (N. T.)

tes desviavam a atenção de Burton dessa nomenclatura. A comida era uma reclamação corriqueira: "Os eternos ovos com bacon" de desjejum constituíam uma irritação sistemática. Viu carroças de toldo, "esses navios do grande Saara americano". No Forte Kearny, esperava se unir à cavalaria num combate contra os índios, mas "os comanches, kiowas e cheienes tinham sido recentemente derrotados". Alimentava uma certa esperança que a diligência sofresse algum ataque durante o caminho, mas foram mínimos os encontros com índios. Reuniu dados sobre os preconceitos locais contra eles. Não viu nada dos índios em sua plena glória, e não encontrou grande coisa além de miséria e sujeira, e reclamou da mania de mentir, semelhante à que o enfurecia na Índia e no Oriente Médio. Mas os brancos também mentiam, embora o hábito parecesse mais uma espécie de esporte pitoresco do que um desvio flagrante.

Fatos e mais fatos, descobertas e mais descobertas logo encheram seus cadernos. Muitas notas faziam várias comparações com experiências e dados anteriores da Índia, Arábia e África Central. Tinha esperanças de presenciar um escalpelo, mas não ocorreu nenhum no momento azado. No lago Alkali, por meio da linguagem de sinais, Burton tentou convencer um guerreiro a lhe fazer uma demonstração de tal arte, mas o pele-vermelha relutou em encenar esse popularíssimo passatempo. Ao que parece, Burton foi transferindo suas notas para uma versão definitiva à medida que prosseguia a viagem — sua capacidade de trabalho é sempre tão admirável! —, e sua visão dos Estados Unidos é viva, fresca, aguda e procedente. *The city of saints* é uma de suas melhores obras, mas infelizmente não veio a receber grande atenção. Quantos leitores de língua inglesa estavam interessados em mais um relato de viagem pelo Novo Mundo por mais um inglês? No entanto, o livro é uma narrativa preciosa de um viajante experiente, atento a todos os detalhes, à língua, às nuances de uma nação em desenvolvimento dinâmico que apresentava um alto grau de civilização na costa leste e uma barbárie crescente à medida que se avançava para o oeste. Ali se encontram os emigrantes, os soldados, os criminosos, os andarilhos, as mulheres arraianas, as tribos de índios, os funcionários do governo, os santos e os malandros, as belas jovens de sempre (índias e brancas). As condições sociais, as visões da democracia, conselhos ao exército sobre a maneira de tratar com os aborígenes (os índios eram, para Burton, uma espécie de beduínos), relações das rotas e paradas, o sistema jurídico e a justiça da fronteira, análises de matérias-primas e águas alcalinas, as nascentes dos rios, o tempo, as condições do solo — são os Estados Unidos dos meados do século XIX em quinhentas páginas de texto e apêndices, que raramente se tornam enfadonhas.

Por fim, no dia 25 de agosto, tendo "feito não menos de 1818 quilômetros", a diligência chegou a Salt Lake City. Existia apenas um hotel, o Salt Lake House. "No faroeste, a pessoa aprende a não esperar demais da hotelaria", escreve Burton, embora fosse a primeira acomodação decente desde St. Jo's. "Procuramos inutilmente um bar no térreo [...] nada de aparecer a usual fila tentadora de garrafas e vidros". Que golpe para um homem chegado a beber! Pior, os quartos eram separados apenas por finas divisórias. É como se Burton estivesse de volta a um hotel parse em Forte Bombaim. Como na Índia, havia algumas compensações: apareceu um professor para lhe ensinar ute, mas deve ter sido uma questão de rotina, pois Burton não se deteve nas habituais digressões eruditas sobre a língua, a estrutura, o vocabulário e seus cognatos.

Agora estava entre estranhos religiosos pelos quais, ao contrário do que se poderia esperar, sentiu uma grande simpatia. Embora fossem doutrinas que normalmente teriam despertado suas mais francas objeções, críticas e sarcasmos, Burton se mostrou extremamente tolerante e, para um forasteiro, muito compreensivo. Sobre a estranha e misteriosa obra conhecida como *Livro do mórmon*, em que se baseiam as doutrinas da Igreja de Jesus dos Santos dos Últimos Dias, ele formou uma opinião bastante generosa e acrítica, e faz uma súmula da história dessa obra com uma grande objetividade. Como se sabe, os mórmons sustentam que o *Livro*, sob a forma de uma misteriosa escritura em tábuas de ouro, foi revelado a um jovem camponês do norte de Nova York, Joseph Smith, o qual "traduziu" o texto com o auxílio de certos óculos misteriosos supostamente feitos com o peitoral do sumo sacerdote Aarão. Céticos como Mark Twain desprezavam a escritura com ironias, sarcasmos e ridicularizações, mas Burton a tomou como um testamento religioso válido — já não tinha suficiente experiência em religiões exóticas para apreciar o talento e a inspiração quando os via? Logo veio a conhecer o mormonismo tanto ou mais que um mórmon médio. No entanto, teve de admitir que havia, como em alguns outros credos, "uma vida interior na qual não posso me gabar de ter entrado nem enganar o leitor com a impressão de ter penetrado". Triste reconhecimento — embora honesto — depois dos sucessos da Índia e de Meca!

Burton havia pedido para marcar um encontro com Brigham Young, o sucessor do mártir Joseph Smith, que lhe foi concedido. Young lhe pareceu um homem vigoroso, altamente inteligente, com evidente controle sobre a Igreja e os fiéis e, o que mais impressionou Burton: "Ele não mostra nenhum sinal de dogmatismo, de intolerância ou de fanatismo, e não entrou uma vez sequer — pelo menos comigo — em assuntos de religião".

Esse "homem afável e marcante, simples e cortês" mostrava uma "falta de pretensão [que] forma um contraste positivo com certos pseudoprofetas que tenho visto [decerto na Índia e na Arábia], os quais, sem exceção, dizem ser um 'Logos' sem qualquer fundamento além de um amor-próprio meio desvairado". A vida de Young era "ascética; seu alimento preferido são batatas assadas com um pouco de manteiga", não bebia nem fumava. "Há quem o chame de hipócrita, vigarista, falsificador, assassino." Mas "é quem menos parece ser alguma dessas coisas", acrescenta Burton. Quanto a seus poderes seculares, Burton comparou Young ao chefe dos Assassinos, "o Velho da Montanha". Young "ergueu-se para lutar com a espada do Senhor e com suas poucas centenas de guerrilheiros contra o grande poderio dos Estados Unidos".

Young sabia das viagens de Burton na África e foi capaz de

indicar a área explorada num mapa na parede, para o grande deleite e prazer de Burton. "O Profeta não é um homem comum", concluiu ele.

Era inevitável que Burton examinasse o costume da poligamia, tão comum entre os mórmons naquela época e tão criticado pelos de fora. Ele achava que a poligamia entre os mórmons se reduzia a duas questões: entre eles existiam mais mulheres do que homens, e "as empregadas são raras e caras: é mais barato e mais cômodo se casar com elas". Havia tanto serviço pesado no lar do oeste que apenas uma mulher não conseguiria dar conta de tudo. Todavia, mesmo sendo capaz de entender as razões práticas, alguns aspectos do mormonismo e da poligamia, ao que parece, não eram do agrado de Burton.

> Em Great Salt Lake City, existe uma melancolia como a que [...] os muçulmanos invasores [lançam] sobre a inocente alegria do hindu primitivo. Esse refinado egoísmo do coração chamado Amor [...] se atenua num calmo apego doméstico sem paixões; o romantismo e o respeito [são] transferidos [...] do amor e da liberdade para a religião e a Igreja.

Mas, graças aos mórmons, o "Território do Utah tem sido bem-sucedido em sua colonização". Burton era de opinião que os emigrantes, em larga medida oriundos da Grã-Bretanha, ganharam muito indo para o faroeste, e manifestou uma certa piedade pelas camadas mais baixas da sociedade inglesa, a qual se destacava pela ausência em suas obras anteriores:

> O mormonismo é enfaticamente a fé dos pobres, e os que conhecem a condição miserável do artífice, do mineiro e do lavrador inglês — calcula-se que 1 milhão deles vivem com 25 libras anuais —, os quais, depois de uma vida inteira de um trabalho ignóbil, de labutar o ano todo da manhã à noite, são sempre ameaçados com o asilo dos pobres, haverão de ser da mesma opinião. Fisicamente falando,

não há comparação entre as condições dos Santos e a classe da qual provêm em sua maioria. [...] Quando a riqueza for distribuída com menos desigualdade na Inglaterra, assim acabando com o contraste entre o luxo excessivo e a absoluta miséria, e quando as Missões inglesas cumprirem seu dever educando e evangelizando os infelizes párias do campo e da cidade, os filhos da terra que se vangloria de ser a nação mais avançada já não vão enrubescer ao ouvir que os mórmons ou Santos dos Últimos Dias são majoritariamente ingleses.

Era hora de deixar os Santos. Os companheiros de viagem de Burton, que vinham de St. Jo's, iriam prosseguir com ele até Carson City e San Francisco. Depois de muito regatear com os condutores locais — não muito diferente das barganhas com os cameleiros na Arábia —, o grupo encontrou "um ras kafilah", um tal sr. Kennedy, que estava levando um plantel de cavalos e jumentos e algumas carroças até San Francisco, e concordou em levá-los a 150 dólares por passageiro.

Talvez pela frente, observou Burton com uma certa expectativa, ocorresse algum problema com os índios. "Era o começo da estação de fome, quando os índios estariam colhendo suas pinhas e tramando ataques ferozes contra os novos emigrantes."

Ele se preveniu contra um possível escalpelo mandando raspar a cabeça, mas lamentou não ter nenhuma peruca consigo, como na época em que foi para a Índia. Tomou uma última rodada com os novos amigos — "um coquetel cujo aroma ainda persiste em minhas narinas" — e "um *café au lait* tão bom quanto o do Café de Paris", e se despediu de todos. "Todos os meus *adieux* foram em grande estilo, sendo meu futuro imediato um tanto sombrio e ameaçador."

A diligência acampou em Frogtown, e depois passou cinco dias em Camp Floyd, um posto do exército, onde Burton soube "que antigamente, no Oeste americano, assim como na Índia britânica, uma bela aborígine não raro dividia a barraca ou tenda de um oficial". E as condições não eram muito diferentes. "A squaw índia, como a bibi, raramente via seu [homem] a uma outra luz que não fosse a financeira." E tal como na Índia, o oficial tinha de sustentar todos os parentes e amigos dela, e até a tribo inteira. Por outro lado, "os oficiais que há muito tempo se encontravam entre os índios das pradarias participavam, tal como os anglo-indianos, de seus espetáculos e outras diversões", e, como Burton fizera, se tornavam índios. "A pele era pintada de branco, preto e vermelho, o cabelo era arrumado e enfeitado [...] e um colete de couro, um pano largo para a parte de baixo, perneiras e mocassins completavam a indumentária." Mas agora, na década de 1860, como também na Índia, a melhoria das vias de comunicação e "a freqüência dos casamentos" com mulheres brancas tinham alterado a situação, tornando esses costumes pouco recomendáveis, mas essa vida já tivera seus dias e, como na Índia britânica, penetrou "a muitas braças de profundidade na melancolia anglo-saxônica geral".

O grupo agora havia se acrescido de alguns mórmons apóstatas, alguns fugindo por terem transgredido normas mórmons de conduta sexual. A diligência passou por locais de nomes que Burton teve prazer em lembrar — Lost Springs, Fish Springs, The Devil's Hole, Willow Creek, Deep Creek, Robber's Roost, Ruby Valley — * no frio e na neve. Encontraram uma casa incendiada, alguns postos carbonizados e uma chaminé perdida, restos de um ataque índio em represália pela matança de dezessete utes por um destacamento do exército. Todos tinham certeza de que os índios iriam atacar outra vez, mas, depois de uma noite de muito frio e neve, não ocorreu nenhum ataque e as carroças partiram novamente. Essa rápida visão de uma guerra índia serviu para atiçar a curiosidade insaciável de Burton, e pouco depois já estava com um capítulo bastante pesquisado — as fontes foram seus companheiros de viagem — sobre os índios nas áreas atravessadas, subdivididos em tribos e famílias, mas

* Fonte Perdida, Fonte do Peixe, Buraco do Diabo, Riacho do Salgueiro, Riacho Fundo, Pouso do Gatuno, Vale do Rubi. (N. T.)

vistos, infelizmente, pelo prisma não da experiência própria de Burton, e sim dos preconceitos de seus companheiros.

"Chokop's" Pass, Dry Creek, Simpson's Park* e outros sítios chegavam e passavam — os nomes agora não eram tão interessantes —, e então se viram em Carson City. "Três assassinatos em três dias", observou Burton, e montes de "abutres da lei — procuradores, advogados e juízes. [...] Em Carson City e arredores, a regra era um morto no desjejum."

Agora tinha se apoderado dele um certo cansaço; na verdade, seu livro é longo demais para alguns leitores, e foi como ficou para o autor, que sabia ter sobrecarregado o manuscrito com fatos, detalhes, opiniões, conselhos, estatísticas, mapas e tabelas. "Abuso da paciência do leitor por mais algumas páginas", escreve se desculpando. Carson City logo é deixada de lado. Resolveu conhecer o garimpo de ouro e foi a Sacramento e San Francisco, onde passou "dez dias agradáveis". Aqui, enfim, estava realmente esgotado. De fato viu alguns locais, "mas na verdade eu estava extenuado com a viagem", e o máximo que conseguiu fazer foi apresentar uma relação das pessoas que o receberam. Estava mesmo cansado, pois nem quis fazer uma palestra sobre Meca e Medina. Em 15 de novembro, embarcou no *Golden Age*, saindo de San Francisco e descendo a costa do México até Acapulco, "onde qualquer intenção furtiva de passar pela miséria mexicana finalmente se dissolveu". A 1º de dezembro, desembarcou no Panamá por três dias; lá encontrou um outro hotel que lhe lembrou Bombaim nessa cidade "horrivelmente úmida, suja e monótona", onde porém conheceu "uma camponesa encantadora, cuja fascinante companhia me fez lamentar não poder prolongar minha permanência". Mas ele estava ansioso em voltar para Isabel. No dia 9 de dezembro, já estava novamente a bordo, passando pelas ilhas das Índias Ocidentais, e por fim chegou à Inglaterra,

---

* Passagem ou Desfiladeiro de "Chokop", Riacho Seco, Vale de Simpson. (N. T.)

onde uma ventania e um denso nevoeiro amarelado impediram por três dias que o navio lançasse âncora. Mas Burton tinha voltado com boa saúde e ânimo alegre, provavelmente tendo decidido o que fazer em relação a Isabel e à família Arundell. Tinham se passado, porém, nove meses, o tempo voava e era preciso romper o impasse, se necessário à força.

23. O LAGO VITÓRIA

Enquanto isso, o grande drama do Nilo se encaminhava para o segundo ato, que acabou sendo trágico. Speke tinha esboçado rapidamente o vasto projeto de sua expedição. Conseguiu que John Petherick, o vice-cônsul honorário em Cartum, uma cidade estranha do Sudão, fosse encontrá-lo no Norte de Uganda, num local junto ao Nilo chamado Gondoroko, a 1600 quilômetros ao sul de Cartum. Petherick aguardaria Speke com novas provisões, remédios e algumas comodidades da Inglaterra. Speke não tinha dinheiro para pagar a Petherick, de modo que fizeram uma arrecadação pública de mil libras para os suprimentos. Com sua nova esposa Kate e um jovem médico aventureiro escocês, James Murie, Petherick seguiu para Cartum, de onde, no devido momento, desceriam para Gondoroko. Em Cartum, à espera da chegada do cônsul estava o médico americano Clarence Brownell, que tinha alguns planos vagos de andar "pela" África. Brownell logo morreu de febre, praticamente desconhecido.

Com seu novo colega, capitão James Augustus Grant, Speke saiu de Southampton rumo a Zanzibar em 27 de abril de 1860. Originalmente, esperava poder contar com a companhia de Edmund Smyth, mas este, por alguma razão, não aceitou. Talvez tenha ficado alarmado com as disputas com Burton ou, quem sabe, preferiu voltar ao Tibete. Com a recusa de Smyth, Speke tinha recorrido a Grant, um escocês sobre o qual não restaram muitos comentários, a não ser que era "insípido". Grant era um viajante incansável, da idade de Speke, e tinha servido no exército indiano desde os dezenove anos de idade, lutando, como Speke, nas guerras sikhs; foi ferido entre os reforços de socorro a Lucknow, na revolta de 1857, e foi reformado por invalidez. De sua insipidez fazia parte a lealdade absoluta aos superiores: não questionava ordens, mas Smyth, mais agressivo e mais inteligente, na certa teria sido um companheiro mais útil e proveitoso. Para Speke, Grant era o subordinado ideal, mas teria provocado acessos constantes de raiva em Burton.

Por mais que Speke contasse com as excelentes qualidades de Grant, talvez tenha cometido um erro grave; já tendo as lições da primeira expedição, deveria ter aumentado o pessoal da expedição, tanto por questões de segurança e eficiência quanto para dividir as múltiplas responsabilidades. Foi apenas a falta de sorte que impediu que a primeira expedição contasse com quatro oficiais brancos. Speke não aprendeu coisa alguma com o fato de não dispor de um médico no primeiro safári, e um oficial com algum conhecimento das línguas africanas seria de valor inestimável. Mas Speke achava que nada lhe era impossível. Ainda era fraco na questão do idioma, não sabia árabe e estava restrito a seu hindustâni de caserna e umas tintas de suaíle que absorveu no final da primeira expedição. Mesmo assim, lá foi ele, todo alegre, confiante, aquecendo-se ao calor das aclamações recebidas em Londres. Não era ele o descobridor do Nilo?

Como não havia, no momento em que Speke escolheu para partir, nenhuma via de transporte direto para Zanzibar, os dois exploradores tiveram de tomar uma rota que contornava o Atlântico sul. Pararam primeiramente no Rio de Janeiro e depois cortaram o oceano até a Cidade do Cabo, na África do Sul. Lá, tendo chegado à conclusão que os baluchis da primeira viagem não eram de confiança, Speke contratou um destacamento de hotentotes para substituí-los. Em Zanzibar, cujo cônsul ainda era Rigby, Speke e Grant reuniram o pessoal da expedição, com cerca de duzentos homens como carregadores, entre eles o fiel Sidi Bombaim Mubarak. Speke e Grant partiram em outubro, chegando a Kazeh (Kase para Speke, na tentativa de se demarcar e corrigir Burton) em 24 de janeiro de 1861. Durante todo o percurso, a expedição foi assaltada pelos usuais problemas de saúde, pedidos de *hongo* dos chefes e moradores das aldeias, constantes gatunices e deserções. Mas Speke e Grant prosseguiram obstinadamente, e em outubro de 1861 haviam alcançado a margem sudoeste do Vitória Nianza. Speke, tendo pensado no problema com um certo cuidado, decidiu subir pela margem ocidental do lago. Diante deles estendia-se uma vasta região, cruel e enigmática: o reino de Uganda. Burton possivelmente avançaria depois de fazer uma avaliação completa dos perigos pela frente, mas Speke arremeteu bem aos moldes de um inglês, um branco entre nativos que considerava inferiores. As terras misteriosas à sua frente nunca tinham visto antes um rosto branco: na verdade, raramente tinham sido visitadas mesmo pelos árabes traficantes de escravos, e os três reinos principais da margem oeste do Nianza — Karagwe, Buganda e Bunyoro — e as outras áreas tribais menores eram temidíssimas pelos outros africanos. Os três reinos, especialmente Buganda, eram ricos e muito avançados em comparação a outras partes da África negra. Haviam se desenvolvido no isolamento, e eram governados e controlados com uma crueldade ímpar. O grande território de Uganda, diria um futuro administrador britânico, sir John Gray, possuía uma história como "um crime do qual não há testemunhas". No entanto, ao contrário de muitas regiões da África negra, possuíam uma certa pátina de civilização que, posteriormente, surpreenderia os europeus, com burocracias bem organizadas, habilidades políticas de alto tino, arquitetura e artes muito desenvolvidas e um artesanato invulgar — os cestos de juncos e caniços trançados eram feitos com um tal requinte que eram capazes de reter a água. Mas os reinos não dispunham de nenhum alfabeto, nenhuma numeração, nenhum calendário. O alto nível cultural tinha um outro lado sombrio: durante gerações e mais gerações, até onde remontavam suas genealogias, sempre foram ininterruptamente e extraordinariamente bárbaros e cruéis, traços tidos como coisa natural tanto pelos governantes quanto pelos súditos. Em Buganda, o maior e mais rico dos três, o recém-coroado rei Mutesa matava seu próprio povo com a mesma displicência com que se pisa numa formiga. Subira ao trono no começo de 1860 e, para garantir sua sobrevivência, tinha queimado seus irmãos vivos — eram, ao todo, sessenta. Mas qualquer um deles teria feito o mesmo. Apesar de sua natureza cruel, Mutesa era inteligente, interessante, e um bom estadista.

Speke e Grant chegaram primeiro em Karagwe, na margem sul do Vitória Nianza. O rei, um homem grande e bonachão chamado Rumanika, não queria ter qualquer problema com seus vizinhos mais poderosos ao norte, e governava atento ao que podia lhes agradar ou desagradar. Em Karagwe, Speke se deparou com um costume interessante que, mais do que outros, atraiu sua atenção e iria lhe valer alguns comentários grosseiros, quando o descreveu em *Journal of the discovery of the source of the Nile* [Diário da descoberta da fonte do Nilo]. O que iria despertar a curiosidade do público não eram os relatos do autor sobre a África, a flora, a fauna ou suas proezas de caça, mas sim — nessa segunda obra — seus interesses sexuais. Para Burton, bastava uma leve insinuação, e o público já entendia. Speke, tendo se apresentado em termos quase virginais, dessa vez se sentiu levado a se mostrar como uma espécie de libertino, e foi por essas passagens que Speke se tornou um nome lembrado, criticado e ridicularizado.

No harém de Rumanika, as mulheres eram alimentadas à força com leite, até ficarem tão gordas que não conseguiam mais ficar de pé; se resistissem, eram obrigadas a comer a chicotadas. Ocorreu a Speke que, no interesse da ciência — embora seus críticos duvidassem que a observação científica ocupasse um lugar de destaque em seu espírito —, ele devia medir o peso e a largura da rainha e de uma de suas donzelas. O busto da rainha, registra Speke, media 1,25 metro, a coxa 77,5 centímetros e a panturrilha cinqüenta centímetros. Junto com a rainha estava sua filha, nua em pêlo. Speke sempre pareceu puritano em relação à nudez, mas "iniciei um pequeno flerte com a mocinha, e fiz com que levantasse e trocássemos um aperto de mãos. Tinha traços bonitos, mas o corpo era redondo como uma bola".

Enquanto Speke media as beldades reais, Grant estava com uma enorme úlcera na perna, confinado à sua palhoça. Rumanika tinha avisado a Speke que não fosse a Buganda sem que o rei Mutesa o convidasse formalmente. Speke esperou três meses até que seus mensageiros voltassem com o convite. Isso foi no dia 8 de janeiro de 1862. A perna de Grant não tinha sarado, e Speke foi sem ele, mesmo podendo tê-lo levado numa maca, como ele próprio e Burton fizeram no primeiro safári, mas sentiu que havia algo importante pela frente e não estava muito disposto a compartilhá-lo. Então, lá foi ele sozinho para o reino mais facínora da África Central, com apenas as informações mais rudimentares a respeito, para se encontrar com o temido Mutesa.

Nas seis semanas de marcha até a corte real, o Vitória Nianza entrou no campo de visão de Speke. Sentiu-se mais certo do que antes de que o lago era um vasto mar interior e, mais importante, era a fonte do Nilo. No entanto, não fez nada para explorar o lago ou para confirmar que fosse a bacia de onde brotava o grande rio.

Chegou à capital de Buganda no dia 19 de fevereiro. Para causar impressão nos bugandenses, envergou seu melhor uniforme e mandou que seus homens se vestissem com casimiras vermelhas. Reuniu uma série de presentes para o rei e rumou para o palácio. Mas começou a chover e a recepção foi cancelada. No dia seguinte, rumou novamente para o palácio, com seu guarda-costas carregando o pavilhão militar inglês. No palácio, Speke foi informado de que a precedência fora dada a uma outra delegação. Furioso, ele virou as costas, recusando-se a esperar sob o sol ardente, e voltou para sua palhoça, a cerca de 1,6 quilômetro de distância. Nunca se vira antes um tal comportamento em Buganda. Normalmente acarretaria tortura e morte, mas os cortesãos do rei foram correndo atrás de Speke, para dizer que tinha sido um engano. Mutesa o receberia imediatamente e, ademais, ele teria permissão de se *sentar* na presença do rei em sua própria cadeira.

No palácio, era um lufa-lufa de atividades. Havia um conjunto real de charamelas e harpas de cinco cordas tocando música, e Speke foi conduzido à augusta e imponente presença do rei. Sua cadeira foi posta diante de Mutesa e ele se sentou. O que aconteceria a seguir?

Não aconteceu nada. Speke e o rei ficaram sentados se encarando durante uma hora, cada um fitando o outro sem trocar uma palavra, embora de vez em quando Mutesa fizesse alguns comentários a seus cortesãos sobre o homem branco ou seu guarda-chuva, tomando de tempos em tempos um golinho de cerveja de banana. Por fim, um cortesão se acercou de Speke e perguntou se tinha visto o rei. "Sim", respondeu Speke, "durante uma hora inteira." Quando isso foi traduzido, Mutesa se levantou e se afastou do aposento real na ponta dos pés e as pernas duras, num passo que supostamente devia se assemelhar ao andar de um leão. O rei havia adiado a refeição do dia para depois da visita, e então comeu sozinho — um gesto de cortesia, explicaram a Speke — e quando o sol se pôs, Mutesa voltou e ambos, Speke e ele, trocaram presentes. O distinto e um tanto embaraçoso hóspede real ganhou reses, cabras, peixes, galinhas e algumas delícias bugandenses: ratos e ouriços. Em troca, Speke presenteou o rei com vários rifles, munições, um relógio de ouro, uma cadeira de ferro, contas de vidro, tecidos de seda, facas, garfos e colheres e um telescópio. Assim terminou o dia, e Speke voltou à sua cabana, cansado mas satisfeito consigo mesmo. Num outro encontro, ocorreu um incidente que perturbou Speke e perturba os leitores. Para mostrar sua "mágica", Speke atirou em quatro vacas com sua pistola. (Uma delas ficou apenas ferida e investiu contra ele; Speke a liquidou com um segundo tiro.) O rei então passou uma carabina carregada para um escudeiro e lhe disse que acertasse um determinado homem no pátio do lado de fora, o que foi feito. "O caso não despertou praticamente nenhum interesse", comenta Speke. Mas tinha de atirar diariamente numa vaca, ou o rei atirava em abutres e outras criaturas, inclusive uma ou outra da espécie humana.

Speke, que parecia o supra-sumo da respeitabilidade vitoriana (referia-se a suas calças como "as imencionáveis"), agora mostrava um interesse lascivo pelas bugandesas. Iria dizer que Mutesa o "reteve", fazendo adiar a procura do Nilo. Speke estava apenas a poucos quilômetros do Vitória Nianza, pelo visto tinha liberdade de movimento, mas em nenhum momento de sua permanência em Buganda fez qualquer esforço de prosseguir em sua exploração. Posteriormente, essa sua abstenção lhe valeria críticas. Uma das razões, e talvez a mais importante, em não procurar as fontes do grande rio era que, naquela idade, ele tinha começado a "namoriscar" com jovens nativas. Mutesa lhe enviou uma mulher para "carregar suas águas". Speke a mandou de volta porque era feia. Enviaram-lhe uma moça mais bonita, e então uma outra, e depois ele passou as jovens aos elementos mais favorecidos de seu safári. Speke descrevia as mulheres com indiferença, como se estivesse sendo forçado a manter tais relações. As "virgens jovens" vinham "totalmente nuas e untadas com óleo", escreve ele. "Por decência", muitas vezes elas andavam com um quadradinho de pano feito de casca de árvore, chamado *mbugu*, nas mãos para cobrir a pélvis. A rainha-mãe, "bonita, gorda, com 45 anos", gostou de Speke e, ao que parece, houve alguma espécie de romance entre ambos. A rainha, mulher importante e poderosa, tinha seu próprio palácio separado do de Mutesa, onde levava uma vida feliz, mas dissoluta, raramente estando sóbria, bebendo grandes quantidades de *pombe*, fumando e dançando pelo dia afora. Queixou-se a Speke de dores no estômago e sonhos ruins. Speke lhe deu remédios de seu estoque pessoal e a aconselhou a deixar a *pombe*, conselho que ela ignorou, e um dia Speke encontrou a rainha e suas servidoras, de quatro, se encharcando de *pombe* diretamente de uma gamela. Speke não conseguiu resistir à orgia — o que talvez fosse compreensível —, mas o que muitos de seus leitores não conseguiram compreender foi que ele tivesse de escrever a respeito.

A rainha-mãe também mandava a Speke mulheres para "carregar suas águas" — como essa expressão deve ter divertido a Inglaterra vitoriana! —, entre as quais duas adolescentes extremamente atraentes. Ao que parece, a rainha estava interessada em saber de que cor seria o rebento se o branco fecundasse as mulheres. Era uma situação delicadíssima, e Speke se mostra bastante evasivo a respeito em seus escritos, fazendo-se de irrepreensível vitoriano, mas insinuando que cumpriu seus deveres masculinos e até paternos, depois passando as garotas para Sidi Bombaim. Speke de fato gerou um filho — a rainha-mãe deve ter ficado muito contente em ver a cor dele! Entre os brancos nas colônias, "todo mundo" tinha suas garotas nativas de maneira bastante explícita (e algumas brancas tinham homens nativos, de maneira bastante sigilosa); tanta grosseria de Speke sobre o assunto embaraçava os leitores, e o fato de abandoná-las a seus carregadores, depois de usadas, era profundamente não britânico. Tal informação, gratuitamente inserida no livro, dá a impressão de que ele estava tentando desmentir os incômodos boatos que circulavam sobre sua amizade com Laurence Oliphant.

Três meses após Speke ter se estabelecido em Buganda com a rainha-mãe ébria e suas jovens núbeis, Grant chegou, mancando ligeiramente devido à infecção da perna, mas pronto para prosseguir. Mutesa não estava com muita vontade de deixar as visitas irem embora, e gostava de ter dois brancos à disposição para entretê-lo. Enrolou e mentiu antes de liberá-los — a seguir, iam visitar um rival, o rei Kamrasi em Bunyoro —, mas no dia 7 de julho Speke e Grant puderam partir, tomando a direção leste para as margens do grande lago, finalmente livres de Mutesa — se é que o chefe era mesmo um carcereiro: dispomos apenas da versão de Speke quanto à situação. Speke e Grant agora contavam com guias e carregadores instruídos, graças à generosidade do rei. No entanto, os guias os levaram mais ao norte do que pretendiam. O lago, com a promessa de ser a bendita nascente, devia ficar, pelo que diziam, a sudeste. Speke e Grant conferenciaram, e a decisão que tomaram sempre foi motivo de perplexidade para geógrafos, historiadores, amigos e biógrafos. Ficou decidido que Grant iria à corte do rei Kamrasi em Bunyoro, enquanto Speke procuraria o rio que diziam sair do lago e que, em sua opinião, só podia ser a verdadeira fonte do Nilo. Mas, na verdade, não havia qualquer necessidade de mandar Grant para outro lado, exceto para privá-lo da participação na descoberta final. Em 28 de julho, Speke encontrou o rio do qual tinha ouvido falar. Saía do lago, e Speke supôs — corretamente, como se percebeu mais tarde — que o ribeiro se transformaria no Nilo. Mas foi uma descoberta sem documentação, sem estudos científicos, sem provas. Speke e Grant então rumaram para o norte, com a intenção de seguir o "Nilo" até o Mediterrâneo, mas, para economizar tempo e poupar suas energias já limitadas, cortaram caminho por vastos trechos da selva, distantes do rio. Quando chegaram novamente a um leito de água corrente, confiaram que seria o mesmo rio que haviam seguido antes, as margens superiores do Nilo. Mas era mesmo? O único critério deles era a intuição, e não alguma prova, e a intuição, como Burton, Macqueen e outros céticos iriam assinalar, não substituía os fatos.

24. SANTA ISABEL

COM O GRANDE DRAMA AFRICANO de Speke rivalizava um drama romântico inglês igualmente fascinante. Burton, com a saúde recuperada, o espírito claro, o coração ardendo de amor, tinha voltado dos Estados Unidos decidido a se casar com Isabel Arundell a todo custo. Agora era o Natal de 1860. Isabel estava passando as festas com parentes no campo.

> Havia um grande grupo na casa, e estávamos cantando; alguém marcava o ritmo da música com o *Times* que havia acabado de chegar, e a primeira manchete que atraiu minha atenção foi que "Capitão R. F. Burton volta dos Estados Unidos".

Isabel não conseguiu se concentrar mais nos cânticos natalinos. Recolheu-se ao quarto. O que fazer? *"Fiquei sentada* a noite inteira, fazendo as malas e pensando" como ir embora. Chegaram duas cartas. Uma fora aberta e lida por outra pessoa, ficando "escondida em casa antes de ser remetida". Como chegar até Richard? Ela estava com 25 parentes e amigos, e tinha "montes de bagagem". As estradas estavam bloqueadas pela neve, e a casa ficava a quase quinze quilômetros da estação. "Não era uma questão fácil", mas ela conseguiu fazer com que lhe fosse enviado um telegrama mandando voltar para casa. "Que triunfo para o coração de uma mulher, quando ela trabalhou, rezou e sofreu com paciência e coragem, e se concretiza o momento que era a meta de sua ambição!"

"Tão logo nos encontramos e conversamos", conta ela em *Life*, Burton lhe disse:

> Esperei cinco anos. Os três primeiros foram inevitáveis por causa de minha viagem à África, mas os dois últimos

não. Estamos estragando nossas vidas pelos preconceitos injustos de sua mãe, e cabe a você julgar se já não cumpriu seu dever sacrificando dois dos melhores anos de sua vida por respeito a ela.

Ele deu um ultimato a Isabel: se ela o deixasse partir, ele nunca mais voltaria, "porque vou saber que você não teve a força de caráter que *minha* mulher deve ter". Ela devia escolher entre ele e a mãe. Se não se casassem, ele voltaria à Índia e seguiria em outras expedições. "Você já tem sua resposta?", ele perguntou. "Sem dúvida", respondeu Isabel, "caso-me com você dentro de três semanas, a contar de hoje, mesmo que digam não."

Surgiram ainda dificuldades que ocorrem apenas a pessoas inteligentes, mas muito supersticiosas. Isabel queria se casar na quarta-feira, dia 23, "porque foi o esponsal de Nossa Senhora com são José", mas Burton não queria, porque "quarta-feira, dia 23, e sexta-feira, dia 18, eram nossos dias de azar; assim, casamos na Vigília da terça-feira, dia 22 de janeiro".

Isabel foi diretamente aos pais para lhes contar. O sr. Arundell disse: "Consinto de todo o coração, se sua mãe consentir". A mãe disse: "*Nunca!*". Os irmãos e irmãs disseram que receberiam Burton com prazer. A sra. Arundell ofereceu uma solução de compromisso: os homens da família assistiriam ao casamento; ela e as filhas não iriam. Isabel achou que seria uma desfeita não a Burton, mas às duas famílias. E recusou. Foi visitar o cardeal Nicholas Wiseman, homem muito compreensivo, e expôs a situação. O cardeal lhe perguntou se sua decisão estava "absolutamente" tomada. Ela respondeu: "Absolutamente!". Então o eclesiástico chamou Burton e pediu que ele fizesse três promessas por escrito: que Isabel teria liberdade em seguir sua religião, que os filhos seriam criados no catolicismo e que o casal se casaria na Igreja católica. Burton comentou mais tarde: "Seguir sua religião, francamente! Mais acho que ela *deve* mesmo. Pode-se desculpar um homem sem religião, mas uma mulher sem religião não é mulher para mim". Obtiveram prontamente de

Roma uma autorização especial para um casamento misto, e Isabel começou a fazer os preparativos para o matrimônio.

Durante esse período, a sra. Arundell se entregou ao histrionismo. Temia ser atacada de paralisia se o casamento se realizasse; não podia sofrer "nenhum choque, nenhuma perturbação". Um conselho familiar decidiu poupá-la, nenhum parente assistiria à cerimônia, apenas os amigos, e não revelariam o casamento à sra. Arundell pela vida inteira ou enquanto parecesse seguro.

> Fiz uma preparação religiosa muito solene, recebendo os sacramentos [escreve Isabel]. Não houve nenhum lugar, nenhum espaço para vestidos, presentes em geral e presentes de casamento. Richard combinou com meu próprio advogado e meu próprio sacerdote que tudo devia ser conduzido de maneira estritamente legal e estritamente religiosa. [...] A véspera de meu casamento foi um dia muito solene para mim.

Não foi um casamento de grandes ou sequer médias fortunas, como se poderia esperar nessa camada alta da sociedade inglesa. "Lamento que não esteja lhe trazendo nenhum dinheiro", disse Isabel, pois naquelas circunstâncias ela não tinha nenhum dote. "No que me concerne, não é problema", replicou Burton, "pois as herdeiras sempre esperam ser senhoras absolutas de seus senhores."

Burton não quis um casamento vistoso. "Um casamento grandioso sempre é uma exibição bárbara e indelicada", disse ele.

Na manhã da cerimônia, Isabel alegou que estava indo passar algumas semanas com uma amiga no campo. Às nove horas, chegou um táxi para apanhá-la.

> Eu tinha de ir e me despedir de meu pai e minha mãe antes de sair. Desci as escadas com o coração batendo forte, depois de ter me ajoelhado em meu quarto e rezado uma prece ardente para que me abençoassem, e se o fizessem eu tomaria isso como um sinal. Eu estava tão nervosa que mal

conseguia ficar de pé. [...] A mãe me beijou e disse: "Até logo, filha. Deus te abençoe". Fui até a cabeceira de meu pai, me ajoelhei e dei até logo. "Deus te abençoe, minha querida", e pôs sua mão [...] sobre minha cabeça. Eu estava emocionada demais para falar, e uma ou duas lágrimas desceram por meu rosto, e lembro que, quando saí, beijei o lado de fora da porta.

O táxi levou Isabel até a casa de dois amigos íntimos, o dr. George Bird e sua irmã Alice. Lá trocou de roupa — "um vestido castanho-claro, uma capa de renda preta e um toucado branco". Com os Bird, ela foi para a igreja de Nossa Senhora da Assunção em Warwick Street, popularmente conhecida como "igreja bávara" por atender à embaixada da Baviera. Burton estava de pé no degrau da porta, com um casaco de caça grosseiro, fumando nervosamente um charuto. Tiveram de assinar os papéis diante do oficial de registros — este seria um ponto importante nas discussões se Burton era ou não católico, pois, se fosse, não haveria necessidade de um registro civil. A seguir, o casal e os acompanhantes entraram na igreja. Havia uma multidão bastante grande assistindo à missa diária das dez e meia da manhã, e muitos conheciam Burton e Isabel. Ao entrar na igreja, Burton molhou os dedos na água benta e "fez um enorme sinal-da-cruz". O grupo foi até a sacristia, e soube que o cardeal Wiseman tinha adoecido durante a noite, e que seria o vigário-geral, monsenhor Hearne, que iria realizar os ritos católicos do matrimônio. Quando o casal Burton saiu da igreja, Isabel se lembrou da cigana Hagar, de seus olhos baixos e a profecia de que ela usaria o sobrenome "Burton". A refeição matinal na casa dos Bird foi alegre e feliz, e todos se sentiram à vontade. Instaram com Burton para que contasse algumas histórias arrepiantes de suas aventuras no Nedj e na Somaliland, inclusive a luta em Berbera. O dr. Bird ficou brincando com ele sobre o que era e o que não era verdade. "Agora, Burton, me diga uma coisa: como você se sente tendo matado um homem?"

"Richard levantou os olhos num ar trocista", conta Isabel, "e falou arrastado: 'Oh, muito bem, doutor! E você?'"

Depois do almoço de casamento, os recém-casados foram a pé até o apartamento de Burton, para onde tinham ido as malas de Isabel. Burton escreveu imediatamente um bilhete ao sr. Arundell com sua letra elegante e delicada: "Meu caro pai, eu me fiz de salteador e desposei sua filha Isabel na igreja da Warwick Street, e perante o notário. [...] Resta-me apenas dizer que não tenho nenhum laço ou ligação de qualquer espécie, que o casamento é absolutamente legal e respeitável. Não quero nenhum dinheiro de Isabel: posso trabalhar, e cuidarei para que o tempo não traga nada que o senhor possa lamentar".

Depois de quarenta anos de independência, percorrendo terras primitivas e gozando de liberdade sexual por onde ia, Burton parece constrangido, e até tímido, em que o mundo saiba do casamento. "Há uma coisa que não consigo fazer", disse a Isabel, "e é encarar congratulações; assim, se você concordar, fingiremos que estamos casados há alguns meses." Mas não era fácil ocultar esse tipo de coisa. Poucos dias depois, seu primo dr. Edward J. Burton lhe disse: "Fiquei surpreso ao saber que você se casou".

"Eu mesmo fiquei ainda mais surpreso do que você", respondeu Burton. "Isabel é uma mulher de vontade muito forte, estava decidida a conseguir e conseguiu."

"Nos primeiros dias de nosso casamento", admitiu Isabel, "Richard parecia aborrecido que o encarassem como recém-casado [...] mas esse tipo de preocupação desapareceu, e depois ele ficou bastante orgulhoso de ser um homem casado."

Ambos se transformaram com o casamento, cada um à sua maneira. Burton se aborrecia, se irritava, mas Isabel estava em êxtase. "Dizer que eu estava feliz era o mesmo que não dizer nada; fui tomada por uma paz de espírito que nunca tinha conhecido." Ela estava num "atordoamento de admiração com a bondade de Deus, que quase fez milagres comigo".

O casamento não foi comunicado à sra. Arundell, mas começaram a circular rumores, e por fim o sr. Arundell contou à esposa que Isabel "tinha se casado com Dick Burton, e sejam dadas graças a Deus".

"Minha mãe se comportou como uma verdadeira dama e uma verdadeira cristã", escreveu Isabel. "Beijou-nos a ambos e nos abençoou." Quando Isabel levou Burton à casa dos pais,

> eles receberam Richard da melhor forma, e então a mãe nos constrangeu muito pedindo nosso perdão por fugir a Deus e se opor ao que sabia ser a Vontade d'Ele. Meu marido ficou muito comovido.

Tal é a lembrança romântica e otimista de Isabel: "Ela o amava como a seus próprios filhos". Por mais felizes que estivessem os principais interessados no casamento, os críticos invariavelmente tinham seus comentários a fazer. Pessoas como Thomas Wright e Georgiana Stisted publicaram o que muita gente pensava e muitas vezes comentava como fofoca. Wright não gostava de Isabel, e não hesitava em dizê-lo, mesmo que de maneira indireta. Isabel Burton, embora fosse "um sonho de beleza", era "de constituição maior que a maioria das mulheres. [...] Sua beleza, porém, era de uma qualidade um tanto grosseira, e mesmo os mais ligados a ela notavam-lhe uma certa falta de refinamento". Motivo de crítica geral era o catolicismo de Isabel — a Lei de Emancipação dos Católicos de 1829 não tinha terminado com os preconceitos dos protestantes —, e Isabel sempre foi uma católica fervorosa.

> A questão religiosa [disse Wright] freqüentemente provocava indelicadezas entre a sra. Burton e lady Stisted e filhas — que eram sólidas protestantes das inflexíveis escolas georgianas. [...] O problema em parte se originava da impulsividade e falta de tato da sra. Burton. Não podia deixar de forçar o tema de sua religião em todos os momentos mais importunos. Introduzia nas conversas e cartas algo que um simples instante de reflexão lhe diria que só iria nausear seus amigos protestantes. "Virgem Santa" e um ou outro santo estavam sempre se intrometendo em sua linguagem.

* * *

Casados... Os primeiros meses e anos foram estranhos, se não difíceis. De início, passaram-se cerca de sete meses de relativa normalidade imposta a um homem que raras vezes passara um mês num único lugar desde a tenra infância, exceto quando preso pelo dever, prostrado pela febre ou mergulhado em estudos e redação de textos (e mesmo então ele era capaz de pular de um lugar para outro, como um pássaro inquieto que não consegue encontrar um poleiro que lhe agrade). Kipling, em seu conto "Miss Youghal's Sais", mostrou argúcia ao analisar a situação por meio de seu personagem Strickland, que tinha se casado

> na estrita compreensão de que largaria seus velhos hábitos e se prenderia à rotina do Departamento, que paga melhor. [...] Strickland gostava demais de sua mulher [...] para quebrar sua palavra, mas foi uma dura provação para ele; pois as ruas e os bazares, e os sons nesses locais, estavam cheios de significado para Strickland, e eles o convidavam a voltar e retomar suas andanças e descobertas. [...] [Agora] ele está esquecendo a gíria, a cantilena do mendigo, as marcas, os sinais, a tração das correntes subterrâneas que, se um homem fosse capaz de dominar, deveria sempre continuar a aprender.

E o que não seria normal para uma mulher que passou os últimos onze anos suspirando, definhando por seu "deus na terra", vivendo numa espécie de mundo dos sonhos subitamente concretizados? Esses primeiros meses estão repletos, nos vários relatos, das trivialidades — embora trivialidades muitas vezes interessantes — de um casal tentando se adaptar um ao outro e a uma sociedade que não sabia de que maneira situá-los. Eram trivialidades de um gênero que ajudava a ressaltar as excentricidades dos recém-casados, e se pessoas como Wright não as tivessem registrado, essas deliciosas fofocas teriam desaparecido há muito tempo. Isabel geralmente chamava o marido de "Dick", mas muitas vezes, principalmente nas cartas, era "O Pássaro" e "amiúde, porém, sem qualquer razão, ela o chamava de 'Jemmy'". (Este último apelido talvez seja a identificação que Isabel traçou entre Burton e o poeta sufista Jami.) Quanto aos hábitos domésticos do casal nessa época, Wright só aduz este:

> Burton gostava de ficar acordado até tarde. "Na verdade", diz um de seus amigos, "ele era capaz de conversar a noite inteira em vez de ir dormir, e, ao estilo chauceriano, era um interlocutor brilhante, e seu riso parecia um seixo correndo por um lago gelado." "Nenhum homem sensato", Burton costumava dizer, "se levanta, exceto em pleno verão, antes que o mundo esteja varrido e escovado, arejado e ensolarado." Mais tarde, porém, mudou de opinião, e nos últimos vinte anos de vida foi um madrugador.

Voltando dos Estados Unidos, Burton tinha recebido um convite de Monckton Milnes para tomar o café-da-manhã com ele em Londres. Era uma coisa de solteiros, que não raro faziam; a sra. Milnes tinha levado os filhos para o campo. Entre os convidados estavam Algernon Swinburne e Coventry Patmore. Foi a primeira vez que Burton encontrou Swinburne, na época com 23 anos de idade. Ele tinha acabado de publicar algumas peças notáveis, *The queen mother* [A rainha-mãe] e *Rosamond*, que já tinham lhe granjeado fama.

O jovem poeta era uma criatura estranha, e causava impressão em todos que encontrava. Henry Adams, um ano mais novo que Swinburne, conheceu-o em Fryston em 1862 e a princípio julgou que fosse um rapazola. No desjejum, estava reunido um grupo curioso: Oliphant com seu braço numa tipóia depois de ser ferido num ataque à legação britânica no Japão, sendo o mais bizarro de todos o jovem Swinburne, que Adams diria parecer "um pássaro tropical, de crista alta, bico comprido, movimentos ligeiros, de fala rápida e gritos de riso absolutamente improváveis numa cotovia ou rouxinol inglês. Nem se poderia muito dizer que fosse uma arara vermelha entre corujas, e no entanto não há nenhuma comparação normal que possa servir". O que

Adams logo aprendeu foi que Swinburne era um falante ininterrupto, "absolutamente original, furiosamente excêntrico". E acrescenta: "A idéia de que se encontrou de fato um verdadeiro gênio demora para despontar num espírito bostoniano, mas finalmente ela conseguiu assomar". A sra. Milnes não gostava especialmente do jovem poeta: ele tinha o costume de ficar depois da partida dos outros convidados, e permanecia em Fryston mesmo depois que a própria família Milnes já tinha voltado a Londres. "O sr. Swinburne ficou em Fryston com as titias", escreveu Annabel Milnes numa ocasião.

Parecia inevitável que se estabelecesse uma ligação — pelo menos nos mexericos — entre o libertino do Oriente e um homem mais novo com a notoriedade de Swinburne, e foi o que ocorreu, para danos ainda maiores à reputação de Burton. James Pope-Hennessy deplorou "a luz melodramática em que a apresentação de Burton a Swinburne por obra de Milnes tem sido situada pelos imaginosos biógrafos do poeta". A suposição nos mexericos logo se converteu em "fato". Que Swinburne sentiu uma paixão profunda e imediata por Burton é coisa sabida. O poeta não gostava de viajar (e na verdade odiava o Mediterrâneo, local tão caro aos ingleses), e perante ele estava um homem que tinha vivido e viajado "por toda parte". Não constitui propriamente uma surpresa que Swinburne e Burton se embebedassem juntos. Burton bebia muito, e Swinburne ficava alto com um único copo.

Milnes, agora lorde Houghton, recebeu os Burton e os apresentou formalmente à sociedade inglesa. Lorde Palmerston deu uma festa em que Isabel foi "a noiva da noite". Lady Russell a apresentou na corte, e a posição dos Burton na sociedade ficou estabelecida.

Passamos dias deliciosos em casas do campo, notadamente na de lorde Houghton [escreveu Isabel], e na casa de lorde Strangford em Great Cumberland Place conhecemos todos os que valia a pena conhecer em termos de posição e elegância, beleza e espírito, e *especialmente* todas as pessoas mais talentosas do mundo.

Madame Mary Mohl, uma inglesa de nascimento casada com um francês, e seguidora de Florence Nightingale, contou a respeito de uma grande festa de fim de semana em Fryston, à qual compareceram o pintor Holman Hunt, Swinburne, Francis Turner Palgrave — um dos especiais desafetos de Burton — e várias mulheres solteiras. O casal Burton chegou quando a festa já estava bem animada, e todos ficaram fascinados. Madame Mohl deixou uma lembrança simples, macarrônica e sem pontuação:

> se sint distribues les roles ele age como um mussulmano feroz com sua escrava encantadora oprimida e apaixonada e desconfio que eles riem de nossa simplicidade ao invés de brigarem em seus aposentos privados e se ela lhe disser que ele bate nela eu acreditaria sem vacilar.

Um dos ocasionais hóspedes de Fryston era o lingüista e aventureiro húngaro Arminius Vambéry, homem tão corajoso e curioso quanto Burton, mestre de línguas obscuras, sem medo de viajar por lugares onde um rosto branco poderia acarretar a morte. Quando jovem, ele tinha percorrido toda a Turquia e entrado na Ásia Central, vendo e registrando cenas de barbárie selvagem. A rivalidade entre Burton e Vambéry não era amistosa, apesar das declarações *blasés* de Isabel.

Lembro de Vambéry nos contando histórias húngaras, e lembro de Richard sentado com as pernas cruzadas numa almofada, lendo e recitando "Omar el Khayyam" ora em persa, ora em inglês, e salmodiando a chamada para as orações, "Allahu Akhbar".

Vambéry não só conhecia as quadras de Omar Khayyam tão bem quanto Burton — a tradução de Edward FitzGerald dos *Rubaiyat* tinha sido publicada havia pouco tempo, e o poeta logo caiu no gosto vitoriano —, como também ambos haviam lido e estudado os manuscritos persas anos antes, sendo que Vambéry dispunha de tanta base nas obras místicas sufistas quanto Burton. Entretanto, Burton viu em Vambéry não um parceiro de erudição, mas um rival em campos exóticos, e os dois se mantiveram frios em todos os seus encontros.

Burton tinha a esperança e até a expectativa de que, devido a seus serviços excepcionais à Coroa por cerca de dezenove anos, durante os quais suas viagens, expedições, livros e relatórios secretos ajudaram a chamar a atenção do governo inglês para vastas áreas da Ásia e da África, fosse-lhe concedido algum cargo diplomático interessante em algum lugar. Ele sempre teve interesse em ser cônsul em Damasco, mas o único cargo disponível no momento era em Fernando Pó, uma ilha isolada e esquecida na baía de Biafra na costa ocidental da África, local conhecido (como muitos outros) como "túmulo do homem branco". O cônsul anterior tinha acabado de ser dispensado por "irregularidades". Não havia outros pretendentes. "Todos reconheciam seu imenso poder intelectual", escreve Thomas Wright, "mas aqueles rumores misteriosos devido a suas investigações referentes a hábitos e costumes orientais secretos o perseguiam como um terrível demônio."

Essas histórias não detinham Isabel. Ela era categórica, inflexível, insaciável na defesa do marido. Queria que o público visse Burton como ela o via, e em certa medida conseguiu, escrevendo cartas a todas as pessoas importantes, a amigos, à imprensa, a altos funcionários, até a inimigos, por meio de lisonjas, intimidações e ameaças. "Muitas vezes ela era lamentavelmente indiscreta", observou Wright. Damasco era impossível; tinha de ser Fernando Pó. Alguns amigos de Isabel convenceram lorde Russell, o secretário de Relações Exteriores, a dar o cargo a Burton. O consulato incluía um salário de setecentas libras anuais e prometia febres e morte. Fernando Pó, na verdade, não era nenhuma grande honra. Com alguma sorte, acabaria com Burton, pois, como em tantos outros cargos semelhantes, era um lugar onde as energias da pessoa eram consumidas apenas para conseguir sobreviver. "Eles me querem morto", disse Burton com azedume, "mas pretendo viver, só para dar raiva nesses demônios."

Ele se recompôs, reuniu livros, materiais de escrita, roupas tropicais, remédios, uma reserva de drogas, inclusive ópio e gotas de Warburg, conhaques e toda a parafernália que a experiência lhe ensinara ser necessária para viver numa terra primitiva. Fez circuitos de despedida, deu palestras e compareceu a reuniões sociais, mas as despedidas, um tanto oscilantes entre a alegria e a tristeza, foram empanadas por uma grande tragédia, a perda de sua coleção inestimável de manuscritos reunidos ao longo dos anos na Índia, Sind, Pundjab, Arábia e África Oriental. Estavam guardados no depósito de Grindlay em Londres: um incêndio destruiu tudo, com várias recordações e peças de artesanato, roupas orientais e dezenas de outras preciosidades. Uma grande perda foi uma edição turca das *Mil e uma noites*, que ele tinha guardado para o dia em que começasse a traduzir a grande obra do Oriente Médio. Quando o escriturário do depósito avisou que as jóias e metais preciosos estavam incólumes, comentou que os danos certamente não eram de grande vulto. Por fora, Burton aparentou calma, mas de vez em quando soltava um grande suspiro. Que tragédia!

Houve ainda um outro golpe. Em 1861, o exército indiano passou do controle da Companhia das Índias Orientais para o da Coroa; os acontecimentos da Revolta dos Cipaios tinham acarretado grandes alterações na administração do subcontinente. No passado, era fato comum que os oficiais indianos aceitassem nomeações para o Ministério das Relações Exteriores, mantendo ao mesmo tempo vínculos com seus regimentos. Burton, ao aceitar o cargo em Fernando Pó, não tomou a precaução sensata de verificar se poderia ou não conservar seu posto militar. Ele foi sumariamente excluído das listas do exército, sem qualquer audiência. Não significava nada que tivesse realizado grandes feitos e fosse capaz de realizar outros. Era um nome da casa, mas os homens com quem se indispusera não iriam perdoar. Burton nunca passou da patente de "capitão", enquanto homens inferiores iam muito mais além. Poderia haver golpe mais tremendo para o homem que espionara Sind e Pundjab, conseguira entrar na Meca proibida e na secreta Harar, sobrevivera no coração da mais negra África e — como se gabava tantas vezes — dominava 29 línguas, do que despojá-lo de seu futuro no exército enquanto ele saía para ir se desfazer em pó num posto tropical?

Era inquestionável que as condições em Fernando Pó eram calamitosas para os brancos. Isabel conseguiu o cargo para o marido, mas o preço foi não poder acompanhá-lo.

Foram para Liverpool juntos, onde ele tomaria o navio, e em 24 de agosto de 1861, depois de "uma angústia no peito" e um abraço forte, Burton embarcou no *Blackbird* e seguiu para as terras bravias da África Ocidental. Era um tipo de separação que Burton, exteriormente tão rude e pouco sentimental, nunca conhecera antes. Enquanto antigamente ele sumia em silêncio, agora vivia todas as dores de uma separação em público, de uma mulher que ele amava com toda a paixão. "Infelizmente", escreve Burton, "não sou um daqueles independentes que podem dizer *ce n'est que le premier pas qui coûte*." Mas, ao que parece, ele se sentiu arrasado. Não podia, não iria levar sua mulher para ser enterrada nos trópicos. Isabel foi para a casa dos pais, e Burton ficou com suas lembranças. Isabel tinha realmente se tornado parte de sua vida, o que fica óbvio numa passagem que escreveu a propósito das mulheres de Tenerife — o navio iria parar em 24 portos enquanto seguia para o sul, e Burton desceu em todos eles para ver algumas paisagens e "eu perambulava pelas ruas procurando *l'aventure*".

> Para os que gostam de negro em qualquer lugar, exceto "na pele", não há nada mais encantador do que as mulheres de Tenerife. [...] Confesso que a pessoa logo se cansa de olhos negros e cabelos negros e que, depois de uma série de tais encantos, volta-se com prazer ao castanho, ao loiro ou, o que é o melhor de todos, cachos castanho-avermelhados e límpidos olhos azuis.

Parece provável e até possível que ele tenha se mantido mais ou menos fiel a Isabel, pois as anotações dos anos na África o mostram obcecado em atividades intelectuais, como maneira de se distrair e se afastar de contatos sexuais.

O período africano revela Burton em seus aspectos mais truculentos. Era duro, colérico, num estado de espírito tenebroso, e despejava sua fúria em cima dos africanos, onde quer que os encontrasse. Era bem a época da supremacia branca, e quanto mais escura a pele de um homem, tanto mais baixa considerava-se sua posição na criação divina. O forte de Burton era usar seus talentos para exprimir preconceitos cáusticos. Não tinha em grande conta os negros da África Ocidental — "Nenhum inglês humanitário venderia seu cão a um negro" —, e os que escapavam a seu fel eram os convertidos ao islamismo; os cristãos, para ele, eram mais vigaristas e rapaces do que os simples animistas. Fulminava periodicamente a "insolência" dos negros e ficou furioso ao saber que, em Acra, era proibido por lei chamar um homem de "negro" [*nigger*]. Depois de ver as juju, ou casas de abate, junto ao rio Grand Bonny, ele escreveu:

> Pelo visto, existe nesse povo um gosto físico pela crueldade para com os animais e os homens. A visão do sofrimento parece lhes trazer um prazer sem o qual o mundo é sem graça; provavelmente todos os assassinos e torturadores da história, de Phalaris e Nero em diante, sentiam um gozo animal e sensual vendo sangue e observando as agonias da morte. Não consigo vislumbrar nenhuma outra explicação para o fenômeno que se apresenta a mim na África. Em quase todas as cidades às margens dos Oil Rivers,* você vê animais mortos ou moribundos em alguma posição agonizante.

Embora antes partilhasse suas refeições com os *pagazis* no safári até a África Central, Burton ficava furioso quando permitiam que negros comessem na cabine de primeira classe do *Blackbird*. "Uma raça dirigente nunca é exigente demais nessas

---

* Oil Rivers: protetorado que incluía os rios a leste do delta do Níger, por onde era feito o comércio principalmente de óleo de palma (daí o nome Oil Rivers). (N. T.)

pequenas questões." Também achava um equívoco trabalhar pelo aperfeiçoamento dos negros. Ele desprezava os negros que iam à Inglaterra por razões de negócios ou estudos e se anglicizavam. Sobre os muçulmanos, em especial um grupo chamado mandinga, ele disse: "A postura honesta e viril desses muçulmanos — um contraste tão maravilhoso com aquelas caricaturas de chapéu redondo e calças de casemira — me inclinou grandemente a favor deles".

O *Blackbird* seguia lentamente, parando em portos escaldantes para descarregar e carregar novamente, recebendo passageiros e desembarcando negros em terra firme, para o contentamento de Burton, detendo-se numa sucessão de cais aparentemente interminável. Mas Burton, com seu habitual toque romântico, gostava de registrar os nomes dos portos: Bathurst, Serra Leoa, Monróvia, Grand Bassam, Cabo Palmas, Half Jack, Grand Baltam, Axim, Elmina, Cape Coast Castle, Salt Pond, Winneba, Acra, Ada, Keta e assim por diante. Serra Leoa, a colônia britânica para escravos libertos, estava cheia de "negros litigiosos". Em Lagos, descobriu que sua fama de muçulmano havia chegado antes dele. A essas alturas, parece que ele voltou, se não inteiramente, pelo menos em parte, ao islamismo, ainda que talvez não realizasse publicamente o ritual completo do *salat*, as orações. Essa retomada do islã pode ter sido uma espécie de consolo por suas dificuldades com a irritante burocracia inglesa e a distância de Isabel. Num percurso maçante, o *Blackbird* passou por Fernando Pó e seguiu para Old Calabar, voltando no dia 26 de setembro. A ilha era "o próprio horror da desolação". Era um buraco dos infernos. O consulado estava desmoronando. Faltam palavras a Burton: não consegue descrever seu estado de espírito a não ser em termos que já tinha usado antes — aquela noite em Fernando Pó lhe pareceu "invulgarmente suicida". Tinha chegado na estação das chuvas, e o clima era terrível — de maio a novembro, a chuva caía "como um lençol de água sólida", muitas vezes acompanhada de relâmpagos assustadores e trovoadas ensurdecedoras.

Lá existia a campa de um inglês — Burton ainda alimentava aquela estranha paixão de visitar os locais de descanso dos conterrâneos falecidos —, Richard Lander, um córnico que havia morrido na ilha em 1834. De pé diante da sepultura descuidada, Burton refletiu sobre a morte, perguntando-se se ele também morreria nesse lúgubre posto.

Na capital Santa Isabel, cidadezinha pouco atraente, cujo nome não pareceu despertar nenhuma reação simpática, o tédio consumia o povo. Os brancos eram, em sua maioria, espanhóis, pálidos e fracos, que ficavam sentados apáticos em suas cadeiras apoiadas contra as paredes das construções ou se reclinavam indolentes nas varandas de suas casas. O calor nas ruas era incandescente. Flutuava um ar pestilento por todas as partes. Burton não tinha gostado dos negros que encontrou na viagem, mas aqui simpatizou com o povo local, os bubes, que moravam em barracos sem paredes e andavam nus, usando apenas chapéus de abas largas para se proteger das cobras que caíam das árvores. Mesmo assim, reclamava freqüentemente da "insolência" deles. Quando "um dândi negro" entrou no consulado e lhe deu um tapa nas costas com uma familiaridade que lhe pareceu excessiva, Burton chamou seus canoeiros e disse: "Ei, krus,* atirem esse negro pela janela". Os krus atiraram o homem de cabeça na rua.

O local era como Sind e mais uns seis lugares tórridos e lúgubres somados juntos. Se Burton foi fiel a Isabel, não sabemos dizer; só podemos supor que o foi, embora tenham ocorrido algumas visitas ao continente que levantam algumas questões. Mas não havia nenhum sinal de bubus ou bibis de qualquer cor ou raça em Fernando Pó. Ao que parece, ele vivia bêbado o tempo inteiro. De que outra maneira um homem haveria de passar as horas num lugar daqueles? Em Sind, ele se sentava debaixo da mesa com lençóis úmidos sobre ela. Aqui ele resolveu o problema da concentração com o álcool. Wright encontrou uma

---

* Kru: nome de uma tribo da África Ocidental, famosa por suas habilidades marítimas. (N. T.)

descrição de Burton em Fernando Pó, graças a um missionário, o reverendo Henry Roe.

> Quando anoitecia e os pirilampos começavam a piscar nas laranjeiras, Burton costumava colocar na mesa à sua frente uma garrafa de conhaque, uma caixa de charutos e uma vasilha com água e um lenço, e então escrevia até cansar, levantando-se de vez em quando para molhar a testa com o lenço ou fitar as palmeiras lá fora, transformadas em prata cintilante pelo brilho do luar.

Romântico, mas não muito exato: a luz à noite atrairia os insetos a um grau além do suportável. Mas talvez o conhaque ajudasse.

Ele justificava a bebida com facilidade. "Em regiões tropicais perigosas, onde o apetite é pouco e a dieta ainda menos nutritiva, quando o esforço mental e físico exaure diariamente a vitalidade [...] morre antes quem bebe água", escreveria ele em *Two trips to gorilla land* [Duas viagens à terra dos gorilas]. Quem tomasse bebidas leves também morreria, ao passo que "sobrevive o homem que desfruta de um *quantum suff.* de vigorosas cervejas escocesas e burtonianas, xerez, madeira e vinho do Porto, com uma quantidade módica de conhaque", e evocou a lição aprendida na Índia, quando o médico sugeriu "uma dúzia de bons portos" depois de uma febre, ao que Burton ponderou: "Por que não antes da febre?".

Ele se lançou ao trabalho. A sede do consulado estava cambaleando. "Mal chega a ser habitável", queixou-se Burton ao Ministério das Relações Exteriores. Mandou consertá-la. A reforma saiu em 344 libras, mas Londres não aprovou a despesa, e Burton brigou sobre o assunto durante os três anos seguintes.

Ele tinha um auxiliar, um cônsul interino, E. Loughland, que na verdade era comerciante e estava mais preocupado com seus próprios interesses do que com os do governo de sua majestade. Mas as obrigações consulares próprias de Burton eram de menor importância, e ele passava tudo o que podia para Loughland. As tarefas eram rotineiras: os navios que faziam escala em Santa Isabel, as correspondências, faturas, relações de cargas marítimas. Havia escravos escondidos nos compartimentos? Havia algum outro contrabando? Uma das grandes realizações de Burton na África Ocidental foi a reforma dos Tribunais Paritários, as únicas instituições legais para ouvir as queixas entre nativos e brancos. Burton conseguiu instalar tribunais nos vários portos "britânicos", com sessões mensais dirigidas por um número igual de chefes nativos e encarregados de carga brancos sob um presidente eleito, para estabelecer multas, tarifas alfandegárias e aluguéis, e supervisionar a proteção da vida e da propriedade, um grande feito no caos da África Ocidental; no entanto, em alguns lugares, como Burton se queixou ao Ministério das Relações Exteriores, "todos assinavam o acordo, mas ninguém se prendia a ele".

Fernando Pó estava havia muito tempo sob influência britânica, e durante décadas ficou entendido que o cônsul britânico ajudaria e se poria ao lado dos comerciantes ingleses — o que foi feito pelos predecessores de Burton, e os cônsules franceses eram notórios pelo apoio ao monopólio da empresa de Victor Régis de Marselha —, mas Burton se manteve totalmente imparcial. Seus interesses pessoais de estudo já eram muitos para que ele ainda fosse defender os interesses dos comerciantes de Liverpool.

Tem-se destacado muito o fato de que Burton parecia não dar atenção aos deveres consulares, que perambulava por toda a costa da África Ocidental e passava pouquíssimo tempo em Fernando Pó — uma semana depois de chegar a Santa Isabel, pegou carona num navio que estava indo para Lagos, voltou ao cargo cinco dias depois, e então saiu de novo. Na verdade, ele estava fazendo seu trabalho à sua maneira, um tanto displicente, mas com grande eficiência. A costa inteira estava passando por enormes transformações, transformações que iriam destruir a antiga estrutura da sociedade nativa, enfraquecer os reinos e torná-los vulneráveis à tomada dos europeus. A exportação de escravos — tráfico rendoso durante quatrocentos anos — estava se aproximando do fim, em parte devido à eficiência dos navios de guerra ingleses que patrulhavam os mares, em parte devido à Guerra Civil americana, que resultara no fechamento de um mercado importante. O mercado de seres humanos estava abalado em todas as partes. Uma outra cultura, o óleo de palma (e em certa medida o algodão), se tornou o principal substituto do tráfico de escravos, mas o preço flutuava vertiginosamente, e Burton, numa série de cartas privadas ao Ministério das Relações Exteriores, mostra uma profunda compreensão da complexidade dos problemas. Ele acreditava que a concorrência do sebo e do petróleo nos Estados Unidos estava prejudicando o mercado de óleo de palma, provocando a queda dos preços, e que a tentativa dos comerciantes, majoritariamente brancos, e dos mercadores locais de segurar o óleo, na esperança de aumentar o preço, não estava funcionando. A falta de dinheiro em caixa também estava afetando os reinos nativos; alguns príncipes tinham recebido adiantamentos enormes, e não podiam entregar os produtos de exportação nem devolver os empréstimos. As lutas dinásticas, as disputas sangrentas e as guerras aumentavam enquanto os príncipes tentavam impedir que seus reinos soçobrassem. As terras da África Ocidental, com a promessa de imensos recursos naturais e mão-de-obra barata, apresentavam grandes tentações aos europeus. Pelos critérios brancos, era um mundo de fronteira onde os europeus não estavam sujeitos ao império da lei, e eles se indignavam com a tentativa de seus próprios cônsules de estabelecer algum controle. Outros fatores também afetavam o bem-estar da costa. Não existia nenhum sistema padronizado para converter as inconversíveis moedas nativas segundo uma mesma taxa de câmbio, e comerciantes de todas as raças ainda utilizavam pesos e medidas arcaicos.

Burton sentia um certo otimismo em relação à África Ocidental e seu próprio papel. Locais como o rio Níger, recém-descoberto, embora no momento fossem de pequeno valor, ofereciam, escreveu ele a lorde Russell, "imensos lucros futuros". Ele percebia que os ingleses enfrentavam uma concorrência feroz da França, que tinha monopólios com alguns príncipes, trocando pólvora e armas européias, tecidos, tabaco e rum por escravos, ouro, marfim e, sobretudo, óleo de palma. Havia ainda a concorrência dos brasileiros, que queriam escravos para o Brasil e Cuba. Quando o tráfico de escravos começou a declinar, passou-se a enviar mão-de-obra colona sob contrato de locação de serviços para as Antilhas Francesas e outras ilhas da América, e outras partes da África Ocidental. Burton tinha uma visão dicotômica: sempre condenou a escravidão, mas achava que a locação de serviços do colono — que podia ser igualmente cruel e degradante — era um benefício tanto para o empregado quanto para o empregador.

Os ingleses pareciam isolados na luta para deter o tráfico de seres humanos. Os franceses, embora fossem oficialmente contra a escravidão, não interferiam no tráfico, e os negreiros americanos ficavam de espreita ao largo, para passar rapidamente pelos bloqueios ingleses. Os franceses e os americanos iam prontamente a juízo quando seus navios eram capturados, e o interminável litígio servia apenas para desviar os navios britânicos. Burton notou os vários interesses em conflito: o governo inglês, os missionários (em sua maioria wesleyanos, embora padres católicos franceses estivessem agora entrando em campos que antes eram esferas de ação dos portugueses e espanhóis), os comerciantes brancos, negros e nascidos nas colônias, e os diversos reinos nativos. O representante de sua majestade — Richard Francis Burton — andava ocupadíssimo e cumpria escrupulosamente suas obrigações, embora conseguisse passar boa parte do trabalho de rotina para o inconfiável Loughland.

Os documentos privados de Burton para lorde Russell mostram seu empenho nos deveres: exteriormente, ele parecia ser um cônsul absenteísta, raramente ficando em Fernando Pó, e andando por onde queria no continente, para reunir material para seus livros. Os relatórios ao Ministério das Relações Exteriores — os documentos oficiais sobre o comércio, a economia, as matérias-primas, as condições locais, os problemas com os encarregados de carga e assuntos semelhantes — raramente eram empolgantes, ainda que tais informações tenham resultado algumas vezes na aquisição e colonização ulterior, por parte do governo britânico, de várias partes da costa ocidental africana.

No final de outubro, quando mal fazia um mês que estava em Fernando Pó, Burton embarcou no *HMS Prometheus*, com o comandante Bedingfield, rumo à costa, e depois entrou no interior para visitar um chefe nativo, Abeokuta, para obter seu sinete num tratado. No litoral, Burton caiu do cavalo, num acidente que podia ter previsto — era uma sexta-feira. Burton e Bedingfield não se deram bem. Burton não gostava do cachorro do comandante, que tinha sarna, latia sem parar, pulava borda afora do navio ("despertando emoções diferentes entre os que se encontravam a bordo") e finalmente acabou se perdendo.

Burton viu que a poligamia era um costume corrente por toda parte. Era a "pedra fundamental da sociedade ioruba", e ele aproveitou a oportunidade para dizer que o casamento monogâmico era "a mais curiosa limitação da liberdade humana já imposta sobre a humanidade". Continuavam vagos os pensamentos ternos em relação a Isabel. Ele teve um outro percalço com um cavalo, numa sexta-feira, e depois de pegar a assinatura do chefe, o grupo continuou a navegar rumo sul, para Lagos. Pararam para passar a noite numa aldeia, onde tiveram "um fim de tarde bem alegre", com cantos, danças e banquetes. Nesse "entardecer suave e refrescante", as mulheres lhe pareceram lindas — "*superbae formae*", escreveu em latim, como se o fato de usar uma outra língua desculpasse seus atos. "Nossos anfitriões foram perfeitamente corteses e prestativos, e nossas anfitriãs também — até demais, e eu poderia provar se me fosse permitido sussurrar no ouvido do leitor. Mas o que diria a sra. Grundy?" Em resumo, diria: "No geral, nossa viagem foi decididamente 'divertida'".

Em Lagos, Burton ocupou uma cabine no *HMS Bloodhound* e partiu para os rios Brass e Bonny, desembarcando em Vitória, na Nigéria, um posto missionário. Lá encontrou um jovem botânico, Gustav Mann, que estava planejando escalar as montanhas dos Camarões. Burton insistiu que Mann esperasse uns dias, pois queria visitar primeiramente o rio Camarões — provavelmente pensava na possibilidade de fazer um relatório para o Ministério das Relações Exteriores que o desculpasse por suas andanças —, mas, quando voltou a Vitória, viu que Mann já tinha ido. Burton agora tinha alguns outros amigos, entre eles um juiz espanhol de Fernando Pó e um missionário, dr. Alfred Saker. Com seu criado Selim Aga, Burton e os outros saíram atrás de Mann, mas o encontraram voltando. Mann afirmou que já tinha escalado as montanhas. Burton se sentiu ferido e, lembrando amargas experiências parecidas com Speke, imaginou que Mann na verdade não teria feito a escalada, mas Mann se aferrou ao que havia dito. Mann, sabendo das brigas com Speke, prudentemente resolveu não discutir com Burton. Então o grupo inteiro subiu as montanhas, Burton se comunicando com as tribos ao longo do caminho com a linguagem dos sinais dos índios americanos, que aprendera nos Estados Unidos.

Voltando ao acampamento, Burton ergueu um pelourinho para nativos indisciplinados, chegando a dar 36 chicotadas nos mais desordeiros. O grupo agora se entregava a uma prática que antes fora condenada por Burton: dar nomes europeus aos acidentes geográficos. Os dois picos mais altos das montanhas foram denominados Vitória e Alberto. Burton chamou outros três de monte Isabel, monte Milnes e monte Silenes, e Saker e Mann lembraram entes amados com Helen, Arthur e Leopold. À guisa de explicação, o que Burton teve a dizer foi que "mesmo os geógrafos rigorosos não podem culpar o gesto num local que não tem nenhuma terminologia".

Do acampamento saíram para escalar vários picos. Burton e o juiz escalaram o solitário esplendor do monte Milnes. "Fomos os primeiros europeus, talvez os primeiros homens, a ficar a um tiro de distância daquele alto cume solitário." Romperam o silêncio com um viva.

Burton e Mann então decidiram subir o monte Vitória, o mais alto e o mesmo que Mann dizia já ter conquistado um pouco antes. Burton, na casa dos quarenta, era menos ágil que Mann, mas conseguiu chegar antes ao topo. Ergueram um marco de pedras, com uma pequena lâmina de chumbo em que inscreveram seus nomes, sendo enfiada dentro de uma garrafa com alguns pênies e algumas páginas do *Punch*. O marco foi encontrado em 1886 pelo explorador sir Harry Johnston.

No acampamento, depois de tantos exercícios puxados, Burton se viu tão esgotado que nem se deu ao trabalho de tirar as botas quando foi se deitar. Na manhã seguinte, estava com cãimbras nos joelhos, e os pés inflamados; teve sezão e febre alta. Iria passar o mês seguinte com desarranjo, estudando a língua kru, colhendo espécimes botânicos e açoitando nativos. Mann também ficou com disenteria; sarou com um tônico de ferrugem com conhaque e araruta com greda. Quando o grupo se recuperou, fizeram uma nova escalada do Vitória. Em 4 de fevereiro de 1862, Burton voltou à odiada ilha de Fernando Pó, sentindo-se como se estivesse na prisão; iria recomendá-la, mas sem êxito, como excelente local para o degredo de criminosos. A febre amarela irrompeu logo depois; 78 dos 250 brancos de Fernando Pó morreram, e as mortes dos negros não foram calculadas. "Essa 'altaneira e bela ilha' [como disse Camões] tinha se transformado num ossuário, um 'sombrio e sinistro túmulo de europeus'." Burton só iria fugir à "amargura da morte" quando um outro navio, o *Torch*, apareceu ao largo no final de julho, e ele pôde escapar novamente.

Então ele começou a fazer perambulações incessantes, como se o movimento constante fosse aliviar as dores secretas que devastavam seu corpo e espírito. A solidão, o desespero, a rejeição se encontram presentes nos livros, relatórios e cartas aos amigos. Mas havia sempre algo exótico, estranho, instigante no horizonte. Em março, tendo permanecido de volta ao cargo por apenas um mês, ele saiu para procurar gorilas no Gabão. Os animais tinham subitamente se convertido num objeto de demanda especial dos europeus depois que um francês, Paul du Chaillu, escreveu sobre eles. Mas a busca de Burton não resultou em nada. Depois de muitas aventuras, inclusive a de ser atingido por um raio, e inúmeras picadas de pernilongos, ele teve de desistir, mesmo tendo mostrado aos moradores das aldeias retratos do livro de Du Chaillu e oferecido uma recompensa por um exemplar vivo. O melhor que ele conseguiu foi uma pele que lhe enviaram depois de voltar à costa; provavelmente, em vez de um gorila, era um chimpanzé grande. Embora não tendo visto o animal vivo, Burton conseguiu fazer uma descrição bastante exata: "O gorila", escreve como se fosse algo muito prosaico, "é um macaco pobre-diabo, não uma criatura de sonhos infernais, meio homem, meio animal".

Burton retornou ao Gabão, para visitar uma tribo chamada fans, famosa por praticar o canibalismo. Mesmo passando apenas uma semana com eles, Burton reuniu um volume imenso de material e tentou, com certo êxito, entender as motivações de seus costumes e religião. Como sempre, havia ainda aqueles temas específicos da poligamia e da circuncisão. "A operação geralmente é executada pelo chefe [...] as unhas dos polegares são compridas e são usadas à maneira judaica: soltam da boca um jato de rum puro com pimenta vermelha para 'matar a ferida'." Ele escreveu que a circuncisão naquela área é "exclusivamente higiênica e não é contrabalançada com a *excisio judaica*", ou seja, excisão do clitóris.

> Alguns fisiologistas consideram esta última um complemento necessário do rito masculino; porém, não é este o caso. Os hebreus, que em quase todas as partes conservam a circuncisão, abandonaram há muito tempo, pelo menos na Europa, a excisão. Lamento que a sensibilidade da época não me permita ser mais explícito.

Seu objetivo básico era examinar o canibalismo, cujas motivações compreendeu e não condenou.

> A antropofagia dificilmente pode ser causada pela necessidade, e a maneira como é conduzida mostra que é um rito de tipo religioso executado sobre inimigos mortos em combate, evidentemente um equivalente ao sacrifício humano.

Se não se pode transportar o corpo todo, remove-se um membro para fazer um assado. O cadáver é levado a uma palhoça construída expressamente para tal fim nos arredores da aldeia: ele é comido secretamente pelos guerreiros, e as mulheres e crianças não têm permissão de estar presentes ou sequer de olhar a carne de um homem, e depois devem quebrar todas as panelas usadas para o banquete.

Era uma sociedade marcada pela "existência de fantasmas e adoração de objetos, lugares e coisas materiais". Ele entendia, mas seus conterrâneos europeus entenderiam? Ele achava que não. Os brancos não compreendiam os nativos — "sendo o principal obstáculo [...] a dificuldade quase insuperável de se desfazer das idéias e modos de pensar europeus". Ele também examinou, como em outras partes, o caráter específico e muito desagradável do europeu. "Mesmo na Ásia, sempre que eu falava com um muçulmano desdenhando seus djins, ou com um hinduísta desprezando seus rakshas [gênios], a réplica invariavelmente era: 'Vocês, brancos, são de natureza tão esquentada que até nossos demônios temem vocês'."

Ele se empenhou enormemente em chegar às próprias raízes das forças motivadoras da mentalidade africana, tentando encontrar a chave do fetichismo. Tinha a preocupação constante de não estar realmente captando as crenças dos homens. Rejeitava a concepção missionária do fetichismo como "uma degradação da dispensação pura e primitiva [adâmica]", e tinha uma outra visão: "Não posso senão considerá-lo como o primeiro despertar de uma fé em coisas não vistas".

E para estudá-lo devemos nos despojar de todas as nossas idéias preconcebidas. Por exemplo, os africanos acreditam, não em almas ou espíritos, mas em fantasmas. [...] Eles têm um futuro material, evanescente, inteligível, e não uma eternidade imaterial e incompreensível; o fantasma dura apenas algum tempo e perece como a lembrança do pequeno-grande nome.

Apesar de zombar constantemente da religião, era um tema que o prendia. Ele interrogava os nativos, os missionários e os funcionários brancos sobre o pensamento do povo, mas um missionário com vinte anos de experiência, que havia trabalhado muito para coletar a tradição e as crenças religiosas, teve de admitir sua descoberta: "não havia dois indivíduos que pensassem de maneira semelhante sobre um determinado assunto qualquer", e Burton registrou a conversa de um missionário com um dos reis do Níger, sobre a diferença entre "a religião cristã e o paganismo".

Herr Schön: Deus é um só.
Rei Obi: Sempre achei que eram dois etc.

Era uma sondagem das origens, das fontes primitivas, do passado arcaico, como se Burton estivesse tentando encontrar suas próprias raízes primitivas, sua alma primordial. Depois de muitas instâncias, finalmente teve permissão de entrar numa casa de fetiches, "um desses templos rudes e embrionários" tão ciosamente fechado a estranhos. Foi um desapontamento: o local era decorado com estátuas grosseiras, instrumentos musicais, bacias pintadas com gredas coloridas e enfeitadas com fitas e contas, sem qualquer indício do que ele andava buscando.

Mesmo vituperando constantemente contra os negros que se faziam de muito presumidos na companhia dos brancos, contra a "insolência negra" e outros pecados, a opinião de Burton sobre os negros mudou radicalmente depois de quatro anos entre as tribos da África Ocidental, e tinha um conselho para os nativos:

Fariam bem em evitar contato com europeus; mas isso, evidentemente, é impossível — há um destino claro para eles, como houve para seus predecessores. Há a prática depravada na costa ocidental de fornecer álcool, armas e munições aos selvagens: viver à custa das vidas daqueles a que servem. Os muçulmanos mais íntegros das costas orientais não se desgraçam com tal cupidez.

A poligamia na África Ocidental era tão comum quanto o nascer e o pôr-do-sol, e Burton nunca resistiu a fazer o elogio dela, mesmo tendo seus próprios critérios. Um dos príncipes "me ofereceu hospitaleiramente sua nora Asizeh, a segunda mulher de Forteune. [...] Forteune então sugeriu que eu talvez preferisse sua nora — 'ser tudo mesma mulher'". Mas Burton tinha virado um quarentão moralista: "As duas ofertas foram declinadas com um *Merci, non*!". Quando se deparou com os mpingwes, durante sua expedição em busca dos gorilas, Burton observou que a poligamia é "uma necessidade para os homens, e até as mulheres não querem casar com um homem 'de uma esposa só'". Foi fácil encontrar razões práticas e sensatas para a poligamia. Na África, era "antes uma instituição política do que doméstica ou social".

Entre selvagens e bárbaros cujos únicos amigos e defensores são parentes consangüíneos e ligações nupciais, é necessária um "cultivo judicioso do laço matrimonial".

E acrescentou, sem grandes esperanças: "Seria inútil tentar persuadir a mulher inglesa de que pode haver paz em lares assim constituídos: no entanto, tal é o caso".

Estaria tentando convencer sua mulher em concordar com tal arranjo? "Como entre todos os pluralistas, dos muçulmanos aos mórmons, a mais velha ou a primeira esposa é a número um, aqui chamada de 'melhor esposa': é vice-rei do marido, e governa o reino do lar com poder absoluto." Será que Burton, em seu íntimo secreto um tanto bárbaro, achava que uma vida poligâmica na Inglaterra seria melhor para ele do que a vida com uma esposa só? Isabel toleraria ser a Melhor Esposa enquanto uma sucessão de jovens núbeis macias, com a pele untada e perfumada, se revezava no leito do Grande Homem? Só podemos supor que as outras mulheres seriam persas, indianas, árabes, somalis, beduínas, africanas, com roupas exóticas, chaddars ou saris, salwars, churidars, pareôs, lungis, lava-lavas, calças bufantes apertadas no tornozelo, ou simplesmente nada, com a pele untada com óleo de palma e perfumes raros, olhos pintados com kohl. Ele tentou tranqüilizar Isabel que "além disso, por toda a parte entre os poligâmicos, o marido é estritamente proibido pela opinião popular de mostrar preferência por uma favorita [mais jovem]; se isso acontece, ele não presta". A presença constante do tema em todas as obras de Burton finalmente levou a uma explosão de Isabel. Mais tarde, depois da permanência do casal no Brasil, e na ausência do marido, ela ficou encarregada de supervisionar a edição de *The highlands of Brazil* [Os planaltos do Brasil], publicado em 1869, onde Burton defendia novamente a poligamia. Isabel acrescentou um prefácio próprio, em parte refutando as idéias que não lhe agradavam. Avisou ao leitor que "passe da melhor maneira que lhe for possível por entre esses bancos de areia e escolhos antropológicos" e criticou a defesa do marido "daquela lei antinatural e repulsiva, a poligamia, que o autor cuida em não praticar, mas [sustentou] de um elevado pedestal moral quando pregou aos ignorantes como um meio de povoamento de seus países".

Por toda a África, Burton tinha notado a tremenda força física das mulheres, observando seu "*physique* masculino, que lhes permite competir com os homens na resistência ao trabalho duro, às dificuldades e privações". Numa aldeia em Daomé, ele observou "o tamanho da ossatura feminina" em comparação à masculina "e o desenvolvimento muscular do corpo [...] em muitos casos, só podia se perceber a feminilidade pelas partes baixas". A impressionante compleição das mulheres provavelmente contribuiu para seus anseios poligâmicos — como as nativas eram fortes, ágeis e flexíveis em comparação à inglesa típica, presa em casa, amimalhada, de músculos moles e apertada em roupas que lhe pareciam degradantes e prejudiciais à saúde.

Quando se deparava com centenas de amazonas, elas nunca deixaram de interessá-lo. Era comum que se empregassem mulheres como soldados — Burton conta que o rei Gelele tinha um regimento feminino, e outros dirigentes também as usavam em suas tropas. Eram invariavelmente grandes, atléticas, embora amiúde feias, finamente vestidas, magnificamente treinadas e sem dúvida mais corajosas na guerra do que os homens. Todavia, restava sempre aquela grande pergunta irrespondida: como eram na cama? Quando mais jovem, Burton teria feito de tudo para descobrir — as mulheres eram notoriamente celibatárias, mas os bastardos ainda eram freqüentes —, mas agora, mais velho, ele parecia ter deixado a resposta a cargo da especulação e da fantasia; se de fato chegou a tentar e registrou o resultado em seus diários, provavelmente terá sido mais uma das baixas decorrentes da grande queima de seus papéis, por obra de Isabel.

Em casa, Isabel vivia preocupada com a saúde, o bem-estar e a carreira do marido. Conseguiu-lhe uma licença de quatro meses para uma visita ao lar. Burton chegou à Inglaterra em dezembro de 1862, depois de uma ausência de cerca de dezesseis meses, bastante prolongada para um recém-casado abandonado numa terra pestilenta. Burton trouxe inúmeras sugestões para o Ministério das Relações Exteriores. Tinha examinado a mineração de ouro, e disse a lorde Russell que, se o fizessem governador da Costa do Ouro, ele enviaria "1 milhão por ano" à Inglaterra. O ouro andava ficando comum demais, disse-lhe Russell. "O comentário de Burton foi uma explosão que aterrorizou todos os que estavam por perto", conta Thomas Wright.

Burton comemorou o Natal com Isabel e a família Arundell em Wardour Castle, casa do tio de sua mulher. O principal acontecimento de sua licença foi a fundação da Anthropological Society de Londres, junto com dr. James Hunt, em 6 de janeiro de 1863; a princípio, eram onze membros, e em dois anos chegaram a quinhentos. Burton fundou a sociedade principalmente como maneira de apresentar ao público seus materiais mais chocantes — a sociedade, escreve ele, oferecia "um refúgio à verdade necessitada. Lá, qualquer homem, monogenista, poligenista, eugenista ou disgenista, pode expor a verdade que lhe concerne".

Como viajante e autor de relatos de viagem, descobri ser impossível publicar essas questões de economia social e tais observações fisiológicas [como a circuncisão feminina], sempre interessantes para nossos conhecimentos gerais e, ao mesmo tempo, tão valiosas.

Ele criou uma revista, *Memoirs of the Anthropological Society* (posteriormente incorporada a *The Anthropological Review* como publicação trimestral), para publicar "certos assuntos". Nove anos depois, a Anthropological Society se fundiu com a Ethnological Society, para formar o Royal Anthropological Institute da Grã-Bretanha. Um outro grupo, ainda sob a égide de Burton, fundou a London Anthropological Society, lançando um periódico chamado *Anthropologia*. "Minha intenção", disse Burton, "era proporcionar aos viajantes um órgão que resgatasse suas observações do silêncio a que ficaria confinado o manuscrito e publicasse suas curiosas informações sobre assuntos sociais e sexuais." Mas essa arriscada sondagem dos níveis básicos da humanidade não era uma via fácil. "A 'respeitabilidade', que limpou o sepulcro de qualquer cisco, ergueu-se contra nós." Levantou-se a "voz impudente e espalhafatosa" do decoro, e "os colegas covardes caíram fora".

Logo devia voltar a seu posto. Burton e Isabel tinham decidido passar algumas semanas juntos num clima mais saudável, e tomaram um navio para a ilha da Madeira. Isabel tinha se queixado ao marido de sua solidão.

Eu lhe disse que não conseguiria continuar a viver daquela maneira; era triste demais, o marido num lugar aonde não se pode ir, e eu morando com minha mãe como uma menina — eu não era esposa, nem donzela, nem viúva; assim, ele me levou junto.

Não foi uma viagem fácil. Os navios das linhas africanas se destinavam a cargas, não a passageiros, e paravam em 22 portos. Não havia banho, "era difícil fazer as necessidades" e partiram numa tempestade, com o navio fazendo água. "As cabines de baixo ficaram alagadas. As gaiolas de passarinhos, os gatinhos, os pacotes, tudo flutuava, a maioria das mulheres gritava, muitos dos passageiros homens estavam bêbados, as luzes se apagaram, a mobília se soltou e rolava a seu bel-prazer."

Isabel ficou "enjoada e aterrorizada", mas foi uma boa estréia nas viagens do capitão Burton. Por fim a tempestade amainou, e chegaram à Madeira, encontraram velhos amigos, foram a festas, e depois seguiram para Tenerife, onde não havia "nada de luxo e conforto" e a febre amarela grassava.

Mesmo assim, os Burton — como sempre fariam nos outros lugares — conseguiram transformar a miséria, as dificuldades e as coisas desagradáveis em divertimento. Exploraram a ilha, fizeram amizade com o povo ("As mulheres de Tenerife eram as mais lindas que eu jamais havia visto", disse Isabel, confirmando inocentemente a opinião anterior do marido), e ela escreveu seu primeiro livro, que, porém, Burton não deixou publicar, por não ser nada profissional.

Quando chegou a hora de seguir para Fernando Pó, Burton deixou que Isabel viajasse junto com ele, mas ela não teve autorização de ficar no local, e voltou para casa, enquanto ele se entregava novamente a seus deveres consulares. Tenerife se tornou um ponto de encontro secreto dos dois. Quantas vezes Burton saiu à socapa de Fernando Pó, não se sabe — decerto muitas, imagina-se —, mas em parte tinham resolvido o problema da separação.

Por mais de um ano, não se recebeu nenhuma notícia de Speke e Grant; era grande a preocupação pela segurança deles. Formaram-se várias missões de "resgate", homens e até mulheres dispostos a arriscar a saúde e a própria vida para subir o Nilo e encontrar os exploradores sumidos, e John Petherick, como representante oficial do governo, também devia estar esperando em Gondoroko.

A pessoa mais importante entre os voluntários era Samuel Baker, um fidalgo e esportista escocês, que tinha entrado na busca por iniciativa inteiramente pessoal, sem qualquer apoio oficial. Baker esperava encontrar Speke e Grant em algum lugar perto de Gondoroko. Os europeus só a conheciam de nome, como uma colônia notória e realmente cruel de traficantes de escravos, hostil a forasteiros. "Um verdadeiro inferno", disse Sam Baker quando entrou na cidade. A temperatura girava em torno de 38 graus centígrados, o local tresandava e o crime era um grande passatempo. Os assassinatos eram comuns, e os negreiros mais poderosos mantinham exércitos particulares. Baker, que era viúvo, estava com sua amante (e futura esposa), uma jovem branca chamada Florence Sass que ele havia comprado num mercado de escravas na Hungria para salvá-la de algum harém turco. Entre os outros membros da missão do possível resgate, incluíam-se três holandesas, as Tinne, extremamente ricas e aventureiras, que também queriam esperar os exploradores sumidos em Gondoroko.

O casal Petherick chegou à cidade muito antes dos outros grupos de brancos, tendo feito a árdua subida do Nilo de barco e sob condições extenuantes, mas, sem qualquer idéia de onde Speke e Grant poderiam estar, foram para o campo para tratar de outros assuntos.

Foi somente em 13 de fevereiro de 1863 que Speke e Grant, escoltados por um grupo de marcha e uma coluna de soldados egípcios e núbios a serviço dos turcos, liderados por um traficante de escravos e marfim enviado por Baker, que tinha ouvido boatos sobre dois brancos no deserto, finalmente chegaram a Gondoroko. Quando se aproximavam da cidade, os dois exploradores viram a figura de um inglês que se dirigia a eles. Para a surpresa de ambos, não era Petherick e sim Sam Baker, que Speke conhecera em 1854 vindo da Índia para Áden, quando se reuniu a Burton na malfadada Expedição Somali. "Meu velho amigo Baker, famoso por seus esportes no Ceilão, me agarrou pela mão", escreve Speke. "Mal consigo dizer a alegria que foi. Nem conseguíamos falar direito, de tão comovidos por nos encontrarmos de novo." As Tinne, que Speke não conhecia, tinham sido derrubadas pela febre e voltaram a Cartum. Logo apareceram três missionários austríacos, mas onde estava Petherick? Para Speke, não era desculpa que o cônsul tivesse esperado um ano, e depois partisse para tratar de outros assuntos. Mas tanto ele quanto Grant estavam em boa saúde.

> Speke [escreveu Baker] parecia o mais desgastado dos dois; estava excessivamente magro, mas na verdade com uma boa condição de saúde; tinha feito o caminho todo a pé desde Zanzibar, sem montar uma única vez durante a cansativa marcha. Grant estava em dignos farrapos, os joelhos nus aparecendo pelo que tinha sobrado das calças, que constituíam uma demonstração do trabalho grosseiro do alfaiate. Ele estava com uma aparência cansada e febril, mas ambos tinham um fogo no olhar que mostrava o espírito que os guiara.

Alguns dias depois, chegou Petherick acompanhado de sua mulher Kate e de James Murie, mas aí já era tarde demais. Speke estava fulo de raiva por não ter sido recebido como devia pelo representante oficial de seu governo. Na aparência, todos os brancos, aos quais vez por outra se juntavam os missionários austríacos, estavam em termos amistosos. A nível privado, porém, Speke estava furioso com Petherick. Kate Petherick tentou acalmar a situação, mas Speke não sossegou, muito embora, antes de partir, tivesse assegurado ao cônsul, em Londres, que ele podia ir atender seus assuntos enquanto aguardava a chegada da expedição. Kate escreveu a propósito dessa situação com Speke: "Sua crueldade ainda vai recair sobre ele". E mesmo quando estava em Gondoroko, Speke ainda se remoía de raiva com Burton e escreveu uma carta à Royal Geographical Society, a ser postada de Cartum, dizendo que Burton não entendia nada de cartografia, apesar de seu próprio empenho pessoal em lhe ensinar.

Mais tarde, de volta à Inglaterra, Speke atacou impiedosamente Petherick em público. Macqueen e Burton, quando este voltou, falaram da "maneira cruel" com que ele destruiu o cônsul Petherick, com sua "má índole, vaidade e inveja".

Speke se recusou a aceitar os barcos, bem armados e aprovisionados, que Petherick tinha à espera deles, e ambos, Speke e Grant, desceram o Nilo até Cartum no barco de Baker. Baker tampouco escapou à fúria de Speke. Este logo começou a fazer reparos sobre Florence e sua ambígua condição de amante num lugar como a África, onde a doença grassava e a vida era tão curta. De repente ela não poderia virar uma viúva informal?

Nas condições relativamente civilizadas de Cartum, depois de continuar a descer o Nilo — seu rio! —, Speke telegrafou a Murchison dizendo que "o Nilo está estabelecido". Não estava, é claro; essa questão teria de ser resolvida em anos futuros.

Os 22 nativos que sobreviveram ao safári, entre eles Sidi Bombaim e três mulheres, e entre elas as duas adolescentes "carregadoras de água" que tinham entretido Speke em Buganda, acompanharam os dois expedicionários até o Cairo, onde ocuparam algumas tendas num parque público. Ganharam os salários de três anos e muitas atenções, e foram embarcados de volta para Zanzibar, onde receberam mais pagamentos e aclamações. Quando Speke e Grant voltaram à Inglaterra, foram acolhidos por Rigby no desembarque, como heróis e celebridades, os grandes homens do momento.

Em todos os lugares, eram saudados por multidões. Quando Speke fazia conferências, as pessoas do lado de fora quebravam janelas para vê-lo. Com o inestimável auxílio dos Blackwood, os dois livros de Speke sobre a exploração foram publicados rapidamente, com títulos quase idênticos (e portanto capazes de confundir): *Journal of the discovery of the source of the Nile* e *What led to the discovery of the source of the Nile*. No ano seguinte, 1864, Grant publicou *A walk across Africa* [Um passeio pela África], título sugerido pelo comentário de lorde Palmerston: "Vocês fizeram um longo passeio". Mas Burton e Macqueen logo atacaram as obras de Speke sobre a questão do Nilo, sendo que Macqueen fez resenhas tão logo saíram as publicações e Burton somou seus comentários cáusticos aos ensaios sarcásticos e corrosivos de Macqueen em *The Nile basin* [A bacia do Nilo].

25. AS NOITES FUNESTAS

A VIDA DE BURTON APRESENTA inúmeras passagens estranhas, misteriosas, obscuras, mas os três anos na África Ocidental — três anos que deviam parecer uma eternidade dos infernos — estão entre as mais estranhas. Três anos num lugarejo fétido, cheio de malária e miasmas, atrasado, ignorante e sujo! E presumivelmente sem nenhuma bubu para reconfortá-lo nas negras noites infestadas de mosquitos — nenhuma bubu, mas apenas a lembrança de Isabel e daqueles rápidos encontros em Tenerife, ilha pitoresca, mas limitada.

É notável que ele tenha escrito um monte de livros — nove volumes alentados — durante esses três anos, os quais são meticulosamente, obsessivamente fascinados por fatos, detalhes e acúmulos de informações. Praticamente como sempre, qualquer um deles, por si só, bastaria, no caso de outra pessoa, para lhe granjear fama, para lhe garantir uma posição segura numa universidade ou na diplomacia, mas a prolixidade das publicações tende a encobrir o valor individual de cada uma delas. "Obsessão" não é bem a palavra para definir seus escritos. Ele produzia livros (bem como todas as outras coisas que enchiam seu espírito: artigos, relatórios oficiais, cartas e ensaios) como uma espécie de autômato desenfreado, um computador *avant la lettre*, com memória instantânea para tribos e raças, escarificação, vigaristas brancos e vigaristas negros, pecados de missionários e negreiros, tipos de solo, produtos, plantas raras e comuns (a banana da África Ocidental recebe uma abordagem mais favorável do que a da África Central), exportações e importações, metais preciosos (o ouro era sempre uma preocupação básica), folclore, história (os fatos ocorridos), geografia (longitude, latitude, altitudes e depressões, distâncias entre os desembarcadouros dos rios, erros de viajantes anteriores — como ele gostava de corrigir seus predecessores!), doenças e enfermidades, e sobretudo idiomas. Dificilmente se passa uma página ou um capítulo em que ele não desencave alguma língua africana conhecida ou obscura, para explicar como as palavras se desenvolveram, se modificaram ou perderam o significado, ou para corrigir lingüistas anteriores. "O sr. Wilson [um missionário] não devia ter um bom ouvido, ou não teria escrito 'ntyge' para nchigo ou 'engene' para njina, que dá uma nitidez à primeira consoante absolutamente não africana." Wilson e mais uma dúzia de outros gramáticos são muito criticados nos livros sobre a África, mas havia uma razão: Burton adorava línguas, e queria que todos também adorassem. Depois de desancar o pobre Wilson, ele prossegue:

> Líquida e altamente harmoniosa, concisa e capaz de contrações, a língua mpingwe não merece desaparecer. [...] O povo nunca inventou nenhuma forma de alfabeto, mas a quantidade de contos, lendas e provérbios que possui o dialeto deles compensaria o trabalho de aprendê-lo.

Mas as línguas da África Ocidental não eram de aprendizado fácil, pois se distinguiam por

> polissilabismo, flexão com prefixos sistemáticos e aliteração, cujas letras recíprocas têm seu mistério teoricamente explicado por uma eufonia em muitos casos ininteligível. [...] Descobri que as formas negativas do passado, presente e futuro dos verbos dependem totalmente de uma mudança do acento, ou melhor, da entonação ou altura da voz, que o ouvido do estrangeiro, a menos que seja aguçado, não consegue perceber.

Burton não conseguia ficar parado em Fernando Pó. "As pequenas ilhas são todas grandes prisões: é impossível olhar o mar sem sentir vontade de ter asas como uma andorinha." Ele estava tomado por uma espécie de demônio: tinha de viajar, vaguear, explorar. "Impulsionando um tronco escavado de madeira — alguns milhares de quilômetros rio acima, com uma perspectiva infinitesimal de voltar, eu me pergunto: 'Por quê?', e a única resposta é: 'maldito tolo'", escreveu ele a Monckton Milnes no final de maio de 1863. Como tinha chegado a tal ponto? "Impulsos diabólicos", foi o que concluiu.

É verdade que ele tinha se aventurado a subir um rio — era o Congo — numa canoa nativa, mas não estava propriamente a milhares de quilômetros da costa: eram apenas algumas centenas. No entanto, os trechos a montante eram pouquíssimo explorados, e os europeus conheciam bem apenas a parte inferior, com postos portugueses ao longo de toda essa extensão. A idéia de Burton era avançar o máximo possível além das cachoeiras inferiores, mas não pôde executá-la por falta de tempo e de equipamentos. Em 1816, o rio tinha levado a vida de um valoroso inglês, o capitão J. K. Tuckey, da marinha real, e mais dezesseis companheiros, e desde então ninguém havia chegado à cidade de Isanglis, além das quedas d'água. Sobre o Congo superior havia tombado um silêncio respeitoso, pontuado apenas por notícias de reis cruéis e selvagens. Burton voltou à sua ilha, onde logo depois recebeu a boa notícia de que iam lhe permitir — na verdade, mandar — visitar o famoso rei Gelele de Daomé, um sinistro reino africano, o mais sinistro de todos naquele infeliz continente. Os europeus que visitaram Daomé tinham voltado com histórias de matanças de 2 mil vítimas de uma só vez, de canoas boiando em lagoas de sangue. Pouco depois de sua chegada a Fernando Pó em 1861, Burton tinha pedido permissão ao Ministério das Relações Exteriores para fazer uma visita ao Daomé. Fora-lhe negada, mas ele viajou da mesma forma, sigilosamente, ficando cinco dias na capital e tendo um rápido encontro com o rei. Na época, escreveu a Monckton Miles contando que ficou "de modo geral decepcionado" pela falta de sanguinolências. "Nem um único homem morto, ou um sujeito torturado. A canoa boiando em sangue é o mito dos mitos. O pobre Hankey ainda vai de ter de esperar por sua *peau de femme*." E acrescentou que as vítimas somavam entre "cem e duzentas por ano, em vez de milhares". E era capaz de fazer piadas bem desagradáveis: "No Benin [...] eles crucificaram um sujeito em homenagem à minha chegada — aqui, nada! E esta é a terra tingida de sangue do Daomé!"

Burton prometeu a Gelele que algum dia voltaria, e, depois de insistir um pouco mais, o Ministério das Relações Exteriores finalmente lhe deu permissão formal para entrar no Daomé e protestar não só contra as chacinas rituais, que na verdade eram em número maior do que Burton tinha dito a Monckton Milnes, mas também contra o tráfico de escravos. Ao que parece, Isabel deu um empurrãozinho para que o ministério mudasse de opinião. Ela esperava aproveitar a ocasião para visitar Richard e acompanhá-lo ao Daomé, onde poderia mostrar diapositivos de cenas do Novo Testamento e dizer algumas palavras na língua local para assustar o rei e induzi-lo a abolir os sacrifícios humanos e se converter ao catolicismo. O governo protestante de sua majestade lhe explicou pacientemente que a lanterna mágica poderia ser considerada um autêntico exemplo de magia, e que ela e o capitão correriam o perigo de aumentar o rol dos contribuintes para o pretenso lago de sangue.

Burton foi formalmente designado como embaixador para o Daomé, com o objetivo de protestar contra os sacrifícios rituais anuais, conhecidos como "costume", e o uso da escravidão. Ele não tinha muitas esperanças de conseguir impor uma mudança nas práticas de Gelele. O máximo que podia esperar seria convencer o rei a não matar ninguém, pelo menos durante sua visita, a qual, porém, ocorreria justamente na época do costume anual. Burton viajaria com toda a pompa. O *HMS Antelope* o deixaria em Uidá na costa; ele levaria presentes magníficos e iria acompanhado por auxiliares pessoais, quase uns cem carregadores, portadores de macas, intérpretes, cozinheiros e outros elementos necessários para o êxito de uma expedição. Além de seu criado Selim Aga, tinha consigo um médico naval, John Cruikshank, e o reverendo Peter W. Bernasko, definido como um "assistente de missionário nativo".

Eles desembarcaram em Uidá, na costa dos Escravos, em 29

de novembro e tiveram de esperar na cidade até o começo de dezembro, enquanto não chegava a autorização de Gelele para que prosseguissem. Mas não foi um tempo desperdiçado. Burton encontrou muitos sinais de um culto fálico, com centenas de estátuas priápicas de barro espalhadas por todas as partes. No dia 5 de dezembro, partiram para o Daomé, atravessando aldeias onde a população masculina adulta era praticamente inexistente, e no dia 18 chegaram a Kana, onde ficava o palácio temporário do rei. No dia seguinte, Burton encontrou o rei numa "penitência de recepção" — as usuais e inevitáveis cerimônias e danças. Burton ficou impressionado com Gelele. "Ele parece um rei de homens [negros], sem coração mole nem cabeça fraca", escreveu ele. "Tem um corpo atlético, com mais de 1,80 metro de altura, flexível, de ancas estreitas e ombros largos." Os olhos do rei estavam "vermelhos, lacrimejantes e inflamados" e como tatuagem tinha "três cortes curtos, paralelos e perpendiculares, situados mais perto do couro cabeludo do que das sobrancelhas".

Embora tenha recebido Burton com pompa, o rei não lhe concedeu uma audiência privada, provavelmente suspeitando do verdadeiro objetivo da visita. Nesse meio-tempo, Burton começou a observar Daomé, principalmente as amazonas. Não eram as criaturas glamorosas da Antigüidade clássica ou sequer as sedutoras figuras que imaginara antes, mas apenas africanas comuns. Ele escreveu a Milnes:

> Eu estava ansioso, com uma curiosidade tremenda, para ver 5 mil virgens adultas africanas, nunca tendo conhecido um único espécime do gênero. Descobri que a maioria eram mulheres flagradas em adultério e entregues ao rei como bucha de canhão, em lugar de serem mortas. Em sua maior parte, eram velhas e todas elas horrorosas. As oficiais, decididamente, eram escolhidas pelo tamanho das nádegas.

Como soldados do rei, deviam viver em castidade, independentemente de suas biografias anteriores, mas, escreve Burton, "tão difícil é a castidade nos trópicos" que 150 delas estavam grávidas. As amazonas não o impressionaram como soldados. "Elas manobram com a precisão de um rebanho de carneiros, e são fracas demais para resistir a uma carga das tropas mais pobres da Europa." E pior: "um mesmo número de faxineiras inglesas, armadas com a vassoura britânica [...] acabaria com elas em pouquíssimas horas". Mesmo assim, elas tinham logrado algumas vitórias notáveis sobre reinos vizinhos e quaisquer derrotas que sofreram, na opinião de Burton, se deveram a problemas de comando dos oficiais homens.

Durante o longo período de espera, a tensão em Kana aumentava diariamente, à medida que iam se fazendo os preparativos para a celebração do costume. Por fim, chegou o dia fatídico. Burton tinha insistido que não se matasse ninguém em sua presença, e pediu a libertação de vinte vítimas que viu amarradas num barracão. Gelele soltou dez. Iniciou-se um frenesi de danças e tambores: os ritos de decapitação tinham começado, dirigidos pelo próprio rei, que comandava a dança. Gelele insistiu que Burton e dr. Cruikshank se juntassem a ele; Burton obedeceu com um *pas seul*, sendo aclamado pela multidão, e Gelele se acercou dele, daí resultando uma grande ovação. O rei então brindou seu hóspede de honra bebendo de uma caveira, e depois o presenteou com duas outras.

Era bárbaro, de uma crueldade irrestrita e incalculável. Burton não viu nenhuma execução, mas em deferência a ele — ou à sua rainha — as vítimas foram sacrificadas à noite — "as noites funestas", disse Burton —, sendo o rei a cortar pessoalmente a primeira cabeça. Nove homens morreram na primeira chacina, sendo decapitados e castrados após a morte, "em respeito", escreve Burton, "às viúvas reais". Ao todo, Burton contou 23 vítimas masculinas. Disseram-lhe que morriam oitenta durante os cinco dias do costume, e cerca de quinhentos durante o ano. Mulheres criminosas eram executadas por "oficiais do mesmo sexo, dentro dos muros do palácio, sem a presença de homens", fato que não deixaria de enfatizar posteriormente: "O Daomé é nisso um grau mais civilizado do que a Grã-

Bretanha, onde, é incrível dizer, ainda enforcam até mesmo mulheres em público".

Não podemos muito criticar que se executem criminosos [no Daomé] quando no ano da Graça de 1864 enforcamos quatro assassinos no mesmo patíbulo diante de 100 mil pessoas boquiabertas em Liverpool [...] nosso último rei cristão, por exemplo, matou uma mãe famélica de dezessete anos, com uma criança de colo, por ter tirado um metro de tecido do balcão de uma loja.

Qual era a razão de tal crueldade entre os africanos? Ao contrário de viajantes anteriores que tinham visto ou sabiam das execuções, Burton tentou ir além das especulações comuns, para chegar ao cerne do assunto. A razão, a seu ver, era essencialmente religiosa: comunicar-se com os mortos reverenciados. As vítimas eram embebedadas, "sendo o objetivo enviá-las para o outro lado com a melhor das disposições. [...] O rei queria se comunicar com seu pai". A prática do costume "se origina da piedade filial".

Finalmente foi concedida uma entrevista privada com Gelele. Agora Burton estava com uma certa raiva, e prometeu represálias da parte de seu governo contra o Daomé, principalmente por causa do tráfico de escravos. Em seguida, protestou contra o costume.

O rei estava com suas respostas prontas. Tinham sido os ingleses que, muito tempo antes, iniciaram o tráfico de escravos; agora, ele precisava da receita — o óleo de palma não bastava para custear as despesas do costume — e, quanto a este, era uma prática antiga, e ele matava apenas malfeitores e prisioneiros de guerra, os quais, se pudessem, lhe fariam o mesmo. Burton tentou argumentar pelo bom senso: "O Daomé não precisava de mortes, e sim de nascimentos. Foi como falar com as paredes".

Tinha sido uma viagem frustrante, decepcionante, malograda, e psicologicamente o rei levou a palma sobre Burton. "Você é um bom homem", disse o rei, "mas é muito irritado." Apenas a grandiosa obra em dois volumes que Burton escreveu a respeito foi capaz de compensar seu desapontamento. O livro se chamava *A mission to Gelele, king of Dahome* [Uma missão junto a Gelele, rei do Daomé], e o subtítulo abrangia tudo o que Burton conseguiu inserir: "Com dados sobre as chamadas 'amazonas', os grandes costumes, os costumes anuais, os sacrifícios humanos, o atual estado do tráfico de escravos e o lugar do negro na natureza".

A viagem ao Daomé foi a última grande expedição de Burton na África Ocidental. No final do verão, recebeu uma nova licença. Sua saída de Fernando Pó foi acompanhada pela costumeira ciranda de azedumes e controvérsias. Ele tinha sido negligente demais ao deixar os pequenos assuntos do consulado a cargo de Loughland. Este, quando Burton estava no Daomé, vendeu a propriedade de um comerciante falecido de Serra Leoa que lhe devia uma certa quantia. O principal bem na propriedade era uma escuna arruinada, a *Harriet*. Antes de ir para a costa continental, Burton tinha assinado o certificado de venda da embarcação, sem avaliar inteiramente o que estava fazendo. Os herdeiros do comerciante demandaram judicialmente 280 libras do governo inglês, e o Ministério das Relações Exteriores declarou que o responsável era Burton, e não a Coroa. O resultado foi a usual troca de uma longa correspondência sobre o pleito, uma repetição em pequena escala da batalha com Speke sobre o empréstimo no safári do Nilo. Isabel, entrando na troca de acusações e contra-acusações, chegou a uma solução de compromisso com seus amigos no governo. O Ministério das Relações Exteriores reconheceria 275 das 344 libras reivindicadas por Burton para a reforma do consulado em Fernando Pó, e ele reembolsaria integralmente os herdeiros do comerciante.

Assim, Burton saiu da África mais pobre do que na chegada, acusando causticamente os "negros litigiosos" de Serra Leoa por esse golpe desonroso.

Agora estava prestes a se consumar o desfecho do drama do Nilo. O volume de Speke sobre a conclusão "exitosa" de sua busca das fontes do Nilo foi recebido com aclamações — a exploração do desconhecido era um tema popular e romântico no século XIX —, mas, para os especialistas mais argutos, havia passagens no livro que despertavam desconfiança e desdém.

Burton tinha voltado da África Ocidental na época em que o livro foi publicado. Imediatamente apontou erros e discrepâncias, pois freqüentemente as declarações de Speke pareciam não passar de palpites. Speke viu uma grande massa de água num determinado lugar na primeira expedição, em 1858, e viu uma outra grande massa num outro lugar na segunda expedição, em 1862, e supôs que faziam parte de um mesmo enorme lago, quase do tamanho da Inglaterra. Não tinha explorado as margens e não tinha qualquer informação sobre os rios que o alimentavam ou saíam dele. Quando encontrou um escoadouro que decidiu confiadamente ser o Nilo, não se deu ao trabalho de segui-lo, e tomou atalhos pelo campo, acreditando que qualquer rio que encontrasse pelo caminho haveria de ser o Nilo. Burton acusou Speke de "extrema imprecisão geográfica".

Homens sem o mesmo interesse pessoal de Burton na questão do Nilo entraram na controvérsia, e a maior parte da imprensa, que antes tinha endossado Speke, começou a levantar dúvidas, a exceção sendo *Blackwood's*. A seguir, surgiu um certo descrédito sobre a boa-fé de Speke em seus ataques a Petherick. (Grant, que antes tinha se mantido amistoso com o cônsul, também passara a criticá-lo.) Talvez Petherick não fosse o monstro que os dois haviam pintado.

Burton não precisou vociferar abertamente contra Speke, pois havia outros que podiam exprimir sua raiva por ele, notadamente Macqueen. O que deu a melhor munição a Macqueen foram as passagens sobre as mulheres nativas e Speke tomando as gordas medidas da mulher e da filha de Rumanika, de corpo "redondo como uma bola". "Cremos", escreveu Macqueen, "que nenhum de nossos leitores jamais se deparou ou sequer ouviu falar de um tal exemplo de 'manobra' como este, e ousamos dizer que jamais haverá de querer se deparar com um outro semelhante."

A displicência de Speke em relação às atrocidades na corte de Mutesa lhe valeu condenações, e os casos com as "carregadoras de água" suscitaram um desprezo ainda maior. O fato de Speke não ter ido ver o famoso lago que dizia ser a fonte do Nilo foi um ponto que Macqueen enfatizou bastante: o capitão estava ocupado demais com as moças nativas.

> O capitão Speke, durante todo o tempo mencionado, esteve entretido e ocupado bebendo *pombe*, cortejando a rainha, atirando em vacas, pondo ordem entre suas íntimas amigas rebeldes. [...] É quase inacreditável que alguém que tenha percorrido 1600 quilômetros para ver a posição do escoadouro do Nilo — supondo-se que ele fique mesmo naquele lugar — tenha permanecido cinco meses a doze quilômetros dele, sem ouvir nem ver nada de certo sobre o grande objetivo de sua pesquisa, ou sem procurar os meios de vê-lo.

Por que Speke não tomou a linda princesa Kariana pelo braço, "enfiou rapidamente o *mbugu* [tapa-sexo] dele ou dela e, em vez de ficar sentado se lamentando e se sentindo deprimido, não saiu para dar um passeio matinal [...] até o lago ou rio e assim, numa única manhã, obter o que queria, então aliviando a nós e ao mundo de todas as nossas dores e decepções?". Speke nunca conseguiu explicar por que não foi ver o lago, e a questão ficou em aberto.

A pena cáustica de Macqueen ia além, incluindo uma observação sobre a curiosidade da rainha em relação à cor da progênie de Speke: "Sairão cores diversas. O próprio capitão Speke é uma testemunha competente do processo". Mas havia também um lado sério nas acusações. Usando os próprios números e figuras de Speke, Macqueen conseguiu demonstrar que ele tinha feito o Nilo subir uma montanha. "Nenhum geógrafo correto ou que pense consegue se situar nessas páginas [...] uma massa de inteligência, se é que se pode chamá-la assim, tão atrapalhada e confusa em tudo que realmente acreditamos que nem ele mesmo é capaz de se situar."

Enquanto isso, Speke prosseguia em suas aparições públicas, tão confiante em seu sucesso que podia pensar numa terceira expedição à África.

Speke andava falando impensadamente nas cartas e em suas declarações públicas, e até Isabel reclamou, particularmente de um discurso de Speke em dezembro de 1863, "que, em vanglória e mau gosto, foi inigualável". Speke mantinha seu comportamento excêntrico e combativo. Em março do ano seguinte, acompanhado por Laurence Oliphant, ele foi a Paris para tentar persuadir os franceses a dividir o domínio da África com a Inglaterra. Disse à Société de Géographie de Paris que os africanos queriam um imperador, um imperador francês, e que agradaria muito à Inglaterra que se encontrasse algum. Disse ainda que os africanos se beneficiariam com o exemplo moral oferecido pela França. Speke parecia um tanto transtornado, e Oliphant comentou privadamente sua preocupação com alguns amigos, inclusive os primos Blackwood, visto que estes haviam solicitado que fosse eliminada uma seção do segundo livro de Speke, onde acusava Burton de "incompetência, covardia, malevolência e inveja" durante a primeira expedição ao Nilo. Em junho, John Blackwood, um dos membros do clã, escreveu a Oliphant: "Por favor, fale com ele e tente evitar ao máximo que ele meta os pés pelas mãos". Ao mesmo tempo, os Blackwood instaram com Oliphant para que atacasse os artigos de Burton sobre a questão do Nilo.

A morte parecia pesar sobre Speke como quando chegou a Áden e encontrou Burton pela primeira vez. Em Paris — contou Oliphant aos Blackwood —, Speke abordou a questão da morte.

> Ele disse que, tendo feito a descoberta do Nilo, a vida lhe parecia tão absolutamente insípida e desinteressante que, depois de derrubar Burton, sentia que não teria mais nenhum objetivo em viver. Falou da existência com a mais

completa indiferença e disse que não via a morte como uma desgraça.

Parecia inevitável um choque público entre Speke e Burton, e Oliphant maquinou a ocasião. Seria num debate aberto na Reunião da British Association, em 15 de setembro de 1864, em Bath. Oliphant contou a Burton que Speke tinha dito que, "se Burton aparecesse no tablado em Bath, ele o chutaria". Burton respondeu: "Bom, *isso* decide!".

A sessão inicial foi dedicada a outros assuntos; o debate entre Speke e Burton devia ser no segundo dia. Enquanto isso, tendo arranjado o encontro cara a cara dos dois adversários do Nilo, Oliphant foi para a Alemanha, para ser poupado de alguma eventual fúria que qualquer um dos dois participantes poderia despejar sobre ele, caso o debate não desse certo.

Durante a sessão do primeiro dia, Speke e o casal Burton se sentaram no mesmo tablado. Isabel escreveu:

> Nunca vou esquecer o rosto dele. Estava cheio de dor, de anseio e de perplexidade. Então pareceu virar pedra. Depois de algum tempo, começou a ficar muito irrequieto e exclamou a meia-voz: "Oh, não agüento mais isso!".

Speke saiu da sala. É o que Isabel lembra, e talvez sua memória esteja certa.

No dia seguinte, reuniu-se uma grande platéia para o debate. Entre as várias centenas de pessoas no salão, Isabel, vestida com apuro, parecia ser a única mulher presente. Escreve que os outros pareciam se esquivar dela e de Burton, e que ficaram sozinhos no tablado, Burton de pé, com suas notas na mão, esperando a chegada de Speke.

> Houve um atraso de cerca de 25 minutos, e então o Conselho e os oradores entraram e anunciaram o terrível acidente de tiro que tinha atingido o pobre Speke, logo depois de ter deixado o salão no dia anterior. Richard se afundou

numa cadeira e eu vi, pelos movimentos de seu rosto, a terrível emoção que ele tentava controlar e o choque que havia recebido.

Todavia, apesar da tragédia, o Conselho pediu que Burton fizesse seu discurso.

Quando chamado a falar, numa voz que tremia, ele discorreu sobre outras coisas, e o mais brevemente possível. Quando fomos para casa, ele chorou longa e amargamente, e fiquei muitos dias tentando consolá-lo.

Outras versões dizem que, quando foi anunciada a notícia da morte de Speke ao público no salão, Burton, ao se afundar na cadeira, exclamou: "Meu Deus, ele se matou!".

As circunstâncias da morte de Speke são ambíguas e assim continuarão. Depois de sair do salão no primeiro dia, ele tinha ido caçar com seu primo George Fuller e um guarda-caça. Disparou duas vezes em perdizes, com sua Lancaster de dois canos e carregamento pela culatra, com uma trava de segurança. Fuller, que estava a uns sessenta metros de Speke, ouviu um terceiro tiro e olhou na direção dele. Speke estava em cima de uma mureta de pedra, com cerca de sessenta centímetros. Então ele caiu. Fuller correu e encontrou Speke no chão, com um grande ferimento no peito. Um dos canos da Lancaster tinha sido descarregado e o outro não, e o cão estava semi-engatilhado. Parecia que Speke tinha subido no muro, puxando a arma consigo, e ela disparou.

"Não mexa em mim", disse Speke, ainda consciente. Fuller foi correndo buscar ajuda, e deixou Davis, o guarda-caça, cuidando de Speke, mas na hora em que ele voltou com um médico, o ferido já estava morto. Um inquérito, realizado no mesmo dia perante um júri "de moradores respeitáveis do lugar", ouviu os depoimentos de Fuller, Davis e o médico, e concluiu que o disparo tinha sido acidental, embora parecesse estranho que um homem com a experiência de Speke com armas pudesse ser tão tolo a ponto de puxar uma arma carregada com a boca voltada em sua direção. Três dias depois, o necrológio no *Times* de Londres se referiu a Speke como "um bravo soldado [...] e um viajante sagaz e empreendedor", dando-lhe todos os créditos pela descoberta do Nilo.

O lugar de Speke na história, assim como sua "descoberta" e sua morte, é contraditório. Seu nome hoje em dia raramente aparece em livros, exceto em obras que tratam especificamente do Nilo; é dado como o descobridor da nascente, ficando Burton num papel secundário e inferior. Mas o mistério em torno de sua morte continuaria e, em vez da paz do repouso para o falecido, a controvérsia prosseguiu com novas acusações. Burton tinha escrito a um amigo, W. Frank Wilson, que "nada se saberá da morte de Speke. Eu o vi à uma e meia da tarde no primeiro dia da reunião, e às quatro horas ele estava morto. Os caridosos dirão que ele se matou, os impiedosos dirão que eu o matei". Ainda em 1921, George Fuller, então com 92 anos, tentava desmentir a idéia ainda persistente de que seu primo cometera suicídio. Numa carta ao *Times*, ele reafirmou que a morte de Speke foi acidental; além disso, "Burton não poderia ter visto Speke naquele dia, e a morte foi antes da uma e meia da tarde".

Em tudo o que Burton disse ou escreveu sobre os anos na África e no período posterior, fica patente que ele sempre se sentiu tremendamente ferido pelas ações, alegações, imprecisões e equívocos de Speke, e principalmente por sua morte, tão trágica e obscura. Ele escreveu que sempre considerou Speke um "irmão", e tinha a maior admiração pelas realizações de Speke, da mesma forma que igualmente deplorava seus erros. Em junho de 1863, quando Burton estava na África Ocidental e Speke na Inglaterra, Burton escreveu a um colega oficial: "Por favor, conte-me todos os detalhes sobre a descoberta do capitão Speke. Ele realizou uma proeza magnífica e agora se eleva simultaneamente ao primeiro lugar entre os exploradores atuais". Por conseguinte, os ataques de Speke o feriam profundamente. Ele conhecia a solidão, a angústia e a insegurança de Speke.

Uma nuvem empanaria para sempre o brilho dos feitos de Speke. Que um homem corajoso, embora muitas vezes tolo e fútil — mas sempre corajoso —, morresse como Speke morreu, iria perturbar Burton pelo resto da vida.

26. BRASIL

Então surgiu uma oportunidade para que Isabel e Richard Burton vivessem juntos. Depois de muito trabalho, ela conseguira a transferência do marido de Fernando Pó para Santos, no Brasil, cidade portuária talvez tão quente, úmida e cheia de malária quanto qualquer lugar da África Ocidental, mas tida como local onde os europeus podiam viver com segurança. Enquanto isso, Burton concluiu o incrível número de livros — nove — baseados em seus materiais africanos: *Wanderings in West Africa* [Andanças na África Ocidental], em dois volumes; *Abeokuta and the Cameroons mountains* [Abeokuta e os montes Camarões], em dois volumes; *A mission to Gelele, king of Dahome*, em dois volumes; *Wit and wisdom from West Africa* [Senso e sabedoria da África Ocidental], em um volume, e *Two trips to gorilla land and the cataracts of the Congo* [Duas viagens à terra dos gorilas e às cataratas do Congo], também em dois volumes. Thomas Wright foi bastante cáustico em relação a esse fantástico volume de trabalho — "Se fossem impiedosamente condensados, esses nove tomos poderiam, com arte, resultar num livro digno de sobreviver" — e deplorou a "prolixidade" de Burton. Burton dedicou *Abeokuta* a Isabel, com uma epígrafe em latim contendo uma passagem que, traduzida, refere-se a ela como "Luz de minha noite, suave descanso das preocupações do dia". Sentimento bastante romântico, ao qual Isabel acrescentou em seu exemplar: "Obrigada, meu doce amor".

O casal passou um período de férias na Irlanda e outro em Portugal, assistindo a touradas em Lisboa e visitando vários pontos de interesse, passando dois meses numa espécie de lua-de-mel sem preocupações nem aborrecimentos. A seguir, Burton enviou a esposa de volta a Londres para "acertar as contas e fazer as malas", frase que se tornaria símbolo da vida do casal, enquanto ele partia para o Rio de Janeiro. Isabel chegou algumas semanas depois, com sua criada irlandesa Keir e 59 volumes de bagagem que, tendo eles finalmente se instalado, levaram doze dias para ser desembalados, num trabalho que começava às seis da manhã e ia até altas horas da noite.

Em outubro de 1865, o casal foi para Santos, cidade úmida e subdesenvolvida que, com seus mangues, xaxins, águas turvas, a etérea mescla de tons verdes claros e escuros e o mar de cor carregada, lembrava a Burton os portos sujos e desleixados da costa ocidental africana. Não era um lugar onde um casal sensato pudesse se estabelecer em caráter permanente. No Rio, Isabel havia contraído uma febre tropical, que voltou a acometê-la em Santos. Assim, os Burton se mudaram para São Paulo, de altitude maior, onde ocuparam aposentos temporários numa "parte bem alta da cidade, e portanto seca e saudável, uma bela ruazinha, embora estreita". A casa possuía quintal e jardim, e Isabel era da opinião de que "São Paulo em si é uma cidade graciosa, branca, espraiada no alto de um morro e descendo para um planalto, bem arborizada e com boas águas, e montanhas ao longe, por toda a volta. Saindo para o campo, há cobras, macacos, jaguares e gatos selvagens, escorpiões e aranhas". Ela reclamava que a vida em São Paulo era "*muito* cara".

Os Burton precisavam de moradia mais espaçosa, e logo Isabel encontrou um antigo convento na rua do Carmo, nº 72, que se tornou o lar brasileiro do casal. Ali, Burton dispunha de um aposento com doze metros de comprimento para trabalhar, e Isabel tinha uma capela onde, com a permissão do bispo local, pregava para os escravos negros, que, pelo que ela descobriu, haviam sido criados com a idéia de que, por serem negros, não tinham alma, erro que ela se empenhou ao máximo em corrigir. Burton lhe falou que estava sendo sentimental demais em relação aos negros; acabaria descobrindo que não eram confiáveis. O único que ela conseguiu converter foi um anão preto chamado Chico, que traiu sua confiança assando vivo o gato favorito dela no fogo da cozinha. A questão da escravidão continuava a perseguir Burton. O Brasil, na época, era um país escravocrata, e os únicos empregados que os Burton podiam arranjar eram escravos, embora o cônsul os pagasse como homens livres. Isabel ficou transtornada com a pobreza generalizada que via em torno, e com a indiferença em relação à miséria (o padre local era um desses indiferentes). Assim, ela reservou um espaço no andar térreo do convento, para oferecer comida e abrigo aos pobres durante a noite.

Poder-se-ia poupar ao Brasil o rótulo de "túmulo do homem branco", mas não era propriamente um país "seguro" para visitantes inexperientes do hemisfério norte. A febre que acometera Isabel logo no seu desembarque no Brasil foi fortíssima, como as contraídas pelo marido na África. Foi tomada por "mal-estar e vômitos, cólicas, tonturas, desmaios, tremores, calor e frio, delírios, sede, inapetência". Deram-lhe calomelano e outros preparados populares; o delírio alarmou Burton, e ele recorreu a uma prática muito apreciada, o hipnotismo, e ela recobrou a saúde. A princípio, Isabel admitiu a hipnose, mas logo ficou indignada com o controle do marido sobre si, embora nunca conseguisse resistir à vontade mais forte dele.

Santos, quando o casal era obrigado a visitá-la, vivia cheia de maruins e pernilongos, pulgas, carrapatos "do tamanho de uma unha pequena", aranhas "grandes como um terrier miniatura" e formigas tão grandes que havia quem as vestisse de bonecas para brincar. "Há cobras por todas as partes", observou Isabel. As tempestades eram um perigo — "muitas vezes, de tão fortes, quebravam as janelas" — e havia ainda "bolas de fogo atravessando os ares". Mas Santos também tinha suas belezas: orquídeas, papagaios e borboletas enormes.

Este era o lado da vida no Brasil que Isabel podia comentar nas cartas à mãe, pois não tinha nenhuma confidente íntima para desabafar seus problemas. E havia outras coisas agradáveis para contar à mãe. Os Burton conheceram o imperador e a imperatriz do Brasil, e se viram mais prestigiados do que outros convidados mais importantes, pois o soberano era um cientista amador e sua esposa uma mulher muito religiosa, e os dois tinham muito a conversar, fosse com Isabel ou com Richard — o cônsul falava um português fluente e Isabel tinha um francês impecável. E também havia outras pessoas interessantes, gente da colônia européia, além de viagens aqui e ali. Um dos novos amigos dos Burton era J. J. Albertin, que participava da construção de uma nova estrada de ferro do litoral a São Paulo e até o interior. Essa estrada, que se chamava Estrada de Ferro Dom Pedro II, parecia ter alguma ligação com as atividades oficiosas de Burton, pois ele passava muito tempo com Albertin e acompanhava os progressos da nova linha férrea. Mas Albertin era interessante também sob outro aspecto: ele estava traduzindo Camões, o que inspirou Burton a voltar para sua própria tradução; todavia, o trabalho de Albertin foi publicado antes, em 1878, ao passo que o de Burton saiu apenas em 1880. Isabel não sentia nenhuma simpatia especial pela colônia inglesa; na maioria pareciam-lhe esnobes, e quando os tripulantes ingleses chegaram em último lugar numa regata ela comentou: "Isso vai abaixar a crista de nossos esnobes ingleses, que infelizmente é o que querem". Numa outra ocasião, quando ela tinha ido para a zona rural à procura de provisões alimentares — foi durante a guerra do Paraguai, quando havia escassez de alimentos —, ela voltou com gansos vivos amarrados à sela. "A gritaria era imensa", conta Isabel, "os ingleses respeitáveis tentavam me evitar, o que me fez sentir um prazer especial em ir até eles e perguntar das esposas e famílias."

Era um país rico e, tal como na África Ocidental, Burton se viu absorvido pela idéia de encontrar alguma forma de enriquecimento rápido que pudesse remediar sua pobreza crescente, pois o cargo pagava apenas setecentas libras anuais. Pensou seriamente em café e algodão, e lhe ocorreu que talvez pudesse existir algum tesouro fácil no rico solo vermelho do país. Comprou ações de uma mina de chumbo, para a grande irritação de seus superiores, e encontrou rubis num trecho de um leito de rio que era de propriedade de uma velha camponesa pobre; mas, para comprar a terra da mulher, ele teria de dissimular suas intenções — o que seria enganá-la — ou falar a verdade — e nesse caso ela pediria um preço exorbitante. Mas deviam existir outras maneiras de encontrar riquezas na terra, fossem diamantes ou ouro. Burton sempre se sentia atraído pelo ouro, mas tanto no Brasil quanto na África Ocidental ele lhe escapava, e assim só restaram a Burton sonhos de uma riqueza súbita, a riqueza dos sultões e imperadores.

Durante os primeiros dezoito meses no Brasil, os Burton passaram boa parte do tempo viajando entre São Paulo, Rio e Santos. Muitas vezes Burton ia sozinho, e Isabel ficava com pouca coisa para fazer, além de se preocupar com a salvação dos escravos e escrever cartas à mãe, em algumas delas contando seus pesadelos — várias vezes sonhou que a mãe tinha morrido, sonho de conteúdo que, aliás, ela deveria examinar. Mesmo assim, era uma vida idílica. Não raro os Burton saíam para fazer piquenique no campo, ou para visitar uma igrejinha nas montanhas. Lá, viam "São Paulo como um mapa" estendendo-se sob os pés, escreve Isabel, "e todas as gloriosas montanhas em torno de nós, e sentamos debaixo de uma bananeira, arrumamos nosso almoço e comemos". Lendo as narrativas do casal sobre o Brasil, temos a impressão de que Isabel se divertia bastante. "Algumas dessas cenas sul-americanas ao entardecer são encantadoras", diz Isabel, "[...] as canoas descendo devagar pelos rios, o sol se pondo nas montanhas, a folhagem densa, a atmosfera fresca e adocicada e uma espécie de zunido crepuscular no ar, o ângelus ao longe e o dedilhar de violões dos negros voltando do trabalho para casa."

Mas Burton, além dos problemas financeiros, estava com problemas de saúde. Certa vez, voltou de uma viagem à selva com tamanha febre que Isabel precisou enfiá-lo num coche e mandá-lo às pressas "para uma região do litoral a cerca de 75 quilômetros de São Paulo [...]. Encontramos uma praia magnífica, com conchas cor-de-rosa e uma baía ampla. Podia-se andar pela praia de camisola [...] e entrar na água e caminhar à vontade". Tantos cuidados e carinhos sempre reanimavam Burton, embora o local fosse "quente como o inferno".

O que Isabel não podia contar nas cartas à mãe eram as perambulações incessantes de Burton, sozinho (a menos que tivesse algumas bubus e bibis secretas que ela ignorava), andando para cá e para lá, muitas vezes em locais perigosos, desaparecendo como se não fosse casado, mas ainda estivesse em Sind, na Arábia ou na África Oriental, sem ninguém para dar satisfações, afora algum general distante sem maior importância. No começo, Burton era feliz no Brasil. Foi incansável nas explorações, interessou-se por facetas estranhas da vida brasileira, como as caboclas que liam a sorte, parecendo muito "as mogharibehs da Síria", e provavelmente — aqui só se pode especular — examinou a macumba como mais um aspecto que aguçava sua curiosidade religiosa. Mas acabou sendo dominado pela melancolia. Até o momento, Burton, apesar de seus talentos, vira-lhe negado qualquer cargo mais importante no corpo diplomático, e não poderia pretender uma vaga em alguma universidade, pois, apesar de sua inteligência brilhante, o domínio das línguas, o vasto conhecimento de etnologia e religião, ele não tinha nenhum diploma.

Era freqüente que Isabel ficasse sozinha, sofrendo em silêncio, e se ousava se queixar à mãe, era sempre com o cuidado de não mencionar o assunto na resposta. Havia compensações — Chico, a salvação dos negros, as conversas com a imperatriz —, mas certa vez, quando ela adoeceu com bolhas que a cobriram quase que da cabeça aos pés ("Não posso sentar nem ficar de pé, andar nem deitar sem gemer") e precisava de atendimento e companhia, Burton saiu atrás de um monstro marinho que diziam ter 48 metros de comprimento. Uma viagem de quatro dias se transformou num mês de ausência; durante parte do tempo, Burton ficou vagueando num mar de águas infestadas de tubarões, depois que sua canoa emborcou.

Mesmo assim, Isabel tinha suas ilusões. Depois de um ano no Brasil, ela escreveu à mãe: "Amansei e domestiquei um pouco Richard". Mas ela era cuidadosa: não queria lhe dar motivos para ficar perambulando. "Ele exige uma casa confortável e respeitável, com muito controle dos gastos, e sinto que tenho uma missão que me ocupa amplamente."

Quanto ao trabalho consular de Burton, é difícil avaliar sua intensidade. Ele reclamava que tinha de fazer relatórios intermináveis — "Relatórios do algodão", 32 páginas, "Relatório geográfico", 125 páginas, "Relatório geral do comércio", 32 páginas, e assim por diante —, mas também dedicava dias e semanas a seus trabalhos pessoais. Finalmente traduziu *Vikram and the vampire*, o popular conto folclórico da Índia — uma "adaptação", disse ele, pois recebeu grandes alterações em relação ao original —, trabalhou em sua tradução de Camões, ajudou Isabel em algumas traduções do português, inclusive *O Uraguai*, e escreveu diversos livros de viagens, entre eles *The highlands of Brazil* [Os planaltos do Brasil]. Um livro complementar, *The lowlands of Brazil* [As planícies do Brasil], ficou inacabado e nunca foi publicado, mas uma pequena seção, que Burton escreveu em português, foi lançada na *Revista Commercial de Santos*. Seu interesse por línguas continuava sempre o mesmo. Ele estudou as línguas indígenas brasileiras e montou uma gramática de tupi-guarani, que nunca foi publicada. Por toda parte que ia, Burton procurava curiosidades arqueológicas, povoados abandonados e cobertos de mato de velhas raças indígenas, fortes portugueses em ruínas dos primeiros dias da colonização. Apesar da depressão e do pessimismo sobre o futuro, Burton nunca se abandonava à indolência. Descobriu a autobiografia de um mercenário alemão, Hans Staden de Hesse, que teve uma vida semelhante à sua. A obra era tingida de um humor sombrio que despertou a atenção de Burton. Burton mandou que alguém lhe traduzisse a obra, escreveu uma introdução, burilou o texto e acrescentou extensas notas. Staden tinha sido capturado por índios no Leste do Brasil, nos meados do século XVI — os canibais amarraram suas pernas e mandaram que ele percorresse as aldeias aos pulos, enquanto eles diziam: "Lá vem nossa carne pulando". Mas Staden conseguiu fugir e foi para outras aventuras.

Mesmo com seus problemas, as doenças tropicais e os vermes, a solidão com as ausências do marido, Isabel Burton era uma pessoa marcante, e muita gente acorria a ela. Um desses, um jovem adido do Ministério das Relações Exteriores da Inglaterra, Wilfrid Scawen Blunt, que então iniciava uma breve carreira que o levaria a outros postos onde Burton serviu, registrou suas lembranças de Isabel num livro escrito muitos anos depois. "Ela tinha se transformado numa mulher sensível e muito falante, inteligente, mas ao mesmo tempo tola, transbordando de histórias que sempre tinham seu marido como herói. Nutria uma autêntica devoção por ele, e estava de fato sob seu domínio, um domínio hipnótico de que Burton costumava se gabar."

Sempre em busca de ouro, Burton ouviu falar de uma mina no estado de Minas Gerais. Depois de muita hesitação, ele decidiu levar Isabel junto. Aparentemente, a viagem pelas matas brasileiras seria apenas por curiosidade e aventura, mas, ao que parece, incluía uma missão secreta de Burton, pois o governo britânico tinha interesse em encontrar áreas despovoadas para poder colonizá-las. A viagem começou no relativo luxo de uma diligência, prosseguindo num vapor, por vias férreas vacilantes e no lombo de jumentos por mangues e alagados de caniços. O objetivo aparente dos Burton era a Lagoa Dourada, para "ver com olhos desinteressados o curso que faria a Estrada Dom Pedro II por Minas". O verdadeiro objetivo de Burton, porém, não tinha nada de desinteressado, tendo em vista a esperança do governo inglês em assentar grandes contingentes de imigrantes na América do Sul. Em Juiz de Fora, os Burton receberam um convite para adentrar mais alguns quilômetros na mata e participar no lançamento de um novo trecho da via férrea entre Paraíba e o vale do São Francisco. A ocasião teve música, comes e bebes, mas o casal não gostou da acomodação na casa de um camponês, qualificada por Burton, como de hábito, como "um par de buracos de cachorro". Mesmo assim, o novo trecho da estrada férrea augurava um bom início de viagem. Burton tomava notas para seu plano de um livro sobre os planaltos brasileiros, pois achava que seria um bom guia para futuros imigrantes. Segundo sua sobrinha, a obra não ia muito além de um mero arrolamento de cidades, em que "os lugares, mortos-vivos, abarrotados de igrejas, eram todos parecidos". Mas, à semelhança de sua descrição do oeste norte-americano, era uma excelente apresentação do Brasil no desbravamento rude e vibrante de suas fronteiras.

Finalmente atingiram o verdadeiro objetivo de Burton, a mina de Morro Velho. Ela era explorada por uma empresa britânica, sob a direção de um certo mr. Gordon, que havia montado um povoado inglês em miniatura para seus operários, sendo 150 ingleses e 1500 brasileiros. Burton inspecionou as minas próximas de turfa e carvão e as fundições de ferro, mas o auge de sua viagem era o Morro Velho propriamente dito, com o ouro oculto em suas entranhas, que ele conheceu com Gordon, pelo poço da mina numa caçamba.

As paredes eram negras como um túmulo ou refletiam magros raios de luz que desciam dançando da lisa superfície aquosa, ou se retratavam em projeções monstruosas, em parte revelando, em parte ocultando os sombrios recessos cavernosos. Apesar das lâmpadas, a noite, por assim dizer, caía como um peso sobre nós, e a única referência de distância era uma centelha aqui e acolá, faiscando como uma estrela solitária [...].

Pelo *Inferno* deslizavam gnomos e kobolds [espíritos] de uma maneira fantasmagórica — figuras seminuas encobertas pela neblina. Aqui corpos escuros, brilhando de gotas peroladas de suor, penduravam-se em posições que pareciam assustadoras, ali se deslocavam gingando de um lugar para outro como leopardos [...] acolá andavam em andaimes que, só de olhar, dariam tonturas a um temperamento nervoso [...].

Burton concluía a descrição da mina dizendo: "A escuridão densa, a cintilação espasmódica e os cantos selvagens [...] sugeriam uma espécie de inferno swedenborguiano". Apesar dos visíveis perigos ali presentes, Isabel também insistiu em descer na caçamba, e seguiu até embaixo na companhia da esposa do superintendente. Todos voltaram sãos e salvos à superfície, mas no dia seguinte o cabo que estava baixando uma caçamba de mineiros escapou e todos morreram; e aí, poucos meses depois, o filho predileto dos Gordon ficou preso na máquina, sendo instantaneamente triturado e morto por ela. Logo depois, a mina foi devorada pelo fogo.

Os Burton tinham pensado em voltar desse ponto da viagem até o litoral descendo o rio São Francisco, mas Isabel tinha torcido o tornozelo numa sessão de teatro amador, caindo do palco, e não conseguia andar, de forma que Burton resolveu descer sozinho, mandando a esposa de volta ao Rio por terra. Para Isabel, foi um suplício de quinze dias na companhia de Chico, o assa-gatos, aliviado apenas por várias visitas a igrejas, conventos e hospitais, onde ela esperava mitigar os sofrimentos dos escravos negros católicos despossuídos de alma. Em seu relato de viagem ela não conta nada de muito concreto; tem-se a impressão de que Isabel está sendo deliberadamente vaga, por ter sido de novo abandonada pelo marido.

Enquanto isso, Burton tinha alugado um ajoujo (a que deu o nome de *Eliza*), contratando um homem com seus dois filhos como tripulantes. Gordon enviara um empregado para atendê-lo, junto com um mastim para lhe fazer companhia. Ao que parece, Burton pode ter se divertido — deu várias caronas rio abaixo a fazendeiros e andarilhos —, mas a essa altura de sua vida, como havia acontecido na Arábia e na Somália, a única coisa que ele queria por companhia era a solidão.

Meu velho anseio pelos prazeres da vida nas matas distantes — a solidão — pesou forte sobre mim. Suspirava impaciente para ficar novamente longe dos meus semelhantes, por assim dizer — para mais uma vez ficar frente a frente com a Natureza. Esse alimento da alma, como dizem os árabes, é o verdadeiro antídoto da *entourage* de cada um, dos efeitos perniciosos da época e da raça do indivíduo, e ele é generoso para quem deseja pensar com a própria cabeça.

Assim, num estado melancólico, Burton continuou a descer o São Francisco, inspecionando minas de diamante ao longo do percurso e varando cachoeiras que, ao que constava, nunca haviam poupado ninguém. Esta foi provavelmente a última grande expedição arriscada de sua vida, e sem a esposa. "Confesso ter sentido um raro sentimento de solidão quando os rostos afáveis se apagaram na escuridão", escreveu ele no diário quando o ajoujo soltou as amarras, e pensou no Nilo, "no homem branco conduzido pelos remos de escuras amazonas adornadas de ouro bárbaro".

A viagem de 2 mil quilômetros descendo o rio São Francisco lhe causou uma forte impressão. A vida borbulhante às suas margens, os novos colonos, as terras ricas, as minas, as matas agrestes, as cidades e os povoados (que, como de costume, ele descreveu pormenorizadamente) — tudo se combinava para provocar uma impressão muito favorável num homem que tinha visto tantas coisas no mundo e que era, por natureza, cético e pessimista. "Vou ocupar mais papel do que o necessário para essas colônias", escreveu ele; "assim, quando minha previsão sobre sua futura grandeza tiver se justificado, quando o viajante puder comparar o Presente dele com o meu Passado, e então encontrar um outro critério para avaliar a marcha do Progresso à medida que ele avança, e deve avançar a largos passos, na Terra do Cruzeiro do Sul [...]".

Ele saiu da viagem vivo, com as roupas em frangalhos, tisnado de sol, parecendo um bandido dos sertões. Seus dois meses nos planaltos se transformaram em cinco, e Burton não se dispunha muito a ver de novo a civilização. "Depois de alguns dias com a vida e a liberdade do viajante, na existência ao ar livre, dormindo sob o céu azul e suave, com dias sem gravata, a sensação de retornar à 'Sociedade' não é de forma nenhuma agradável; todos sentiram, embora talvez nem todos tenham admitido, o desagradável esforço que isso lhes custou. A idéia de entrar numa cidade depois do sortilégio do Campo ou do Rio me é tão desagradável quanto para qualquer beduíno da mais pura cepa, que tem de colocar algodão nas narinas para evitar a atmosfera mefítica."

Burton escreveu dois volumes sem maior relevância sobre a viagem, que mal foram comentados pela crítica. Na primavera de 1868, sua saúde andava meio combalida, tendo pago seu tributo à idade e aos trópicos. E vinha bebendo muito. Teve hepatite — que Isabel chamou de "congestão do fígado" — e uma infecção pulmonar que foi piorando. O médico receitou um tratamento drástico: aplicaram-lhe sanguessugas e ventosas, e um vesicatório do lado direito. "Ele perdeu uma quantidade imensa de sangue preto coagulado", escreve Isabel. "A agonia foi terrível." Tinha a aparência de um moribundo. "Ele parecia estar morrendo", conta ela. Como a medicina moderna tinha falhado, Isabel recorreu a orações e água benta, e depois de algum tempo Burton disse: "Zoo, acho que estou um pouco melhor", e se recuperou, embora magro e pálido, com a voz rouca, parecendo ter sessenta anos de idade, em vez de seus 47. "É triste olhar para ele", observou ela.

A vida no Brasil chegou ao fim. "Richard me falou que não agüentaria mais. [O lugar] o deixara doente." Burton solicitou licença. O médico lhe disse para não voltar imediatamente à Inglaterra, mas que fosse a Buenos Aires para descansar, e Isabel partiu para Londres, para ver se conseguia lhe arranjar um outro posto e publicar seus manuscritos sobre o Brasil.

Em agosto, pouco depois do embarque de Isabel, Burton foi para o Paraguai, onde se travava uma das guerras mais cruéis do século. Ela se originou de uma disputa de fronteiras entre o Paraguai e o Brasil. A Argentina e o Uruguai, depois que o Paraguai violou seus territórios, logo entraram na batalha ao lado do Brasil, e a guerra rapidamente se transformou numa luta entre, como disse Burton, "uma nacionalidade obscura", "uma humanidade paleolítica", que combatia com rifles de um único tiro, uma marinha composta basicamente de chalanas e canoas, e a máquina militar altamente industrializada dos aliados, que dispunham dos modelos mais recentes dos rifles Spencer e Enfield e de couraçados. O Paraguai teve de convocar às armas todos os homens válidos — havia regimentos de garotos entre doze e quinze anos, e até batalhões de mulheres —, e quando a guerra terminou, em 1870, o país tinha perdido 80%

de sua população de 1,3 milhão de pessoas; restaram apenas 28 700 homens vivos.

Burton não sentia grande simpatia pelos paraguaios. Como cônsul no Brasil, era obrigado, por razões diplomáticas, a ficar com as forças aliadas. Ele atribuía o atraso dos paraguaios aos jesuítas (que tinham sido expulsos 120 anos antes) — a ordem tinha criado um "despotismo religioso debilitante e embrutecedor", escreve ele. Mesmo assim, nutria certa admiração pela coragem, mas não pela insensatez deles. Observou que o Paraguai tinha "a tenacidade do buldogue e o heroísmo semicompulsório de uma Esparta pele-vermelha" e "uma obstinação nos propósitos, uma bravura selvagem e uma resistência desesperada raras nos anais da humanidade".

Depois de um mês no campo de batalha entre os generais e tropas dos aliados — ele não presenciou nenhum combate na linha de frente —, foi visitar Montevidéu e depois seguiu para Buenos Aires, uma cidade sem rede de esgotos (reclamação agora nada inesperada!), de ruas "compridas, estreitas e mal arejadas". Estava deprimido, bebendo muito e se mostrando francamente hostil com todos que lhe apareciam pela frente. Andava ainda mais esquálido, surrado e desleixado do que quando saiu das matas brasileiras. Blunt, em Buenos Aires, cruzou várias vezes com Burton nessa época, e ficou confrangido com sua aparência. "Então ele já me parecia um homem acabado." Blunt nunca simpatizou com Burton, e a seus comentários talvez se mesclassem receios por esse homem estranho e poderoso. Dezesseis anos depois da morte de Burton, ele relembrou alguns momentos que passaram em Buenos Aires.

> Seus trajes e modos lhe davam a aparência de um criminoso libertado. [...] Ele me lembrava ora um leopardo negro, enjaulado mas implacável, ora, com os cabelos cortados rente à cabeça e a compleição férrea, aquela maravilhosa criação de Balzac, o ex-detento Vautrin. [...] Geralmente usava um casaco preto velho e desbotado com uma gravata alta de seda preta amarrotada, no pescoço sem colarinho, traje que,

com seu físico musculoso e tórax enorme, ficava horrivelmente bizarro e incongruente, encimado pela fisionomia mais sinistra que já vi na vida, sombria, cruel, traiçoeira, com olhos de um animal bravio.

Passei muitas noites com ele, falando de todas as coisas do Céu e da Terra, ou melhor, ouvindo enquanto ele falava e sua embriaguez aumentava até ficar perigosa, quando, de revólver na mão, ia cambaleando para casa, para dormir.

Em sua conversa, ele afetava uma extrema brutalidade e, se se fosse acreditar em tudo o que dizia, ele tinha se entregado a todos os vícios e cometido todos os crimes.

Blunt expressou essa opinião dezesseis anos após a morte de Burton. Iriam se encontrar novamente, no Levante, onde os preconceitos iniciais de Blunt se confirmariam.

Um dos companheiros de copo de Burton em Buenos Aires era um homem conhecido como Arthur Orton. "Uma montanha de carne", disse Blunt. Mais tarde, Orton disse às pessoas que era o pleiteante do baronato de Tichborne, título de uma antiga família católica inglesa, de muitos bens e posses, com parentesco distante com os Arundell. "Tichborne", segundo um testemunho bem posterior, provavelmente era um ex-marinheiro que tinha ouvido falar que o verdadeiro sir Roger Tichborne havia se afogado no mar em 1854, na costa de Buenos Aires. Burton levou a sério a pretensão de Orton, apresentando-se como sir Roger. O Pleiteante, como viria a ser conhecido na imprensa britânica, acabou voltando para a Inglaterra para reivindicar o título Tichborne. Em 1871, houve um grande processo escandaloso, que revelou algumas das condutas mais ultrajantes dos católicos ingleses — o processo se converteu numa luta pública entre católicos e protestantes. Burton foi convocado como testemunha de defesa do Pleiteante, mas agora ele já tinha mudado de opinião sobre qualquer eventual prova positiva, e no final disse considerar o Pleiteante um impostor. Depois de outro processo, o Pleiteante foi condenado a catorze anos de prisão.

Burton tinha alguns outros amigos em Buenos Aires, homens que também gostavam de beber. Ele saiu com dois deles numa longa exploração dos pampas argentinos e dos Andes, desaparecendo sem notícias nos ermos da América Latina. Tal como seu sumiço no Sul dos Estados Unidos em 1860, este é um período — de seis meses ao todo — sem qualquer documentação. Ao que parece, escreveu poucas cartas, ou nenhuma, e não há nenhum diário, ensaio, relatório oficial, artigo ou digressão lingüística. Não há sequer o usual relato de viagem publicado como livro. No entanto, circulariam boatos sobre suas escapadas, cuja veracidade não pode ser comprovada nem infirmada. Dizem que teria se envolvido em brigas de faca nos Andes, e que no Natal escapou à morte nas mãos de salteadores, depois de uma luta quase fatal. Consta que teria entrado ainda numa outra luta, em que ficou seriamente ferido ao matar quatro homens, mas é o tipo de história que Burton gostava de contar quando bebia ou inclusive em ocasiões mais sóbrias, como jantares, para chocar os convivas.

Finalmente chegou a Lima, onde não havia nada para fazer além de beber sem parar. Agora, Burton estava o mais distante possível de casa, dos amigos, da carreira e da esposa, apenas indo de bar em bar, bebendo, errando pelas ruas como um leopardo negro enfurecido, ruminando sobre o sentido das coisas. Qual o desenho que o *qismet* — destino — tinha forjado em sua vida?

Como saber?

27. O IMPERADOR E A IMPERATRIZ DE DAMASCO

CERTO DIA EM LIMA, quando Burton estava sentado num bar arruinado, bebendo para amortecer a sensibilidade, apareceu um conhecido que lhe contou que ele tinha acabado de ser nomeado cônsul em Damasco.

A incansável Isabel, com seus pistolões, tinha conseguido o cargo para ele, e a notificação formal estava a caminho de seu escritório no Brasil. Burton se reanimou — de qualquer forma, andava pensando em voltar para casa —, e escolheu um caminho a esmo e indireto para a Inglaterra, que bem indicava seu desnorteamento na época. Desceu de navio pela costa do Chile e atravessou o estreito de Magalhães para Buenos Aires, onde encontrou um saco de correspondência à sua espera, inclusive a carta formal do Ministério das Relações Exteriores com sua nomeação para Damasco. Então, em vez de embarcar para Londres, ele foi para os campos de batalha do Paraguai, onde passou as duas primeiras semanas de abril entrevistando vários participantes da guerra e reunindo notas para um livro. Agora, tendo um projeto de seu interesse, diminuiu aos poucos a bebida e conseguiu se organizar o suficiente para voltar à Inglaterra, chegando no dia 1º de junho de 1869, abatido e com as mesmas roupas vergonhosas que tinha usado na inspeção das minas.

Depois de uma visita a seu alfaiate, seguiram-se inúmeras festas e recepções, além de várias palestras para platéias cultas. Isabel tinha andado muito ocupada antes da volta do marido: havia levado três grandes manuscritos para a Inglaterra, e encontrou editoras que os publicariam. Eram *The highlands of Brazil* (dois volumes), *The lands of the Cazembe* [As terras do Cazembe] e *Iraçéma: The honeylips* [Iracema dos lábios de mel], uma tradução do português da própria Isabel; foi encadernado com uma obra que o casal traduziu em conjunto, a crônica seiscentista *Manuel de Moraes*, tendo como título o nome do autor. Ela também estava com um projeto de enriquecimento da autoria de Burton que, como todos os outros, também malogrou. Consistia na formação de uma empresa que trabalharia em algumas minas brasileiras, mas o plano nunca foi iniciado. Burton também levou desenhos para o projeto de um novo tipo de pistola, que tinha elaborado quando se encontrava nos campos de batalha paraguaios. Além de ser ideal para a guerra, também seria útil para os viajantes em terras sob ameaça constante de salteadores, e até de companheiros de bar. Foi patenteada, mas nunca chegou a ser fabricada.

Por fim, depois do esperado e inevitável circuito de visitas a parentes e amigos, palestras, passeios por alguns locais da Inglaterra que lhes agradavam e longos preparativos para a vida em Damasco, o casal Burton partiu numa agradável viagem para o Levante. Antes, foram a Boulogne para visitar "velhos lugares onde tínhamos nos encontrado quando jovens" — as palavras são de Isabel. Ela voltou a Londres, "como sempre, para 'acertar as contas, fazer as malas e partir'", enquanto Burton ia a Vichy para um mês de tratamento de águas. Vichy, dardejou Isabel, era "um lugar pequeno e sem graça, cheio de gente pálida se queixando do fígado". Burton também não gostou muito de Vichy, pois escreveu um bilhete acerbo a Monckton Milnes, dizendo que a cidade era "um buraco medonho", com suas "ictericías, gotas e diabetes", acrescentando: "Fora de Paris, os franceses são perfeitos monstros — o cassino de Vichy desonraria Constantinopla. Total separação dos sexos".

Swinburne também estava em Vichy, junto com Frederick Leighton, um artista, sua irmã Daisy e uma diva aposentada, madame Adelaide Kemble Sartoris. Burton e Swinburne fizeram várias excursões pelo campo. Numa carta desse período à sua mãe, Swinburne se referiu a Burton como "irmão mais velho", e correm muitas especulações sobre o tempo que passaram juntos em Vichy. Terá sido um interlúdio homossexual na vida de Burton, uma folga das nativas de todas as cores e culturas e de uma esposa anglo-saxônica excepcionalmente piedosa e exigente, um episódio a se somar aos rumores sobre as "inclinações" de Burton que remontavam aos dias em Karachi? Nunca se provou nada, mas, por associação, era fácil presumir a culpa, e as especulações correram desenfreadas, embora o nome de Burton nunca tenha se ligado definidamente a qualquer outro homem. As pequenas perversões de Swinburne eram notórias, especialmente seu gosto em ser vergastado, mas isso não estabelece qualquer relacionamento íntimo com Burton.

Swinburne e Burton fizeram caminhadas, escalaram vários picos e se sentaram à beira de enormes abismos. Ao anoitecer, ambos estavam exaustos, Swinburne por sua fragilidade natural e Burton por seus longos anos de vida dura e o avanço da idade. Nessa época, Swinburne andava bebendo muito, a caminho do alcoolismo crônico, enquanto Burton tinha praticamente largado a bebida, possivelmente numa reação ao desafio do cargo em Damasco. Isabel chegou logo; não teria gostado da carta de Swinburne a Alice Swinburne: "A chegada da sra. Burton me deixa despeitado [...] embora sejamos excelentes amigos, e ouso dizer que eu o verei da mesma forma". Continuaram os passeios turísticos, com muitas brincadeiras joviais com o poeta, os irmãos Leighton e madame Sartoris. Então o grupo se dissolveu, Swinburne voltou para a Inglaterra e os Burton foram peregrinar por vários lugares santos do Sul da França. Prosseguiram até Turim, onde se separaram. Isabel ainda não tinha acabado de fazer as malas, e voltou para casa enquanto Burton ia numa viagem descansada até Damasco, com poucas coisas além de dois bull terriers, um exemplar de Camões e seu volume alentado da Bíblia, Shakespeare e Euclides, encadernados juntos.

A nomeação de Burton para Damasco despertou controvérsias imediatas. Durante algum tempo, ele não deve ter tido conhecimento de muitas das negociações de bastidores entre seus inimigos. Antes mesmo de voltar da América do Sul, sir Henry Elliot, o embaixador britânico em Constantinopla, tinha escrito (em 12 de maio) a seu departamento na Inglaterra para dizer que, entre os círculos dirigentes de Damasco, "a cidade mais fanática do Império [turco]", a nomeação de Burton era vista "com apreensão", e ele receava "conseqüências muito indesejáveis".

Entre a população muçulmana, considera-se ou que o capitão Burton insultou a religião participando como infiel de seus ritos mais sagrados, ou que era maometano naquela época e depois se tornou um renegado.

O novo ministro das Relações Exteriores, lorde Clarendon, advertiu pessoalmente Burton das objeções à sua nomeação. Alguns dias depois, Burton foi informado pelo ministério que

> objeções muito sérias à sua nomeação em Damasco chegaram de círculos oficiais [ao ministro], e que, embora lorde Clarendon, ao receber suas garantias de que as objeções eram infundadas, tenha autorizado a continuidade da nomeação, sua senhoria o advertiu que, se começar a existir um sentimento contrário ao senhor por parte das autoridades e do povo naquele local, a qual impeça o correto desempenho de suas obrigações oficiais, será dever de sua senhoria removê-lo imediatamente.

Burton respondeu numa carta formal, reiterando suas garantias a Clarendon que iria "agir com excepcional prudência, e sob todas as circunstâncias me manter responsável por todas as conseqüências". E prosseguiu dizendo que julgava que "nem as autoridades nem o povo de Damasco mostrarão por mim qualquer coisa que não seja o sentimento mais amistoso". No entanto, ele não conhecia o poder e o alcance da oposição. A figura central nas maquinações contra ele era o governador turco da Síria, Mohammed Rashid Ali Pasha, o wali ou vice-rei. Rashid já tinha ouvido falar o suficiente sobre Burton para saber que o novo cônsul em Damasco poderia facilmente se transformar numa ameaça a seu próprio poder. Mas havia outros inimigos, homens menos importantes que ainda possuíam influência em

Londres, inimigos, como Burton tinha aprendido várias vezes em outras situações, que se encontravam entre seus próprios conterrâneos. S. Jackson Eldridge, o cônsul em Beirute, que tecnicamente era o superior de Burton, se sentia receoso com sua chegada, e os missionários protestantes ingleses estavam preocupados com alguém sabidamente favorável não aos cristãos, e sim aos muçulmanos. As tentativas de deter Burton *en route* falharam. Rashid Ali encontrou Elliot em Constantinopla, o qual lhe disse que, embora não fosse possível remover Burton antes de ter chegado, Clarendon havia imposto "ordens estritas ao capitão Burton, que provavelmente não as negligenciará".

É difícil supor que o governo de sua majestade, especialmente o Ministério das Relações Exteriores, ignorasse os talentos de seu melhor arabista e as controvérsias que podiam cercá-lo. Naquela época, todo o Levante estava sob controle dos turcos, que agora estavam perdendo a verve que os tornara senhores do mundo muçulmano. O czar Nicolau tinha dado uma definição mordaz da Turquia — "o Enfermo da Europa" —, que agora era ainda mais válida do que na ocasião em que foi cunhada, e a Inglaterra, durante a dispendiosa Guerra da Criméia, tinha feito bem mais do que lhe cabia para sustentar um império nativo vacilante. É duvidoso que Elliot em Constantinopla e o Ministério das Relações Exteriores em Londres tenham dado alguma atenção às suspeitas mal-humoradas de um pusilânime vice-rei da Síria — o ardiloso Rashid Ali. A Inglaterra queria saber o que se passava no Levante, quais as forças e as fraquezas que os turcos mostravam entre povos estranhos descontentes com esse domínio. Se a Turquia se retirasse ou fosse forçada a sair da Síria, do Líbano e de outras áreas pela guerra ou pela rebelião, como os povos locais reagiriam? As elites se alinhariam com a Inglaterra, a Rússia ou a França? Tentariam conquistar a independência? E como as diferentes seitas e minorias conflitantes — as várias facções muçulmanas, os belicosos cristãos, minorias como os drusos e os xiitas — reagiriam a uma derrocada turca? Dificilmente Burton seria ingênuo a ponto de não saber o que queriam dele, e foi talvez por isso que ele optou por um caminho tortuoso para voltar à Inglaterra e, depois, procrastinou a chegada a Damasco — na certa estava preocupado com a situação, perguntando-se se devia aceitar um cargo que prometia iguais possibilidades de catástrofe ou de honra e glória.

Contudo, os vários funcionários britânicos envolvidos, enquanto faziam sonoras declarações e lançavam advertências aparentemente privadas, mas logo levadas a público — especialmente aos turcos —, também tratavam de se afastar de Burton, pois, se ele falhasse e se demonstrasse que eles haviam tido alguma participação em seu malogro, suas carreiras também estariam em perigo.

Dessa forma, Burton assumiu um cargo eivado de contradições, com possibilidades de fracasso. E, se ele se saísse bem, a glória do êxito talvez nem fosse reconhecida publicamente, pois teria novamente encenado mais um capítulo secreto do Grande Jogo, ao qual não se creditariam méritos, e no máximo só se imputariam culpas.

Mesmo com a premissa de que Burton estava assumindo um cargo que não se resumia a deveres consulares de rotina, existiam fatores que, em condições normais, desgastavam sua posição. Rashid Ali era um inimigo óbvio; ninguém tinha uma palavra favorável a seu respeito. Mas havia outros que gostariam de vê-lo fracassar, e em silêncio contribuiriam para impedir o êxito no desempenho de seu cargo. Toda a maquinaria estava ruidosamente pronta para que Burton acabasse sendo removido e, independentemente do que ele fizesse, seu exercício consular seria interpretado pelos inimigos como uma sucessão de erros crassos, que mais cedo ou mais tarde levariam à sua perda. Assim, a situação inevitavelmente evoluía como um complexo drama das *Mil e uma noites* ou um auto da paixão oriental, onde os acontecimentos, fora do controle de quem quer fosse, seguiam inexoravelmente rumo ao martírio final, tendo como figura central não o santificado califa Ali, tão admirado por Burton, e sim o próprio Burton em pessoa.

A princípio, tudo pareceu correr bem. Burton chegou a Beirute em 1º de outubro de 1869, e dois dias depois estava em Damasco. Tinha ficado estarrecido com o exercício consular de Eldridge — "Eldridge não faz nada e se orgulha muito disso", comentou ele. Isabel, bem fornida — trazia uma empregada inglesa, cinco cachorros, entre eles um São Bernardo, e bagagem suficiente para dez anos —, apareceu seis semanas depois. Duas de suas malas desapareceram no percurso — uma delas continha trezentas libras em ouro, todo o dinheiro que possuía —, mas apareceram sãs e salvas cinco meses depois, com o dinheiro intacto. Achou que o marido estava com um aspecto enfermo; estava "parecendo muito velho e doente". Burton não tinha recebido nenhuma de suas muitas cartas, as quais chegaram depois todas juntas.

A vida em Damasco prometia ser "puro láudano" — um sonho de ópio; por algum tempo, de fato foi. Isabel esperava que a cidade fosse "minha Pérola, o Jardim do Éden, a Terra Prometida, minha bela Cidade branca com seus domos arredondados e minaretes afilados, seus crescentes dourados cintilantes sobre verdes de todas as tonalidades", mas Damasco era muito mais exótica do que ela imaginava, pois percebeu que se sentia "seis vezes mais distante de casa do que quando morava no Brasil".

Damasco era uma das grandes cidades exóticas e misteriosas do mundo, um antigo povoado mencionado no Gênesis que posteriormente se transformou num centro de cultura e erudição islâmica, como a capital dos califas umayidas, depois de se mudarem de Medina. Era uma cidade de importância mística, envolta pelo esoterismo sufista. Al-Ghazzali, o maior teólogo islâmico e sufista, tinha se retirado para Damasco para um período de "recolhimento, meditação e exercícios piedosos", passando seus dias e noites em prece e meditação no minarete da Grande Mesquita. Ibn al-Arabi, cujo nascimento fora previsto por Abdul-Qadir Gilani, o fundador da irmandade sufista de Burton, tinha se estabelecido na cidade em 1216, e seu contemporâneo Salaluddin Rumi também foi para lá, quando sua família fugia do avanço mongol no Afeganistão. E existia também uma pequena irmandade sufista, os shazlis (ou shadilis), um ramo dos qadiriyyas.

A própria mesquita era um importante centro espiritual; nela havia um santuário com a cabeça de João Batista, um dos *nabis* ou profetas muçulmanos. A aura de mistério e misticismo se realçava com a profecia de que era em Damasco que al-Dajjal, o anti-Cristo, iria fazer sua última aparição. Al-Dajjal, disse Burton, "surgirá no Oriente e peregrinará pela terra, mas não conseguirá entrar em Meca e, ao se aproximar [de Medina], dobrará na direção do local de sua morte, Al-Sham (Damasco)". O anti-Cristo será caolho, marcado com as letras KFR em árbe, significando *kafir* ou infiel, e devastará a terra durante quarenta dias de um reinado de terror. Então a descida de "Isa [Jesus], filho de Mariam", ocorrerá perto do minarete branco da Grande Mesquita. Isa descerá na hora das orações da tarde, para conduzir o *salat* segundo o rito de Maomé. Matará o anti-Cristo. Tomará uma esposa, gerará filhos e, depois de quarenta anos na terra, será enterrado em Medina. "Com ele haverá grande segurança e fartura", diz um comentador muçulmano. "Leões e camelos, ursos e cordeiros viverão em paz e as crianças brincarão com serpentes [venenosas] sem se ferir." Depois de preparado o caminho por Isa, o Madhi, o "Esperado", que agora está oculto, aparecerá para transformar os muçulmanos numa poderosa nação que governará o mundo.

Damasco também era a terra de *Tancred*, e Isabel encontrava ressonâncias do livro por todas as partes, na rica tapeçaria de raças e religiões que a cercavam. Havia os muçulmanos sunitas das quatro escolas, muitas seitas xiitas, incluindo os ismaelitas, os bahais e os iesidis, os chamados adoradores do demônio dos curdos, os wahhabis puritanos, cinco tipos de judeus e catorze seitas cristãs, entre elas os maronitas, os gregos, os armênios, os jacobitas, os coptas e os abissínios, e um punhado de protestantes convertidos por missionários ingleses e americanos; as missões francesas, italianas e espanholas tinham gerado seus outros tantos punhados de católicos devotos, cada grupo se distinguindo pela marca cultural dos fundadores. A mistura de raças, tribos e credos, tão fascinante para os estudiosos, era um caos: havia ameaças constantes de explosões. Em 1860, ocorreram tumultos devastadores entre as diversas comunidades: partes da cidade foram incendiadas, e cerca de 2 mil pessoas foram mortas ou ficaram gravemente feridas. Todos acreditavam que, mais cedo ou mais tarde, eclodiria um outro tumulto.

Por empolgante que fosse a cidade, não seria o lar dos Burton. Era cercada por muros, e os portões eram fechados à noite, dando claustrofobia no cônsul. Isabel encontrou uma casa na aldeia curda de Salahiyyeh ("dos santos"), a quinze minutos de cavalo dos muros de Damasco, onde o casal podia levar "uma vida mais livre e mais agreste": "Você podia montar em seu cavalo e em dez minutos estaria no *deserto*". E em Salahiyyeh, Burton podia estudar os iesidis curdos, o culto do Anjo-Pavão cujas doutrinas futuramente lhe inspirariam a estranha elegia *Kasidah*. Assim, o casal Burton se instalou para viver em grande estilo, mais oriental do que inglês.

A casa, construída em torno de um pátio maior com laranjeiras e limoeiros, era praticamente um palácio; do lado de fora, viam-se as serenas cúpulas brancas das mesquitas, os minaretes esguios, os pés de abricó e as altas palmeiras. O jardim, com uma exuberância de rosas, jasmins, parreiras e árvores cítricas, descia para um velho rio, o "beril azul". Os Burton possuíam estábulos cheios de cavalos. "Entendo tudo o que eles dizem, pensam e sentem, e eles também entendem o que lhes digo", escreve Isabel. Os Burton tinham todos os tipos de cavalos, exceto puros-sangues, pois estes poderiam suscitar boatos de corrupção. Isabel também tinha um pequeno zoológico. Sua especialidade era salvar animais e também tentar converter os nativos de qualquer religião a seu catolicismo peculiar. Possuía macacos, um camelo, perus, bull terriers, cães de rua (uma vez chegaram a cinqüenta), cordeiros, pombos e cabras, um gato persa branco, um cordeirinho preferido, galinhas, gansos, galinhas-d'angola, uma pantera tão mansa que comia na mão e, como observou Burton, "outros caprichos". Isabel passava muitas horas tentando ensinar inimigos naturais a se amarem, mas a pantera comeu o cordeiro e perseguiu as cabras, uma das quais pulou dentro do rio e morreu afogada; as aves comeram as sementes e flores do jardim, o gato matou os pombos, e os cachorros morderam o gato; Isabel, porém, observou que os sobreviventes se transformaram em "uma família realmente harmoniosa".

O grande estilo em que os Burton viviam logo lhes conferiu um ar de realeza; de fato eram uma espécie de "imperador e imperatriz de Damasco", ativos, poderosos, encantadores, muito procurados, com amigos de todas as classes sociais, grupos e seitas raciais e religiosas. Também tinham os atavios da realeza, como os quatro *qawwases* ou guardas consulares, vestidos com brilhantes casacas vermelhas, que não só protegiam o consulado, mas também se faziam visíveis no salão de Isabel ou precediam-na quando ela andava pelas ruas apinhadas da cidade. Depressa se espalharam boatos de que os *qawwases* lhe abriam o caminho com chicotes, mas eram boatos, e não fatos.

Nos dias de recepção de Isabel, quando a elite de Damasco acorria a seu salão, as visitas, se eram orientais, se sentavam com as pernas cruzadas em divãs — se fossem européias, em cadeiras —, todos fumando cigarros e cachimbos de natureza exótica, tomando sorvete e café, mordiscando baklava, halva, bolinhos com calda, tortas como konafa, zalabia e maamounia, além de delicados pudins de arroz, de figo ou banana.

As visitas iam desde dignitários locais a europeus andarilhos, algumas delas sendo figuras de importância e grande poderio. Um dos mais poderosos e perigosos era o governador Rashid Ali Pasha, já inimigo jurado, que despertou a antipatia imediata do casal. Era gordo e indolente, com olhinhos miúdos; andava vestido de peles, caminhava na ponta dos pés, ronronava e parecia "um gato bem nutrido", disse Burton em *Life*. "Chamem-no Ráshid, com o acento na primeira sílaba", frisou Burton, "e não o confundam com Harum al Rashid, de acento na segunda sílaba — 'o ortodoxo', 'trilhador do caminho correto'", referindo-se ao famoso califa das *Mil e uma noites*.

Um amigo mais simpático era o herói exilado das guerras argelinas contra os franceses, Abd el Kadir, um homem de aparência majestosa cujos finos traços escuros eram realçados pelas roupas alvíssimas que sempre usava. Abd el Kadir, como sugere o nome, era um sufista dos qadiris, a mesma ordem a que pertencia Burton. "Um muçulmano conscienciosamente religioso", disse Burton sobre o xeque. Abd el Kadir também era filiado a uma outra irmandade sufista, os shazlis, ordem que se encontrava por toda a África do Norte e em Damasco. O xeque era um dos grandes líderes muçulmanos da época. Durante quinze anos, conduziu uma guerra contra a ocupação francesa da Argélia, finalmente se rendendo em 1847 frente a uma máquina militar superior. Os franceses prometeram ao xeque que, se renunciasse à luta, ele e sua família teriam permissão de se exilar no Levante; mas, em vez disso, foram aprisionados. Depois de cinco anos, Abd el Kadir foi solto e acabou chegando a Damasco. Quando eclodiram os grandes motins anticristãos, em 1860, o xeque deu abrigo a 3 mil refugiados, apesar das amargas lembranças do tratamento que havia sofrido nas mãos de outros cristãos. Em seu exílio, o xeque, estudioso nato, dedicava seu tempo à teologia e à filosofia. Sua principal obra se chamava *Apelo aos inteligentes, advertência aos indiferentes*. Escreveu também um livro sobre o cavalo árabe. Todas essas qualidades — a bravura, a inteligência, o gosto pela cultura, a capacidade de escrever obras de erudição impressionante — o tornavam altamente apreciável aos olhos de Burton, pois era aquela figura especial do santo guerreiro, homem extraordinário na liderança e no intelecto.

Uma das presenças femininas mais vivas do salão, e a que interessava aos europeus, era lady Jane Digby, "notória e poliândrica", como disse Thomas Wright. É verdade que tinha se casado várias vezes, e sempre nos círculos mais elevados. Primeiramente, foi mulher de lorde Ellenborough, depois do príncipe Swartenberg e depois de vários outros cavalheiros. Wright fala em seis, mas está se baseando em mexericos, e passou por cima dos inúmeros casos, entre eles o rei Ludwig I da Baviera e Otto, seu filho, quando ocupava o trono da Grécia. Após os últimos relacionamentos na Grécia, um com um tal conde Spyridon Theotoky e outro com um valentão albanês, o general Xristodolous Hadji-Petros, que a levou para a vida arrojada das montanhas balcânicas — o general tinha mais de sessenta anos, e Jane estava na casa dos trinta —, ela saiu da Europa e foi para o Oriente, onde, como escreve Isabel, aos 48 anos se casou com "um pretinho encardido", um autêntico xeque beduíno. Apesar da cor da pele (que Isabel pode ter exagerado), o xeque Medjuel El Mezrab era chefe de uma importante subtribo de nômades. Isabel teve de admitir que "ele era um homem muito inteligente e encantador sob qualquer ponto de vista, exceto o de marido. Aquilo me fazia estremecer". No entanto, foi um casamento que acabou durando 26 anos, durante os quais Jane tentou "domar" o marido: ele levou quinze anos para aprender a usar garfo e faca.

Fossem quais fossem as credenciais de lady Jane, ela e Isabel ficaram amigas íntimas, pois eram poucos os europeus na Síria naquela época, e Isabel precisava de uma confidente. Burton não gostava de lady Jane, mas Isabel a considerava "uma mulher lindíssima, embora com 61 anos, alta, imponente e com ar de rainha". Lady Jane, a seu ver, era uma *grande dame* até a ponta dos dedos, como se tivesse acabado de sair dos salões de Londres e Paris.

> Ela falava nove línguas à perfeição [...] morava metade do ano em Damasco, e metade do ano com o marido em suas tendas beduínas, ela como qualquer outra mulher beduína, mas honrada e respeitada como a rainha da tribo, vestindo uma roupa azul, com os belos cabelos em duas longas tranças que iam até o chão, ordenhando as camelas, atendendo ao marido, preparando sua comida, sentando-se no chão e lavando seus pés, dando-lhe o café, e enquanto ele comia ela ficava de pé, servindo-o e glorificando-o. Ficava esplêndida com roupas orientais. [...] Era minha amiga mais íntima, e me ditou toda a sua biografia.

De fato eram amigas íntimas. Lady Jane não ocultou nada em suas revelações, e o livro que ditou a Isabel Burton devia ser uma das narrativas mais arrebatadas e mais candentes já postas no papel, não só os muitos casos e paixões desenfreadas, mas também os grandes momentos dramáticos, como a vez em que viu o amante morto a tiros por um de seus maridos. Infelizmente, quando lady Jane morreu, seus sobreviventes na Inglaterra insistiram que o manuscrito fosse destruído, de forma que Isabel o queimou.

Tanto Isabel quanto lady Jane eram fumantes inveteradas, e com Abd el Kadir e Burton passavam noites intermináveis no terraço da casa com seus narguilés. Como Burton intuía, lady Jane não era de se confiar. Ele queria visitar um sítio histórico no deserto, as ruínas de Tadmor, a oito dias de viagem a cavalo. Existiam apenas dois poços conhecidos ao longo do percurso, mas os beduínos de lady Jane mantinham sua localização em segredo, cobrando uma taxa monstruosa de 250 libras de todos os viajantes. Burton estava decidido a fazer a viagem sem pagar os tributos. Quando lady Jane soube de seus planos, ficou furiosa, pois, se Burton encontrasse maneira de não pagar, os outros viajantes fariam o mesmo e a tribo perderia uma importante fonte de renda. Ela argumentou e discutiu com ele, mas Burton estava resolvido a acabar com essa forma de chantagem (e todas as outras) que tanto o enraivecia.

A maneira de lady Jane lidar com o problema foi oferecer a Burton um beduíno de sua tribo como guia para conduzi-lo a salvo de salteadores e mostrar-lhe a direção da água, "se ela existisse". Soube-se mais tarde que o guia recebera instruções de levar Burton e seu grupo a uma emboscada, para ficarem como prisioneiros reféns até serem resgatados. Burton, que havia muito tempo conhecia as manhas do mundo árabe, desarmou o guia tão logo saíram de Damasco, pegou seu cavalo e o manteve prisioneiro durante todo o trajeto, enquanto prosseguiam para visitar as ruínas — "uma visão imponente", escreve Isabel.

Burton mandou seus homens fazerem algumas escavações, encontrando algumas estátuas antigas, e o grupo, depois de um mês em campo, voltou a Damasco, tendo levado a melhor sobre lady Jane e encontrado água sem pagar aos beduínos.

A Síria, tão arcaica e cheia de culturas esotéricas, era de um interesse inestimável para Burton. Por onde ia, sempre havia algo que o atraía, que chamava sua atenção de estudioso. Como sempre, vasculhava as bibliotecas, grandes e pequenas, em busca de exemplares das *Mil e uma noites*; entre outras preciosidades, ele encontrou um antigo manuscrito grego da Bíblia e uma parte de um ensaio gnóstico visionário do século II, o *Pastor de Hermas*. Pela persuasão, Isabel conseguiu entrar no harém de Abd el Kadir.

> Ele tinha cinco mulheres, uma delas muito bonita. Eu lhes perguntei como agüentavam viver juntas e cuidar uma dos filhos da outra. Contei-lhes que na Inglaterra, se uma mulher acha que seu marido tem outra mulher ou amante, é capaz de matá-la. Todas riram gostosamente e pareciam pensar que era uma grande brincadeira.

Isabel foi convidada para várias funções religiosas e sociais femininas, e em vários haréns pôde "observar coisas ocultas aos homens". Ela coletou muitos dados raros, alguns dos quais foram incluídos nos volumosos cadernos de notas de Burton, sendo mais tarde utilizados em seu grande aparato de notas às *Mil e uma noites*. "Os haréns ricos", escreveria ele, baseando seus dados nas pesquisas da esposa sobre a prática do lesbianismo, "são viveiros de safismo e tribadismo." Em Damasco, "toda mulher, depois de sua puberdade, tem uma garota que chama de 'minha Murta' [Vênus]".

Parte do material sobre os haréns foi incluída posteriormente em sua tradução do *Kama Sutra*, manual erótico indiano. "Onde há muitas mulheres para um único homem", escreve ele, "elas se dão prazer mútuo de várias formas, como as seguintes."

> Tendo vestido as filhas de suas amas, ou suas amigas, ou suas ajudantes, como homens, elas realizam seu objetivo com bulbos, raízes e frutos que tenham o formato do lingam [pênis], ou se deitam sobre a estátua de uma figura masculina, de lingam visível e ereto.

> [...] Tais são os modos de prazer predominantes em países orientais, e o que foi dito sobre a forma de gozo da mulher também se aplica ao homem.

O ano de 1869 terminou entre o brilho de muitas festas, e o ano-novo... bem, "foi um ano agitado", escreveu Isabel em *Life*, com bastante moderação.

De início, Damasco pareceu ser um cargo sem grandes exigências. Existiam apenas uns trinta britânicos na cidade, mas com alguns complicadores. Segundo o costume internacional da época, o governo britânico assumia a responsabilidade pelos cristãos orientais que viviam nessa parte do Império turco. Algumas outras minorias, entre elas parte da comunidade judaica, também estavam sob proteção britânica.

Certo dia, em julho de 1870, os Burton ficaram "surpreendidos" ao ver alguns visitantes do lado de fora da casa. Burton e Isabel se encontravam em sua residência de verão em Bludan, uma pequena aldeia cristã nos montes libaneses a oeste de Damasco. Embora fingisse ignorar que estavam para chegar, Burton parecia estar à espera deles.

> De repente vi dois ingleses acampados numa tenda cigana no jardim. Eram Palmer e C. F. Tyrwhitt-Drake, morenos e queimados de sol pela viagem a serviço da "Expedição de Levantamento do Sinai". [...] Revelaram-se companhias agradabilíssimas.

Eram Charles Francis Tyrwhitt-Drake e Edward Henry Palmer. Drake era de 1848 e Palmer de 1840. Ambos possuíam grande experiência do Oriente e, na última excursão que tinham feito, saíram de Suez e atravessaram o Sinai a pé, seguindo então por áreas — "bíblicas", como definição geral — que constituíam espaços em branco nos mapas europeus. Drake tinha asma desde criança, e enfrentou dificuldades até para receber uma educação, mas, mesmo assim, tornou-se um bom ornitólogo, indo aos vinte anos de idade para o Marrocos para procurar e coletar espécimes de história natural; dessa forma, ele adquiriu um grande "conhecimento valioso do caráter oriental" e aprendeu árabe. Mais tarde apareceu no Egito, e na primavera de 1869 foi ao Sinai, onde conheceu os membros da expedição do Sinai, entre eles Palmer. Drake voltou à Inglaterra para se preparar para uma viagem mais longa pelo Levante, e no outono, com Palmer, estava de volta ao Oriente Médio. Os dois andaram pelo Negeb e partes de Edom e Moab até então desconhecidas aos europeus, descobrindo novos sítios e fazendo um grande mapeamento. Retornando, Drake atravessou a Palestina, a Síria, a Grécia e a Turquia, e nos primeiros meses de 1870 voltou ao Egito, segundo todas as aparências para o Fundo de Exploração da Palestina. Uma vez mais, tinha como companheiro Palmer.

Drake era jovem e de experiência apenas razoável, mas aprendia rápido. Palmer, mais experiente, mais inteligente, mais educado e, como pessoa, muito mais complicado, parece, retrospectivamente, um reflexo do jovem Burton.

Tal como o professor de hindustâni de Burton, Duncan Forbes, Palmer tinha sido educado no colégio persa, onde, em relação à idade, estava adiantado nos estudos. Era um estudioso nato — dezesseis horas seguidas de estudo eram normais para ele —, com uma propensão natural para as línguas; com menos de dezesseis anos, distinguiu-se no domínio do romani, que aprendeu freqüentando os acampamentos ciganos da região em horas avulsas e feriados de meio-dia, e gastando seus trocados com funileiros ambulantes. Saindo da escola, Palmer conseguiu um emprego com um comerciante de vinhos em Londres. Nas horas livres, aprendeu italiano da mesma forma como tinha aprendido o romani, isto é, com falantes nativos da língua — nesse caso, os refugiados políticos da Itália que encontrava nos cafés, tocadores de realejo, artistas de variedades e mascates de artigos religiosos católicos. Consta inclusive que, agora, dispunha de "um vocabulário notável", e aprendeu também vários dialetos italianos. Aprendeu francês dessa mesma maneira. Como Burton, Palmer tinha um lado místico, interessando-se pela leitura em bolas de cristal, estudando a chamada "pedra filosofal" e fazendo experiências com o mesmerismo, "no qual exibia poderes extraordinários".

Em Cambridge, ele deu início a um sério estudo de línguas orientais com vários eruditos indianos, e em pouco tempo seu domínio do persa, árabe e hindustâni foi definido por um professor indiano como "elegante e idiomático". Palmer então se aprofundou intensamente nos estudos orientalistas e chegou a contribuir com artigos sobre o persa e o urdu para jornais da Índia. Enquanto isso, seus interesses esotéricos prosseguiam: em 1867, ele publicou uma pequena obra chamada *Oriental mysticism: a treatise on the suffistic and Unitarian philosophy of the Persians* [Misticismo oriental: um tratado sobre a filosofia sufista e unitarista dos persas], uma interpretação do trabalho pouco conhecido de Afiz ibn Mohammad Afasi, *Maksad-i Aksa*.

Em 1869, Palmer recebeu um convite para participar do pequeno grupo de oficiais e civis que faziam o levantamento do Sinai, sob os auspícios do Fundo de Exploração da Palestina. Sua principal tarefa nessa expedição cartográfica seria recolher entre os beduínos os nomes corretos dos lugares e estabelecer uma nomenclatura exata da península. Foi seu primeiro contato com árabes comuns, nômades e camponeses, e depressa aprendeu os dialetos locais e estudou a vida e o pensamento camponês. Foi nessa expedição que conheceu Charley Drake, e foi então que o trabalho conjunto de ambos no Oriente Médio começou a assumir um ar de mistério. Em Londres, Palmer e Drake planejaram uma outra expedição e voltaram ao Cairo. Dessa vez, foram para o deserto sozinhos, sem os guias habituais e sem qualquer intérprete e escolta armada. Palmer, como Burton na peregrinação a Meca, se fez passar por árabe, denominando-se Abdallah Effendi. Os dois viajaram a pé, palmilhando os 960 quilômetros de Sinai a Jerusalém, a pretexto — se fossem detidos pelos turcos — de estarem pesquisando antigüidades. Foram os primeiros a explorar El Tib, que Palmer traduziu como "Deserto *das* Andanças", para a grande contrariedade detalhista de Burton, que dizia que El Tib significava apenas "um descampado por onde o homem pode andar". Seja qual for a tradução correta, Palmer e Drake visitaram diversas áreas de Edom e Moab desconhecidas pelos europeus e "realizaram uma boa quantidade de úteis pesquisas geográficas". Além de difícil, era uma viagem perigosa. "Contam-se inúmeras histórias da presença de espírito [de Palmer] em momentos de perigo e dificuldade, e de sua extraordinária influência sobre os beduínos, para os quais suas experiências anteriores entre os romanis serviram, talvez, como uma espécie de iniciação", escreve Stanley Lane-Poole, que conhecia Palmer.

Palmer e Draker prosseguiram a pé até Damasco, para aparecer no jardim dos Burton. Talvez a longa caminhada fosse uma aventura típica empreendida por dois rapazes corajosos e cheios de curiosidade, mas, pelo que se sabe de certos aspectos da carreira ulterior de Palmer, pode-se perguntar se, de fato, ele era apenas um estudioso errante interessado em antigüidades, ou se não estaria envolvido no Grande Jogo. Palmer tinha um domínio excepcional do árabe e seus vários dialetos, era versado no islamismo e o indivíduo comum do Oriente Médio poderia facilmente tomá-lo como um dos seus. Com efeito, na última missão, que lhe custou a vida, ele se chamava El Shami, "o sírio", e levava consigo uma quantia enorme de dinheiro para uma operação do serviço secreto, de modo que é plenamente possível indagar o que ele estava fazendo em Damasco com Burton, pois a aparição de Palmer e Drake no consulado torna bem plausível a hipótese de que os três não eram simples eruditos curiosos investigando ruínas sepultas e cidades desaparecidas, e sim, como temia o wali Rashid Ali Pasha, agentes envolvidos em atividades antiturcas que deviam ser interrompidas.

Por ora, era uma vida idílica, com constantes explorações pelo deserto, fazendo um incansável reconhecimento dos "pontos em branco" ignorados pelos cartógrafos, descobrindo que eram cheios de ruínas, pilares destruídos, inscrições em pedras, túmulos, vestígios de várias culturas e civilizações, especialmente cristãs — "um Quinto Evangelho", disse Burton —, visitando xeques, chefes beduínos, santuários de todos os credos e, sobretudo, levantando e mapeando a região. Era esta última atividade, que retrospectivamente parece frenética, que inquietava os turcos. Tinha-se falado numa estrada de ferro até a Índia, mas não se fez nada de concreto. Burton achava que se devia construir uma linha-tronco de Constantinopla até a Índia, atravessando a Síria, o vale do Eufrates e a Pérsia. "A Síria está fadada a se tornar em poucos anos importantíssima para a Inglaterra", disse ele numa referência velada à sua própria atividade. Se a Inglaterra não agisse, a França ou, pior, a Rússia agiria. Provavelmente nunca saberemos o que, dentre tudo isso, fazia parte dos projetos de anexação imperial do próprio Burton, e o que fazia parte da política de seu governo dentro do Grande Jogo. Mas o volume de mapeamentos inexplicados era suficiente para despertar as suspeitas do nervosíssimo, do desconfiadíssimo Rashid Ali.

Entrementes, prosseguiam as cavalgadas romanescas. Se a viagem parecia perigosa, o grupo de Burton levava uma escolta armada. Às vezes, para evitar escândalos, Isabel se vestia de rapaz e passava por filho de Burton. Era romance de primeira linha: cavalgadas ao amanhecer no frio do deserto, paradas ao sol do meio-dia, refeições simples de *laban* (iogurte), cebolas cruas com pão árabe, ovos fritos em ghee. E havia os sons da noite, quando os chacais uivavam ao luar, "soando, numa matilha distante, como o grito de guerra dos beduínos", escreve Isabel.

> Nunca vou esquecer algumas dessas noites encantadoras no deserto, jumentos, burricos, camelos, cavalos e algumas éguas amarrados por perto, esbravejando, escoiceando e chamando: os fardos empilhados, as grandes fogueiras, as tendas negras, os soldados turcos, as figuras pitorescas com as mais variadas roupas, e os homens de aparência feroz e bravia com trajes maravilhosos postados aqui e ali, cantando e dançando danças bárbaras. [...] Richard recitando as *Mil e uma noites*, ou o pobre Palmer salmodiando poesias árabes ou Charley Drake fazendo mágicas para o assombro dos mouros. [...]

Já vi os mais sérios e veneráveis xeques, a despeito de toda a sua gravidade ocidental, rolando pelo chão e uivando de prazer, e parecia que nunca deixariam meu marido partir.

Os nômades chamavam Burton de "Irmão do Leão" e compuseram uma música em sua homenagem.

Marshalla! Marshalla! Enfim vimos um homem!
Eis que nosso cônsul é nosso xeque! [...]
Vamos segui-lo por toda a terra!

Não há dúvida de que Burton estava em boas relações com o povo local, em Damasco e nas aldeias, com as tribos do deserto e as seitas religiosas. No verão de 1870, ele decidiu visitar alguns chefes drusos distantes. Convidou Eldrige para vir a Damasco e irem juntos para o deserto. Mas era fato notório que Eldrige nunca saía de Beirute, e nem respondeu ao convite. Rashid Ali Pasha soube da idéia da expedição e se opôs com veemência, pois os drusos eram grandes adversários dos turcos. Dessa vez, Burton suspeitou de alguma tramóia e ficou imaginando se cairia numa emboscada e seria assassinado no deserto, num plano elaborado pelo wali com a anuência implícita de Eldridge. Isabel estava com disenteria, e assim, com Palmer e Drake, Burton partiu sem ela. Isabel ouviu boatos de um complô; enviou um mensageiro a Burton, com um aviso escondido dentro de um vidro de remédio. Ao receberem a mensagem, os três ingleses esconderam os cavalos numa caverna. "Depois de algumas horas", conta Burton, "vimos cem homens a cavalo e duzentos a dromedário batendo a região, procurando alguém nas planícies."

Burton e companheiros escaparam à emboscada. "Nunca me senti tão lisonjeado na vida", escreve ele, "ao pensar que precisariam de trezentos homens para me matar."

No outono do mesmo ano — 1870 —, Drake e Palmer deixaram Damasco, com suas tarefas por ora encerradas. Ao que parece, na época não houve nenhuma suspeita, exceto as preocupações de Rashid Ali quanto a Burton. Drake ficou no Oriente Médio, viajando, explorando e mapeando. Logo voltou a Bludan, para ajudar Burton em *Unexplored Syria* [Síria inexplorada], livro que foi publicado em 1872 em dois volumes, com vários mapas e ilustrações. Drake também colaborou com mapas e desenhos na exposição de Palmer sobre o deserto de Tib e alguns relatórios e cartas oficiais de menor importância.

Depois de sair de Damasco, Palmer foi para Constantinopla e de lá para Viena, onde encontrou Arminius Vambéry, um dos rivais mais inflamados de Burton; a seguir, voltou à Inglaterra para se casar com Laura Davis, sua noiva havia muitos anos. Depois de lhe ver negadas honras e reconhecimento acadêmico, Palmer finalmente recebeu um cargo modesto e não muito compensador em Cambridge, como professor de árabe, persa e hindustâni. Organizou dicionários árabes e persas, elaborou uma gramática persa que ainda continua em circulação, traduziu o Corão e o *Zohar*, uma obra cabalista mística, e fez traduções menores do finlandês, dinamarquês e alemão. Sempre nutriu um interesse especial por Hafiz, e finalmente fez uma tradução do poeta, que recebeu algumas críticas de Burton. Mas olhos menos exigentes viram o trabalho de Palmer sob um prisma mais favorável, e ele recebeu um convite para contribuir no excelente verbete sobre Hafiz na *Encyclopaedia Britannica*, que ainda comparece na famosa 11ª edição de 1911.

Começaram a circular questões sobre Burton, chegando inclusive ao ministro britânico em Constantinopla. Quase desde o início de seu exercício no cargo, Burton tentou impor seu rigoroso código ético de conduta sobre pessoas que preferiam seus próprios códigos. Ele tinha uma experiência mais do que suficiente para saber disso, mas talvez estivesse ficando desatencioso e até estreito. Empregados que roubassem ou trapaceassem eram sumariamente despedidos. Mas esses gestos eram de menor importância dentro da escala mais ampla dos acontecimentos. Burton tinha protestado contra certos atos não cristãos do bispo cristão-grego, e com isso conquistou a inimizade dos fiéis gregos. Na Semana Santa em Jerusalém, período de intensa agitação entre as várias seitas cristãs no Oriente, os empregados de

Burton foram apedrejados por um grupo do patriarcado. Quando Burton e Drake saíram de suas tendas, também foram apedrejados aos gritos de "Matem-nos, matem-nos!", como se o Evangelho de são João estivesse sendo reencenado na vida real. Mesmo sendo atingido diversas vezes, Burton não arredou pé. Para dispersar os atacantes, disparou um tiro no ar. Na época, pareceu um incidente menor numa terra de violências sem fim, mas foi o primeiro episódio desagradável de uma sucessão de outros, uma pequena nuvem na tempestade envolvente que se avolumava dia a dia.

Um incidente maior estourou em agosto de 1870. Uma série de conflitos religiosos havia eclodido, começando pelo espancamento de um cristão sírio que tentava receber uma dívida de um muçulmano. O patriarca católico mandou prender o muçulmano. Mais ou menos na mesma época, dois garotos judeus, com menos de doze anos de idade, foram flagrados enquanto pintavam a cruz na latrina de uma mesquita, ato que era uma afronta tanto aos muçulmanos quanto aos cristãos. Um dos garotos trabalhava para um comerciante judeu sob a proteção do governo britânico, e o outro para um comerciante francês. Os dois foram presos, mas, sendo menores, foram liberados. O principal missionário inglês em Damasco, que já tinha alertado Burton da iminência de alguns problemas, disse-lhe que achava que os verdadeiros responsáveis por trás do incidente eram os muçulmanos; outros rumores incriminavam a comunidade drusa. Então, Drake recebeu a notícia de que os drusos estavam se preparando para atacar os cristãos. Os boatos corriam desenfreados e se espalhavam incontestados. Os líderes de todas as comunidades — os ingleses e outros europeus, os cristãos nativos, os judeus — ainda guardavam na lembrança o pavoroso morticínio de 1860. As milícias turcas, todas muçulmanas, ameaçavam os cristãos com um novo massacre. Era uma situação que exigia sangue-frio, vontade férrea, determinação, calma exterior e uma profunda compreensão da mentalidade dos outros povos. Burton logo deu uma demonstração pública de sua calma, aparecendo nas ruas dos bairros mais perigosos de uma maneira que avisava às multidões que seria uma tolice despertar a fúria do poderio inglês. A partir daí, aumentou o ressentimento contra os estrangeiros, especialmente contra Burton. Este, amparado pelos direitos do cargo, intimou os garotos judeus para interrogá-los. Espalharam-se boatos de que ele tinha mandado torturar os garotos e que Isabel insultou uma judia numa festa, arrancando-lhe o colar e as jóias e pisoteando sobre elas, dizendo que eram fruto do sangue dos pobres. Foi apenas o início dos problemas com a comunidade judaica, que via em Burton traços de anti-semitismo. As tensões prosseguiram, concentradas nas atividades de três agiotas judeus. Pela lei síria, os devedores podiam ir para a prisão. Se o credor estivesse sob proteção britânica, tinha o direito de pedir que o cônsul britânico o amparasse no recebimento da dívida. Quando um dos agiotas solicitou a ajuda de Burton para receber 60 mil libras que alguns camponeses lhe deviam, Burton recusou, dizendo que não tinha ido à Síria para ser meirinho. O agiota, acusou Burton, tinha "arruinado e sugado 41 aldeias". Os três agiotas escreveram em seguida a amigos em Londres, acusando Burton de anti-semitismo. Os amigos eram poderosos e ativos. Um deles era sir Moses Montefiore, conhecido filantropo que tinha abraçado a causa dos judeus no Levante, conquistando-lhes muitos direitos; outro era sir Francis Goldsmid, o primeiro advogado judeu inglês, que declarou ter ouvido que a mulher de Burton era "uma católica intolerante" capaz de tê-lo influenciado contra os judeus.

Montefiore e Goldsmid eram apenas a frente avançada dos inimigos de Burton. Começaram a circular em Londres histórias de que Isabel teria fustigado o rosto de um jovem muçulmano com um chicote de montaria, a isso se seguindo o boato de que teria matado dois homens e ferido um outro por terem se recusado a cumprimentá-la. Isabel se sentiu magoada por Montefiore, que tinha sido amigo de Burton, acreditar em notícias incomprovadas. Que tinha batido num muçulmano, era verdade, mas ela explicou em *Life* que foi num período de grande tensão entre muçulmanos e cristãos, quando a violência estava a ponto de eclodir. O filho de um xeque local, que conduzia uma horda de correligionários para atear fogo à casa de Bludan, cuspiu nela e tentou arrancá-la do cavalo. Naquela época, Burton estava fora, numa missão no deserto. Isabel, para se impor sobre a situação — pois um ataque pessoal desses "no Oriente significa montanhas de coisas" —, bateu no rosto do homem com seu chicote de cavaleiro. Mais tarde, ela soube por intermédio de um oficial turco que tinha sido o próprio Rashid Ali que dera ordens de incendiar a aldeia de Bludan, cujos moradores, em sua grande maioria, eram cristãos ortodoxos gregos pobres. Mas ela convenceu os turcos a não arrasarem a aldeia, e a tensão se acalmou.

Nessa atmosfera de caos, rivalidades, intrigas, suspeitas, mistérios, tumultos e assassinatos, ocorreu mais um incidente, de alcance maior e que redundaria na perda do cargo de Burton. No "bairro pobre" de Damasco, existia uma seita esotérica de muçulmanos, conhecidos como shazlis, uma irmandade sufista que, como muitos desses grupos pobres e despossuídos, era de natureza messiânica. Os shazlis começaram a se reunir à noite para estudar e rezar; dizia-se que ocorriam visões e milagres. Um dos simpatizantes dos shazlis era Abd el Kadir, amigo de Burton. Durante dois anos, o círculo mais fechado da seita se reuniu na casa dele para meditar e rezar "pela iluminação diante do trono de Deus". Por fim, escreve Isabel, "eles se aperceberam de uma presença que não era a deles. Costumavam ver e ouvir coisas que não entendiam, e isso continuou por dois ou três meses antes que chegassem a compreender". "Finalmente", diz Burton, "uma visão lhes assegurou que era a religião de Cristo que estavam procurando. No entanto, tal era o temor deles à autoridade que ninguém confiou seu segredo ao vizinho."

O movimento só havia começado em 1868, quando um pequeno grupo de camponeses na cidade foi iniciado por um homem que se autodenominava Abd el Matar de Darayya. Era um místico autodidata, e em suas buscas abandonou mulher, família, clã e terra natal, para fundar um centro em Damasco, com suas bases numa irmandade sufista estabelecida no século XIII por Abd al-Hussein Shadili, um conhecido místico sufista, que morreu em Meca no ano de 1258.

Logo depois, cerca de quarenta deles, encabeçados por Abd el Karim Matar, se reuniram para suas orações noturnas habituais. Depois de longos atos de devoção, todos adormeceram e aprouve a Nosso Senhor lhes aparecer a cada um deles em separado. Despertaram ao mesmo tempo, e um, tomando coragem, contou sua visão aos outros, e cada um respondeu: "Eu também O vi".

"Cristo tanto os consolou, reconfortou e exortou a seguirem Sua fé, e eles estavam tão tomados por um júbilo que nunca tinham provado, que foi difícil dissuadi-los de saírem correndo pelas ruas para proclamar que Cristo é Deus", e acrescenta Burton: "mas foram advertidos que seriam mortos."

Num segundo sonho coletivo, apareceu a visão de um velho santo com uma longa barba branca, usando uma roupa marrom grosseira e segurando uma vela acesa. Os shazlis procuraram o tal guia pela cidade durante três meses, quando finalmente se depararam com o frei Förner, um monge franciscano espanhol que vivia num mosteiro na zona norte de Damasco, e lhe relataram as visões e arrebatamentos místicos que tinham vivido. Agora questionavam o próprio islamismo e se perguntavam se não existiria algo melhor. Contaram a Förner que o velho da visão havia dito "docemente": "Os que querem a verdade que me sigam". Parecia evidente que os shazlis estavam sendo levados ao cristianismo, e, bastante perturbado, frei Förner foi procurar o casal Burton, pois a conversão dos muçulmanos a uma outra religião era um problema sério que geralmente resultava na condenação à morte do convertido, tanto pelas autoridades religiosas quanto pelas temporais.

O que fazer com esses pobres infelizes? Obviamente, ficariam expostos à fúria dos poderes dirigentes, os ulemás, os juízes islâmicos e os militares, que, seguindo as leis da ortodoxia islâmica, seriam unânimes em punir os shazlis como heréticos.

Förner e os Burton não foram os únicos cristãos a se envolver com os shazlis. Alguns missionários protestantes souberam do dilema e tentaram converter o grupo. A situação foi se agravando dia a dia, e Burton, disfarçado de muçulmano e sem o conhecimento de ninguém, afora Isabel, juntou-se aos shazlis em seu bairro e passou muito tempo por lá, instruindo-se de suas doutrinas e tentando encontrar uma solução para o problema. "Ele viu o que viu", escreve Isabel com uma certa teatralidade. "Frei Förner era o guia que lhes foi apontado por aquela Presença espiritual." O interesse de seu marido pela seita, acrescenta ela, "foi sua ruína. [...] Embora não pretendesse isso, ele acabou sacrificando inteiramente sua carreira terrena a ela". O que originalmente parecia se resumir a algumas centenas de árabes pobres e às vezes indigentes, em busca de um Salvador que os libertasse de sua miséria, rapidamente assumiu as proporções de uma grande heresia. Agora se falava em cerca de 25 mil shazlis prontos para o batismo, que abraçariam o catolicismo, e não o protestantismo. Esses "cristãos secretos", escreveu Burton posteriormente, "ansiavam pelo batismo".

O passo seguinte de Burton ou foi tão altruísta que ele nem conseguiu enxergar as conseqüências ou fazia parte de alguma complicada manobra britânica contra a Porta Sublime, no desenrolar do Grande Jogo. Ele se ofereceu para financiar o reassentamento dos shazlis fora de Damasco. Compraria as terras, mandaria construir as casas e mudaria os shazlis, num total de 25 mil pessoas, sem esperar qualquer taxa ou reembolso.

O curioso é que um homem com o salário de Burton certamente acharia difícil financiar tal projeto, mesmo com as trezentas libras de ouro da esposa. No entanto, a críptica observação de Burton sobre o desembolso de fundos do serviço secreto em Sind, que incluiu posteriormente em *Life*, pode ter alguma relação com o presente caso; é possível que também dispusesse desses fundos em Damasco, e certamente não desconhecia o tipo de manobra oblíqua e invisível aí envolvida. É óbvio que havia ambigüidades na situação dos shazlis. Burton não nutria grande simpatia pelos cristãos e menos ainda por qualquer tipo de conversão: no entanto, queria ver os shazlis se transformarem em católicos apostólicos.

Os acontecimentos então escaparam ao controle dos shazlis e de Burton. Ele esperava obter permissão dos turcos e de lorde Granville, o embaixador britânico recém-empossado em Constantinopla, para uma conversão em massa e para o reassentamento da seita, mas havia outras forças em operação que iriam minar os shazlis e derrubar Burton.

Doze shazlis dos mais privilegiados em termos espirituais, que tinham recebido as visões mais intensas e vivido os mais divinos arrebatamentos, foram presos e acorrentados pelos turcos, para sofrer uma espécie de martírio, e logo a seguir frei Förner morreu de maneira misteriosa. Burton esperava que o patriarca latino de Jerusalém, o arcebispo Valerga, batizasse os shazlis em massa, tendo Isabel como madrinha. Granville encaminhou a proposta de Burton a Valerga, que aberta e "inabilmente" consultou as autoridades turcas — Rashid Ali Pasha e seus subordinados — em Damasco, e tal foi o fim do caso shazli, e logo também de Burton, pois a sucessão de episódios em que ele abriu confronto não só com os turcos, mas também com seu próprio governo, com os missionários protestantes, com os bispos católicos da Igreja grega e da Igreja romana, com as várias seitas muçulmanas, com os agiotas judeus — em suma, com todo mundo que lhe parecesse não ser franco, honesto, corajoso e íntegro — acabou com ele. "É sofrer perseguição por amor à justiça", disse Burton quando as investidas aumentaram. Agora parecia ter apenas inimigos, e os ataques "destruíram sua carreira", escreveu a esposa. Era o *qismet* — destino — operando com a crueldade e inexorabilidade que eram de se temer.

O grande plano havia malogrado. A embaixada britânica em Constantinopla, o arcebispo Valerga, a Porta Sublime, Rashid Ali, todos contribuíram na sua traição. Os shazlis seriam sacrificados aos misteriosos desígnios britânicos, tal como havia ocorrido com os kars poucos anos antes, quando o projeto de Burton de libertar a guarnição sitiada sucumbiu às necessidades da *haute politique*.

Um dia, nos meados de agosto de 1871, Burton e Isabel estavam saindo para ir até o Anti-Líbano. Isabel estava do lado de fora da casa, esperando o marido. Os cavalos estavam arreados, quando de súbito apareceu "um mensageiro esfarrapado a pé". Isabel levou a mensagem para Burton, dentro de casa. A carta, que era do vice-cônsul em Beirute, dizia que lorde Granville tinha despedido Burton e o consulado de Damasco já fora entregue à responsabilidade de um outro. O registro daquele dia no diário de Burton foi sucinto e dramático.

> *18 de agosto.* — Deixei Damasco para sempre; saí às três da manhã no escuro, com uma grande lanterna; todos os meus empregados chorando; sozinho num *coupé* de aluguel, graças aos porcos. Emoção de ver tudo pela última vez. Todos pareciam tristes; alguns gemidos. Ao longe, a visão das montanhas de Bludan ao amanhecer, onde deixei minha esposa. *Nunca mais?* Senti-me abatido. Demissão vergonhosa, aos cinqüenta anos, sem aviso prévio, sem salário, sem recomendação.

Granville tinha demitido Burton sem as cortesias de praxe, sem uma conversa, sem uma oportunidade de explicação ou defesa. Isabel viu uma dimensão maior da tragédia. "A partir daquela data", escreve em *Life*, "começou a ruína de Damasco e a decadência visível e acelerada da Síria."

Burton foi para Damasco, deixando Isabel sem lhe contar o que havia acontecido. Pouco depois, enviou-lhe um bilhete por um mensageiro a cavalo: "Não se assuste, fui removido. Acerte as contas, faça as malas e venha quando for possível". Isabel conta que não ficou assustada, "mas não gosto de lembrar o que senti ou pensei".

Isabel não conseguiu dormir naquela noite de 19 de agosto. Três vezes julgou ouvir Burton chamá-la. Levantou-se, vestiu-se, arreou o cavalo e saiu direto pelo campo, atravessando "pedras e pântanos" até a estação a nove horas de distância. Lá, "encalorada, rasgada e coberta de lama e poeira da cabeça aos pés", ela parou a diligência, embarcou e chegou a Beirute 24 horas antes da saída do navio de Burton. Da diligência, Isabel viu o marido andando pela rua, "parecendo tão triste e sério". Mas "[fui] bem recompensada pela minha árdua viagem. Pois, quando ele me viu, seu rosto inteiro se iluminou e disse: 'Obrigado, *bon sang ne peut mentir*'". Tiveram "24 horas para nos consultarmos e nos consolarmos juntos". Agora, Burton não passava de um cidadão particular em desgraça, sem sequer um *qawwas* para atendê-lo, para tratá-lo com mostras de honra e respeito. Todavia, não estava inteiramente sozinho. O cônsul britânico havia cortado as relações com ele, mas o cônsul francês recebeu o casal, agora tão desamparado e à mercê do que os fatos quisessem trazer. Burton embarcou para a Inglaterra, enquanto Isabel voltava a Bludan para acertar as contas e fazer as malas.

A Burton agora restava somente o pequeno consolo de arrolar as grandes forças que o liquidaram, entre elas Rashid Ali Pasha, que apenas um mês depois foi detido por seu próprio governo devido a vários crimes, levado à capital e encarcerado. Logo depois disso, escreve Burton, o paxá teve os miolos estourados por um homem que sofrera às suas mãos. Entre os inimigos que ajudaram a destruí-lo, Burton incluiu seu próprio cônsul-geral em Beirute, homem que se distinguia apenas "pelo cuidadoso registro de seus barômetros e a quantidade de cerveja que o auxiliava nessa árdua tarefa".

As causas principais, porém, dos problemas de Burton em Damasco foram duas: ele era honesto nas relações com as pessoas, e se enredou numa missão secreta que nem ele, nem seu governo iriam admitir. Por que não conseguiu preparar o caminho para a anexação britânica do Levante? Com efeito, em menos de cinqüenta anos, extensas áreas, notadamente a "Palestina", o Egito e a Mesopotâmia, iriam atacar a Coroa. Quando ele via injustiças, fazia o máximo para impedi-las. O cônsul Burton tinha dificuldade em aceitar que seu governo não se preocupasse minimamente com a angústia de alguns aldeões sírios afundados em dívidas, nem com as esperanças messiânicas dos shazlis, e nem com os excessos do arcebispo grego. O Ministério das Relações Exteriores queria um andamento tranqüilo, e nada de problemas com os turcos; visava a um exercício discreto dos consulados no Levante, sem qualquer agitação em águas permanentemente turvas. Ao mesmo tempo, queria informações que seriam úteis caso os turcos perdessem o controle sobre as vastas áreas que ocupavam. Tinha sido um erro nomear Burton para o cargo — sempre existiam homens mais dóceis que poderiam servir em Damasco —, mas Isabel tinha recorrido a pressões que não poderiam ser ignoradas, e os homens do governo supuseram que Burton podia ser a pessoa certa, sem levar em conta as implicações de seu caráter. No final, ficou um absoluto caos no consulado de Damasco, e Burton teve de voltar à Inglaterra.

Burton chegou a Londres vários dias antes de Isabel, que estava vindo com pilhas de bagagem e sua empregada síria Khamoor, e ele foi diretamente para o refúgio da casa da irmã, seu freqüente abrigo em épocas problemáticas. Os Stisted tinham estado no Canadá, onde o coronel ocupou o cargo de governador-geral, e não viam Burton havia muitos anos. Burton não escreveu para avisá-los da visita, pois chegaria ao mesmo tempo que o correio. "O prazer de nosso encontro longamente adiado foi tristemente empanado por seu ânimo triste e abatido, uma situação para a qual estávamos totalmente despreparados", escreve sua sobrinha.

> Nunca o tínhamos visto tão infeliz, tão desalentado; suas mãos tremiam, seu humor andava estranhamente irritadiço, toda aquela valorização da alegria e do humor que o tornava uma companhia tão animada para os velhos e os moços havia desaparecido. Não conseguia decidir nada; estava insatisfeito, mas não deixaria a casa enfermo, não ouviria nenhum conselho — de fato, era um espetáculo melancólico.

Burton tinha servido num "consulado miserável", na opinião de sua sobrinha, e agora era evidente que não lhe dariam nenhuma outra promoção. "Marrocos, Constantinopla nunca seriam para ele." Georgiana Stisted lançou a culpa de todos os problemas do tio em sua esposa: "Graças à imprudência e paixão proselitista de sua mulher [...] sua carreira foi arruinada".

Uma visita a Edward, que vegetava mudamente no Manicômio do Condado de Surrey, não contribuiu em nada para minorar a depressão de Burton. Mas, depois de poucas semanas, sua tremenda capacidade de recuperação venceu e "sua disposição maravilhosamente otimista se reafirmou". Aquela inextinguível centelha de curiosidade e criatividade intelectual reacendeu seu interesse por um trabalho havia muito esquecido. O manuscrito perdido de *Zanzibar* tinha reaparecido, voltando da Índia para a Inglaterra. Burton passou imediatamente a prepará-lo para a publicação. Embora servindo como meio de superar sua fúria e depressão, Burton abre o livro com uma visão compreensivelmente melancólica do passado distante.

> Eu não acreditaria, antes que a experiência me ensinasse, como é triste e solene o momento em que um homem se senta para pensar e escrever a história do que se passou na década anterior. Quantos pensamentos e lembranças ocupam o espírito! Quantos espectros e fantasmas brotam do cérebro — os farrapos de esperanças destruídas e de objetivos nulos, de prêmios conquistados, êxitos e malogros semi-esquecidos! [...] Quantas sepulturas se fecharam sobre seus mortos nesses breves dez anos — esse símbolo do passado!

Isabel chegou apenas em meados de outubro. Tanto os amigos de Burton quanto os membros do governo, de modo geral, atribuíram a culpa pela crise a ela e, especialmente, à sua religião. Mas ela nunca perdia pé. Estava decidida a salvar Richard. Se o governo era capaz de enfrentar a Porta Sublime, os amigos londrinos de agiotas sírios, distantes bispos de tendências levemente heréticas, a Isabel ele não podia resistir. Ela visitou amigos influentes, parentes de peso, dúzias de estrangeiros de alta posição, para deixar claro que o marido não era responsável por seu fracasso no cargo. Ela assediou o Ministério das Relações Exteriores para se informar sobre o que realmente acontecera em Damasco, o que revelavam os documentos secretos. Quando não tinha acesso aos funcionários, recorria a suas esposas.

Começaram a chegar cartas de Damasco em defesa de Burton. Importantes muçulmanos lhe creditavam o mérito pela queda do odiado Rashid Ali Pasha, que tinha sido substituído por um homem mais liberal. Alguns dos missionários que tinham se oposto a Burton agora vinham em sua defesa. Líderes muçulmanos oficiavam orações públicas para solicitar a volta de Burton, e oito *sayyids* ou santos muçulmanos escreveram: "Não vimos nenhum mal nele e ele amava [os muçulmanos] e os que estavam sob seu mando. E dele nunca veio nada que não fosse a verdade, e ele sempre procedeu com justiça e odiava apenas os mentirosos". Edward Palmer escreveu dizendo: "Os maometanos, cuja 'aversão fanática pelo capitão Burton' é o pretexto ostensivo para seu afastamento do cargo, têm realizado manifestações de massa e até rezado publicamente nas mesquitas, pedindo que Deus o envie de volta a eles".

Burton sempre foi uma figura pública muito apreciada, apesar das controvérsias que tão amiúde o envolviam, e a imprensa o apresentou como uma figura corajosa erguendo-se sozinha contra a injustiça, um fantasioso inglês de envergadura heróica. O Ministério das Relações Exteriores, agora se sentindo cercado, emitiu um relatório oficial sobre Burton, com documentos de ambos os lados da questão, mas não se desculpou. Era como se o governo achasse que Burton estaria melhor num posto obscuro, de forma que Granville lhe ofereceu o cargo de cônsul no Pará, no Norte do Brasil, perto do equador, e ainda mais quente do que Santos. Burton considerou a oferta como um rebaixamento e recusou. Achava que devia receber um posto mais importante, como o de Teerã, que acabava de vagar. Mas, para sua fúria, Teerã foi dado a um outro. A raiva e a mágoa continuavam acesas, e, embora tivesse sido atacado por pessoas de todos os credos — algumas honestas, outras salafrárias —, ele começou a criar antipatia pelos judeus, pois achava que tinha sido traído por homens como sir Francis Goldsmid e sir Moses Montefiore ("esse eminente filantropo"), que não entendiam a situação na Síria. Em *The highlands of Brazil*, publicado em 1869, ele afirmara: "Se eu pudesse escolher uma raça, a que eu mais gostaria de pertencer é a judaica", e já tinha iniciado um ensaio sobre os judeus que começava com uma posição extremamente favorável, comentando "a excepcional saúde e físico vigoroso da raça" que "indicam uma carreira notável nos tempos vindouros. [...] O judeu, como o cigano, é único, isolado pelo caráter, se não por uma bênção". A nação judaica tem "uma vitalidade extremamente pujante", e "sua força vital indestrutível e irreprimível permite a esta nação sem país" sobreviver com "força e pertinácia". Ele comentou o "raro humanitarismo" dos judeus e deplorou "a perpetração, por 'cristãos', de atrocidades quase inigualáveis pela impiedosa selvageria contra eles". Era um ensaio de admiração irrestrita, mas, no final, seu tom começou a mudar e, numa súmula final, baseando-se em certos textos talmúdicos e num rol de acusações anti-semitas, talvez oriundas de um romance alemão popular na época, mas muito grosseiro, *Biarritz*, de Hermann Goedsche (sob o pseudônimo de sir John Retcliffe), lançou uma série de denúncias injustas e irracionais, enumerando exemplos de atrocidades anticristãs e assassinatos rituais, tais como circulavam desde a Idade Média. Segundo W. H. Wilkins, que editou o manuscrito após a morte de Burton, ele incluiu um apêndice tratando do "pretenso ritual de sacrifícios humanos entre os judeus orientais sefarditas".

Durante os anos seguintes, Burton trabalhou de maneira intermitente no manuscrito, concluindo-o em 1875. No entanto, os amigos o aconselharam a não publicar, e num raro exemplo de bom senso ele deixou o livro de lado; foi publicado apenas em 1898 (e sem a parte final), junto com alguns outros materiais inacabados sobre os ciganos e o islamismo.

No final do ano, sem cargos à vista, tendo gasto o que ainda restava da herança paterna, Burton estava falido. Isabel e ele, juntos, tinham apenas quinze libras, e ela perdeu uma libra num trem, quando estavam indo visitar seu tio, lorde Girard. "Sentei no chão e chorei", escreve ela, "e ele sentou ao meu lado, abraçando-me a cintura, tentando me consolar." Mesmo assim, as dificuldades financeiras não impediam que o casal levasse uma vida social agitada entre os altos círculos da Inglaterra vitoriana. Nomes como lorde Houghton, Strangford, o príncipe de Gales, Disraeli e Gladstone estão disseminados por todas as suas memórias.

Sempre havia alguma pequena esperança. No magro ano de 1872, Burton recebeu uma proposta de um inglês especulador de minérios para explorar as minas de enxofre na Islândia. Teria as despesas pagas, e mais 2 mil libras, se encontrasse grandes depósitos. Nessa época, a maior parte do enxofre vinha de minas da Sicília, mas os industriais ingleses temiam que uma guerra no Mediterrâneo cortasse suas fontes. Em junho, Burton e os especuladores tomaram um navio na Escócia. A Islândia foi um desapontamento. Burton viu que os relatos dos antigos viajantes eram muito exagerados. O famoso grande gêiser não passava de uns gorgolejos, e os gêiseres menores eram ainda mais decepcionantes. Os moradores nativos eram sujos, com cara de poucos amigos. E onde estavam "as moças que beijam o estranho na boca, que o aliviam de suas últimas roupas e colocam uma garrafa de conhaque debaixo de seu travesseiro e uma vasilha de leite ou creme ao lado"? Ele também reclamou das "mulheres gélidas do norte" que "só vivem pela cabeça" e "como górgonas nos transformam em estátuas de pedra". Enxofre havia em abundância, mas não parecia de acesso fácil.

Burton mal tinha se afastado do litoral escocês quando a mãe de Isabel faleceu, fato que ajudou a aumentar a distância entre Isabel e os parentes de seu marido. "Minha cara criança", escreveu ela a Georgiana Stisted. "Minha querida mãe morreu em meus braços à meia-noite da quarta-feira, dia 5 [de junho de 1872]. Parecia uma criança adormecendo, muito feliz, mas totalmente inesperado para nós, que achávamos que ela, mesmo definhando, viveria até agosto ou outubro." Isabel acrescentou que tinha escrito "páginas cheias de detalhes de família", e quis mandá-las aos Stisted, "mas achei que nossas concepções e observâncias religiosas poderiam parecer absurdas a outros, e me senti envergonhada em enviá-las". Finalmente, Isabel percebia como o lado protestante da família encarava seu catolicismo, mas duas décadas de "superstições" suas já tinham criado um profundo afastamento dos Stisted.

Nessa ocasião de tristeza, quando velava o corpo da mãe, Isabel recebeu uma carta de lorde Granville, oferecendo a Richard o consulado de Trieste, uma cidade portuária bastante decrépita, mas animada, do Império austro-húngaro na ponta do Adriático. Ela andava rezando pelo momento em que a "sombria nuvem pairando sobre nós fosse embora", e de fato se foi. O salário era de setecentas libras anuais, muito inferior ao de Damasco, mas o lugar era razoável, melhor do que o Pará e outros lugarejos inqualificáveis com que o ministério havia acenado a Burton. "Melhor do que nada", decidiu Isabel, e começou imediatamente a fazer as malas, imaginando que o marido aceitaria quando voltasse da Islândia.

O salário era ridículo, mas as obrigações não eram muitas: sempre haveria um cônsul assistente para atender aos marinheiros bêbados e a turistas que tinham perdido os documentos, ou para comparecer a funções diplomáticas secundárias. O governo, ao que parece, não impôs nenhuma grande exigência a Burton. A um século de distância, é como se Trieste fosse uma espécie de recompensa por seus anos de serviço à Coroa, um pequeno prêmio por tarefas realizadas sob condições difíceis, sem um reconhecimento explícito. Ser-lhe-ia dada a oportunidade de ser cônsul à sua maneira, sem impedimentos. Poderia pastorear como quisesse nessa ventosa campina austro-húngara e, se passasse o tempo escrevendo, perambulando ou até sonhando acordado, ninguém se importaria. Vez por outra, o ministério lhe passaria um leve sermão por estar muito tempo fora de Trieste, uma reprimenda que ninguém, afora Burton, levaria a sério — ele sentia uma leve ponta de culpa por suas ausências, sempre se preocupando que pudesse ser removido, assim perdendo uma espécie de pensão de trabalho.

Antes de sair para Trieste, Burton sofreu uma operação de certa gravidade. Anos antes, depois de levar no ombro um golpe supostamente de brincadeira, quando se virou de costas durante uma partida de bastões com um amigo, Burton ficou com um caroço que não sumiu, mas, pelo contrário, se transformou num tumor, que abriu e supurou. Finalmente, considerou-se necessário fazer uma intervenção cirúrgica. No começo de outubro, em Londres, Burton foi operado pelo amigo dr. Bird. A cirurgia foi feita numa sala voltada para o norte, e o método mostra bem como eram as operações na época, com um toque dramático acrescentado por Burton, com seu gosto de se mostrar rijo. Com a presença de Isabel, ele se escarrapachou numa cadeira, fumando um charuto e falando sem parar. Num serviço que pareceu rapidamente concluído — apenas doze minutos —, Bird retirou um tumor com cinco centímetros de diâmetro. À tarde, Burton insistiu em fazer um passeio de trem até Brighton, sozinho, possivelmente como forma de afirmar sua masculinidade frente ao maternalismo às vezes assoberbante de Isabel.

28. TRIESTE, TRISTEZA

TRIESTE NÃO ERA propriamente desconhecida, e sua posição geográfica na ponta do Adriático permitia longas viagens por todo o Mediterrâneo e a Europa. O cônsul anterior, Charles Lever, tinha assumido uma postura negligente em relação a seus deveres, escrevendo nesse ínterim 39 livros, numa produção que rivalizava com a de Burton. Depois de uma vida irregular e bastante acidentada (a certa altura, ele foi capturado por índios americanos), Lever, em 1862, recebeu de lorde Derby o cargo de cônsul em Trieste, com o comentário (que Burton por certo conhecia): "Aqui estão seiscentas libras por ano para não fazer nada, e você é o homem exato para isso".

A princípio, Lever disse que Trieste era "tudo o que eu podia desejar", mas de repente a cidade virou "detestável e execrável". As exigências sobre o pobre Lever não tinham sido grandes — nos últimos anos, ele sofria de uma grave depressão —, e Burton podia ver que Trieste decerto também não iria lhe tomar muito tempo. Outros tinham a mesma opinião negativa de Lever sobre a cidade. O comentário de Georgiana, certamente contrário ao de Isabel, foi que Trieste, como consulado, "não [é] de se desprezar", mas "não é o *beau ideal* de ninguém como lar".

Como de hábito, o casal não viajou junto. Burton partiu da Inglaterra por navio em 24 de outubro de 1872, e Isabel, com a companhia de Khamoor, seguiu de trem, cerca de três semanas depois. Cada qual achava que o outro já tinha chegado em Trieste, e um escreveu ao outro endereçando as cartas ao consulado. O cônsul assistente, um certo sr. Brock, que estava no cargo havia uns quarenta anos, ficou imaginando qual a razão de o novo cônsul e sua esposa não conhecerem seus mútuos planos; as cartas já estavam se amontoando em pilhas. O sr. Brock começou a pensar que "teria de tratar com um casal bem engraçado", escreve Isabel. Mais tarde, circularam histórias sobre o comportamento excêntrico dos Burton. Dizia-se que ele tinha chegado sem nada — perdera doze malas de roupa durante o caminho —, mas sobraçando um galo de briga.

Na verdade, porém, Burton estava com Isabel. Tinham se encontrado por acaso em Veneza. Conta a história que se depararam um com o outro na Piazza, trocaram um aperto de mãos "como irmãos" e cada qual rumou para seu respectivo hotel, sentando-se imediatamente para escrever "como se nada fosse". Mas não foi algo tão displicente, e os dois chegaram juntos a Trieste, a poucas horas de Veneza pela travessia do golfo, e se hospedaram num hotel na zona portuária, sem gostar, mas ficando seis meses no local.

Trieste não era uma cidade ruim para se exilar, mas Burton se sentia exiladíssimo, e começou a se identificar com outro exilado famoso, o poeta latino Ovídio, que tinha sido banido em VIII d.C. para uma pequena cidade portuária no delta do Danúbio, por sustentar opiniões impopulares. Burton e Ovídio tinham mais ou menos a mesma idade quando foram para o exílio — Burton estava com 51 anos —, e ele sentiu partilhar um destino em comum com Ovídio. "Eu também", disse baseando-se no poeta, "sou um livro esquecido roído pelas traças", "um rio obstruído de lama." Foi "posto por nada de especial sobre o ventre de um touro de bronze". Começou a pensar em Trieste como *tristia*, tristeza.*

Como Burton era talvez o melhor arabista da época e um lingüista insuperado por qualquer outro contemporâneo vivo, parecia um desperdício de tempo e talento que o governo o mandasse para Trieste. No entanto, do ponto de vista do governo, era um local onde ele não faria grandes estragos com suas opiniões e sarcasmos, e se se comportasse mal poderia ser reconduzido rapidamente à Inglaterra. "Olhando para trás desapaixonadamente", escreve sua sobrinha, "não posso senão pen-

---

* *Tristia*, nome da obra de Ovídio no exílio.

sar que a enorme liberdade que lhe foi concedida durante aqueles dezoito anos mostrou que lorde Granville, longe de nutrir qualquer má vontade contra o desafortunado hadji, atenuou a rispidez da remoção [de Damasco] proporcionando-lhe pelo resto de seus dias algo que era praticamente uma sinecura." Além disso, Isabel não atrapalharia. "Isabel poderia converter quem quisesse; de fato, ela nos conta por impresso [em *Life*] que foi madrinha de um assaltante."

Para muitos, porém, Trieste só apresentava defeitos. Se os Burton reclamavam, era de forma romântica: o cônsul já tinha visto coisas piores, e para sua mulher tudo era novidade e experiência. As visitas se queixavam dos ventos, que eram três: o *bora*, que soprava como um tufão, varrendo tudo para o mar, o *siroco*, que vinha da direção oposta e devolvia o esgoto para a cidade, e os *contradite*, quando os dois ventos sopravam ao mesmo tempo. O *bora* era tão violento que certa vez derrubou Burton, e diziam que virava trens. Havia também os terremotos, tão freqüentes que nem chamavam a atenção. Freqüentemente Burton reclamava do cheiro de esgoto que flutuava pela cidade, mas seu alvo favorito era a política, sempre violenta, em particular os italianos contra os austríacos, com os eslavos contra ambos. E as bombas! "Se um austríaco dava um baile, os italianos atiravam uma bomba no salão; e a família imperial era sempre recebida com um coro de bombas — bombas na estrada de ferro, bombas nos jardins, bombas nas salsichas; de fato, às vezes não era agradável", escreve Isabel.

Os ventos e as bombas eram um aborrecimento, mas havia compensações, pequenos prazeres a serem apreciados, especificamente as mulheres, embora Burton já estivesse sentindo o peso dos anos e também parecesse sempre fiel à sua mulher. As mulheres de Trieste tinham um andar especial, semelhante ao das "damas árabes": "Nunca o vi na Europa, exceto nas camadas comerciais de Trieste, que possuem um 'rebolar próprio'". Mais tarde, ele acrescentou à lista as espanholas, explicando que uma mulher espanhola caminha "com o andar levemente ondulante de uma égua puro-sangue, inclinando seu gracioso pescoço de um lado a outro para os objetos enquanto passa".

Finalmente, os Burton encontraram um "pequeno apartamento", com apenas dez aposentos, num edifício próximo ao mar, num local onde "os cheiros não conseguiam chegar". O apartamento ficava no último andar do edifício — os Burton gostavam da ginástica de subir e descer as escadas — e "as velhas senhorinhas de ambos os sexos" se recusavam a subir tão alto. Os Burton não passavam muito tempo presos em casa. Faziam viagens curtas a Miramar, o palácio do malfadado arquiduque Maximiliano, que tinha sido enviado para governar o México, e mais freqüentemente a Veneza, "nossa feliz zona de caça", e viagens mais longas à França e a Roma, onde Burton passou tanto tempo de sua infância. Como sempre, ele vivia cheio de planos de melhorias impossíveis: tinha um projeto para abrir um novo canal no Tibre e para drenar e recuperar os pântanos da Campagna. Aonde iam, encontravam velhos amigos ou faziam novos, geralmente de alto nível social, com grandes qualidades intelectuais ou pertencentes à nobreza local. Mas havia ainda outros interesses mais sérios. Burton explorou e escavou parcialmente alguns dos misteriosos *castellieri* pré-históricos de Ístria, e visitou o "povo selvagem" (como dizia Isabel) no campo, para aprender o idioma, que era um dialeto do antigo vêneto.

Vinham filas de amigos visitá-los em Trieste, entre eles Alfred Bate Richards, velho colega de Burton dos tempos da universidade, que deixou uma descrição detalhada do casal no lar. Isabel tinha seus aposentos próprios, com as paredes cobertas de objetos religiosos: crucifixos, quadros da Virgem, relíquias dos santos, velas, medalhas e escapulários.

> Até aqui [escreve Richards], todos os objetos estão relacionados com a cruz, mas, tão logo chegamos nas pequenas salas de estar, aparecem símbolos do crescente. Essas salas, que se sucedem umas às outras, rebrilham com tapeçarias orientais, bandejas e pratos de ouro e prata polida, copos fantásticos, chibouques [cachimbos] com grandes bocais de âmbar e preciosidades orientais feitas de madeiras perfumadas.

Burton colecionava somente objetos feitos a mão. "É muitíssimo melhor do que o pobre trabalho sem graça feito a máquina", dizia às visitas. Praticamente todos os cantos do apartamento mostravam alguma espécie de arma — espingardas, pistolas, lanças, espadas de todos os tipos e formatos. Havia ainda um armário com a inscrição "A Farmácia", com os inúmeros preparados de Isabel para socorrer os pobres. Mas, sobressaindo entre todas as coisas do apartamento, destacavam-se as mesas de pinho, onze ao todo, com materiais de escrita e maços de manuscritos. "Dick gosta de mesas separadas para cada livro", disse Isabel a Richards, "e quando está cansado de um, vai para outro." Pelos padrões da classe alta vitoriana, era um apartamento pequeno. "Se eu tivesse uma casa grande", disse Burton a Richards, "eu me sentiria amarrado e vergado ao peso dela. Com um apartamento pequeno e dois ou três empregados, basta trancar a porta e sair." Isabel tinha sua mesa de trabalho pessoal, à qual se sentava com seu estilo majestoso, vestindo uma *choga* cinzenta, uma túnica longa e solta indiana feita de um macio pêlo de camelo, e um toucado do mesmo tecido. Para Richards, seu velho amigo ainda era uma figura impressionante.

> Com cerca de 1,78 metro de altura, seu tórax largo e profundo diminui consideravelmente seu evidente peso, e a ilusão é intensificada pelas mãos e pés de uma pequenez oriental. O ar oriental e distintamente árabe dele é acentuado pelos malares salientes (um dos quais é atravessado pela cicatriz de um corte de lança), pelo cabelo negro cortado rente, apenas um pouco grisalho, e um par de olhos negros e penetrantes que parecem ciganos.

Era uma vida feliz, intensa, produtiva, mas Burton começava a dar mostras de debilitação física, principalmente sintomas de problemas cardíacos. Em maio de 1874, ele fez uma excursão aos Alpes com alguns amigos. Sempre procurava se manter em excelente forma física, e nessa escalada (como em outras), para enrijecer o corpo, dormiu ao relento na neve, com roupas leves e sapatos finos. Poucos dias depois, caiu de cama com febre. Teve uma inflamação que atacou a virilha. Acharam um tumor no local, e o médico aconselhou que se fizesse uma operação, dizendo que "ia ser uma longa doença". Isabel telegrafou para casa pedindo um "bom vinho do Porto", o famoso remédio com que Burton se automedicava. O tumor foi removido, mas, depois de 78 dias de convalescença, percebeu-se que o cirurgião não tinha ido até o fundo, e precisariam repetir a operação. Isabel aprendeu a medicar o ferimento.

> Eu temia que sua vida se escoasse, mas sustentei suas forças com um bom vinho do Porto, gemadas com conhaque, creme e ovos frescos, essências de Brand e alguma coisa de hora em hora.

Então chegou a notícia de que Charley Drake tinha morrido de febre no mesmo dia da operação de Burton. Drake, em suas conversas, era tão agnóstico quanto Burton, mas, aproximando-se a morte, "ele chorou amargamente", escreveu Isabel, então se resignando e dizendo: "Digam à minha mãe que morro no amor de Jesus".

Burton se recuperou, e Isabel o levou para a Itália, tendo de ser transportado numa cadeirinha durante a maior parte do tempo. Ela conta que o marido começou "a ficar extremamente nervoso". Achava que nunca seria capaz de deixar o quarto desacompanhado, e tinha a impressão de que não conseguia engolir. Mas Isabel obteve algumas relíquias sagradas com seus padres, e Burton foi se tratar em várias estâncias de saúde, finalmente recuperando a condição física.

Um dos manuscritos que se encontravam nas mesas de pinho em Trieste era uma tradução de um manual matrimonial indiano, o primeiro de uma série de obras eróticas (e quase pornográficas) a que Burton iria se dedicar. Ele andava se correspondendo com Foster Fitzgerald Arbuthnot, que havia decidido verter para o inglês um famoso clássico erótico indiano, o *Kama Shastra*, também conhecido como *Ananga Ranga*.* O autor era um poeta quinhentista, Kalyana Malla; Burton também apresentava como possível autor um sábio chamado *Koka Pandit*, conhecido ainda como autor de *Koka Shastra*, assim gerando uma inevitável confusão dos títulos e autores. Kalyana Malla extraiu boa parte de seu material de outros autores anteriores, que escreviam sobre temas eróticos, notadamente o sábio Vatsyayana, suposto autor do *Kama Sutra* (Burton grafava simplesmente *Kama Sutra*), obra vagamente conhecida e de difícil acesso, que ainda viria a se tornar famosa no Ocidente.

Em Bombaim, Arbuthnot confiou os textos em sânscrito e vernáculo a um pandit ou estudioso indiano, Bhagvanlal Indraji, para que fizesse um primeiro rascunho em inglês. A agradável tarefa de Burton foi transformar o rascunho num texto de linguagem mais aceitável e burilada, tarefa que cumpriu com uma alegre naturalidade que alterou grandemente o teor e a natureza do original, e lhe permitiu manifestar algumas opiniões profundamente enraizadas sobre o dever do homem em agradar sexualmente às mulheres, mas sem esquecer o prazer masculino com, por exemplo, as maravilhosas gallas que comprimiam o pênis. Dessa forma, muitas seções da versão inglesa do *Kama Shastra* provêm não do sânscrito de Kalyana Malla, mas do fértil cérebro de Burton, desenvolvendo e aperfeiçoando um texto que, no original, alguns estudiosos ocidentais consideram mais pobre e mais detalhista do que em sua tradução.

O livro era importante para o homem inglês, achava Burton, porque continha "muitas coisas novas e interessantes sobre a união dos sexos", embora sua originalidade "seja muito confusa", devido às "peculiaridades do pensamento hindu" e da "verbosidade do estilo hindu".

---

* Burton variava na grafia (ou uso do hífen) de *Kāma-Shāstra* e, mais tarde, de *Kama Sutra*, usando variações como *Kama Shastra* (nome da Sociedade), *Kama Sutra* e assim por diante, para a confusão de leitores, biógrafos e bibliógrafos.

Desde a introdução até a reelaboração da conclusão, percebe-se que Burton está expondo sua própria visão específica sobre a maneira como o homem deve tratar a mulher, e deve-se sempre lembrar que, nessa época, a mulher na vida de Burton era Isabel Arundell. Depois de uma rápida referência à maior alegria da vida, que era "derivada do conhecimento do Criador", ele chega ao ponto, o seu ponto:

> Os homens, é verdade, se casam para ter uma união serena, bem como por amor e conforto, e muitas vezes conseguem esposas bonitas e atraentes. Mas não lhes dão plena satisfação, nem eles mesmos desfrutam plenamente dos encantos delas, e a razão disso é que ignoram totalmente a Escritura de Cupido, o Kama Shastra; e, desprezando a diferença entre os vários tipos de mulheres, enxergam-nas apenas de um ponto de vista animal. Tais homens devem ser considerados tolos e pouco inteligentes.

O *Kama Shastra* em si, mesmo com as inúmeras notas, leves alterações e passagens da autoria do próprio Burton, é extremamente detalhista e prosaico. Traz quadros de como e onde o homem deve tocar a mulher, da testa ao dedão do pé — ao que parece, símbolo tanto do clitóris quanto do pênis —, sendo todos eles "toques com os quais se satisfaz a paixão". Há muitos arranhões e mordidas, beijos e mastigadas, e se o ocidental se sentisse surpreso ou divertido com esse tipo de amor, que tivesse em mente, como assinalou Burton, que os parceiros geralmente se casavam muito cedo, fazendo-se necessário um processo gradual de conhecimento mútuo antes da consumação do ato sexual.

Vez por outra, aflora o profundo ceticismo de Burton. Numa nota, ele pergunta: "Qual o homem que, na posse de suas faculdades, vai acreditar na 'sedução' de uma mulher casada? Como regra, na verdade, a sedução está inteiramente do outro lado". Numa relação dos tipos de mulheres que sucumbem facilmente à sedução, ele menciona "a mulher que nunca aprendeu as verdadeiras delícias da cópula carnal", o que o leva a comentar: "O que, seja-nos permitido dizer, é o caso da maioria das mulheres inglesas e um caso a ser remediado pelo estudo constante e inteligente da Escritura [Kama Shastra]".

Mas a tradução, apesar de todo o seu interesse etnológico, as curiosidades sexuais, os conselhos úteis, as instruções sobre uma grande variedade de posições a fim de evitar a saciedade, suas esquisitices e brincadeiras íntimas, suas atitudes mais ou menos corriqueiras em relação ao casamento e ao sexo, o apaixonado apelo para apresentar às mulheres da Inglaterra prazeres que jamais imaginaram existir, estava condenada a enlanguescer na obscuridade por uns doze anos. Foram feitas as provas de apenas quatro (ou talvez seis) exemplares, pois, como disse Henry Spencer Ashbee, amigo de Burton, em seu *Index librorum prohibitorum*, "o impressor, lendo as provas, ficou alarmado com a natureza do livro, e se recusou a imprimir a edição".

Haveria alguma forma de sair da semipobreza que sempre parecia pairar sobre Burton? Ele vivia obcecado com planos grandiosos de enriquecimento rápido, sendo o ouro a grande atração. Quis ouro nos Estados Unidos, ouro no Brasil, enxofre na Islândia, ouro na África Ocidental. Por algum tempo, alimentou a idéia de fazer fortuna com um empreendimento menor: por que não "Bitter Tônico do Capitão Burton" para fígados doentes? Os vitorianos se queixavam bastante do fígado, e o de Burton provavelmente andava tão ruim quanto os dos outros. Ele tinha ganhado na Índia uma receita secreta de um tônico de alguns monges franciscanos, os quais a obtiveram em 1565 com um médico sueco. A antigüidade era a garantia de sua eficácia. Seria "engarrafado de maneira bonita", com a figura de Burton no rótulo. "Muita gente fez fortuna com menos", disse Isabel, o que não aconteceu com eles, e tal foi o fim do projeto.

Mas Burton tinha um sonho maior: diamantes na Índia. O ano de 1875 foi de atividade incessante para Burton. Seguiu para Londres em maio, "com uma tonelada de livros" e, enquanto esteve na Inglaterra, tratou de encaminhar a publicação de seus manuscritos acumulados, entre eles *Etruscan Bologna* [Bolonha etrusca] e *A new system of sword exercise for infantry* [Um novo sistema de manejo da espada para a infantaria]. Mas seu objetivo específico era obter permissão para uma viagem à Índia, com a idéia secreta de examinar as minas de diamantes de Golconda.

Depois da ceia de Natal em Trieste, o casal Burton partiu. O canal de Suez tinha sido concluído cinco anos antes, provando a Burton que os dirigentes esclarecidos traziam o progresso. Mas havia outras coisas importantes além de um canal, pois Suez lhe trazia uma enxurrada de lembranças, os beduínos com seus camelos, as mulheres com mantos azuis, os odores da terra, a vista dos povoados e o deserto. Desceu em vários portos que lhe eram familiares desde a peregrinação a Meca, em Yambu e Jedá, onde foi recebido com grandes festas. Em Jedá, embarcaram no navio cerca de oitocentos peregrinos que estavam voltando a suas casas, uma visão que comoveu Isabel, pois, quando se ergueu uma tempestade e os peregrinos gritaram em pânico, quando as provisões escassearam e 23 morreram de fome e sede, "eles não pedem auxílio a um cristão, mas, se vêem uma face bondosa, falam com os olhos como fazem os animais", escreveu ela. Em Áden, Burton perguntou pelos membros da Expedição Somali. As duas mulheres que tinham sido ajudantes gerais ainda viviam, mas o menino caolho, o Calendário, tinha sido assassinado pelos issas na Somaliland e Final dos Tempos morrera esfaqueado. Nos momentos ociosos da travessia, Burton ditou suas memórias a Isabel, projeto que, até sua morte, ficou inacabado. O navio atracou em Bombaim em 2 de fevereiro de 1876, e a primeira pessoa que Burton visitou foi Arbuthnot, agora fiscal de rendas do porto. Os dois se lançaram imediatamente numa discussão sobre os projetos de publicar várias obras indianas e árabes. Dos planos participava também o extraordinário estudioso Edward Rehatsek, um austro-húngaro. Nascido em 1819, foi educado em Budapeste e seguiu para a Índia em 1847, para ensinar latim e matemática. Depois de se aposentar em 1871, Rehatsek se instalou numa casa nativa de juncos e vivia como um indiano de classe média e recursos modestos, usando roupas puídas e fazendo pessoalmente suas compras nos bazares. Mas "esse homem estranho, austero, modesto" era um dos maiores eruditos da época, embora não reconhecido. Como resultado das conversas, Arbuthnot, Burton e Rehatsek decidiram ressuscitar o Fundo de Traduções da Royal Asiatic Society e lançar uma coleção de obras orientais desconhecidas no Ocidente.

Depois de um giro por Bombaim, pelos lugares que Burton lembrava de seus primeiros dias no exército, o casal foi para Karachi, que de uma aldeia de pescadores de 6 mil habitantes tinha se transformado numa cidade miserável de 45 mil moradores, onde as únicas melhorias eram algumas belas avenidas novas e mansões nobres. À medida que Burton andava pelas ruas, as lembranças lhe afluíam ao espírito: recordava onde havia se instalado como comerciante em suas missões para Napier, por onde tinha passeado como oficial inglês com sua bull terrier. Reviu o lago onde o religioso sufista Mango Pir tinha transformado flores em jacarés, aqueles mesmos que os colegas de Burton tinham espicaçado e pulado por cima como prova de coragem.

Burton ia ficando cada vez mais sentimental com cada lugar revisitado. Em Ghara, disse a Isabel: "Nenhum de nós morreu, porque éramos jovens e fortes; mas levamos uma vida de salamandra". No deserto, encontrou o lugar onde a moça persa havia acampado — oh, que tristes recordações havia ali! O casal subiu o Indo até Phuleli e Hyderabad: "Há a casa que caiu, quase esmagando meu *munshi*". As lareiras estavam semi-entulhadas, o chão coberto por espinho-de-camelo [*Alhagi camelorum*]. "Como são pequenas e mesquinhas as dimensões que avultam tão grandes nas imagens guardadas no cérebro!", disse a Isabel. "Ali eu enterrei temporariamente a 'jovem' [Nur Jan] quando o chefe da polícia deu ordens de revistar a casa."

Sentiu-se tomado pelas emoções. "Como são estranhas as peças que nos prega a memória, a qual, muitas vezes nebulosa como um sonho em relação aos fatos mais importantes na vida de um homem, preserva religiosamente as mais simples ninharias! E como é desagradável encontrar nosso eu, nosso 'eu morto' trinta anos mais jovem!"

Os Burton visitaram o campo de batalha de Miani, o ponto crucial na invasão britânica de Sind, entraram na região jat para ver os ciganos, subiram quase até as fronteiras do Afeganistão e voltaram, tranqüilos, românticos, Burton o tempo todo possuído pelas lembranças e criticando as transformações — a decadência do exército indiano, o descaso do governo em fazer as melhorias necessárias.

De volta a Bombaim, foram visitar o agá cã, agora morando na cidade em caráter permanente. Parece que foi um encontro realizado com grande cautela, por parte tanto de Burton quanto do príncipe-imã. Era o mês de Muharram, e o agá cã convidou o casal para assistir às comemorações da Ashura, o grande auto de paixão da morte de Hussam, filho de Ali, e seus seguidores. E Burton não esqueceu os túmulos dos predecessores que admirava. Numa viagem a Baroda, em visita a seu primeiro posto militar, ele levou Isabel para ver a sepultura de Tom Coryat. O casal também procurou entre os 20 mil túmulos de um cemitério de Bombaim, até encontrar uma lápide muito simples, com o nome de Victor Jacquement, um botânico e naturalista francês que tinha morrido na Índia aos 31 anos de idade.

Por fim, chegaram a Golconda, com suas minas de diamantes abandonadas. O residente britânico e o primeiro-ministro do Estado levaram o casal para vários passeios e organizaram festas e recepções. Percorreram a cidade montados em elefantes, viram lutas de animais, e o primeiro-ministro providenciou uma apresentação atenuada de um espetáculo de danças para Isabel — não aconteceu nada que não pudesse contar nas cartas para a família. Burton reuniu um grande número de informações sobre as minas, e concluiu que a mineração de diamantes na Índia tinha sido abandonada prematuramente. Mais tarde, por cartas à imprensa britânica e em vários relatórios, ele tentou despertar o interesse de capitalistas ingleses. Mas era algo vago demais para o homem de negócios britânico. Burton deu rédeas a suas fantasias e esperanças num longo artigo sobre o "Diamante Nizam", gema que parecia uma "irmã menor" da malfadada Koh-i-noor, que Ranjit Singh roubara do xá Shuja.

De volta a Bombaim, os Burton visitaram as famosas Torres dos Mortos no monte Malabar, onde os parses abandonavam os corpos dos fiéis aos abutres. Uma última excursão foi à amada Goa de Burton, onde seu herói Camões tinha passado muitos anos e aonde ele fora na esperança de se curar das febres e inflamações de Sind. Mas Isabel, como muitos turistas, viu Goa sob um outro prisma. "De todos os buracos desertos esquecidos por Deus, com mil anos de atraso em relação ao resto da criação, nunca vi nada que se igualasse a isso." E por aí parou a Índia. Saíram quando o calor de abril derreava a todos, e chegaram a Trieste em 18 de junho, ficando fora quase seis meses.

Se os diamantes de Golconda não iriam enriquecer Burton, sempre havia o ouro, e ele não tardou em iniciar uma busca com toda a animação de sua juventude. Sua eterna falta de dinheiro era uma amolação constante. Mas os sonhos e esperanças não venceram o avançado da idade. Agora estava com 55 anos: as dores lhe atormentavam o corpo, e os ossos estalavam como alguma velha liteira de camelo que tivesse sobrevivido a incontáveis caravanas por ardentes desertos sem trilhas. A idéia de um enriquecimento rápido nunca abandonava seus pensamentos. A fonte de riqueza que mais o obcecava era o ouro. Tinha certeza de que ainda existia ouro na península Arábica, particularmente na região de Madian, que os europeus conheciam como "o Quadrante Vazio" — o ardiloso hadji Wali, seu amigo do Cairo na peregrinação a Meca, não havia lhe mostrado certa vez um mapa secreto de minas exploradas pelos romanos e desde muito esquecidas?

Nessa época, a península e boa parte do mundo muçulmano estavam sob o controle dos turcos, que a governavam do Egito por intermédio do governador khedive Ismael. O khedive era considerado um administrador moderno, de princípios liberais e louváveis intenções de elevar o nível de seu povo, o próprio modelo do dirigente progressista. No entanto, ele vivia eternamente à beira da ruína financeira e política, e Burton, no íntimo, pode ter levado esse fato em consideração, talvez como uma vantagem. A dissipação de Ismael era notória: diziam que tinha gastado 5 milhões de libras em seu harém; tais extravagâncias punham em risco não só sua posição pessoal, mas também a estabilidade e a prosperidade do Egito.

Em 31 de março de 1877, Burton, armado com as devidas apresentações, partiu para o Cairo para insistir com Ismael que desse fundos para a exploração de ouro em Madian. Um ar de romantismo logo envolveu a realidade. Burton foi prontamente saudado como "o novo José" bíblico, e esperava obter riquezas incalculáveis tanto para si quanto para o Egito. Recrutou os serviços do hadji Wali, agora com 77 anos; a idade "apenas [o] tornou um pouco mais gordo e um pouco mais ganancioso".

Com sua habitual prudência nesses assuntos, Burton deu uma "volta preliminar" por Madian, para conhecer o terreno e avaliar os obstáculos a serem enfrentados numa expedição em grande escala.

Fazia um calor terrível. Era o mesmo calor de Sind e Áden, do caminho de Meca e do deserto somali, mas agora Burton estava muito mais velho. Depois de duas semanas em campo, fazendo esboços, planejando, coletando amostras metalíferas e histórias nativas sobre ruínas de cidades outrora prósperas e populosas, sobre minas de turquesas e pedreiras onde o rei Salomão descobriu ouro para construir as paredes do Templo e forjar seus cálices e seu trono de leão, Burton voltou ao Cairo como uma espécie de herói. Na verdade, o que ele mais reuniu não foram amostras geológicas, e sim anotações, e em 21 de abril estava de volta a Trieste, para passar o verão e o outono escrevendo *The goldmines of Midian and the ruined midianite cities* [As minas de ouro de Madian e as ruínas das cidades madianenses], obra volumosa com mais de quatrocentas páginas, que recebeu boa acolhida e teve duas edições no ano seguinte.

A existência do tesouro sugerido no título era meramente especulativa. Em outubro, com a aproximação do frio, Burton voltou ao Cairo para investigar seriamente os segredos de Madian. Reuniu um grupo adequado, incluindo o hadji Wali, e numa canhoneira atravessou o Suez e desceu o mar Vermelho até Moilah, um porto abandonado na praia ocidental da península Arábica. Atracou no dia 19 de dezembro. Com a longa experiência de se apresentar em grande estilo a povos semibárbaros, Burton desceu em terra firme entre salvas de canhões e mosquetes, acompanhado por uma guarda de 25 homens do exército do khedive, além de seus empregados. Sua primeira providência foi contratar três xeques como guias e 106 camelos e dromedários com seus respectivos condutores. A emoção do deserto e a entrada em terras desconhecidas animaram seu espírito, como tantas outras vezes no passado. Burton havia planejado fazer três expedições por partes diferentes da Arábia, tendo Moilah como base. O empreendimento prometia dificuldades. Pessoalmente, Burton não sabia nada de engenharia, de forma que contratou um técnico engenheiro francês, o sr. Marie, e alguns desenhistas que fizessem os desenhos no próprio local; mas, tolamente, não recrutou nenhum técnico de prospecção ou metalurgia. Solucionou esse descuido com uma varinha rabdomântica. O hadji Wali logo sofreu um ataque de "indigestão" e voltou para casa, e nunca mais tornaram a vê-lo. Mesmo assim, Burton estava animadíssimo. "O Poder das Colinas" o envolvia.

Foi uma viagem perdida. Em Maghair Shuayb, antiga capital, Burton passou "uma quinzena à toa, procurando ouro" — tinha ficado com algumas esperanças ao descobrir restos de fornalhas e algumas moedas antigas. O máximo que encontraram foram catacumbas, túmulos de reis desde muito esquecidos, com inscrições que podiam datar da época de Cristo.

A expedição então seguiu rumo ao norte, atravessando "o Local de Orações de Jétero" e uma bacia argilosa de pouca profundidade, que diziam ser o poço de Moisés. Em Ácaba, agora um importante porto no Sul da Jordânia, não havia nada além de obscuras lendas de um passado bíblico, onde os navios de Salomão atracavam vindo de Sabá e da Índia. Ao voltar a Moilah em 13 de fevereiro, Burton passou quatro dias reorganizando e reabastecendo as provisões. Hasma, seu próximo destino, foi pura "aridez". Uma terceira viagem, num longo percurso descendo a costa, partiu de el Wijh, seguindo para as antigas minas de Abul Maru; esta também não resultou em nada, e Burton não teve outra escolha senão desistir das expedições. Em 20 de abril de 1878, estava de volta a Suez, onde Isabel o esperava, trabalhando intensamente para concluir seu livro "AEI" — *Arabia, Egypt and India* [Arábia, Egito e Índia] — e enviando telegramas sem fim para os editores de Burton em Londres, sobre o atraso em publicar seu primeiro livro de Madian. Isabel tinha passado uma semana no Cairo, onde conversou com o general George Gordon, que por vários anos tentou inutilmente persuadir Burton a aceitar o cargo de governador do Sudão. O general disse duvidar muito da possibilidade de encontrar ouro em Madian; além disso, e mais importante, tentou convencer Isabel de que seria indispensável fazer com que o marido aceitasse o cargo no Sudão. Sete anos depois, Gordon foi morto numa revolta nativa.

No Cairo, Burton adotou um ar galhardo e sorridente. Tinha voltado — "retornei triunfante" — com 25 toneladas de minérios de cobre e prata, além de numerosos objetos arqueológicos. No entanto, os frutos foram insignificantes, e do empreendimento resultou apenas mais um livro, *The land of Midian (revisited)* [A região de Madian (revisitada)], obra em dois volumes com quase setecentas páginas. Ele montou uma exposição grandiosa no Cairo, assessorado pelo khedive, com uma grande mostra de exemplares, mapas, inscrições, desenhos e toneladas de pedras de baixo valor comercial. Os jornais ingleses lhe deram uma grande publicidade, e não há dúvida de que, apesar de suas falhas, Burton era uma figura heróica de muita popularidade.

Mas, quando um inglês teimoso e um khedive devasso e semibárbaro fazem um acordo, a coisa só pode terminar num emaranhado de acusações mútuas, e Burton se viu envolvido numa disputa sem fim sobre o pagamento dos nativos, que só lhe trouxeram dívidas e nada de ouro madianense.

* * *

Dores e pontadas o atormentavam: estava ficando velho. Sofria de gota, e reagia devagar. O pior era a eterna pobreza — sua bolsa, queixou-se ele, estava "cheia de teias de aranha".* Numa nova viagem ao Egito, em dezembro de 1879, para tentar que os malditos egípcios vigaristas — Ismael tinha sido substituído pelo filho Tewfik — financiassem uma outra exploração de Madian, Burton foi atacado por assaltantes à noite, na cidade de Alexandria.

Nos velhos tempos, Burton teria dado uma surra nos atacantes ou, ainda melhor, os mataria (afinal, não era um iniciado na seita dos Assassinos?), mas dessa vez ele caiu na rua, e foi dado como morto. Quando o sol da manhã começou a arder nas ruas poeirentas, Burton se levantou e, contundido, sangrando, com dores, voltou ao hotel. Dos problemas, este foi o menor. Tewfik não quis honrar as dívidas do pai — não que Ismael, por seu lado, fosse muito escrupuloso em honrá-las —, e Burton teve de voltar a Trieste. Se o episódio com os assaltantes e com Tewfik resultou em alguma lição, foi que Burton estava ficando velho demais para excursionar por mundos arriscados e agora estranhos.

Fossem quais fossem seus problemas pessoais, Burton se tornava uma atração pública cada vez maior. O jovem "árabe" esguio dos dias de Sind, porém, havia desaparecido, ficando sepulto sob os confortos da vida e por incômodos problemas de saúde. Mesmo assim, seus contemporâneos ainda viam nele aquela aparência exótica. Arthur Symons, poeta e crítico que, quando jovem, trabalhou na editora de Bernard Quaritch, a qual publicou vários livros de Burton, escreveu dizendo que Burton era

---

* Expressão que provavelmente tomou de empréstimo ao poeta romano Catulo, que andava lendo nessa época.

árabe em seus malares proeminentes. Era cigano em seus terríveis olhos magnéticos — os olhos soturnos de uma serpente armando o bote. Tinha uma fisionomia bem bronzeada, uma boca resoluta, meio escondida por um bigode negro que descia de uma maneira muito peculiar pelos dois lados do queixo. Seu rosto não tinha qualquer beleza real. Revelava um tremendo animalismo, um ar de ferocidade reprimida, um fascínio demoníaco. Há uma grandiosidade quase torturada em sua enorme cabeça, trágica e dolorosa, com a boca que arde de desejo, com as narinas dilatadas que se embebem de não sei que estranhos perfumes.

Ouida, um escritor romântico em voga na época e amigo do casal, achava que Burton "parecia um Otelo e vivia como os Três Mosqueteiros reunidos num só". O escritor Frank Harris, descrevendo Burton aos sessenta anos, dizia que "ele apresentava um ar bravio".

Era alto, com quase 1,80 metro de altura, de ombros largos e quadrados; tinha o porte de um rapaz, apesar de seus sessenta anos, e seus movimentos eram abruptos. O rosto era bronzeado e marcado de cicatrizes, e quando usava um espesso bigode, sem barba, parecia um pugilista; os olhos nus e escuros — olhos imperiosos e agressivos, nada amigáveis —, os maxilares maciços e o queixo firme e saliente lhe conferiam um ar desesperado.

Mas não era apenas a aparência física que impressionava Harris.

Sua curiosidade intelectual era não tanto elevada, mas assombrosamente vasta e profunda. Ele contava histórias da filosofia indiana, dos cruéis costumes negros, da luxúria e do canibalismo, ou ficava ouvindo relatos da crueldade chinesa e de automutilações russas até as estrelas sumirem do céu. Universalista em sua admiração e apreço por toda grandeza, o que o fascinava não eram as divindades, mas sim as anormalidades dos homens.

Além disso, existia um outro aspecto. "Em seu âmago havia a amarga melancolia do absoluto ceticismo", diz Harris. "Mesmo o riso de Burton, vindo do fundo do peito, trazia em si uma certa tristeza."

Sua cabeça parecia aumentar com os anos, e o bigode pendia mais feroz do que nunca. Os retratos do último terço de sua vida mostram um homem truculento, absorto e mal-humorado em seus pensamentos, sarcástico, com o qual não se brinca. O famoso retrato pintado por sir Frederick Leighton em 1876 (Burton estava com 55 anos) o apresenta sob um ângulo mais favorável do que a maioria, no máximo como um déspota oriental de ar meditativo, com a cicatriz da lança somali que lhe atravessou o maxilar em Berbera.

Era sempre uma figura interessante, que as pessoas famosas e a caminho da fama queriam conhecer; além disso, a imprensa o tinha como um tema fascinante: sua vida, seu lar, sua estranha esposa, os livros que estava escrevendo ou poderia vir a escrever, como vivia, o que fazia, o que lhe ocupava o espírito no momento, o que se encontrava em suas onze mesas de trabalho, que sempre lhe conferiam um ar exótico e misterioso. Nessa época, ele andava se dedicando basicamente a traduções, em sua maioria adaptações, improvisações e correções dos originais. Na torrente de "traduções" que brotaria dos anos em Trieste, havia uma, a *Kasidah*, que não era de forma nenhuma uma tradução, e sim uma súmula extremamente criativa, ainda que desconcertante, de suas idéias. A *Kasidah*, externamente, era uma obra de um sufista persa, o hadji Abdu El-Yezdi, "traduzida e anotada por seu amigo F. B.". Tanto o hadji quanto F. B. são o próprio Burton, que preferiu o anonimato por alguma razão obscura que o obcecava na época.

A *Kasidah* surgiu poucos anos depois do romântico *Rubaiyat de Omar Khayyam* de Edward FitzGerald, que obteve grande popularidade, numa "tradução" definida pelo próprio FitzGerald como uma "transcriação" — uma corrupção —, tida pelos críticos abalizados como uma deturpação do original. De modo geral, a obra de Burton foi considerada uma simples cópia da de FitzGerald, aliás nem muito bem-sucedida. O fato de ambas serem "persas" e versificadas dá a impressão de que uma delas corresponde ao original e de que a outra é uma imitação, mas as diferenças são maiores do que as semelhanças.

A história da composição da *Kasidah* é vaga. Os amigos de Burton, e especialmente sua mulher, diziam que ele começou a escrevê-la depois de sair de Meca, em 1853, durante seu período de recuperação no Cairo, em Áden e Bombaim. Ele a deixou mais ou menos latente (talvez com alguns pequenos acréscimos e desdobramentos) até a publicação do *Rubaiyat* de FitzGerald, em 1859, quando o sucesso do livro o levou a retomar a *Kasidah*. Mas esta só surgiu em sua versão definitiva em 1880. Era um opúsculo de 38 páginas, encadernado com um papel amarelo duro, e o título em árabe e inglês; no entanto, devido ao comprimento dos versos, a página tinha 20 × 26 cm (as edições após a morte de Burton cortaram os versos na metade, para caber em páginas menores). O número de exemplares foi pequeno — foram impressos apenas duzentos, uma possível prova de que Burton não pretendia que a *Kasidah* concorresse com o *Rubaiyat* no mercado —, sendo distribuídos entre os amigos de Burton. Apenas cem exemplares foram para as livrarias, os quais nem venderam muito. Não houve praticamente nenhuma resenha, e era como se a *Kasidah* fosse se somar a outros fracassos de Burton, mas, depois de sua morte, ela foi reeditada várias vezes, em diversos formatos, a tal ponto que o bibliógrafo tem dificuldade em montar uma relação exata de suas múltiplas edições.

A edição da *Kasidah* passou em silêncio talvez porque Burton resolveu usar o pseudônimo de hadji Abdu El-Yezdi para o autor e as iniciais de F. B. para o "tradutor". "F. B." correspondia a Frank Baker, que às vezes Burton usava como pseudônimo (o sobrenome de sua mãe era Baker), mas a obra em si era de uma complexidade que pouca gente se daria ao trabalho de enfrentar. Burton havia adotado uma forma poética sufista corrente, a *qasida*, e é nesse contexto que se deve abordar a obra. A *qasida*, termo árabe também utilizado no persa, consiste num poema de rima única que, entre os árabes (e persas, turcos e outros muçulmanos), expressa as experiências e emoções, muitas vezes místicas, do poeta, podendo ser também uma maneira de mostrar sua eloqüência e erudição, com inúmeras alusões obscuras e antíteses complexas. Os primeiros poetas sufistas recorriam à *qasida* como uma forma de meditação sobre Deus. Burton, que conheceu essa forma poética em Sind e em seus estudos persas, a utilizou como uma meditação sobre "não-Deus".

Desconhecido, Incompreensível, chame-o como queira chamar,
Mas deixe-o em sua mística sombra sombreado, vago como o ar.*

Enquanto os poetas sufistas tentavam descrever os atributos divinos, o mistério da beleza e majestade de Deus, Sua graça e amor, as maravilhas da criação, Sua grandeza e ira, Burton lutava agnosticamente com um Deus incompreensível e insondável, que suspeitava nem existir.

Sob a superfície de um emaranhado de idéias sem aparente desenvolvimento, de premissas gratuitas que se condensam sem grande lógica, de referências bruscas à incompreensível Causa Primeira, encontram-se, tal como no sufismo, níveis mais profundos de um saber arcano, de mistérios esotéricos mencionados num tom casual, de brincadeiras pessoais, todos dissimulados, talvez, sob intensas pinceladas de *taqiya* ou ocultamento. Nenhuma das pessoas mais próximas de Burton — sua mulher, a irmã, a sobrinha, amigos como Alfred Bate Richards e seu primeiro biógrafo, Francis Hitchman, ou mesmo Thomas Wright e W. H. Wilkins, que tiveram contato com os parentes e amigos de Burton após a sua morte — forneceu qualquer indício dos vários enigmas da obra e sequer do nome do pretenso autor, had-

---

* Unknown, incomprehensible, whate'er you choose to call it, call;/ But leave it vague as airy space, dark in its darkness mystical.

ji Abdu El-Yezdi. Hadji, evidentemente, é o título honorífico dado ao indivíduo que fez a peregrinação até Meca, e Abdu é o próprio Burton, o Abdullah dos peregrinos. A breve referência semifictícia nas Notas diz que o autor é: "Um nativo [...] de Darabghirid na província [persa] de Yezd". Darabghirid é um pequeno centro de província no deserto iraniano, que teria sido fundado pelo grande conquistador Dario em pessoa, pois o nome persa *Darab-gherd* significa "cidade de Dario". É de se perguntar por que Burton se identificou com o grande persa. Ele também se refere ao hadji Abdu como El-Hichmakani, que diz significar o homem "De Escola Nenhuma, Lugar Nenhum", como se estivesse se desvinculando das idéias expostas na *Kasidah*. Ao mesmo tempo, pode-se encontrar uma outra identificação: o ardiloso Ulisses, o grande andarilho, também era de "Lugar Nenhum". Mais importante é o fato de se referir a si mesmo como Nabbiana, "nosso Profeta", mas Lugar Nenhum e o Profeta não chegaram a despertar nenhuma análise crítica. Yezd é a província onde Burton situou Darabghirid, e à primeira vista esses dois nomes compõem apenas um quadro de localização geográfica para o hadji Abdu. Mas a palavra yezdi — isto é, alguém de Yezd — tem um outro significado. Os yezdis (ou iesidis) constituem uma seita mística específica, agora tida como adulterada, que foi fundada no século XIV pelo xeque sufista Adi ibn Musafir.

O xeque era um muçulmano ortodoxo convencional com tênues ligações com os qadiris. Seus ensinamentos, aplicados por seus adeptos com muitos empréstimos de outras fontes, seguiram caminhos estranhos, fazendo com que a seita fosse rejeitada pelos outros muçulmanos, como uma crença herética e até diabólica. O símbolo principal era o pavão — a seita é freqüentemente denominada de Anjo Pavão (na tradução do nome árabe *Malak Tauus*) —, ao qual se segue o símbolo de uma serpente negra, representando a sabedoria da Vida. Os historiadores românticos encontram um grande prazer no culto do Anjo Pavão, e grassam inúmeros mal-entendidos a respeito dele, o que levou seus membros a recusar qualquer informação a pessoas de fora. E o muçulmano comum normalmente repele os iesidis com um sentimento de horror, como aquele homem que Burton encontrou muito tempo antes no templo do crocodilo de Mango Pir, em Sind.

Burton não explicou o significado de "yezd" — a tarefa de deslindá-lo ficou a cargo do leitor, caso quisesse —, mas, em seu espírito, a palavra evidentemente guardava algum tipo de ligação com a *Kasidah*. Talvez seu primeiro contato com os iesidis tenha se dado em Sind; certamente existiam iesidis entre os curdos de Damasco e Salahiyyeh, e suas doutrinas lhe despertariam interesse.

Muitas pistas para o significado interno da obra estão apenas parcialmente ocultas. A capa da *Kasidah* trazia três linhas em árabe que, traduzidas, diziam: "Abdu Hadji Al-Kasidah, ou a trova da lei superior por Abdu, o Viajante", acrescentando mais um elo com os iesidis, pois o nome do fundador, Adi ibn Musafir, significa "Filho do viajante". Mas o próprio Burton também era filho de um "viajante", o coronel Joseph Burton.

Toda a obra é permeada de ressonâncias não só do culto do Anjo Pavão e outras formas heréticas e ortodoxas do islamismo, mas também do budismo, do confucionismo, do hinduísmo e do cristianismo, como se Burton estivesse tentando conciliá-los. Mas é a cosmogonia do Anjo Pavão que fundamenta a obra, seja em suas doutrinas mais radicais ou nas ligadas a temas mais convencionais. Os iesidis acreditavam que Deus havia Se retirado após a Criação, como também sugere Burton, e Seu comando foi assumido por Malak Tauus, o Anjo Pavão, um ser benévolo que deseja o melhor para o mundo, mesmo que a humanidade nem sempre entenda seus desígnios e, por isso, o considere maligno. Os iesidis se consideravam os indivíduos mais elevados da humanidade: descendiam de gêmeos que haviam nascido de um jarro, nove meses após a inseminação com o esperma adâmico. O ser nascido do cântaro, fosse divino ou humano, constituía uma doutrina corrente entre os primeiros habitantes da Ásia Central e do subcontinente indiano. A miscelânea religiosa de Burton na *Kasidah* espelha outras doutrinas iesidis: os adeptos do culto acreditavam na transmigração das almas, consultavam oráculos e executavam danças rituais como o *sama* sufista de que Burton participou assiduamente; acreditavam que Cristo era um anjo sob forma humana, que Maomé, Abraão e os patriarcas eram profetas, que existia vida no além (do que Burton duvidava), e usavam tanto o batismo quanto a circuncisão como ritos de iniciação. Em suma, a seita era uma mistura das crenças mais primitivas da Ásia Ocidental — o hinduísmo arcaico, o zoroastrismo, o maniqueísmo, o nestorianismo, o islamismo e estranhas formas de heresias cristãs.

Desse amálgama, Burton tentou extrair "uma fé pessoal [...] uma versão oriental de Humanitarismo mesclado ao molde cético ou, como agora dizemos, científico de pensar". Achava que "um mundo sem Deus é horrível", mas se considerava um "agnóstico". Não concordava com os iesidis quanto à vida no além, deplorando "a excessiva importância atribuída a um possível estado futuro: ele [isto é, Burton] a considera um estímulo psíquico, um devaneio, cuja revulsão e reação perturbam a vida desperta".

Como muitos que buscam a verdade, Burton se considerava não só um peregrino material e um andarilho como Ulisses, mas também um peregrino espiritual. "A concepção de vida do peregrino é a do sufi", escreveu ele, "com o habitual traço de pessimismo budista." Disse que estava "cansado de percorrer o mundo e encontrar todas as mais ínfimas raças presas a suas próprias opiniões".

Ao longo de toda a obra, ao estilo do *murshid* ou mestre sufista, que ensina por meio de negações — "Não existe céu, não existe inferno", "Não existe o Bem, não existe o Mal" —, ele parece empenhado em resolver os problemas que o perseguiram durante toda a sua maturidade. Invoca Hafiz, Omar Khayyam, o Cristo sufista al-Hallaj e o Elias islâmico Khidr, como guias de seu caminho. Conceitos místicos sufistas estão por toda parte: o vinho como símbolo de inebriamento místico, o Oleiro e seu pote, "a Morte que, na Arábia, monta um camelo e não um pálido cavalo". E no final da vida não há nada, como reza a expressão muçulmana, além "dos assobios do vento do deserto, do retinir do cincerro do camelo".

Assim, concluindo, ele parecia um velho sábio sufista (o boticário que gostava de visitar no Cairo, por exemplo), que sabe demais e foi além das categorias e definições terrenas, alçando-se a uma outra existência ainda em vida, na qual tudo o que se estende abaixo é escória, caos, eternamente inacabado: "A uva verde, a madura e seca, tudo se transforma em nada, naquilo que não existe agora". O único consolo do peregrino é concluir que "o ideal supremo dos supremos" é vivido em obediência à "lei interna que não se pode alterar", a qual Burton envolveu enigmaticamente em *taqiya*, deixando ao interessado a tarefa de indagar e compreender tendo como guia apenas a si mesmo.

Meus olhos, meu cérebro, meu coração estão tristes — triste meu
[*íntimo ser;*
Tudo cansa, muda, passa, finda...
Pára, ó Homem, de prantear, de chorar, de gemer; goza a hora do sol
[*brilhante;*
Dançamos à orla gélida da Morte; será por isso a dança menos esfu-
[*ziante?**

Certo dia, no outono de 1882, chegaram notícias preocupantes. Edward Palmer tinha desaparecido numa missão no deserto árabe. Palmer fora arrancado à tranqüilidade de Cambridge, chamado a cumprir uma missão secreta e desesperada para o governo, uma tarefa clandestina, aliás muito propagandeada, e desaparecera. Ele tinha ido ao Sinai com dois outros ingleses, Gill e Carrington, além de um pequeno grupo de guias árabes, supostamente para comprar camelos para o exército inglês. É possível

---

* Mine eyes, my brain, my heart are sad, — sad is the very core of me;/ All wearies, changes, passes, ends.../ Cease, Man, to mourn, to weep, to wail; enjoy the shining hour of sun;/ We dance along Death's ice brink, but is the dance less full of fun?

que o grupo estivesse mesmo procurando camelos, mas havia um lado mais importante nessa missão. Algumas tribos beduínas tinham se revoltado contra o governo egípcio. Os ingleses haviam instituído um "Protetorado" no vale do Nilo, sob o pretexto de que o Império otomano já não funcionava na região, e era do interesse britânico pacificar as tribos. Palmer levava 3 mil libras em ouro, o que, no final do século XX, equivale ao poder aquisitivo de umas 200 mil libras — alguns informes dizem que levava 20 mil libras (quantia mencionada também por Stanley Lane-Pool e Wilfrid Scawen Blunt). Ele devia "subornar os beduínos", para impedir a esperada rebelião tribal contra o governo egípcio. Disfarçado de árabe, como xeque Abdullah el Shami (o Sírio), Palmer e seus dois companheiros, ambos oficiais do exército que falavam árabe e tinham experiência oriental, chegaram a Gaza. "Parece ter se iniciado uma sucessão fatal de erros", escreveu Burton. O grupo cortou as linhas do telégrafo que ligavam o Egito à Síria, rumando em seguida para o deserto, confiando plenamente que chegariam aos beduínos e os subornariam. No entanto, Palmer não tinha contratado os guias certos. Não eram chefes influentes, mas um árabe cristão de Beirute e um jovem judeu sem qualquer posição, e como *ghafir* ou "protetor" Palmer contratou um árabe sem valor chamado Matr Nassar, "tonto e imbecil", como disse Burton, sem ligações com as tribos. E o erro mais grave foi que a reserva secreta de ouro para os subornos, de Palmer, não tinha nada de secreta, e logo Matr Nassar conduziu o grupo a uma emboscada. Embora Palmer fosse um excelente arabista e tivesse "irmandade" com muitos beduínos, o grupo ficou prisioneiro durante o dia, sendo depois levado — as versões variam — até a beira de um precipício, onde o beduíno atirou em Gill e Carrington e deu a Palmer a opção entre receber uma bala ou saltar para o precipício. Diziam os falatórios nativos que Palmer tampou os olhos e pulou. Os corpos dos dois oficiais foram encontrados, mas, a princípio, não o de Palmer.

O governo achava que Palmer ainda podia estar vivo — havia boatos de um branco vagueando perdido pelo deserto —, e pediu a ajuda de Burton para localizá-lo.

"Pronto para partir no primeiro vapor", Burton telegrafou ao departamento local e rumou para Gaza. "Um buraco miserável esquecido por Deus", diria a respeito da cidade. Ele antipatizou imediatamente com o oficial encarregado da busca, coronel Charles Warren, que tinha sido diretor da Expedição de Exploração da Palestina mas não falava árabe, apesar de viver de longa data no Oriente. Burton achou que havia algo estranho em todo o episódio. "Para Richard, que conhecia os beduínos", escreve Isabel, "era um enigma; certamente [os três ingleses] estavam mortos, mas persistia algo de que nunca saberemos; não era o jeito beduíno." Os beduínos teriam matado os homens imediatamente, e não depois de um dia de espera. A hipótese pessoal de Burton era que os instigadores tinham sido os turcos.

Mas Palmer estava de fato morto. Os três ingleses tinham sido assassinados e os corpos atirados no precipício, sem serem enterrados, na expectativa de que os abutres e os chacais os devorassem e eliminassem qualquer vestígio do crime.

Os restos de Palmer e companheiros só foram encontrados em março do ano seguinte, pelo coronel Warren. Burton redigiu uma longa exposição do caso e do estado de coisas no Egito, mas não pôde publicá-la. Ficou fora durante seis semanas, prazo que Isabel passou num retiro no Convento das Ursulinas em Gorízia, então na Áustria. "Há muito tempo eu sentia necessidade" de um período de prece e meditação. "Minha vida parece um trem expresso, todo dia com coisas novas a serem feitas." E: "Aqui estou, meu Deus, segundo Tua Ordem, Tu e eu, eu e Tu, face a face no silêncio". Essa última frase guarda semelhanças com as formas sufistas de meditação, o "Tu e eu, eu e Tu" especificamente mencionado por Burton nas *Mil e uma noites*, em busca da Face do Invisível, estágio avançado na relação do místico com o Divino. Aqui é provável que Isabel, longe de ser uma católica estrita em sua vida espiritual, tenha absorvido do marido, muito possivelmente de forma subconsciente, práticas islâmicas de meditação.

Burton voltou a Trieste amargurado com o tratamento que tinha recebido de Warren. A partir daí, não haveria mais viagens pelo deserto. O deserto só existiria em seu espírito, mas sob formas tão palpáveis que quase podia tocá-las. Agora, estava empenhado numa grande variedade de traduções: além das *Mil e uma noites*, obras eróticas indianas, árabes e latinas. E, depois de terminadas as traduções eróticas, suas escrivaninhas estavam cheias de rascunhos, esboços e manuscritos quase concluídos sobre uma ampla diversidade de assuntos — os ciganos, o Uruguai, a Ístria, o comércio de eunucos no Egito, o Congo, o Auto da Paixão de Ober Ammergau, variedades sobre o manejo da espada, mais quatro volumes de estudos seus sobre Camões: a lista é quase inesgotável, mostrando um dos espíritos mais fecundos e criativos do século.

Em 1883, o ano seguinte à morte do pobre Palmer, o casal Burton encontrou uma casa adequada. Ficava fora de Trieste, num promontório que lhes oferecia uma vista não só da cidade, como também do Adriático, num local de luz e ar "deliciosos". Era uma mansão de vinte aposentos ao estilo dos antigos palácios, construída por um comerciante inglês, com um portão de largura suficiente para deixar entrar uma carruagem, com belos jardins e passeios, e todo o exuberante espaço requerido pelo casal. Burton ocupou um quarto grande, onde dormia e trabalhava, na face norte da casa, que não recebia sol e dava para o *bora*. Isabel achava que esse aposento úmido e pouco salutar contribuía para a gota do marido, a qual vinha piorando sem parar; finalmente convenceu-o — como deve ter apoquentado! — a se mudar para um quarto ensolarado na face sul da casa, menor, mas melhor para a saúde.

Este foi o último lar do casal Burton, onde passariam sete anos entre o trabalho, as visitas, seus santuários separados, dedicados a duas das maiores religiões da terra, com seus jogos e encenações de serem pessoas de uma outra era, de um outro mundo — o que talvez, aos olhos dos visitantes, não passasse de fantasia, mas que na verdade era a extensão do que tivera tanta realidade no passado de Burton e nos sonhos de Isabel.

* * *

Apesar do tempo, do espaço e do conforto, surgiam momentos de desespero. A depressão raramente se ausentava. No mesmo ano, em 6 de dezembro, Burton fez um triste registro em seu diário, que, como disse Norman Penzer, "enche o coração de um inglês de pena e de indignação contra as autoridades da época". Burton tinha escrito a seu ministério esperando obter um posto melhor, e como resposta teve apenas o silêncio. No diário, em tinta vermelha, constava:

Hoje, onze anos atrás, cheguei aqui; que vergonha!!!

Em seus últimos anos em Trieste, ele perambulou sem parar, numa repetição, num eco das perambulações de sua infância. Não havia praticamente nenhum lugar da Europa que os Burton não tivessem visitado. Ocasionalmente Burton ia sozinho — Isabel dizia que, muitas vezes, não acompanhava o marido por falta de dinheiro — ou ela ia até a Inglaterra para ver os parentes e amigos, ou para conversar com os editores sobre um novo manuscrito dele. E os amigos do casal pertenciam a todos os níveis sociais e intelectuais. Os contatos com a realeza pareciam excertos de *Burke's Peerage* e do *Almanack de Gotha*. Isabel tinha um talento especial em lançar nomes: lorde e lady Amberly, Robert Browning, lady Louisa Ashburton, o imperador e a imperatriz da Áustria, a princesa-consorte de Frederico da Alemanha, o grão-duque e a grã-duquesa de Baden, a teósofa madame Helena Blavatsky, o poeta-diplomata Edward Bulwer-Lytton, Thomas Carlyle e John Ruskin, Benjamin Disraeli, o príncipe de Gales. A lista é praticamente interminável, e todo mundo era "nosso querido amigo".

Cada saída de Trieste era organizada como uma grande expedição a terras desconhecidas, como se houvesse uma centena de *pagazis* prontos para transportar o volume imenso de bagagem, montes e montes de roupas e lembranças, montes e montes de livros da biblioteca de Burton, dos quais ele poderia precisar num ponto crucial do que estivesse escrevendo. Havia ainda os criados, alguns exóticos como a jovem síria Khamoor, que veio a ficar com idéias bem ocidentalizadas, e uma austríaca mais dócil, Lisa, além de cães de todas as raças e, de vez em quando, até um galo de briga.

Era um casal estranho. Ambos pintavam os olhos com kohl, para protegê-los do sol e da poeira, como se o nevoeiro de Londres ou a neve dos Alpes fossem tão causticantes quanto os desertos orientais. Burton tingia o cabelo de um negro bem intenso e de fato parecia mais jovem, mesmo em seus últimos anos, quando as enfermidades já tinham consumido sua força e vitalidade. Isabel engordava sempre, prejudicando sua beleza e, como já era de compleição naturalmente robusta, o aumento de peso lhe dava um ar um tanto grotesco, que as roupas orientais largas e soltas não contribuíam nada para disfarçar. Os dois eram ativamente atléticos — esgrima e mergulhos diários no Adriático faziam parte do regime de ambos, e no inverno Burton vestia as roupas mais leves possíveis, para manter a resistência.

Além da aparência extravagante, seus interesses iam muito além dos interesses normais do inglês culto. Durante uma certa época, eles se envolveram nas doutrinas do antigo sábio egípcio, Hermes Trismegisto, depois passando para a teosofia e o espiritualismo. Em busca da gnose, Burton nunca parava de investigar, e falava e escrevia freqüentemente sobre temas espiritualistas — a ele o mundo deve a invenção do termo ESP, "percepção extra-sensível" [*extra-sensuous*], como dizia ele.

As conversas de Burton com Arbuthnot e Rehatsek em Bombaim, em 1876, finalmente resultaram num projeto definido: a tradução de várias obras orientais, basicamente eróticas, que seriam publicadas sob a suposta égide de uma editora oriental, conhecida como Kama Shastra Society. No indiano vernacular, *Kama* era o deus do amor, uma espécie de cupido, e *shastra* significava escritura ou capítulo. Quando estava traduzindo o *Kama Shastra* ou *Ananga Ranga*, Burton tinha notado as referências a Vatsyayana, muito versado na ciência do erotismo; os textos desse sábio se encontravam numa obra conhecida como *Kama Su-*

tra ou "Versículos do amor", um manual de instruções eróticas da Índia anterior ao século IV ou V d.C.

Arbuthnot tinha chegado recentemente de Bombaim, casando-se com a filha de um almirante, Eleanor Guthrie, viúva de um fidalgo rural, e havia se instalado numa grande propriedade em Guilford, para se dedicar com tranqüilidade à literatura oriental (e erótica). Já tinha publicado *Early ideas* [Primeiras idéias] (1881), "um conjunto de histórias hindus", "reunidas por um ariano". Além de obras eróticas indianas, Arbuthnot se dedicava a outros projetos, entre eles *Persian portraits* [Retratos persas] (publicado em 1887) e *Arabian authors* [Autores árabes] (1890). Também estava pensando numa grande biografia de Honoré de Balzac, a qual, embora tenha sido concluída, nunca foi publicada.

Arbuthnot planejava uma série de traduções de livros amorosos indianos, mais ou menos conhecidos do público indiano em geral e de alguns oficiais ingleses estacionados na Índia. A lista consistia no *Kama Shastra* (ou *Ananga Ranga*), que ainda se encontrava em fase de provas, o *Kama Sutra* de Vatsyanyana e mais oito livros, entre eles três obras místicas sufistas da Pérsia medieval. Dois desses textos sufistas foram traduzidos de maneira um tanto tosca por Edward Rehatsek; à exceção do *Kama Shastra* e do *Kama Sutra*, os outros livros hindus nem foram tocados. As traduções persas não eram propriamente eróticas, ainda que Thomas Wright tenha sugerido "um ou dois cortes" para poderem "ser lidas em voz alta na companhia de qualquer pessoa".

A Kama Shastra Society era formada por Arbuthnot e Burton, contando com o apoio de um círculo de amigos, entre eles Monckton Milnes, que provavelmente ajudou pelo lado financeiro. Esses membros periféricos podiam ser considerados os leitores "típicos" das publicações da sociedade: cultos, abastados e eruditos. Um dos mais importantes era Henry Spencer Ashbee, homem de negócios bem-sucedido, que, segundo Thomas Wright, era um conhecedor do submundo, "desde os sórdidos arredores de Whitechapel até os bazares de Túnis e Argel". O passatempo de Ashbee era compilar bibliografias pornográficas — ao todo, fez três —, quando usava o pseudônimo de Pisanus Fraxi (Abelha do Freixo [ou seja, em inglês, Ashbee]); essas obras fornecem detalhes sobre a Kama Shastra Society que têm sido utilizados pelos biógrafos.

Uma figura praticamente desconhecida, mas de grande apoio, era o obscuro dr. Steingass, imigrante que chegou à Inglaterra em 1873, poliglota autodidata em catorze línguas que, seguindo a tendência corrente entre os eruditos da época, iria elaborar um *Arabic dictionary* [Dicionário de árabe] (1884) e, mais tarde, um *Persian dictionary* [Dicionário de persa] (1892).

O efetivo trabalho da sociedade, as versões para o inglês, o financiamento e a impressão eram, de início, envoltos em mistério: os tradutores só passaram a se identificar mais tarde, e mesmo então apenas com suas iniciais invertidas: A. F. F. e B. F. R. Os primeiros rascunhos do *Ananga Ranga* e do *Kama Sutra* foram feitos pelo pandit indiano Bhagvanlal Indraji, a quem Arbuthnot encomendou uma tradução para o inglês. O *Ananga Ranga* se encontrava em várias línguas nos bazares — com efeito, foi publicada uma versão marata em 1842, ano da chegada de Burton a Bombaim —, mas, quanto ao *Kama Sutra*, Indraji teve de recorrer às bibliotecas de sânscrito em Benares, Calcutá e Jaipur, para obter exemplares manuscritos e depois fazer um cotejo. Se o cotejo foi confiável e até que ponto a tradução foi fiel são problemas que ocupam os estudiosos. Consta que Rehatsek colaborou nos rascunhos iniciais, depois retomados por Arbuthnot e, a seguir, por Burton. Pelo tom da versão final do *Kama Sutra* — forte, espirituoso, refinado e meticulosamente comentado —, pode-se supor que o papel dominante coube a Burton.

Burton e seus colaboradores trataram a publicação do *Kama Sutra* com uma compreensível cautela, embora ele estivesse — entusiasticamente — disposto a lutar no tribunal, caso houvesse qualquer tentativa de censura. Publicar obras eróticas e pornográficas representava uma iniciativa ousada e arriscada. A Inglaterra vitoriana possuía critérios morais rigorosos, ao mesmo tempo, debaixo do pano, com uma licenciosidade desenfreada raramente vista em outras épocas. Já em 1802, o dr. Thomas Bowdler havia reelaborado as obras de Shakespeare, para eliminar qualquer coisa que pudesse ofender espíritos delicados. As Igrejas protestantes, principalmente a metodista, eram infatigáveis em suas cruzadas contra o "Vício", mas prostitutas milionárias andavam de carruagem pelos parques mais elegantes, com seus amantes ricos e cheios de títulos, além de manter ligações com certos membros da família real. Algumas ruas se comparavam a bazares orientais, "bazares bhendis" em Londres. A delicadeza dos termos e dos sentimentos, porém, assumia estranhas formas de autocensura. Sobrenomes ingleses tradicionais eram alterados. James Balls se convertia em James Woolsey, e o *Times* publicou uma lista de outras mudanças, entre elas Holdwater, Prick, Poopy, Maydenhead, e assim por diante.* Mesmo termos tão corriqueiros como anáguas, culotes e batas passaram a ser os "imencionáveis", ou algum outro eufemismo. A pornografia prosperava, e as batidas policiais nas livrarias não surtiam efeito. O que um livreiro podia ganhar com a venda de apenas um exemplar pornográfico superava o que perderia com o confisco de cinco volumes.

Tal era o clima em que Burton e seus amigos entraram com a publicação de obras que certamente atiçariam a fúria dos puritanos. A idéia era fingir que os livros eram editados e publicados em outro lugar — Benares ou alguma outra cidade oriental —, simulando também que se destinavam apenas a "estudiosos" do sexo masculino, interessados em estudar a grande literatura desconhecida do Oriente, área de estudos respeitável que fora iniciada por sir William Jones e os pandits de Fort William College em Calcutá. Como assinalou Arbuthnot, essas obras eróticas, de uma ou outra maneira, corriam pelas mãos de 200 milhões de orientais — e se fossem lidas por algum cavalheiro inglês sério, bem casado, o típico careca de óculos, certamente não causariam nenhum dano moral. Esse leitor típico também devia ser rico. Cada obra era vendida ao preço astronômico de duas libras e

---

* Termos com conotações mais ou menos aproximadas de, respectivamente: bolas (culhões), pênis, ereção, peido e hímen. (N. T.)

dez xelins,* o que excluía praticamente todos os leitores que não fossem "eruditos" de posses.

O *Kama Sutra* foi lançado em 1883. A primeira edição foi publicada em sete partes, cada qual encadernada em papel de vários tons de cinza e castanho. Na capa, destacava-se a frase "Apenas para circulação privada". Na linha de datação da primeira seção constava "Londres", mas nas outras constava "Benares". Foram usados dois gráficos diferentes, para o caso de alguma intervenção das autoridades no sentido de suspender a publicação, e foram editados apenas 250 exemplares. Logo depois, Burton lançou uma segunda edição, em que as oito seções vinham encadernadas num único volume. Certos editores inescrupulosos logo piratearam a obra, e foram impressos exemplares em Paris, Bruxelas e, possivelmente, nos Midlands. Durante a vida de Burton, foram publicadas apenas suas duas edições "legais" (embora sem copyright); as edições piratas foram muito mais numerosas, e se alguém tivesse conseguido manter um levantamento preciso, o *Kama Sutra* de Burton provavelmente revelaria ser um dos best-sellers mais populares de todos os tempos.

O *Kama Sutra* é uma obra curiosa, cínica e até perigosa para quem a tomar como uma espécie de bíblia indiana, que autoriza o crime. Foi escrita originalmente para o entretenimento e a instrução de jovens indianos hedonistas e abastados, das classes superiores, numa época de liberdade e tolerância da sociedade indiana. Os capítulos "eróticos", que constituem a parte central do texto, têm desviado a atenção de seu objetivo geral, que é a utilização dos outros, especificamente as mulheres, para ganhos materiais e sociais, para o poder e a ascensão pessoal. Não há quase nenhuma hipocrisia ou ambigüidade na obra. No tom e no objetivo, o *Kama Sutra* faz lembrar um outro texto menos conhecido da mesma época, o *Artha Sastra*, uma das primeiras obras do mundo dedicadas à arte e à ciência de governar, tida como antepassada distante de *O príncipe* de Maquiavel. Este dis-

---

* Que hoje equivaleriam entre cinqüenta e duzentas libras, no mínimo.

cute a ética e a moral no governo. O que importa no *Artha Sastra* é empregar as técnicas mais eficazes para dominar os súditos e estabelecer um estado monolítico e totalitário. O objetivo é o poder, explícito ou oculto. Espiões, agentes provocadores, falsas acusações, manipulação psicológica, inclusive indispor os amigos entre si: tais são alguns dos meios defendidos no *Artha Sastra*, que também se encontram no *Kama Sutra*, pelos quais o homem pode possuir e controlar as mulheres que quiser, utilizando-as para suas finalidades pessoais.

Pode-se usar certos tipos de mulheres. Tornando

essa mulher minha amiga [sexual], conseguirei o objetivo de algum amigo meu ou poderei causar a ruína de algum inimigo, ou realizar alguma outra finalidade difícil.

Num outro exemplo:

Estando unido com essa mulher, prejudicarei seu marido, e assim conseguirei as enormes riquezas que ambiciono.

Numa ligação com uma mulher rica, aconselha-se ao homem que proceda segundo o princípio de que "estou em grande necessidade. Portanto, conseguirei as imensas riquezas dela [...] sem qualquer dificuldade".

Em mais outro exemplo, "o marido dessa mulher violou a castidade de minhas esposas. Portanto, retribuirei essa injúria seduzindo as esposas dele".

O *Kama Sutra* supõe que as mulheres são fáceis — o livro dá instruções detalhadas para a sedução —, mas sempre existem aquelas que não cederão. Nesse caso,

o homem deve, com seus amigos, atacar seus guardas e, tendo-os matado ou afugentado, levá-la à força.

Mas Burton e Arbuthnot provavelmente estavam mais interessados nas partes eróticas do que nos capítulos iniciais. O ato sexual propriamente dito foi dividido numa série de etapas, gestos e abraços que alguns ocidentais, entre eles Burton, achavam tolos e desnecessários. Havia instruções, que chegam a entediar, sobre os tipos de abraços, beijos, arranhões, mordidas, beliscões, sobre os métodos de copular com mulheres de diferentes características físicas e diferentes "países". O que surpreende o estrangeiro são as instruções para o coito em várias posições, deitada, sentada, de pé (inclusive um dos parceiros de ponta-cabeça), além de diversos métodos de trançar os braços e as pernas em volta do outro. Burton comentou que a pessoa precisaria ser atleta para conseguir copular em certas posições. O *Ananga Ranga* deixava de lado as instruções desse primeiro livro sobre a dominação das mulheres e a franca agressão, mas o *Kama Sutra* não abandona o tema e, depois de abordar a cópula — não traz nada sobre outras variantes, como o sadomasoquismo e outras práticas, embora trate do sexo oral numa breve seção —, volta à questão de conseguir as mulheres para qualquer fim em que se façam necessárias. A seguir, porém, nessa espécie de equilíbrio e simetria tão cara à mentalidade indiana, a obra conclui com algumas reflexões sobre a maneira de as mulheres usarem os homens: "Sobre o meio de conseguir dinheiro, os sinais de alteração dos sentimentos de um amante e a maneira de se livrar dele". As instruções são diretas e francas, e a mulher, tal como o homem, é apresentada às técnicas de "Subjugar o coração dos outros".

O sucesso do *Kama Sutra*, não só em ser aceito por um pequeno número de leitores seletos, mas também em escapar à censura, levou Burton e Arbuthnot a retomarem o *Kama Shastra* que haviam tentado publicar em 1873, e em 1885 conseguiram lançá-lo em três edições seguidas. Burton mudou o título para *Ananga Ranga; o estágio do incorpóreo*; foi publicado no mesmo formato do *Kama Sutra*, mas nunca alcançou o mesmo êxito e notoriedade.

29. AS MIL E UMA NOITES

OS LIVROS SOBRE CAMÕES, embora pouco lidos, os textos de Sind e os primeiros volumes africanos podem, por si sós, comparecer como grandes obras em seu gênero, e a *Pilgrimage* ocupa um lugar de destaque na lista de qualquer gênero da grande literatura universal, mas é a tradução das *Mil e uma noites* que, na maioria das vezes, vem associada a Burton. A ele se deve que a obra como um todo e especificamente alguns contos, como "Aladim" e "Ali Babá e os quarenta ladrões", tenham se tornado um tópico corrente nas primeiras leituras das crianças ocidentais.

O título em árabe era *Alf laylah wa laylah*, que Burton traduziu como *The book of a thousand nights and a night* [O livro das mil noites e uma noite]. A obra consistia num vasto conjunto de histórias, e histórias dentro de histórias, contadas por uma jovem na esperança de impedir que o temidíssimo rei Schahriar mandasse decapitá-la, como havia feito com milhares de mulheres antes dela. De modo geral, o tom e a construção lembram alguns dos livros do papagaio, que Burton tinha conhecido antes na Índia, em que as histórias eram narradas noite após noite, para protelar o desdobramento de algum evento ameaçador. *As mil e uma noites* constituíam uma obra volumosa, tanto em forma oral quanto escrita, com grandes variações em seus moldes, conteúdo e qualidade. A tradução a cargo de Burton não tem igual, embora existam outras traduções do árabe: seu texto é inigualável, e a poesia é magnífica. As notas e comentários que acompanham o livro bastariam, por si sós, para fazer a fama de muitos outros homens, e os ensaios finais, que abordam a obra e as condições sociais e religiosas em que ela surgiu, são obras-primas em seu gênero.

Burton acalentou por muito tempo a idéia de traduzir as *Mil e uma noites*, tendo começado, diz ele, desde seus primeiros dias na Índia e no Oriente Médio. Ele chegou a saber as histórias de cor — elas eram narradas em praticamente todo o oriente islâmico, recitadas pelos *rawis*, contadores profissionais, nos bazares, souks e cafés, sendo reunidas em vários manuscritos, às vezes integralmente, às vezes em fragmentos. Na época em que voltou da peregrinação a Medina e Meca, Burton estava pronto para dar início à tradução, passando o verão de 1854 em Áden, onde "fez um trato" com Steinhauser.

> Quando conversamos sobre a Arábia e os árabes, imediatamente chegamos à mesma conclusão de que, embora esse maravilhoso tesouro do folclore muçulmano seja um nome familiar a quase todas as crianças inglesas, nenhum leitor comum conhece as preciosidades que contém, e que de fato ele não abriria suas portas senão aos arabistas.

Antes de se despedirem, Burton e Steinhauser combinaram que iriam trabalhar juntos numa tradução e "fazer uma cópia integral, completa, sem enfeites nem mutilações do grandioso original". Steinhauser faria a parte de prosa e Burton a de poesia, consistindo em cerca de 10 mil versos. A morte prematura de Steinhauser pôs fim à parceria, mas Burton continuou a pensar no assunto, reunindo material (muitas vezes de fontes orais), procurando manuscritos e contando as histórias quando encontrava ouvintes simpáticos de língua árabe, como fez no deserto árabe, na Somaliland e em Damasco. Ele devia ser o *rawi* exemplar, o contador que amava suas histórias, se emocionava em ter uma platéia, não só conhecendo na ponta da língua os textos tradicionais, mas também sendo capaz de acrescentar seus próprios floreios, dando continuidade aos personagens, desenvolvendo os temas e mantendo os ouvintes fascinados com a poesia e a musicalidade natural, a grande dramaticidade e os episódios corriqueiros dos contos. A liberdade que lhe era oferecida no consulado de Trieste concedeu-lhe o tempo para voltar às *Mil e uma noites*, o que fez seguindo seu hábito malabarista de trabalhar com múltiplas obras ao mesmo tempo, em suas escrivaninhas de pinho. Como diria, o livro das *Mil e uma noites*, "por trabalhoso que possa parecer, tem sido para mim uma tarefa de amor, uma fonte inesgotável de consolo e satisfação".

Em meu dias de banimento oficial nos luxuriantes e mortais desertos da África Ocidental e nas semi-selvas áridas e monótonas da América do Sul, ele se revelou um talismã, um sortilégio contra o tédio e o desânimo. Impossível sequer abrir as páginas [dos manuscritos árabes] sem que se descortine uma visão. [...] De meu local insípido, trivial e "respeitável", o djim me transportava novamente para minha terra predileta, a Arábia, uma região tão familiar a meu espírito que, mesmo à primeira vista, parecia uma reminiscência de alguma encarnação no remoto passado. Eu me encontrava de novo sob os céus diáfanos, na atmosfera gloriosa como o éter, cujo sopro elevava o ânimo dos homens como um vinho espumante. [...] Então surgiam as tendas de lã, baixas e negras, dos verdadeiros beduínos, simples pontos no ermo sem fim de argilas de um fulvo leonino e de cascalhos castanhos como gazelas, e o fogo do acampamento pontilhando como o vaga-lume o centro do povoado.

Após a morte de Steinhauser, "seus preciosos manuscritos, que ficaram em Áden, se dispersaram, e pouquíssimo de seu trabalho chegou a minhas mãos". Burton prosseguiu com a tradução "de maneira intermitente, entre inúmeros obstáculos". Na primavera de 1879, "teve início o tedioso processo de transcrição, e o livro começou a tomar sua forma final". Então ele teve de fazer uma pausa, devido a uma informação inesperada.

[...] durante o inverno de 1881-2, li nas revistas literárias uma notícia de uma nova versão do sr. John Payne, conhecido pelos estudiosos por seus feitos na poesia inglesa. [...] Escrevi ao "Athenaeum" (3 de novembro de 1881) e ao sr. Payne, que não tinha a menor idéia de que estávamos empenhados no mesmo trabalho, e lhe ofereci inteira precedência e ocupação do campo, até quando ele assim o desejasse.

Payne aceitou o oferecimento de Burton. Ocorreram outros atrasos. Enquanto isso, Burton foi à Costa do Ouro, na África Ocidental, em busca de ouro, e, quando voltou à sua tradução, sentiu um certo receio de que suas "lides literárias, impopulares junto ao vulgo e ao semi-instruído, não [seriam] de grande auxílio para a escada da promoção pessoal", pois havia um "despotismo da 'classe média' baixa" que erguia um tremendo obstáculo ao homem "que ousa pensar por si mesmo".

Payne lançou um prospecto oferecendo nove volumes que conteriam toda a íntegra conhecida da obra, embora com a omissão de certas "indelicadezas". Os anos de planejamentos, sonhos e dedicação, mesmo intermitente, de Burton tinham ido por água abaixo.

Payne esperava vender quinhentas assinaturas; para sua surpresa, recebeu mil encomendas. Como pessoa honesta, mandou imprimir e distribuir apenas as quinhentas coleções. Ele também havia prometido que não faria uma segunda edição, e tal pareceu ser o fim de uma versão popular integral das *Mil e uma noites*. Burton escreveu a Payne, dizendo que ficaria feliz em patrocinar a edição e publicação, reservando os lucros para Payne, mas a proposta não condizia com o senso de justiça deste último, e assim, depois da distribuição das quinhentas coleções, Burton se sentiu livre para dar prosseguimento às suas *Mil e uma noites*. Pôs mãos à obra para finalizar uma versão que esperava que não só igualaria, como superaria a de Payne. Ele contava com diversas vantagens. Não achava que iria superar Payne nos trechos em prosa, mas julgava que a poesia — os 10 mil versos iam desde a sátira burlesca até a alta literatura — seria superior à de Payne, considerando também que suas notas, copiosas e detalhadas, derivadas de suas experiências inigualáveis no mundo oriental, seriam de maior valor do que os comentários impróprios e inexperientes do outro tradutor.

Burton se correspondeu com Payne, não de Trieste ou Londres, mas principalmente *en route* para a Costa do Ouro e de diversos portos ao longo do caminho. A insaciável ânsia de riqueza — ouro, como sempre — tinha-o levado a uma expedição pela África, para procurar minas que, pelos seus cálculos, ofereceriam as riquezas que resolveriam suas dificuldades financeiras. Com o apoio de "um especulador privado", John Irvine, e na companhia do comandante Verney Lovett Cameron, que tinha passado cinco anos atravessando a África Central de uma costa à outra, o primeiro homem a realizar essa perigosa aventura, Burton embarcou no final de novembro de 1881. Todas as despesas de Burton e Cameron seriam pagas, e ambos receberiam participação na empresa de Irvine. De Lisboa, Burton escreveu a Payne dizendo que esperava estar de volta a Londres em abril, para conversar sobre as *Mil e uma noites*, e sugeriu o nome de um especialista que poderia ajudar na tradução de termos dialetais do persa e do árabe. Mas o primeiro volume de Payne já estava no prelo, pronto para ser impresso; no entanto, ele se ofereceu para mostrar a Burton os outros volumes posteriores. Foi em meados de março de 1882 que Burton, escrevendo de Axim, na Costa do Ouro, teve de admitir que, como estava de saída para as savanas, não teria tempo para colaborar com Payne nas *Mil e uma noites*; ofereceu "qualquer auxílio que estiver a meu alcance", mas acrescentou: "devo adverti-lo que não paro muito em nenhum lugar". De fato. Disse também a Payne: "Estou trabalhando num projeto de imigração chinesa para a costa ocidental da África, e isso pode me levar no próximo inverno até a China".

As reações de Burton à China decerto haveriam de ser interessantes, mas ele nunca chegou a fazer essa viagem. Suas reações ao povo da África Ocidental eram mais previsíveis. Todos os preconceitos que tinha desenvolvido em anos anteriores se agudizaram a um ponto de sensibilidade quase carnal. Ele ficou furioso ao saber que o navio em que embarcara aceitava passageiros negros na primeira classe. "Uma raça dominante", vociferou ele, "nunca poderá ser exigente demais nessas coisas, e a posição do branco na Costa melhoraria se o negro fosse mantido em seu devido lugar." Burton admirava a atitude dos franceses: "Sua postura imperiosa, imperial, belicosa é do que a África precisa: é o contrário de nossa mania quacre de paz!". E denunciou "o procedimento de mimar e afagar, o sentimentalismo hipersensível e adocicado" adotado por seus conterrâneos ingleses.

Durante toda a ausência do marido, Isabel ficou num estado próximo à mais profunda depressão. Ela achava, *"entre nous*, que Cameron não tem muito juízo". Sentia intensamente a falta de Burton: "À medida que vou envelhecendo [...] fico com medo de que ele tenha febre [...] temo os nativos e os animais". O que contribuía para sua depressão era o fato de estar com câncer — não se sabe o tipo —, um câncer lento que minava sua energia e vontade, mas que ela não revelaria a ninguém, muito menos ao marido. Antigamente, "eu temia ter a casa vazia, sem filhos nem parentes, mas agora tenho enfrentado algo pior".

Burton e Cameron chegaram a anunciar que "havia ouro em abundância, e que seria fácil trabalhar as minas". Na verdade, porém, a expedição não deu certo, e os dois voltaram a Londres em meados de maio de 1882, tendo passado seis meses perseguindo infrutiferamente um sonho. Era uma repetição do Brasil, da Islândia, de Golconda, de Madian. "Devo surgir derrotado na história, como o homem que redescobriu um País do Ouro e reabilitou um outro, e mesmo assim sofreu grandes perdas com a descoberta", escreveu Burton a Payne, quando teve tempo para avaliar o trabalho perdido. Mas nem tudo foi em vão. Como sempre, da viagem resultou um livro; este, em colaboração com Cameron, consiste nos dois volumes de *To the Gold Coast for gold* [À Costa do Ouro em busca de ouro], que não é propriamente uma das melhores obras de Burton, mas ainda assim representa o depoimento de um homem que mergulhava apaixonadamente em tudo o que fazia, mesmo que fosse procurar ouro entre um povo a que votava desprezo.

Talvez o "reviver de inúmeras lembranças e reminiscências que não fazem parte da bagagem comum dos viajantes" tenha impedido que Burton deslizasse para alguma espécie de loucura, algum colapso emocional que tantas vezes espreitava entre suas freqüentes crises de depressão e sua raiva, amiúde justificada, contra o mundo. Enquanto trabalhava nas *Mil e uma noites*, além das lembranças visuais acorriam-lhe fluxos de lembranças sonoras — "a estranha cantiga rústica" dos pequenos pastores, "o canto compassado" dos guerreiros, o chamado do muezim para as orações, os uivos do chacal, a melodia das palmeiras respondendo "aos sussurros da brisa noturna com os mais suaves tons da água cascateante". E lembraria os xeques e os velhos sentados em volta das fogueiras dos acampamentos, "enquanto eu retribuo a hospitalidade deles e asseguro sua continuidade lendo ou recitando algumas páginas de seus contos favoritos". Assim ele seguia em arrebatamentos de energia criativa que pareciam quase místicos, como se estivesse de volta às areias escaldantes do deserto ou às ruas poeirentas de velhas cidades.

Como ocorre com alguns outros textos de Burton — um exemplo notável é a *Kasidah* —, a questão de saber quando ele começou a trabalhar, quais foram suas fontes e influências, de quem fez empréstimos, evoluiu até se converter numa discussão pública. Alguns inimigos e críticos usaram as *Mil e uma noites* como forma de atacá-lo, impugnando sua honestidade e seriedade, denegrindo sua criatividade, alegando que tinha feito inúmeros empréstimos, quando não francos plágios, de outras edições, em especial de Payne. No entanto, não há muitas dúvidas de que o interesse de Burton pelas *Mil e uma noites* era bem antigo, e que ele conhecia muitas das histórias, tendo-as contado não só durante a peregrinação a Meca, mas também na Somaliland e em outros lugares.

Decidido a não incorrer no mesmo erro de Payne, que não publicou o número suficiente de coleções da obra, Burton pensou numa edição de mil coleções de dez volumes, ao preço de dez guinéus cada uma. Com os seis volumes das *Noites suplementares*, ele ganharia 16 mil guinéus, dos quais 6 mil iriam para a impressão, a encadernação e outras despesas. Isabel enviou prospectos para 36 mil pessoas, e se viu soterrada pelas respostas. Seu papel nesse projeto sempre foi subestimado. O casal Burton manteve a estranha invencionice de que ela nunca chegou a ver o texto e que suas indecências e indelicadezas não deviam ser lidas pela mulher inglesa; no entanto, Isabel ajudou a preparar o índice remissivo de cada volume, e posteriormente editou e publicou uma edição "para famílias", mesmo sem conseguir dar uma boa explicação de como foi capaz de condensar, eliminar e preparar o texto sem chegar a lê-lo.

Para a surpresa de ambos, receberam, não mil, mas 2 mil assinaturas das *Mil e uma noites*. Novamente, como tinha ocorrido com Payne, surgiu um dilema sobre os possíveis lucros e as assinaturas não atendidas. Burton achou que devia limitar a edição a mil exemplares; para prevenir juízos errôneos sobre a evidente popularidade das *Mil e uma noites*, logo a seguir começou a traduzir *Noites suplementares*, em seis volumes (mais tarde reeditados em sete volumes). Após sua morte, surgiram inúmeras edições piratas, pois não havia nenhum copyright propriamente dito da obra.

Burton estava preocupado com seu trabalho. Os códigos morais vitorianos andavam mais rígidos do que nunca, embora a licenciosidade corresse solta. Ele estava com suas defesas preparadas. Compareceria ao tribunal sobraçando a Bíblia e a tradução de Rabelais, de Urquhart-Motteux, junto com os clássicos gregos e latinos que qualquer menino das escolas públicas inglesas devia conhecer. No entanto, para sua surpresa, o primeiro volume foi aclamado pelo público, e não censurado pela polícia. As críticas se referiam basicamente à qualidade literária. "O sr. Payne é dotado de um estilo em prosa singularmente másculo e vigoroso", dizia a resenha da edição de julho de 1886 da *Edinburgh Review*, "o inglês do capitão Burton é uma mistura ilegível de arqueologia e gíria, com uma abundância de americanismos, buscando com excessiva meticulosidade palavras e expressões arcaicas ou estrangeiras".

As traduções de Payne e Burton não eram as primeiras na Europa. A principal versão inglesa era de autoria do predecessor de Burton, Edward William Lane, pelo qual ele nutria uma profunda antipatia. "Lane", disse Burton, "não marcou nenhum tento. [...] Ele tinha pouco conhecimento do árabe [...] e suas páginas são desfiguradas por muitos erros primários. O pior de tudo é que os três belos volumes se tornam ilegíveis [...] devido a seu latim anglicizado, a suas compridíssimas palavras em inglês e o estilo duro e rígido de meio século atrás, quando nossa prosa era talvez a pior da Europa." Em toda a sua tradução das *Mil e uma noites*, em notas de rodapé, nas anotações, nos comentários, Burton atacou Lane sempre que possível, e, quando Lane já não podia ser seu alvo, ele atacou seu sobrinho-neto Stanley Lane-Poole. Mas, sobre Payne, Burton disse: "Sua versão é de leitura extremamente agradável. [...] Ele se sai admiravelmente bem nas mais difíceis passagens, e muitas vezes acerta em termos difíceis e específicos e no equivalente vernacular mais exato da palavra estrangeira com tanta felicidade e vividez que todos os tradutores futuros terão de usar obrigatoriamente a mesma expressão, sob pena de falharem". Essa última frase é, visivelmente, uma justificativa frente às várias acusações de que Burton teria feito empréstimos de terceiros, principalmente de Payne. Wright, que também escreveu uma biografia de Payne, acusou Burton de fazer de "sua tradução em larguíssima medida uma paráfrase da de Payne", acrescentando: "Ele toma centenas, ou melhor, milhares de frases e expressões de Payne, muitas vezes sem alterar uma única palavra". Wright declara, em resumo, que "Payne é conciso, Burton é difuso". Para aumentar seus pecados — e esta é uma das falhas evidentes —, ele "estraga sua versão introduzindo palavras arcaicas que são feias, grotescas, indigestas e, além do mais, dispensáveis". Burton, de fato, se excedeu tentando encontrar equivalentes ingleses de termos árabes possivelmente difíceis e arcaicos. No "conto do lobo e da raposa", encontramos passagens como "*O rare! ab but swevens prove true*", "*Sore pains to gar me dree*", "*A garth right sheen*", "*Follow not frowardness*",* e assim por diante, para o incômodo e

---

* Que significam (sem reproduzir o arcaísmo): "Que magnífico! apenas os sonhos se mostram verdadeiros", "Penosas dores para me fazerem paciente", "Uma sebe realmente bela", "Não siga o ímpeto". (N. T.)

dúvida do leitor. Mas agora, ao longo prazo, são as *Mil e uma noites* de Burton, e não as de Payne, que o mundo lê, lembra e cita.

O tom bastante chão, franco e grosseiro das *Mil e uma noites* continuou a preocupar Burton, apesar de seus planos de fazer uma defesa teatral da obra. Não permitiria que o texto fosse expurgado para o público, e criticava os que o faziam. O longo conto chamado "A rainha das serpentes", "contendo vários episódios" e ocupando 53 noites, foi "inteiramente omitido por Lane por ser uma mistura dos mais extravagantes absurdos. Ele devia ter permitido que os leitores formassem sua própria opinião". Como em suas outras traduções, particularmente das obras eróticas indianas, Burton fez de conta que os livros eram editados pela Kama Shastra Society em Benares (ou em alguma outra cidade oriental), destinados a "eruditos", homens que presumivelmente não se escandalizariam com as vívidas descrições da conduta sexual ou dos contos eróticos. Mas quem comprou as *Mil e uma noites* foi o público em geral.

A estrutura da obra é a que se encontra comumente nos textos orientais — alguns dos livros do papagaio, o *Pancha Tantra*, *Vikram and the vampire* e as *Fables of Pilpay* —, em que várias histórias são narradas dentro de uma história maior, deixando o ouvinte ou o leitor num estado de suspense constante. Será que o papagaio, ao desfiar sua história, conseguirá impedir que a princesa traia o príncipe? Será que a filha do vizir conseguirá impedir que o rei a envie para o carrasco? É um recurso bastante simples, mas de grande efeito, e as *Mil e uma noites* o utilizam ao máximo. Nessa obra, o rei Schahriar e seu irmão, o rei Schahzenan, foram ambos traídos por suas respectivas esposas. Schahzenan, voltando sem ser esperado, "encontrou a rainha, sua esposa, adormecida no próprio leito de tapeçarias dele, cingindo com os dois braços um cozinheiro negro de aspecto repugnante, imundo de fuligem e gordura da cozinha". O rei sacou da cimitarra e cortou "os dois em quatro pedaços num único golpe".

A humilhação imposta ao rei Schahriar foi ainda pior. Além da rainha, suas dez concubinas favoritas o traíam em massa diariamente, a rainha com "um negro corpulento, salivando, girando os olhos e mostrando o branco do globo ocular, numa visão realmente medonha". As escravas, enquanto isso, faziam o mesmo com escravos brancos, "beijando e se agarrando, copulando e se embebedando.". Schahriar mandou decapitar a rainha e suas servas, resolvendo o problema da infidelidade feminina tomando uma nova esposa a cada noite, durante três anos, até que o povo protestou e o vizir não conseguia mais encontrar outras jovens dispostas a se sacrificar por uma noite de realeza. O vizir, então, ofereceu sua própria filha Scheherazade. Foi ela que começou com a artimanha de entreter o rei com uma história diferente a cada noite, sem terminá-la, de modo que a curiosidade do rei em ouvir o final do conto ia adiando a execução da jovem. A artimanha deu certo, e três anos depois, após dar três filhos a Schahriar e entretê-lo durante mil e uma noites, a jovem foi reconhecida como a nova rainha, sem que pairasse qualquer suspeita sobre si.

As histórias oferecem a Burton a maior oportunidade, não só de recorrer à sua vasta e longa experiência oriental, mas também de se entregar a todos os seus gostos intelectuais e de descarregar seu estoque quase infindável de preconceitos, que não poupavam sexo, raça, religião ou cor da pele. Mal tem início a primeira história, e ele já aborda temas lingüísticos, critica os editores de várias edições árabes do livro devido ao trabalho malfeito, denuncia Lane e outros, tece alguns elogios a Payne, permite-se notas de grande vividez que devem ter posto a Inglaterra num estado simultâneo de choque e divertimento. A discussão sobre a grafia e a pronúncia corretas da palavra *wazir* [vizir], a digressão sobre os gênios conhecidos como djins e as origens e o emprego incorreto do termo são inofensivas e informativas, mas logo a seguir ele passa para uma certa obscenidade desagradável, e até ofensiva. "As mulheres devassas preferem os negros por causa do tamanho de seus membros", escreve ele numa nota da página 6 do primeiro volume. "Eu medi um homem na Somaliland que, quando inativo, media aproximadamente quinze centímetros. [...] Esse membro imponente não aumenta proporcionalmente durante a ereção. Na minha época, nenhum muçulmano hindi honesto levaria suas mulheres a Zanzibar, por causa dos imensos atrativos e enormes tentações de lá, que assim se ofereciam a elas."

Ele deu rédeas soltas a seus preconceitos. Recolheu e selecionou passagens dos vários manuscritos árabes que tinha à mão, e aproveitou ao máximo tais episódios, deixando que preconceitos éticos e raciais se introduzissem no que, de outro modo, seria uma obra excepcional. Todavia, era Burton no máximo de sua espirituosidade, erudição, causticidade, naturalidade, lidando com imagens complexas e estranhos ritmos do deserto como um mestre de prestidigitação, mas às vezes mostrando uma meticulosidade obstinada em explicar questões obscuras da história ou da língua. A prosa flui com a cadência tranqüila de um *rawi*, o contador de histórias dos bazares, à vontade com o material e o público, e a poesia é magnífica, numa época que conhecia e respeitava os bons versos.

Nem todas as histórias são chulas e obscenas como o episódio introdutório. Algumas são de uma suave delicadeza que fascina; outras são parábolas religiosas, e outras são fantasias que prometem esperanças para os pobres ouvintes — narrativas de estranhas cavernas com riquezas inesperadas ou portas secretas que levam a mundos desconhecidos, de palácios e fortalezas, túneis que conduzem a montanhas de ouro, prata ou pedras preciosas. Existem reis cruéis e reis bondosos, religiosos desonestos, comerciantes astutos, marinheiros aventureiros, jovens núbeis que seduzem o estrangeiro, califas, ulemás e rajás, donzelas que esperam ser defloradas por rapazes inocentes, velhas lascivas de indescritível feiúra e insaciada luxúria, animais exóticos, intrigas e conspirações; há muçulmanos, judeus, cristãos, zoroastristas; pedras preciosas, anéis de ouro, talismãs mágicos, feitiços e sortilégios. Burton lembra que, quando narra as histórias aos ouvintes no deserto, eles ficavam "sem respirar de tanta atenção; pareciam beber as palavras com os ouvidos, os olhos e a boca".

Mesmo sendo uma tradução grandiosa, é ao famoso — ou notório — "Ensaio final" que muitos leitores vão em primeiro lugar, um ensaio que se destaca como um dos frutos mais importantes da erudição oitocentista. Embora escrito num prazo de poucos meses, ele encerra os estudos e as experiências de toda uma vida, onde Burton apresenta a história, os usos, os costumes, os princípios e a religião dos povos e dirigentes árabes e persas, além de relacioná-los com o resto do mundo, com os outros povos do Oriente Médio, com as idades clássicas, com os egípcios, gregos, romanos e mesopotâmicos. O ensaio tem a fama de tratar única e exclusivamente da homossexualidade, mas esse assunto é apenas uma parte do conjunto, cerca de duzentas páginas divididas em quatro seções, todas mostrando um profundo conhecimento e uma capacidade única de analisar temas complexos.

Praticamente todos os eruditos e estudiosos das *Mil e uma noites* têm suas posições pessoais quanto às datas e origens das histórias e dos autores ou compiladores. No "Ensaio final", Burton zomba de Lane por acreditar que a obra tinha sido escrita apenas por uma ou duas pessoas, e a partir de uma análise interna do texto — o tipo de roupas e costumes, a presença ou ausência de armas (a espingarda e o canhão, por exemplo), a utilização de determinados alimentos (vinhos, cidras, cerveja de cevada, ausência de café e tabaco), os tipos de doenças que afligiam alguns personagens (são mencionadas certas formas de cólera asiático, e conhecia-se a varíola, mas não a sífilis), e referências a várias figuras históricas — Burton pôde afirmar que "o corpo da obra, tal como agora se apresenta, deve ter sido escrito antes de 1400". O arcabouço era "puramente persa"; algumas histórias podem datar do século VIII, outras do século X, mas a maior parte da obra se concentra no século XIII, tendo-se acrescentado algumas histórias ainda no século XVIII. "O autor é desconhecido pela melhor das razões: ele nunca existiu", pois as *Mil e uma noites* são da lavra de compiladores e editores desconhecidos.

Quaisquer que sejam os méritos do "Ensaio final", porém, a seção mais lida e citada é a da pederastia, onde Burton discute a homossexualidade. À guisa de explicação, ele disse que a seção consistia em um *éclaircissement des obscénités* [esclarecimento das obscenidades]. Ele é minucioso, mas não propriamente favorável, referindo-se à pederastia como *execrabilis familial pathicorum*, "O Vício", "abominação", "amor patológico", "devassidão sotádica", e assim por diante. Comenta que a "Pederastia é proibida pelo Corão", dando várias referências, "embora Maomé pareça tê-la encarado com indiferença filosófica".

Foi provavelmente a primeira discussão desse gênero a ser aberta ao público em geral, numa iniciativa de grande risco (e a simples tradução das histórias, por si só, já era bastante ousada), considerando-se o espírito da Inglaterra vitoriana. Burton podia ter evitado o assunto — para muita gente, serviu para manchar seu nome e confirmar os eternos boatos a seu respeito —, mas ele foi direto sobre as práticas heterossexuais em suas anotações ao longo de toda a obra, bem como em suas traduções dos livros sexuais e matrimoniais indianos, e tratou de outros temas sexuais, como circuncisão, excisão e eunuquismo, usando da mesma franqueza. Tem-se a impressão de que Burton não está apenas exibindo sua vasta erudição na parte sobre a pederastia — praticamente nenhum texto clássico ou contemporâneo, nenhum fato etnológico deixa de ser mencionado —, mas também aproveitando ao máximo essa seção para incluir algumas anedotas bem obscenas que não conseguiria introduzir em outros textos, com as quais alguns leitores se divertiriam e outros ficariam chocados.

Burton escreve, numa anedota que lembra seus primeiros dias em Sind, quando estava mantendo contato com persas, que o xeque Nasr, governador de Bushire, "um homem afamado por ser um patife brincalhão",

> perguntava a seus convidados se já tinham visto um homem-canhão (cano adami) e, quando respondiam negativamente, surgia um escravo de barba grisalha, arrastado, blasfemando e lutando com todas as forças. A seguir, ele era posto de quatro e firmemente preso pelas extremidades; abaixavam suas calças folgadas e introduziam doze grãos de

pimenta *suo ano*; o alvo era uma folha de papel pendurada a uma certa distância; a mecha consistia numa pitada de pimenta-da-caiena nas narinas; o espirro disparava a metralha e o número de acertos no alvo decidia a parada.

No entanto, o "Ensaio final" não consiste apenas numa exposição do islamismo, em discussões sobre o homossexualismo e a história literária do Oriente Médio e numa análise da composição métrica árabe (tendo sido essa seção escrita pelo dr. Steingass). Burton utiliza o ensaio para indicar — de maneira bastante indireta, como havia feito na *Kasidah* — seu compromisso personalíssimo com a experiência mística, tomando para a exegese de suas próprias crenças sufistas a mesma história que fora omitida por Lane, a pretexto de ser imprópria para o público em geral, qual seja, a longa e complexa "A rainha das serpentes", que ocupa 53 noites de relato, sendo na verdade uma sucessão de histórias dentro de outras histórias, e tendo como tema fundamental a busca do Eu. Em "A rainha das serpentes" tecem-se temas diretamente ligados à peregrinação mística do próprio Burton — os reis e rainhas nagas da Índia, patronímicos dos brâmanes nagares junto aos quais havia se iniciado muitos anos antes; a "velha serpente" do Gênesis, símbolo de sua rápida passagem pelo catolicismo; o dualismo do zoroastrismo e da magia persa que influiu sobre os iesidis e o culto do Anjo Pavão. Em algumas das histórias há um guia, uma espécie de *murshid* ou mestre, o popular santo islâmico el-Khidr, "cujos olhos verão" onde se inicia o bem e termina o mal. Burton explica que esse nome significa "O Verde", cor que indica a eterna juventude do santo. No Corão, el-Khidr é equiparado ao profeta Elias; na Sura XVIII, el-Khidr inicia Moisés na inescrutabilidade da justiça divina: ele ajuda os fracos e desamparados, castiga os injustos e guia o peregrino em sua busca mística. A história dá a Burton a oportunidade de proceder a uma profunda análise do misticismo e de expor o que, na realidade, constitui seu interesse básico, o grande épico sufista da Pérsia, *Mantiq ut-tayr*, que ele traduziu como "O colóquio dos voadores" (outros traduzem por "A conferência [ou conversa] dos pássaros"). Em duas breves páginas de grande mistério, que se destacam do conjunto do "Ensaio final" e constituem uma rara manifestação das crenças religiosas privadas de Burton, num momentâneo abandono de sua costumeira *taqiya*, ele expõe um aspecto esotérico muito específico do misticismo islâmico persa, apenas parcialmente oculto por sua habitual dissimulação nesses assuntos. Usa palavras curtas, crípticas, estranhas que, a menos que o leitor seja um iniciado nessa forma específica de disciplina mística, criam perplexidade, sem fornecer qualquer auxílio mais elucidativo. No entanto, Burton tinha uma mensagem e uma finalidade, e, visto que essa passagem não guarda semelhança com nenhum outro trecho de suas obras, é de supor que ele tinha alguma razão para incluí-la no texto.

O *Mantiq ut-tayr* é de autoria do poeta místico persa Fariduddin Attar. Como o velho que Burton gostava de visitar no Cairo, em sua juventude, Attar era um boticário — seu apelido significa "químico" —, e repositório de conhecimentos místicos e populares. Antes de morrer numa idade respeitável, em 1220 (acredita-se que ele foi assassinado pelos mongóis aos 110 anos), Attar tinha escrito 115 obras, algumas de dimensões épicas, muitas abordando a busca da Divina União, freqüentemente em termos que desafiam uma análise lógica. Seu tema constante era "o movimento perpétuo da alma" rumo à sua origem e meta final. O *Mantiq* diz:

> A jornada de todos se dirige à sua perfeição —
> A proximidade de todos [da meta] depende de seu "estado".

A vida é uma peregrinação sem fim, tema muito corrente nos textos sufistas e que foi adotado no Ocidente — segundo estudiosos ocidentais, a demanda do Santo Graal, *O romance da rosa* e a peregrinação dos andarilhos de Chaucer até a Cantuária receberam influência do *Mantiq ut-tayr*.

No autêntico estilo sufista de doutrinação — sutil e elíptico —, Burton lança as pistas que os interessados devem seguir.

Os temas são complexos e de difícil apreensão. Burton entrelaça o Corão, as *Mil e uma noites* e o *Mantiq* em poucas frases. No Corão, Salomão é o rei que aprendeu a língua secreta dos pássaros e pode conversar com eles sobre os mistérios de Deus — o "Pássaro" é uma metáfora sufista corrente da alma humana, e Salomão é equiparado à alma em seu estado transfigurado. Nas *Mil e uma noites*, a extensa história da "Rainha das serpentes" se baseia largamente em símbolos mágicos e alquímicos, entre eles o Anel de Salomão, antigo símbolo da meta final. Mas o foco central é a busca do túmulo de Salomão no monte sagrado Kaf (mais propriamente Qaf), a que Burton se referia como "a montanha circundante [...] uma [versão] posterior da persa Alborz". Alborz é o local onde o príncipe Pesh-o-tan, redentor zoroastrista, aguarda o final do mundo, para voltar na Segunda Vinda. O esquife de Salomão, lembra Burton aos leitores, foi levado não para Jerusalém (como crêem os devotos), mas para além dos Sete Mares Místicos, onde repousa como a meta da busca da união derradeira com o Divino. No Corão, um pássaro misterioso, a poupa, vai a Salomão para lhe dizer que visite o reino de Sabá, governado por uma mulher. A rainha é uma metáfora da alma aguardando a riqueza que apenas Alá pode conceder por meio da Religião Verdadeira, isto é, o islamismo. No *Mantiq* (como em outras obras esotéricas muçulmanas), a poupa simboliza o sufista realizado e conduzirá trinta pássaros — isto é, almas — na busca da maior ave dentre todas, o Simurgh, que vive no monte Kaf. Nada é tão simples quanto parece — Burton explica que "Simurgh" significa trinta pássaros ("Si = trinta, e Murgh = pássaro") —, e a razão disso logo fica clara, quando sua exegese finalmente revela o significado da sagrada jornada, tal como ele o entendia nos últimos anos de vida. Ele era um peregrino como os pássaros, um "viajante" — como se apresentara na *Kasidah* —, um andarilho, a quem poucas coisas importam além do objetivo místico.

"Nossos olhos são cegos, embora o mundo seja iluminado por um sol brilhante", diz o *Mantiq*. "Se você consegue vislumbrá-lo, perde o juízo; se o vê totalmente, perde a si mesmo."

Burton sempre tinha dúvidas em relação a Deus, mas nunca abandonou a busca secreta. Seu comentário final sobre a grande obra de Attar diz:

> Assim, no Mantak al-Tayr [...], os Pássaros, emblemas das almas, procurando a presença do gigantesco bípede emplumado Simurgh, o deus deles, atravessam sete Mares [...] da Busca, do Amor, do Conhecimento, da Competência, da Unidade, do Assombro e do Altruísmo (isto é, a anulação do eu), os diversos estágios da vida contemplativa. Por fim, chegando à misteriosa ilha do Simurgh e "lançando um olhar de esguelha a ele, viram nele trinta pássaros: e, quando voltaram os olhos para si mesmos, os trinta pássaros pareciam um só Simurgh; viram neles mesmos todo o Simurgh; viram no Simurgh os trinta pássaros inteiros". Portanto, chegaram à solução do problema "Nós e Tu"; isto é, a identidade de Deus e do Homem; anularam-se para sempre no Simurgh, e a sombra desapareceu no sol.

Agora, podemos entender a razão das infindáveis peregrinações de Burton às sepulturas dos venerados ancestrais enterrados em regiões estranhas, a Meca, aos abafados portos asiáticos e africanos, onde seu antecessor Camões, o aventureiro caolho, tinha vivido e definhado. Numa espécie de revelação indireta, Burton está contando aos leitores o que se passava atrás das portas de seu santuário islâmico, nos inúmeros aposentos das casas e apartamentos, enquanto lady Isabel venerava a Virgem, os santos devotos e o Bom Senhor Jesus Cristo. Ele havia finalmente chegado à solução do problema do "Nós e Tu". "Anularam-se para sempre no Simurgh, e a sombra desapareceu no sol."

Ele era o andarilho perpétuo, o Filho do Andarilho (seu pai também não tinha sido um andarilho?), guiado por el-Khidr, "O Verde", símbolo de Elias, cujos "olhos verão" onde se inicia o bem e termina o mal.

30. JARDINS PERFUMADOS

Corriam rumores de que Burton podia ser transferido para o Marrocos, e no começo de 1886 ele levou Isabel a Tânger, para uma busca incansável de algo que ele mesmo ignorava. Burton não gostava do Marrocos. "Não é um lugar agradável para um inglês", escreve em seu diário, pois, quanto ao calor e à atmosfera em geral, era como Suez antes da construção do canal.
Então ocorreu uma surpresa inesperada.

> Em 5 de fevereiro de 1886, algo muito extraordinário aconteceu [escreve Isabel em *Life*] — era um telegrama dirigido a "sir Richard Burton". Ele o jogou para mim e disse: "Algum sujeito me pregando uma peça, ou então não é para mim. Não vou abrir, e você pode soar a campainha e devolvê-lo".

Mas o telegrama era mesmo para Burton, e ele tinha recebido o título de cavaleiro, como Knight Commander of St. Michael and St. George, num gesto relutante da parte do governo por seus serviços prestados. Isabel tinha colaborado para obter a honraria para o marido, mas não lhe contou isso. A partir desse momento, ele seria sir Richard Burton, K. C. M. G. Não era o K. C. B. que Isabel pretendia, mas ainda assim constituía uma honra; no entanto, Marrocos tampouco seria para Burton — alguém no governo fez uma piada, dizendo que não queria que os Burton se tornassem "imperador e imperatriz do Marrocos", e assim eles voltaram a Trieste.
Em janeiro do ano seguinte, o casal foi a Paris, onde Burton teve o prazer de conhecer um estudioso alemão que havia encontrado um original árabe do "Aladim" e de uma outra história; a seguir, desceram para Cannes. As condições de saúde de

Burton agora constituíam um grande motivo de preocupação para Isabel. "Eu o via mergulhar a pena em qualquer lugar, exceto no tinteiro", escreve ela. "Quando tentava dizer alguma coisa, não encontrava as palavras."

Os médicos franceses que foram chamados achavam que ele estava com um acesso de "convulsões de tipo epiléptico", e julgavam que não se recuperaria; passaram a responsabilidade do tratamento para um jovem médico inglês, Frederick Grenville Baker, que se encontrava no balneário por causa de seus próprios problemas de saúde. Baker entrou no quarto do doente com a penosa tarefa de apresentar o diagnóstico dos médicos franceses.

"Então o senhor acha que eu vou morrer", disse Burton.

"Os médicos que mantiveram uma conversa são dessa opinião."

Dando de ombros, Burton disse: "Ah, bom! — sente-se".

Ele contou a Baker uma história das *Mil e uma noites*. Baker ficou mais duas semanas em Cannes, e depois partiu. Burton, percebendo a grande precariedade de sua condição física, mandou vir um outro médico da Inglaterra, dr. Ralph Leslie, que conhecera o casal Burton em Trieste. Apesar de prostrado pela doença, Burton estava trabalhando nas *Noites suplementares*. Os amigos o ajudavam de diversas maneiras, conseguindo-lhe originais árabes ou, quando não encontravam textos árabes, fazendo uma primeira tradução mais tosca do hindustâni. O estado de saúde de Burton continuava a alimentar grandes ansiedades; mesmo assim, porém, ele foi passar férias de verão na Alemanha. O dr. Leslie se mudou para outro lugar, e Grenville Baker foi convidado a ocupar seu posto.

Baker continua uma figura um tanto desconhecida. Era o tipo de homem em que as pessoas não reparam muito, mas desempenhou seu papel no lar de Burton. Seu principal mérito, além de ajudar a prolongar a vida de um paciente muito difícil, consiste em ser a fonte de alguns dados importantes sobre os últimos anos de Burton, e de mais a mais era um bom fotógrafo amador — seus instantâneos mostram o casal Burton de um ângulo extremamente simpático e humano.

Baker tinha nascido em Lahore, capital do Pundjab; seu pai era um coronel do exército indiano, e Baker e Burton tinham muitos assuntos de conversa. Foi educado "em casa" na Inglaterra, e depois prosseguiu seus estudos na Alemanha. Depois de fazer turnos em vários hospitais e manter clínica própria durante alguns anos, ele se tornou o médico acompanhante de Burton.

Baker era uma pessoa um pouco melancólica. Nunca se casou, e dedicava seus interesses à pesca, à jardinagem e à fotografia. Após a morte de Burton, levaria uma vida a esmo, viajando e estudando na Europa, África e Estados Unidos, existência possivelmente inspirada por seu paciente mais famoso, mas não muito produtiva. Ele escreveu alguns textos sobre Burton; sua principal iniciativa foi fundar o Richard Burton Memorial Lecture Fund, em colaboração com Norman Penzer, jovem acadêmico e estudioso brilhante; Baker sobreviveu 25 anos a todas as outras pessoas que conheceram Burton pessoalmente.

Baker assumiu o cargo junto ao casal Burton, sob a condição de que seu paciente seguisse suas instruções de dieta e repouso. Burton freqüentemente comia o mínimo possível para voltar logo ao trabalho, e — um pecado para os vitorianos — nem sequer tomava uma dose normal de uísque para estimular e relaxar. Baker passou a fazer parte integrante do lar, e acompanhou Burton nas poucas viagens que ele ainda pôde fazer, em sua maioria passeios por várias estâncias do continente europeu. Nesse meio-tempo, Burton continuava a trabalhar em vários projetos, mesmo cansado, doente e deprimido. Recebia notícias quase diárias da morte de velhos amigos, entre eles Matthew Arnold, que gozara de uma pensão civil de 250 libras anuais. Mal foi anunciada a morte de Arnold, e Isabel já escrevia uma petição ao governo — sem êxito —, solicitando que a pensão fosse concedida a seu marido, providência "plausível para seu coração, mas não para sua cabeça", comenta Wright. Isabel cometia "freqüentemente" tais indiscrições.

Arbuthnot chegou a Trieste em maio, e mais ou menos na mesma época foi lançada uma outra publicação da Kama Shastra, a tradução de Burton do *Jardim perfumado do xeque Nefzaoui*, uma curiosa obra erótica, chula e às vezes engraçada, num trabalho que proporcionou prazer e descontração a Burton.

A versão original de *O jardim perfumado* é creditada a um erudito tunisino do século XV, o xeque Nefzawi, que teria realizado a obra para agradar a seu senhor bei, baseando-se em manuais anteriores, principalmente indianos, e recorrendo largamente a histórias e episódios semelhantes às partes mais desenfreadas do *Livro das mil e uma noites*. O tom e a abordagem diferem dos livros eróticos indianos. Aqui, a mulher não é uma parceira sexual, mas um objeto, a ser usado quando se queira. A mulher, porém, não proporciona apenas o prazer: também traz doenças, traições e enganos. O livro tinha sido encontrado, num exemplar manuscrito, por certos oficiais do exército francês no Norte da África, e foi traduzido para essa língua, impresso em cerca de 35 cópias no tosco mimeógrafo do quartel local. A versão francesa — intitulada *Le jardin parfumé* — foi reeditada na França, onde Burton logo a descobriu. Ele começou a fazer uma tradução para o inglês, que foi publicada sob o patrocínio da Kama Shastra Society, coincidindo com a publicação do décimo volume das *Mil e uma noites*.

Não dispondo do texto árabe, Burton recheou sua tradução do francês para o inglês com seus habituais floreios, mas não ficou satisfeito com o resultado, e começou a procurar imediatamente um original árabe.

Grosseiro e, às vezes, até cômico, *O jardim perfumado* é também uma obra em que o homem usa a mulher, embora muitas vezes ela leve a melhor. A abordagem do sexo é bastante pesada, em comparação aos rodeios envolventes e acrobáticos do *Ananga Ranga* e do *Kama Sutra*, ainda que os tipos de relação sexual descritos no livro (que, na verdade, derivam amplamente das posições indianas) apresentem um certo interesse picante — a posição da rã, a posição do bode, o parafuso de Arquimedes, o salto mortal, a cauda da avestruz, a sapatilha, a visão mútua da parte de trás, levar o pino para sua casa, o encaixe, o que pára na casa. Mas o sexo era uma luta para esses árabes. "Ocorre entre os entrelaçamentos e engalfinhamentos dos dois atores uma espécie de vivo conflito [...] a arena do conflito parece a cabeça de um leão. Chama-se vulva. Oh! quantos homens morreram à sua porta? Entre eles, quantos heróis!"

Para o desgosto de Burton, a versão francesa não era integral; contava com vinte capítulos, e diziam existir um 21º, que, sozinho, era tão longo quanto os vinte juntos, discorrendo, em certos trechos, sobre "um determinado assunto". Logo saiu uma segunda versão, ligeiramente aperfeiçoada, do *Jardim perfumado* de Burton, e imediatamente a obra foi pirateada "por um livreiro, cujo Comitê, como ele diz, parece ser o modelo dos piratas literários, roubando o autor com tanta impudência e ousadia como se lhe afanasse a carteira debaixo do próprio nariz".

No verão de 1888, o casal Burton voltou à Inglaterra para uma visita formal. Burton tinha insistido junto ao governo para obter uma licença de saúde, autorização dada sem grande elegância, pois ele escreve à sua irmã Maria contando que foi "acompanhada por algumas expressões desagradáveis que me serão úteis quando eu me aposentar". A "perspectiva da licença me faz dormir um sono muito agradável", mas ele reclamava que "a vida pavorosamente insípida da Inglaterra é responsável por muitas loucuras britânicas". "Quando ele desembarcou em junho", escreve Georgiana Stisted, "ficamos horrorizados com a mudança de sua fisionomia."

> Sabíamos, naturalmente, que ele tinha adoecido [...] mas ele não havia nos preparado para a total ruína de sua saúde. [...] No outono, seu enfraquecimento era ainda mais assustador. Tinha aquele olhar tenso que acompanha a respiração difícil, seus lábios estavam pálidos e azulados, as faces lívidas; o menor esforço lhe tirava o fôlego e às vezes até chegava a ar-

quejar sentado quieto na cadeira. [...] A doença cardíaca, um mal hereditário, avançava a passos largos.

A senhorita Stisted achava que o tio "parecia continuar vivo apenas por força de vontade", mas lutando constantemente contra uma "melancolia angustiante", devido a seu estado de saúde. Burton passou boa parte do tempo na Inglaterra com amigos íntimos como Arbuthnot, Payne e Ashbee. Quando não estavam com os amigos, Burton e Isabel percorriam toda a Inglaterra. Ele vivia irrequieto, convivendo com a doença, e os passeios por lugares turísticos não ajudaram a melhorar seu desgaste físico e seu debilitamento constante. Burton supervisionou a publicação do último volume das *Noites suplementares*. Esses últimos tomos não possuíam a vitalidade e o *élan* dos dez iniciais, embora apresentassem ao público algumas das histórias mais identificadas com as *Mil e uma noites*, entre elas "Aladim" e "Ali Babá". Em sua fadiga, Burton não se esforçou demais e recorreu a Payne quando necessário. "Confesso que não teria conseguido fazê-lo sem sua versão prévia", escreveu ele a Payne. Alguns críticos lhe censuraram a falta de rigor, mas, na verdade, ele nem sempre pôde dispor dos originais árabes e teve de se basear nas versões de seus amigos para o hindustâni.

Por fim, ele precisava voltar a seu cargo. "O final se aproximava", escreveu sua sobrinha. Burton estava cada vez mais irrequieto, e "parecia que tinha de partir ou morrer". Em 15 de outubro, numa manhã ventosa iluminada por um pálido sol, Burton saiu de sua terra natal para nunca mais voltar. Agora suas perambulações se tornaram incessantes, como se o movimento fosse capaz de evitar a temida aproximação da morte.

O barulho, o cansaço, as horas de baldeação de um trem para outro, de embarques e desembarques de navios não detiveram Burton. Genebra, Veneza, Nápoles, Brindisi, Malta, Túnis, Argel, Riviera, Alpes, e mais doze paradas entre as cidades: todos os locais foram visitados e criticados. Às vezes, ele era obrigado a voltar a seus deveres consulares, tendo sido lembrado pelo Ministério das Relações Exteriores que devia comparecer ao emprego.

No final de novembro de 1889, o casal partiu para as férias de inverno no Mediterrâneo, parando em Brindisi, onde visitaram a casa de Virgílio, a seguir indo até Malta, e finalmente desembarcando em Túnis, lar do xeque Nefzawi, o autor do *Jardim perfumado*. Lá, Burton esperava encontrar exemplares manuscritos da obra em árabe. Vasculhou os bazares, mas não encontrou nada. "Nunca ninguém tinha ouvido falar nela", queixou-se ele. O casal prosseguiu até Argel. Burton ficou empolgado com a cidade, e disse que gostaria de morar lá; poucas semanas depois, porém, estava pronto para partir. Ali também não existia nenhum manuscrito. Argel lhe pareceu "uma Paris, depois de Túnis e Constantino, mas, como toda a França (e os franceses) hoje em dia, suja como uma lavagem. [...] Achei essas colônias francesas absolutamente negligentes e fúteis". Ele ficou um mês inteiro na cidade, e finalmente encontrou um exemplar incompleto do *Jardim perfumado*. Faltava o 21º capítulo. Mas o tempo que passou no Norte da África não foi inteiramente perdido. Começou a trabalhar numa outra tradução, os *Carmina* de Caio Valério Catulo, dedicando-se à parte em verso, sendo que a prosa foi traduzida por um novo amigo da Inglaterra, Leonard C. Smithers, um impressor que, após a morte de Burton, iria publicar várias edições comemorativas das *Mil e uma noites*. Por fim, Burton chegou à conclusão que gostava do Norte da África sob domínio francês, exceto pela maneira como tratavam os animais, pois os muleteiros e cameleiros espancavam impiedosamente os bichos.

No outono de 1890, de volta a Trieste, as condições físicas de Burton estavam se deteriorando rapidamente. Os olhos tinham se afundado nas cavidades do crânio; ele havia emagrecido, e as mãos pareciam transparentes; às vezes, sua voz era tão inarticulada que nem conseguia falar. Era incomodado por pequenos ataques de gota, mas não tão sérios a ponto de impedir suas caminhadas diárias. O clima desse "porto das penitências" começou a aborrecê-lo novamente. O dr. Baker notou que o coração de Burton estava se enfraquecendo e que sofria de flatulências. Nessa época, a morte era uma constante em seus pensamentos. A memória lhe falhava, e volta e meia perdia pequenos objetos que havia colocado em locais "seguros" para poder encontrá-los facilmente, e tinha de pedir ajuda a Isabel. Na última viagem à Inglaterra, uma vidente disse a Burton que ele estava "mal na cabeça, nos olhos, na nuca, no estômago, nos pés e nas pernas", e que Isabel tinha câncer, mas possuía "faculdades de cura, uma luz poderosa do céu, uma cruz vermelha sobre [ela], uma grande proteção, e uma luz de cima, com uma legião de amigos e protetores". Burton ficou transtornado com a profecia de câncer da esposa, mas ela zombou da idéia, e ele aceitou suas negativas.

O Ministério das Relações Exteriores queria que Burton se fizesse presente em Trieste, e ele achava que devia permanecer lá, acreditando que sobreviveria aos últimos meses de 1890 e chegaria a março do ano seguinte, quando completaria seu tempo de servidão no governo. Então estaria com setenta anos. Enquanto isso, seus trabalhos se espalhavam à sua frente, sobre as onze mesas, cada qual com seu projeto, no vasto *palazzo* espraiado. Agora era uma questão de sobrevivência, de ter forças para atravessar os dias até que o nirvana, o paraíso do mês de março, o liberasse. Ele passou os primeiros meses do outono trabalhando em sua nova tradução do *Jardim perfumado*, dando-lhe o novo título de *O jardim fragrante*. Operava com dedicação e rapidez, como se fosse, talvez, seu último trabalho.

Há muitas questões confusas a respeito do manuscrito final. Sabia-se que Burton concluiu os vinte primeiros capítulos do livro, tendo encontrado um texto árabe integral. A tradução francesa havia omitido muitas passagens. Burton soube que o texto árabe do 21º capítulo tinha quinhentas páginas, o mesmo tanto dos vinte precedentes. A questão do 21º, que provavelmente tratava do homossexualismo, é obscura. Será que ele o terminou também, ou estaria prestes a iniciá-lo? Após sua morte, surgiriam discussões que prosseguiriam por décadas. De qualquer forma, havia uma nova tradução volumosa, meticulosamente anotada, e possivelmente um 21º capítulo, ainda mais do que meticulosamente anotado. Não há muitas dúvidas de que, com ou sem 21º capítulo, o manuscrito incluía uma longa seção mais ou menos semelhante ao "Ensaio final" das *Mil e uma noites*.

Burton ainda era madrugador, levantando às cinco e meia da manhã e trabalhando continuamente durante o dia todo, até o anoitecer, interrompendo-se apenas, e muitas vezes de má vontade, para fazer seus exercícios e tomar suas refeições. Seu único entretenimento era um gole de uísque, e mesmo assim nem sempre. Para Burton, esse manuscrito final seria sua maior obra. Certo dia, quando passeava com Baker pelo jardim, ele parou abruptamente e disse: "Coloquei toda a minha vida e meu sangue nesse Jardim Fragrante, e minha grande esperança é me manter vivo através dele. É o coroamento de minha vida".

Baker fez uma pergunta séria e sensata. "Nunca lhe ocorreu, sir Richard, que na eventualidade de sua morte o manuscrito poderia ser queimado? Na verdade, não creio que seja improvável."

"Você acha?", replicou Burton, voltando-se para Baker. "Então vou escrever para Arbuthnot e lhe dizer que, no caso de minha morte, o manuscrito será dele." Burton escreveu a Arbuthnot no mesmo dia. Trocaram várias cartas sobre o assunto, mas ninguém, posteriormente, soube se Isabel estava a par desse acerto.

Um homem perto da morte arruma suas coisas. Fizeram-se outros acertos. Isabel agora voltava a um tema dileto, a questão da religião de seu marido. Era um católico, convertido pelo padre moreno de Goa? Converteu-se mais tarde, antes de seguir para a África, quando levou no bolso uma carta do cardeal Wiseman, declarando-o um cavalheiro católico? Seu islamismo, seu sufismo não entravam em consideração. Que ele pudesse ser ao mesmo tempo sufista e católico era algo que nem passava pela cabeça de Isabel. Ou deveria fazer agora uma profissão de fé? Seja como for, parece que, talvez três meses antes de morrer, Burton escreveu e assinou uma declaração sobre sua fé. O editor inglês, T. Douglas Murray, informa de seu conteúdo:

Cerca de um ano antes de sua morte, lady Burton me mostrou um documento de extensão considerável, *todo ele na caligrafia de sir R. Burton e assinado por ele mesmo*, onde declarava que vivera e morria como católico, aceitando todos os usos e rituais da Igreja.

Lady Burton pode ter reconhecido que seu marido, se não era um bom católico, ao menos era católico. Nos dois últimos anos de vida, Burton manteve o hábito de trancar as portas do *palazzo* e se dedicar a orações privadas. Isabel preferiria que acreditássemos que ele estava rezando preces católicas, mas é mais provável que estivesse se dedicando ao *salat* islâmico, ou pelo menos a uma forma simplificada do ritual, visto que a idade e as dores que lhe torturavam o físico não lhe permitiriam se inclinar, se prostrar e se sentar da maneira especial prescrita pela religião. Mesmo assim, seria fácil recitar o *dhikr*, a Rememoração, que qualquer um pode dizer em silêncio ou em voz alta: "*La ilaha illa-Allah*", "Deus é único", a que se segue "*Muhammadun rasulu*", "Maomé é seu profeta". Isso bastava para a salvação.

Num final de tarde, em meados de outubro, uma amiga inglesa, Daisy Letchford, cujo irmão Albert tinha feito algumas ilustrações para as *Mil e uma noites*, veio tomar chá com Burton, acompanhada de sua irmã mais nova. Ele estava com uma boa disposição, brincando e conversando com Daisy e a menina. Burton tinha o costume de dizer "*Au revoir*" quando as visitas se despediam. Dessa vez, ele disse: "Até logo, Daisy".

"Fiquei tão surpresa", disse ela, "com aquele 'até logo' que um calafrio me percorreu. Senti no momento que nunca mais tornaria a vê-lo." Albert Letchford viu Burton dois dias depois, quando ele se queixou que toda a disposição que sentira com uma recente excursão pela Suíça tinha desaparecido.

Aproximando-se a conclusão da tradução do *Jardim fragrante*, Burton estava pensando em fazer um retiro e passar as férias da primavera em Atenas, onde planejava se encontrar com o professor Heinrich Schliemann, o descobridor das ruínas de Tróia. Baker andava observando seu paciente com grande preocupação. No último dia inteiro de sua vida, 19 de outubro, um domingo, Burton parecia melhor do que o habitual, e todos da casa comentaram sua boa disposição. Isabel foi à missa das oito horas da manhã e, quando voltou, viu que Burton tinha terminado a última página da nova versão do *Jardim perfumado*. Ninguém deixou claro se isso significava que ele tinha concluído os primeiros vinte capítulos ou o controverso 21º. Burton comentou com a esposa: "Amanhã terei terminado isso, e então vou começar nossa autobiografia".

"Será uma felicidade", respondeu Isabel, sem prestar muita atenção no que ele dizia, pois naquele momento ocorreu um daqueles estranhos acontecimentos a que ambos davam tanta importância — supersticiosa. Um pássaro tinha bicado pela terceira vez uma janela que se conservava sempre fechada. Burton observou: "É um símbolo da morte". O "pássaro", como Burton bem sabia, era o grande símbolo da alma à procura de Deus. De fato, em turco havia uma expressão, *can kusu uçtu*, "sua alma-pássaro voou", significando que alguém morreu, e podem-se encontrar outras imagens similares no persa e outros idiomas.

Era um belo dia, e Burton fez um passeio de duas horas com o dr. Baker, segundo seu costume quando o clima permitia. Percorrendo o jardim, Burton viu um tordo se afogando na bacia da fonte. Baker salvou a avezinha, e Burton a colocou sob seu colete, para aquecê-la, depois levando-a para dentro, para que o criado cuidasse dela. No final da tarde, ele escreveu algumas cartas e discutiu a idéia de visitar a Grécia com a esposa e o dr. Baker. Jantaram às sete e meia uma refeição animada, conversando bastante, embora Burton aparentasse cansaço. Todavia, estava de humor brincalhão e espicaçou Isabel quanto a escapulários e outros objetos devotos. Boa parte da conversa girou em torno do projeto do general Booth para ajudar os pobres na Inglaterra, o "Dízimo Submerso", ao qual Burton era muito favorável. "Quando você e eu formos para a Inglaterra e estivermos totalmente livres, dedicaremos nosso tempo disponível a ele", disse a Isabel.

Sua datilógrafa, a sra. Victoria Maylor, viera durante o dia com o manuscrito do *Jardim fragrante*, que tinha acabado de datilografar para o impressor. Era uma católica, e como tal parecia não se incluir na rubrica das "boas" mulheres que não liam esse tipo de obra que Burton andava traduzindo — ela tinha datilografado o manuscrito inteiro das *Mil e uma noites*. Às nove e meia, Burton, auxiliado pelo dr. Baker, subiu para seu quarto. Quando já tinha se deitado, Isabel veio para rezar suas orações noturnas a seu lado. Enquanto rezava, "um cão começou com aquele uivo pavoroso que os supersticiosos consideram como o arauto da morte". Terminadas as preces, Burton pediu um pouco de "chou-chou", uma leitura leve. Isabel lhe passou *The martyrdom of Madeleine* [O martírio de Madalena], de Robert Buchanan.

Depois de ler e dormitar um pouco, Burton começou a se sentir indisposto; à meia-noite queixou-se de dor no pé, achando que seria a gota. Isabel quis chamar Baker, mas Burton lhe disse que o deixasse dormir; o médico tinha se recolhido com enxaqueca, e Burton disse que ele precisava descansar. Às quatro da manhã, Isabel chamou Baker, que não viu motivos para alarme; deu a Burton algo para aliviar a dor. Mas, meia hora depois, Burton se queixou de falta de ar no quarto. Agora totalmente alarmada, Isabel chamou Baker de novo. Era evidente que seu marido estava morrendo. Burton disse: "Pobre camarada, não o incomode". Ao entrar no quarto, Baker viu que a situação era grave. Isabel acordou os criados e mandou-os buscar um padre. Com Baker, ela experimentou todos os remédios disponíveis para tentar salvar o marido. "Oh, Gatinha", gritou Burton, "clorofórmio — éter — depressa!", remédios que, na época, eram ministrados domesticamente num momento de crise. "Meu querido", disse Isabel, "o doutor Baker diz que isso vai matá-lo. Ele está fazendo todo o possível."

A respiração de Burton era difícil, e, depois de lutar brevemente para tomar um pouco de ar, ele exclamou: "Estou morrendo, estou morto!". Isabel o tomou em seus braços, mas ele parecia ter ficado mais pesado, e logo perdeu a consciência. Baker aplicou uma descarga elétrica na região cardíaca de Burton. Isabel, ajoelhada à cabeceira, segurando as mãos do marido, rezou "de todo o coração a Deus para conservar sua alma ali (mesmo que parecesse estar morto) até que o padre chegasse".

Burton agora parecia indiscutivelmente morto. O padre só chegou às seis e meia. Era um eslavônio, Pietro Martelani, que os críticos de Isabel disseram ser "um padre do campo". "Podemos deplorar o que se seguiu", diz Wright, "mas ninguém julgará com severidade as ações de uma mulher desesperada." Georgiana Stisted definiu o fato como "uma farsa medonha". Martelani olhou a grande figura devastada sobre o leito. Burton parecia morto, mas o corpo ainda estava quente. O padre perguntou se ainda podia restar alguma vida nele. O coração e o pulso já não batiam mais. Isabel admitiu isso para sua família, mas acreditava que o cérebro ainda estava vivo. Ela disse a Martelani: "Ele está vivo, mas eu lhe imploro que não perca nenhum instante, pois a alma está passando". Martelani conhecia suficientemente o casal para fazer uma objeção plausível: "Se ele é protestante, não pode receber o Santo Sacramento [da extrema-unção] dessa maneira".

Isabel afirmou que Burton tinha "abjurado da heresia e pertencia à Igreja católica". Martelani ministrou os últimos sacramentos. Georgiana Stisted apresenta uma visão menos favorável da cena.

> Isabel não ouviria nenhum argumento [sobre o fato de Burton não ser católico], não aceitaria nenhuma negativa; ela continuou chorando e gemendo no chão, até que finalmente, para encerrar uma cena desagradável, [...] ele consentiu em fazer o ritual. Roma tomou posse formal do cadáver de Richard Burton, no entanto fingindo, com uma insolência intolerável, tomar sua alma sob sua proteção.

Essa opinião foi partilhada por muitos contemporâneos seus na Inglaterra. Logo que Trieste soube da morte de Burton, o público acorreu em grande número para render homenagem ao cônsul inglês. "Uma multidão curiosa nunca deixava de perturbar a câmara solene", escreve a sobrinha de Burton.

Outros padres entravam e saíam à vontade, crianças de um orfanato próximo cantavam hinos, alternando-os com risadinhas, velhas devotas rezavam o rosário, se compraziam em olhar o morto e atiravam água benta no corpo, enquanto a viúva, que tinha retomado a compostura, dirigia as cerimônias.

Enquanto Burton agonizava, Daisy Letchford passou por uma experiência desconcertante. Em casa, viveu "um estranho caso de telepatia".

Meu irmão tinha saído, e eu estava sozinha à espera dele. De repente, imaginei ouvir passos no corredor, detendo-se à porta do quarto onde eu estava lendo. Senti um suor gelado porejar em minha testa. Fiquei assustada, mesmo sabendo que não havia ninguém de pé àquela hora da noite. A porta se abriu devagar, e tive a impressão de que alguém me olhava. Não ousei levantar os olhos. Os passos pareciam se aproximar. Num acesso de medo, olhei para cima e vi sir Richard de pé à minha frente. Ele avançou, acenou a mão e desapareceu. De manhã cedo, tocaram a campainha. Saltei da cama e irrompi em lágrimas, enquanto dizia: "É para me avisar que sir Richard morreu". Naquele momento, a empregada trouxe a carta do dr. Baker para meu irmão. Corri com ela até o quarto dele. "Albert, Albert", gritei, "sir Richard morreu." Ele abriu a carta. Era a pura verdade.

Quando o agente funerário abriu o corpo de Burton para embalsamá-lo e prepará-lo para o enterro, descobriu que estava "coberto de cicatrizes, testemunho de uma centena de lutas" — assim informa Thomas Wright. Mais um mistério, pois em toda a bibliografia que se refere a Burton — seus próprios textos, as várias biografias de parentes e amigos, ensaios e cartas — não há (salvo o combate em Berbera) nenhuma prova autêntica do tipo de luta (obviamente, faca ou espada) que poderia resultar em tantos ferimentos. A causa provável dessas cutiladas foi a participação mística de Burton na *sama* e na dança das espadas nos *khanqas* (mosteiros) sufistas em Sind e, possivelmente, no Cairo.

O corpo foi embalsamado, vestido com seu uniforme e circundado por velas e flores. Atrás da cama, estava um grande mapa da África. No peito de Burton, Isabel colocou um crucifixo. Ele ainda usava a corrente de metal com a medalha da Virgem, que ela lhe dera como proteção, quando ele foi para a África Central.

A imprensa de Trieste se encheu de necrológios sobre o famoso explorador, e em Londres sua morte teve grande destaque no noticiário. Swinburne escreveu uma elegia: "Uma fama que tolda a fama de Raleigh". Foi uma grande efeméride, uma celebração nacional, cuja dor e alegria foram desfiguradas apenas pelos resmungos dos protestantes, dos agnósticos e dos profanos — e uma única carta negativa de James Grant ao *Times*, sobre as injustiças de Burton para com os negros e sua tentativa de tomar para si os créditos das descobertas de Speke.

As missas rezadas em Trieste não se destinavam ao enterro definitivo. Este seria na Inglaterra. As cerimônias em Trieste foram medievais — três missas solenes, com rebuscados rituais e encenações. Georgiana deve ter ficado furiosa com a carta de Isabel.

> Não mandei enterrá-lo, mas reservei um espaço privado no cemitério consagrado (com janelas e portas no térreo) num local onde posso ir e me sentar com ele diariamente. Ele recebeu três ofícios religiosos e 1100 missas rezadas para o repouso de sua alma.

Para um homem que se considerava um "bárbaro amador", era, para a gente respeitável da Inglaterra, a coisa mais bárbara possível. O corpo de Burton iria finalmente jazer no cemitério católico em Mortlake, Londres. Enquanto isso, havia a imensa faina de recolher e limpar dezoito anos em Trieste e toda uma vida de trabalho que não desdenhou a Índia e a Arábia — lembranças, manuscritos em várias dezenas de línguas, muitos exemplares do Corão e da Bíblia, todos os tipos de armas, mapas, esboços, ossos humanos, uniformes e trajes nativos de vários lugares, amostras geológicas. O que sir Richard não deixou! Entre outras coisas, deixou diários, manuscritos de seus livros, cadernos de notas, poemas, cartas, ensaios, resenhas, recortes e... textos eróticos. Lady Burton se dirigiu para o grande problema dos papéis de seu marido com uma paixão quase mística.

31. A CREMAÇÃO DA VIÚVA

AGORA ISABEL INICIAVA A FAMOSA "pira" em que o coração, a própria alma, o espírito do capitão sir Richard Francis Burton, hadji e K. C. M. G., foram entregues às chamas, numa estranha espécie de *sati*, em que a alma enviuvada é oferecida às divindades. Ela se fechou durante dezesseis dias no *palazzo*, para examinar e classificar os papéis de seu marido, para embalar seus livros e "cumprir suas instruções". As pessoas freqüentemente reconheciam a "bondade, doçura e caráter" de Isabel e sua devoção ao marido, mas havia um outro lado, que alguns críticos consideravam predominante, dizendo que ela era "indiscreta, inculta, supersticiosa e impulsiva", dotada de uma autoconfiança monumental.

Os Letchford foram morar com Isabel, para lhe fazer companhia e ajudá-la em várias tarefas. Ela solicitou a Daisy que a auxiliasse nos papéis. Isabel não deixaria nenhuma outra pessoa entrar no quarto em que ela os reunira. Ela achava que Daisy era jovem e inocente demais para entender o conteúdo dos materiais. "Ela não desconfiava que, muitas vezes, quando não estava por perto, eu examinava e lia muitos daqueles manuscritos, que me arrependo amargamente de não ter apanhado, pois nesse caso o mundo não teria sido privado de muitos textos belos e preciosos", disse Daisy. Um dos textos era um longo poema no estilo de "The house that Jack built" [A casa que Jack construiu], sátira irônica e cáustica mencionando os nomes de muitos ingleses de proa. "Implorei a lady Burton para guardá-lo, mas seu confessor camponês [Martelani] disse: 'Destrua-o', e assim ele foi queimado junto com uma centena de outras coisas lindas."

A queima de papéis insubstituíveis não despertou qualquer escrúpulo em Isabel. Quando solicitada, tinha destruído a autobiografia de lady Jane Digby; queimou também seu próprio livro de meditação espiritual:

> [...] um livro chamado "The sixth sense" [O sexto sentido], e fui vaidosa a ponto de julgá-lo inteligente; mas temi que pudesse ser prejudicial e tomei a coragem de queimá-lo.

E, como um precedente da maior força, ela invocou que "o executor testamentário de Turner queimou alguns de seus últimos quadros sob circunstâncias semelhantes, para manter no auge sua reputação de artista. Agi pelo mesmo motivo". Aqui, Isabel está sendo bastante imprecisa ou hipócrita. Foi John Ruskin que, em 1852, queimou uma grande coleção de obras de J. W. M. Turner — esboços, desenhos e quadros a óleo, trabalhos, disse Ruskin, "de uma espécie extremamente vergonhosa". Ruskin tinha sido designado como executor da obra de Turner pela National Gallery e, para seu horror, encontrou trabalhos que eram "indesculpáveis, inexplicáveis" — desenhos e óleos de prostitutas "em todos os tipos de abandono". Ruskin passou semanas angustiado com sua descoberta.

> Coloquei-me em sintonia com o Supremo, até subitamente sentir o lampejo de que talvez eu tivesse sido escolhido como o único capaz de chegar, nessa questão, a uma grande decisão. Peguei as centenas de esboços e pinturas escrofulosas e queimei-as, ali onde estavam, queimei-as. [...] Sinto orgulho disso, *orgulho*.

Isabel também mencionou o caso de um manuscrito queimado que lhe contaram na Índia. Uma certa sra. Hough, que costumava conviver com sir Arthur Wellesley (futuro duque de Wellington), falecera no ano anterior à chegada do casal Burton em Bombaim. O editor do jornal de Bombaim exprimiu seu pesar pelo fato de a sra. Hough ter queimado todas as suas memórias, mas Isabel anotou em seu diário: "Ouso dizer que ela sabia por que as queimou. Ouso dizer que milhares de descendentes das pessoas terão motivos para abençoá-la".

Assim, Isabel queimou... Mas o que havia naquelas páginas? A hipótese corrente é que esses papéis (diários, manuscritos, cartas, o que for) estavam cheios de informações sexuais, em boa parte de natureza muito íntima e até degradante — histórias de casos amorosos, descrições de relações sexuais, bestialidades, experiências com nativas, pederastia, desenhos de temas como excisão do clitóris ou outras formas incomuns de circuncisão, de mutilações, de eunucos —, e talvez esse material realmente existisse, mas o leque de interesses de Burton era tão amplo que tudo seria possível, desde opiniões pessoais até avaliações políticas. E como ele esteve algumas vezes envolvido em vários aspectos do Grande Jogo, nos diários privados provavelmente havia materiais comprometedores sobre as ações de seu governo. Muitos dados sexuais (mas não todos eles, de maneira alguma) tinham sido incluídos no corpo do texto ou nas notas das *Mil e uma noites* e nas obras eróticas indianas, árabes e européias. O que ainda não havia sido publicado eram os materiais, muito mais perigosos, sobre as políticas governamentais, sobre seus superiores no Ministério das Relações Exteriores e mesmo sobre amigos pessoais — as "muitas pessoas importantes ainda vivas" que Daisy Letchford disse que constavam do poema (e, ao que parece, Burton escreveu vários textos do gênero) —, material que Isabel sabia ser mais perigoso para a memória do marido do que histórias de antigas seduções em aldeias sindianas e africanas ou descrições de bordéis, lupanares e haréns.

Como que reservando o melhor para o final, como uma espécie de sobremesa do piromaníaco, Isabel pôs de parte o manuscrito e as folhas datilografadas do *Jardim fragrante* e alguns outros papéis. A essa altura, ela já tinha descoberto que Daisy não era tão ingênua quanto pensava. Daisy lhe suplicou que não destruísse o *Jardim fragrante*. Isabel prometeu que não o destruiria. Daisy saiu no final da tarde, e durante algum tempo Isabel ficou trancada com essa instigante obra. Começou a examiná-la. Pelo visto, Burton não lhe permitira ler essa última versão, embora sua natureza não constituísse nenhum segredo. Já tinham sido recebidas 1500 assinaturas, e consta — mas isso nunca foi confirmado — que um editor inglês ofereceu a ela 6 mil guinéus pelo texto. Isabel se sentou no chão com as pilhas de papéis manuscritos e datilografados, e começou a esquadrinhá-los. Ficou "absolutamente assombrada e horrorizada". O texto em si era mais explícito do que a tradução anterior de Burton, a partir do francês, mas o que a transtornou foram as anotações: "notas de uma certa natureza". Ela tentou se tranqüilizar pensando que o livro havia sido escrito exclusivamente para estudiosos, principalmente orientalistas, e que seu marido "nunca escreveu uma única coisa de um ponto de vista impuro".

O que fazer? [...] A questão se resolveu com a aparição do próprio Burton, de pé, à sua frente, "exatamente como quando era vivo".

O espectro de Burton apontou para o manuscrito e disse: "Queime-o". E então desapareceu.

Queimar ou não queimar. A aparição retornou para ordenar mais uma vez que se queimasse o manuscrito. Mas Isabel ainda não sabia com certeza o que devia fazer. O espectro de Burton voltou pela terceira vez, e falou numa voz ainda mais autoritária, e agora, escreveu Isabel, ela não viu outra alternativa senão obedecer as instruções. O manuscrito foi para o fogo, página após página. Quando Daisy Letchford voltou, tudo o que viu foram algumas páginas se contorcendo na lareira.

Isabel deveria ter queimado essa obra tão profundamente controversa? O que ela continha? Quem mais a leu? Bem, entre outros, a sra. Maylor tinha lido e datilografado o texto. Grenville Baker tinha grande familiaridade com o conteúdo, em virtude de inúmeras conversas com Burton às refeições e enquanto passeavam pelos jardins, e muitos anos depois iria comentar sua opinião com Norman Penzer, que a publicou em 1923 em sua *Annotated bibliography* [Bibliografia comentada]. "Evidentemente, é erradíssimo e perigosíssimo queimar manuscritos inéditos de um autor, mesmo que a pessoa que o faça seja a própria esposa."

Penzer imediatamente anulou a validade de sua posição, indagando-se "se o mundo leitor perdeu muito com a queima desse manuscrito".

Eu tinha uma idéia muito clara do que existia exatamente no manuscrito, devido ao fato que meu amigo, dr. Grenville Baker, durante a época em que Burton estava escrevendo a edição do *Jardim perfumado*, ouvia e discutia diariamente seu conteúdo com o próprio sir Richard.

Baker tinha contado a Penzer que era "simplesmente uma edição muitíssimo comentada daquela publicada em 1886", contendo "uma grande quantidade de material que Burton não pudera incluir nas *Mil e uma noites*, e que "o *Jardim perfumado* oferecia uma boa oportunidade para registrar o que permanecia em parte nos cadernos pessoais de Burton, em parte em seu grande intelecto". Penzer, concluindo, disse:

Posso afirmar definitivamente que a obra teria sido de valor apenas para um pequeno círculo de verdadeiros estudiosos do Oriente.

Outro manuscrito foi posto de parte. Era a tradução do poeta latino Caio Valério Catulo, de cuja edição Isabel se encarregou, eliminando as "impropriedades". O manuscrito redatilografado foi enviado para Leonard Smithers, em Londres, para publicação. Havia inúmeros erros de datilografia, e Smithers ficou perplexo com o que lhe foi entregue, mas, mesmo assim, a obra acabou sendo publicada em 1894, numa edição particular de mil exemplares.

Felizmente, outros manuscritos — de natureza inócua aos olhos de Isabel — escaparam às chamas, junto com alguns pequenos cadernos de anotações e outros fragmentos. Havia ainda as cartas nas mãos de terceiros, amigos ou conhecidos, e nos arquivos do governo — material em grande parte ainda não disponível ao público; centenas, talvez milhares, de cartas parecem sepultadas para sempre nas coleções particulares e nos arquivos oficiais, apesar dos esforços dos biógrafos e estudiosos em liberá-las. Entre os materiais sobreviventes, havia um bom número de livros em manuscrito, como *Uraguay*, traduzido do português pelo casal Burton, *Pentamerone* (que seria publicado em 1893), cinco livros sobre a América Latina, mais quatro sobre Camões, extensas notas para livros sobre provérbios gregos e eslavos, e assim por diante, sendo em sua maioria materiais que não incomodariam os melindrosos. Depois da cremação, a amiga e secretária de Isabel, srta. Minnie Plowman, fez uma relação de outros dezoito manuscritos, todos sobre temas que não despertariam controvérsias (*A study of the Wali, A trip to the Congo, Syrian proverbs, Four cantos of Ariosto* [Um estudo dos wali, Uma viagem ao Congo, Provérbios sírios, Quatro cantos de Ariosto] são típicos), mas, após a morte de Isabel, sua irmã, sra. Fitzgerald — "o último tipo de mulher que deveria receber permissão de tocar nos papéis e livros de Burton", diz Penzer —, queimou a maior parte do material restante, exceto o que já havia sido publicado por Isabel. "Das relações acima citadas, quase tudo foi atirado ao fogo num louco acesso de irreflexão". A srta. Plowman tentou impedir a cremação, tal como tinha feito Daisy Letchford em relação a outros manuscritos; a sra. Fitzgerald chegou a tentar queimar livros já publicados de Burton. Quando se soube da queima dos papéis, diários, manuscritos, anotações — que constituíam a maior parte do que fora deixado por Burton —, o escândalo varreu a Inglaterra, mas o mal já estava feito e o sacrifício consumado, e mesmo a maior fúria civilizada não poderia desfazer o terrível fato. Para alguns, Isabel era uma santa, mas, para a maioria, era um monstro.

Finalmente estava terminando o período de Trieste. Isabel estava "fazendo as malas e acertando as contas" pela última vez. Despediu-se do grande círculo de amigos, dos criados, das crianças do orfanato, dos animais no viveiro, e partiu de trem. O corpo de Burton foi transladado de navio. Correu uma notícia de que seus restos foram embalados numa caixa de piano, mas não é verdade.

Isabel chegou a Londres no começo de fevereiro de 1891. Sua primeira missão foi visitar Maria e Georgiana Stisted. Estas não ficaram alegres em vê-la. Isabel tinha esperanças de que o marido pudesse ser enterrado na abadia de Westminster ou em St. Paul's, mas tais honras foram prontamente negadas, e ela foi ao cemitério católico em Mortlake, para comprar o terreno para a sepultura. O navio com o caixão chegou a Liverpool no dia 12, e Isabel, embora se sentindo mal, foi recebê-lo. O tempo estava frio e chuvoso, e ela se resfriou, tendo de ficar acamada. Apenas no final de abril conseguiu retomar suas obrigações. Mas, mesmo durante esse período de doença, ela não ficou inativa, lendo e respondendo 2 mil cartas de pêsames e fazendo planos para o funeral. Uma subscrição pública angariou cerca de setecentas libras para a tumba planejada. Foi rapidamente construída, com duas câmaras de pedra escura e mármore branco de Carrara, no formato de "uma tenda árabe"; era magnificente, segundo a opinião geral. Evidentemente, não é uma verdadeira tenda árabe, assemelhando-se mais a uma tenda de um oficial do exército britânico, não muito diversa do rowtie em Berbera, onde Burton sofreu ferimentos tão graves.

O ataúde de Burton foi introduzido sobre cavaletes. Havia espaço para Isabel, quando morresse. A tenda era tão realista, disse ela, que freqüentemente as pessoas perguntavam por que não se retirava a lona, para se poder ver o caixão.

Isabel passou algum tempo em seu convento, as Canonisas do Santo Sepulcro, mudando-se depois para uma casa em Baker Street. (Sherlock Holmes morava ali perto, no 221B.) Instalou-se como A Viúva. Nos últimos dez anos, ela tinha se tornado (em suas próprias palavras) "grosseira e bastante pesada", mas, com seu toucado de viúva, de longas fitas brancas, ela ainda conservava um ar de dignidade. Por fim, acabou comprando uma pequena casa em Mortlake, assim podendo visitar Richard diariamente. Aos triunfos se contrabalançavam os constrangimentos. Ela enviou convites para a inauguração da Tenda em Mortlake, e quinhentas pessoas aceitaram, mas houve "outras 450 recusas alegando resfriado".

Isabel começou então a escrever a biografia oficial de Burton, num trabalho que levou apenas oito meses, para um livro que, no final, ocupou dois volumes, num total de 1300 páginas. "Todos os que têm qualquer conhecimento de Burton devem ter percebido claramente que ela era absolutamente inadequada para a tarefa", dardejou Thomas Wright, que ficou exasperado com a vagueza, as prevaricações e a confusão de lady Burton, e com "a freqüente ofensa [do livro] contra o bom gosto". Mas, tal como aparecera à esposa em Trieste ordenando-lhe que queimasse os papéis, Burton agora ficou a seu lado para ajudá-la na tarefa de escrever sua biografia.

A versão "católica" de Isabel sobre o cônsul, escritor, lingüista e explorador mundialmente renomado gerou uma réplica do outro lado da família. Georgiana Stisted logo apareceu no prelo com uma versão corretiva, *The true life of capt. sir Richard F. Burton* [A verdadeira vida do capitão sir Richard F. Burton], que é, em igual medida, um ataque a Isabel e uma biografia e defesa do caráter de Burton. Mas Isabel já tinha falecido, e foi uma vingança sobre alguém que nunca chegou a saber das acusações. A misteriosa doença — o câncer não identificado — que havia por tanto tempo torturado lady Burton finalmente levou-a em março de 1896. Estava com 65 anos, idade respeitável para a época, tendo levado uma vida mais interessante, desafiadora e aventurosa do que muitos homens, à exceção, evidentemente, de seu marido.

O mundo de Burton em pouco tempo se apagou, e catorze anos após sua morte a família se extinguiu. Henry Stisted morreu em 1876, depois de definhar por longo tempo, e Maria (ou Minnie) Stisted, a sobrinha mais nova, solteira e fechada, de Burton, faleceu em 1878; Maria, irmã de Burton, morreu em 1894 e Edward Burton no outono de 1895; finalmente, Georgiana Stisted, que também permaneceu solteira, morreu em 1904. Se a linhagem de Burton ainda sobrevive, é de uma maneira obscura, por meio dos misteriosos Burton anglo-indianos na Índia Ocidental, descendentes de um oficial "sir" inglês e de uma bailarina profissional do bazar de Baroda, cuja "receita infalível" contra a gravidez talvez tenha falhado, pois, como foi dito antes, essa família, além do nome e da tradição, guarda uma semelhança impressionante com Richard e Maria, no retrato pintado por Jacquard.

Tal como fez muitas visitas às sepulturas de seus antepassados espirituais e intelectuais, ou tal como localizou descrições que também podiam se aplicar a ele próprio, Burton deixou um epitáfio no — entre todas as obras! — *Kama Sutra*. Existe uma passagem que não se encontra no original nem em todas as traduções para o inglês que, muito provavelmente, Burton pretendia que fosse seu epitáfio; ela surge no último parágrafo:

> Num belo verso dos Vedas [Evangelhos] dos cristãos, diz-se que os mortos em paz descansam de suas labutas e que suas obras se sucedem a eles. Sim, de fato, as obras dos homens de gênio se sucedem a eles, e permanecem como um tesouro duradouro. E ainda que se possa discutir e debater a imortalidade do corpo ou da alma, ninguém tem como negar a imortalidade do gênio, que permanece para sempre como uma brilhante estrela-guia para a humanidade em luta da posteridade.

GRAFIA E MOEDAS

A TRANSLITERAÇÃO DE TERMOS e expressões de outros alfabetos — árabe, hindustâni, persa etc. — é um problema que tem preocupado os estudiosos há séculos. O contemporâneo de Burton, E. B. Eastwick, assinalou que, em inglês, existiam treze maneiras de grafar Muhammad (Mohammed, Mohamet, Mahammad etc.). Burton escrevia de ouvido e, parece, de veneta. Assim, em seus textos, a província indiana em que ele serviu aparece como Scinde, Sindh, Scind e Sind. Ele escrevia Paunjaub, Punjab ou Panjab. Também usava uma versão persianizada para palavras árabes — *wuzu* em vez de *wudu*, e assim por diante. O método mais simples para as citações parece ser o de empregar a grafia original do autor, mas seguir a grafia acadêmica contemporânea no restante do texto. Assim, a *Takiyyah* de Burton comparece no corpo do texto como *taqiya* etc.

No que concerne à pronúncia, as regras eruditas são complexas e exigem ginásticas da língua. O mais simples é uma aproximação. Em todas as transcrições deste livro, o *a* breve é "uh", e o a longo é "ah"; o *i* breve se pronuncia como em "it" e o *i* longo como em "ee". O *u* breve se pronuncia "uh" e o *u* longo como "oo". Finalmente, tanto o *o* breve quanto o *o* longo são pronunciados como em *good*.

A transposição das moedas do século XIX para valores do final do século XX também constitui um problema. Na década de 1840 — o período de permanência de Burton na Índia —, a rupia valia 47 centavos americanos, e a libra britânica correspondia a 4,48 dólares. Burton muitas vezes se referia ao dinheiro em termos do dólar espanhol, moeda aproximadamente equivalente ao dólar americano. Nesse mesmo período, os tecelãos de algodão na área de Manchester, na Inglaterra, ganhavam um salário médio de nove xelins e seis pênies por semana, cerca de 2,28 dólares americanos. Nos Estados Unidos, um bom salário para "trabalhadores comuns" era um dólar por dia. A corrente de imigrantes ansiosos em conseguir trabalho logo reduziu essa quantia para cerca de meio dólar. Na década de 1980, um trabalhador não qualificado nos campos de petróleo do Texas ganhava quatro dólares por hora, numa jornada diária de dez horas. Será satisfatória a multiplicação dos preços, salários e moedas por um fator de quarenta? Em alguns casos, a proporção provavelmente estaria mais perto de oitenta ou mesmo de cem. O pai de Burton pagou quinhentas libras pelo posto militar do filho: 25 mil libras pela escala atual seria uma estimativa justa, mas não necessariamente precisa, e 100 mil libras parece exorbitante, mas possível. Burton calculou que os canhões banhados a ouro do governante de Baroda valiam 100 mil libras cada, montante quase incalculável. Os autores modernos que tratam de assuntos da época de Burton geralmente se contentam em deixar as cifras tal como eram citadas. Mas isso vai em detrimento do leitor. Quando necessário, tentei fazer algumas estimativas fundadas, espero que com alguma precisão.

NOTA SOBRE AS FONTES

As FONTES UTILIZADAS nesta biografia são numerosas — na bibliografia, consta uma relação completa —, mas as mais importantes serão mencionadas agora.

A fonte básica para qualquer livro sobre Burton é, evidentemente, o próprio Burton. Suas obras são impressionantes: pelo alcance, pelos detalhes, pela percepção, pela erudição, pela complexidade, pelo humor cáustico. Existem muitos dados biográficos enterrados em lugares inesperados, muitas vezes disfarçados em anedotas sobre "um oficial conhecido meu" ou em diálogos com pessoas imaginárias — "sr. John Bull", por exemplo —, formas pelas quais Burton dá ao leitor informações a respeito de si mesmo ou revela atitudes ou estados de espírito, contando histórias sobre indivíduos que, no final, são o próprio tenente Burton. O leitor encontrará na bibliografia uma relação completa dos livros de Burton.

A outra grande fonte é a biografia de Isabel Burton sobre o marido, *The life of captain sir Rich.ᵈ F. Burton, K. C. M. G., F. R. G. S.*, publicada em 1893, obra a que todas as demais, por bem ou por mal, têm de recorrer. A biografia de lady Burton é enorme, divagadora, desorganizada, e muitas vezes não apresenta fontes nem datas. ("Lady Burton não era a pessoa adequada para escrever a biografia do marido", foi o comentário ríspido de Norman Penzer, bibliógrafo de Burton.) Mas o livro é uma mina de ouro para os que escavarem bem. Além de incluir três curtos capítulos autobiográficos do próprio Burton, lady Burton inseriu quase "tudo" o mais — não só os fatos "verdadeiros", como também os fatos tais como ela os via (de maneira um tanto oblíqua), além de opiniões pessoais, observações, episódios avulsos, divagações e reflexões a esmo, cartas, recortes de jornal

— tudo o que se encontrava em sua escrivaninha naquele momento e parecia apropriado.

Os três fragmentos autobiográficos de Burton constituem, infelizmente, uma fonte escassa sobre o que se sabe de sua infância e juventude. O primeiro e mais longo foi ditado por Burton à esposa nos lânguidos dias a bordo da viagem para a Índia, em 1876; ele cobre o período desde seu nascimento em 1821 até o final de seus anos na Índia, em 1849. Isabel diz ter reproduzido fielmente o que lhe foi ditado, mas é de se questionar não só sua exatidão (ao que parece, ela errou em alguns nomes indianos e persas, o que leva o leitor a suspeitar de algum outro material), como também sua fidedignidade, pois ela sabidamente eliminava ou reescrevia o que não lhe agradava na obra de seu marido. No entanto, boa parte desse material dos fragmentos autobiográficos não passa de um esboço geral. O que Burton conta sobre sua iniciação junto aos brâmanes nagares precisa ser recheado com dados de outras fontes, e tal é o caso ainda de sua relação com o nobre persa renegado, o agá cã Mahallati, sua filiação aos ismaelitas, sua iniciação na irmandade qadiri, a prática das danças místicas sufistas da espada, os relatos da vida dos bordéis em vários portos de parada na Índia. A segunda seção é um resumo do mesmo material escrito por um amigo, Francis Hitchman, que realizou a primeira biografia completa (mas acrítica) de Burton. A terceira é um auto-retrato de Burton (na terceira pessoa), como agente do serviço secreto na Índia Ocidental. (Esse material apareceu originalmente em apêndice a *Falconry in the valley of the Indus*, 1852, de Burton.) Sobre o período a partir de 1843, existe uma quantidade imensa de material autobiográfico nas próprias obras de Burton, desde suas buscas místicas até seus vícios e obsessões.

A sobrinha de Burton, Georgiana Stisted, filha de sua única irmã, lady Maria Stisted, apresentou ao mundo uma pequena biografia, ainda importante: *The true life of capt. sir Richard F. Burton* [etc.], publicada em 1896. Essa obra é bastante curta, em parte uma refutação de Isabel Burton, a quem detestava profundamente. Georgiana Stisted pôde se basear nas lembranças de sua mãe quanto à infância e à juventude de Burton, e escreve abertamente sobre a grande paixão da vida de seu tio, a misteriosa "jovem persa", ignorada por Isabel. Georgiana Stisted apresenta outros materiais também ignorados ou interpretados de outra maneira por lady Burton, referentes basicamente à religião de Burton. Como católica apostólica romana, Isabel gostava de considerar o marido como igualmente católico, ainda que de uma sinceridade variável. Georgiana Stisted tinha certeza de que seu tio era um sólido membro, mesmo que não praticante, da Igreja anglicana. (Os amigos íntimos de Burton achavam que ele era ou agnóstico ou ateu.)

A biografia de Thomas Wright, *The life of sir Richard Burton* (1906), escrita após a morte de lady Burton e Georgiana Stisted, traz episódios e dados ausentes das biografias anteriores, sendo proveitosa para preencher passagens da vida de Burton que, de outra maneira, estariam em branco, embora deva-se atentar para possíveis erros. Wright entrevistou muitos amigos de Burton e teve acesso a cartas e outros materiais inéditos. Todavia, ao contrário do biografado, Wright era um puritano: "No que concerne às cartas de Burton, eliminei impiedosamente todas as frases que pudessem chocar". Hoje, numerosas cartas (e muitos outros materiais) estão confinadas em coleções particulares e oficiais, e continuam sem ser lidas nem examinadas.

Isabel Burton iniciou sua autobiografia em colaboração com W. H. Wilkins, mas faleceu antes de concluí-la. Wilkins publicou o livro em 1897, com o título *The romance of Isabel Burton*. Norman Penzer, sempre crítico, afirma que "a participação de Wilkins [...] não se deveu a uma admiração genuína por lady Burton, mas por razões mais pessoais" — ao que parece, ele pretendia obter o controle sobre o patrimônio literário de Burton.

Os biógrafos oitocentistas, ainda que tenham seus defeitos, merecem um grande crédito pelo que disseram a respeito desse homem surpreendente. No entanto, todos apresentam uma versão amenizada de Burton, como o tipo do homem que as mães vitorianas gostariam de ter como genro. Isabel e Georgiana pas-

saram por cima do que poderia ser realmente embaraçoso —
não só episódios sexuais, mas também opiniões políticas.

A primeira obra objetiva sobre Burton não foi uma biografia, e sim uma bibliografia, *An annotated bibliography of sir Richard Francis Burton, K. C. M. G.* (1921), de Norman Penzer, com descrições e preços das obras de Burton, além de muitos dados interessantes. Os comentários e opiniões de Penzer, além do fato de ter recorrido às memórias de pessoas que conheceram Burton (como seu médico pessoal, dr. Frederick Grenville Baker), são particularmente interessantes.

Na década de 1920 e nas seguintes, as biografias de Burton se inclinavam para o tipo do "vilão", e não devem ser levadas a sério. *The devil drives* (1967), de Fawn Brodie, é a primeira tentativa de uma biografia erudita. A sra. Brodie desenterrou materiais inéditos, perdidos ou desconhecidos. Pode-se criticar seriamente o livro por aplicar uma análise freudiana do século XX a um indivíduo de um outro século, cujo mundo era não a Costa Oeste americana, suburbana e acadêmica, e sim a Europa revolucionária, a Ásia colonial, a África negra desconhecida, um Oriente muçulmano em convulsão.

Finalmente vêm os dois livros do associado de Burton na exploração da África Oriental e Central, John Hanning Speke, que começou como amigo e companheiro de perigos e terminou como um inimigo implacável. As duas obras de Speke, *Journal of the discovery of the source of the Nile* e *What led to the discovery of the source of the Nile*, cobrem o mesmo terreno das obras de Burton sobre a mesma expedição, mas é como se os autores tivessem escrito sobre locais diferentes da África e sobre duas aventuras separadas. Mesmo assim, apesar de toda a ira, erros e avaliações equivocadas neles presentes, esses livros constituem um comentário essencial sobre uma parte da vida de Burton.

NOTAS E FONTES PRINCIPAIS

Salvo os livros de Burton (ver Bibliografia A), as fontes são apresentadas pelo nome do autor. Para os títulos, ver Bibliografia B.

1. O CIGANINHO [pp. 19-26]

As principais fontes são *Life* de Isabel Burton e as biografias de Georgiana Stisted e Thomas Wright.

2. A INGLATERRA SOMBRIA E FULIGINOSA, A ENSOLARADA FRANÇA [pp. 27-33]

Novamente Isabel Burton, Stisted e Wright.

3. ENTRE OS MERCEEIROS [pp. 34-46]

Isabel Burton, Stisted e Wright. Ver também Leslie sobre o Movimento de Oxford; *Vikram and the vampire* e *Goa, and the blue mountains* de Burton, que trazem referências a Oxford. Ver Vesey-Fitzgerald sobre os ciganos ingleses. Sobre os interesses esotéricos de Burton: Rudolph sobre a gnose; Scholem e Schaya sobre a cabala, Hermes Trismegisto, os livros do papagaio e Zadkiel.

4. O GRANDE JOGO [pp. 47-53]

Isabel Burton, Stisted e Wright. Também Alexander Burnes, James Burnes, Eastwick, Elphinstone, Fredericks, Furber e Osborne. *Kim*, de Rudyard Kipling, oferece um excelente quadro do Grande Jogo em ação, numa época posterior.

5. O GRIFO [pp. 54-62]

Isabel Burton, Stisted e Wright. Ver Richardson sobre a vida da colônia inglesa em Bombaim na década de 1840. Sobre os bordéis de Bombaim, tal como Burton os conheceu, ver o *Kama Sutra*, passim. Sushma Kumar forneceu informações sobre as casas de Grant Road. Sobre os goeses: informações pessoais dadas ao autor por membros da comunidade goesa e outros. Yeats-Brown, embora seja posterior, é excelente na apresentação do estado de espírito da Índia britânica, bem como Fraser em *Flashman*.

6. A ESPOSA NEGRA [pp. 63-77]

Scinde; or, the unhappy valley e *Scind revisited* abordam o sistema da bubu; também *Life*, Stisted e Wright. Ver Balhatchet sobre as relações sexuais entre europeus e indianos. Cyrus Jhabvala expôs o papel da *hawaldar* (conversa pessoal). Vários membros da comunidade anglo-indiana, entre eles Frank Anthony (Nova Délhi), Foy Nissen (Bombaim) e sr. Nix-James (Byculla), auxiliaram com detalhes sobre a união de europeus e indianas, e seus descendentes. Ver Ruswa, com o semi-autobiográfico *Courtesan of Lucknow*, para dados sobre a vida da prostituta comum na época de Burton na Índia; sua heroína nasceu em Baroda em 1842, ano da chegada de Burton. O reverendo Suria, S. J., contribuiu com informações sobre a Igreja católica em Gujerate; infelizmente, faltam os arquivos paroquiais de 1843, bem como os da paróquia anglicana. Uma pesquisa minuciosa dos registros anglicanos em Bombaim (que agora contêm todos os da Índia Ocidental da época de Burton) não revelou nenhum registro de casamento ou de batismo para Burton ou algum eventual filho. Em Bombaim, Denzil, Mercy Burton e sua nora Mavis Burton revelaram com relutância algumas informações que mostram uma possível ligação com Richard Francis Burton (várias conversas em fevereiro de 1980). O autor agradece aos homens da família Simmes de Panjim e Igatpuri por informações sobre formas primitivas e pré-industriais de contracepção; e também a R. Simmes por dados sobre a circuncisão feminina.

7. OS SACERDOTES DA SERPENTE [pp. 78-96]

Isabel Burton, Stisted e Wright (e biógrafos posteriores) se referem à associação de Burton com os brâmanes nagares, mas não captam sua importância. Várias pessoas em Baroda auxiliaram dando informações (mas com cautela — os brâmanes nagares não gozam de popularidade). A *Encyclopedia* de Hastings traz dados muito precisos sobre a casta. Sobre as práticas tântricas de Burton, ver *Vikram and the vampire*, passim. Também Daniélou, Woodroffe, Moor, Dubois e Thomas; o autor também agradece à família Deb (brâmanes bengalis) e a Jyoti Gupta por detalhes sobre a casta. Ver também o meu *Eastern definitions* e *Temple of the phallic king*, de Pagal Baba. O autor teve a sorte de estar na Índia em 1980 durante um eclipse solar, quando os tântricos celebraram abertamente o evento, enquanto os hinduístas ortodoxos (bem como os muçulmanos e os cristãos) se mantinham na segurança de seus lares.

8. O NOVO EGITO [pp. 97-120]

Isabel Burton e Stisted. Os livros de Burton sobre Sind formam o núcleo deste capítulo. Ver também Alexander Burnes, James Burnes e Lambrick. Algumas informações rápidas derivam das experiências do próprio autor em Sind e Pundjab.

9. OS ASSASSINOS [pp. 121-7]

Sindh de Burton traz suas opiniões sobre o agá cã e os Assassinos. Sobre as peregrinações, as aspirações e maquinações do agá cã em vívidos detalhes, ver Algar. A obra de Lewis sobre os Assassinos é fundamental.

10. A CORTE REAL [pp. 128-34]

Sindh de Burton; também *Life*, com Algar e Lewis. Ver Williams sobre as seitas xiitas e doutrinas esotéricas.

11. CHEIRO DE MORTE [pp. 135-69]

Ver os livros de Burton sobre Sind. O parágrafo sobre os costumes muçulmanos deriva de *Pilgrimage* de Burton. A circuncisão é um tema que comparece em todas as obras de Burton. Ver também Sharif, Hastings no verbete *Circuncision* e Bryk. Al-Ghazzali é inestimável na discussão das observâncias e práticas muçulmanas, tanto as indispensáveis quanto as opcionais. As práticas higiênicas dos goeses e anglo-indianos são temas de falatórios grosseiros entre os indianos. Snelling apresenta alguns aspectos do Grande Jogo, e naturalmente não se deve deixar *Kim* de lado. Brodie cita o poema de Burton sobre a jovem persa, mas equivocadamente julga que ela e sua namorada pária são a mesma pessoa.

12. A VIA SECRETA [pp. 170-8]

Ver o "Ensaio final" nas *Mil e uma noites* sobre o trabalho secreto de Burton nos bordéis masculinos de Karachi e suas infelizes conseqüências. Suas missões secretas para Napier em Sind foram descritas em linhas gerais em *Falconry in the valley of the Indus*. Ver capítulo VIII de *Sindh*, sobre seus comentários acerca de Hafiz e outros poetas sufistas. Ver também Abdul-Qadir Gilani, Burckhardt, Kahn, al-Ghazzali, Nicholson e Arberry.

13. EM BUSCA DE CAMÕES [pp. 179-201]

A principal fonte deste capítulo é *Goa*. Ver também Panter-Downes, a tradução de *Os lusíadas* de Burton e sua biografia de Camões. O poema à "bela Margarida" é citado em Brodie. Ver *Sindh* de Burton e *Religious hinduism* (uma compilação de estudiosos jesuítas) sobre as práticas sikhs.

14. A ROSA MÍSTICA [pp. 202-16]

Burton deixou uma excelente descrição do treinamento e iniciação a uma irmandade sufista no capítulo VIII de *Sindh*. O popular manual sufista de iniciação, *Awarif-ul-Maarif*, de Suhwawardi, narra detalhadamente os ritos da ordem de Burton, os qadiriyyas, inclusive a dança extática da espada, a *sama*. Ver também *The darvishes* de Brown. Encontram-se referências a Abdul-Qadir Gilani em toda a literatura referente ao esoterismo islâmico (ver, por exemplo, Sharda e Schimmel). Sobre a oração de Jesus, relacionada com o *dhikr* sufista, ver Kalistos. O diploma sufista de Burton foi questionado (entrevista pessoal, 1980) pelo xeque Hasan Saani Nizami, descendente de um dos santos muçulmanos indianos mais reverenciados, Nizamuddin Auliya,* místico e filósofo do século XIII (ver Baba e Schimmel, passim). Trimingham também questiona o diploma com grande virulência.

15. DAISY [pp. 217-34]

A autobiografia de Isabel Burton (ver W. H. Wilkins, *The romance*) e *Life* são a base deste capítulo. Ver também Stisted, passim, sobre opiniões críticas a respeito de Isabel.

16. O CAMINHO PARA MECA [pp. 235-59]

A fonte primária é *Pilgrimage* de Burton. Para detalhes da vida do peregrino, ver Husain; também Muhammad Ashraf sobre o *salat*. Lane descreve a vida no Cai-

---

* Note-se: *Auliya*, santos no plural, e não *wali*, santo no singular, como sinal de sua grande santidade.

ro mais ou menos na mesma época da visita de Burton, mas muitas vezes perde os significados esotéricos. Sobre visitantes não-muçulmanos de Meca, ver Ralli.

17. O TÚMULO DO PROFETA [pp. 260-6]

Pilgrimage, Husain, Muhammad Ashraf, Ralli. Burton retoma o material sobre a circuncisão masculina e feminina nas *Mil e uma noites*.

18. A CIDADE MAIS SAGRADA [pp. 267-94]

Pilgrimage, Husain, Muhammad Ashraf e Ralli. Ver *Life* e *The romance* sobre as reações de Isabel Arundell durante a ausência de Burton, na Arábia.

19. "CIDADE MAL-AFAMADA" [pp. 295-346]

A fonte primária é *First footsteps*. *Zanzibar*, de Burton, publicado dezesseis anos depois, apresenta a Expedição Somali em toda a sua perspectiva, e oferece um retrato justo e equilibrado de Speke. Os dois volumes de Speke apenas relatam suas primeiras aventuras na África. Snelling traz alguns dados breves sobre Edmund Smyth; Snelling informou o autor que não encontrou nenhum registro de Speke no Tibete. Ver Hastings sobre a circuncisão e a infibulação, que complementam as pesquisas de Burton. Ver Enid Starkie sobre Rimbaud em Áden, Somália e Harar.

20. "CABEÇAS PODRES" [pp. 347-56]

Life, Stisted e Wright dão as linhas gerais do serviço militar de Burton na Guerra da Criméia. Ver também Taylor sobre Oliphant. *The romance* traz a cena para Isabel.

21. O GRANDE SÁFARI [pp. 357-415]

Os livros de *Zanzibar* e a África Central constituem a base deste capítulo. Ver também Morehead. A volumosa obra de Emil Ludwig menciona Speke, mas, curiosamente, não Burton. Ver Taylor sobre Oliphant, Speke e Burton.

22. "MEU REI E DEUS NA TERRA" [pp. 416-46]

Life, Stisted, *The romance*, *The city of the saints* e Pope-Hennessey sobre o círculo de Milnes.

23. LAGO VITÓRIA [pp. 447-55]

As obras de Speke; Hall; *Life* relata o casamento Burton-Arundell. Stisted apresenta uma visão negativa e Wright alguns mexericos. Ver Pope-Hennessey sobre a reação da sociedade ao casamento.

24. SANTA ISABEL [pp. 456-89]

Life e *The romance* dão início ao capítulo; os livros de Burton sobre a África Ocidental nos levam à sua exploração da essência da vida africana. Wright acrescenta alguns detalhes. Ver Hall sobre Baker e os planos de resgatar Speke e Grant.

25. AS NOITES FUNESTAS [pp. 490-504]

A mission to Gelele é a base deste capítulo. Sobre as disputas com Speke sobre o Nilo, ver *The Nile basin*, principalmente os capítulos de Macqueen. Também Taylor sobre o papel de Oliphant nesse assunto.

26. BRASIL [pp. 505-19]

Life, *The romance*, Stisted, Wright. Os livros de Burton desse período não estão entre os melhores. As experiências pessoais do autor no Brasil e na Argentina, um século depois, foram inestimáveis como pistas para a vida do casal Burton na América Latina.

27. O IMPERADOR E A IMPERATRIZ DE DAMASCO [pp. 520-55]

Life, *The romance*, Stisted, Wright. Obras de al-Ghazzali, Rumi e outros sufistas fornecem valiosos dados sobre o caráter da cidade. Ver *Pilgrimage* sobre al-Dajjal e a Segunda Vinda. As visitas do autor a Damasco (e o tempo passado na Grande Mesquita) o ajudaram a apreciar os aspectos místicos da cidade. O capítulo de Lesley Blanch sobre Jane Digby foi inestimável. Stisted apresenta um bom quadro de Burton depois de sua remoção e a depressão em que caiu.

28. TRIESTE, TRISTEZA [pp. 556-91]

Life, *The romance* e Stisted são os pontos de partida. A bibliografia de Penzer compõe o pano de fundo do *Kama Shastra* (posteriormente intitulado *Ananga Ranga*). Ver também a introdução de Alex Comfort a Kikkoka, *The Koka Shastra*. Schimmel discute a forma *qasida* da poesia religiosa entre árabes e persas, passim. Sobre os iesidis, ver lady Drower. Deve-se ler a *Kasidah* em cotejo com a versão dos *Rubayat* de FitzGerald. *Life* inclui o relato de Burton sobre o caso Palmer.

29. AS MIL E UMA NOITES [pp. 592-609]

A grande obra de Burton, *The book of a thousand nights and a night*, incluindo a introdução, notas e o "Ensaio final", constitui a fonte básica deste capítulo. Wright fornece detalhes da campanha de vendas e da versão de Payne. É essencial uma leitura de certos *suras* [capítulos] do Corão para entender a interpretação do Simurgh feita por Burton (principalmente os que tratam de Salomão), e também *A conversa dos pássaros*, de Attar.

30. JARDINS PERFUMADOS [pp. 610-25]

Life, *The romance*, Wright, Stisted e *The perfumed garden* de Burton. Penzer acrescenta detalhes bibliográficos.

31. A CREMAÇÃO DA VIÚVA [pp. 626-34]

Life, *The romance*, Wright e especialmente Penzer, que trata do problema de queimar manuscritos valiosos e insubstituíveis, mas não resolve a questão. Stisted apresenta uma visão protestante dos ritos fúnebres. Das várias edições populares do *Kama Sutra*, a publicada por George Allen & Unwin Ltd. (Londres, 1963) traz o epitáfio de Burton.

BIBLIOGRAFIA

A. OBRAS DE BURTON

Obras originais, traduções etc. de Burton. Esta bibliografia se baseia em *An annotated bibliography of sir Richard Francis Burton*, de Norman Penzer. As obras estão dispostas em ordem cronológica. Textos menores, como artigos, folhetos, resenhas, cartas a revistas e jornais, não foram incluídos; o leitor deve recorrer a Penzer.

Goa, and the blue mountains; or, six months of sick leave. 2 vols. Londres: Richard Bentley, 1851.
Scinde; or, the unhappy valley. 2 vols. Londres: Richard Bentley, 1851.
Sindh, and the races that inhabit the valley of the Indus. Londres: W. H. Allen & Co., 1852.
Falconry in the valley of the Indus. Londres: John Van Voorst, 1852.
A complete system of bayonet exercise. Londres: William, Clowes and Sons, 1853.
Personal narrative of a pilgrimage to El-Medinah and Meccah. 3 vols. Londres: Longman, Brown, Green, and Longmans, 1855-1857.
First footsteps in East Africa; or, an exploration of Harar. Londres: Longman, Brown, Green, and Longmans, 1856.
The lake regions of Central Africa: a picture of exploration. 2 vols. Londres: Longman, Green, Longman, and Roberts, 1860.
The lake regions of Central Equatorial Africa, with notices of the Lunar mountains and the sources of the white Nile; being the results of an expedition undertaken under the patronage of His Majesty's Government and the Royal Geographical Society of London. Londres: W. Clowes and Sons, 1860.
The city of the saints and across the Rocky mountains to California. Londres: Longman, Green, Longman, and Roberts, 1861.
The Prairie traveller, a hand-book for overland expeditions. De Randolph B. Marcy. Editado (com notas) por Richard F. Burton. Londres: Trübner & Co., 1863.
Abeokuta and the Cameroons mountains: an exploration. 2 vols. Londres: Tinsley Brothers, 1863.
Wanderings in West Africa from Liverpool to Fernando Po. 2 vols. Londres: Tinsley Brothers, 1863.
A mission to Gelele, king of Dahome. with notices of the so-called "amazons", the grand

customs, the yearly customs, the human sacrifices, the present state of the slave trade, and the negro's place in nature. 2 vols. Londres: Tinsley Brothers, 1864.

The Nile basin (parte 1, Burton; parte 2, James Macqueen). Londres: Tinsley Brothers, 1864.

Wit and wisdom from West Africa; or, a book of proverbial philosophy, idioms, enigmas, and laconisms. Londres: Tinsley Brothers, 1865.

The guide book: a pictorial pilgrimage to Mecca and Medina. (*Including some of the more remarkable incidents in the life of Mohammed, the arab lawgiver*). Londres: William Clowes & Sons, 1865.

Stone talk: being some of the marvellous sayings of a petral portion of Fleet Street, London, to one doctor polyglott, Phd. Londres: Robert Hardwicke, 1865.

The highlands of Brazil. Vol 1: The aboriginal indian (tupy) of Brazil. Vol 2. Exploration of the highlands of the Brazil; with a full account of the gold and diamond mines; also, canoeing down 1500 miles of the great river of São Francisco, from Sabará to the sea. Londres: Tinsley Brothers, 1869.

Vikram and the vampire, or tales of hindu devilry. Londres: Longmans, Green, and Co., 1870.

Letters from the battlefields of Paraguay. Londres: Tinsley Brothers, 1870.

Unexplored Syria: visits to the Libanus, the Tulul el Safá, the Anti-Libanus, the Northern Libanus, and the Alah. Em colaboração com Charles F. Tyrwhitt-Drake. 2 vols. Londres: Tinsley Brothers, 1872.

Zanzibar; city, island, and coast. 2 vols. Londres: Tinsley Brothers, 1872.

The lands of Cazembe. Lacerda's journey to Cazembe in 1798. Traduzido por Burton; inclui outros materiais. Londres: Royal Geographical Society, 1873.

The captivity of Hans Staden of Hesse in A. D. 1547-1555. Among the wild tribes of eastern Brazil. Traduzido por Albert Tootal e anotado por Burton. Londres: Hakluyt Society, 1874.

Ultima Thule; or, A summer in Iceland. 2 vols. Londres e Edimburgo: William F. Nimmo, 1875.

Etruscan Bologna: a study. Londres: Smith, Elder & Co., 1876.

A new system of sword exercise for infantry. Londres: William Clowes and Sons, 1876.

Two trips to gorilla land and the cataracts of the Congo. 2 vols. Londres: Sampson Low, Marston, Low & Searle, 1876.

Scind revisited: with notices of the anglo-indian army; railroads; past, present, and future. 2 vols. Londres: Richard Bentley and Sons, 1877.

The gold-mines of Midian and the ruined midianite cities: A fortnight's tour in North-western Arabia. Londres: C. Kegan Paul & Co., 1878.

The land of Midian (revisited). 2 vols. Londres: C. Kegan Paul & Co., 1879.

The Kasidah. Edição privada. Londres: 1880.

Os lusíadas (The lusiads). 2 vols. Londres: Bernard Quaritch, 1880.

Camoens: his life and his Lusiads. A commentary. 2 vols. Londres: Bernard Quaritch, 1881.

A glance at the "passion play". Londres: W. H. Harrison, 1881.

To the Gold Coast for gold; a personal narrative (Em colaboração com Verney Lovett Cameron). 2 vols. Londres: Chatto & Windus, 1883.

The Kama Sutra of Vatsyayana. Londres: Kama Shastra Society hindu, 1883 (edições posteriores, Benares).

The book of the sword. Londres: Chatto and Windus, 1884.

Camoens: the lyricks (parte 1); *sonnets, canzons, odes, and sextines* (parte 2). Londres: Bernard Quaritch, 1884.

Kama-Shastra or the hindoo art of love (Ars Amoris Indica). Translated from the sanskrit, and annotated by A. F. F. e B. F. R. For private use of the translators only in connection with a work on the hindoo religion, and on the manners and customs of the hindoos. Edição privada, 1873 e 1885. Edição posterior com o título *Ananga-Ranga; the stage of the bodiless one, or, the hindu art of love (Ars Amoris Indica)*.

The perfumed garden of the cheikh Nefzaoui: a manual of arabian erotology. Londres e Benares: Kama Shastra Society, 1886.

The book of the thousand nights and a night: a plain and literal translation of the arabian nights entertainments, now entituled the book of the thousand nights and a night, with introduction, explanatory notes on the manners and customs of moslem men and a terminal essay upon the history of the nights. 10 vols. Benares: Kama Shastra Society, 1885. *The supplemental nights*. 6 vols. (mais tarde 7 vols.), 1886-8.

Iraçéma: the honey-lips: a legend of Brazil, de J. de Alencar. Traduzido por Isabel Burton; e encadernado com *Manuel De Moraes: A chronicle of the seventeenth century*, de J. M. Pereira da Silva. Traduzido por Richard F. e Isabel Burton. Londres: Bickers & Son, 1886.

Priapeia or the sporting epigrams of divers poets on Priapus. Tradução anônima [de Burton e Leonard Smithers]. Cosmopoli: edição privada, 1890.

Morocco and the moors: being an account of travels, with a general description of the country and its people, de Arthur Leared. 2ª edição revista e editada por Burton. Londres: Sampson Low, Marston, Searle & Rivington, Limited, 1891.

Il Pentamerone; or, the tale of tales. 2 vols. Traduzido por Burton. Londres: Henry and Co., 1893.

The carmina of Caius Valerius Catullus. "Anglicizado" por Burton, com os trechos em prosa e notas de Leonard C. Smithers. Londres: edição privada, 1894.

The jew, the gipsy and El Islam. Editado por W. H. Wilkins. Londres: Hutchinson & Co., 1898.

Wanderings in three continents. Editado por W. H. Wilkins. Londres: Hutchinson & Co., 1901.

Nota: Algumas dessas obras foram republicadas em várias edições por Burton ou, após sua morte, por Isabel Burton. *Pilgrimage* de Burton teve grande sucesso e logo teve numerosas reimpressões; depois de sua morte, foram publicadas outras edições: "comemorativas", de bibliotecas, normais etc. *The Kasidah* teve várias reedições, primeiramente por Isabel Burton e depois, ilegalmente, por diversos editores. (Não havia copyright.) As *Arabian nights* tiveram muitas edições durante a vida de Burton, e também sob o patrocínio de sua esposa — edições "comemorativas", edições ilustradas, edições de biblioteca, edições facsimilares, e assim por diante. *Ananga Ranga* (ou *Kama Shastra*), *Kama Sutra*, *The perfumed garden* têm tido várias reedições, tanto legais quanto piratas. Outras obras de Burton, entre elas *Sindh, and the races that inhabit the valley of the Indus*; *First footsteps in East Africa*; *Vikram and the vampire*, os livros da África Central e Ocidental, *The city of the saints, the book of the sword* e assim por diante, foram reeditadas, muitas vezes com introduções e notas de vários estudiosos de Burton.

B. PRINCIPAIS FONTES CONSULTADAS

ABDUL-QADIR GILANI, Hazrat Shaikh Muhyuddin. *Futuh al-Galib* [As revelações do não visto]. Traduzido por M. Aftab-ud-din Ahmad. Lahore: Sh. Muhammad Ashraf, 1949.

ACTON, Thomas. *Gipsy politics and social change*. Londres e Boston: Routledge and Kegan Paul, 1974.

AHMAD, M. M. Zuhur-ud-Din. *Mystic tendencies in islam in the light of the Quran and the traditions*. Lahore: Sh. Muhammad Ashraf, 1932.

ALGAR, Hamid. *The revolt of the agha khan Mahallati and the transference of the ismaili imamate to India*, vol. 29. Paris: Studia Islamica, 1969.

ALLEN, Charles. *Raj, a scrapbook of British India, 1877-1947*. Nova York: St. Martin's Press, 1977.

_____. *Plain tales from the raj*. Nova York: St. Martin's Press, 1976.

ALTEKAR, A. S. *The position of women in Indian civilization*. Delhi: Motilal Barnardass, 1938.

ANTHONY, Frank. *Britain's betrayal in India: the story of the Anglo-Indian community*. Bombaim: Allied Publishers, 1969.

ARBERRY, Arthur John. *Sufism: an account of the mystics of Islam*. Londres: George Allen & Unwin, 1950.

ARESTEH, A. Reza. *Rumi the Persian, the sufi*. Londres: Routledge & Kegan Paul, 1972.

_____. *The art of rebirth: patterns and process of self-liberation in near eastern sufism*. Kentucky: Monks Pond, nº 2, 1968, Monks Pond (publicação trapista).

ATTAR, Fariduddin. *The conference of the birds*. Traduzido por C. S. Noth. Berkeley: University of California Press, 1971.

BABA. *Holy commandments of the Saint of Oneness, Hazrat Mehboobi-Ilahi Hazoor Khwaja Nizamuddin Aulia, the beloved of the Almighty*. Nova Delhi, Institute for Inquiry into the Unknown, 1967.

BALHATCHET, Kenneth. *Race, sex and class under the raj: imperial attitudes and policies and their critics, 1793-1905*. Nova York: St. Martin's Press, 1980.

BARR, Pat. *The memsahibs: the women of British India*. Londres: Martin Seeker & Warburg Limited, 1978.

BLANCH, Lesley. *The wilder shores of love*. Nova York, Simon & Schuster, 1954.

BOWLEY, Arthur L. *Wages in the United Kingdom in the nineteenth century*. Cambridge, Inglaterra: Cambridge University Press, 1900.

BRODIE, Fawn. *The devil drives: a life of sir Richard Burton*. Nova York: W. W. Norton & Company, 1967.

BROWN, John P. *The darvishes*. Londres: 1868.

BRYK, Felix. *Circumcision in man and woman; its history, psychology and ethnology*. Nova York: American Ethnological Press, 1934.

BURCKHARDT, Titus. *An introduction to sufi doctrine*. Traduzido por D. M. Matheson. Lahore: Sh. Muhammad Ashraf, 1959.

BURNES, Alexander. *Travels in Bokhara, together with a narrative of a voyage on the Indus*. Londres: John Murray, 1834, 1835, 1839.

BURNES, James. *A visit to the court of Sinde*. Bombaim: Summachar Press, 1829.

BURTON, Isabel. *The life of captain sir Richd F. Burton, K. C. M. G., F. R. G. S.* 2 vols. Londres: Chapman & Hall, 1893. (Sobre a autobiografia inacabada de Isabel Burton, ver W. H. Wilkins, *The romance of Isabel Burton*.)

BURTON, Jean. *Sir Richard Burton's wife*. Nova York: Alfred A. Knopf, 1941.

CHAUDHURI, Nirad C. *The continent of Circe: being an essay on the peoples of India*. Bombaim, Jaico Publishing House, 1965.

CORYAT, Thomas. *Coryate's crudities, "hastily gobbeld up in five monetbs travells [...] and now dispersed to the nourishment of the travelling members of this kingdome"*. Londres: James MacLehose and Sons, 1805.

COSTELLO, Louisa Stuart. *The rose garden of Persia*. Edimburgo: T. N. Poulis, Limited, s.d.

DANIÉLOU, Alain. *Hindu polytheism*. Nova York: Bollingen Foundation, 1964.

DAVIS, F. Hadland. *Jalalud-din Rumi*. Lahore: Sh. Muhammad Ashraf, 1967 (1ª ed. Londres: 1922).

DERMENGHEM, Emile. *Muhammad and the islamic tradition*. Traduzido por Jean M. Watt. Nova York, Harper & Brothers, s.d.

DROWER, lady. *Peacock angel*. Londres: 1941.

DUBOIS, Abbé J. A. *Hindu manners, customs and ceremonies*. Madras, 1823. Traduzido e revisto, Henry K. Beauchamp. Madras, 1905. Londres: Oxford and the Clarendon Press, 1906.

EASTWICK, Edward B. *A glance at Sind before Napier, or, dry leaves from young Egypt*. Introdução de H. T. Lambrick. Karachi: Oxford University Press, 1971 (reedição).

EDWARDS, Michael. *British India, 1772-1947*. Nova York, Taplinger Publishing Company, Inc., 1967.

ELPHINSTONE, Montstuart. *An account of the kingdom of Caubul*. Karachi: Oxford University Press, 1972 (1ª ed., 1815).

Enchanted parrot, the, being a selection from the "suka saptati, or, the seventy tales of a parrot". Traduzido do sânscrito pelo reverendo H. Hale Wortham. Londres: Luzac & Co., 1911.

ERIKSON, Joan. *Mata ni Pachedi: a book on the temple cloth of the Mother Goddess*. Ahmadabad, National Institute of Design, s.d.

FAIRLEY, Jean. *The lion river: the Indus*. Nova York: John Day Company, 1975.

Fairy tales of a parrot, "adapted from the Persian text of Mohamed Qadiri's abridged version of the Tooti-Name". Paris: 1892.

FARWELL, Byron. *Burton: a biography of sir Richard Francis Burton*. Nova York: Holt, Rinehart and Winston, 1963.

FLAUBERT, Gustave. *Letters, 1830-1857*. Editado por Francis Steegmüller. Cambridge, Mass.: Belnap Press of Harvard University, 1980.

FRASER, George MacDonald. *Flashman: from the Flashman papers, 1839-1842*. Nova York, World Publishing Company, 1969.

FREDERICKS, Pierce G. *The sepoy and the cossack*. Nova York: World Publishing Co., 1971.

FURBER, Holden. *John Company at work*. Cambridge, Mass.: Harvard University Press, 1948.

GAIKWAD, Vijay Singh Rameshwar Rao. *The anglo-indians: a study in the problems and processes involved in emotional and cultural integration*. Bombaim: Asia Publishing House, 1967.

GHALIB (mirzá Asadullah Beg Khan). *Gazals*. Editado por Aijaz Ahmad. Nova York: Columbia University Press, 1971.

AL-GHAZZALI (GHAZZALLI), Abu Hamid Muhammad. *The book of knowledge*. Traduzido por Nabih Amin Faris. Lahore: Sh. Muhammad Ashraf, 1962.

_____. *Mishkat al-Anwar* [O nicho das luzes]. Traduzido por W. H. T. Gardiner. Londres: Royal Asiatic Society, 1924.

_____. *The misteries of worship in islam*. Traduzido por Edwin Elliot Calvery. Lahore, Sh. Muhammad Ashraf, 1977 (1ª ed. Londres: 1925).

GUILLAUME, Alfred. *Islam*. Middlesex, Inglaterra: Penguin Books, 1954.

GULATI, Kailash Chander. *The Akalis past and present*. Nova Delhi: Ashajanak Publications, 1974.

HALL, Richard. *Lovers on the Nile: The incredible African journeys of Sam and Florence Baker*. Nova York: Random House, 1980.

HANIFI, Mansoor Ahmad. *A survey of muslim institutions and culture*. Lahore: Sh. Muhammad Ashraf, 1962.

HASTINGS, James, ed. *Encyclopedia of religion and ethics*. 13 vols. Nova York: Charles Scribner's Sons, 1917.

HERMES TRISMEGISTO. *The divine Pymander; an endeavour to systematize and elucidate the corpus hermeticus*. Fintry Brook, Inglaterra: The Shrine of Wisdom, 1923.

HITCHMAN, Francis. *Richard F. Burton, K. C. M. G.: his early, private and public life with an account of his travels and explorations*. 2 vols. Londres: Sampson Low, Marston, Searle & Rivington, 1887.

HUSAIN, S. A. *Guide to hajj*. Lahore: Sh. Muhammad Ashraf, 1972.

IDRIES SHAH. *The sufis*. Nova York: Doubleday & Company, 1964.

_____. *The way of the sufi*. Londres: Jonathan Cape, 1968.

_____. *Caravan of dreams*. Inglaterra: Octagon Press, 1968.

JACQUEMONT, Victor. *Journey in India; letters from India, describing a journey in the British dominions of India, Lahore and Cashmeer during the years 1828, 1829, 1830, 1831, undertaken by order of the French government*. Londres: Edward Churchton, 1835.

AL-KALABADHI, Abu Bakr. *Kitab al-Taarruf li-madhab ahl-tasawwaf* [A doutrina dos sufistas]. Traduzido por Arthur John Arberry. Cambridge, Inglaterra: Cambridge University Press, 1935.

KALISTOS, Bispo de Diokleria (Timothy Ware). *The power of the name: the Jesus prayer in orthodox spirituality*. Fairacres: Oxford, SLG Press, 1974.

KAHN SAHIB KHAJA KHAN. *The secret of anal-haqq: being 300 old irshadat (or sayings) of Shaykh Ibrahim Gazur-i-Ilahi*. Traduzido do persa. Lahore: Sh. Muhammad Ashraf, 1926.

KIPLING, Rudyard. *Plain tales from the hills*. Londres: 1899.

_____. *Kim*. Londres: 1900.

Kitab al-Izah fillm al-Nikah b-it-Taman w-al-Kamal [O livro da exposição]. Traduzido por "An English bohemian" [Um boêmio inglês]. Paris: Maison d'Éditions Scientifiques, 1900.

KLEIN, F. A. *The religion of islam*. Budapeste: Humanities Press, 1971 (1ª ed., 1906).

KOKKOKA. *The Koka Shastra, being the Katirahasya of Kokkoka*. Traduzido por Alex Comfort. Nova York, Stein and Day, 1965.

Koran, the meaning of the glorious: an explanatory translation. Por Marmaduke Picthall. Nova York: Dorset Press, s.d. (reedição).

Koran, The. Traduzido por N. J. Dawood. Middlesex, Inglaterra: Penguin Books, 1956.

KOSAMBI, Damodar Dharmanan. *Myth and reality: studies in the formation of indian culture*. Bombaim: Popular Prakashan, 1962.

LAMBRICK, H. T. *Sir Charles Napier and Sind*. Oxford, Inglaterra, Oxford University Press, 1952.

_____. *Sind: a general introduction*. Hyderabad (Sind): Sindhi Adabi Board, 1964.

LANE, Edward William. *An account of the manners and customs of the modern Egyptians*. Londres: Alexander Gardner, 1895 (reedição).

LANNOY, Richard. *The speaking tree: a study of Indian culture and society*. Nova York: Oxford University Press, 1971.

LAWFORD, James F. *Britain's army in India*. Londres: George Allen & Unwin, 1978.

LELAND, Charles G. *The English gypsies and their language*. Londres: Trübner & Co., 1874.

LESLIE, Shane. *The Oxford Movement, 1833 to 1933*. Londres: Burnes Oates & Washbourne Ltd. 1933.

LINGS, Martin. *A sufi saint of the twentieth century: Shaikh Ahmad al-Alawi*. Berkeley: University of California Press, 1971.

_____. *Muhammad: his life based on the earliest sources*. Rochester, Vt: Inner Traditions International Ltd., 1981.

LOEB, E. M. *The blood sacrifice complex*. Memoir of the American Anthropological Association, nº 10, 1923.

LEWIS, Bernard. *The Assassins. A radical sect in islam*. Nova York: Basic Books, Inc., 1968.

LUDWIG, Emil. *The Nile: the life-story of a river*. Traduzido por Mary H. Lindsay. Nova York: Viking Press, 1937.

MCDOWELL, Bart. *Gypsies: wanderers of the world*. Washington, D.C.: National Geographic Society, 1970.

MACRITCHIE, David. *Accounts of the gypsies of India*. Londres: Kegan Paul, Trench & Co., 1886.

MIR VALIUDDIN. *The quranic sufism*. Delhi: Motilal Banarsidass, 1939.

MOOR, Edward. *The hindu pantheon* (*c*. 1810). Ed. rev. W. C. Simpson. Varanasi: Indological Book House, 1968 (1ª ed., 1864).

MOREHEAD, Alan. *The white Nile*. Nova York: Harper & Brothers, 1960.

MUHAMMAD ALI, Maulana. *Muhammad the prophet*. Lahore: Ahmidiyya Anjuman-i-Ishaat-i-Islam, 1924.

MUHAMMAD ASHRAF. *Salat or islamic prayer book*. Lahore: Sh. Muhammad Ashraf, 1971.

NICHOLSON, Reynold A. *The mystics of islam*. Londres: George Bell & Sons, Ltd., 1914.

_____. *Rumi: poet and mystic*. Londres: George Allen & Unwin, 1950.

_____. *The idea of personality in sufism*. Cambridge, Inglaterra: Cambridge University Press, 1922.

NOLLAU, Gunther e WIEHE, Hans Jürgen. *Russia's south flank*. Nova York: Frederick A. Praeger, 1963.

NORRIS, J. A. *The first Afghan war, 1838-1842*. Cambridge, Inglaterra: Cambridge University Press, 1969.

OMAR KHAYYAM. *Rubaiyat*. "Transcriado" por Edward FitzGerald. Londres: Bernard Quaritch, 1859.

OSBORNE, W. G. *The court and camp of Runjeet Sing*. Londres: Henry Colburne, 1840.

PAGAL BABA. *Temple of the phallic king*. Editado por Edward Rice. Nova York: Simon and Schuster, 1973.

PALMER, Edward Henry. *Oriental mysticism*. Publicado em 1867. Londres: Frank Case & Co. Ltd., 1969 (1ª ed., 1867).

Panchatantra. Traduzido por Franklin Edgerton. Londres: George Allen & Unwin, 1963.

PANTER-DOWNES, Mollie. *Ootie preserved*. Nova York: Farrar, Straus and Giroux, 1967.

PEARL, Cyril. *The girl with the swansdown seat*. Indianapolis: Bobbs-Merrill, 1955.

PENZER, Norman. *An annotated bibliography of sir Richard Francis Burton, K. C. M. G*. Nova York: Burt Franklin, 1970 (1ª ed., Londres: 1923).

PHILBY, H. St. J. B. *The heart of Arabia*. 2 vols. Nova York: C. P. Putnam's Sons, 1923.

POPE-HENNESSY, James. *Monckton Milnes*: *the flight of youth, 1851-1885*. Londres: Constable and Company, Ltd., 1951.

PRAZ, Mario. *The romantic agony*. Londres: Oxford University Press, 1960.

Qur-an, the holy. Uma interpretação em inglês por A. Yusuf Ali. Lahore: Sh. Muhammad Ashraf, 1975.

RAHMAN, Fazlur. *Islam*. Nova York: Holt, Rinehart and Winston, 1966.

RALLI, Augustus. *Christians at Mecca*. Londres: William Heinemann, 1909.

Religious Hinduism: *a presentation and appraisal*. De estudiosos jesuítas. Allahabad: St. Paul Publications, 1964.

RICE, Edward. *Eastern definitions*: *a short encyclopedia of religions of the Orient*. Nova York: Doubleday & Company, Inc., 1978.

RICHARDSON, David Lester. *Anglo-indian passage; homeward and outward bound*. Londres: Madden and Malcolm, 1845.

ROBINSON, Harry. *Monsoon Asia*: *a geographical survey*. Nova York: Frederick A. Praeger, 1966.

ROSENROTH, Knorr von. *Aesch Mezareph or purifying fire; a chymico kabalistic treatise*. Traduzido por "a lover of Philalethes" [um amante de Filaletes]. Nova York: Occult Research Press, s.d. (1ª ed., 1714).

RUDOLPH, Kurt. *Gnosis*: *the nature and history of gnosticism*. Nova York e San Francisco: Harper and Row, 1987.

RUMI. *Masnawi*. Traduzido por Reynold A. Nicholson. Lahore: Sh. Muhammad Ashraf, s.d.

RUSWA, Mirzá Muhammad Hadi, *The courtesan of lucknow*: *Umra'o Jan Ada*. Traduzido por Kushwant Singh e M. A. Husaini. Delhi: Hind Pocket Books (F) Ltd., 1961.

SALIK, S. A. *The saint of Jilan*: *the life of Saiyedene Hazrat Mohi-ud-din Saiyed Abu Muhammad Abdul Qadir Al-Baghdadi al-Hassani al-Hussani*. Lahore: Sh. Muhammad Ashraf, 1953.

SCHAYA, Leo. *The universal meaning of the kabbalah*. Londres: George Allen & Unwin Ltd., 1973.

SCHIMMEL, Annemarie. *Mystical dimensions of islam*. Chapel Hill: University of North Carolina Press, 1975.

SCHOLEM, Gershon G. *On the kabbalah and its symbolism*. Nova York: Schocken Books, Inc., 1965.

_____. *Kabbalah*. Jerusalém: Kater Publishing House, 1974.

SHABISTARI, Sad ud-din Mahmud. *The secret Rose Garden*. Lahore: Sh. Muhammad Ashraf, 1969 (reedição).

SHARDA, Sadhu Ram. *Sufi thought: its development in Panjab and its impact on panjabi literature*. Nova Delhi: Munshiram Mancharlal Publishers Pvt. Ltd., 1974.

SHARIF, Jafar. *Islam in India*. Oxford: Oxford University Press, 1832.

SNELLING, John. *The sacred mountain: travellers and pilgrims at mount Kailas in Western Tibet, and the great universal symbol of the sacred mountain*. Londres e Haia: East West Publications (UK) Limited, 1983.

SPEKE, John Hanning. *Journal of the discovery of the source of the Nile*. Londres e Edimburgo: William Blackwood & Sons, 1863.

_____. *What led to the discovery of the source of the Nile*. Londres e Edimburgo, William Blackwood & Sons, 1863.

STARK, Freya. *The valley of the Assassins, and other persian travels*. Londres: John Murray, 1934.

STARKIE, Enid. *Arthur Rimbaud*. Nova York: New Directions, 1962.

STISTED, Georgiana M. *The true life of capt. Sir Richard F. Burton, K. C. M. G., F. R. G. S.*, etc. Londres: H. S. Nichols, 1896.

SUHWAWARDI, Xeque Shahab-ud-Din Umar B. Muhammad. *Awarif-ul-Maarif*. Traduzido do árabe para o persa por Mahmud B. Ali al-Kashani. Traduzido do persa para o inglês pelo ten.-cel. H. Wilberforce Clarke. Lahore: Sh. Muhammad Ashraf, 1979 (1ª ed., Calcutá: 1891).

Taittiriya Sanhita [O Veda da escola Yajus Negra]. 2 vols. Traduzido por Arthur Berriedale Keith. Cambridge, Mass.: Harvard University Press, 1914.

TAYLOR, Anne. *Laurence Oliphant: 1829-1888*. Londres: Oxford University Press, 1982.

THOMAS, P. *Hindu religion customs and manners; describing the customs and manners, religions, social and domestic life, arts and sciences of the hindus*. Bombaim: D. B. Taraporevala Sons & Co. Private Ltd., s.d.

Tootinameh, the, tales of a parrot: in the persian language: with an english translation. Calcutá: A. Upjohn (impressor), 1792.

TRIMINGHAM, J. Spencer. *The sufi orders in islam*. Londres: Oxford at the Clarendon Press, 1971.

VAMBÉRY, Arminius. *Travels in Central Asia*. Nova York: Harper Brothers, 1865.

_____. *The life and adventures of Arminius Vambéry*. Nova York: Frederick A. Stokes, s.d.

VESEY-FITZGERALD, Brian. *Gypsies of Britain*. Londres: Chapman & Hall Ltd., 1944.

WESTERMARCK, Edward. *The history of human marriage*. 3 vols. (5ª ed., revista). Londres: Macmillan and Co. Limited, 1921.

WILKINS, W. H. *The romance of Isabel Burton*. 2 vols. Londres: Chapman and Hall, 1906 (1ª ed., 1897).

WILLIAMS, John Alden, ed. *Islam*. Nova York: George Braziller, Inc., 1961.

WOODROFFE, Sir John (Arthur Avalon). *Kundalini Sakti* [O poder da serpente]. Madras: Ganesh & Co. Private Ltd., 1969 (1ª ed., Calcutá: 1900).
_____. *The garland of letters: studies in the mantra-sastra*. Madras, Ganesh & Co. Private Ltd., 1969 (1ª ed., Calcutá: 1922).
WRIGHT, Thomas. *The life of sir Richard Burton*. 2 vols. Londres: Everett & Co., 1906.
YEATS-BROWN, Francis. *The lives of a Bengal lancer*. Nova York: Viking Press, Inc., 1930.
Zadkiel's dream book. Filadélfia, David McKay, s.d.

AGRADECIMENTOS

São poucos os livros escritos no isolamento, e é freqüente que os autores tenham de recorrer a diversas pessoas e instituições, auxílio este muitas vezes inconsciente, mas generoso, tal como o que recebi dos anglo-indianos (eurasiáticos) anônimos que deram detalhes da história dos filhos de pai inglês ou português e mãe indiana; do sufista do riquixá em Baroda que me levou à sua mesquita; do livreiro de Karachi que me providenciou um exemplar de *Sindh* de Burton; de pessoas que me guiaram por caminhos desconhecidos, como o que levou à descoberta das escapadelas do agá cã Mahallati na Pérsia e na Índia nas décadas de 1830 e 1840. E — gostaria de lembrar os nomes! — os guarda-costas na Somália que impediram que um nômade enfurecido me arrancasse as vísceras, e o representante das Nações Unidas que dissuadiu um chefe beduíno no deserto árabe de me executar por ter violado involuntariamente as leis tribais. Acima de tudo, agradeço aos parentes e amigos que me ajudaram no andamento do livro, entre eles Edward Rice III, que localizou algumas obras raras sobre o sufismo; Christopher e Liza Rice, que generosamente fotocopiaram as várias versões do livro e deram sugestões editoriais; Jan Elizabeth Strance, que ajudou a preparar o manuscrito; e sobretudo Susanna Franklin, que foi uma inestimável amiga e confidente de várias maneiras. Devo agradecimentos especiais a Constanza Clarke, Joan Ford e às equipes da Hampton Library (Bridgehampton, Nova York) e da Library Association (Suffolk County, Nova York), por localizarem uma série de obras relativas a Burton e à sua época; a Peter White, pelo empréstimo de uma edição original de *Book of a thousand nights and a night*, de Burton; a Frances Colley, pelo material sobre os ingleses no Ceilão; a Frank Mônaco e Lavinia Jones em Londres, pela ajuda ilimitada em encontrar livros e fotografias.

ÍNDICE REMISSIVO

abbans (guias), 316, 333, 337-8
Abdur-Rahman, 181, 318
Abeokuta and the Cameroons mountains (Burton), 505
Abeokuta, chefe, 476
abissínios, 244, 286, 305, 308, 313, 327, 335, 360, 368, 527
Abraham, Walter, 197-8
Abul Maru (Arábia), 571
Abuláfia, Abraão, 40
Ácaba (Jordão), 570
Acapulco (México), 445
Acra (Gana), 469
Adams, Henry, 463-4
Adan, Gerard, 319, 321-3, 331
Áden (Iêmen), 295-300, 306-7, 311-2, 316, 325, 332-4, 336-8, 340, 342-3, 345, 360, 378, 412-4, 500, 565, 569, 575, 593-4
Adeptos do Cinco, 129
Adeptos do Doze, 122, 129
Adeptos do Sétimo, 40, 129-31, 134
Adi Granth ("Livro Primordial" dos sikhs), 200
Afeganistão, 99-100, 109, 526, 567; campanha persa, 123; Guerra da Criméia, 352; invasão britânica, 42, 45, 49-52, 54-5, 64, 124-5; Sind, 112
afegãos, 48, 256; na África, 374; na Índia, 176, 181, 244; poesia, 181, 318
Africa Association, 239
afrodisíacos, 220

agá cã Mahallati, 118-29, 131-3, 135-6, 154, 160, 183-184, 367, 567
Aga, Selim, 477, 493
ajamis, 118, 238, 241, 244, 280
Akhlaq-i-Hindi, 57, 195-6
Albuquerque, Afonso de, 186
Alemanha, 41, 611; família de Burton, 41
Alepo (Síria), 239
Alexandre, o Grande, 146, 148, 178
Alexandria (Egito), 238-9, 241-2, 285, 355, 572
algodão, 48
Ali, cisma de, 129
Ali, xá Hassan, 122
Ali Agha, capitão, 252
Ali Akhbar, mirzá, 108, 118, 133, 170-1, 198
Ali ibn Abu Talib, 120, 128-9, 135
Ali Murad, 100-1, 105
Alkali, lago, 439
Allahdad, 216-7
Allahu Akhbar ["Deus é grande"], 143
Allen's Indian Mail, 297
Alpes, 560, 585
amárico, 96
amazonas, 483-4, 494
Amberly, lorde e lady, 584
Amir, Snay bin, 390-1, 406
Anacreonte, 175
Ananga Ranga, 15, 44, 75, 562, 585-7, 591, 613
Andes, cordilheira, 519
anglicana, Igreja, 19, 35, 41, 56, 223, 230

Anjo Pavão, culto, 115, 528, 577, 606
Antelope (navio), 493
Anthropologia, 485
Anthropological Review, The, 485
Anthropological Society of London, 484-5
anti-semitismo, 542, 552
antropofagia, 479
Anvar-i-Suhaili, 195
Ara al-Aman, 305
árabe, 34-5, 37, 80, 98, 140, 161, 194, 196, 239, 244, 257, 307, 359-60, 390, 535, 537, 540, 576, 581, 583; traduções do, 592, 596, 599-600, 603, 610-1, 613-6
árabes, 13, 151, 239; em Áden, 307; na África Central, 359, 372-4, 380, 386, 389-90, 395, 397, 400-5, 408-11, 415, 449; cantos dos, 257; consumo de drogas, 310; no "Ensaio final", 604-5; estudos etnológicos, 235, 268-70; Haines e, 297; poesia, 575-7; práticas sexuais, 613-4; sífilis, 366; em Sind, 114; tráfico de escravos entre, 244, 265, 286, 305; em Zanzibar, 365-6
al-Arabi, Ibn, 526
Arabia Deserta (Doughty), 290
Arábia, 235, 250, 252, 255-83, 287, 291-2, 308; literatura, 289; tráfico de escravos, 245
Arabia, Egypt and India (Isabel Burton), 571
Arabian Authors (Arbuthnot), 586
Arafat, montanha secreta de, 275-9
Arbuthnot, Foster Fitzgerald, 289, 561, 565-6, 585-8, 590-1, 613, 615, 618
Argélia, 530, 616
Argentina, 516, 519
Aristóteles, 264
armênios, 250, 527

Arnold, Matthew, 612
Artha Sastra, 589
Arundell, Blanche, 231
Arundell, Henry Raymond, 224
Arundell, Isabel, *ver* Burton, Isabel Arundell
Arundell, Louisa, 232
Arundell, Roger de, 223
Arundell, Thomas, 223
Ashbee, Henry Spencer, 564, 586, 615
Ashburton, lady Louisa, 584
Ashura, comemoração do, 135
assassinos *ver* ismaelitas
astrologia, 38-9
Ataíde, dona Caterina de, 188-9
Atenas, 38, 619
Athenaeum (revista), 220
Attar, Fariduddin, 607
al-Attar, Mohammed, 245-6
Auckland, lorde, 51, 55
Aurengezeb, imperador moghul, 147
Austrália, 103
Austro-Húngaro, Império, 554
Autos paixão, xiita, 135
Awarif-ul-Maarif (manual sufista), 212
Axim (Costa do Ouro), 596

Baden Powel, Robert, 145
Bagdá, 203
bahais, 527
Bahawalpur (Pundjabi), 180
Baital-Pachisi, 83; *ver também Vikram and the Vampire*
Baker, Frederick Grenville, 611-2, 616, 618, 620-1, 629
Baker, Georgina, 217
Baker, Samuel, 486-9
Bakhsh, Muhammad, 174
Balaklava (Criméia), 349
baluchis, 48, 132, 149, 156, 163, 174; na África, 374-6, 379-80, 382-4, 386, 395-7, 448; na Pérsia, 136

Baluchistão, 12, 15, 119, 124, 127, 133, 153, 216; sufismo, 211
Balzac, Honoré de, 586
Bam (Pérsia), 132
bânias, 367, 371, 374, 380-1
banya (casta de mercadores), 99
Baqir, cã Muhammad, 136, 183
baraka (bênção), 208
Barbaria, Costa da, 285
Baroda (Gujerate), 60, 62-8, 72-3, 78-9, 81, 83, 87-90, 94-6; brâmanes nagares em, 83, 87-90; catolicismo em, 94-95
Barth, Heinrich, 429
Bashi-Bazouks ("Cabeças Podres"), 350-3
al-Basyuni, Mohammed, 251, 253, 262, 271-2, 274-7, 279-80, 282-3
Beatson, general W. F., 350-6
Bedingfield, comandante, 476
beduínos, 13, 250, 252-3, 256-7, 267-70, 290, 292, 531-2, 536-7, 581-2
Beirute (Líbano), 524-5, 539, 547-8
belochi, tribo, 137, 160
belwo (poesia somali), 317-8
Benares (Índia), 587-8, 601
beneditinos, 36
Bengal (navio), 238
Bengala, 350; emires sindis em, 109
Bengala, Cavalaria de, 237
Benin, 15
Berbera (Somaliland), 295, 304-5, 312, 326, 331-3, 335-8, 340, 343, 345, 348, 357-8, 378, 385, 412, 422, 459, 574, 624, 632
Beresford, tenente, 116
Bergami, Bartolomeo, 20
Bernard Quaritch (editor), 572
Bernasko, Peter, 493
bhakti (movimento religioso hinduísta), 75
Biafra, 466

Biarritz (Retcliffe), 552
bibi, 68, 471
Bíblia, 533, 599
Bird, Alice, 459
Bird, George, 459, 555
Blackbird (navio), 468-70
Blackwood's Edinburgh Magazine, 361, 399, 422, 424, 432, 498
Blackwood, família, 422, 489, 500
Blavatsky, Helena, 584
Blois (França), 29
Bloodhound (navio), 476
Bludan (Síria), 534, 540, 543, 547-8
Blunt, Wilfrid Scawen, 511, 517-8
Bokhara, 50; assassinato de agentes ingleses em, 80
Bolena, Ana, 223
Bombaim, 62, 81, 95, 118, 216, 294-6, 334, 360, 362; Arbuthnot em, 562, 566, 585-6; Burton em, 54-9, 183-4, 195-6, 289, 292, 295, 566-8; emires sindis em, 109; exportações de ópio, 48
Book of the sword, The (Burton), 218
Booth, general, 620
bordéis, 174, 221; em Bombaim, 58; em Goa, 186, 191-2; homossexuais, 171-2, 214, 424; em Nova Orléans, 436; em Seroda, 191-2
Boulogne (França), 218-9, 221-2, 230-1, 233-4, 350, 356, 362, 420, 430, 521
Bowdler, Thomas, 587
Bragança, Catarina de, 57
brahui, tribo, 137, 141
brâmane (a mais alta casta hinduísta), 83-90, 97
Brasil, 413, 475, 483, 505-10
"Breves notas relativas à divisão do tempo" (Burton e Stocks), 197
Brevet de Pointe, 219

Brigada Ligeira, 349
Brindisi (Itália), 615
Brock (cônsul assistente em Trieste), 556
Brodie, Fawn, 173, 640
Brontë, Charlotte, 426
Brown, Samuel Sneade, 69
Browne, sir Thomas, 34
Browne, W. G., 308
Brownell, Clarence, 447
Browning, Robert, 584
Bruxelas, 589
Brydon, William, 53
Bubayr, o Asno, 331
bubes (nativos de Santa Isabel), 471
bubu ("esposa" nativa), 69, 72-7, 221
Buchanan, Robert, 621
budismo, 85, 208, 578; cingaleses, 214; preces no, 205
Buenos Aires (Argentina), 516-20
Buganda, 449-52, 454, 489
Buist, George, 110-1, 298
Bulwer-Lytton, Edward, 584
Bunder Garay (Ara al-Aman), 305
Bunyoro, 449, 454
Burckhardt, Johann Ludwig, 239-40, 247, 254, 274, 282
Burnes, Alexander, 50, 52, 145
Burnes, Charles, 52
Burton, dr. Edward J. (primo), 419, 460
Burton, Edward (irmão), 38, 41-3, 213-4, 217, 362, 403; adolescência, 30-4; colapso mental, 214, 419, 550; infância, 22-30, 34-5; morte, 633; nascimento, 22
Burton, Eliza (prima), 217
Burton, Hagar (cigana), 226-7, 232, 459
Burton, Isabel Arundell, 12, 16, 73, 137, 199, 218, 222-34, 319, 343, 356-7, 420, 435, 445, 468, 470, 476, 484, 555, 563, 568, 609, 662; antepassados, 222-4; biografia de Burton, 221, 288, 436, 633; Boulogne, 222, 231-3, 420; câncer, 597, 617; casamento com Burton, 456-65; ciganos, 226-7; Daomé e, 493; *début* de, 229; e a morte de Burton, 619-22; e as práticas sexuais de Burton, 428-9; e o título de cavaleiro de Burton, 610; e tradução das Mil e uma noites, 599; em Damasco, 526-34, 538-9, 542-3, 545-6; em negociações com o Ministério das Relações Exteriores, 497, 520, 550-1; em Trieste, 553-4, 556-61, 582-4, 611-3; encontro com Burton depois das expedições africanas, 416-9; infância, 224-5; morte da mãe, 553; morte de, 632-3; na Índia, 566-8; na Madeira, 485; nascimento, 224; no Brasil, 505-11; no Cairo, 571; nos últimos anos de Burton, 583-5, 610-9; em Vichy, 521; oposição materna ao casamento, 419-34, 446; paixão por Burton, 231-4, 292-3; poligamia, contra a, 483; queima dos papéis do marido, 484, 625-31; sobre a morte de Palmer, 582; sobre Speke, 414-5, 500-1; traduções de, 520-1

Burton, reverendo Edward (avô), 19
Burton, capitão sir Richard Francis; adolescência, 30-3; África Ocidental, 466-84, 490-7, 503, 595; agá cã, 118, 120-9, 131-3, 135-6; amor persa, 153-9, 198, 221, 278; antepassados, 19-21; Anthropological Society, 484; anti-semitismo, 542, 552; ataques de Speke, 420-5; Baroda, 60, 62-8, 72-3, 78-96; biografia por Isabel de, 221, 288,

436, 633; Bombaim, 54, 55-9, 183-4, 195-6, 288, 292, 294-7, 567-8; Boulogne, 219, 221-2; Brasil, 505-14; Buenos Aires, 516-20; caça, 79, 375-6; Camões, 187-92; casamento com Isabel, 456-65; casamento temporário, 152, 153; catolicismo e, 73-4, 94-5, 230, 418, 431, 457-8, 606, 618-9, 622; chegada na Índia, 54-62; ciganos, 37, 163-4, 228; compra de posto militar, 32; consumo de drogas, 113, 168, 169, 244, 256, 310, 328-9; Damasco, 226, 520-34, 537, 539-40, 543-51; desaparecimento de Palmer, 580-2; Egito, 237-55, 284-6; encontro com Isabel após a expedição da África, 416-9; encontro com Isabel, 231-3; epitáfio, 634; esgrima, 29, 218-9; "esposa negra", 68, 72-7; Estados Unidos, 433-45; estudos de línguas, 22, 29, 34-7, 44, 54-5, 57-8, 79-84, 95, 117-9, 132, 160-1, 194-6, 307, 368, 393, 405-6, 440, 465-6, 478, 491, 508, 559; estudos ocultistas, 38-41; Expedição da Somaliland, 295-346, 487; expedição de Speke ao Nilo, 455, 488-9, 498-501; Goa, 185-7, 190-3, 198, 568; Grande Safári, 357-415; Guerra da Criméia, 347-56; hinduísmo, 83-94; infância, 21-30; iniciação no sufismo, 199-201; islamismo, 95, 114-5, 133-44; Islândia, 553-4; Jedá, 282-3, 362, 565; licença de convalescença na Índia, 184, 190, 194-6; Lima, 519-20; Madeira, ilha da, 485; Madian, 568-72; Medina, 258-65; Milnes, 426-9, 434; morte de, 618-22; ; morte de Speke, 501-4; nascimento, 21; obras, *ver títulos específicos*; Ootacamund, 184-5, 193-5; oposição da mãe de Isabel ao casamento, 419-34, 446; Oxford, 32, 34-43; Paraguai, 516-7, 520; peregrinação a Meca, 235-41, 250-9, 267-92, 304, 314,-5, 347, 383, 536, 565, 568, 593; possível descendência, 72-3, 633-4; Pundjabi, 161, 180; queima dos papéis, 626-8; recuperação de ferimentos, 344-8; saída da Índia, 215-6; *Semiramis* (vapor), 96-7, 99; sikhismo, 95, 200-1; Sind, 100-20, 135-40, 144-68, 170-8, 181-3, 197-9, 213-5; ; sufismo, 175-6, 196, 199-212, 576, 579-80, 606-9; título de cavaleiro, 610; tradução das *Mil e uma noites*, 592-6; tradução de obras eróticas, 561-2, 585-91, 601, 613-5; Trieste, 554, 556-61, 565, 568-9, 572, 574, 582-4, 610-3, 616,-7, 622, 624; túmulo, 624, 632; últimos anos, 583-5, 610-22; viagem pela Índia com Isabel, 565-8; volta à Inglaterra, 217, 235, 305, 347, 355, 413, 445-6, 456, 484, 498, 520, 548, 550
Burton, Sarah (prima), 213-4, 217

Caaba, 240, 261, 271-5, 279, 281-3
Cabala, 13, 39, 41, 95, 119, 133
Cabul (Afeganistão), 50-2, 64, 126, 251; massacre em, 102, 110
cadastro de terra, 223
Cairo, 243-5, 247-9, 252-4, 263, 282, 284-5, 288, 292, 350, 362, 414, 427, 489, 536, 568-71, 575, 580, 607, 624; dinastias fatímidas, 121
Calcutá, 44, 49, 184, 587-8; Academia de, 44
Calendário, o, 312, 565
Calicute (Índia), 192, 194

665

Câmara dos Comuns, 110
Câmara dos Lordes, 20
Camarões, 477
Cambridge, Universidade de, 27, 32, 34, 41, 540, 580
camelos, uso em levantamentos topográficos, 144
Cameron, comandante Verney Lovett, 596-7
Camões, Luís Vaz de, 39, 179, 184-92, 370-1, 478, 508, 511, 522, 568, 583, 592, 609, 631
Campbell, Maria Margaretta (antepassada de Burton), 19
Canada (navio), 435
Canadá, 549
canibais, 401-2, 511
Cannabis indica (haxixe), 168
Cannes (França), 611
Canonisas do Santo Sepulcro, 632
Caravana Voadora, 267
Cardigan, lorde, 349
Carlos II, rei, 57
Carlyle, Thomas, 584
Carmina de Caio Valério Catulo, 616
Carolina, princesa, 20, 43
Carson City (Nevada), 443, 445
Cartum (Sudão), 447, 487-9
Cáspio, mar, 408
castas hinduístas, 84, 158-60
catolicismo romano, 13, 16, 73-4, 94-5, 227, 230, 288, 418, 431, 457-8, 461, 554, 606, 618-9, 622; África, 475, 493; Damasco, 527, 541-5; família Arundell, 222-3, 225; França, 22; rituais, 281
católicos, *ver* catolicismo romano
Catulo, Caio Valério, 616, 630
Ceilão, 213, 217, 421, 487
Chak-Chak (Pemba), 370-1
Chand, Hari, 70, 149-50, 163
Chand, Him, 83, 85-7, 89

Chaucer, Geoffrey, 607
Chifre da África, 287, 295, 335
Chile, 520
chilla (retiro religioso), 200, 204, 208
China, 48-9, 596; Camões 189
chistiyya, irmandade, 203
Cidade do Cabo (África do Sul), 448
cigano, olhar, 163-4
ciganos, 19, 36, 552, 583; Egito 238, 285; Isabel, 226-7; Palmer, 534-5; Pundjab, 180; Sind, 113-4, 137, 163-4, 567
cipaios, 56, 67, 83, 97, 178, 339; corte marcial, 159-60; Revolta dos, 214, 419, 467
Circuncisão, 139-41, 479; feminina, 264, 308-9, 479
City of saints and across the Rocky mountains to California, The (Burton), 429, 436, 439
Clarendon, lorde, 523-4
cobras, 85-7, 89
Cochin (Índia), 153
Coghlan, coronel W. W., 338, 343, 345
Cole, Charles, 282
cólera, 31, 182-3, 213, 263, 347, 356, 378
Companhia das Índias Orientais, 12, 20, 47-50, 57, 208, 214, 221, 337, 467; estímulo a casamentos com indianas, 69; exploração da África, 287, 295-6, 304-5, 323, 327, 329, 334-5, 338-9, 358-9, 362; ópio, 48; peregrinação a Meca, 235-6; Pérsia, 122-7, 136, 183; posto de Burton, 43-4; Sind, 99-100, 102-7, 110-2, 126-7, 132; Surat, 61; Tibete, 301
Complete system of bayonet exercise, A (Burton), 220
confucionismo, 578

Congo, 492-3, 583
Constantin, M., 219
Constantinopla, 348-51, 353-4, 521-2, 524, 538, 540, 546
coptas, cristãos, 527
Corão, 134, 147, 153, 172, 199, 204, 206-7, 211, 238-9, 245, 250, 261, 314-5, 321, 329-30, 540, 605-6, 608, 625
Corpo de Pundits, 145
Corsellis, coronel Henry, 180
corte marcial, 159
cortesãs, 59, 66, 68-9, 75, 113, 115, 178, 198
Coryat, Thomas, 61, 187, 567
Costa do Ouro, 15, 484, 595-6
Crewe, Annabel, 426
Criméia, Guerra da, 44, 296, 310, 326, 347-55, 421, 430, 524; Burton, 349-54
cristianismo, 203, 206, 578; na África, 287, 372-3; cabalístico, 39-40; conversão de negros, 469; e paganismo, 281; heresias, 578; identificação com vestuário, 284; no Levante, 524, 528-9, 534, 537, 540-5; orações, 205; Sind, 99; *ver também* catolicismo romano
crocodilos, santuário, *ver* Mango Pir
Cruikshank, John, 493, 495
cruzados, 130
Cuba, 475
culto fálico, 65, 494
Curdistão, 115
curdos, 527-8, 578
Cutch, 61, 183
cutchis, 367

Dalhousie, lorde, 345
Damasco, 226, 413, 419, 520-3, 526-34, 537-51, 554, 558, 578, 593; Burton, 522-49; Caravana de Damasco para Meca, 267-72

dança das abelhas (Al-nahl), 238
danças, espetáculos de, 69-71, 113-4, 150, 181, 191, 567
Daomé, 15, 483, 492-7
Darabghirid (Pérsia), 577
Daud, mirzá, 118, 133, 170
Davis, Laura, 540
De occulta philosophia (von Nettesheim), 39
18º Regimento da Infantaria Nativa de Bombaim, 46, 60, 63, 67, 96, 116, 127, 135, 159, 178, 180
Delafosse, reverendo Charles, 27-8, 35
Delhi, 141
Derby, lorde, 426, 556
dervixes, 136-8, 144-5, 198, 203, 208, 237, 241; dança sagrada, 211-2, 248, 285, 624
Deseret News, 436
dhaira (antros de ópio), 113
dhikr (prece repetitiva), 204-5, 208
Dictionary of americanisms (Bartlett), 437
Dieppe (França), 26
Digby, lady Jane, 530-1, 627
Disraeli, Benjamin, 225-6, 426, 553
Divino, doutrina do Imã, 129
Djibuti, 335
Doughty, Charles Montagu, 290
Dover (Inglaterra), 217, 419
Drake-Brockman, Ralph E., 315
drusos, 524, 539, 541
Du Chaillu, Paul, 478-9
Du Pré, H. R., 29, 31-4
dualismo persa, 606
Duarte, infante dom, 188
Dubba, batalha de, 80, 101, 107-8, 126
Duff, excelentíssimo Montstuart Elphinstone Grant, 421
Dwarka (Gujerate), 61
Dwarka (navio), 283, 288

Early ideas (Arbuthnot), 586
Eastwick, E. B., 100-1, 103, 109, 156, 195
Edinburgh Review, 599
Edom, 535, 537
Egito, 237-52, 254-5, 308, 311, 535, 548, 568-70; circuncisão feminina, 264-5; comércio de eunucos 583; revolta beduína, 581-2; Somaliland, 329, 334
El Tib, deserto, 536
El-Medina, *ver* Medina,
Eldridge, S. Jackson, 524, 526, 539
Elgin, James Bruce Lorde, 413-4
Eliza (navio), 216-7
Ellenborough, lorde, 55, 101, 530
Elliot, sir Henry, 522, 524
Elphinstone, John, 289, 345, 362-3
Elwood, sra., 58
Emigrantes, trilhas, 438
Encyclopaedia Britannica, 15, 540
Epístolas dos Irmãos Sinceros, As, 40, 119
erotismo, 75, 427-30, 561-4, 583-91, 601, 613-5, 628
escoteiros, 145
escravos, tráfico de, 114, 244, 265, 304-5, 312, 326, 335, 337-8, 367, 380-1, 385-6, 389, 473-5, 487, 493, 496, 506-7
esgrima, 29, 41, 44, 218-9
Esopo, *Fábulas*, 44
ESP, percepção extra-sensorial, 14, 585
Espanha, 40; África, 475; ciganos, 37, 163-4; dinastia fatímida, 121
Espelho Mágico, 240
espiritualismo, 14, 585
essênios, 176
Estados Unidos, Burton, 433-46; Guerra Civil, 474
Estrabão, 359
Ethnological Society, 485
etnologia, estudos, 13, 59; África, 364, 369, 405; Arábia, 235-236

Eton, 27
Etruscan Bologna (Burton), 565
Eufrates, vale do, 538
evangélicos, 230, 290

Fa-Hian, 283
Fábulas de Pilpay, 195, 601
falcoaria, 39
Falconry in the valley of the Indus (Burton), 132, 166, 174, 220
fan, tribo, 479-80
Fath Ali, xá, 122-3
fatímidas, dinastias, 121
Fernando Pó, 466-8, 470-3, 475-8, 486, 491-2, 497, 505
fetichismo, 480
fidais (fiéis ismaelitas), 130
Final dos Tempos (sacerdote de segunda classe), 311, 317, 322, 333, 565
First footsteps in East Africa; or, an exploration of Harar (Burton), 287, 307-8, 310, 313, 317-8, 334, 348, 357, 360
FitzGerald, Edward, 465, 574
Fitzgerald, mrs. (irmã de Isabel), 631
Flaubert, Gustave, 142
Florença (Itália), 30
Floyd, John B., 435
Forbes, Duncan, 44, 55, 57, 187, 195, 535
Förner, frei, 544, 546
Four cantos of Ariosto (Burton), 631
França, 218; África, 335, 359, 473-4, 500, 529-30, 596-7, 616; Arundell, 231; Burton, 218-22, 235, 521-2, 559; Guerra da Criméia, 310, 347-53; Índia, 47, 49, 61; infância de Burton, 21-30, 38; Levante, 524, 538, 548; Pérsia, 122
francês, 23, 28-9, 34; edição do *Le jardin parfumé*, 613-4, 617, 628

franciscanos, 544, 564
Fuller, George, 502-3
Furious (navio), 413-4

Gabão, 478-9
gaekwar, 64-5
gaélico, 44
Gales, príncipe de, 553
Galípoli, 350, 352-3
gallas, 244, 286, 308, 323-4, 327, 368, 562
Gayangos, dom Pascual de, 35, 37
gayatri, mantra, 88
Gaza, 581-2
Gelele, rei do Daomé, 483, 492-6, 505
Gênova (Itália), 20
Ghara (Sind), 116-7, 125, 127-8, 132, 135-6, 566
ghayba (ocultação), 129
Ghazni (Afeganistão), 51, 55, 64
al-Ghazzali, 197, 526
Gilani, Abdul-Qadir, 203, 207, 211, 526
Gilchrist, John, 23-4
Girard, lorde, 552
Gladstone, William, 553
Goa, 185-187, 189-90, 198, 210, 362, 568
Goa, and the blue mountain; or six months of sick leave (Burton), 17, 152-3, 185-6, 190-1, 193, 196, 219-20
gnose, 13, 38-9, 95, 585; hinduísmo, 89; ismaelitas, 119; sufismo, 176, 200, 210-1
Goedsche, Hermann, 552
goeses, 60, 143, 185-7, 362, 377, 383, 393
Golconda, 565, 567-8
Golden Age (navio), 445
Goldmines of Midian and the ruined midianite cities, The (Burton), 569
Goldsmid, sir Francis, 542, 551

Goncourt, Edmond, 428-9
Goncourt, Jules, 428-9
Gondoroko, 447, 486-8
gonorréia, 366
Gordon, general George, 571
gorilas, 478-9
Gorízia (Áustria), 582
gorjeta, 386
gotras (clãs hinduístas), 86-7
Grand Bonny, rio, 469
Grande Jogo, 14, 47-53, 144, 163, 169, 216, 348, 525, 537-8, 545, 628
Grant, capitão James Augustus, 432, 447-8, 450-1, 454, 486-9, 498, 624
Granville, lorde, 545, 547, 551, 554, 558
Gray, sir John, 449
Grécia, 61, 530, 535, 620; antiga, 289; Guerra da Criméia, 350
grego 22, 29, 34-5, 37-8, 188, 359; textos gnósticos, 40
Greenhill, William Alexander, 34-5, 37
Grindlay, depósito de, 467
Grindley, capitão Henry, 237
gudabirsi, tribo, 319
Gugi (monção somali), 340
Gujerate, 60-1, 82, 89, 183; catolicismo, 73
gujerate, 57-8, 81-3, 95
Guilherme, o Conquistador, 223
Gulad, Long, 311, 322, 333
gulshani, oratório, 247-8, 285
Gunnuson (explorador americano), 437
Guthrie, Eleanor, 586
Gypsy Lore Journal, The, 164
Gypsy, The (Burton), 238

hadji (peregrino a Meca), 236, 279, 288, 305
Hadji-Petros, general Xristodolous, 531

669

hafiz (o que recita o Corão de cor), 204
Hafiz, 119, 175, 540, 579
Haines, capitão Stafford B., 297
halat (êxtase), 211, 248
Halifax (Nova Scotia), 435
Hamerton, tenente-coronel Atkins, 364-5, 367, 373, 380, 412
Hanifa, Abu, 236
Hankey, Fred, 285, 350, 427-9, 492
Harar (Somaliland), 12, 287-8, 305-6, 312, 316-7, 319-32, 334-5, 343, 347-8, 357, 467
harari, língua, 324, 326, 331
haréns, 49, 193, 250, 533, 569
Harper and Brothers, 435
Harriet (navio), 497
Harris, Frank, 573
Hashim, xeque, 196, 199
Hasma, 571
Havergal, dr., 34, 41
hawaldar (sargento do regimentdo), 68
Hawthorne, Nathaniel, 427
haxixe, 244
Hearne, monsenhor, 459
hebreus, 39-40
Heidelberg (Alemanha), 41
Henderson, capitão John MacDonald, 213
Henrique VIII, rei, 223
Herat (Afeganistão), 123, 126
hermetismo, 39, 585
Herne, tenente G. E., 296, 304, 306, 322, 326, 332, 336, 338-42, 344
Heródoto, 286
Highlands of Brazil, The (Burton), 483, 511, 520, 551
Himalaia, 47, 299
hinduísmo, 13, 60, 65, 83-96, 176, 183-4, 206, 208, 281, 578-9; cabalismo, 39-40; castas, 84, 158; demônios, 480; preces, 204; sexualidade, 562; sikhismo, 200
hinduístas, África, 371, 374; Baroda, 66-71; Bombaim, 56; cortesãs, 75; criados, 64; Goa, 191-2; indumentária, 138; infanticídio entre, 65; Seroda, 191; Sind, 98-9, 114-5, 138, 147-50, 152, 158-9
hindustâni, 44-5, 54-5, 57-8, 60, 73, 82, 193, 214, 244, 300, 375, 535-6, 540; exames oficiais, 79-81; insultos, 110, 185; traduções, 195, 611, 617
hipopótamos, caçadas, 375-7, 410
Hitchman, Francis, 576
Hogg, sir James, 110, 236-7, 267
holandeses, na África, 359; Índia, 47, 61
Holoku, cã, 131
Homero, 34
homossexualidade, 171-3, 424, 521-2
hongo (tributo), 380, 386, 395, 403, 448
hotentotes, 448
Hough, sra., 627
Houghton, lorde, *ver* Milnes, Richard Monckton
Howard, Catherine, 223
Howard, Margaret, 223
humanitarismo, 579
Hungria, 487
Hunt, Holman, 465
Hunt, James, 484
Hussein, 135
Hussein, mirzá Muhammad, 117-9, 132-3, 145, 167, 170-1, 174-6, 183, 185, 196
Hussey-Vivian, general Robert J., 352-3
Hyderabad (Sind), 148, 150, 173-4, 177-8, 181, 566; batalha de, 105-7, 126

Ibrahim Khan, 149-50, 163
Ibrat Afzā (agá cã), 128
iesidis, 115, 527-8, 577-9, 606
ibram (traje do peregrino), 250-1, 270, 279
Index librorum prohibitorum (Ashbee), 564
Índia, 12, 15, 17-8, 37-42, 63-9, 95-6, 196-201, 251, 311, 345, 347, 362-3, 536; afegãos, 244; africanos, 241; busca de diamantes, 564-8; Camões, 184-92; chegada de Burton, 54-62; cultos hinduístas, 83-96; estância de tratamento de saúde, 184-5, 193-6; estrada de ferro, 538; exames oficiais de língua, 79-81, 95; Grande Jogo, 47-8, 52-3; ismaelitas, 122-4; levante sikh, 179-80, 212-4, 301; literatura, 289; *ver também* obras específicas; livros do papagaio, 44, 57, 592; meses mais quentes, 78; monções, 66, 82; muçulmanos, 243-4; Oliphant, 421; posto de Burton, 41-6; relações sexuais, 68-77; revolta,.*ver* Cipaios, Revolta dos; rota desde Suez, 295; Rússia, 348, 352; saída de Burton, 209-11, 215-6; Speke, 299; *ver também* Sind
índios; americanos, 436, 439-40, 443-5, 556; brasileiros, 511
Indo, rio, 12, 100, 112, 174, 178, 566; delta, 146; levantamento, 98
Indonésia, 47
Indraji, Bhagvanlal, 562, 587
Industrial, Revolução, 11
infanticídio, 64-5
infibulação, 308, 361
Inglaterra, 19; anticatolicismo, 230; Burckhardt, 239; Burton, 33-46, 216-9, 235, 614-5; casamento dos pais de Burton, 21; ciganos, 36; emigração para os Estados Unidos, 434-5; execuções, 495-6; exportações e importações, 48-9; infância de Burton, 21, 25-8; miséria, 614; moral e licenciosidade, 587; negros, 469-70; Rússia, 47; *ver também* ingleses
ingleses, 296; Afeganistão invadido pelos, 42, 45, 49-55, 64, 124-5; atitude em relação aos muçulmanos, 261-2; Ceilão e, 213; e Estados Unidos, 436; em Áden, 296-8, 306-7, 336-8; em Fernando Pó, 467-8, 473; na África, 326, 330, 335, 337-9, 346-7, 358-9, 596; na França, 21-2, 29, 218-21; na Guerra da Criméia, 296, 309-10, 347, 349-56; na Índia, 15, 48-53, 55-67, 69, 78, 98-112, 126, 132, 148, 151, 170, 172-4, 177-8, 183-4, 192, 198-200, 212, 467; na Itália, 20, 30-1; na Pérsia, 123-5, 136; no Egito, 241, 581; no Levante, 523-525, 535, 537-8, 542, 546-8; tráfico de escravos e, 496; *ver também* Companhia das Índias Orientais; Inglaterra;
Inquisição, 39
Insan-i Kamil (o Homem Perfeito), 13, 128
ioruba, 476
Irã, *ver* Pérsia,
Iraçéma: *The honeylips*, 520
Irlanda, 505; propriedades da família Burton, 19-20
Irmãos da Sinceridade, 40, 119
Irvine, John, 596
Isaac, o Cego, 40
Isanglis (Congo), 492
Islã, 13, 40-1, 95, 206-7, 216, 221, 228, 238, 313, 317, 552, 618;

abstinência alcoólica, 265; atestado de linhagem, 210; circuito, 273-4; conhecimento de Palmer, 537; conversão de negros, 469-70; conversão para outras religiões, 544-5; dízimo (*zakat*), 121-2, 125; djins, 480; estilhaçamento do, 129; formas heréticas, 121, 128-31, 577-8; jejum, 246-7, 249; Medina, 260-5; no "Ensaio final" das *Mil e uma noites*, 603-9; poligamia, 483; preces e orações, 143, 204, 238, 275, 288, 619; santos e religiosos, 66, 148, 266; sikhismo, 200; *ver também* ismaelitas; Meca; muçulmanos; sufismo

"Islã, O" (Burton), 206

Islândia, 553

Ismael, khedive, 568-9

ismaelitas, 13, 40, 119-24, 127-34

issa, tribo, 316, 318, 342, 565

Ístria, 559, 583

Itália, 217, 561; África, 335; África Oriental, 332-3; infância de Burton, 30-3, 38; invasão britânica, 20; refugiados em Londres, 535

italiano, 30, 34

jacobitas, 527

Jacquard, Francois, 73, 634

Jacquement, Victor, 567

Jaipur, 587

James, major, 63

Jami (poeta sufista), 463

Jami (xeque), 330

janeo (cordão de algodão usado pelos brâmanes), 84, 87

Jardim fragrante, O, ver Jardim perfumado do xeque Nefzaoui, O

Jardim perfumado do xeque Nefzaoui, O, 15, 613-4, 616-21, 628, 630

Jataka, coleções, 85

jatkis, 113

jats, 163, 165, 567

Jauhur, hadji, 185

Jebel Kumri (Montanhas da Lua), 359

Jedá, 282-3, 362, 565

jelalis, 202

jemalis, 202, 204

Jerusalém, 260, 536, 540, 608; patriarca latino, 546

jesuítas, 186, 301, 517

Jesus Cristo dos Santos dos Últimos Dias, Igreja de, *ver* mórmons

jihad (guerra santa muçulmana), 354

Jindan, Rani, 200

João, Companhia de, *ver* Companhia das Índias Orientais

John Knox (navio), 54-5, 57

Johnston, sir Harry, 478

Jones, sir William, 588

Jordânia, 570

Jorge IV, rei, 20

Journal of the discovery of the source of the Nile (Speke), 450, 489

judaísmo, 39, 203, 206; *ver também* judeus

judeus, 552; circuncisão, 479; Damasco, 527, 534, 541-2, 546; Galípoli, 351; Índia, 153; *ver também* judaísmo

juju (casas de sacrifício), 469

jungli (europeus que se tornaram nativos), 90

Kadir, Abd el, 529-30, 532-3, 543

Kama Shastra, 562-4, 585-6, 591, 613

Kama Shastra Society, 216, 585-7, 601, 613

Kama Sutra, 15, 59, 533, 562, 585-7, 589-91

Kamrasi, rei de Bunyoro, 454

Kana (Daomé), 494-5

Kandy, revolta de, 213

Kannena, chefe, 396, 400-1
Karachee Advertiser, 110
Karachi, 96, 99, 112, 116, 126, 148, 170, 177, 182-3, 196-8, 201, 215, 566; bordéis, 171-3, 214, 424; ismaelitas, 133; khojas, 131
Karagwe, 449-50
Kars (Turquia), 352-4, 421
Kasidah (Burton), 24, 115, 158, 175, 528, 574-5, 577-8, 598, 606, 608
Kazeh, 389-90, 394, 402-6, 409-11, 448
Kennedy, general-de-divisão Vans, 81, 96
Kerman (Irã), 122-125, 132-3, 136, 160
Khalilullah, 122, 131
Khalsa, 179
Khamoor, 549, 556, 585
Khan, Akhbar, 52
Khanum Jan, 174, 177-8
khat (droga), 310-1
Khayyam, Omar, 465, 579
khirqa (transe místico sufista), 208
khojas, 121, 123-5, 127, 131, 133, 367
Khyber, desfiladeiro, 50-1, 55
Kilimandjaro, monte, 360
Killian Kot (Sind), 148
Kim (Kipling), 14, 17, 145
King's College, 44
Kipling, Rudyard, 14, 17, 462
Kirby, W. F., 382
Koh-i-noor, diamante, 568
Koka Shastra, 562
Krapf, Johannes Ludwig, 286, 288, 359-60
kru, língua, 478
Kundalini, o Poder da Serpente, 91, 93
Kutu, 386

Lafourcade, Georges, 427
Lagos (Nigéria), 470, 476
Lahore (Punjab), 50, 179, 612

Lake regions of Central Africa, The (Burton), 378, 380, 405, 432, 435
lal bazars (zonas de meretrício), 67, 368
Land of Midian (revisited), The (Burton), 571
Lander, Richard, 471
Lands of the Cazembe, The (Burton), 520
Lane, Edward William, 239, 248-9, 282, 599-602, 604, 606
Lane-Poole, Stanley, 15, 143, 537, 581, 600
Larking, John F., 238, 242-3
latim, 22, 33-5, 37-8, 360
League of the Iroquois (Morgan), 14
Leamington (Inglaterra), 217
Lei de Emancipação Católica (1829), 224, 461
Leighton, Daisy, 521-2
Leighton, Frederick, 347, 521-2, 574
Leslie, Ralph, 611
Letchford, Albert, 619, 623, 626
Letchford, Daisy, 619, 623, 626, 628-9, 631
Levante, 237, 518, 521, 524, 530, 535, 542, 548-9
Lever, Charles, 556
Lhassa (Tibete), 301
Líbano, 15, 524
Lima (Peru), 519-20
Lisboa (Portugal), 186-8, 190, 505, 596
Livingstone, David, 381, 425, 434
Livorno (Itália), 20, 30
Livro do mormon, 440
London Anthropological Society, 485
Londres, 49, 295; Burnes, 50; Burton, 37-8, 42-5, 235, 345, 347-8, 354-6, 360-2, 413-4, 416-9, 520-1, 562-3, 597; Diretoria da Companhia das Índias Orientais, 102; embaixador da Rússia,

49; Isabel, 224, 227-30, 292-3, 520-1; prostituição, 428; reação à morte de Burton, 622-3; refugiados italianos, 535; Speke, 408-9, 413-5, 448, 488

Longman, Brown, Green e Longmans, 289-90, 360

Longman, Green, Longman e Roberts, 432

Loughland, E., 472-3, 475, 497

Louisa (barco), 370

Lucan, lorde, 349

Lucca (Itália), 33

Ludwig I rei da Baviera, 530

Luís XIV, rei da França, 19

Lumsden, James Grant, 288-9, 324, 346, 362-3

Lusíadas, Os (Camões), 185, 189, 196

Luz Primordial, 120

M'Neill, John, 123

macacos, língua dos, 79-80

Macnaghten, sir William, 52

Macqueen, James, 425, 488-9, 498-9

Madeira, ilha da, 486

Madian, 568-72

Magalhães, estreito de, 520

Maghair Shuayb (Arábia), 570

Mahabharata, 85

Mahallat, 122, 124

Mahaya, sultão, 409

Mahi (navio), 338-40

Mahmud, Mohammed, 311

Mahtab ("Raio de Luar"), 70-1, 150, 181

Makran, 136, 144, 183

Maksad-i Aksa (Mohammad Afasi), 536

Malagarazi, rio, 395

malária, 383

Malla, Kalyana, 562

Malta, ilha de, 615

Malvern (Inglaterra), 217

mandinga, 470

Mango Pir, 115-6, 566, 578

maniqueísmo, 579

Mann, Gustav, 476-8

Mantiq ut-tayr (épico sufista), 606-8

mantras, 72

Manuel de Moraes, 521

Maomé, profeta, 128, 138, 141-2, 153, 197, 206-8, 273, 354, 527, 579, 605; túmulo, 260-3

Maquiavel, Niccolò, 589

marata, língua, 161

maratas, 64

Marcy, capitão Randolph B., 438

Marie, M., 570

maronitas, 527

Marrocos, 535, 549, 610

Marselha (França), 30, 32, 38

Martelani, Pietro, 622, 626

Martyrdom of Madeleine, The (Buchanan), 621

Marx, Karl, 11, 352

Maskat (Zanzibar), 365

massais, tribo, 373

Matar, Abd el Karim, 544

Maximiliano, arquiduque, 559

Maylor, Victoria, 621, 629

Meca, 12, 139, 185, 196, 206, 210, 216, 260, 265-6, 305, 308-9; peregrinação de Burton, 234-42, 249-60, 280-2, 284-91, 302-3, 313-6, 347, 383, 536, 568, 593

Medina (Arábia), 196, 254, 257-60, 263-6, 268, 273, 282, 290, 445, 526-7, 593

Melville, Herman, 437

Memoirs of the Anthropological Society, 485

Mesopotâmia, 352, 548

metodistas, 588

México, 438, 559

Mezrab, Medjuel El, 531

Mhow (Índia), 63

Miani, batalha de, 80, 101, 106, 108, 126, 567
migdans, tribo, 323
Mil e uma noites, 15, 44, 87, 98, 132, 159, 171-3, 214, 216, 285, 289, 307, 314, 359, 414, 467, 525, 529, 533, 538, 582-3, 592-6, 598-601, 604, 608, 615-6
Milnes, Annabel, 463-4
Milnes, Richard Monckton (lorde Houghton), 426-9, 434, 436, 463-4, 493-4, 521, 586
Ministério das Relações Exteriores, Inglaterra, 466, 472-5, 477, 484, 492-3, 497, 511, 520, 523-4, 548, 550-1, 615, 617, 628
Miramar, 559
mirzá (estudioso), 174
"Miss Youghal's Sais" (Kipling), 17, 462
Mission to Gelele, king of Dahome, A (Burton), 497, 505
mleccha (não-indiano), 86
Moab, 535, 537
Moby Dick (Melville), 437
Moçambique, 190
moghul, 147
Mohammad Afasi, Afiz ibn, 536
Mohammad Khan ka Tanda (Sind), 174, 180
Mohl, mme. Mary, 465
Moilah (Arábia), 570-1
Mombaça, 360, 370-3
monções, na África, 340, 377, 393; na Índia, 66, 82, 182
mongóis, 131, 526, 607
Montanhas da Lua, 359
Montefiore, sir Moses, 542, 551
Monteith, general, 235
Montevidéu (Paraguai), 517
Montmorency, condessa, 19
Moorcroft, William, 301
Morgan, Lewis Henry, 14

mórmons, 434, 438, 440-4, 482-3
Mortlake (Inglaterra), 624, 632
mpingwes, 482
Mubarak, Sidi Bombaim, 374-7, 388-90, 394, 396, 398, 400, 405-6, 408-9, 448, 453, 489
muçulmanos, 138-44, 284-5, 335; Baroda, 66-8, 71-2; Bombaim, 56-7; Cáucaso, 354; circuncisão, 139-41, 143, 264, 308, 361, 479; consumo de drogas, 310-1; cortesãs, 75; costumes da vida cotidiana, 141-3, 238; Damasco, 527, 541, 543, 550-1; Goa, 185; Harar, 305, 328-30; hostilidade à Inglaterra, 193; invasão britânica do Afeganistão, 51; Levante, 523-4; memorização do Corão, 211; poesia, 181-2, 575; profetas, 264; *ver também* Maomé, profeta; Sind, 99, 114-5, 150; *ver também* islã; trajes, 138, 284
Muhammad, Shir, 107
Muhammad, xá, 123-5, 132, 183
mulheres, afegãs, 181; da África Central, 388; amazonas, 483-4, 494; bugandenses, 452-3; circassianas, 354; no culto tântrico, 92-3; execução, 495-6; gallas, 244, 327, 368, 562; de Harar, 327; inglesas, 194-5, 198, 234; islandesas, 553; no *Kama Sutra*, 590-1; nigerianas, 476; de Oulid Nahl, 238, 285; peregrinas, 270; sedução, 563-4; sexualidade, 12, 15, 76; sindis, 113-4, 150-1, 155-8, 178; somalis, 307-9; de Tenerife, 468, 486; de Trieste, 558; wasawahili, 368
al-Mulk, Dost Muhammad, 50-2
Multan (Pundjab), 212
munshis (mestres), 57, 117-8, 181-3, 197-8

Murchison, sir Roderick I., 420, 489
Murie, James, 447, 488
Murray, T. Douglas, 618
Musafir, Adi ibn, 577-8
Muscat, 114, 235, 267, 281
muta (casamento temporário), 153
mutawalli (figura mística sufista), 249
Mutesa, rei de Buganda, 449-54, 499
mzungeras, tribo, 365

nagares, brâmanes, 83-7, 89, 95, 119, 134, 606
nagas (najas), 85-7, 89-91
Nanak, guru, 200
Napier, general Charles, 80, 96-7, 100, 102-11, 114, 120, 126, 136, 152, 156, 161-3, 165, 167, 170-4, 177, 182, 195-6, 214, 236, 289, 347, 436, 566
Napier, sir William, 107-8, 133
Napoleão, 19, 22; guerras de, 47, 50, 348
Nápoles, 31, 66
naqshbandiyya, irmandade, 203
narguilés, 532
Narrative of a year's journey through Central and Eastern Arabia (Palgrave), 291
Nasr, xeque, 605
Nassar, Matr, 581
Nassir, emir cã, 126
National Gallery, 627
natiqs, 134
al-Nazawi, xeque, 265
Nefzawi, xeque, 613, 616
Negeb, 535
Nepal, 421
Nesselrode, conde, 49
nestorianismo, 579
Nettesheim, Heinrich Cornelius Agrippa von, 39
New system of sword exercise for infantry, A (Burton), 565

New York Tribune, 352
Newman, John Henry, cardeal, 35, 73
Nicholl, Arthur, 426
Nicolau I, czar da Rússia, 524
Niger, rio, 474
Nigéria, 476, 481
Nightingale, Florence, 426, 465
Nile basin, The (Macqueen), 489
Nilo, 243; busca da nascente, 12, 240, 286-7, 295, 299-302, 305-6, 336-7, 356-84, 386-415, 419-25, 447-55, 486-9, 496-504
Nizam, diamante, 568
Norfolk, duquesa de, 229
Northumberland, conde de, 223
Nova Orleans, 436
Nova York, 434-5
núbios, 308
numerologia, 40, 133
Nur (menino escravo), 245, 252, 271, 275, 282-3
Nur Jan ("Luz Radiante"), 71, 150, 181-2, 190

Ober Ammergau, 583
oftalmia, 194, 215, 263, 393
Ogáden, deserto, 336, 338, 340
Oliphant, Laurence, 414, 420-2, 454, 463, 500-1
Ootacamund (Índia), 184-5, 191, 193-6, 198
ópio, 48, 63, 168, 255-6; Guerra do, 48; infanticídio com, 65; Sind, 113
Oração de Jesus, 205
Oriental mysticism: a treatise on the suffistic and Unitarian philosophy of the Persians (Palmer), 536
Orleans (França), 29
ortodoxa grega, Igreja, 527, 540, 543, 546, 548
Osborne, capitão W. G., 52
Otomano, Império, *ver* Turquia,

Otto, rei da Grécia, 530
Ouida, 573
Oulid Nahl, mulheres de, 238, 285
Outram, coronel James, 101-6, 108-9, 126, 297-300, 304, 306-7, 310, 321, 338, 343, 412
Ovídio, 557
Oxford, Movimento de, 35
Oxford, Universidade de, 27, 32, 34-42, 58, 62, 64, 73, 80, 119, 133, 191, 217, 230, 415

Palestina, 15, 535-6, 582; Fundo de Exploração da, 535-6
Palgrave, Francis Turner, 291-2, 465
Palmer, Edward Henry, 534-40, 551, 580-3
Palmerston, lorde, 426, 464, 489
Panamá, 445
Pancha Tantra, 601
Pandit, Koka, 562
Panjim (Goa), 185-6, 191-2
panteísmo no sufismo, 202
Papagaio, Livros do, 44, 57, 83, 592, 601
Pará (Brasil), 551, 554
Paraguai, 508, 516-7, 520-1
Paris, 27, 589, 610; Hankey, 427-8; Speke, 500
Parlamento inglês, 47
parses, 57, 568
pássaro místico, 620; poupa, 608
Pastor de Hermas (obra gnóstica), 533
pathanos, 244
Patmore, Convento, 463
Pau (França), 32
Payne, John, 594-99, 601-2, 615
pederastia, 171-2, 604, 606
Pedra Negra, 273-4
Pemba, 370-1, 374
Pentamerone (Burton), 631
Penzer, Norman, 210, 584, 612, 629-31

Persa, Academia, 44, 535
persa, língua, 57, 81, 98, 117, 132, 194, 197, 244, 536, 540, 574-6; exames oficiais, 195; imagens da morte, 620; poesia, 75; Sind, 101, 132; traduções, 195, 586, 596
persas, 48; Afeganistão, 49-50; no "Ensaio final" das *Mil e uma noites*, 604, 607-8; poesia, 44; Sind, 108-11, 116-20, 132-3, 153-4, 156-9, 170, 183; xiitas, 129
Pérsia, 44-7, 49-50, 61, 121-6, 133, 136, 175, 183-4, 536-8; Guerra da Criméia, 352-4; literatura, 289
Persian portraits (Arbuthnot), 586
Personal narrative of a pilgrimage to El-Medinah and Meccah (Burton), 139, 209, 236-41, 244, 260-6, 269, 283, 289-90, 334, 348, 592
Perugia (Itália), 30
Petherick, John, 447, 486-8, 498
Petherick, Kate, 447, 488
Pio IX, papa, 230
Pirineus, 32
Pisa (Itália), 30, 217
platônicos, 176
Plínio, 359
Plowman, Minnie, 631
poligamia, 12, 442, 476, 479, 482-3
Pope-Hennessy, James, 428, 464
pornografia, 427-9, 585-9
Portugal, 505; colônias africanas, 359, 370, 475, 492; Índia, 47, 57, 60, 64; *ver também* Goa,
portuguesa, língua, 188
pradashina (circuito), 273
Prairie traveller, The (Marcy), 437
Praz, Mario, 427
preces e orações, 88, 143, 204-5, 207-8, 238, 275, 288, 619
1º Corpo de Fuzileiros de Bombaim, 296
Príncipe, O (Maquiavel), 589

"Produtos cultivados em Sind, tendo em anexo observações sobre os modos de intoxicação nessa província" (Burton e Stocks), 197
Prometheus (navio), 476
prostitutas; Áden, 307-8; Alexandria, 238, 285; Cairo, 285; italianas, 31-2; Sind, 113-4; *ver também* bordéis,
protestantismo, 461, 554, 588; anticatolicismo e, 230; Damasco, 527, 544-6; França, 22
Provença, 30, 32
Ptolomeu, 359
púbis, remoção dos pêlos, 142, 270
puja (culto), 65
Punch, revista, 107, 478
Pundjab, 12, 15, 37, 47, 49-50, 109-10, 119, 124, 133, 161, 179-80, 200, 216, 467; invasão do Afeganistão, 51; islamismo, 141; revolta sikh, 179-80, 212-4

qadiris, 203, 210, 248, 254, 527, 530, 577
qajar, xá, 47, 120, 122-3, 132, 136, 183
Qandahar (Afeganistão), 125
qasida (forma poética sufista), 576
qawwases (guardas consulares), 529
46ª Infantaria Nativa de Bengala, 299
Quadrante Vazio, 235, 267, 568
Queen mother, The (Swinburne), 463
Qum (Pérsia), 122
qutb (santo sufista invisível), 249

Rabelais, François, 599
Raghi, 316
Raglan, lorde, 44, 349
Rahman Baba, 181-2, 318
Ralli, Augustus, 240
Ramadã, jejum, 246, 249-50, 273
Ramayana, 85

Rashid Ali Pasha, Mohammed, 523-5, 529, 537-9, 543, 546, 548, 551
Rashid, Harum al, 529
rawis (contadores de histórias profissionais), 593, 603
Rawlinson, major Henry, 125
Rebmann, Johannes, 286, 360, 369, 372-3, 380
Reforma, 223
Régis, Victor, 473
Rehatsek, Edward, 565-6, 585-7
Reitz, tenente John James, 371
Religio medici, 34
Retcliffe, sir John (pseudônimo de Hermann Doedsche), 552
Riami (barco), 370
Richard Burton Memorial Lecture Fund, 612
Richards, Alfred Bate, 38, 415, 559-60, 576
Rigby, Christopher Palmer, 96, 307, 412, 422-3, 448, 489
Rimbaud, Arthur, 330
Rio de Janeiro (Brasil), 448, 506
Roe, Henry, 472
Roma, 30, 66, 559; antiga, 289
Romance da rosa, O, 607
Romance of Isabel Burton, The (Wilkins), 234
romani, 37, 227, 535
Rosamond (Swinburne), 463
Royal Anthropological Institute da Grã-Bretanha, 485
Royal Asiatic Society, 412, 429; Fundo de Traduções da, 566
Royal Geographical Society, 235-6, 285, 287, 295, 304-5, 321, 347, 358, 361, 381, 408, 412, 414, 420, 426, 429, 488; *Journal* da, 305, 432
Rubaiyat (Omar Khayyam), 465
Rumanika, rei de Karagwe, 450
Rumi, Salaluddin, 526

Ruskin, John, 584, 627
Russell, lady, 464
Russell, lorde, 466, 474-5, 484
Rússia, 14, 47, 49, 100, 358; na Guerra da Criméia, 296, 310, 347-56; Levante e, 524, 538; muçulmanos na, 244; Oliphant na, 421; Pérsia e, 122-3, 132
Rustam, emir, 100-1, 105
Ruxton, miss, 29
Ryan, Paddy, 57

Sacramento (Califórnia), 445
sadhaka (iniciado tântrico), 93
Sadi, 119
sadja (posição de reza muçulmana), 143
Sagharrah (Somaliland), 320-1
Saker, Alfred, 477
Saladdin, 130
Salahiyyeh (Síria), 528, 578
Sale, lady Florentia, 52
salik (viandante), 209
Salim el Lanki, Said bin , 369-70, 380, 388, 396, 405, 409, 411
Salim, Mansur bin, 409
Salomão, rei , 142, 203, 569-70, 608
Salt Lake City (Utah), 437, 440, 442
Salvador, 185, 191
sama (dança sagrada), 211-2
al-Samman, Hamid, 254, 260-1
San Francisco, 443, 445
sandhi (junção do tempo), 88
sânscrito, 81, 83, 88, 95, 191, 562, 587; contos populares, 92
Santa Isabel (Fernando Pó), 471, 473
Santo Graal, a demanda do, 607
Santos (Brasil), 505-6, 551
São Paulo (Brasil), 506
Sartoris, Adelaide Kemble, 521-2
Sass, Florence, 487, 489
sathri (cerimônia da circuncisão), 140
sati (cremação das viúvas), 51, 83, 626

Scarlet letter, The (Hawthorne), 437
Schamyl (chefe bandoleiro), 354
Schliemann, Heinrich, 620
Scind revisited (Burton), 99, 153, 156
Scinde; or, The unhappy valley (Burton), 70, 137, 145, 146, 153, 156, 168, 219
Scott, capitão Walter, 97-8, 118, 137, 162, 165, 177-8, 180
Sebastopol (Criméia), 310, 348-9, 353, 421
sefarditas, 552
Sehwan (Sind), 178
Semiramis (vapor), 96-7, 99
78º Regimento Escocês, 213
Seroda (Goa), 191
serpente, culto da, 85-9
Serra Leoa, 470, 497
serviço, contrato de locação de, 475
Shadili, Abd al-Hussein, 543
shadilis (shazlis), 527, 543-9
Shakespeare, William, 522
shakti, 93
Shakti, deusa, 91, 93
Sharmakay bin Salih, hadji , 312, 314, 326, 337
Shaw, Norton , 285-7, 337, 358, 388, 412, 423, 425
Shaytan al-Kabir (o Grande Demônio), 278-9
Sheeloth ha-Zaken (Abuláfia), 40
Shimr, 135
Shiraz (Pérsia), 117
Shiva, 85
Sholefield, dr., 34
shugls (prática de meditação sufista), 209
Shuja, xá, 50-2, 126, 568
Shuldham, tenente-coronel Arthur, 219
Sicília, 553
sidis, 114
Siena (Itália), 30

sífilis, 285, 343, 366, 384
sikha (tufo dos cabelos dos brâmanes), 88
sikhs, 13, 48, 50, 95, 99, 111, 160-2, 200, 301; iniciação de, 200; orações, 204-5; revolta, 179, 212-4, 447
Silk al-Zahab (navio), 255
Sinai, 534-6, 580
Sind, 12, 15, 24, 37, 49, 61, 64, 71, 98-120, 124, 144-56, 158, 160, 162-3, 166, 170-8, 181, 183, 195-9, 212-6, 264, 436, 467, 471, 545, 624; agá cã, 126-33, 136; conquista britânica, 80, 96, 99-112; Grande Jogo, 47-50, 144, 163, 169; sufismo, 202-5, 209-10, 248-9; iesidis, 577
Sindh, and the races that inhabit the valley of the Indus (Burton), 105-7, 109, 131, 133, 161, 175, 178, 202, 205, 207, 219-20
sindi, língua, 161, 197
sindis, crianças, 151
Singh, Ranjit, 50-1, 162, 179, 568
Síria, 15, 523-4, 531, 535, 538, 542, 547, 551, 581; adeptos do Sétimo, 131; ciganos da, 163-5; ismaelitas, 121
Smith, general-de-divisão Richard, 353
Smith, Joseph, 441
Smithers, Leonard C., 616, 630
Smyth, tenente Edmund, 145, 303, 358, 447-8
Smyth-Piggot, Blanche Arundell, 234, 356
Soares, Salvador, 60
Sociedade Missionária Londrina, 360
Société de Géographie de Paris, 500
Sohrabji, Dosabhai, 57-8, 81
Somaliland, 204, 286-7, 295-300, 302-7, 360-1, 390, 459, 565, 593, 602

somalis, 264, 307; Sind, 114
somalis, língua, 96, 307, 331
Somerset, duque de, 426
Somerset, lorde Fitzroy, 44
Sorrento (Itália), 31
Speke, Benjamin, 425
Speke, John Harming, 299-303, 357, 416, 434, 477, 489, 497-504, 624; ataques a Burton, 420-5; na Criméia, 357-8; expedição a Somaliland, 303-7, 310, 316, 326, 331-4, 336-45; Grande Safári, 358-63, 370-409, 411, 413-4; morte, 413, 500-4; segunda expedição ao Nilo, 447-55, 486-9, 497-500
Sprenger, Aloys, 290
St. Joseph (Missouri), 437
Staden, Hans, 511
Stanley, lorde, 426
Stansbury (explorador americano), 437
Steingas, dr., 587, 606
Steinhauser, John, 98, 118, 137, 218, 289, 306, 311, 359-60, 378, 413-4, 433-6, 593-4
Stisted, Elizabeth, 221
Stisted, Georgiana, 23, 94, 153, 155, 157, 162, 214, 217-9, 221-2, 224, 419-20, 426, 461, 549, 553, 556, 614-5, 622-4, 632-3
Stisted, Henry William, 217-8, 419-20, 549, 633
Stisted, Maria (sobrinha), 217, 633
Stisted, Maria Burton (irmã), 22, 25-6, 33, 41, 73, 217-8, 237, 419-20, 461, 549, 614, 632-4
Stocks, J. Ellerton, 197, 296, 300, 304
Stone talk (Burton), 158
Strachey, Henry, 301
Strachey, Richard, 301
Strangford, Percy Smythe, lorde, 350, 355, 464, 553

Stratford, lorde, 351-4
Strickland, William, 288
Stroyan, tenente William, 296, 304, 326, 332, 336, 338-42
Study of the Wali, A (Burton), 631
suaíle, 357, 368, 406
Sudão, 447, 571
Suez, 250, 252-3, 255, 283, 288, 295, 362, 534, 570-1; Canal de, 565
sufismo, 13, 40, 119, 128, 136-7, 175-6, 196, 199-212, 228, 241, 247-9, 285, 314, 330, 350, 463, 466, 526, 530, 543-4, 566, 574-6, 579, 582, 586, 606-8; deturpação, 202; iniciação ao, 206-10; preces, 205, 207-8
suhrawardiyya, irmandade, 203
Suíça, 619
Sulaiman, *ver* Salomão,
Sullayin, xeque Hamed bin, 398-400
sunitas muçulmanos, 129-31, 137, 144, 236, 238, 241, 527
supremacia branca, 469
Surat (Índia), 61
Surrey, Manicômio do Condado de, 214, 419, 550
Swartenberg, príncipe, 530
Swinburne, Algernon, 463-5, 521-2, 624
Swinburne, Alice, 522
Symons, Arthur, 572
Syrian proverbs (Burton), 631

Tabura, *ver* Kazeh
Tadmor (Síria), 532
takruri, 268
talmúdicos, 552
Tancred (Disraeli), 225-6, 356, 527
Tanganica, lago, 359, 370, 381, 391, 394-6, 400-1, 403
Tânger, 610
tantra, 13, 83, 91-2

taqiya (ocultamento ou dissimulação), 13, 130-1, 176, 248, 290, 359, 576, 580, 607
tariqa (Via Mística), 206, 241, 247-8, 285, 290
tártaros, 122
Tasawwuf, *ver* sufismo
Tattah (Sindi), 147-8
tauhid-khanah (mosteiro sufista), 205, 211, 624
tawaf, cerimônia do, 273
Teerã, 119, 122, 125, 132, 183-4, 350, 551
telegu, 194, 196
Tenerife, 468, 486, 490
Tennyson, Alfred, lorde, 349, 426
teosofia, 14, 585
Tew, capitão, 106
Tewfik, khedive, 572
Theotoky, conde Spyridon, 530
Tib, deserto de, 540
Tibete, 145, 299, 301, 303
Times de Bombaim, 110, 194, 298
Times de Londres, 503, 624
Tinne, irmãs, 487
To the Gold Coast for gold (Burton e Cameron), 597
toda (língua), 194
toharu (cerimônia da circuncisão), 140
Torch (navio), 478
Tota-Kahani (livro do papagaio), 57, 83
Tours (França), 21-3, 25-9
Tribunais Paritários, 473
Trieste, 554, 556-9, 561, 565, 568-9, 572, 574, 582-4, 593, 595, 610-1, 616-7, 622, 624, 631
37º Regimento da Rainha, 217
Trip to the Congo, A (Burton), 631
Trismegisto, Hermes, 14, 39, 585
Tróia, 620
Tuam (Irlanda), 19

Tuckey, capitão J. K., 492
Tumbatu, 363
Túnis, 586
tupi-guarani (língua), 511
turca, língua, imagens da morte, 619-22; poesia, 576-7
Turim (Itália), 522
Turner, J. W. M., 627
Turquia, 49, 465, 535; África, 312, 334-5, 487; Egito, 241, 254-5, 581; Guerra da Criméia, 296, 348-55; Levante, 522-5, 535, 537-8, 541-5, 547-8; península Arábica sob o domínio da, 568
Twain, Mark, 441
Two trips to gorilla land and the cataracts of the Congo (Burton), 505
Tyrwhitt-Drake, Charles Francis, 534-41, 561

Uganda, 447, 449
Uidá, 493
Ujiji, 359, 378, 381, 391-2, 395, 401, 404
ulemás (juízes islâmicos), 544
umayidas, califas, 526
Umrao Jan Ada, 76
Unexplored Syria (Burton e Drake), 540
upanaya (cerimônia de iniciação hindu), 87
Uraguay, O, 511, 631
Urquhart, David, 49
Ursulinas, Convento das, 582
Uruguai, 516, 583
usbeques, 80
Ussagara, 386
utes, 444; língua, 440

Valerga, arcebispo, 546
Vambéry, Arminius, 465, 540
varíola, 263, 365
Varley, John, 38-9

Vatsyayana, 562, 585-6
"Velho da montanha", 118
velicação, 142
Veneza (Itália), 557, 559, 615
Via Secreta, a, 176
Vichy (França), 420, 430, 521
Viena (Áustria), 540
Vikram and the vampire (Burton), 36, 83, 92, 511, 601
Virgílio, 34, 616
Visconti, Galeazzo, 285
Vitória (Nigéria), 476-8
Vitória Nianza, 372, 391, 408-9, 422, 449-52
Vitória, rainha, 11, 103

wabembe, tribo, 401
wadoe, tribo, 402
Wady Nogal, 305, 316, 326, 333, 361
wahhabis (fundamentalistas muçulmanos), 271, 527
wakala (caravaçará), 244, 252-3
Wali, hadji, 244-5, 251-2, 568-70
Walk across Africa, A (Grant), 489
Wanderings in West Africa (Burton), 505
Ward, Laura, 34
warimango, tribo, 373
Warne, Ferdinand, 308
Warren, coronel Charles, 582
wasawahili, 368
Washington, D.C., 435, 627
Wellesley, sir Arthur, 627
Wellington, duque de, 20, 45, 299, 627
What led to the discovery of the source of the Nile (Speke), 300, 409, 411, 489
White, coronel, 42, 45
Wilensi (Somaliland), 319, 331
Wilkins, W. H., 223, 234, 424, 552, 576

Wilkinson, John Gardiner, 264, 290
Williams Pasha, general Fenwick, 352
Wilson, W. Frank, 503
Wiseman, Nicholas, cardeal, 230, 457, 459, 618
Wit and wisdom from West Africa (Burton), 505
Wright, Thomas, 212, 218, 289, 355, 382-3, 461-3, 466, 471, 484, 505, 530, 576, 586, 600, 612, 622-3, 633
wudu (wuzu - purificação ritual), 143
wuquf, cerimônia, 277

xamanismo, 205
xiitas muçulmanos, 13, 119, 129-130, 135-136, 142, 144, 152-153, 237, 241, 280, 524, 527

Ya Sin Zemzemi, Ali bin, 277

Yambu (Arábia), 252, 255-257
Yassid, califa, 135
Yezd (Pérsia), 122
Young, Brigham, 441

zakat (dízimo islâmico), 121, 125, 127
Zamzam, 272, 282
Zanzibar, 286, 360, 363-374, 377-382, 384-385, 412, 416, 422-423, 447-448, 488-489, 603
Zanzibar: city, island, and coast (Burton), 303, 361, 363, 368, 400, 413, 434, 550
Zayla (Somaliland), 309, 312, 314, 316-317, 326
Zodiacal physiognomony (Varley), 38
Zohar, 540
zoroastrismo, 120, 176, 208, 579, 603, 606, 608
Zungomero, 386

EDWARD RICE nasceu em 1918, nos Estados Unidos. Escritor, editor, fotógrafo, jornalista e pintor, formou-se na Universidade Columbia e escreveu mais de vinte livros, entre eles *The Man in the Sycamore Tree: The Good Times and Hard Life of Thomas Merton*. Morreu em 2001.

COMPANHIA DE BOLSO

Karen ARMSTRONG
Uma história de Deus

Marshall BERMAN
Tudo que é sólido desmancha no ar

David Eliot BRODY, Arnold R. BRODY
As sete maiores descobertas científicas da história

Italo CALVINO
O cavaleiro inexistente
Fábulas italianas
Por que ler os clássicos

Bernardo CARVALHO
Nove noites

Jorge G. CASTAÑEDA
Che Guevara: a vida em vermelho

Ruy CASTRO
Chega de saudade
Mau humor

Jung CHANG
Cisnes selvagens

Catherine CLÉMENT
A viagem de Théo

Joseph CONRAD
Coração das trevas
Nostromo

Rubem FONSECA
Agosto
A grande arte

Meyer FRIEDMAN, Gerald W. FRIEDLAND
As dez maiores descobertas da medicina

Jostein GAARDER
O dia do Curinga

Jostein GAARDER, Victor HELLERN, Henry NOTAKER
O livro das religiões

Luiz Alfredo GARCIA-ROZA
O silêncio da chuva

Eduardo GIANNETTI
Auto-engano
Vícios privados, benefícios públicos?

Edward GIBBON
Declínio e queda do Império Romano

Carlo GINZBURG
O queijo e os vermes

Marcelo GLEISER
A dança do Universo

Tomás Antônio GONZAGA
Cartas chilenas

Philip GOUREVITCH
Gostaríamos de informá-lo de que amanhã seremos mortos com nossas famílias

Milton HATOUM
Dois irmãos
Relato de um certo Oriente

Albert HOURANI
Uma história dos povos árabes

Henry JAMES
Os espólios de Poynton
Retrato de uma senhora

Ismail KADARÉ
Abril despedaçado

Franz KAFKA
O castelo
O processo

John KEEGAN
Uma história da guerra

Amyr KLINK
Cem dias entre céu e mar

Jon KRAKAUER
No ar rarefeito

Milan KUNDERA
A insustentável leveza do ser

Danuza LEÃO
Na sala com Danuza

Paulo LINS
Cidade de Deus

Naghib MAHFOUZ
Noites das mil e uma noites

Javier MARÍAS
Coração tão branco

Heitor MEGALE (Org.)
A demanda do Santo Graal

Patrícia MELO
O matador

Ana MIRANDA
Boca do Inferno

Vinicius de MORAES
Livro de sonetos
Nova antologia poética

Fernado MORAIS
Olga

Vladimir NABOKOV
Lolita

Friedrich NIETZSCHE
Além do bem e do mal
Ecce homo
Humano, demasiado humano
O nascimento da tragédia

Michael ONDAATJE
O paciente inglês

Malika OUFKIR, Michèle FITOUSSI
Eu, Malika Oufkir, prisioneira do rei

Amós OZ
A caixa-preta

Adauto NOVAES (Org.)
Ética

José Paulo PAES (Org.)
Poesia erótica em tradução

Fernando PESSOA
Livro do Desassossego
Poesia completa de Alberto Caeiro
Poesia completa de Álvaro de Campos
Poesia completa de Ricardo Reis

Décio PIGNATARI (Org.)
Retrato do amor quando jovem

Edgar Allan POE
Histórias extraordinárias

Darcy RIBEIRO
O povo brasileiro

Edward RICE
Sir Richard Francis Burton

João do RIO
A alma encantadora das ruas

Philip ROTH
Adeus, Columbus
O avesso da vida

Elizabeth ROUDINESCO
Jacques Lacan

Salman RUSHDIE
Os versos satânicos

Oliver SACKS
Um antropólogo em Marte

Carl SAGAN
Bilhões e bilhões
O mundo assombrado pelos demônios

Edward W. SAID
Orientalismo

José SARAMAGO
O Evangelho segundo Jesus Cristo
O homem duplicado
A jangada de pedra

Moacyr SCLIAR
A mulher que escreveu a Bíblia

Dava SOBEL
Longitude

Susan SONTAG
Doença como metáfora / AIDS e suas metáforas

I. F. STONE
O julgamento de Sócrates

Drauzio VARELLA
Estação Carandiru

Caetano VELOSO
Verdade tropical

Erico VERISSIMO
Clarissa
Incidente em Antares

XINRAN
As boas mulheres da China

Edmund WILSON
Rumo à estação Finlândia

1ª edição Companhia das Letras [1991] 2 reimpressões
2ª edição Companhia das Letras [1998] 2 reimpressões
1ª edição Companhia de Bolso [2008]

Esta obra foi composta pela Verba Editorial
em Janson Text e impressa pela RR Donnelley em ofsete
sobre papel Pólen Soft da Suzano Papel e Celulose